中国现代化报告
2021
——交通现代化研究

何传启 主编

北京大学出版社
PEKING UNIVERSITY PRESS

图书在版编目(CIP)数据

中国现代化报告.2021:交通现代化研究/何传启主编.—北京:北京大学出版社,2021.11
ISBN 978-7-301-32646-6

Ⅰ.①中… Ⅱ.①何… Ⅲ.①现代化建设—研究报告—中国—2021 ②交通运输业—现代化建设—研究报告—中国—2021 Ⅳ.①D61 ②F512.3

中国版本图书馆CIP数据核字(2021)第212459号

书　　　名	中国现代化报告2021——交通现代化研究 ZHONGGUO XIANDAIHUA BAOGAO 2021——JIAOTONG XIANDAIHUA YANJIU
著作责任者	何传启　主编
责 任 编 辑	黄　炜
标 准 书 号	ISBN 978-7-301-32646-6
出 版 发 行	北京大学出版社
地　　　址	北京市海淀区成府路205号　100871
网　　　址	http://www.pup.cn　新浪微博:@北京大学出版社
电 子 信 箱	zpup@pup.cn
电　　　话	邮购部 010-62752015　发行部 010-62750672　编辑部 010-62764976
印　刷　者	北京宏伟双华印刷有限公司
经　销　者	新华书店
	850毫米×1168毫米　16开本　23.25印张　640千字 2021年11月第1版　2021年11月第1次印刷
定　　　价	105.00元

未经许可,不得以任何方式复制或抄袭本书之部分或全部内容。
版权所有,侵权必究
举报电话:010-62752024　电子信箱:fd@pup.pku.edu.cn
图书如有印装质量问题,请与出版部联系,电话:010-62756370

内 容 提 要

交通是现代生活的旅伴,运输是国民经济的基石。广义上,交通是交通和运输的统称。交通现代化是18世纪工业革命以来交通发展的世界前沿,以及追赶、达到和保持世界前沿水平,同时适应和满足经济发展和社会生活的交通需求的行为和过程;它包括从传统交通向现代交通和综合智能交通的范式转变,以及交通技术、交通效率、交通质量、交通满意度和环境友好性的提升等。改革开放以来,中国交通现代化取得巨大成就,部分交通指标(如高铁线路比例等)已走到世界前列。2019年发布的《交通强国建设纲要》勾画了中国交通发展的宏伟蓝图。

《中国现代化报告2021》聚焦交通现代化研究,主要包括四项内容:一是世界交通现代化的发展趋势分析。从交通体系、交通服务、交通效率、交通治理四个方面分析其历史演进、现实水平和前景预测,构建了世界交通现代化记分牌。二是简要阐述世界交通现代化的基本原理和国际经验。三是完成中国交通现代化的实证和前景分析,提出中国交通现代化路线图。四是完成世界131个国家和中国34个地区现代化定量评价,描绘2018年世界和中国现代化的定位图等。

《中国现代化报告2021》是国际欧亚科学院院士何传启及其团队完成的第20部年度报告。全书60多万字,包括300多张图表。报告构建了交通现代化的一种分析框架和指标体系,定量分析了世界和中国交通现代化100个指标的发展趋势,提出了中国交通现代化的路线图和政策建议,可为国家和地区的交通现代化战略和规划等提供决策参考。

中国现代化战略研究课题组

顾　问

　　周光召　院　　　士　　中国科学院前院长
　　路甬祥　院　　　士　　中国科学院前院长
　　徐冠华　院　　　士　　科学技术部前部长
　　白春礼　院　　　士　　中国科学院前院长
　　许智宏　院　　　士　　北京大学前校长
　　陈佳洱　院　　　士　　国家自然科学基金委员会前主任
　　孙永福　院　　　士　　中国工程院工程管理学部前主任
　　郭传杰　研　究　员　　中国科学院前党组副书记、国际欧亚科学院院士
　　方　新　研　究　员　　中国科学院前党组副书记、发展中国家科学院院士
　　李主其　教　　　授　　国家自然科学基金委员会前副主任

组　长

　　何传启　研　究　员　　中国科学院中国现代化研究中心主任、国际欧亚科学院院士

成　员（按姓氏笔画为序）

　　于维栋　研　究　员　　中共中央办公厅调研室
　　马　诚　研　究　员　　中国科学院生物科学与技术学部
　　方竹兰　教　　　授　　中国人民大学经济学院
　　叶　青　研　究　员　　中国科学院中国现代化研究中心
　　朱文瑜　助理研究员　　中国科学院中国现代化研究中心
　　朱庆芳　研　究　员　　中国社会科学院社会学研究所
　　刘　雷　副研究员　　　中国科学院中国现代化研究中心
　　刘细文　研　究　员　　中国科学院文献情报中心
　　刘洪海　编　　　审　　国际欧亚科学院中国科学中心
　　汤锡芳　编　　　审　　国家自然科学基金委员会
　　杜占元　研　究　员　　教育部
　　李　力　助理研究员　　中国科学院中国现代化研究中心
　　李　宁　教　　　授　　美国东华盛顿大学
　　李　扬　助理研究员　　中国科学院中国现代化研究中心
　　李存富　高级编辑　　　中国科学报社
　　李连成　研　究　员　　国家发展和改革委员会综合运输研究所
　　李泊溪　研　究　员　　国务院发展研究中心
　　杨重光　研　究　员　　中国社会科学院城市与环境研究中心
　　吴述尧　研　究　员　　国家自然科学基金委员会

邹力行	研究员	国家开发银行研究院
张　凤	研究员	中国科学院科技战略咨询研究院
陈　丹	研究员	中国科学院科技战略咨询研究院
陈永申	研究员	国家国有资产管理局
陈晓博	副研究员	国家发展和改革委员会综合运输研究所
武夷山	研究员	科学技术部中国科技发展战略研究院
岳启明	助理研究员	中国科学院中国现代化研究中心
赵西君	副　研	中国科学院中国现代化研究中心
赵欣苗	助理研究员	国家发展和改革委员会综合运输研究所
赵学文	研究员	国家自然科学基金委员会
胡志坚	研究员	科学技术部中国科技发展战略研究院
唐　幸	助理研究员	国家发展和改革委员会综合运输研究所
董正华	教授	北京大学世界现代化进程研究中心
程　萍	教授	中共中央党校(国家行政学院)
谢文蕙	教授	清华大学经济管理学院
靳　京	副研究员	中国科学院中国现代化研究中心
裘元伦	研究员	中国社会科学院欧洲研究所、中国社会科学院学部委员

前　言

交通现代化既是世界现代化的重要组成部分，也是中国现代化的一个重要目标。早在20世纪50年代，中国政府就曾提出建设现代化交通运输业的战略目标。20世纪80年代以来，中国交通运输建设取得了巨大成就，部分交通指标已走到世界前列。2019年《交通强国建设纲要》发布，《交通强国战略研究》出版。其中，《交通强国建设纲要》勾画了中国交通发展的宏伟蓝图。

《中国现代化报告2021》是我们完成的第20部年度报告，聚焦交通现代化研究。在本报告里，我们采用广义交通概念，它是交通和运输的统称。交通现代化是交通领域的现代化，是18世纪工业革命以来交通发展的世界前沿，以及追赶、达到和保持世界前沿水平，同时适应和满足经济发展和社会生活的交通需求的行为和过程；它包括从传统交通向现代交通和综合智能交通的范式转变，以及交通技术、交通效率、交通质量、交通满意度和环境友好性的提升等。

《中国现代化报告2021》主要包括四项内容：一是世界交通现代化的发展趋势分析。从交通体系、交通服务、交通效率、交通治理四个方面分析世界交通现代化的历史演进、现实水平和前景预测，构建世界交通现代化记分牌。二是简要阐述世界交通现代化的基本原理和国际经验。三是完成中国交通现代化的实证和前景分析，提出中国交通现代化路线图。四是完成世界131个国家和中国34个地区现代化定量评价，描绘2018年世界和中国现代化的定位图等。

众所周知，实现现代化是我们的国家目标，现代化研究是交叉科学领域的前沿课题。2001年开始出版的《中国现代化报告》是一部年度报告。前19部年度报告主题各异，涉及基本原理（现代化科学、现代化理论、现代化度量衡、现代化与评价）、分层现代化（世界、国际、地区、城市现代化）、领域现代化（经济、社会、文化、生态现代化）、部门现代化（农业、工业、服务业、健康现代化）、专题研究（知识经济与现代化、产业结构现代化、生活质量现代化）等。大体而言，交通现代化可以归入"部门现代化"。

2000年以来，报告研究先后得到国家自然科学基金、国家科技攻关计划和中国科学院的资助，得到课题组顾问们的关怀和指导，受到国际同行和社会各界的持续关注，特此感谢！

首先，报告得到中国科学界众多前辈的关怀和指导。中国科学院前院长周光召院士题词：为可持续发展的现代化奋斗。中国科学院前院长路甬祥院士题词：研究现代化规律，创新现代化理论，促进现代化建设。中国科学院前院长路甬祥院士和白春礼院士、科学技术部前部长徐冠华院士为报告作序，国家自然科学基金委员会前主任陈佳洱院士为首部报告作序。

2011年中国工程院前院长宋健院士致函：你们近几年出版的现代化报告，非常好，对各界极有参考价值，很有思想性。2017年路甬祥院士说："传启同志及其团队关于现代化的研究坚持十余年，形成比较系统的理论体系，应积极加强对外传播和应用。"2011年徐冠华院士说："现代化科学的出现，不仅是一门新学科，而且蕴涵一种新希望，中国的现代化建设和民族复兴将更具科学性。"

其次，报告受到国际同行的高度肯定，并在俄罗斯等国得到实际应用。2010年美国杜克大学社会学荣誉教授图亚江（E. Tiryakian）致函：毫无疑问，报告代表了世界先进水平，在新一轮现代化过程中，现代化中心正在发挥引领作用。2012年《现代化科学》英文版由斯普林格（Springer）出版社出版，全书648页，被德国学者评价为现代化领域一个原创性贡献；它是现代化科学的第一部英文著作，是一部中国视角的世界现代化的全景概览。2018年英国伦敦政治经济学院前院长吉登斯（A. Giddens）致函：《如何成为一个现代化国家：中国现代化报告概要2001～2016（英文版）》是一项非凡成就，其影响会很大。2018年该书被美国斯坦福大学、俄罗斯圣彼得堡大学等多所欧美大学用作教学材料。俄罗斯科学院通讯院士拉宾(N. Lapin)采用第二次现代化理论研究发现,2010年俄罗斯有19个地区已进入第二次现代化,有64个地区处于第一次现代化。

再次,报告两次入选国家重点图书出版规划项目("十二五"规划和"十三五"规划),三次获得中国大学出版社协会图书奖(一等奖一次,二等奖两次)。2001年以来新华社、中国新闻社及《人民日报》《光明日报》《科技日报》和《中国科学报》等280多家中国媒体对报告进行了报道或评论;美国、英国、德国、韩国和澳大利亚等国家的媒体进行了多次报道。2008年香港中国评论通讯社的报道称:《中国现代化报告》的影响力很大,对政府长远政策的制定、对社会精英的思考模式、对社会舆论的理论引导、对民意的启发,都具有无法低估的作用。

本报告与以往报告一样,对世界现代化的评价注意了如下几个方面:① 有限目标;② 评价方法的科学性;③ 评价指标的合理性;④ 评价数据的权威性和一致性;⑤ 评价结果的相对性和客观性。影响现代化的因素很多,评价结果更多反映了一种发展趋势。

本报告研究得到中国科学院发展规划局的资助。中国科学院文献情报中心和中国未来研究会现代化研究分会给予了许多帮助。中国科学院中国现代化研究中心全体同仁齐心协力,相互配合。北京大学出版社在很短时间内完成编辑出版工作。特此表示诚挚的谢意!

特别感谢中国科学院中国现代化研究中心理事会的指导和大力支持。特别感谢国家发展和改革委员会综合运输研究所的领导和专家的参与和大力支持。

本报告由何传启研究员主持完成,课题组进行了多次研讨,是集体合作的成果。

报告各部分执笔人如下:何传启,前言、综述、第四章和附录四等;刘雷,第一章和附录一(交通指标体系);靳京,第二章第一节和第二章统稿;李力,第二章第二节和第三节(交通环境);叶青,第二章第三节(交通科技)和附录一(交通现代化记分牌);朱文瑜,第二章第三节(智能交通);岳启明,第二章第三节(交通能源);李扬,第二章第三节(交通安全和城市交通)、中国地区统计数据录入;赵西君,第三章第一节、第二节和第三节;陈晓博、赵欣苗和唐幸,第三章第四节;张凤,第四章(参与)、附录二和附录三。

本报告包含300多张图表和数据,在处理过程中难免出现遗漏和错误;有些统计指标有多个版本,有些观点只是一家之言。敬请大家不吝赐教。再次衷心感谢!

何传启　教授

国际欧亚科学院院士

中国现代化战略研究课题组组长

中国科学院中国现代化研究中心研究员、主任

2021年5月20日

目 录

综述 交通现代化的新趋势和新选择 ································· i

上篇 交通现代化研究

第一章 世界交通现代化的基本事实 ································· 4
第一节 交通现代化的研究方法 ································· 5
一、交通现代化的基本概念 ································· 5
二、交通现代化的一般研究方法 ································· 9
三、交通现代化的系统分析方法 ································· 11
第二节 世界交通现代化的时序分析 ································· 17
一、世界交通体系的时序分析 ································· 19
二、世界交通服务的时序分析 ································· 26
三、世界交通效率的时序分析 ································· 36
四、世界交通治理的时序分析 ································· 39
第三节 世界交通现代化的截面分析 ································· 42
一、世界交通体系的截面分析 ································· 43
二、世界交通服务的截面分析 ································· 46
三、世界交通效率的截面分析 ································· 49
四、世界交通治理的截面分析 ································· 51
第四节 世界交通现代化的过程分析 ································· 53
一、世界交通现代化的历史进程 ································· 54
二、世界交通现代化的客观现实 ································· 58
三、世界交通现代化的前景分析 ································· 59
本章小结 ································· 62

第二章 交通现代化的原理和经验 ································· 66
第一节 交通现代化的基本原理 ································· 66
一、交通发展的相关理论 ································· 66
二、交通现代化的相关理论 ································· 71
三、交通现代化的原理分析 ································· 72

第二节　交通现代化的国际经验 ······ 80
一、交通制度 ······ 80
二、交通建设 ······ 84
三、交通维护 ······ 86
四、人力资源 ······ 88

第三节　交通现代化的专题分析 ······ 92
一、交通科技和智能交通 ······ 92
二、交通环境和交通能源 ······ 97
三、交通安全和城市交通 ······ 103

本章小结 ······ 109

第三章　中国交通现代化的理性分析 ······ 112

第一节　中国交通现代化的时序分析 ······ 112
一、中国交通体系的时序分析 ······ 112
二、中国交通服务的时序分析 ······ 121
三、中国交通效率的时序分析 ······ 129
四、中国交通治理的时序分析 ······ 133

第二节　中国交通现代化的截面分析 ······ 136
一、中国交通体系的截面分析 ······ 137
二、中国交通服务的截面分析 ······ 139
三、中国交通效率的截面分析 ······ 141
四、中国交通治理的截面分析 ······ 142

第三节　中国交通现代化的过程分析 ······ 143
一、中国交通现代化的历史进程 ······ 143
二、中国交通现代化的客观现实 ······ 146
三、中国交通现代化的前景分析 ······ 150

第四节　中国交通现代化的战略分析 ······ 153
一、中国交通现代化目标分析 ······ 153
二、中国交通现代化的路线图 ······ 155
三、中国交通现代化的战略要点与重点任务 ······ 157

本章小结 ······ 164

下篇　世界和中国现代化评价

第四章　2018年世界和中国现代化指数 ······ 170

第一节　2018年世界现代化指数 ······ 170
一、2018年世界现代化的总体水平 ······ 171
二、2018年世界现代化的国际差距 ······ 177
三、2018年世界现代化的国际追赶 ······ 178

第二节 2018年中国现代化指数 ··· 180
　一、2018年中国现代化的总体水平 ··· 180
　二、2018年中国现代化的国际差距 ··· 183
　三、2018年中国现代化的国际追赶 ··· 185
第三节 2018年中国地区现代化指数 ··· 187
　一、2018年中国地区现代化的总体水平 ··· 189
　二、2018年中国地区现代化的国际差距 ··· 193
　三、2018年中国地区现代化的国际追赶 ··· 194
本章小结 ··· 195

技术注释 ··· 197

附　录

附录一　交通现代化的指标体系和记分牌 ··· 209
附录二　世界现代化水平评价的数据集 ··· 242
附录三　中国地区现代化水平评价的数据集 ··· 289
附录四　《中国现代化报告》20年回顾 ··· 312

数据资料来源 ··· 316
参考文献 ··· 318

图表和专栏图表目录

图 A	交通体系(广义)的分层结构模型(示意图)	ii
图 B	交通现代化研究的分析模型(车轮模型)	iii
图 C	1900～2018 年每千居民拥有的轿车数量(A)和机动车数量(B)	vii
图 D	1970～2018 年每千人高速公路长度(A)和高速公路比例(B)	vii
图 E	1825～2018 年每千人营业铁路里程(A)和营业铁路总里程(B)	viii
图 F	1996～2018 年每千人高铁里程(A)和高铁线路比例(B)	viii
图 G	1970～2018 年公路客运的结构	ix
图 H	1801～2018 年交通产业增加值比例和交通产业劳动力比例	x
图 I	1994～2018 年陆路运输的结构	x
图 J	1990～2018 年交通产业(运输和储存产业)的内部结构	xi
图 K	未来 30 年中国交通现代化的战略布局	xx

图一	人类文明和交通现代化的路线图(示意)	3
图 1-1	交通现代化犹如一场交通发展的国际马拉松比赛	4
图 1-2	交通现代化的三个维度	4
图 1-3	交通现代化的研究对象(示意图)	8
图 1-4	现代化现象的过程分析	11
图 1-5	现代化过程的结果分析	11
图 1-6	交通现代化的一种分析框架	17
图 1-7	1970～2018 年人均国内客运周转量	23
图 1-8	1970～2018 年人均国内货运周转量	23
图 1-9	1850～2018 年人均国内铁路客运周转量	23
图 1-10	1850～2018 年人均国内铁路货运周转量	23
图 1-11	1900～2018 年人均国内航空货运周转量	24
图 1-12	1900～2018 年每千居民拥有的轿车数量	24
图 1-13	1900～2018 年每千人铁路里程	24
图 1-14	1970～2018 年交通产业结构与就业结构	31
专图 1-1	1970～2018 年陆路运输与管道运输行业增加值比例和就业比例	32
专图 1-2	1970～2018 年水上运输行业增加值比例和就业比例	32
专图 1-3	1970～2018 年航空运输行业增加值比例和就业比例	32
专图 1-4	1970～2018 年运输的储存和辅助活动行业增加值比例和就业比例	33
专图 1-5	1970～2018 年邮政和邮递活动行业增加值比例和就业比例	33
图 1-15	世界交通现代化的过程分析	53
图 1-16	世界现代化和人类文明的主要阶段	54

图 2-1	美国各类交通基础设施按里程增长变化	67
图 2-2	运输化理论的阶段划分示意	68
图 2-3	Taaffe交通发展模型示意	69
图 2-4	交通与经济发展的关系	70
图 2-5	交通变迁和交通现代化的坐标图	75
图 2-6	交通现代化过程的创新驱动模型	79
图 2-7	21世纪交通现代化的三条路径	79
图 2-8	欧盟交通法规（部分）	82
图 2-9	美国交通战略体系	83
图 2-10	18世纪以来交通科技的发展	93
图 2-11	日本智能交通的发展方向	96
图 2-12	1990~2018年交通能源消费占比的国别差异	100
图 2-13	2011~2019年中国铁路交通事故死亡人数变化趋势	105
图 2-14	1942~2017年世界航空失事事件概况	106
图 2-15	城市交通分类	106
图 3-1	1980~2018年中国人均国内公路客运周转量与人均国内铁路客运周转量的变化	113
图 3-2	1990~2018年中国每千居民拥有的轿车数量和货车数量的变化	115
图 3-3	1990~2018年中国每千人高速公路长度和每千人铁路里程的变化	117
图 3-4	1990~2018年中国高速公路比例和高铁线路比例的变化	119
图 3-5	1990~2018年中国人均交通产业增加值的变化	124
图 3-6	1995~2018年中国公路和铁路客货运分别占客货运总量比例的变化	126
图 3-7	1990~2018年中国单位GDP的交通能耗的变化	131
图 3-8	1995~2018年中国人均交通基础设施投资的变化	135
图 3-9	中国交通现代化的过程分析	144
图 3-10	中国交通现代化的路线图——运河路径	156
图 3-11	中国交通现代化的总体战略	157
图 3-12	交通运输治理体系现代化的多元主体模式	162

| 图二 | 现代化评价的结构 | 169 |

图 4-1	2018年世界现代化进程的坐标图	170
图 4-2	2018年世界现代化的定位图（基于现代化阶段和第二次现代化水平）	172
图 4-3	2018年中国第二次现代化的特点	181
图 4-4	2018年中国综合现代化的特点	182
图 4-5	1950~2018年中国现代化指数的增长	185
图 4-6	1970~2018年中国现代化水平的提高	186
图 4-7	2018年中国地区现代化进程的坐标图	188
图 4-8	2018年中国现代化的地区定位（第二次现代化水平的定位）	190
图 4-9	2018年中国地区第一次现代化指数	190
图 4-10	2018年中国地区第二次现代化指数	191

| 图 4-11 | 2018 年中国地区综合现代化指数 | 191 |
| 图 a | 第一次现代化阶段评价的信号指标变化 | 200 |

表 A	交通体系(狭义)的分析维度和主要组成	ii
表 B	交通现代化研究的层次、研究主题和分析维度	iii
表 C	交通现代化研究的指标体系	iv
表 D	交通现代化研究的分析框架	iv
表 E	世界交通现代化的前沿进程的两大阶段	iv
表 F	发达国家典型交通指标的发展趋势	v
表 G	中国典型交通指标的发展趋势	xiv
表 H	2018 年中国铁路交通指标的国际比较	xviii
表 I	2018 年中国公路交通指标的国际比较	xviii

表 1-1	交通现代化的研究范围与研究单元的组合	5
专表 1-1	《国际标准行业分类》中的运输和储存	6
表 1-2	交通运输系统的分类	7
表 1-3	交通现代化研究内容的分类	8
表 1-4	交通现代化研究的结构组合	9
表 1-5	交通现代化与分部门和分层次现代化的交叉	9
表 1-6	交通现代化研究的主要类型	10
表 1-7	现代化研究的系统分析方法	11
表 1-8	文明时间与历史时间的对照表	12
表 1-9	人类历史上的文明范式及其代表性特征	13
表 1-10	人类历史上的交通范式及其代表性特征	13
表 1-11	交通现代化的时序分析的国家样本(2018 年)	14
表 1-12	2018 年截面分析的国家分组	15
表 1-13	交通现代化研究的分析指标的主要类型	16
表 1-14	交通现代化的分析维度和分析指标	16
表 1-15	交通现代化指标的性质及其分类	18
表 1-16	交通现代化指标的数值变化分类标准	18
表 1-17	1970～2018 年世界前沿 32 个交通体系指标的变化	19
表 1-18	1970～2018 年交通体系指标发展趋势的分类	21
表 1-19	交通体系指标的性质分类	22
表 1-20	交通体系指标的功能分类	22
表 1-21	2018 年或最近年 32 个交通体系指标的国际比较	25
表 1-22	1970～2018 年世界前沿 44 个交通服务指标发展水平的变化	27
表 1-23	1970～2018 年交通服务指标发展趋势的分类	29
表 1-24	交通服务指标的性质分类	30
表 1-25	交通服务指标的功能分类	30
表 1-26	2018 年或最近年 44 个交通服务指标的国际比较	34

表 1-27	1970~2018 年世界前沿 12 个交通效率指标发展水平的变化	36
表 1-28	1970~2018 年交通效率指标发展趋势的分类	37
表 1-29	交通效率指标的性质分类	37
表 1-30	交通效率指标的功能分类	37
表 1-31	2018 年或最近年 12 个交通效率指标的国际比较	38
表 1-32	1970~2018 年世界前沿 12 个交通治理指标发展水平的变化	39
表 1-33	1970~2018 年交通治理指标发展趋势的分类	40
表 1-34	交通治理指标的性质分类	40
表 1-35	交通治理指标的功能分类	41
表 1-36	2018 年或最近年 12 个交通治理指标的国际比较	41
表 1-37	交通指标的截面特征及其与时序特征的关系	43
表 1-38	2018 年交通体系 32 个指标与国家经济水平的特征关系	43
表 1-39	2018 年交通体系指标与国家经济水平的特征关系的分类	44
表 1-40	2018 年交通体系指标的截面特征与时序特征的关系	45
表 1-41	2000 年截面交通体系指标与国家经济水平的特征关系的分类	45
表 1-42	2000 年交通体系指标的截面特征与时序特征的关系	45
表 1-43	1980 年截面交通体系指标与国家经济水平的特征关系的分类	46
表 1-44	1980 年交通体系指标的截面特征与时序特征的关系	46
表 1-45	2018 年交通服务 44 个指标与国家经济水平的特征关系	46
表 1-46	2018 年交通服务指标与国家经济水平的特征关系的分类	48
表 1-47	2018 年交通服务指标的截面特征与时序特征的关系	48
表 1-48	2000 年截面交通服务指标与国家经济水平的特征关系的分类	48
表 1-49	2000 年交通服务指标的截面特征与时序特征的关系	48
表 1-50	1980 年截面交通服务指标与国家经济水平的特征关系的分类	49
表 1-51	1980 年交通服务指标的截面特征与时序特征的关系	49
表 1-52	2018 年交通效率 12 个指标与国家经济水平的特征关系	49
表 1-53	2018 年交通效率指标与国家经济水平的特征关系的分类	50
表 1-54	2018 年交通效率指标的截面特征与时序特征的关系	50
表 1-55	2000 年截面交通效率指标与国家经济水平的特征关系的分类	51
表 1-56	2000 年交通效率指标的截面特征与时序特征的关系	51
表 1-57	2018 年交通治理 12 个指标与国家经济水平的特征关系	51
表 1-58	2018 年交通治理指标与国家经济水平的特征关系的分类	52
表 1-59	2018 年交通治理指标的截面特征与时序特征的关系	52
表 1-60	2000 年截面交通治理指标与国家经济水平的特征关系的分类	53
表 1-61	2000 年交通治理指标的截面特征与时序特征的关系	53
专表 1-2	世界现代化进程的阶段划分	55
表 1-62	世界现代化的两大阶段和六次浪潮	55
表 1-63	世界经济现代化的两大阶段和六次浪潮	56
表 1-64	世界交通现代化的两大阶段	56
表 1-65	18 世纪以来交通指标的变化趋势	56

表 1-66	20世纪80年代以来交通指标与国家经济水平的相关性	57
表 1-67	1760~1970年世界整体交通现代化的结果分析（举例说明）	58
表 1-68	1970~2018年世界整体交通现代化的结果分析（举例说明）	58
表 1-69	交通体系指标世界前沿水平的情景分析	59
表 1-70	交通服务指标世界前沿水平的情景分析	60
表 1-71	交通效率指标世界前沿水平的情景分析	61
表 1-72	交通治理指标世界前沿水平的情景分析	61
表 2-1	交通现代化的内涵与特征（举例）	71
表 2-2	交通现代化理论的结构	72
表 2-3	广义交通现代化的一般理论	72
表 2-4	交通现代化的两个判据和三个标准	73
表 2-5	交通变迁和交通现代化的周期表——交通形态的变化	74
表 2-6	美国第五区交通运输职业情况	89
表 2-7	2018年欧洲主要国家交通相关专业占接受高等教育学生比例	91
表 2-8	交通科技史上的三次浪潮与科技革命、现代化浪潮的关系	92
表 2-9	美国智能交通政策规划	95
表 2-10	1990年和2018年世界交通能源消费构成	101
表 2-11	部分国家交通部门二氧化碳排放量	101
表 2-12	部分国家2000年和2018年的客运交通能源强度	102
表 2-13	2018~2040年石油需求增长情况	102
表 2-14	2019年美国按交通方式划分的死亡人数	103
表 2-15	2016年全球全年龄段死亡原因	103
表 2-16	2019年中国交通死亡人数情况	104
表 2-17	2016年按收入类型划分的人口、道路交通死亡和机动车比例	105
表 2-18	世界21个城市交通结构	107
表 2-19	世界10个城市轨道交通发展状况	108
表 2-20	世界10个城市地面公交发展状况	108
表 3-1	1970~2018年中国交通现代化指标的发展趋势	112
表 3-2	1980~2018年中国10个运输需求指标的发展趋势	113
表 3-3	2018年或最近年中国9个运输需求指标的国际比较	114
表 3-4	1970~2018年中国人均国内航空客运量的国际比较	114
表 3-5	1990~2018年中国10个交通工具指标的发展趋势	115
表 3-6	2018年或最近年中国10个交通工具指标的国际比较	116
表 3-7	2005~2016年中国每千居民定期航班客位数的国际比较	116
表 3-8	1990~2018年中国5个交通设施指标的发展趋势	117
表 3-9	2018年或最近年中国4个交通设施指标的国际比较	118
表 3-10	2009~2017年中国交通基础设施的综合质量的国际比较	118
表 3-11	1990~2018年中国7个交通网络指标的发展趋势	118
表 3-12	2018年或最近年中国6个交通网络指标的国际比较	119
表 3-13	2005~2016年中国机场密度的国际比较	120

表 3-14	2010~2018 年中国 5 个交通行为指标的发展趋势	121
表 3-15	2018 年或最近年中国 5 个交通行为指标的国际比较	122
表 3-16	2010~2018 年中国人均客车公路客运周转量的国际比较	122
表 3-17	1990~2018 年中国 15 个交通产业指标的发展趋势	123
表 3-18	2018 年或最近年中国 15 个交通产业指标的国际比较	124
表 3-19	2005~2015 年中国人均交通产业增加值的国际比较	125
表 3-20	1990~2018 年中国 24 个交通经济指标的发展趋势	125
表 3-21	2018 年或最近年中国 24 个交通经济指标的国际比较	127
表 3-22	1980~2018 年中国交通产业增加值比例的国际比较	128
表 3-23	1995~2018 年中国 3 个交通环境指标的发展趋势	129
表 3-24	2018 年中国 3 个交通环境指标的国际比较	130
表 3-25	1995~2018 年中国人均交通二氧化碳排放量的国际比较	130
表 3-26	1990~2018 年中国 3 个交通能源指标的发展趋势	130
表 3-27	1990~2018 年中国单位 GDP 的交通能耗的国际比较	131
表 3-28	2005~2018 年中国 4 个交通安全指标的发展趋势	132
表 3-29	2018 年或最近年中国 4 个交通安全指标的国际比较	132
表 3-30	2000~2010 年中国 2 个人力资源指标的发展趋势	133
表 3-31	1995~2018 年中国 3 个交通制度指标的发展趋势	133
专表 3-1	1998~2012 年典型国家公路运费和税费	134
表 3-32	2018 年中国 2 个交通观念指标的国际比较	134
表 3-33	1995~2018 年中国 2 个交通建设指标的发展趋势	135
表 3-34	2018 年或最近年中国 2 个交通建设指标的国际比较	135
表 3-35	1995~2018 年中国人均交通基础设施投资的国际比较	136
表 3-36	2000 年和 2018 年截面中国交通指标的水平分布	137
表 3-37	2018 年截面中国交通体系指标的相对水平	137
表 3-38	2018 年截面中国交通体系指标的国际比较	137
表 3-39	2000 年截面中国交通体系指标的相对水平	138
表 3-40	2018 年截面中国交通服务指标的相对水平	139
表 3-41	2018 年截面中国交通服务指标的国际比较	139
表 3-42	2000 年截面中国交通服务指标的相对水平	140
表 3-43	2018 年截面中国交通效率指标的相对水平	141
表 3-44	2018 年截面中国交通效率指标的国际比较	141
表 3-45	2000 年截面中国交通效率指标的相对水平	142
表 3-46	2018 年截面中国交通治理指标的相对水平	142
表 3-47	2018 年截面中国交通治理指标的国际比较	142
表 3-48	2000 年截面中国交通治理指标的相对水平	143
表 3-49	中国经济现代化的发展阶段	144
表 3-50	中国交通现代化的发展阶段	145
表 3-51	2018 年或最近年中国交通体系指标的国际比较	147
表 3-52	2018 年或最近年中国交通服务指标的国际比较	148

表 3-53	2018 年或最近年中国交通效率指标的国际比较	149
表 3-54	2018 年或最近年中国交通治理指标的国际比较	150
表 3-55	2020～2050 年中国交通体系指标的情景分析	150
表 3-56	2020～2050 年中国交通服务指标的情景分析	151
表 3-57	2020～2050 年中国交通效率指标的情景分析	152
表 3-58	2020～2050 年中国交通治理指标的情景分析	152
表 3-59	中国交通现代化路线图的监测指标体系	156
表 4-1	世界现代化指数的组成	171
表 4-2	2000～2018 年的世界现代化进程	171
表 4-3	2000～2018 年根据第二次现代化水平的国家分组	171
表 4-4	2018 年国家现代化的水平与阶段的关系	172
表 4-5	2018 年 21 个发达国家的现代化指数	173
表 4-6	2018 年 20 个中等发达国家的现代化指数	173
表 4-7	2018 年 37 个初等发达国家的现代化指数	174
表 4-8	2018 年 53 个欠发达国家的现代化指数	175
表 4-9	2018 年处于第二次现代化发展期的发达国家	177
表 4-10	2018 年世界现代化的前沿国家	177
表 4-11	2018 年世界现代化的后进国家	178
表 4-12	世界现代化水平的国际差距	178
表 4-13	2000～2018 年世界现代化的国际地位发生变化的国家	178
表 4-14	1960～2018 年世界现代化的国际地位发生变化的国家	179
表 4-15	世界现代化的国家地位的转移概率（马尔科夫链分析）	180
表 4-16	1950～2018 年中国现代化指数	181
表 4-17	1970～2018 年中国第二次现代化指数	182
表 4-18	1980～2018 年中国综合现代化指数	183
表 4-19	2018 年中国现代化指数的国际比较	183
表 4-20	2018 年中国第一次现代化评价指标的达标率和国际比较	183
表 4-21	2018 年或近年中国第二次现代化评价指标的国际比较	184
表 4-22	2018 年或近年中国综合现代化评价指标的国际比较	184
表 4-23	21 世纪中国第二次现代化指数的世界排名的估算	186
表 4-24	21 世纪中国现代化水平的推算	187
表 4-25	2018 年中国地区现代化指数	188
表 4-26	1990～2018 年的中国现代化进程	189
表 4-27	2018 年中国不同区域的现代化水平的比较	192
表 4-28	2018 年内地（大陆）地区现代化的前沿水平和国际比较	193
表 4-29	1990～2018 年内地（大陆）地区现代化的地区差距	193
表 4-30	1990～2018 年内地（大陆）地区现代化的国际差距	194
表 4-31	2000～2018 年内地（大陆）地区第二次现代化指数的分组变化	194
表 4-32	2000～2018 年内地（大陆）地区综合现代化指数的分组变化	195

表 a	《中国现代化报告》的国家分组	198
表 b	第一次现代化的评价指标和评价标准（1960年工业化国家指标平均值）	199
表 c	第一次现代化信号指标的划分标准和赋值	200
表 d	第二次现代化评价指标	201
表 e	第二次现代化信号指标的标准和赋值	203
表 f	综合现代化评价指标	204

综述　交通现代化的新趋势和新选择

交通是现代生活的旅伴,运输是国民经济的基础。广义而言,交通是交通和运输的统称,指人和(或)物从一个时空移动到另一个时空,它要求安全、高效、准时、便捷、舒适、成本可接受等。交通设施和交通服务具有"准公共产品"的特点,交通发展需要政府和市场的联合推动。交通现代化是交通领域的现代化,其主要目的是提高交通的安全性、高效性、准时性、便捷性、舒适性、可及性、可达性、环境友好性等。从社会生产力的水平和结构角度来看,人类社会的发展,大致经历原始社会、农业社会、工业社会和知识社会四个阶段;在不同阶段,交通技术和交通方式有很大的不同,交通需求和交通模式亦与时俱进。18世纪工业革命以来,人类文明的世界前沿从农业社会走向工业社会;20世纪知识革命(含信息革命)以来,人类发展的世界前沿从工业社会走向知识社会。与此同时,交通发展的世界前沿,从农业社会的传统交通走向工业社会的机械化和电气化的现代立体交通,然后走向知识社会的信息化和绿色化的综合智能交通。交通现代化既有普遍规律和共性特点,也有时代和国别差异,具有需求和模式多样性等。交通现代化研究兼具理论和实践意义。

交通现代化既是世界现代化的重要组成部分,也是中国现代化的一个重要目标。早在20世纪50年代,中国政府就提出建设现代化交通运输业的战略目标。20世纪80年代以来,中国交通运输建设取得巨大成就,部分交通指标,如高铁线路比例等,已走到世界前列,为国家现代化建设提供了强力支撑。2019年,《交通强国建设纲要》发布,《交通强国战略研究》出版。本报告着重从交通需求和定量分析角度,分析世界交通现代化的基本事实和发展趋势,探讨21世纪中国交通现代化的理性选择。由于篇幅有限,本报告聚焦交通现代化的共性和规律性,其多样性留待专题研究。

一、交通现代化的研究对象和分析框架

交通现代化的研究对象是交通领域的现代化,涉及交通领域的内部要素和相互关系,及其外部要素和相互作用,同时与国民经济、社会生活、科技发展和国际环境紧密相关。交通现代化的分析框架,可以根据交通规律和政策需要而构建。本报告从交通需求角度,聚焦交通内部变迁,构建一种交通现代化的分析框架。

1. 交通现代化的研究对象

其一,基本概念。交通现代化涉及多个基本概念,例如,交通、运输、交通领域、交通体系、交通服务、交通产业、交通经济、交通效率、交通治理、现代化和交通现代化等。其中,许多概念没有标准定义。下面介绍几个"操作性界定"。

- 交通和运输。根据有关词典,交通指人和(或)物沿着线路的移动;运输指利用工

具实现人和(或)物的时空转移。为便于叙述,在本文里,交通有狭义和广义的概念:狭义交通如前所述;广义交通是交通和运输的统称,涉及交通(狭义)、运输、仓储和邮政服务等。在下文中,如果没有特别说明,"交通"采用其广义概念。

- 交通体系。指交通要素构成的开放体系,包括交通要素单元和相互关系等。它可分为若干子系统,子系统划分有多种方法。如按交通方式划分,可分为公路运输、铁路运输和航空运输体系等;从交通治理角度划分,可分为交通物理体系、交通服务体系和交通治理体系等(图 A);从空间角度划分,可分为地区、国内和国际交通体系等。

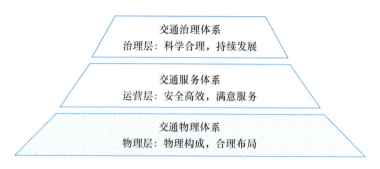

图 A 交通体系(广义)的分层结构模型(示意图)

注:交通物理体系(transport physical systems)指交通体系的物理构成子系统,是交通体系的物理基础。交通服务体系(transport service systems)指交通体系的动态运营子系统,是交通体系的社会经济功能的实际表现。交通治理体系(transport governance systems)指交通体系的综合治理子系统。

- 广义和狭义交通体系。广义交通体系如上所述,是交通要素构成的开放体系,包括三个层次的子系统(图 A)等;狭义交通体系指交通物理体系,是与经济发展和社会生活的交通需求相适应的交通工具和交通设施组成的开放体系,涉及运输需求、交通工具、交通设施和交通网络等(表 A)。在下文中,"交通体系"一般采用其狭义概念。

表 A 交通体系(狭义)的分析维度和主要组成

分析维度	主要组成
运输需求	客运、货运、客货混运
交通工具	现代工具(汽车、火车、飞机、轮船、管道等)、智能工具(无人机、机器人等)、其他工具或方法(邮递、快递等)
交通设施	物理设施(公路、铁路、航空、水路、管道运输的相关物理设施)、信息设施(交通管理信息系统、物联网等)、其他设施等(仓储、邮局、海关、能源设施等)
交通网络	国内交通网(城市交通网、城际交通网、城乡交通网、农村交通网)、国际交通网,干线网、支线网、地区网等

- 现代化。指18世纪工业革命以来人类发展的世界前沿,以及追赶、达到和保持世界前沿水平的行为和过程;它包括从传统文明向现代文明的范式转变,以及人的全面发展和自然环境的合理保护等。

- 交通现代化。是交通领域现代化的简称,指18世纪工业革命以来交通发展的世界前沿,以及追赶、达到和保持世界前沿水平,同时适应和满足经济发展和社会生活的交通需求的行为和过程;它包括从传统交通向现代交通和综合智能交通的范式转变,以及交通技术、交通效率、交通质量、交通满意度和环境友好性的提升等。

其二,研究对象。从时空角度看,本报告研究对象为世界和中国的交通现代化,覆盖全球131个国家和96%的人口,时间跨度约为300年(1750~2050年)。从内容角度看,本报告研究对象可分为三个层次,即交通体系现代化、交通服务现代化和综合治理现代化,每个层次又涉及若干研究主题和分析维度(表B)。

表B 交通现代化研究的层次、研究主题和分析维度

层次	研究主题	亚主题	分析维度	关键理念
交通体系现代化	交通体系	交通体系	运输需求、交通工具、交通设施、交通网络	先进性、便捷性、可及性、可达性
交通服务现代化	交通服务	交通行为 交通产业 交通经济	私人交通、公共交通、商业交通、特殊交通 产业水平、产业效率、产业质量、质量管理 产业结构、就业结构、需求结构、交通强度	合理性、准时性、舒适性、便利性、经济性、满意度
综合治理现代化	交通效率 交通治理	交通效率 交通治理	交通科技、智能交通、交通环境(生态环境)、交通能源、交通安全 人力资源、交通制度、交通观念、交通建设、交通维护	高效性、安全性、稳定性、灵活性、环境友好、可持续

注:研究主题与分析维度的对应关系是相对的;有些分析维度与多个研究主题有关,从不同角度看可归入不同研究主题。为便于分析,一个分析维度对应一个研究主题。例如,运输需求既与交通体系有关,也与交通服务(交通经济)有关;交通环境(生态环境)既与交通效率有关,也与交通治理有关等。本报告从交通需求角度进行定量分析,并聚焦交通内部变迁。本表的分层结构、研究主题和分析维度的划分,主要适用于本报告。

2. 交通现代化的分析框架

其一,基本假设。交通现代化涉及4个主题(图B);4个主题的现代化水平,大致反映交通现代化水平;其中,每个主题涉及若干亚主题和分析维度。根据发展趋势和研究需要,本报告选择6个亚主题和26个分析维度进行分析(表B)。

图B 交通现代化研究的分析模型(车轮模型)

其二,分析框架。综合考虑重要性、可比性、数据可获得性等,本报告选择100个指

标构成交通现代化研究的指标体系(表 C)。交通现代化的 3 个层次、4 个主题、6 个亚主题、26 个分析维度和 100 个指标,构成本报告的分析框架(表 D)。

表 C 交通现代化研究的指标体系

单位:个

项目	水平指标	特征指标	状态指标	合计	其中,合理值指标
交通体系	14	10	8	32	9
交通服务	14	8	22	44	10
综合治理	7	7	10	24	1
合计	35	25	40	100	20

注:合理值指标是指指标数值的变化不会无限增大或减小,而是存在一个合理值。

表 D 交通现代化研究的分析框架

单位:个

项目	层次	主题	亚主题	分析维度	核心指标
内容和数量	物理层:交通体系	交通体系	交通体系	4	32
	运营层:交通服务	交通服务	交通行为	4	5
			交通产业	4	15
			交通经济	4	24
	治理层:综合治理	交通效率	交通效率	5	12
		交通治理	交通治理	5	12
合计	3	4	6	26	100

注:本报告着重从交通需求角度对交通内部变迁进行定量分析。本表的分析框架主要适用于本报告。

3. 交通现代化研究的数据来源

本报告中交通现代化研究的基础数据,主要来自世界银行《世界发展指标》(WDI)数据库、经济合作与发展组织(简称"经合组织",OECD)的统计数据库、米切尔的《帕尔格雷夫世界历史统计》、麦迪森的《世界经济千年史》和《中国统计年鉴》等。不同来源的交通数据有差别,在报告正文中将标注每个指标的数据来源。

二、世界交通现代化的发展趋势

18 世纪以来蒸汽机、内燃机和电动机的发明和应用,彻底改变了交通体系和交通模式;20 世纪以来计算机、互联网和移动通信的发明和应用,深刻改变了交通结构和交通观念。工业时代的工业化和城市化,促进交通体系和交通产业的蓬勃发展;知识时代的信息化和绿色化,促进交通体系和交通经济的转型升级(表 E)。从发达国家典型交通指标的变化趋势看,交通现代化既有规律性又有多样性(表 F)。

表 E 世界交通现代化的前沿进程的两大阶段

项目	工业时代的交通现代化	知识时代的交通现代化
大致时间	1760~1970 年	1970~2100 年
基本内涵	从传统平面交通向现代立体交通的转变	从现代立体交通向综合智能交通的转变
	交通体系建立,主要适应发展需要	交通体系转型,更多适应社会需求

(续表)

项目	工业时代的交通现代化	知识时代的交通现代化
道路运输	交通工具改变,机动车取代牛车、马车等	人均轿车数量和高速公路比例增加,趋向合理值
铁路运输	19世纪20年代诞生,并快速发展	人均铁路里程下降,部分国家高铁比例增加
水路运输	交通工具改变,机动船取代帆船、人力船	人均内陆水运周转量先升后降,人均集装箱海运量上升
航空运输	20世纪初诞生,持续和快速发展	人均航空客运量增加,人均航空货运周转量趋向合理值
管道运输	19世纪诞生,20世纪快速发展	国别差异大,部分国家人均管道运输周转量下降
交通产业	交通产业比例先升后降	交通产业比例下降,趋向合理值
交通经济	快速发展,国民经济增长的动力之一	转型升级,信息化、绿色化和智能化

注:根据世界科技史(宋健 等,1994;王鸿生,1996)和网络资料整理,工业时代交通工具和交通设施发明的大致时间分别为:汽船(1807年)、蒸汽机车(1814年)、铁路(1825年)、地铁(1863年)、管道运输(1865年)、汽车(1769～1885年)、飞机(1903年)、高速公路(1932年)、集装箱运输(1920～1956年)、高速铁路(1964年)等。

表F 发达国家典型交通指标的发展趋势

项目	指标和单位	1990	2000	2010	2020	2035	2050
交通体系							
运输需求	人均国内客运周转量/(人公里)	11 763	12 799	13 515	14 313	15 556	17 475
	人均国内货运周转量/(吨公里)	6715	7716	7090	6572	5817	5634
	人均国内航空客运量/人次	0.84	1.20	1.39	1.81	2.41	3.89
	人均国内航空货运周转量/(吨公里)	57.2	87.1	90.8	92.8	97.6	102.5
交通工具	每千居民拥有的轿车数量/辆	411[a]	452	469	491	522	536
	每千居民拥有的货车数量/辆	—	126	138	170	208	224
	每千居民的铁路客位数/个	18.5[b]	19.1	18.1	16.8	15.4	14.4
	每千居民定期航班客位数/个	—	765[d]	869	1210	1427	1613
交通设施	交通设施数字化指数/(%)	—	—	76.3[g]	82.0	95.2	100
交通网络	公路连通性指数/(%)	—	—	87.5[h]	88.4	95.2	100
交通服务							
交通行为	人均轿车交通里程/公里	6849	7822	8210	8850	9659	11 487
交通产业	人均交通产业增加值/美元	930	1192	1717	1885	2266	2544
	交通产业劳动生产率/美元	43 094	50 405	75 277	77 384	102 811	129 601
	公路客运密度/(千人公里/公里)	913[a]	958	977	1034	1088	1190
	铁路客运密度/(千人公里/公里)	1503[b]	1933	2516	3091	3646	4093
	城市交通满意度/(%)	—	—	77.2[f]	82.9	91.4	95.9
交通经济	交通产业增加值比例/(%)	4.55	4.26	4.30	4.31	4.32	4.18
	交通产业劳动力比例/(%)	5.31	5.13	4.99	5.06	4.96	4.75
	单位GDP的客运周转量/(人公里/千美元)	602	449	343	264	177	115
	单位GDP的货运周转量/(吨公里/千美元)	311	243	165	108.8	59.8	39.1
综合治理							
交通效率	交通研发投入比例/(%)	—	—	0.18[e]	0.226	0.278	0.341
	人均交通二氧化碳排放量/吨	2.76[a]	2.90	2.56	2.51	2.21	2.24
	单位GDP的交通能耗/(克标准油/国际美元)	44.9	33.0	22.0	15.4	8.6	5.3
	人均机动车的能耗/吨	0.88[a]	0.90	0.74	0.71	0.58	0.55
	公路交通事故致伤率/(人/10万人)	513	512	357	310	204	185

（续表）

项目	指标和单位	1990	2000	2010	2020	2035	2050
交通治理	车辆100万里程交通事故致死率/(人/100万里程)	13.94^a	10.97	6.01	4.98	2.54	1.38
	道路运输车辆税/(美元/年)	1554^c	2031	1750ⁱ	1877	1850	1901
	道路运输燃油税/(美元/升)	0.48^c	0.47	0.74ⁱ	0.54	0.44	0.32
	人均交通基础设施投资/美元	393^b	373	319	332	293	258
	公路基础设施维护占总支出比例/(%)	24.3^b	25.4	28.1	28.3	28.8	29.2

注：发达国家交通指标的发展趋势可大致反映世界交通现代化的发展趋势。发达国家交通指标的数值，一般为高收入国家平均值或美、日、英、法、德五国指标数值的算术平均值。当交通供求基本平衡时，运输需求可用客运和货运周转量来反映。指标名称和单位多数采用其英文原文的中文翻译（附表1-1-1），1990～2010年指标数据来源见附表1-1-2。2020～2050年数据为预测值，属于情景分析，仅供参考。预测方法是：以2018年或最近年指标数值为起点值，按2010～2018年、2000～2018年和1990～2018年的年均增长率，分别预测2020年值、2035年值和2050年值，部分指标的预测增长率有调整。时间标注：a为1994年，b为1995年，c为1998年，d为2004年，e为2011年，f为2013年，g为2014年，h为2018年，i为2008年和2012年的平均值。

1. 世界交通体系的发展趋势

没有工业革命和交通技术进步，就没有现代交通和交通体系。大体而言，发达国家交通体系的演变可以分为两大阶段。第一阶段：交通体系的形成和发展，大致时间为18世纪60年代至20世纪60年代；第二阶段：交通体系的转型和升级，大致时间为20世纪70年代以来。交通体系的形成和演变，与交通技术发明和应用、交通需求和观念变化紧密相关，与国家地理特征、国家大小、人口和经济密度、发展阶段和国际环境紧密相关。交通体系的发展和转型，既有共性也有多样性。

- 运输需求。交通行业是一种服务行业，交通发展与交通需求紧密相关。当交通供求基本平衡时，运输需求可大致用人均国内客运周转量和人均国内货运周转量来反映。在1800～2018年期间，人均国内客运周转量上升，人均国内货运周转量先升后降。其中，人均国内公路客运周转量和人均国内铁路客运周转量、人均国内航空客运量上升；人均国内公路货运周转量、人均国内铁路货运周转量和人均内陆水运货运周转量先升后降，人均管道运输周转量先升后降，人均国内航空货运周转量和人均集装箱海运量上升。

- 交通工具的发明和应用。18世纪以来，工业革命的技术发明和应用彻底改变了交通工具。其一，陆路运输工具，机动车取代牛车、马车和人力车，机动车、火车和铁路成为陆路运输的主要工具，自行车发明和普及，管道运输快速发展。其二，水路交通工具，汽船和轮船逐步取代帆船和人力船，成为水路运输的主要工具，集装箱运输快速发展。其三，航空运输工具，飞机、火箭和飞船成为航空和太空运输的主要工具。其四，城市公共交通工具，包括城市公交车、出租车和城市地铁等，为城市交通提供新选择。

- 交通工具的数量变迁。道路交通：20世纪以来，每千居民拥有的轿车数量、每千居民拥有的货车数量和机动车数量上升，每千居民拥有的轿车数量趋向合理值（图C）；在全部机动车中，2018年，美、日、英、法、德五国的轿车、货车和摩托车的占比分别平均约为70%、20%和5%;近年来,电动车比例和自动驾驶汽车比例上升。铁路交通:19世纪以来,每千居民的铁路客位数先升后降,每千居民的铁路货运装载力存在国际差异,部分国家先升后降,部分国家持续上升。水路运输:19世纪以来,商用汽船总吨数和人均吨数先升后降。航空运输:20世纪以来,每千居民定期航班客位数上升等。

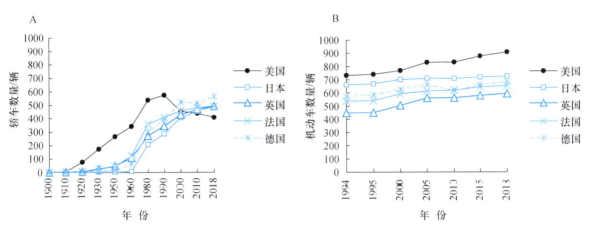

图C 1900~2018年每千居民拥有的轿车数量(A)和机动车数量(B)
数据来源:麦迪森,2003;米切尔,2002;OECD,2021。

- 交通设施。道路交通设施:19世纪以来,公路总长度和每千人高速公路长度增长,20世纪以来,高速公路总长度和每千人高速公路长度增长,后者趋向合理值(图D)。铁路交通设施:19世纪以来,营业铁路总里程和每千人营业铁路里程先升后降(图E),20世纪以来,部分国家的每千人高铁里程和高铁线路比例增长(图F)。航空运输设施:20世纪以来,每100万居民拥有的机场数量增加,并趋向合理值。基础设施质量:21世纪以来,交通设施数字化指数上升,交通基础设施的综合质量提升,但2010年以来,部分国家交通基础设施的综合质量先升后降,国别差异较大等。

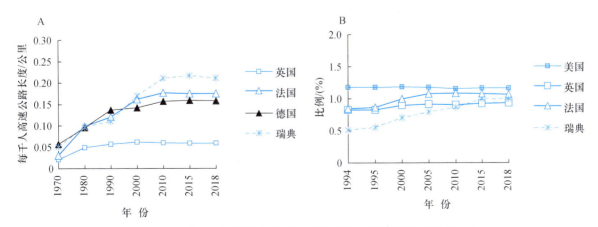

图D 1970~2018年每千人高速公路长度(A)和高速公路比例(B)
数据来源:OECD,2021。

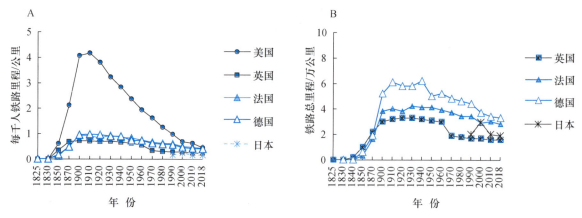

图 E　1825~2018 年每千人营业铁路里程(A)和营业铁路总里程(B)

数据来源：米切尔，2002；OECD，2021。

注：日本 1990 年数据为 1995 年值。

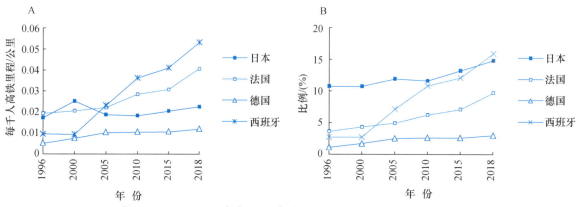

图 F　1996~2018 年每千人高铁里程(A)和高铁线路比例(B)

数据来源：OECD，2021。

注：日本、德国 2018 年数据分别为 2017 年和 2016 年值。

- 交通网络。公路网络：19 世纪以来，公路密度上升，趋向合理值；20 世纪以来，高速公路比例上升（图 D），趋向合理值；公路连通性指数上升，农村交通可及性提高。铁路网络：19 世纪以来，铁路密度先升后降；20 世纪以来，部分国家高铁线路比例上升（图 F）。航空网络：20 世纪以来，机场密度上升，趋向合理值等。
- 交通体系的前景预测。未来 30 年，运输需求：人均国内客运周转量将上升并趋向合理值，人均国内货运周转量下降，人均国内航空货运周转量趋向合理值。交通工具：每千居民拥有的轿车数量和货车数量、每千居民的铁路客位数、每千居民的铁路货运装载力和每千居民定期航班客位数都将趋向合理值，电动车比例和自动驾驶汽车比例上升。交通设施：每千人高速公路长度、每千人高铁里程、每 100 万居民拥有的机场数量等将趋向合理值，交通设施数字化和智能化程度提升，交通基础设施的综合质量改善，但国别差异大。交通网络：公路密度、高速公路比例、铁路密度、高铁线路比例和机场密度等将趋向合理值，公路连通性、机场连通性、农村交通可及性等继续提高等。

2. 世界交通服务的发展趋势

交通服务是服务活动的一种表现形式。一般而言，服务活动是一个交互过程，服务生产和服务消费往往同时发生。如果交通服务不涉及市场交易，那么它是一种非经济行为。如果交通服务以市场交易为前提，那么它属于服务业。18世纪以来，世界交通服务发生了深刻变化，这些变化涉及交通行为、交通产业和交通经济等，关于交通产业和交通经济的认识在逐步深化。

- 交通行为。1970年以来，私人交通：人均轿车交通里程增加，2018年达到8718人公里；商业交通：人均客车公路客运周转量先降后升，2018年达到962人公里。1970～2018年，在公路客运中，轿车客运占比从约82%上升到约93%，客车客运占比从约20%下降到约7%（图G）。城市交通行为具有多样性，2018年，公共交通出行约占33%。

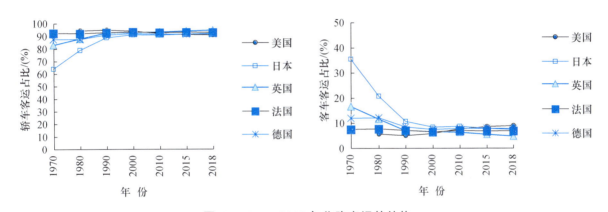

图 G　1970～2018年公路客运的结构

数据来源：OECD，2021。

- 交通产业。1970～2018年，人均交通产业增加值上升，2018年达到1850美元；交通产业劳动生产率上升，2018年达到76 675美元；1994年以来，公路客运密度、铁路客运密度和铁路货运密度上升，公路货运密度先升后降；机动车单车公路运行里程下降；2007年以来，物流绩效指数在波动；2013～2017年，城市交通满意度在波动等。

- 交通经济。18世纪以来，交通产业增加值比例和交通产业劳动力比例先升后降，不同国家的转折点有差别（图H）。1970～2018年，交通产业增加值比例下降，交通产业劳动力比例先升后降，它们都趋向合理值；2018年，美、日、英、法、德五国交通产业增加值比例平均值和交通产业劳动力比例平均值分别约为4.3%和5.0%（图H）。1994～2018年，在陆路客运总量中，公路客运占客运总量比例从约89%下降到约87%，铁路客运占客运总量比例从约11%上升到约13%；在陆路货运总量中，公路货运占货运总量比例从约69%上升到约75%，铁路货运占货运总量比例从 18% 上升到约 20%（图 I）等。

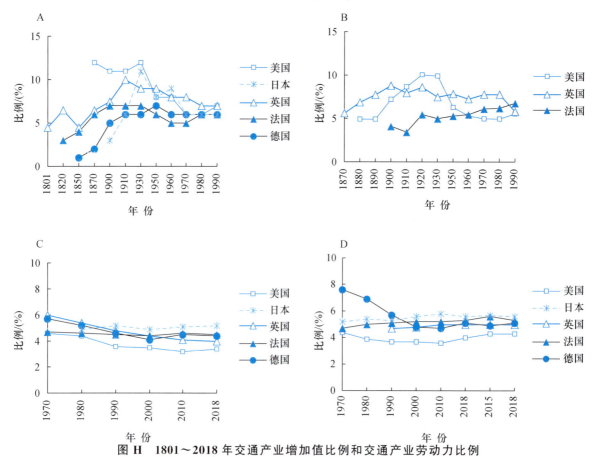

图 H　1801～2018 年交通产业增加值比例和交通产业劳动力比例

数据来源：米切尔，2002；OECD，2015，2018，2021。

A. 交通产业增加值比例；B. 交通产业劳动力比例，其中，交通产业数据包含交通和通信数据；C. 交通产业增加值比例，其中，英国和德国 1970 年和 1980 年数据为估计值，德国 1990 年数据为 1991 年值；D. 交通产业劳动力比例，其中，英国 1990 年数据为 1995 年值，德国 1970 年和 1980 年数据为估计值，德国 1990 年数据为 1991 年值。

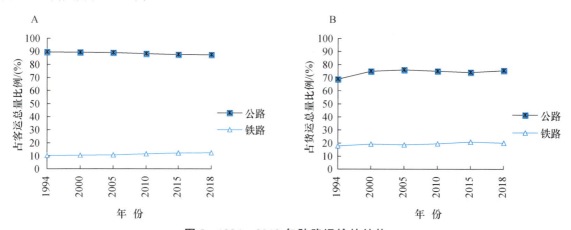

图 I　1994～2018 年陆路运输的结构

数据来源：OECD，2021。

A. 陆路客运结构；B. 陆路货运结构，数据为美、日、英、法、德五国平均值。

- 交通经济的内部结构。根据《所有经济活动的国际标准行业分类(修订本第4版)》(简称《国际标准行业分类》),运输和储存产业包括陆路运输与管道运输、水上运输、航空运输、运输的储存和辅助活动、邮政和邮递活动五个子行业。首先,增加值结构:在1990~2018年期间,陆路运输与管道运输占比下降、水上运输占比先升后降、航空运输占比波动、运输的储存和辅助活动占比上升、邮政和邮递活动占比下降(图J);2018年,其占比分别约为42%、4%、9%、32%和12%。其次,劳动力结构:在1990~2018年期间,陆路运输与管道运输占比下降、水上运输占比下降、航空运输占比先升后降、运输的储存和辅助活动占比上升、邮政和邮递活动占比下降(图J);2018年其占比分别约为48%、1%、5%、27%和19%。

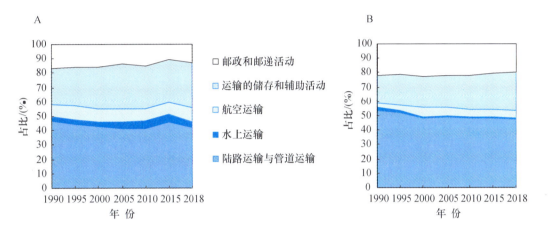

图J 1990~2018年交通产业(运输和储存产业)的内部结构

数据来源:OECD,2018,2021。
A. 产业增加值结构;B. 劳动力结构,数据为美、英、法、德四国平均值。

- 国民经济的交通强度。1970~2018年,单位GDP的客运周转量和单位GDP的货运周转量下降,2018年分别为278人公里/千美元和118吨公里/千美元。1994~2018年,单位GDP的公路客运周转量下降,单位GDP的铁路客运周转量先升后降;单位GDP的铁路货运周转量、内陆水运货运周转量、管道货运周转量下降,单位GDP的公路货运周转量、单位GDP的航空货运周转量先升后降等。
- 交通服务的前景预测。未来30年,交通行为:人均轿车交通里程和客车公路客运周转量将继续增加,轿车客运占比保持在90%以上,城市交通行为具有多样性。交通产业:人均交通产业增加值将上升和可能趋向合理值,交通产业劳动生产率继续提高,公路和铁路客运密度上升,物流绩效指数波动。交通经济:交通产业增加值比例和交通产业劳动力比例下降并趋向合理值,单位GDP的客运周转量和单位GDP的货运周转量下降等。

3. 世界交通效率的发展趋势

交通效率是交通领域的核心问题,几乎涉及所有交通要素及其相互关系。它既与交通体系、交通服务和交通治理紧密相关,又与交通科技、智能交通、交通环境、交通能源和交通安全密切相关。这里简要讨论后者的发展趋势。

- 交通科技和智能交通。近年来,交通研发投入比例上升,自动驾驶汽车比例上升。
- 交通环境。1994年以来,交通二氧化碳排放量占比上升,人均交通二氧化碳排放量先升后降,单位GDP的交通二氧化碳排放量下降等。
- 交通能源。1990年以来,单位GDP的交通能耗下降。1994年以来,单位GDP的机动车能耗下降,人均机动车的能耗先升后降等。
- 交通安全。1970~2018年,公路交通事故的致伤率下降。1994年以来,机动车的公路交通致死率、车辆100万里程交通事故致死率下降等。
- 交通效率的前景预测。未来30年,交通研发投入比例将趋向合理值,自动驾驶汽车比例将快速上升;人均交通二氧化碳排放量和单位GDP的交通二氧化碳排放量将下降,单位GDP的交通能耗和人均机动车的能耗将下降,公路交通事故的致伤率和机动车的公路交通致死率将下降等。

4. 世界交通治理的发展趋势

世界交通治理的影响因素非常多。有些基本要素,如交通人力资源、交通制度、交通观念、交通建设和交通维护等,同时作用于交通体系和交通服务。

- 人力资源。目前,关于交通人力资源的国际统计数据比较缺乏。
- 交通制度。1998~2012年,道路运输车辆税和道路运输燃油税上升等。
- 交通观念。2005年以来,部分国家电动车比例上升,城市绿色出行受到重视和提倡。
- 交通建设。1995年以来,人均交通基础设施投资和交通基础设施投资占GDP比例下降。
- 交通维护。1995年以来,公路基础设施维护占总支出比例上升,2018年达到约28%。2002年,人均交通基础设施维护费和交通基础设施维护费占GDP比例的国别差异较大。
- 交通治理的前景预测。未来30年,出口清关平均时间缩短,电动车比例将快速上升,城市绿色出行继续受鼓励,人均交通基础设施投资和交通基础设施维护费的国别差异较大等。

5. 世界交通现代化的发展趋势

其一,世界交通现代化的历史进程。

- 在18~21世纪,世界交通现代化大致分为两大阶段。第一次交通现代化是从传统交通向现代交通的转型,大致时间是1760~1970年,主要特点包括机械化、电气化、自动化、标准化、交通体系形成、交通产业比例先升后降等。第二次交通现代化是从现代交通向综合智能交通的转型,大致时间是1970~2100年,主要特点目前包括信息化、绿色化、智能化、便利化、交通体系转型、交通产业比例下降并趋向合理值等。

其二,世界交通现代化的现实水平(2018年)。

- 发展阶段。2018年,世界交通现代化处于两次交通现代化并存的阶段。其中,发达国家进入第二次交通现代化,大部分发展中国家处于第一次交通现代化。
- 国家水平。交通与国家地理特征、资源禀赋、国家大小、人口和经济密度、发展阶段等紧密相关,交通体系和交通服务既有共性又有多样性;部分国家交通统计不完备,交通统计数据难以获取。交通现代化的水平评价面临诸多挑战。世界交通现代化记分牌是世界交通现代化的关键指标的数据和记分的集成(附录一)。基于世界交通现代化记分牌数据,按照几何平均值计算综合得分,根据交通现代化综合得分和交通体系综合得分进行分组,2018年4组国家(发达水平组、中等发达水平组、初等发达水平组和欠发达水平组国家)的数量分别约为18个、18个、30个和65个(附表1-2-2)。其中,具有发达水平的国家是交通发达国家,其他3组国家是交通发展中国家。
- 根据世界现代化的度量衡,全国实现和基本实现现代化的标准分别是达到发达水平和中等发达水平。依据上述标准,2018年18个达到交通发达水平的国家,已经实现交通现代化;18个达到交通中等发达水平的国家,已经基本实现交通现代化。

其三,世界交通现代化的前景分析。

- 未来30年,如果不发生重大意外事件,进入第二次交通现代化的国家将增加,发达国家将先后完成第二次交通现代化;少数交通发达国家有可能降级为发展中国家,部分交通发展中国家有可能晋级成发达国家,全国实现交通现代化。

6. 世界交通现代化的理论研究

其一,交通发展研究的相关理论。关于交通演化理论,重点介绍交通进化理论和运输化理论。关于交通空间布局理论,重点介绍Taaffe模型和点—轴系统理论。关于综合交通发展理论,重点介绍综合交通体系理论和可持续交通理论等。

其二,交通现代化的基本原理。涉及交通现代化的内涵、过程、结果、动力和模式等。从18世纪到21世纪,交通现代化可分为两大阶段,第一次交通现代化是从农业时代的传统交通向工业时代的现代交通的转变,第二次交通现代化是从工业时代的现代交通向知识时代的综合智能交通的转变;21世纪没有完成第一次交通现代化的国家,可采用两次交通现代化协调发展的道路,即综合交通现代化。

7. 世界交通现代化的国际经验和专题分析

其一,国际经验。19世纪以来,不同国家选择不同的交通发展模式,形成不同的交通体系和交通治理体系,积累了丰富经验和教训。本报告从交通制度、交通建设、交通维护、人力资源4个方面,重点介绍欧盟及美国、英国的经验。

其二,专题分析。交通现代化涉及4个研究主题、6个亚主题和26个分析维度(表

B)。本报告选择 6 个分析维度开展专题讨论,它们分别是交通科技、智能交通、交通环境、交通能源、交通安全和城市交通,可提供国际借鉴。

三、中国交通现代化的理性选择

20 世纪以来,交通现代化一直是中国现代化建设的一项重点任务。在 1919 年出版的《建国方略》中,孙中山先生提出了"实业计划",包括修建铁路、公路和现代港口等。1954 年,周恩来总理在第一届全国人大《政府工作报告》中提出建设强大的现代化交通运输业的战略目标。改革开放特别是 21 世纪以来,中国交通建设取得巨大成就(表 G),部分交通指标(如高铁线路比例等)已走到世界前列,为我国现代化建设提供了强大支撑。2019 年,《交通强国战略研究》提出了中国交通发展的战略设想,《交通强国建设纲要》勾画了中国交通发展的宏伟蓝图。

2020 年,中国进入全面建设现代化国家的新阶段,中国交通现代化面临新机遇和新挑战。从全球范围看,中国交通现代化是一种后发追赶型现代化,它既要借鉴先行国家的成功经验,又要面对新的国际环境。我们认为,未来 30 年,中国可以选择综合交通现代化路径,制定交通现代化路线图,全面建设交通现代化强国。

表 G 中国典型交通指标的发展趋势

项目		指标和单位	1990	2000	2010	2020	2035	2050
交通体系								
运输需求		人均国内货运周转量/(吨公里)	1540	2119	7035	11 882	11 731	9180
		人均国内公路货运周转量/(吨公里)	286	478	3191	5551	5481	4876
		人均国内铁路货运周转量/(吨公里)	936	1091	2067	2073	2104	2036
		人均国内铁路客运周转量/(人公里)	230	359	655	1149	1967	2575
		人均国内航空客运量/人次	0.01	0.05	0.20	0.54	1.18	2.10
交通工具		每千居民拥有的轿车数量/辆	0.2	2.9	37.3	165	312	507
		每千居民拥有的货车数量/辆	3.2	5.7	11.9	20.6	56.1	134.2
		每千居民的铁路客位数/个	—	4.5[c]	2.7	3.8	8.6	15.1
		每千居民定期航班客位数/个	—	35[d]	45	104	250	462
交通网络		公路连通性指数/(%)	—	—	88.4[f]	89.3	96.2	100
交通服务								
交通产业		人均交通产业增加值/美元	22	59	207	487	1053	2151
		交通产业劳动生产率/美元	1558	3668	25 045	36 971	56 529	82 759
		公路货运密度/(千吨公里/公里)	327	365	1083	1560	1350	770
		铁路货运密度/(千吨公里/公里)	18 346	20 044	30 312	21 017	13 039	9734
		铁路客运密度/(千人公里/公里)	4512	6598	9608	11 089	12 721	13 861
		物流绩效指数:货物在计划或预期时间内到达收货人的频率(指数)	—	3.7[e]	3.9	3.9	4.1	4.4
交通经济		交通产业增加值比例/(%)	6.2	6.2	4.6	4.4	4.3	4.3
		交通产业劳动力比例/(%)	2.4	2.8	1.5	2.5	3.5	4.9
		单位 GDP 的货运周转量/(吨公里/千美元)	1619	738	773	684	418	190
		单位 GDP 的铁路客运周转量/(人公里/千美元)	644[a]	374	144	94	51	38

(续表)

项目	指标和单位	1990	2000	2010	2020	2035	2050
综合治理							
交通效率	自动驾驶汽车比例/(%)	—	—	0.03^h	0.25	9.5	64.0
	单位GDP的交通二氧化碳排放量/(千克/国际美元)	0.06^b	0.07	0.05	0.04	0.02	0.02
	单位GDP的交通能耗/(克标准油/国际美元)	27.1	22.7	15.9	14.7	10.0	7.5
	公路交通事故的致死率/(人/10万人)	—	—	18.8^g	17.4	16.1	12.6
交通治理	出口清关平均时间/天	—	—	7.6^f	6.0	3.8	2.4
	电动车比例/(%)	—	—	0.12^h	2.5	16.9	88.2
	人均交通基础设施投资/美元	19^b	39	267	626	745	731
	交通基础设施投资占GDP比例/(%)	1.4^b	2.0	4.9	5.7	3.1	1.5

注：运输需求用人均国内客运周转量和人均国内货运周转量来代表。1990～2010年数据为实际值，数据来源见附表1-1-2。2020～2050年数据为预测值，属于一种情景分析，仅供参考。预测方法是：以2018年或最近年指标数值为起点值，按2010～2018年、2000～2018年和1990～2018年的年均增长率，分别预测2020年值、2035年值和2050年值；同时参考发达国家交通指标的发展趋势，并与其基本保持一致，调整中国部分交通指标的预测增长率。自动驾驶汽车比例（2015年L2级）为估计值。时间标注：a为1994年，b为1995年，c为2001年，d为2005年，e为2007年，f为2012年，g为2013年，h为2015年，i为2018年。

1. 中国交通体系的发展趋势

20世纪80年代以来，中国交通体系建设取得巨大成就。在32个交通指标中，部分指标如高铁线路比例等已达到世界先进水平，部分指标国际差距仍然较大。

- 运输需求。在1980～2018年期间，人均国内客运周转量提高近7倍，人均国内货运周转量增加12倍多。其中，人均国内公路客运周转量、人均国内铁路客运周转量、人均国内航空客运周转量分别提高约8倍、2倍和29倍；人均国内公路货运周转量、人均国内铁路货运周转量、人均国内航空货运周转量分别提高约145倍、0.9倍和146倍；人均管道运输周转量提高约6倍。

- 交通工具的数量变迁。道路交通：1990～2018年，每千居民拥有的轿车数量、每千居民拥有的货车数量和每千居民拥有的汽车数量分别提高约640倍、4.8倍和33倍；近年来，电动车比例和自动驾驶汽车比例上升。铁路交通：2000～2014年，每千居民的铁路货运装载力提高60%。航空运输：2005～2015年，每千居民定期航班客位数提高约1倍等。

- 交通设施。道路设施：1990～2018年，人均公路长度和每千人高速公路长度分别增长了约2.8倍和231倍。铁路设施：1990～2018年，每千人铁路里程增长了85%，2008～2018年，每千人高铁里程增长了约41倍。航空设施：2005～2016年，每100万居民拥有的机场数量增加了54%。基础设施质量：2010～2017年，交通基础设施的综合质量提高。

- 交通网络。公路网络：1990～2018年，公路密度增加了3.7倍，高速公路比例提高了约59倍多。铁路网络：1990～2018年，铁路密度提高了约1.3倍，2008～

2018 年,高铁线路比例提高了约 27 倍。航空网络:2005～2016 年,机场密度提高了 63%。

- 交通体系的前景预测。未来 30 年,运输需求:人均国内客运周转量上升,人均国内货运周转量先升后降,人均国内铁路客运周转量和人均国内航空客运量上升。交通工具:每千居民拥有的轿车数量和每千居民拥有的货车数量、每千居民的铁路客位数和每千居民定期航班客位数上升等,电动车比例和自动驾驶汽车比例继续上升。交通设施:每千人高速公路长度、每千人铁路里程、每 100 万居民的机场数等上升和趋向合理值,交通设施数字化和智能化程度提升,交通基础设施的综合质量改善。交通网络:公路密度、高速公路比例、铁路密度、高铁线路比例和机场密度等上升和趋向合理值,公路连通性、机场连通性、农村交通可及性继续提高等。

2. 中国交通服务的发展趋势

20 世纪 80 年代以来,中国交通服务快速发展,人民生活明显改善。

- 交通行为。2013～2018 年,家庭交通支出比例上升。2015～2018 年,人均客车公路客运周转量下降。城市交通行为具有多样性,2018 年,北京城市公共交通出行约占 36%。
- 交通产业。1990～2018 年,人均交通产业增加值提高了约 19 倍,交通产业劳动生产率提高了约 21 倍。1990～2018 年,公路货运密度上升,铁路客运密度和铁路货运密度上升。2007～2018 年,物流绩效指数提高。
- 交通经济。1990～2018 年,交通产业增加值比例下降,交通产业劳动力比例波动。1994～2018 年,在陆路货运总量中,公路货运占货运总量比例从约 19% 上升到约 47%,铁路货运占货运总量比例从约 55% 下降到约 19%。
- 国民经济的交通强度。1990～2018 年,单位 GDP 的客运周转量和单位 GDP 的货运周转量分别下降。1994～2018 年,单位 GDP 的铁路客运周转量和单位 GDP 的航空客运量下降;单位 GDP 的铁路货运周转量、单位 GDP 的内陆水运货运周转量、单位 GDP 的管道货运周转量下降。
- 交通服务的前景预测。未来 30 年,交通行为:人均轿车交通里程增加,城市交通行为具有多样性。交通产业:人均交通产业增加值上升,交通产业劳动生产率继续提高,公路客运密度和公路货运密度、铁路客运密度和铁路货运密度上升,物流绩效指数上升。交通经济:交通产业增加值比例趋向合理值,交通产业劳动力比例上升并趋向合理值,单位 GDP 的客运周转量和单位 GDP 的货运周转量下降等。

3. 中国交通效率的发展趋势

20 世纪 90 年代以来,中国交通效率明显提高,影响许多方面。

- 交通科技和智能交通。2015年以来,自动驾驶汽车比例提高。
- 交通环境。1995～2018年,交通二氧化碳排放量占比增加了约1.2倍,人均交通二氧化碳排放量增加了5倍多,单位GDP的交通二氧化碳排放量下降。
- 交通能源。1990～2018年,单位GDP的交通能耗下降。
- 交通安全。2013～2016年,公路交通事故的致死率略有下降,2005～2018年,公路交通事故的致伤率下降。
- 交通效率的前景预测。未来30年,交通研发投入比例趋向合理值,自动驾驶汽车比例快速上升;人均交通二氧化碳排放量先升后降,单位GDP的交通二氧化碳排放量下降,单位GDP的交通能耗下降,公路交通事故的致死率下降等。

4. 中国交通治理的发展趋势

20世纪90年代以来,中国交通治理进步明显,涉及诸多因素。

- 交通制度。2012年,出口清关平均时间约为7.6天等。
- 交通观念。2015年以来,电动车比例上升,城市绿色出行受到重视。
- 交通建设。1995～2018年,人均交通基础设施投资增长了25倍多,交通基础设施投资占GDP比例增长了3倍多。
- 交通治理的前景预测。未来30年,出口清关平均时间下降,电动车比例快速上升,人均交通基础设施投资趋向合理值,人均交通基础设施维护费增加等。

5. 中国交通现代化的发展趋势

其一,中国交通现代化的历史进程。

- 中国交通现代化起步比发达国家晚了约百年。中国交通现代化的发端,可以追溯到19世纪中后期,大致是19世纪60～80年代。
- 19世纪以来,中国交通现代化进程大致分为3个阶段,即清朝末年的交通现代化起步、民国时期的局部交通现代化、新中国的全面交通现代化。
- 基于世界交通现代化记分牌数据,按照几何平均值计算交通现代化综合得分和交通体系综合得分并进行国家分组,2010～2018年,中国属于交通发展中国家,具有交通初等发达水平,2018年已接近交通中等发达水平。

其二,中国交通现代化的现实水平(2018年)。

- 国家水平。中国属于一个交通发展中国家,大致处于交通初等发达国家的前列。
- 指标水平。中国交通指标发展不平衡。2018年可以判断发展水平的42个交通指标水平大致是:3个指标为发达水平,8个指标为中等发达水平,19个指标为初等发达水平,12个指标为欠发达水平。其中,高铁线路比例(表H)和高速公路比例(表I)已达世界先进水平。

表 H　2018 年中国铁路交通指标的国际比较

国家	每千人铁路里程/公里	每千人高铁里程*/公里	高铁线路比例*/(%)	铁路密度/(公里/百平方公里)
中国	0.095	0.021	22.7	1.4
韩国	0.081	0.017	21.1	4.3
西班牙	0.334	0.053	15.9	3.1
日本	0.151	0.022	14.8	5.2
法国	0.422	0.041	9.7	5.2
比利时	0.316	0.018	5.8	11.9
土耳其	0.125	0.007	5.8	1.3
意大利	0.278	0.015	5.4	5.7
德国	0.403	0.012	3.0	9.6
荷兰	0.186	0.005	2.8	9.5
奥地利	0.550	0.007	1.4	5.9

数据来源见附表 1-1-2。

注：* 日本和奥地利数据为 2017 年值，德国数据为 2016 年值。在可获得高铁线路比例统计数据的 11 个国家中，2018 年中国该指标排名第 1 位。

表 I　2018 年中国公路交通指标的国际比较

国家	每千人公路里程/公里	每千人高速公路长度*/公里	高速公路比例*/(%)	公路密度/(公里/百平方公里)
中国	3.48	0.102	2.94	50
克罗地亚	6.54	0.321	4.91	48
斯洛文尼亚	7.74	0.301	3.89	100
保加利亚	2.83	0.108	3.81	18
意大利	4.07	0.115	2.82	84
瑞士	8.43	0.172	2.04	181
荷兰	7.93	0.160	2.02	406
奥地利	11.52	0.197	1.71	158
土耳其	3.04	0.035	1.15	32
法国	16.38	0.174	1.06	199
英国	6.18	0.058	0.93	175

数据来源见附表 1-1-2。

注：* 意大利数据为 2017 年值。在可获得高速公路比例统计数据的 29 个国家中，2018 年该指标排名前 6 位的国家依次是：以色列、葡萄牙、克罗地亚、斯洛文尼亚、保加利亚、中国。其中，以色列和葡萄牙两国每千人高速公路长度指标没有数据。

其三，中国交通现代化的前景分析。

- 未来 30 年，如果不发生重大意外事件，如果保持过去 18 年的年均增长率，中国有可能先后达到交通中等发达水平和交通发达水平，全国实现交通现代化。

- 未来30年,中国交通现代化将面临诸多挑战。一是环境挑战,要努力降低交通二氧化碳排放量,为实现"碳达峰""碳中和"的国家目标做贡献。二是能源挑战,要提高交通能源使用效率,降低单位GDP的交通能耗和交通能源强度。三是社会挑战,中国老龄人口比例将持续上升,交通发展要适应老龄化社会的需求。四是补齐短板,交通领域存在一些短板需要克服,如部分地区交通能力不足、部分城市交通堵塞较严重、部分地区道路连通性不够好等。五是抓住新科技革命和新产业革命的机遇,促进智能交通和自动驾驶等新技术的发展和应用等。

6. 中国交通现代化的路线图

中国交通现代化路线图是交通现代化的目标、路径和措施的一种系统集成。

(1) 战略目标

高标准实现交通现代化,全面建成"用方满意、供方满意、人民满意"的现代化交通强国,交通体系、交通服务、交通效率和交通治理等达到世界先进水平,交通体系质量、交通服务质量和交通满意度等达到世界前沿水平。

- 在2025年前后,部分(地区和方面)实现交通现代化,部分达到世界先进水平;
- 在2035年前后,全国基本实现交通现代化,基本建成现代化交通体系和交通强国;
- 在2050年前后,全国实现交通现代化,全面建成人民满意的现代化交通强国。

(2) 运河路径

瞄准交通领域的未来世界前沿,加速向现代立体交通和综合智能交通转型;坚持"以人为本、安全高效、绿色发展"三个原则,大力推进交通领域的信息化、智能化、绿色化、便利化、国际化和技术进步,大幅降低单位GDP的交通能耗和交通二氧化碳排放量,积极倡导绿色生活和大幅提高绿色出行比例,迎头赶上未来世界交通前沿水平;在2035年以前达到交通中等发达水平,基本建成交通强国;在2050年左右达到世界交通先进水平,全国实现交通现代化,全面建成现代化的交通强国;在21世纪下半叶达到世界前沿水平,交通体系、交通服务、交通效率、交通安全和交通治理等达到发达国家平均水平,高质量实现交通现代化。

(3) 政策建议

按照"三个满意、四个要点、六个提高、八个改进"的战略布局(图K)协调推进。建议未来30年,以交通需求为导向,以交通服务为中心,以交通体系为优先,以交通创新为动力,以交通治理为保障,全面推进交通现代化。

下面简介关于交通体系、交通服务、交通效率和交通治理现代化的政策建议,相关措施主要摘自第三章第四节中的"中国交通现代化的战略要点与重点任务"。

其一,交通体系现代化是优先领域。交通体系现代化是交通现代化的重要基础和前

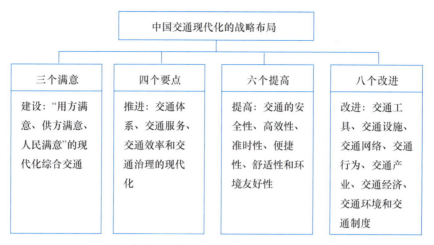

图 K　未来 30 年中国交通现代化的战略布局

提条件,把交通体系摆在优先发展的战略位置是有必要的。建议未来 30 年,优先建设"装备先进、布局合理、全民可及、全域可达"的现代化综合交通体系。

- 优化综合运输骨干通道的网络布局和服务能力。按照国土空间总体规划要求,综合考虑人口密度、经济密度、国土利用、生态环境保护等因素,以国家重大区域发展战略为参照,以城市群和大都市圈为主体形态的经济建设集聚区为重点,着力完善综合运输骨干通道的合理布局,提升交通骨干网络的服务功能等。
- 完善重点区域交通网络和连通性。加大国家战略地带交通网络密度,推进城市群和都市圈交通一体化,加快城际铁路和市域(郊)铁路建设,构建和完善高速公路网络系统,有序推进城市轨道交通发展。继续推动城市市内和市外交通有效衔接和轨道交通"四网融合",提高都市圈交通设施连接性和贯通性等。
- 补齐交通基础设施发展短板。例如,提升欠发达地区对外交通能力,全面梳理和改造铁路能力紧张的"卡脖子"路段,打通公路"断头路",促进各类交通的"无缝衔接",强化交通网络的末端服务能力,完善旅客出行和物流服务的"最后一公里"等。城市公共交通设施的规划和建设,要充分考虑和适应老龄化社会和多样化绿色出行的需要。
- 提升交通基础设施全生命周期质量。推动交通基础设施项目管理从分阶段目标管理向全程质量管理转变。彻底摒除"重建轻养"思想,提倡"建管养运并举",加大交通基础设施管理和养护力度,全面提升交通基础设施安全管理和养护水平。加强先进技术在交通基础设施全程质量管理中的应用等。

其二,交通服务现代化是重中之重。交通发展,以人为本。交通服务,质量第一。建议未来 30 年,重点建设"安全高效、舒适便利、环境友好、三方满意"的现代化和智能化的交通服务体系,交通服务质量和交通满意度等达到世界先进水平。

- 提升客运服务质量。按照满足人民美好生活需要的要求,优化和完善各级各类客运服务系统,提高旅客全程出行美好感受。发展多样化客运服务和无障碍化出行服务,降低客运成本,实现优质客运服务全民可享、全境可达、全途愉快、全员满意等。
- 提升货运服务质量。推进各种运输方式之间的智能化协同,实现信息对接、运力对接、无缝衔接、全程无忧。促进客运和物流信息整合,降低物流成本,优化运输结构等。
- 提升交通服务国际化水平。鼓励交通企业参与国际合作竞争,推进国内国际运输市场深度合作。改善国际交通的社会环境,构建国际化物流服务平台等。

其三,交通效率现代化是关键所在。交通效率和交通安全是交通的生命线,交通科技是交通效率和交通安全的重要决定因素。交通效率和交通技术现代化是关键环节。建议未来30年,抓住新科技革命和新产业革命的契机,全面提升交通科技发展和应用水平,持续降低单位GDP的交通能耗和交通二氧化碳排放量,力争交通技术、交通效率、交通安全和交通绿色发展等达到世界前沿水平。

- 加速先进交通技术装备的研发和应用。强化前沿关键交通科技研发,加快研究和布局新一代交通基础设施网络,加强新型运载工具和特种装备的自主研发,优化交通创新的研发环境,完善适应交通高质量发展的标准体系等。
- 提升交通装备和运载工具智能化水平。积极发展和应用智能高铁、智能道路、智能航运、智能码头、智能仓储和分拣系统等智能化技术装备和交通设施,稳步推进城市轨道交通自动驾驶,推动汽车自动驾驶等。
- 完善智能化交通管理系统。大力开发新一代智能交通管理系统,全面提升交通调度和运输管理智能化水平。推进新一代国家交通信息技术设施研发和智慧公路建设,增强道路网络运行管理能力。推进部门间和运输方式间的交通管理联网、联调等。
- 推动交通技术装备绿色发展。加快构建和完善交通绿色发展政策体系和标准体系。研究制定交通技术装备绿色发展中长期发展战略,推广应用节能环保先进技术,制定和发布交通行业重点节能环保技术和产品推广目录。大力推广应用新能源和清洁能源车船。加强交通基础设施全链条绿色管理,提升交通基础设施绿色发展水平等。

其四,交通治理现代化是基本保障。交通设施和交通服务,具有"准公共产品"的属性,交通治理涉及交通与经济和社会的互动关系。没有交通治理现代化,包括交通治理体系和治理能力的现代化,交通现代化是难以实现的。建议未来30年,重点推进交通观念和交通制度的现代化,全面建设现代化和可持续的交通治理体系。

- 提升交通治理法治化水平。制定和完善综合交通运输相关法规,健全交通法制和体制。全面提升交通运输依法治理能力,完善综合交通运输规划的编制和机制等。
- 健全现代化的交通治理体制机制。建立健全国家层面的综合交通运输发展协调机制,按照权责一致的原则进一步顺各类运输方式的管理部门之间的职责关系和工作协调机制。围绕法治和服务型政府建设,深化综合交通运输管理体制改革。推进治理主体的多元化,营造公平竞争和规范有序的市场环境,充分激发市场主体活力等。
- 保障交通运输的安全发展。完善交通安全责任体系,强化企业主体责任,明确部门监管责任。提升交通基础设施和技术装备安全管理水平,提升交通安全保障能力等。
- 构建和完善现代应急交通体系。全力补齐交通运输应急预案短板,完善交通运输应急协调体制机制,加快推进交通应急基础设施建设,推广交通事故预防预警应急处理等。促进新技术在交通应急管理领域应用,提高交通运输应急处置效率和应对能力等。

四、世界和中国现代化评价

1. 2018 年世界现代化水平

其一,总体水平。2018 年,约有 46 个国家已完成第一次现代化,有 85 个国家尚未完成第一次现代化;其中,28 个国家已进入第二次现代化,101 个国家处于第一次现代化,2 个国家仍处于农业社会;有些原住民仍然生活在原始社会。

其二,国际体系。根据第二次现代化指数分组,2018 年,美国等 21 个国家为发达国家,俄罗斯等 20 个国家为中等发达国家,中国等 37 个国家为初等发达国家,肯尼亚等 53 个国家为欠发达国家;4 组国家分别约占:16.0%、15.3%、28.2%、40.5%。

其三,世界前沿。2018 年,第二次现代化指数排世界前 10 名的国家是:荷兰、丹麦、瑞典、瑞士、比利时、美国、德国、新加坡、爱尔兰、芬兰。

其四,国际追赶。2000~2018 年,根据第二次现代化指数分组,在 131 个参评国家中,有 24 个国家的分组发生了变化,其中,组别上升国家有 10 个,组别下降国家有 14 个。组别上升代表国家水平提高,组别下降代表国家水平下降。

2. 2018 年中国现代化水平

其一,总体水平。2018 年,中国是一个发展中国家,处于发展中国家的中间位置,具有初等发达水平。中国与中等发达国家的差距比较小,但与发达国家的差距仍然较大。依据世界现代化的度量衡,以 1960 年工业化国家平均水平为标准进行定量评价,2018 年,中国人均国民收入等 10 个定量指标全部达标,中国全国平均完成第一次现代化。完成第一次现代化是国家现代化进程的一个里程碑。

其二,世界排名。2018年,中国第二次现代化指数和综合现代化指数分别约为45和48,在131个国家中排名第48位和第65位。2018年,中国第一次现代化指数达到100,第一次现代化指数达到100时排名不分先后。

其三,指标水平。2018年,中国第一次现代化定量评价的10个指标已经达标(标准为1960年工业化国家平均值)。2018年,中国现代化的指标发展不平衡,其中,人均知识产权出口、人均知识产权进口、人均公共教育经费、人均知识创新经费、劳动生产率、人均国民收入、空气质量等指标,与国际差距较大。

3. 2018年中国地区现代化水平

其一,总体水平。2018年,北京等5个地区进入第二次现代化,天津等29个地区处于第一次现代化,局部地区具有传统农业社会的特点。依据世界现代化的度量衡,采用《中国统计年鉴》的面板数据进行评价,北京等12个地区第一次现代化定量评价的10个指标全部达标,第一次现代化指数达到100,已经完成第一次现代化。

其二,水平结构。根据第二次现代化指数的评价结果和水平分组,2018年,北京、上海、香港、澳门和台湾5个地区具有发达水平的特征,天津、江苏、浙江、广东、福建、重庆、山东、湖北8个地区具有中等发达水平的特征,陕西等21个地区具有初等发达水平的特征。中国地区发展不平衡,例如,东部现代化水平高于中部和西部;在许多省市内部,地区差距和城乡差距普遍存在等。

其三,前沿水平。2018年,中国地区(不含港澳台)现代化的前沿已进入第二次现代化的发展期,前沿水平接近发达国家水平的底线,部分指标达到发达国家的门槛。例如,2018年,北京处于第二次现代化的发展期,北京和上海的部分指标(如平均预期寿命等)已接近或达到西班牙和意大利的水平。

其四,国际追赶。基于《中国统计年鉴》等面板数据的评价结果和第二次现代化指数的水平分组,2018年与2000年相比,不考虑港澳台地区,中国有24个地区分组发生了变化,7个地区的分组没有变化。其中,重庆地区从欠发达水平组上升为中等发达水平组,安徽等15个地区从欠发达水平组升为初等发达水平组,江苏等6个地区从初等发达水平组升为中等发达水平组,北京和上海从中等发达水平组升为发达水平组。

交通伴着你和我,运输载着客和物。交通是人类生活的旅伴,运输系统是国民经济的动脉。交通现代化,是社会和经济现代化的组成部分,是国家和地区现代化的关键领域。实现交通现代化,建设交通现代化国家,是我们的期盼和使命。

本报告重点分析世界交通现代化的发展趋势和中国交通现代化的理性选择。其中,定量分析比较翔实,定性分析和理论性分析相对薄弱;基本趋势和共性分析比较系统,国别差异和多样性分析没有展开;城市交通和智能交通是热点问题,但限于篇幅,本报告仅对其做了简要讨论;此外,部分国家特别是发展中国家的交通统计数据不够完备,会产生分析误差等。相关研究结果,需要谨慎对待。

何传启　教授

国际欧亚科学院院士

中国现代化战略研究课题组组长

中国科学院中国现代化研究中心主任

2021 年 5 月 20 日

上 篇

交通现代化研究

交通是现代生活的旅伴,运输是国民经济的基础。

广义交通是交通和运输的统称,狭义交通是人和(或)物沿着线路的移动,运输是人和(或)物的时空转移。交通设施和交通服务具有"准公共产品"的属性,交通产业是一种服务产业,它们与国民经济和社会生活紧密相关。交通现代化是交通领域的现代化,是社会现代化、经济现代化和服务业现代化的重要组成部分,是国家现代化的重要基础。20世纪50年代,中国政府就提出交通运输现代化的战略目标。20世纪80年代以来,中国交通运输发展取得巨大成就。中国交通现代化,既要遵循交通现代化的客观规律,又要尊重和符合中国国情。本研究将从交通需求和定量分析角度,探寻世界交通现代化的基本事实(图一)和中国交通现代化的理性选择,为全面建设现代化国家提供交通领域的国际经验和政策建议。

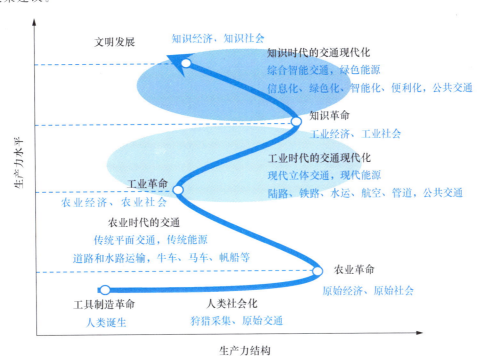

图一 人类文明和交通现代化的路线图(示意)

注:本图是人类文明和世界现代化的前沿过程示意,不同国家和地区的发展是不同步的。生产力结构刻度采用劳动力结构数值:原始经济为非狩猎采集劳动力与狩猎采集劳动力之比,农业经济为非农业劳动力与农业劳动力之比,工业经济为工业劳动力与非工业劳动力之比,知识经济为非知识产业劳动力与知识产业劳动力之比。圆圈代表工具制造革命、农业革命、工业革命、知识革命(包含信息革命和生态革命)等。

第一章　世界交通现代化的基本事实

交通运输植根于人类生存和发展的需要,交通运输的发展史与人类文明的历史进程相呼应。在宏观方面,人类文明活动包括生产、流通、分配和消费等;在微观方面,包括衣、食、住、行等。其中,"流通"和"行"就是交通运输,它是经济社会生活和个人生活的基本内容和方式(黎德扬 等,2012)。正如马克思所说:交通运输业作为国民经济的基础,其发展过程与社会、经济的发展过程十分相似,几乎表现为只是"相角"不同的同一轨迹,即有什么样的国民经济就需要有什么样的交通运输业与之适应;交通运输业对社会、经济的发展具有反作用,并且将随产品商品化的程度而提高(韩彪,1992)。

对于交通运输的探讨最早可以追溯到人类的起源,而关于交通运输问题的研究大致兴起于18世纪。交通运输的变迁是经济现代化和社会现代化的一种重要表现形式。交通运输变迁既有普遍规律,又有国别差异、地区差异和时代差异,大国、小国差别较大。1954年,时任国务院总理周恩来在第一届全国人大《政府工作报告》中提出:"如果我们不建设起强大的现代化的工业、现代化的农业、现代化的交通运输业和现代化的国防,我们就不能摆脱落后和贫困,我们的革命就不能达到目的。"我们认为,从实证研究角度看,交通运输现代化(以下简称交通现代化)是18世纪以来交通运输发展的世界前沿,以及追赶、达到和保持世界前沿水平的行为和过程。形象地说,交通现代化犹如一场交通发展的国际马拉松比赛,跑在前面的国家成为交通达到世界先进水平的国家,即交通发达国家,其他国家是发展中国家,两类国家之间可以转换(图1-1)。在本报告里,交通现代化包括分阶段、分层次、分部门的交通现代化等(图1-2)。

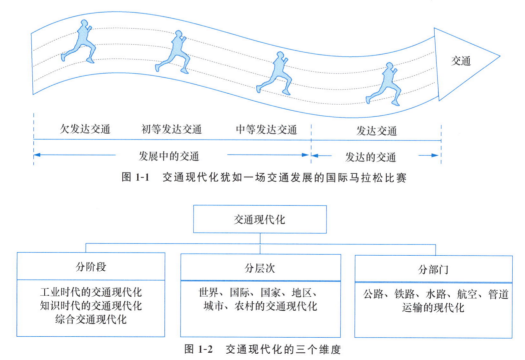

图1-1　交通现代化犹如一场交通发展的国际马拉松比赛

图1-2　交通现代化的三个维度

注:综合交通现代化是两次交通现代化的协调发展,并迎头赶上发达国家水平,是发展中国家交通现代化的一条基本路径。

第一节 交通现代化的研究方法

交通现代化的研究单元和研究范围可以是世界、国家、地区等(表1-1)。交通现代化涉及诸多方面,需要多角度和多层次的综合研究。

表1-1 交通现代化的研究范围与研究单元的组合

		研究范围		
		全球范围	国家范围	地区范围
研究单元	世界	世界层面的交通现代化	—	—
	国家	全球范围的国家交通现代化	某国的交通现代化	—
	地区	全球范围的地区交通现代化	某国的地区交通现代化	某地的交通现代化

一、交通现代化的基本概念

交通现代化是现代化的一种表现形态和重要组成部分。交通现代化研究可以采用现代化科学、交通运输学、服务经济学、社会学和工程管理的一般研究方法。它可以18世纪初为起点,可以从历史进程、客观现实和未来前景三个角度进行分析。由于18~19世纪的统计数据很少,研究重点是20世纪以来的交通现代化。

1. 交通现代化的词义分析

交通现代化涉及交通运输和现代化两个关键词组。

(1) 什么是交通运输

关于交通运输,没有统一的定义。本报告认为:交通有狭义和广义之分。广义交通是交通和运输的统称,指人和(或)物从一个时空移动到另一时空。狭义交通指人和(或)物沿着线路的移动,运输指利用工具实现人和(或)物的时空转移。狭义交通与运输的内涵,既有交叉,又有区别。广义交通涉及交通(狭义)、运输、仓储和邮政服务等。为便于叙述,在下文中,"交通"采用其广义概念,交通产业是交通运输业(运输和储存业)的简称。事实上,交通运输是历史的、动态的,交通运输概念的内涵和外延在不断扩展和深化(黎德扬 等,2012)。

专栏1-1 交通运输的内涵

- **交通运输包括交通和运输两个部分**:交通是指运载工具或行人在特定线路上的移动,其核心要素包括运载工具(或人)、交通线网,在英文中常用traffic,communication表示。运输是指借助运载工具和交通线路实现人或物空间位移的活动,其核心要素包括运载工具、交通线网和运输对象,在英文中常用transport,transportation,commute,transit表示。需要特别说明的是,经济活动中输电、供气、供暖、电信传输已经独立于运输之外;特种设备(特种车辆、船舶、飞机)等发生的位移不属于运输;工作单位、家庭周边、建筑工地中由运输工具完成的人或物的位移也不属于运输。

- **交通与运输的区别与联系**：交通是强调运载工具在交通网络上的流动情况，而与交通工具上所载的人员与货物的有无和多少无关，一般以"交通量"进行表征。运输是强调运载工具上运载人员与货物的多少、位移的距离，而不特别关心使用何种交通工具和运输方式，一般以"运输量"表征。二者反映的是同一事物或同一过程的两个方面。同一过程就是运载工具在交通线网上的流动；两个方面是指，交通关心的是运载工具的流动情况（流量的大小、拥挤的程度），运输关心的是流动中运载工具上的运载情况（人或物的有无与多少、输送了多远的距离）。有载时，交通的过程同时也就是运输的过程。

资料来源：胡思继，2011。

专栏 1-2　交通产业的界定

《所有经济活动的国际标准行业分类（修订本第 4 版）》（简称《国际标准行业分类》）中对运输和储存门类的界定：本门类涵盖通过铁路、管道、公路、水路或空中提供的定期或不定期客运或货运活动，包括终点站和停车设施、货物装卸、储存等相关活动。本门类还包括配备驾驶员或操作人员的运输设备的租赁以及邮政和邮递活动。本门类不包括汽车和其他运输设备的保养和修理，公路、铁路、港口、机场的建设、修理与保养，以及不配备驾驶员或操作人员的运输设备的租赁。

根据《国际标准行业分类》，运输和储存产业（简称交通产业）包括陆路运输与管道运输、水上运输、航空运输、运输的储存和辅助活动（可简称仓储和服务）、邮政和邮递活动等五个子行业（专表 1-1）。

专表 1-1　《国际标准行业分类》中的运输和储存

门类 H	说明
类 49	陆路运输与管道运输
类 50	水上运输
类 51	航空运输
类 52	运输的储存和辅助活动
类 53	邮政和邮递活动

资料来源：United Nations，2008。

专栏 1-3　交通产业的特性

交通运输业（简称交通产业）的内在特性是运输经济学的一个基本问题。基于交通运输业自身变化及其同经济社会发展的内在联系，人们对这一问题的认识也不断深化。

- **源于物质生产部门的传统认识**。19 世纪中叶，以马克思为代表的经济学家将运输业看作是实现劳动对象在空间上移动的物质生产部门。20 世纪 30 年代，三次产业理论诞生，学界认为交通运输业具有服务特性，将它列入第三产业。20 世纪 80 年代，基础设施引入经济学领域，认为作为交通运输业基础设施的道路、铁路、航道、车站、码头、机场等资产具有不同于其他基础设施的特性：社会公益性、形成能力和投资回收周期长、地域性及其级差收益、在工业化初期和中期的先导作用等。

- 基于交通运输业公共产品和外部性的认识。20世纪混合经济学开始出现并在全球迅速发展。基于此，人们认为交通运输业属于拥挤性公共物品，产品利益由集体消费但受拥挤约束，融公益性、基础性与竞争性于一体；具有显著的外部性，表现为运输经济活动对社会经济发展目标的作用与影响，包括正向的土地升值效应、市场拓展效应，以及负向的环境污染、交通拥堵、交通事故等。
- 基于网络型产业的新认识。20世纪80年代后，国内外经济学家提出了基于网络型产业的交通运输业新特征，其基本观点主要体现在运输产品的完整性、交通运输业的网络经济性（幅员经济与密度经济特性）、基于网络型的交通运输业的垄断性与竞争性。

资料来源：杭文，2016。

（2）交通运输系统的分类

关于交通运输系统（简称交通系统）的分类，可以根据服务方式、服务对象和服务功能等进行分类（表1-2）。当然，各种分类是相对的，有时它们有些交叉。

表1-2　交通运输系统的分类

分类依据	交通运输系统的分类
服务方式	水运、陆路、铁路、航空、管道五种基本交通运输方式，以及由仓储公司、旅行社、邮政、物流公司和运输承包公司等多种服务于交通运输运营的运输代理商提供的服务
服务对象	城际运输和城市运输，其中城际运输包括国内运输和国际运输
服务功能	城际快速客货运系统、重载货物运输系统、集装箱运输系统、油气运输系统等

资料来源：胡思继，2011。

（3）什么是现代化

现代化研究已经有70年历史，但迄今为止，现代化没有统一定义。现代化科学认为：现代化既是一种世界现象，也是一种文明进步，还是一个发展目标（何传启，2019）。作为一种世界现象，现代化指18世纪工业革命以来人类发展的世界前沿，以及追赶、达到和保持世界前沿水平的行为和过程。作为一种文明进步，现代化是从传统文明向现代文明的范式转变，以及人的全面发展和自然环境的合理保护，它发生在政治、经济、社会、文化、生态和人类发展各个领域，同时文化多样性长期存在并发挥作用。作为一种发展目标，已经现代化的国家要保持现代化水平，尚未现代化的国家要追赶和早日实现现代化。

在18～21世纪期间，世界现代化的前沿过程大致可以分为两个阶段：第一次现代化是从农业经济向工业经济、从农业社会向工业社会的转变，可以简称为经典现代化或工业时代的现代化；第二次现代化是从工业经济向知识经济、从工业社会向知识社会的转变，可以简称为新型现代化或知识时代的现代化。

（4）什么是交通现代化

关于交通现代化的概念有许多阐释（详见第二章）。本报告认为：交通现代化，是交通领域现代化的简称，指18世纪工业革命以来交通发展的世界前沿，以及追赶、达到和保持世界前沿水平，同时适应和满足经济发展和社会生活的交通需求的行为和过程;它包括从传统交通向现代交通和综合智能交通的范式转变,以及交通技术、交通效率、交通质量、交通满意度和交通环境友好性的提升等。

在18~21世纪期间,世界交通现代化进程大致可以分为两个阶段:第一个阶段是工业时代的交通现代化,是从农业时代的交通向工业时代的交通的转变;第二个阶段是知识时代的交通现代化,是从工业时代的交通向知识时代的交通的转变。

2. 交通现代化的研究对象

在本报告中,交通现代化的研究对象是18世纪工业革命以来交通变迁的世界前沿,以及追赶、达到和保持世界前沿水平的行为和过程(图1-3),它包括分阶段、分层次和分部门的交通现代化等(图1-2)。

图 1-3　交通现代化的研究对象(示意图)

具体而言,交通现代化的研究对象是交通领域的现代化,包括世界、国际、国家、地区、城市和农村的交通现代化(图1-2),以及交通子系统和分部门的现代化、交通与现代化的互动等。同时,农业时代也存在交通问题。本项研究仅追溯到工业时代。

3. 交通现代化的研究内容

交通现代化现象是一种复杂的世界现象,可以根据需要从不同角度进行研究。根据研究的目的和性质的不同,可以对交通现代化的研究内容进行分类(表1-3)。

表 1-3　交通现代化研究内容的分类

分类依据	研究内容的描述
概念研究	现代交通变迁的世界前沿的形成、发展、国际互动 现代交通要素的创新、选择、传播、退出等
过程和行为研究	四个方面:交通现代化的过程、结果、动力、模式 四个要素:交通变迁的行为、结构、制度、观念的现代化 不同角度:交通体系、交通服务、交通效率、交通治理的现代化 相互作用:交通不同系统、不同要素的相互作用等
结果研究	四种结果:交通变迁的现代性、特色性、多样性、副作用 四种分布:交通变迁的地理结构、国际结构(水平结构)、人口结构、系统结构等
研究问题	理论问题:交通变迁的世界前沿、长期趋势、文明转型、国际分化等 应用问题:交通变迁的国际竞争、国际经验、国际追赶、前沿创新等
研究性质	基础研究:交通变迁的世界前沿和前沿变化的特征和规律等 应用研究:交通达到和保持世界前沿的方法和途径等 开发研究:交通现代化的战略、规划和政策等

4. 交通现代化研究的组合

其一,研究范围与研究单元的组合。一般而言,交通现代化的实证研究,需要明确研究范围和研究单元,它们可以形成一个组合(表1-1)。研究范围可以是全球、国家、地区等,研究单元可以是世界、国家、地区等。国家是现代化研究的基本单元。

其二,研究对象与研究内容的组合。交通现代化的研究对象是交通现代化,包括交通体系、交通服务、交通效率和交通治理的现代化等;研究内容包括行为、结构、制度和观念的现代化等。它们可以组成一个结构组合(表1-4)。

表1-4 交通现代化研究的结构组合

研究内容		研究对象		
		交通	交通体系、交通服务、交通效率、交通治理	世界、国家、地区、城市、农村的交通
		交通现代化	四个交通子系统的现代化	五个层次的交通现代化
要素	行为结构制度观念	行为、结构、制度和观念的现代化	四个交通子系统的行为、结构、制度和观念的现代化	五个层次的行为、结构、制度和观念的现代化
方面	过程结果动力模式	交通现代化的过程、结果、动力和模式	四个交通子系统现代化的过程、结果、动力和模式	五个层次的交通现代化的过程、结果、动力和模式

注:交通体系涉及运输需求、交通工具、交通设施、交通网络等;交通服务涉及交通行为、交通产业、交通经济等;交通效率涉及交通科技、智能交通、交通环境、交通能源、交通安全等;交通治理涉及人力资源、交通制度、交通观念、交通建设、交通维护等。交通现代化的研究内容还有许多,例如,分段交通现代化、交通分部门现代化、交通前沿分析、交通趋势分析、交通前沿过程分析、交通追赶过程分析、国际竞争分析、国际交通差距分析、交通现代化要素和不同领域之间的相互作用等。

其三,交通现代化与分部门和分层次现代化的交叉(表1-5)。一般而言,现代化科学包括分部门现代化和分层次现代化研究,交通现代化研究包括交通部门、交通分部门和交通子系统现代化研究等。它们可以组成一个研究组合,反映了交通现代化研究的交叉性。

表1-5 交通现代化与分部门和分层次现代化的交叉

部门现代化	分部门现代化						分层次现代化		
	陆路	铁路	水运	航空	管道	其他	世界和国际现代化	国家现代化	地区现代化
交通现代化	*	*	*	*	*	*	*	*	*
交通体系	*	*	*	*	*	*	*	*	*
交通服务	*	*	*	*	*	*	*	*	*
交通效率	*	*	*	*	*	*	*	*	*
交通治理	*	*	*	*	*	*	*	*	*

注:*表示该部门现代化与主要的分部门和层次现代化的交叉。

二、交通现代化的一般研究方法

交通现代化研究主要是基于交通运输学和现代化科学两门学科的交叉研究,可以沿用交通运输学、现代化科学、服务经济学、社会学以及工程管理的一般研究方法。

1. 交通现代化研究的方法论

交通现代化研究,大致有五种研究视角和方法论。

其一,从科学角度研究交通现代化,可以采用实证主义的研究方法,揭示交通现代化的客观事实和基本规律,建立客观的和没有偏见的因果模型。

其二,从人文角度研究交通现代化,可以采用阐释主义的研究方法,描述交通现代化的意义和关联,建构交通现代化现象的话语和理念。

其三,从政策角度研究交通现代化,可以采用现实主义的研究方法,归纳交通现代化现象的因果关系和价值导向,提出交通现代化的解释模型和政策建议。

在现代化科学里,实证研究、阐释研究和实用研究的区分是相对的,有些时候会交替采用三种方法论,有些时候会同时采用三种方法论。一般而言,实证研究提供现代化现象的事实和原理,阐释研究提供现代化现象的意义和关联,实用研究提供现代化现象的选择和建议。

其四,从未来学角度研究交通现代化,分析交通现代化的趋势,预测它的未来。

其五,从批判角度研究交通现代化,分析和批判交通现代化的现行理论、实践和失误,提出改进的对策和建议等。

2. 交通现代化研究的主要方法

交通现代化研究是一种交叉研究,自然科学和社会科学的诸多研究方法都可以作为它的研究方法。例如,调查、模拟、假设、统计分析、定量分析、定性分析、模型方法、理论分析、比较分析、历史分析、文献分析、过程分析、情景分析和案例研究等。

交通现代化研究有许多类型,不同类型可以采用不同的研究方法(表 1-6)。

表 1-6 交通现代化研究的主要类型

编号	类型	特点和方法
1	事先分析	在交通现代化现象发生前进行研究,是对现代化前景和战略的研究
2	事后分析	在交通现代化现象发生后进行研究,是对现代化进程和结果的研究
3	系统分析	从交通现代化的源头到末尾进行系统研究。交通现代化的源头是创新,交通现代化的末尾是交通现代化的结果。从创新到现代化的系统研究,是一种多学科的交叉研究
4	单维研究	对交通现代化进行单维度、单学科的研究
5	交叉研究	对交通现代化进行两维度或多维度、跨学科的交叉研究
6	综合研究	对交通现代化进行多维度、多学科的综合研究
7	历史研究	交通现代化的历史研究,时序、截面、过程、前沿、范式、文献、历史和案例研究等
8	现实研究	交通现代化的现状研究,层次、截面、统计、比较、前沿分析、社会调查、案例研究等
9	前景分析	交通现代化的前景分析,回归、趋势分析、线性和非线性外推、目标逼近和情景分析等

交通现代化现象的前沿分析。前沿分析包括交通现代化的世界前沿的识别、比较和变化分析等。通过分析世界前沿的特征、水平和变化等,研究交通前沿的变化规律。

交通现代化现象的过程分析。过程分析包括交通现代化过程的类型、阶段、特点、内容、原理、动力、路径和模式分析等(图 1-4)。交通现代化过程的阶段分析,旨在识别和描述它的主要阶段和阶段特征等,分析方法包括定性和定量分析等。

交通现代化过程的结果分析。过程的结果与它的时间跨度紧密相关,与起点截面和终点截面(或分析截面)紧密相关(图 1-5)。在不同历史截面,交通现代化的世界前沿、国际体系和国家状态有不同,它的指标、水平和特征有差别;通过两个截面的宏观和微观层次的比较,可以分析在两个截面之间的交通现代化的主要结果。截面比较包括定量和定性比较等。一般而言,交通现代化过程的结果是时间的函数,交通现代性是时间的函数。

在起点截面 a 和终点截面 b 之间,交通现代化进程的结果＝截面 b－截面 a

简化的数学表达式:$f_{b-a}=f_b-f_a$

其中，f 为交通现代化状态函数，f_{b-a} 为状态变化，f_b 为截面 b 的状态，f_a 为截面 a 的状态。

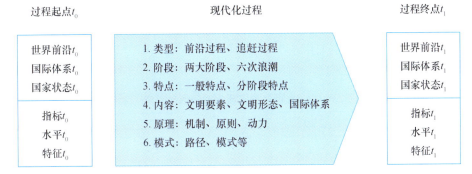

图 1-4　现代化现象的过程分析

资料来源：何传启，2016。
注：文明要素包括文明的行为、结构、制度和观念等。

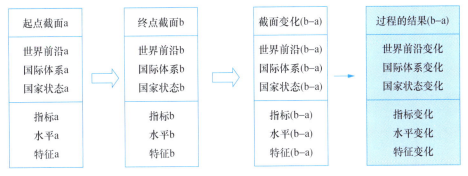

图 1-5　现代化过程的结果分析

资料来源：何传启，2016。
注：从起点截面 a 到终点截面 b，现代化过程的主要结果包括：① 宏观变化，如世界前沿、国际体系和国家状态的变化等；② 微观变化，如指标变化（新增的指标、消失的指标）、水平变化（原有指标的水平变化、新增指标的水平变化）和特征变化（新增的特征、消失的特征）等，包括交通的现代性、特色性、多样性和副作用等。交通现代化过程的有些变化，有可能消失在过程中，在结果里没有体现。

三、交通现代化的系统分析方法

现代化研究的系统分析方法是现代化科学的一种常用方法，它主要包括三个步骤和六个部分（表 1-7）。其主要特点是：时序分析与截面分析相结合，定量分析与定性分析相结合，分析方法和结果表达的模型化、图形化、数量化、系统性、实证性和科学性等。三个步骤和六个部分相互关联和相互支持，形成现代化的连续的、系列的时间坐标图和截面分布图，从而相对直观和系统地刻画现代化的进程和分布。这种方法可应用于交通现代化研究。

表 1-7　现代化研究的系统分析方法

序号	主要步骤	六个部分	注释
1	建立坐标系	现代化的坐标体系	确定坐标系的横坐标和纵坐标
2	变量分析	范式分析、定量评价、时序分析、截面分析	分析现代化的各种变量
3	表达结果	现代化的坐标图和路径图	将分析结果标记到坐标系上

资料来源：何传启，2016。

1. 建立交通现代化的坐标体系

交通现代化的坐标体系是坐标分析的核心内容,包括交通变迁和交通现代化的时间表、周期表、坐标系和路线图等。交通变迁和交通现代化的坐标系由横坐标和纵坐标组成。横坐标可以是历史时间、文明时间等,纵坐标可以是交通现代化水平、交通现代化指标水平等。文明时间是根据人类文明的"前沿轨迹"所标识的一种时间刻度(表1-8)。

表1-8 文明时间与历史时间的对照表

文明时间	历史时间(大致时间)	文明时间	历史时间(大致时间)/年
原始文化时代	250万年前~公元前3500年	工业文明时代	1760~1970
起步期	250万年前~20万年前	起步期	1760~1870
发展期	20万年前~4万年前	发展期	1870~1914
成熟期	4万年前~1万年前	成熟期	1914~1945
过渡期	1万年前~公元前3500年	过渡期	1946~1970
农业文明时代	公元前3500年~公元1760年	知识文明时代	1970~2100
起步期	公元前3500年~公元前500年	起步期	1970~1992
发展期	公元前500年~公元500年	发展期	1992~2020
成熟期	公元500年~1500年	成熟期	2020~2050
过渡期	1500年~1760年	过渡期	2050~约2100

来源:何传启,2016。

注:历史时间指自然的物理时间,文明时间指根据人类文明的"前沿轨迹"所标识的一种时间刻度。

在世界上,不同国家都采用统一的历史时间;但是,在同一历史时间,不同国家可能处于不同的文明时间。历史时间好比人的生物年龄,文明时间好比人的生理年龄。对于走在人类文明前列的国家,文明时间可能与历史时间是一致的;对于后进国家,文明时间与历史时间是不一致的。例如,2020年,美国处于知识文明时代,一些非洲国家处于农业文明时代。

如果将交通现代化进程评价、时序分析、截面分析、范式分析和一般过程分析的结果,标记在交通现代化的坐标系里,就可以构成交通现代化的坐标图、路线图等。交通现代化的坐标图和路线图,既有基本图,也有分阶段、分层次、分部门、分专题和分指标的分解图,它们组成一个交通现代化的坐标图和路线图的系统,全方位地表征交通现代化的进程和分布。

2. 交通现代化的系统分析的四种方法

(1) 交通现代化研究的范式分析

一般而言,交通现代化研究不仅要有单要素分析,而且要有整体分析。不能只见树木不见森林。交通现代化研究的整体分析,就是分析它的整体变化。那么,如何分析交通现代化的整体变化呢?目前没有通用方法。现代化研究,借鉴科学哲学的范式概念,分析现代化的范式变化,建立现代化研究的范式分析。它适用于交通现代化研究。

美国科学哲学家库恩在《科学革命的结构》一书中提出了范式的概念,认为成熟科学的发展模式是"范式Ⅰ——科学革命——范式Ⅱ"。简单地说,范式指科学共同体公认的范例,包括定理、理论和应用等。在科学发展史上,一种范式代表一种常规科学(成熟的科学),从一种范式向另一种范式的转变就是科学革命。在科学哲学领域,尽管还存在争议,范式和科学革命被认为是解释科学进步的一种有力理论。

借鉴库恩的范式思想,可以把与经济、社会、政治、文化、环境管理和个人行为的典型特征紧密相关的文明类型理解为一种文明范式(表1-9)。依据这种假设,文明发展可以表述为"文明范式Ⅰ——

文明革命(文明转型)——文明范式Ⅱ",或者"文明类型Ⅰ——文明革命(文明转型)——文明类型Ⅱ"。这样,可以抽象地认为,文明发展表现为文明范式的演变和交替,现代化表现为现代文明范式的形成和转变。反过来说,可以用文明范式和范式转变为分析框架,讨论文明特征和现代化特征的定性变化。

表1-9 人类历史上的文明范式及其代表性特征

文明范式	原始文化	农业文明	工业文明	知识文明
历史时间	人类诞生至 公元前3500年	公元前3500年至 公元1760年	公元1760年至 1970年	1970年至 约2100年
经济特征	狩猎采集	农业经济	工业经济	知识经济
社会特征	原始社会	农业社会	工业社会	知识社会
政治特征	原始民主	专制政治	民主政治	多元政治
文化特征	原始文化	农业文化	工业文化	网络文化
个人特征	部落生活方式	农村生活方式	城市生活方式	网络生活方式
环境特征	自然崇拜 部落互动	适应自然 国际关系等	征服自然 国际战争等	人与自然互利共生 国际依赖等

资料来源:何传启,2016。

注:本表的四种文明范式分类,是文明范式分类的一种分类方式。

交通现代化研究的范式分析,可以参考现代化研究的文明范式分析。交通的发展历史既可以从技术逻辑的视角进行分析,也可以从发展阶段的视角进行研究。如果依据社会生产力水平和结构进行分类,人类交通主要有四种基本类型:原始社会的交通、农业时代的交通、工业时代的交通和知识时代的交通(1-10)。它们既是交通变迁的不同历史阶段的形态,又同时存在于现今世界。

表1-10 人类历史上的交通范式及其代表性特征

交通范式	原始社会的交通	农业时代的交通	工业时代的交通	知识时代的交通
历史时间	人类诞生至 公元前3500年	公元前3500年至 公元1760年	公元1760年至 1970年	1970年至 约2100年
运输技术*	驯养	造船、造车	制造、建筑、材料	制造、建筑、材料、信息
运输工具	牲畜、劳力	畜力车、人力车、木船、帆船	轮船、火车、汽车、飞机、管道	轮船、火车、汽车、飞机、管道、火箭
运输方式	水运、道路	水运、道路	水运、铁路、公路、航空、管道	水运、铁路、公路、管道、航空、航天
运输动力	人力、畜力、自然力	人力、畜力、自然力	初级化石燃料、电力	化石燃料、电力、清洁能源
运输特点	轻载、短程	轻载、短程	机械化、自动化、标准化	高速化、重载化、智能化、绿色化

注:本表四种交通范式分类,是交通范式分类的一种方式,反映交通变迁的世界前沿的轨迹。

* 运输技术指与运输相关的技术。

一般而言,交通变迁是不同步的,国家内部发展也是不平衡的。当某个国家进入某种基本交通形态时,它的内部可以存在一些生产力水平比基本交通形态的生产力水平更低或者更高的交通形态;它们的规模相对较小,可以统称为亚交通形态。国家的基本交通形态和亚交通形态是相对的,不是绝对的,可以相互转换。

（2）交通现代化研究的定量评价

交通现代化是一种交通变化，包括定性变化和定量变化。其中，定量变化可以定量评价。例如，《中国现代化报告》提出了一批现代化过程的定量评价模型，包括第一次现代化、第二次现代化、综合现代化、地区现代化、经济现代化、社会现代化、文化现代化、生态现代化以及农业、工业和服务业现代化等的评价方法，并完成1950年以来131个国家的现代化定量评价。

（3）交通现代化研究的时序分析

交通现代化研究的时序分析是现代化系统分析的重要内容。它旨在通过分析比较交通现代化的时间系列数据、特征、资料和变化，揭示交通现代化的长期趋势及其变化规律。时序分析主要用于交通现代化的历史进程研究，可以作为一种趋势分析。

其一，选择分析指标。一般选择关键指标进行分析。结构指标多数是定量指标。

其二，选择分析的国家样本。目前，世界上有190多个国家。如果条件许可，可以对每一个国家进行时序分析。如果条件不许可，或者根据研究目的，可以选择若干国家进行时序分析。《中国现代化报告2021》选择11个国家作为分析样本（表1-11）。它们的国民收入（GNI）约占世界总收入的69%，人口约占世界总人口的52%。

表1-11 交通现代化的时序分析的国家样本（2018年）

国家	人均收入/美元	国民收入占世界总收入的比例/(%)	国家人口占世界人口的比例/(%)	国家	人均收入/美元	国民收入占世界总收入的比例/(%)	国家人口占世界人口的比例/(%)
美国	63 170	24.38	4.30	俄罗斯	10 250	1.78	1.90
日本	41 150	6.15	1.67	巴西	9080	2.25	2.76
英国	41 770	3.28	0.88	墨西哥	9180	1.37	1.66
法国	41 200	3.26	0.88	印度	2010	3.21	17.82
德国	47 050	4.61	1.09	中国	9600	15.79	18.34
意大利	33 840	2.41	0.80	合计	—	68.48	52.10

注：数据直接或间接来自世界银行的《世界发展指标》数据库（World Bank，2021）。

其三，选择分析的时间范围。一般的时间跨度约为300年（1750年至今）。

其四，采集和建立分析指标的时序数据和资料。一般而言，定量指标采用权威部门的统计数据或著名学术机构的相关数据；定性指标采用比较科学客观的研究资料。

其五，系统分析现代化的定量指标的变化和长期趋势等。

其六，系统分析现代化的定性指标的长期趋势和特征等。

（4）交通现代化研究的截面分析

交通现代化研究的截面分析是现代化系统分析的重要内容。它旨在通过分析比较交通现代化的不同时间截面的数据、特征、资料和变化，揭示或阐释交通现代化的结构特征及其规律等。截面分析主要用于交通现代化的现状研究和历史进程研究。

其一，选择分析变量。

其二，选择分析国家和国家分组（表1-12）。世界范围的交通现代化研究的截面分析，可以包括全部国家（有数据的国家）。为便于表述截面特征，可以对国家进行分组，并计算每组国家的特征值。除按国家经济水平分组外（根据人均国民收入对国家分组），还可以按国家现代化水平和交通现代化水平分组。

表 1-12　2018 年截面分析的国家分组

分组		1	2	3	4	5	6	7	8	9	合计
分组标准	人均国民收入/美元	小于 800	801~1000	1001~3000	3001~6000	6001~11 152	11 153~20 000	20 001~40 000	40 001~60 000	大于 60 000	—
分组结果	国家/个	15	5	29	24	16	14	9	15	4	131
	人均国民收入/美元	577	918	1784	4341	8181	14 856	26 626	48 014	72 140	—

注：数据来自 2021 年世界银行的数据。2018 年，人均国民收入的世界平均值为 11 152 美元，高收入国家平均值为 43 809 美元，中等收入国家平均值为 5298 美元，低收入国家平均值为 800 美元。

其三，选择分析截面。可以根据研究目的和需要选择截面。

其四，采集和建立分析指标的截面数据和资料。一般而言，定量指标采用权威部门的统计数据或著名学术机构的相关数据；定性指标采用比较科学客观的研究资料。

其五，定量分析需要计算每组国家某个变量的"特征值"。计算方法大致有三种：中值法、平均值法和回归分析法。《中国现代化报告》采用第二种方法——平均值法。

$$X_{ij} = \sum x_{ij} / n_{ij}$$

其中，X_{ij} 为第 i 组国家第 j 个变量的"特征值"；$\sum x_{ij}$ 为第 i 组国家第 j 个变量的每个国家的数值的加和；n_{ij} 为国家个数，即第 i 组国家第 j 个变量的具有数据的国家个数。

其六，单个截面的系统分析。主要分析截面的结构特征、水平特征和性质特征，包括国家经济水平与现代化变量的截面特征关系和统计关系，制度和观念的截面特征等。关于截面特征的分析，可以是定性、定量或综合分析。

其七，多个截面的比较分析。两个或多个截面之间的比较，包括结构比较、水平比较、特征比较和性质比较等，还可以计算分析指标的变化速率等。

3. 交通现代化的系统分析的分析指标

(1) 选择分析指标的原则

由于交通现代化的研究对象非常复杂，一项研究不可能对它的所有方面和全部过程进行分析。比较合理和有效的方法是选择有限的关键指标进行分析。分析指标的选择需要考虑三个因素：具有学术或政策意义，便于国际比较和分析，可以获得连续数据或资料。

(2) 分析指标的性质

交通现代化研究的分析指标，包括定量指标和定性指标、共性指标和个性指标（表 1-13）。定量指标，多数可以通过统计资料获得数据；没有统计数据的定量指标（新现象），需专题研究。一般而言，制度和观念变化是定性指标，可以定性分析，缺少统计数据。有些时候，定性指标可以通过社会调查转换成相应的定量指标。共性指标是反映交通现代化的共性、普遍特征和要求的指标，如人均国内客运周转量和交通产业劳动生产率等，多数为定量指标。个性指标是反映交通现代化的个性、特殊性和多样性的指标，多数为定性指标，如绿色出行观念等。

一般而言，人均指标、结构指标、效率指标和共性指标，可以用于交通现代化的定量评价；总量指标、增长率指标、定性指标和个性指标，可以用于交通现代化的特征分析。

表 1-13 交通现代化研究的分析指标的主要类型

类型		解释	举例
定量指标	综合指标	若干个单项指标经过模型计算合成一个综合指标	交通服务的综合效率
	总量指标	指标数值反映总量	国内客运周转量
	人均指标	指标数值反映人均量	人均国内货运周转量
	结构指标	指标数值反映结构比例	交通产业增加值比例
	效率指标	指标数值反映单位产出	交通产业劳动生产率
	增长率指标	指标数值反映年度变化率	客运周转量年增长率
	前沿指标	指标数值反映世界先进水平	人均国内客运周转量
	平均指标	指标数值反映世界平均水平	世界人均国内货运周转量
	末尾指标	指标数值反映世界末尾水平	欠发达国家人均国内货运周转量
	差距指标	指标数值反映国际差距	道路密度的最大差距
定性指标	制度指标	制度的特征和变化	道路运输燃油税
	观念指标	观念的特征和变化	绿色出行
两类指标	共性指标	反映交通现代化的共性、普遍特征和要求的指标	人均国内航空客运量
	个性指标	反映交通现代化的个性、特殊性和多样性的指标	公路客运占客运总量比例

(3)分析指标的变化趋势

交通现代化研究的分析指标,根据长期趋势和变化特点的不同,可大致分为八种类型。

① 上升变量:有些变量随时间而上升,其数值会发生短期波动。
② 下降变量:有些变量随时间而下降,其数值会发生短期波动。
③ 转折变量:有些变量经历上升和下降(或者下降和上升)两个阶段。
④ 波动变量:有些变量长期在一定范围内波动,运动没有明显的方向性,趋势很平缓。
⑤ 随机变量:有些变量的变化是随机的,趋势不明显。
⑥ 地域变量:有些变量的变化趋势存在明显的地域差异和多种形式,没有统一趋势。
⑦ 稳定变量:有些变量的变化幅度非常小,或几乎没有明显变化。
⑧ 饱和变量:在上升变量或下降变量中,有些变量的数值已经饱和或接近饱和,数值不再发生变化或变化不大。

一般而言,上升变量和下降变量可以用于现代化评价,转折变量和波动变量用于政策分析。

对于交通运输指标体系的构建,在学术和实践层面均已有丰硕的研究成果,而交通现代化指标体系方面的研究文献相对较少。参考国际权威组织、著名研究机构和知名学者等关于交通运输的测度与评价,本报告选择 4 个主题、6 个亚主题、26 个维度 100 个指标作为交通现代化研究的分析指标(表1-14)。在分析指标的选择上,我们一般按照政策含义明显、统计数据齐全、国际借鉴意义较大的选择标准进行遴选。

表 1-14 交通现代化的分析维度和分析指标

主题	亚主题	分析维度	指标/个
交通体系	交通体系	运输需求、交通工具、交通设施、交通网络	32
交通服务	交通行为	私人交通、公共交通、商业交通、特殊交通	5
	交通产业	产业水平、产业效率、产业质量、质量管理	15
	交通经济	产业结构、就业结构、需求结构、交通强度	24

(续表)

主题	亚主题	分析维度	指标/个
交通效率	交通效率	交通科技、智能交通、交通环境(生态环境)、交通能源、交通安全	12
交通治理	交通治理	人力资源、交通制度、交通观念、交通建设、交通维护	12
合计/个	6	26	100

注：指标名称、解释和单位详见附表1-1-1，指标数据来源见附表1-1-2。在交通体系中，运输需求包括客运、货运(物流)、客货混运等；交通工具包括常规工具(轮船、汽车、火车、飞机、管道)、智能工具、其他工具(邮递、快递)等；交通设施包括物理设施(水运、公路、铁路、航空、管道)、信息设施(物联网)、相关设施(仓储、邮局、海关)等；交通网络包括国内交通(城市交通、城际交通、城乡交通、农村交通)、国际交通、干线网、支线网、地区网等。在交通经济中，交通强度指国民经济的交通强度。

本章研究的定量数据，集中采集于2021年1月，主要来自世界银行《世界发展指标》(WDI)数据库、经合组织(OECD)交通数据库和欧盟(EU)交通数据库等。需要说明的是，不同来源的数据存在一定差异，需要谨慎对待；我们将注明数据来源，以便读者比较分析。交通现代化既有共性和规律，又有时代差异和国别、地区差异，大国、小国差异也比较大，具有多样性。本章重点分析交通的发展趋势和共性特征。关于交通的多样性，需要专题研究。

交通指标的数据主要来自国际数据库，指标单位亦采用国际数据库中的指标单位。指标单位的中文翻译，需要综合考虑英文原意和中文习惯。例如，人均国内客运周转量和人均国内货运周转量，英文单位分别为 passenger-km 和 ton-km，其中文翻译大致有两种方式，即人公里和吨公里(《中国统计年鉴》采用这种方式)、人-千米和吨-千米(英文直译)；为便于阅读和理解，在本报告里，采用人公里和吨公里。其他类似单位，可以类推。

第二节 世界交通现代化的时序分析

交通现代化的时序分析，是对交通现代化的全过程的时间序列数据和资料进行分析，试图发现和归纳交通现代化的客观事实和基本规律。本报告立足系统工程、现代化科学和定量分析的视角，从交通体系、交通服务、交通效率和交通治理四个方面分析研究交通现代化(图1-6)。本报告选择11个国家为分析样本，时间跨度约为270年(1750~2018年)，分析内容包括发展趋势(以世界前沿值为代表)和国际比较(世界前沿值与世界平均值相比)等。本节聚焦于交通领域的内部变迁，关于交通与其他领域现代化的相互关系，需要专门讨论。本章第一节介绍了时序分析方法，这里简要介绍主要结果。

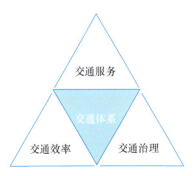

图1-6 交通现代化的一种分析框架

注：关于交通体系、交通服务、交通效率和交通治理的归类划分是相对的，它们既相互交叉，又各有侧重。

根据世界现代化指标体系的指标分类方法(何传启，2020)，交通现代化指标可以大致分为三类

(表 1-15)。这种分类是相对的;它们各有不同,有时会发生相互交叉或转换。一般而言,水平指标主要反映交通现代化的发展水平,状态指标主要反映交通现代化的发展状态,特征指标主要反映交通现代化的发展阶段和特征等。指标数值变化和国际差距变化的分类标准见表 1-16。

表 1-15 交通现代化指标的性质及其分类

指标分类	指标性质
水平指标	正指标、逆指标
状态指标	中性指标、波动指标、转折指标(部分)
特征指标	转折指标(部分)、合理值指标

资料来源:何传启,2020。

注:① 指标分类:是现代化指标的一种"功能分类",其中,水平指标反映现代化的发展水平,状态指标反映现代化的发展状态(指标数值与现代化水平之间没有显著线性关系),特征指标反映现代化的发展阶段和特征。三类指标的分类是相对的,例如,水平指标与特征指标有交叉,部分特征指标(如部分转折指标)与状态指标有交叉等。

② 指标性质:是《中国现代化报告》系列(2001~2020)根据历史经验(基于 1750~2018 年期间可以获得历史数据的实证分析)的一种价值判断。其中,正指标为指标数值变化与水平变化正相关的指标,逆指标为指标数值变化与水平变化负相关的指标,中性指标为指标数值变化与水平变化无显著关系的指标,波动指标为指标数值上下波动且变化趋势不十分明显的指标,转折指标为指标数值变化发生趋势逆转的指标,合理值指标为指标数值变化存在合理值的指标(即指标数值不会无限上升或下降的指标)。

③ 指标功能与指标性质:是不同概念,前者反映指标的功能,后者反映指标价值判断,两者之间有一定对应关系。在本表中,两者对应关系是一种简化处理,其目的是便于进行国际比较。

④ 指标性质与指标变化:是不同概念,前者反映指标价值判断,后者反映在某段时间区间的指标变化。两者之间有一定对应关系,但其对应关系是复杂的。例如,中性指标是一种价值判断,代表"指标数值与国家水平之间没有关系,但与国家状态和状态变化有关";中性指标的变化是多样的,包括数值上升、下降、转折、波动和其他。

表 1-16 交通现代化指标的数值变化分类标准

分类	分类标准
上升变量	在分析区间,指标数值上升幅度大于或等于 5%,即指标终点值/起点值≥1.05
下降变量	在分析区间,指标数值下降幅度大于或等于 5%,即指标终点值/起点值≤0.95
转折变量	在分析区间,指标最大值在区间内,最大值与起点值或终点值的差异超过 5%
波动变量	在分析区间,指标数值在一定范围内上下波动,且没有明显上升或下降趋势
状态变量	在分析区间,对比发达国家和发展中国家,指标数值与发展水平之间无显著关系
其他变量	在分析区间,指标数值的变化,与上面五种变量不同,或者难以判断
分类方法	(1) 观察样本,判断其特征(转折、波动、状态、其他); (2) 计算数值的变化值,判断变化的类型; (3) 样本时间跨度不短于 10 年,否则可把它归入"其他"

资料来源:何传启,2020。

专栏 1-4 数据获取和处理方法

本报告主要分析世界交通现代化指标的世界前沿与世界平均的历史变化与发展趋势。交通现代化 100 个指标数据的获取情况是:73 个指标数据来自经合组织数据库,13 个指标来自世界银行数据库,6 个指标来自 Sum4All 数据库,8 个指标来自欧盟、联合国数据库。本报告采用如下数据处理方法。

> **1. "世界前沿值"的计算方法**
> (1) 如无特别说明,一般采用美、日、英、法、德五国的算术平均值。该值为拟合值,非实际值。当五国数据不全时,采用五国中具有数据的国家的算术平均值。
> (2) 个别指标若采用世界银行数据库中指标数据的高收入国家平均值进行分析,在报告中会特别注明。
> (3) 需要注意的是,用美、日、英、法、德五国的算术平均值代表"世界前沿值"的计算方法,只是一种分析方法(数据处理方法)。事实上,根据本报告的评价结果,2018年发达国家有21个;美、日、英、法、德五国属于发达国家;但这五个国家的交通指标,并不都是处于世界前沿;其他发达国家的交通指标的发展水平有可能超过这五个国家。
> **2. "世界平均值"的计算方法**
> (1) 直接采用世界银行数据库中指标数值的世界平均值;
> (2) 若某个指标没有世界平均值,则采用样本国家的平均值代替。
> **3. 交通现代化指标的数据可获得性**
> 世界交通现代化指标的数据来自多个数据库,不同指标的数据可获得性有所不同(附表1-1-3)。大致而言,20个指标具有60多个国家的数据,50个指标具有30~59个国家的数据,30个指标具有1~29个国家的数据。不同年份数据可获得性也有所不同。交通现代化指标的数据可获得性的差异,会对研究结果的准确性产生较大影响。关于本报告第一章和第三章的国际比较研究,需要谨慎对待。

交通与国家的人口资源特点、经济社会发展水平、历史文化背景等紧密相关,本节选择美、日、英、法、德五个规模较大的经济发达国家作为分析样本,进行交通世界前沿的分析。不同国家统计数据的完整性有差别,我们选择统计数据最完整的时间段进行分析。为减少国别差异带来的影响,我们采用五国的算术平均值进行估算分析。虽然这种分析方法有一定误差(国别差异带来的误差),但可在一定程度上反映发达国家的交通变化趋势,代表世界交通变迁的前沿。

一、世界交通体系的时序分析

交通现代化,涉及众多主题、亚主题和维度,我们不可能对所有的方面和要素都进行分析,只能选择有代表性的方面和统计数据比较齐全的指标进行分析。在交通体系中,我们选择运输需求、交通工具、交通设施和交通网络四个方面32个指标进行分析(表1-17)。这些指标数值的变化,反映了交通体系现代化的部分发展趋势。虽然这种分析不完备,但可以提供有用信息。

在表1-17中,指标的变化趋势是根据本表数据区间内指标数值逐年变化做出的判断(表1-16);指标性质的判定是根据1750~2018年的变化趋势和指标特点给出的判断和分类(表1-15);趋势和性质有些时候一致,有些时候不一致,因指标而异。表1-22,表1-27和表1-32情况与此相同。

表1-17 1970~2018年世界前沿32个交通体系指标的变化

指标	1970	1980	1990	2000	2010	2018	变化	增长率	趋势	性质	分类
人均国内客运周转量[①]	8057	9453	11 763	12 799	13 515	14 150	1.76	1.18	上升	1	L
人均国内货运周转量[①]	5695	6163	6715	7716	7090	6673	0.86	−0.80	转折	3	C
人均国内公路客运周转量[①]	6895	8469	10 604	11 562	12 156	12 629	1.83	1.27	上升	1	L

(续表)

指标	1970	1980	1990	2000	2010	2018	变化	增长率	趋势	性质	分类
人均国内公路货运周转量①	2416	2937	3643	4345	3884	3901	0.90	−0.60	转折	3	C
人均国内铁路客运周转量①	—	—	1173[h]	1236	1357	1522	1.30	1.14	上升	1	L
人均国内铁路货运周转量①	—	—	1859[h]	2067	2057	2038	0.99	−0.08	转折	3	C
人均国内航空客运量②	0.30	0.53	0.84	1.20	1.39	1.72	5.77	3.72	上升	1	L
人均国内航空货运周转量②	10.7	26.9	57.2	87.1	90.8	92.4	8.65	4.60	上升	1,6	L
人均集装箱海运量②Ⅰ	0.004	0.020	0.043	0.087	0.160	0.182	50.92	8.53	上升	5,6	S
人均管道运输周转量②	1244	1192	1022	930	831	790	0.64	−0.94	下降	3,5	S
单位GDP的轿车数量①	—	—	15.9[i]	16.1	11.0	10.8	0.67	−2.21	转折	3	C
单位GDP的货车数量①	—	—	4.09[i]	3.93	3.07	3.13	0.77	−1.11	下降	3	C
每千居民拥有的轿车数量①	—	—	411[i]	452	469	487	1.18	0.70	上升	1,6	L
每千居民拥有的货车数量①	—	—	—	126	138	163	1.29	1.44	上升	1	L
单位GDP的铁路客位数①Ⅱ	—	—	0.64[h]	0.83	0.44	0.45[c]	0.54	−3.97	转折	3	C
单位GDP的铁路货运装载力①Ⅲ	—	—	4.68[h]	4.03	4.71	4.50	0.95	−0.58	转折	3	C
每千居民的铁路客位数①Ⅱ	—	—	18.5[h]	19.1	18.1	17.4[c]	0.91	−0.61	转折	3	C
每千居民的铁路货运装载力①Ⅲ	—	—	138[h]	128	205	274	1.98	3.02	其他	3	C
单位GDP的定期航班客位数①	—	—	—	20.6[f]	21.1	26.1[b]	1.27	2.00	上升	5	S
每千居民定期航班客位数①	—	—	—	765[f]	869	1075[b]	1.41	2.88	上升	5	S
每千人高速公路长度③Ⅳ	0.04	0.08	0.10	0.12	0.13	0.13	3.62	2.72	上升	1,6	L
每千人铁路里程①	—	—	0.45[h]	0.43	0.38	0.34	0.75	−1.17	下降	3	C
每100万居民拥有的机场数量①	—	—	—	0.45[f]	0.49	0.47[b]	1.05	0.44	波动	5,6	S
交通设施数字化指数④	—	—	—	—	76.3[d]	78.8[b]	1.03	1.60	其他	1	L
交通基础设施的综合质量④	—	—	—	—	5.81[e]	5.61[a]	0.97	−0.48	其他	1	L
公路密度①Ⅴ	—	—	181[i]	185	192	196	1.08	0.34	上升	5,6	S
铁路密度①	—	—	6.51[h]	6.11	5.90	4.70	0.72	−1.41	下降	3,5	S
机场密度①	—	—	—	8.10[f]	9.16	9.09[b]	1.12	0.97	上升	5,6	S
高速公路比例①Ⅵ	—	—	0.94[i]	1.02	1.05	1.05	1.12	0.47	上升	1,6	L
高铁线路比例①Ⅶ	—	—	5.12[g]	5.56	6.78	9.66	1.89	2.93	上升	1,6	L
公路连通性指数④	—	—	—	—	—	87.5	—	—	其他	1	L
农村交通可及性④	—	—	—	93.8[j]	—	—	—	—	其他	1	L

数据来源：① OECD, 2021；② World Bank, 2021；③ EU, 2021；④ Sum4All, 2021。

注：(1) 指标解释和单位，见附表1-1-1。(2) 数据计算。一般为美、日、英、法、德五国平均值，Ⅰ为德国数据，Ⅱ为德、法平均值，Ⅲ为美、德平均值，Ⅳ为英、法、德平均值，Ⅴ为美、日、英、法平均值，Ⅵ为美、英、法平均值，Ⅶ为日、法、德平均值。(3) 变化=终点值/起点值，由计算机自动计算生成，后同。增长率为从起点年到终点年的年均增长率，单位为%。转折指标为从转折点年到终点年的年均增长率。(4) 变化趋势分类标准见表1-16。(5) 性质是根据《中国现代化报告》(基于1750～2020年期间可获得数据的实证判断)的经验判断：1代表正指标，2代表逆指标，3代表转折指标，4代表波动指标，5代表中性指标，6代表合理值指标。(6) 分类是按照表1-15进行的指标分类：L代表水平指标，S代表状态指标，C代表特征指标。(6) 数据时间。a为2017年数据，b为2016年数据，c为2015年数据，d为2014年数据，e为2009年数据，f为2004年数据，g为1996年数据，h为1995年数据，i为1994年数据，j为1998～2003年截段数据。

专栏 1-5 交通体系的基本事实

运输需求。 总体规模:1970~2018 年,人均国内客运周转量由 8057 人公里增加到 14 150 人公里,提高了近 1 倍;人均国内货运周转量在 2000 年达到峰值 7716 吨公里,2018 年下降为 6673 吨公里。其中,公路运输,人均国内公路客运周转量上升,人均国内公路货运周转量先上升后下降;铁路运输,人均国内铁路客运周转量上升,人均国内铁路货运周转量先上升后下降;航空运输,人均国内航空客运量和人均国内航空货运周转量均上升;海运方面,人均集装箱海运量上升;管道运输,人均管道运输周转量下降。

交通工具。 公路运输:1994~2018 年,单位 GDP 的货车数量由 4.09 辆/100 万美元下降为 3.13 辆/100 万美元;单位 GDP 的轿车数量先上升后下降。1994~2018 年,每千居民拥有的轿车数量由 411 辆增加到 487 辆;2000~2018 年,每千居民拥有的货车数量由 126 辆增加到 163 辆。铁路运输:单位 GDP 的铁路客位数、单位 GDP 的铁路货运装载力和每千居民的铁路客位数先上升后下降。航空运输:2004~2016 年,单位 GDP 的定期航班客位数由 20.6 个/100 万美元增加到 26.1 个/100 万美元;每千居民定期航班客位数由 765 个增加到 1075 个。

交通设施。 设施建设:1970~2018 年,每千人高速公路长度由 0.04 公里增加到 0.13 公里;1995~2018 年,每千人铁路里程由 0.45 公里下降到 0.34 公里;2004~2016 年,每 100 万居民拥有的机场数量在 0.48 个左右波动。数字化建设:2014~2016 年,交通设施数字化指数由 76.3% 上升为 78.8%。设施质量:2009~2017 年,交通基础设施的综合质量在 5.73 左右波动。

交通网络。 设施密度:1994~2018 年,公路密度由 181 公里/百平方公里增加到 196 公里/百平方公里;2004~2016 年,机场密度由 8.10 个/百平方公里增加到 9.09 个/百平方公里;1995~2018 年,铁路密度由 6.51 公里/百平方公里下降为 4.70 公里/百平方公里。设施结构:1994~2018 年,美、英、法高速公路比例平均由 0.94% 增加到 1.05%;1996~2018 年,日、法、德高铁线路比例平均由 5.12% 增加到 9.66%。网络化程度:2018 年,公路连通性指数为 87.5;1998~2003 年,农村交通可及性为 93.8%。

1. 总体发展趋势

32 个指标中,上升指标 15 个,占比 46.9%;下降指标 4 个,占比 12.5%;转折指标 7 个,占比 21.9%;波动指标 1 个,占比 3.1%;其他指标 5 个,占比 15.6%(表 1-18)。

表 1-18 1970~2018 年交通体系指标发展趋势的分类

类型	运输需求	交通工具	交通设施	交通网络	合计/个	比例/(%)
上升变量	6	4	1	4	15	46.9
下降变量	1	1	1	1	4	12.5
转折变量	3	4	—	—	7	21.9
波动变量	—	—	1	—	1	3.1
其他变量	—	1	2	2	5	15.6
合计	10	10	5	7	32	100

注:比例合计不等于 100,是四舍五入的原因,后同。

32 个指标中,正指标 14 个,占比 43.8%;转折指标 12 个,占比 37.5%;中性指标 6 个,占比

18.7%（表 1-19）。合理值指标 9 个：人均国内航空货运周转量、人均集装箱海运量、每千居民拥有的轿车数量、每千人高速公路长度、每 100 万居民拥有的机场数量、公路密度、机场密度、高速公路比例和高铁线路比例。

表 1-19 交通体系指标的性质分类

类型	运输需求	交通工具	交通设施	交通网络	合计/个	比例/(%)
正指标	5	2	3	4	14	43.8
逆指标	—	—	—	—	—	—
转折指标	4	6	1	1	12	37.5
波动指标	—	—	—	—	—	—
中性指标	1	2	1	2	6	18.7
合计	10	10	5	7	32	100
合理值指标	2	1	2	4	9	—

注：某些具有双重属性的指标，仅划归其中的一类。

32 个指标中，水平指标 14 个，占比 43.8%；特征指标 10 个，占比 31.2%；状态指标 8 个，占比 25.0%（表 1-20）。

表 1-20 交通体系指标的功能分类

类型	运输需求	交通工具	交通设施	交通网络	合计/个	比例/(%)*
水平指标	5	2	3	4	14	43.8
特征指标	3	6	1	0	10	31.2
状态指标	2	2	1	3	8	25.0
合计	10	10	5	7	32	100

2. 四个方面的发展趋势

交通产业是一种服务产业，交通发展与运输需求应保持一致，在早期阶段，交通产业可以和需要适度超前。运输需求可以用人均国内客运周转量和人均国内货运周转量来代表和反映。交通发展不仅包括运输需求发展，也包括交通工具、交通设施和交通网络的发展，以及交通体系的形成和完善。

（1）运输需求

在交通发达国家，当交通供求基本平衡时，运输需求≈运输供给≈客运和货运的周转量。人均国内客运周转量和人均国内货运周转量，可以大致反映人均运输需求。

首先，总体规模。人均国内客运周转量上升（图 1-7），人均国内货运周转量先上升后下降（图 1-8）。其中，1970~2018 年，人均国内客运周转量增加到 14 150 人公里，提高了近 1 倍；人均国内货运周转量在 2000 年达到峰值 7716 吨公里，2018 年下降为 6673 吨公里。

其次，五种运输方式的需求变化。

公路运输：人均国内公路客运周转量上升，人均国内公路货运周转量先上升后下降。其中，1970~2018 年，人均国内公路客运周转量增加到 12 629 人公里，提高了近 1 倍。

铁路运输：人均国内铁路客运周转量上升（图 1-9），人均国内铁路货运周转量先上升后下降（图 1-10）。其中，1995~2018 年，人均国内铁路客运周转量增加到 1522 人公里。

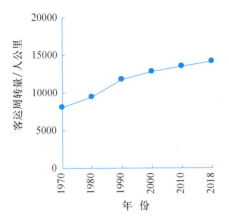

图 1-7　1970~2018 年人均国内客运周转量
数据来源：OECD，2021。

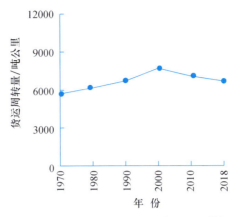

图 1-8　1970~2018 年人均国内货运周转量
数据来源：OECD，2021。

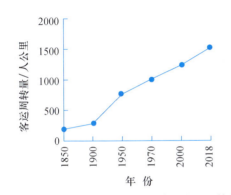

图 1-9　1850~2018 年人均国内铁路客运周转量
数据来源：米切尔，2002；World Bank，2021。

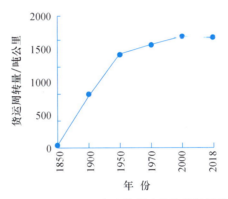

图 1-10　1850~2018 年人均国内铁路货运周转量
数据来源：米切尔，2002；World Bank，2021。

航空运输：人均国内航空客运量和人均国内航空货运周转量（图 1-11）均上升。其中，1970~2018 年，人均国内航空客运量由 0.3 人次增加到 1.72 人次，提高了近 5 倍；人均国内航空货运周转量由 10.7 吨公里增加到 92.4 吨公里，提高了约 7.7 倍。

海运方面：人均集装箱海运量上升。其中，1970~2018 年，德国人均集装箱海运量由 0.004 标箱增加到 0.182 标箱，提高了近 50 倍。

管道运输：人均管道运输周转量下降。其中，1970~2018 年，人均管道运输周转量由 1244 吨公里下降到 790 吨公里。

（2）交通工具

公路运输：单位 GDP 的轿车数量先上升后下降，单位 GDP 的货车数量下降。其中，1994~2018 年，单位 GDP 的货车数量由 4.09 辆/100 万美元下降为 3.13 辆/100 万美元。每千居民拥有的轿车数量和每千居民拥有的货车数量上升。其中，1994~2018 年，每千居民拥有的轿车数量由 411 辆增加到 487 辆（图 1-12）；2000~2018 年，每千居民拥有的货车数量由 126 辆增加到 163 辆。

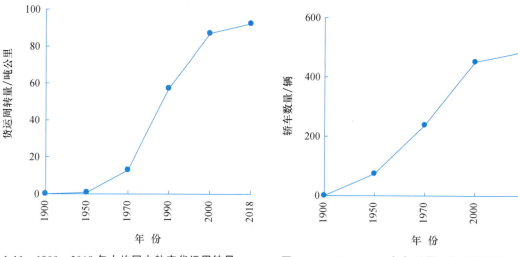

图 1-11　1900～2018 年人均国内航空货运周转量
数据来源：米切尔，2002；World Bank，2021。

图 1-12　1900～2018 年每千居民拥有的轿车数量
数据来源：米切尔，2002；OECD，2021。

铁路运输：单位 GDP 的铁路客位数（乘客座位和铺位数）和单位 GDP 的铁路货运装载力先上升后下降。每千居民的铁路客位数（乘客座位和铺位数）先上升后下降，每千居民的铁路货运装载力的国别差异较大。其中，2018 年，每千居民的铁路货运装载力美国为 487 吨，德国为 60 吨，意大利为 14 吨，俄罗斯为 22 吨。

航空运输：单位 GDP 的定期航班客位数和每千居民定期航班客位数上升。其中，2004～2016 年，单位 GDP 的定期航班客位数由 20.6 个/100 万美元增加到 26.1 个/100 万美元；每千居民定期航班客位数由 765 个增加到 1075 个。

（3）交通设施

设施建设：每千人高速公路长度上升、每千人铁路里程下降、每 100 万居民拥有的机场数量波动。其中，1970～2018 年，每千人高速公路长度由 0.04 公里增加到 0.13 公里；1995～2018 年，每千人铁路里程由 0.45 公里下降到 0.34 公里（图 1-13）；2004～2016 年，每 100 万居民拥有的机场数量在 0.48 个左右波动。

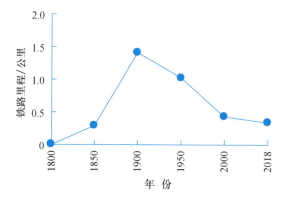

图 1-13　1900～2018 年每千人铁路里程
数据来源：米切尔，2002；World Bank，2021。

数字化建设:2014～2016年,交通设施数字化指数由76.3%上升为78.8%。

设施质量:2009～2017年,交通基础设施的综合质量在5.73左右波动。

(4) 交通网络

设施密度:公路密度和机场密度上升,铁路密度下降。其中,1994～2018年,公路密度由181公里/百平方公里增加到196公里/百平方公里;2004～2016年,机场密度由8.10个/百平方公里增加到9.09个/百平方公里;1995～2018年,铁路密度由6.51公里/百平方公里下降为4.70公里/百平方公里。

设施结构:高速公路比例和部分国家高铁线路比例上升。其中,1994～2018年,美、英、法高速公路比例平均由0.94%增加到1.05%;1996～2018年,日、法、德高铁线路比例平均由5.12%增加到9.66%。

网络化程度:2018年,公路连通性指数为87.5。1998～2003年期间,农村交通可及性为93.8%。

3. 四个方面的国际比较

通过比较指标的世界前沿值和世界平均值,可以反映世界前沿与世界平均的国际差距(差异)及其变化。世界前沿值一般采用五国(美、日、英、法、德)平均值(或高收入国家平均值)代替,当五国数据不全时,采用五国中具有数据的国家的平均值;世界平均值一般采用样本国家平均值代替,部分指标为世界平均值数据。这种分析方法虽有一定误差,但可在一定程度上反映其国际差距,具有参考价值。这里仅以2018年或最近年数据比较为例(表1-21)。

表1-21 2018年或最近年32个交通体系指标的国际比较

指标	五国平均值	样本国家平均值	绝对差距(差异)	相对差距(差异)	样本数	性质	分类
人均国内客运周转量	14 150	8570	5580	1.65	29	1	L
人均国内货运周转量	6673	7118	−445	0.94(1.07)	33	3	C
人均国内公路客运周转量	12 629	7576	5053	1.67	28	1	L
人均国内公路货运周转量	3901	4385	−484	0.89(1.12)	36	3	C
人均国内铁路客运周转量	1522	523	999	2.91	68	1	L
人均国内铁路货运周转量	2038	2006	32	1.02	66	3	C
人均国内航空客运量	2.00[c]	0.56[c]	1.44	3.57	109	1	L
人均国内航空货运周转量	132.6[c]	29.1[c]	103.5	4.56	101	1,6	L
人均集装箱海运量	0.182	0.27	−0.088	0.67(1.48)	31	5,6	S
人均管道运输周转量	790	852	−62	0.93(1.08)	22	3,5	S
单位GDP的轿车数量	10.8	19.6	−8.8	0.55(1.81)	44	3	C
单位GDP的货车数量	3.13	3.0	0.13	1.04	38	3	C
每千居民拥有的轿车数量	487	435	52	1.12	44	1,6	L
每千居民拥有的货车数量	163	82	81	1.99	44	1	L
单位GDP的铁路客位数	0.45[c]	0.4[c]	0.05	1.13	43	3	C
单位GDP的铁路货运装载力	4.50	3.7	0.8	1.22	42	3	C
每千居民的铁路客位数	17.4[c]	11.0[c]	6.4	1.58	42	3	C
每千居民的铁路货运装载力	274	102	172	2.69	42	3	C
单位GDP的定期航班客位数	26.1[b]	53.2[b]	−27.1	0.49(2.04)	48	5	S
每千居民定期航班客位数	1075[b]	1126[b]	−51	0.95(1.05)	48	5	S

(续表)

指标	五国平均值	样本国家平均值	绝对差距（差异）	相对差距（差异）	样本数	性质	分类
每千人高速公路长度	0.13	0.16	−0.03	0.81(1.23)	23	1,6	L
每千人铁路里程	0.34	0.36	−0.02	0.94(1.06)	63	3	C
每100万居民拥有的机场数量	0.47[b]	0.78[b]	−0.31	0.60(1.66)	48	5,6	S
交通设施数字化指数	78.8[b]	53.1[b]	25.7	1.48	128	1	L
交通基础设施的综合质量	5.61[a]	3.94[a]	1.67	1.42	115	1	L
公路密度	196	100	96	1.96	44	5,6	S
铁路密度	4.70	4.29	0.41	1.10	48	3,5	S
机场密度	9.09[b]	6.59[b]	2.5	1.38	48	5,6	S
高速公路比例	1.05	3.53	−2.48	0.30(3.36)	37	1,6	L
高铁线路比例	9.66	12.7	−3.04	0.76(131)	11	1,6	L
公路连通性指数	87.5	64.2	23.3	1.36	119	1	L
农村交通可及性	93.8[d]	68.6[d]	25.2	1.37	125	1	L

注：(1) 指标解释和单位见附表1-1-1。(2) 数据时间。a 为2017年数据，b 为2016年数据，c 为2015数据，d 为1993~2015年截段数据，e 为2018年世界银行高收入国家平均值或世界平均值。(3) 绝对差距（差异）＝五国平均值（或高收入国家平均值）−样本国家平均值（或世界平均值），相对差距（差异）＝五国平均值（或高收入国家平均值）÷样本国家平均值（或世界平均值），括号内的相对差距（差异）＝样本国家平均值（或世界平均值）÷五国平均值（或高收入国家平均值）。(4) 不同指标的性质和类型有差别，其国际比较的含义也有差别，对其国际比较的结果，需要慎重对待。数据处理方法详见专栏1-4。

(1) 运输需求

- 国际相对差距（差异）比较大的指标（超过1倍）：人均国内铁路客运周转量、人均国内航空客运量、人均国内航空货运周转量。
- 国际相对差距（差异）比较小的指标（超过50%小于1倍）：人均国内客运周转量、人均国内公路客运周转量。

(2) 交通工具

- 国际相对差距（差异）比较大的指标（超过1倍）：每千居民的铁路货运装载力、单位GDP的定期航班客位数。
- 国际相对差距（差异）比较小的指标（超过50%小于1倍）：每千居民拥有的货车数量、每千居民的铁路客位数。

(3) 交通设施

- 国际相对差距（差异）比较大的指标（超过1倍）：无。
- 国际相对差距（差异）比较小的指标（超过50%小于1倍）：每100万居民拥有的机场数量。

(4) 交通网络

- 国际相对差距（差异）比较大的指标（超过1倍）：高速公路比例、高铁线路比例。
- 国际相对差距（差异）比较小的指标（超过50%小于1倍）：公路密度。

二、世界交通服务的时序分析

在交通服务中，我们选择交通行为、交通产业和交通经济三个方面44个指标进行分析。这些指标数值的变化,反映了交通服务现代化的部分发展趋势(表1-22)。

表1-22 1970~2018年世界前沿44个交通服务指标发展水平的变化

指标	1970	1980	1990	2000	2010	2018	变化	增长率	趋势	性质	分类
人均轿车交通里程①	4016	5163	6849	7822	8210	8718	2.17	1.63	上升	1	L
家庭交通支出比例①	—	—	12.5ⁱ	12.7	12.0	12.3	0.99	5.02	波动	5,6	S
城市公共交通出行比例②	—	—	—	—	—	32.8	—	—	其他	1,6	L
人均客车公路客运周转量①	821	818	773	801	926	962	1.25	0.33	转折	3	C
中小学生均校车经费②	—	—	171	244	398	449ª	2.62	3.63	上升	1	L
人均交通产业增加值①	172	592	930	1192	1717	1850	10.75	5.07	上升	1,6	L
人均交通产业总产值①	335	1126	1762	2389	3575	3875	11.57	5.23	上升	1,6	L
交通产业劳动生产率①	6093	25 002	43 094	50 405	75 277	76 675	12.58	5.42	上升	1,6	L
公路客运密度① I	—	—	913ʲ	958	977	1023	1.12	0.47	上升	1	L
公路货运密度① I	—	—	268ʲ	311	275	277	0.89	0.14	转折	3	C
铁路客运密度② II	—	—	1503ʲ	1933	2516	2977	1.98	3.01	上升	5	S
铁路货运密度②	—	—	2945ʲ	3489	3836	4775	1.62	2.12	上升	1,6	L
机动车单车公路运行里程①	—	—	14 912ʲ	14 873	13 948	13 250	0.89	−0.49	下降	3	C
交通服务的综合效率②	—	—	—	—	—	5.58	—	—	其他	1	L
交通产业增加值率①	52.8	49.8	54.0	49.0	48.3	47.8	0.91	−0.21	下降	5	S
交通产业净利润率① III	—	2.34	5.44	5.19	5.92	3.73	0.72	1.23	转折	5	S
物流绩效指数:贸易和运输相关基础设施的质量②	—	—	—	4.05ᶠ	4.13	4.14	1.02	0.20	波动	1	L
物流绩效指数:追踪查询货物的能力②	—	—	—	4.04ᶠ	4.12	4.10	1.02	0.14	波动	1	L
物流绩效指数:货物在计划或预期时间内到达收货人的频率②	—	—	—	4.21ᶠ	4.33	4.24	1.01	0.06	波动	1	L
城市交通满意度①	—	—	—	—	77.2ᵈ	81.3ª	1.05	1.30	波动	1	L
交通产业增加值比例①	4.80	4.74	4.55	4.26	4.30	4.31	0.90	−0.22	下降	3,6	C
交通产业增加值占服务业增加值比例①	7.21	6.95	6.32	5.99	5.78	5.82	0.81	−0.45	下降	3	C
公路客运占客运总量比例①	—	—	89.5ʲ	89.3	88.1	87.3	0.98	−0.10	下降	5	S
公路货运占货运总量比例① IV	—	—	64.8ʲ	67.5	68.0	68.8	1.06	0.25	上升	5	S
铁路客运占客运总量比例①	—	—	10.5ʲ	10.7	11.9	12.7	1.20	0.77	上升	5	S
铁路货运占货运总量比例① IV	—	—	20.5ʲ	19.9	20.2	21.2	1.03	0.14	上升	5	S
国际旅游客运收入占比①	—	—	—	2.83ᶜ	3.08	2.76	0.90	−0.25	转折	5	S
交通产业劳动力比例①	5.24	5.69	5.31	5.13	4.99	5.04	0.89	−0.08	转折	3,6	C
交通产业就业占服务业就业比例①	10.02	7.74	7.47	6.67	6.34	6.29ᵇ	0.63	−0.96	下降	3	C
交通产业女性就业比例①	—	—	—	—	—	24	—	—	其他	1,6	L
交通需求比例①	—	—	—	4.24ᵍ	4.17	4.43ᶜ	1.05	0.45	波动	3,6	C
单位GDP的公路客运周转量①	—	—	435ʲ	408	281	265	0.61	−2.05	下降	3,5	S
单位GDP的公路货运周转量①	—	—	141.9ʲ	143.3	87.9	76.7	0.54	−2.53	转折	3,5	S
单位GDP的铁路客运周转量①	—	—	39.1ʲ	41.6	32.0	36.5	0.88	−0.28	转折	3,5	S
单位GDP的铁路货运周转量①	—	—	65.4ʲ	63.2	44.0	35.4	0.54	−2.52	下降	3,5	S

(续表)

指标	1970	1980	1990	2000	2010	2018	变化	增长率	趋势	性质	分类
单位GDP的航空客运量①	—	—	0.036^j	0.040	0.032	0.036	0.91	0.02	转折	3,5	S
单位GDP的航空货运周转量①	—	—	3.01^j	3.06	2.11	1.95	0.65	−1.78	转折	3,5	S
单位GDP的内陆水运货运周转量①Ⅱ	—	—	25.9^j	22.7	13.3	9.5	0.37	−4.10	下降	3,5	S
单位GDP的管道货运周转量①Ⅴ	—	—	96.4^j	85.2	42.9	48.1	0.50	−2.86	下降	3,5	S
单位GDP的客运周转量①	1842	925	602	449	343	278	0.15	−3.86	下降	3,5	S
单位GDP的货运周转量①	1102	546	311	243	165	118	0.11	−4.54	下降	3,5	S
单位GDP的公路交通周转量①	—	—	336^j	326	217	199	0.59	−2.16	下降	3,5	S
单位GDP的国内航空客运周转量①Ⅳ	—	—	—	32.1^h	26.2	25.4^d	0.79	−2.58	下降	3,5	S
单位GDP的国际航空客运周转量①Ⅳ	—	—	—	49.7^h	46.5	48.1^d	0.97	−0.38	其他	3,5	S

数据来源：① OECD, 2021；② World Bank, 2021；③ NCES, 2021；④ EC, 2021；⑤ WEF, 2021；⑥ Deloitte, 2021。

注：(1) 指标解释和单位见附表1-1-1。(2) 变化=终点值/起点值。增长率为从起点年到终点年的年均增长率，单位为%。转折指标为从转折点年到终点年的年均增长率。(3) 变化趋势分类标准见表1-15。(4) 性质是根据《中国现代化报告》(基于1750～2020年期间可获得数据的实证判断)的经验判断：1代表正指标，2代表逆指标，3代表转折指标，4代表波动指标，5代表中性指标，6代表合理值指标。(5) 分类是按照表1-16进行的指标分类：L代表水平指标，S代表状态指标，C代表特征指标。(6) 数据时间。a 为2017年数据，b 为2016年数据，c 为2015年数据，d 为2013年数据，e 为2008年数据，f 为2007年数据，g 为2005年数据，h 为2004年数据，i 为1995年数据，j 为1994年数据。(7) 特殊数据来源。Ⅰ为美、日、英、法平均值，Ⅱ为美、英、法、德平均值，Ⅲ为法、德平均值，Ⅳ为美、日、法、德平均值，Ⅴ为法国数据。

专栏1-6 交通服务的基本事实

交通行为。 私人交通：1970～2018年，人均轿车交通里程由4016公里增加到8718公里，提高了约1.2倍；1995～2018年，家庭交通支出比例基本保持在12.3%左右。

公共交通：2018年，城市公共交通出行比例约为32.8%。

商业交通：人均客车公路客运周转量先下降后上升，国别差异较大。其中，2018年，人均客车公路客运周转量意大利为1711人公里，德国为966人公里，英国为531人公里。

特殊交通：1990～2017年，美国中小学生均校车经费由171美元增加到449美元，提高约1.6倍。

交通产业。 产业水平：1970～2018年，人均交通产业增加值由172美元增加到1850美元，提高了近10倍；人均交通产业总产值由335美元增加到3875美元，提高了10倍多。

产业效率：1970～2018年，交通产业劳动生产率由6093美元提高到76 675美元，提高了近12倍。其中，公路运输，1994～2018年，公路客运密度由91.3万人公里/公里增加到102.3万人公里/公里，公路货运密度先上升后下降；铁路运输，1995～2018年，铁路客运密度由150.3万人公里/公里增加到297.7万人公里/公里，铁路货运密度由294.5万吨公里/公里增加到477.5万吨公里/公里；机动车运行效率，1994～2018年，机动车单车公路运行里程下降；服务效率，2018年，交通服务的综合效率为5.58。

产业质量：1970～2018年，交通产业增加值率由52.8%下降为47.8%；交通产业净利润率先上升后下降，2018年，交通产业净利润率为3.73%。2007～2018年，物流绩效指数：贸易和运输相关基础设施的质量基本保持在4.10左右。

质量管理：2007～2018年，物流绩效指数中，追踪查询货物的能力保持在4.09左右，货物在计划或预期时间内到达收货人的频率保持在4.26左右；2013～2017年，城市交通满意度保持在79.3%左右。

交通经济。 产业结构：1970～2018年，交通产业增加值比例由4.80%下降为4.31%；交通产业增加值占服务业增加值比例由7.21%下降为5.82%。其中，公路运输，1994～2018年，公路客运占客运总量比例由89.5%下降为87.3%，公路货运占货运总量比例由64.8%上升为68.8%；铁路运输，1994～2018年，铁路客运占客运总量比例由10.5%增加到12.7%，铁路货运占货运总量比例由20.5%增加到21.2%。2008～2018年，国际旅游客运收入占比先上升后下降，2018年为2.76%。

就业结构：2018年，交通产业劳动力比例为5.04%；1970～2016年，交通产业就业占服务业就业比例由10.02%下降为6.29%。职业性别差异，2018年，交通产业女性就业比例约为24%。

需求结构：2005～2015年，交通需求比例保持在4.28%左右。各运输方式情况，公路运输，1994～2018年，单位GDP的公路客运周转量由435人公里/千美元下降为265人公里/千美元；2018年，单位GDP的公路货运周转量为76.7吨公里/千美元。铁路运输，1994～2018年，单位GDP的铁路货运周转量由65.4吨公里/千美元下降为35.4吨公里/千美元。航空运输，单位GDP的航空客运量和单位GDP的航空货运周转量先上升后下降；其中，2018年，单位GDP的航空客运量为0.036人/千美元；单位GDP的航空货运周转量为1.95吨公里/千美元。内陆水运，1994～2018年，单位GDP的内陆水运货运周转量由25.9吨公里/千美元下降为9.5吨公里/千美元。管道运输，1994～2018年，法国单位GDP的管道货运周转量由96.4吨公里/千美元下降为48.1吨公里/千美元。

交通强度：1970～2018年，单位GDP的客运周转量由1842人公里/千美元下降为278人公里/千美元；单位GDP的货运周转量由1102吨公里/千美元下降为118吨公里/千美元。其中，公路运输，1994～2018年，单位GDP的公路交通周转量由336车公里/千美元下降为199车公里/千美元；航空运输，2004～2013年，单位GDP的国内航空客运周转量由32.1客位公里/千美元下降为25.4客位公里/千美元，单位GDP的国际航空客运周转量由49.7客位公里/千美元下降为48.1客位公里/千美元。

1. 总体发展趋势

44个指标中，上升指标11个，占比25.0%；下降指标14个，占比31.8%；转折指标9个，占比20.5%；波动指标6个，占比13.6%；其他指标4个，占比9.1%（表1-23）。

表1-23 1970～2018年交通服务指标发展趋势的分类

类型	交通行为	交通产业	交通经济	合计/个	比例/(%)
上升变量	2	6	3	11	25.0
下降变量	—	2	12	14	31.8
转折变量	1	2	6	9	20.5
波动变量	1	4	1	6	13.6
其他变量	1	1	2	4	9.1
合计	5	15	24	44	100

44 个指标中,正指标 14 个,占比 31.8%;转折指标 21 个,占比 47.7%;中性指标 9 个,占比 20.5%(表 1-24)。合理值指标 10 个:家庭交通支出比例、城市公共交通出行比例、人均交通产业增加值、人均交通产业总产值、交通产业劳动生产率、铁路货运密度、交通产业增加值比例、交通产业劳动力比例、交通产业女性就业比例、交通需求比例。

表 1-24 交通服务指标的性质分类

类型	交通行为	交通产业	交通经济	合计/个	比例/(%)
正指标	3	10	1	14	31.8
逆指标	—	—	—	—	—
转折指标	1	2	18	21	47.7
波动指标	—	—	—	—	—
中性指标	1	3	5	9	20.5
合计	5	15	24	44	100
合理值指标	2	4	4	10	—

注:某些具有双重属性的指标,仅划归于其中的一类。

44 个指标中,水平指标 14 个,占比 31.8%;状态指标 22 个,占比 50.0%;特征指标 8 个,占比 18.2%(表 1-25)。

表 1-25 交通服务指标的功能分类

类型	交通行为	交通产业	交通经济	合计/个	比例/(%)
水平指标	3	10	1	14	31.8
状态指标	1	3	18	22	50.0
特征指标	1	2	5	8	18.2
合计	5	15	24	44	100

2. 三个方面的发展趋势

(1) 交通行为

私人交通:人均轿车交通里程上升,家庭交通支出比例波动。其中,1970~2018 年,人均轿车交通里程由 4016 公里增加到 8718 公里,提高了约 1.2 倍;1995~2018 年,家庭交通支出比例基本保持在 12.3% 左右。

公共交通:2018 年,城市公共交通出行比例约为 32.8%。

商业交通:人均客车公路客运周转量先下降后上升,国别差异较大。其中,2018 年,人均客车公路客运周转量意大利为 1711 人公里,德国为 966 人公里,英国为 531 人公里。

特殊交通:以校车为例,中小学生均校车经费上升。其中,1990~2017 年,美国中小学生均校车经费由 171 美元增加到 449 美元,提高约 1.6 倍。

(2) 交通产业

产业水平:人均交通产业增加值和人均交通产业总产值上升。其中,1970~2018 年,人均交通产业增加值由 172 美元增加到 1850 美元,提高了近 10 倍;人均交通产业总产值由 335 美元增加到 3875 美元,提高了 10 倍多。

产业效率:整体方面,交通产业劳动生产率上升。其中,1970~2018 年,交通产业劳动生产率由 6093 美元提高到 76 675 美元,提高了近 12 倍。

在各运输方式情况中：公路运输，公路客运密度上升，公路货运密度先上升后下降。其中，1994～2018年，公路客运密度由91.3万人公里/公里增加到102.3万人公里/公里。铁路运输：铁路客运密度和铁路货运密度上升。其中，1995～2018年，铁路客运密度由150.3万人公里/公里增加到297.7万人公里/公里；铁路货运密度由294.5万吨公里/公里增加到477.5万吨公里/公里。1994～2018年，机动车单车公路运行里程下降。服务效率方面，2018年，交通服务的综合效率为5.58。

产业质量：交通产业增加值率下降，交通产业净利润率先上升后下降。其中，1970～2018年，交通产业增加值率由52.8%下降为47.8%；2018年，交通产业净利润率为3.73%。物流绩效指数：贸易和运输相关基础设施的质量波动，其中，2007～2018年，物流绩效指数：贸易和运输相关基础设施的质量基本保持在4.10左右。

质量管理：物流绩效指数中，追踪查询货物的能力、货物在计划或预期时间内到达收货人的频率波动，城市交通满意度波动。其中，2007～2018年，追踪查询货物的能力保持在4.09左右；货物在计划或预期时间内到达收货人的频率保持在4.26左右；2013～2017年，城市交通满意度保持在79.3%左右。

（3）交通经济

产业结构：整体方面，交通产业增加值比例和交通产业增加值占服务业增加值比例下降。其中，1970～2018年，交通产业增加值比例由4.80%下降为4.31%（图1-14）；交通产业增加值占服务业增加值比例由7.21%下降为5.82%。在各运输方式中，公路运输方面，公路客运占客运总量比例下降，公路货运占货运总量比例上升。其中，1994～2018年，公路客运占客运总量比例由89.5%下降为87.3%；公路货运占货运总量比例由64.8%上升为68.8%。铁路运输方面，铁路客运占客运总量比例和铁路货运占货运总量比例上升。其中，1994～2018年，铁路客运占客运总量比例由10.5%增加到12.7%；铁路货运占货运总量比例由20.5%增加到21.2%。2008～2018年，国际旅游客运收入占比先上升后下降，2018年为2.76%。

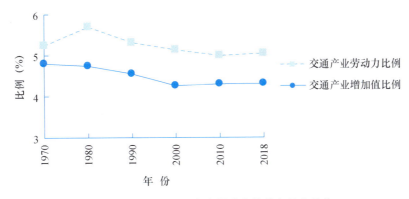

图1-14　1970～2018年交通产业结构与就业结构

数据来源：OECD，2021。

就业结构：交通产业劳动力比例先上升后下降（图1-14），交通产业就业占服务业就业比例下降。其中，2018年，交通产业劳动力比例为5.04%；1970～2016年，交通产业就业占服务业就业比例由10.02%下降为6.29%。职业性别差异，2018年，交通产业女性就业比例约为24%。

专栏1-7 交通产业的内部结构

按照《国际标准行业分类》,运输和储存产业包括陆路运输与管道运输、水上运输、航空运输、运输的储存和辅助活动,以及邮政和邮递活动等五个子行业。以下就五个子行业的增加值结构和就业结构的变化趋势进行介绍(专图1-1~专图1-5)。

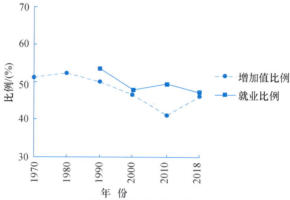

专图1-1　1970~2018年陆路运输与管道运输行业增加值比例和就业比例

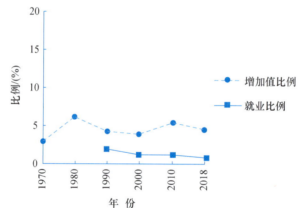

专图1-2　1970~2018年水上运输行业增加值比例和就业比例

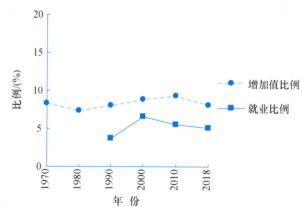

专图1-3　1970~2018年航空运输行业增加值比例和就业比例

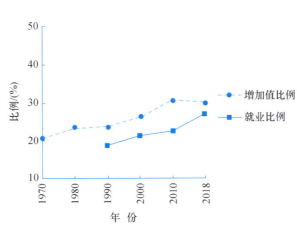

专图1-4　1970～2018年运输的储存和辅助活动行业增加值比例和就业比例

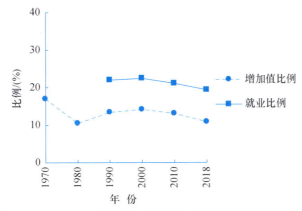

专图1-5　1970～2018年邮政和邮递活动行业增加值比例和就业比例

数据来源：OECD，2018，2021。

需求结构：整体方面，交通需求比例波动。其中，2005～2015年，交通需求比例保持在4.28%左右。在各运输方式中，公路运输，单位GDP的公路客运周转量下降，单位GDP的公路货运周转量先上升后下降。其中，1994～2018年，单位GDP的公路客运周转量由435人公里/千美元下降为265人公里/千美元；2018年，单位GDP的公路货运周转量为76.7吨公里/千美元。铁路运输，单位GDP的铁路客运周转量先上升后下降，单位GDP的铁路货运周转量下降。其中，1994～2018年，单位GDP的铁路货运周转量由65.4吨公里/千美元下降为35.4吨公里/千美元。航空运输，单位GDP的航空客运量和单位GDP的航空货运周转量先上升后下降；其中，2018年，单位GDP的航空客运量为0.036人/千美元；单位GDP的航空货运周转量为1.95吨公里/千美元。内陆水运，单位GDP的内陆水运货运周转量下降。其中，1994～2018年，单位GDP的内陆水运货运周转量由25.9吨公里/千美元下降为9.5吨公里/千美元。管道运输，单位GDP的管道货运周转量下降。其中，1994～2018年，法国单位GDP的管道货运周转量由96.4吨公里/千美元下降为48.1吨公里/千美元。

交通强度：整体方面，单位GDP的客运周转量和单位GDP的货运周转量下降。其中，1970～

2018年，单位GDP的客运周转量由1842人公里/千美元下降为278人公里/千美元；单位GDP的货运周转量由1102吨公里/千美元下降为118吨公里/千美元。在各运输方式中，公路运输，单位GDP的公路交通周转量下降。其中，1994~2018年，单位GDP的公路交通周转量由336车公里/千美元下降为199车公里/千美元。航空运输，单位GDP的国内航空客运周转量和单位GDP的国际航空客运周转量下降。其中，2004~2013年，单位GDP的国内航空客运周转量由32.1客位公里/千美元下降为25.4客位公里/千美元；单位GDP的国际航空客运周转量由49.7客位公里/千美元下降为48.1客位公里/千美元。

3. 三个方面的国际比较

与前文一致，本部分对交通行为、交通产业、交通经济三个方面的国际差距（差异）进行比较分析（表1-26）。

表1-26　2018年或最近年44个交通服务指标的国际比较

指标	五国平均值	样本国家平均值	绝对差距（差异）	相对差距（差异）	样本数	性质	分类
人均轿车交通里程	8718	7696	1022	1.13	22	1	L
家庭交通支出比例	12.3	12.4	−0.1	0.99(1.01)	39	5,6	S
城市公共交通出行比例	32.8	—	—	—	5	1,6	L
人均客车公路客运周转量	962	1148	−186	0.84(1.19)	31	3	C
中小学生均校车经费	449a	—	—	—	1	1	L
人均交通产业增加值	1850	1738	112	1.06	29	1,6	L
人均交通产业总产值	3875	5180	−1305	0.75(1.34)	19	1,6	L
交通产业劳动生产率	76 675	68 223	8452	1.12	56	1,6	L
公路客运密度	1023	1207	−184	0.85(1.18)	7	1	L
公路货运密度	277	319	−42	0.85(1.15)	7	3	C
铁路客运密度	2977	7680	−4703	0.39(2.58)	10	5	S
铁路货运密度	4775	11 404	−6629	0.42(2.39)	10	1,6	L
机动车单车公路运行里程	13 250	12 431	819	1.07	30	3	C
交通服务的综合效率	5.58	3.83	1.75	1.46	118	1	L
交通产业增加值率	47.8	44.0	3.8	1.09	24	5	S
交通产业净利润率	3.73	5.44	−1.71	0.69(1.46)	26	5	S
物流绩效指数：贸易和运输相关基础设施的质量	4.14	2.78	1.36	1.49	124	1	L
物流绩效指数：追踪查询货物的能力	4.10	2.96	1.14	1.39	124	1	L
物流绩效指数：货物在计划或预期时间内到达收货人的频率	4.24	3.28	0.96	1.29	128	1	L
城市交通满意度	81.3a	78.8a	2.5	1.03	25	1	L
交通产业增加值比例	4.31	5.60	−1.29	0.77(1.30)	39	3,6	C
交通产业增加值占服务业增加值比例	5.82	7.90	−2.08	0.74(1.36)	56	3	C
公路客运占客运总量比例	87.3	89.2	−1.9	0.98(1.02)	26	5	S
公路货运占货运总量比例	68.8	64.8	4	1.06	40	5	S
铁路客运占客运总量比例	12.7	10.6	2.1	1.20	27	5	S

(续表)

指标	五国平均值	样本国家平均值	绝对差距(差异)	相对差距(差异)	样本数	性质	分类
铁路货运占货运总量比例	21.2	22.4	−1.2	0.95(1.06)	39	5	S
国际旅游客运收入占比	2.76	4.64	−1.88	0.59(1.68)	25	5	S
交通产业劳动力比例	5.04	5.50	−0.46	0.92(1.09)	37	3,6	C
交通产业就业占服务业就业比例	6.29b	7.39b	−1.1	0.85(1.17)	35	3	C
交通产业女性就业比例	24.0	14.5	9.5	1.66	78	1,6	L
交通需求比例	4.43c	5.32c	−0.89	0.83(1.20)	48	3,6	C
单位GDP的公路客运周转量	265	570	−305	0.46(2.15)	28	3,5	S
单位GDP的公路货运周转量	76.7	232	−155.3	0.33(3.02)	45	3,5	S
单位GDP的铁路客运周转量	36.5	39.0	−2.5	0.94(1.07)	47	3,5	S
单位GDP的铁路货运周转量	35.4	153	−117.6	0.23(4.32)	48	3,5	S
单位GDP的航空客运量	0.036	0.058	−0.022	0.62(1.61)	45	3,5	S
单位GDP的航空货运周转量	1.95	1.80	0.15	1.08	40	3,5	S
单位GDP的内陆水运货运周转量	9.5	27.0	17.5	0.35(2.84)	26	3,5	S
单位GDP的管道货运周转量	48.1	174	−125.9	0.28(3.62)	25	3,5	S
单位GDP的客运周转量	278	268	10	1.04	33	3,5	S
单位GDP的货运周转量	118	215	−97	0.55(1.82)	37	3,5	S
单位GDP的公路交通周转量	199	358	−159	0.56(1.80)	31	3,5	S
单位GDP的国内航空客运周转量	25.4d	16.2d	9.2	1.57	38	3,5	S
单位GDP的国际航空客运周转量	48.1d	67.7d	−19.6	0.71(1.41)	47	3,5	S

注:(1)指标解释和单位见附表1-1-1。(2)数据时间。a为2017年数据,b为2016年数据,c为2015年数据,d为2013年数据。(3)绝对差距(差异)=五国平均值(或高收入国家平均值)−样本国家平均值(或世界平均值),相对差距(差异)=五国平均值(或高收入国家平均值)÷样本国家平均值(或世界平均值),括号内的相对差距(差异)=样本国家平均值(或世界平均值)÷五国平均值(或高收入国家平均值)。(4)不同指标的性质和类型有差别,其国际比较的含义也有差别,对其国际比较的结果,需要慎重对待。数据处理方法详见专栏1-4。

(1) 交通行为
- 国际相对差距(差异)比较大的指标(超过1倍):无。
- 国际相对差距(差异)比较小的指标(超过50%小于1倍):无。

(2) 交通产业
- 国际相对差距(差异)比较大的指标(超过1倍):铁路客运密度、铁路货运密度。
- 国际相对差距(差异)比较小的指标(超过50%小于1倍):无。

(3) 交通经济
- 国际相对差距(差异)比较大的指标(超过1倍):单位GDP的公路客运周转量、单位GDP的公路货运周转量、单位GDP的铁路货运周转量、单位GDP的内陆水运货运周转量、单位GDP的管道货运周转量。
- 国际相对差距(差异)比较小的指标(超过50%小于1倍):国际旅游客运收入占比、交通产业女性就业比例、单位GDP的航空客运量、单位GDP的货运周转量、单位GDP的公路交通周转量、单位GDP的国内航空客运周转量。

三、世界交通效率的时序分析

在交通效率中,我们选择交通科技、智能交通、交通环境、交通能源和交通安全五个方面12个指标进行分析(表1-27)。这些指标数值的变化,反映了交通效率现代化的部分发展趋势。

表1-27 1970~2018年世界前沿12个交通效率指标发展水平的变化

指标	1970	1980	1990	2000	2010	2018	变化	增长率	趋势	性质	分类
交通研发投入比例①Ⅰ	—	—	—	—	0.18[d]	0.22	1.22	2.91	上升	1	L
自动驾驶汽车比例④*	—	—	—	—	0.015[b]	0.116	7.73	97.75	其他	1	L
交通二氧化碳排放量占比①	—	—	25.9[e]	26.8	26.4	30.6	1.18	0.69	上升	2,3	C
人均交通二氧化碳排放量①	—	—	2.76[e]	2.90	2.56	2.52	0.87	−0.78	转折	2,3	C
单位GDP的交通二氧化碳排放量②	—	—	0.118[e]	0.097	0.063	0.048	0.40	−3.71	下降	2,3	C
单位GDP的交通能耗②	—	—	44.9	33.0	22.0	16.6	0.37	−3.50	下降	3,5	S
单位GDP的机动车能耗②Ⅱ	—	—	24.3[e]	22.7	16.8	14.8	0.61	−2.04	下降	3,5	S
人均机动车的能耗②Ⅱ	—	—	0.88[e]	0.90	0.74	0.72	0.82	−0.84	下降	3,5	S
公路交通事故的致死率③	—	—	—	—	5.52[c]	5.84[a]	1.06	1.90	其他	2	L
公路交通事故的致伤率①	657	563	513	512	357	319	0.48	−1.96	下降	2,3	C
机动车的公路交通致死率①	—	—	202[e]	161	84	70	0.35	−4.33	下降	2,3	C
车辆100万里程交通事故致死率①	—	—	14[e]	11	6	5	0.36	−4.20	下降	2,3	C

数据来源:① OECD,2021;② Sum4All,2021;③ World Bank,2021;④ Berg Insight,2016,OICA,2021。

注:(1)指标解释和单位见附表1-1-1。(2)变化=终点值/起点值。增长率为从起点年到终点年的年均增长率,单位为%。转折指标为从转折点年到终点年的年均增长率。(3)变化趋势分类标准见表1-16。(4)性质是根据《中国现代化报告》(基于1750~2020年期间可获得数据的实证判断)的经验判断:1代表正指标,2代表逆指标,3代表转折指标,4代表波动指标,5代表中性指标,6代表合理值指标。(5)分类是按照表1-15进行的指标分类:L代表水平指标,S代表状态指标,C代表特征指标。(6)数据时间。a为2016年数据,b为2015年数据,c为2013年数据,d为2011年数据,e为1994年数据。(7)特殊数据来源:Ⅰ为美、日、德平均值,Ⅱ为美、日、英、法平均值。 * 自动驾驶汽车比例为全球L2级(部分自动驾驶)自动驾驶汽车比例(L2级自动驾驶汽车/机动车总量),为世界平均水平,是根据文献数据分析计算的预测值。

专栏1-8 交通效率的基本事实

交通科技。 2011~2018年,交通研发投入比例由0.18%增加到0.22%。

智能交通。 2015~2018年自动驾驶汽车比例由0.015%提高到0.116%。

交通环境。 1994~2018年,交通二氧化碳排放量占比由25.9%增加到30.6%;人均交通二氧化碳排放量在2000年达到峰值2.90吨,2018年降至2.52吨;单位GDP的交通二氧化碳排放量由0.118千克/国际美元下降为0.048千克/国际美元。

交通能源。 1990~2018年,单位GDP的交通能耗由44.9克标准油/国际美元下降到16.6克标准油/国际美元;1994~2018年,单位GDP的机动车能耗由24.3吨/100万美元下降到14.8吨/100万美元;1994~2018年,人均机动车的能耗由约0.90吨下降到约0.72吨。

交通安全。 1970~2018年,公路交通事故的致伤率由657人/10万人下降为319人/10万人;1994~2018年,机动车的公路交通致死率由202人/100万辆车下降为70人/100万辆车;车辆100万里程交通事故致死率由14人/100万里程下降为5人/100万里程。

1. 总体发展趋势

12个指标中，上升指标2个，占比16.7%；下降指标7个，占比58.3%；转折指标1个，占比8.3%；其他指标2个，占比16.7%（表1-28）。

表1-28 1970~2018年交通效率指标发展趋势的分类

类型	交通科技	智能交通	交通环境	交通能源	交通安全	合计/个	比例/(%)
上升变量	1	—	1	—	—	2	16.7
下降变量	—	—	1	3	3	7	58.3
转折变量	—	—	1	—	—	1	8.3
波动变量	—	—	—	—	—	—	—
其他变量	—	1	—	—	1	2	16.7
合计	1	1	3	3	4	12	100

12个指标中，正指标2个，占比16.7%；逆指标1个，占比8.3%；转折指标9个，占比75.0%（表1-29）。合理值指标1个：交通研发投入比例。

表1-29 交通效率指标的性质分类

类型	交通科技	智能交通	交通环境	交通能源	交通安全	合计/个	比例/(%)
正指标	1	1	—	—	—	2	16.7
逆指标	—	—	—	—	1	1	8.3
转折指标	—	—	3	3	3	9	75.0
波动指标	—	—	—	—	—	—	—
中性指标	—	—	—	—	—	—	—
合计	1	1	3	3	4	12	100
合理值指标	1	—	—	—	—	1	—

注：某些具有双重属性的指标，仅划归其中的一类。

12个指标中，水平指标3个，占比25.0%；状态指标3个，占比25.0%；特征指标6个，占比50.0%（表1-30）。

表1-30 交通效率指标的功能分类

类型	交通科技	智能交通	交通环境	交通能源	交通安全	合计/个	比例/(%)
水平指标	1	1	—	—	1	3	25.0
状态指标	—	—	—	3	—	3	25.0
特征指标	—	—	3	—	3	6	50.0
合计	1	1	3	3	4	12	100

2. 五个方面的发展趋势

(1) 交通科技

交通研发投入比例上升。其中，2011~2018年，交通研发投入比例由0.18%增加到0.22%。

(2) 智能交通

2015~2018年，全球L2级（部分自动驾驶）自动驾驶汽车比例由0.015%提高到0.116%。

(3) 交通环境

交通二氧化碳排放量占比上升，人均交通二氧化碳排放量先上升后下降，单位GDP的交通二氧化碳排放量下降。其中,1994~2018年,交通二氧化碳排放量占比由25.9%增加到30.6%;人均交通二氧化碳排放量在2000年达到峰值2.90吨,2018年降至2.52吨;单位GDP的交通二氧化碳排放量由约0.118千克/国际美元下降为约0.048千克/国际美元。

(4) 交通能源

单位GDP的交通能耗、单位GDP的机动车能耗和人均机动车的能耗下降。其中,1990~2018年,单位GDP的交通能耗由44.9克标准油/国际美元下降到16.6克标准油/国际美元;1994~2018年,单位GDP的机动车能耗由24.3吨/100万美元下降到14.8吨/100万美元;1994~2018年,人均机动车的能耗由0.90吨下降到约0.72吨。

(5) 交通安全

公路交通事故的致伤率、机动车的公路交通致死率和车辆100万里程交通事故致死率下降。其中,1970~2018年,公路交通事故的致伤率由657人/10万人下降为319人/10万人;1994~2018年,机动车的公路交通致死率由202人/100万辆车下降为70人/100万辆车;车辆100万里程交通事故致死率由14人/100万里程下降为5人/100万里程。

3. 五个方面的国际比较

与前文一致,本部分对交通科技、智能交通、交通环境、交通能源和交通安全五个方面的国际差距(差异)进行比较分析(表1-31)。

表1-31　2018年或最近年12个交通效率指标的国际比较

指标	五国平均值	样本国家平均值	绝对差距(差异)	相对差距(差异)	样本数	性质	分类
交通研发投入比例	0.22	0.41	−0.19	0.54(1.86)	24	1,6	L
自动驾驶汽车比例	—	0.116	—	—	1	1	L
交通二氧化碳排放量占比	30.6	30.2	0.4	1.01	51	2,3	C
人均交通二氧化碳排放量	2.52	1.80	0.72	1.4	51	2,3	C
单位GDP的交通二氧化碳排放量	0.048	0.050	−0.002	0.96(1.04)	42	2,3	C
单位GDP的交通能耗	16.6	18.3	−1.7	0.91(1.10)	10	3,5	S
单位GDP的机动车能耗	14.8	23.7	−8.9	0.62(1.60)	31	3,5	S
人均机动车的能耗	0.72	0.60	0.12	1.2	31	3,5	S
公路交通事故的致死率*	8[a]	18[a]	−10	0.44(2.25)	130	2	L
公路交通事故的致伤率	319	195	124	1.64	40	2,3	C
机动车的公路交通致死率	70	129	−59	0.54(1.84)	39	2,3	C
车辆100万里程交通事故致死率	5	24	−19	0.21(4.80)	31	2,3	C

数据来源:* Berg Insight,2016;OICA,2021。

注:(1) 指标解释和单位见附表1-1-1。(2) 数据时间:a 为2016年世界银行高收入国家平均值或世界平均值。(3) 绝对差距(差异)=五国平均值(或高收入国家平均值)−样本国家平均值(或世界平均值),相对差距(差异)=五国平均值(或高收入国家平均值)÷样本国家平均值(或世界平均值),括号内的相对差距(差异)=样本国家平均值(或世界平均值)÷五国平均值(或高收入国家平均值)。(4) 不同指标的性质和类型有差别,其国际比较的含义也有差别,对其国际比较的结果,需要慎重对待。数据处理方法详见专栏1-4。

(1) 交通科技

- 国际相对差距(差异)比较大的指标(超过1倍):无。
- 国际相对差距(差异)比较小的指标(超过50%小于1倍):交通研发投入比例。

(2) 智能交通

- 国际相对差距(差异)比较大的指标(超过1倍):无。

- 国际相对差距(差异)比较小的指标(超过50%小于1倍):无。

(3) 交通环境
- 国际相对差距(差异)比较大的指标(超过1倍):无。
- 国际相对差距(差异)比较小的指标(超过50%小于1倍):无。

(4) 交通能源
- 国际相对差距(差异)比较大的指标(超过1倍):无。
- 国际相对差距(差异)比较小的指标(超过50%小于1倍):单位GDP的机动车能耗。

(5) 交通安全
- 国际相对差距(差异)比较大的指标(超过1倍):公路交通事故的致死率、车辆100万里程交通事故致死率。
- 国际相对差距(差异)比较小的指标(超过50%小于1倍):公路交通事故的致伤率、机动车的公路交通致死率。

四、世界交通治理的时序分析

在交通治理中,我们选择人力资源、交通制度、交通观念、交通建设和交通维护五个方面12个指标进行分析(表1-32)。这些指标数值的变化,反映了交通治理现代化的部分发展趋势。

表1-32　1970~2018年世界前沿12个交通治理指标发展水平的变化

指标	1970	1980	1990	2000	2010	2018	变化	增长率	趋势	性质	分类
受高等教育劳动力比例[②]	—	—	82.6^e	80.7	78.2	77.1	0.93	−0.30	下降	1	L
受中等教育劳动力比例[②]	—	—	71.7^e	70.6	66.0	62.4	0.87	−0.60	下降	3	C
道路运输车辆税[①Ⅰ]	—	—	1554^d	2031	1725	1775^a	1.14	0.96	上升	5	S
道路运输燃油税[①Ⅰ]	—	—	0.48^d	0.47	0.78	0.69^a	1.45	2.67	上升	5	S
出口清关平均时间[②Ⅱ]	—	—	—	—	4.7^b	—	—	—	其他	2	L
城市绿色出行比例[③]	—	—	—	—	—	66.4	—	—	其他	1	L
电动车比例[④]	—	—	—	—	0.0025	0.40	160	88.6	其他	1	L
交通基础设施投资占GDP比例[①]	—	—	1.05^e	0.95	0.81	0.77	0.74	−1.33	下降	3,5	S
人均交通基础设施投资[①]	—	—	393^e	373	319	329	0.84	−0.76	下降	3,5	S
交通基础设施维护费占GDP比例[①Ⅲ]	—	—	—	0.0025^c	—	—	—	—	其他	5	S
人均交通基础设施维护费[①Ⅳ]	—	—	—	76.1^c	—	—	—	—	其他	5	S
公路基础设施维护占总支出比例[①Ⅳ]	—	—	24.3^e	25.4	28.1	28.3	1.17	0.67	上升	3,5	S

数据来源:① OECD,2021;② World Bank,2021;③ Deloitte,2021;④ IEA,2019;OICA,2021。
注:(1)指标解释和单位见附表1-1-1。(2)变化=终点值/起点值。增长率为从起点年到终点年的年均增长率,单位为%。转折指标为从转折点年到终点年的年均增长率。(3)变化趋势分类标准见表1-16。(4)性质是根据《中国现代化报告》(基于1750~2020年期间可获得数据的实证判断)的经验判断:1代表正指标,2代表逆指标,3代表转折指标,4代表波动指标,5代表中性指标,6代表合理值指标。(5)分类是按照表1-15进行的指标分类:L代表水平指标,S代表状态指标,C代表特征指标。(6)数据时间。a为2012年数据,b为2005年数据,c为2002年数据,d为1998年数据,e为1995年数据。(7)特殊数据来源。Ⅰ为英、法、德平均值,Ⅱ为德国数据,Ⅲ为日、英、法平均值,Ⅳ为美、日、英、法平均值。2018年电动车比例(仅涉及BEV和PHEV)是根据文献数据分析计算的预测值。

> **专栏 1-9　交通治理的基本事实**
>
> **人力资源。**受高等教育劳动力比例和受中等教育劳动力比例均下降,可能是国际移民引起的变化。
>
> **交通制度。**道路运输车辆税和道路运输燃油税上升。其中,1998~2012 年,道路运输车辆税由 1554 美元/年增加到 1775 美元/年;道路运输燃油税由 0.48 美元/升增加到 0.69 美元/升。2005 年,德国出口清关平均时间为 4.7 天。
>
> **交通观念。**2018 年,城市绿色出行比例为 66.4%。2010~2018 年,电动车比例由 0.0025% 提高到了 0.40%。
>
> **交通建设。**交通基础设施投资占 GDP 比例和人均交通基础设施投资下降。其中,1995~2018 年,交通基础设施投资占 GDP 比例由 1.05% 下降为 0.77%;人均交通基础设施投资由 393 不变价美元下降到 329 不变价美元。
>
> **交通维护。**2002 年,交通基础设施维护费占 GDP 比例为 0.0025‰;人均交通基础设施维护费为 76.1 美元;1995~2018 年,公路基础设施维护占总支出比例由 24.3% 上升为 28.3%。

1. 总体发展趋势

12 个指标中,上升指标 3 个,占比 25.0%;下降指标 4 个,占比 33.3%;其他指标 5 个,占比 41.7%(表 1-33)。

表 1-33　1970~2018 年交通治理指标发展趋势的分类

类型	人力资源	交通制度	交通观念	交通建设	交通维护	合计/个	比例/(%)
上升变量	—	2	—	—	1	3	25.0
下降变量	2	—	—	2	—	4	33.3
转折变量	—	—	—	—	—	—	—
波动变量	—	—	—	—	—	—	—
其他变量	—	1	2	—	2	5	41.7
合计	2	3	2	2	3	12	100

12 个指标中,正指标 3 个,占比 25.0%;逆指标 1 个,占比 8.4%;转折指标 4 个,占比 33.3%;中性指标 4 个,占比 33.3%(表 1-34)。

表 1-34　交通治理指标的性质分类

类型	人力资源	交通制度	交通观念	交通建设	交通维护	合计/个	比例/(%)
正指标	1	—	2	—	—	3	25.0
逆指标	—	1	—	—	—	1	8.4
转折指标	1	—	—	2	1	4	33.3
波动指标	—	—	—	—	—	—	—
中性指标	0	2	—	—	2	4	33.3
合计	2	3	2	2	3	12	100
合理值指标	—	—	—	—	—	—	—

注:某些具有双重属性的指标,仅划归其中一类。

12 个指标中,水平指标 4 个,占比 33.3%;状态指标 7 个,占比约 58.3%;特征指标 1 个,占比

8.4%(表1-35)。

表1-35 交通治理指标的功能分类

类型	人力资源	交通制度	交通观念	交通建设	交通维护	合计/个	比例/(%)
水平指标	1	1	2	—	—	4	33.3
状态指标	—	2	—	2	3	7	58.3
特征指标	1	—	—	—	—	1	8.4
合计	2	3	2	2	3	12	100

2. 五个方面的发展趋势

(1) 人力资源

受高等教育劳动力比例和受中等教育劳动力比例均下降,可能是国际移民引起的变化。其中,1995~2018年,受高等教育劳动力比例由82.6%下降为77.1%;受中等教育劳动力比例由71.7%下降为62.4%。

(2) 交通制度

道路运输车辆税和道路运输燃油税上升。其中,1998~2012年,道路运输车辆税由1554美元/年增加到1775美元/年;道路运输燃油税由0.48美元/升增加到0.69美元/升。2005年,德国出口清关平均时间为4.7天。

(3) 交通观念

2018年,城市绿色出行比例为66.4%。2010~2018年,电动车比例由0.0025%提高到了0.40%。

(4) 交通建设

交通基础设施投资占GDP比例和人均交通基础设施投资下降。其中,1995~2018年,交通基础设施投资占GDP比例由1.05%下降为0.77%;人均交通基础设施投资由393不变价美元下降到329不变价美元。

(5) 交通维护

2002年,交通基础设施维护费占GDP比例为0.0025‰;人均交通基础设施维护费为76.1美元;1995~2018年,公路基础设施维护占总支出比例由24.3%上升为28.3%。

3. 五个方面的国际比较

与前文一致,本部分对人力资源、交通制度、交通观念、交通建设和交通维护五个方面的国际差距(差异)进行比较分析(表1-36)。

表1-36 2018年或最近年12个交通治理指标的国际比较

指标	五国平均值	样本国家平均值	绝对差距(差异)	相对差距(差异)	样本数	性质	分类
受高等教育劳动力比例	77.1	76.2	0.9	1.01	86	1	L
受中等教育劳动力比例	62.4	61.6	0.8	1.01	88	3	C
道路运输车辆税	1775[b]	1843[b]	−68	0.96(1.04)	25	5	S
道路运输燃油税	0.69[b]	0.53[b]	0.16	1.3	27	5	S
出口清关平均时间	5.2[a]	7.6[a]	−2.4	0.68(1.46)	95	2	L
城市绿色出行比例	66.4	—	—	—	—	1	L
电动车比例	0.40	0.36	0.04	1.11	22	1	L

(续表)

指标	五国平均值	样本国家平均值	绝对差距（差异）	相对差距（差异）	样本数	性质	分类
交通基础设施投资占GDP比例	0.77	1.20	−0.43	0.64(1.56)	37	3,5	S
人均交通基础设施投资	329	261	68	1.26	40	3,5	S
交通基础设施维护费和GDP比例	0.0025c	0.0021c	0.0004	1.19	131	5	S
人均交通基础设施维护费	76.1c	60.0c	16.1	1.27	128	5	S
公路基础设施维护占总支出比例	28.3	33.1	−4.8	0.85(1.17)	30	3,5	S

注：(1) 指标解释和单位见附表1-1-1。(2) 数据时间。a 为2019年世界银行高收入国家平均值或世界平均值，b 为2012年数据，c 为2002年数据。(3) 绝对差距(差异)＝五国平均值(或高收入国家平均值)−样本国家平均值(或世界平均值)，相对差距(差异)＝五国平均值(或高收入国家平均值)÷样本国家平均值(或世界平均值)，括号内的相对差距(差异)＝样本国家平均值(或世界平均值)÷五国平均值(或高收入国家平均值)。(4) 不同指标的性质和类型有差别，其国际比较的含义也有差别，对其国际比较的结果，需要慎重对待。数据处理方法详见专栏1-4。

（1）人力资源
- 国际相对差距(差异)比较大的指标(超过1倍)：无。
- 国际相对差距(差异)比较小的指标(超过50%小于1倍)：无。

（2）交通制度
- 国际相对差距(差异)比较大的指标(超过1倍)：无。
- 国际相对差距(差异)比较小的指标(超过50%小于1倍)：无。

（3）交通观念
- 国际相对差距(差异)比较大的指标(超过1倍)：无。
- 国际相对差距(差异)比较小的指标(超过50%小于1倍)：无。

（4）交通建设
- 国际相对差距(差异)比较大的指标(超过1倍)：无。
- 国际相对差距(差异)比较小的指标(超过50%小于1倍)：交通基础设施投资占GDP比例。

（5）交通维护
- 国际相对差距(差异)比较大的指标(超过1倍)：无。
- 国际相对差距(差异)比较小的指标(超过50%小于1倍)：无。

第三节　世界交通现代化的截面分析

交通现代化的截面分析，是对交通现代化的历史过程的关键时期的截面数据和资料进行分析，试图发现和归纳交通现代化的客观事实和基本规律。截面分析的结果需要谨慎对待，并与时序分析结果进行交叉检验和对照，以确认结果的真实性。本报告继续沿用《中国现代化报告》截面分析的方法，就交通体系、交通服务、交通效率和交通治理四个方面，分析其基本特征、世界前沿或国别差异等，时间跨度约为270年(1750～2018年)，分析对象包括3个历史截面(1980、2000和2018年)，并以2018年截面为重点。需要特别注意的是，具有18～19世纪交通数据的国家非常少，而且数据是不系统和不完整的，这对分析结果的客观性有一定影响。

一般而言，交通指标与国家经济水平的截面特征关系可以大致分为三种类型：正相关、负相关和没有显著关系；交通指标与国家经济水平的相关程度可以大致分为四个等级：相关性没有达到显著程度（没有显著关系）、相关（正或负相关）、显著相关（正或负相关）和非常显著相关（正或负相关）；截面分析的结果和时序分析的结果相比，可能出现三种情况：完全一致、不一致和相互矛盾（表1-37）。如果截面分析与时序分析结果完全一致，表示该指标的变化有很强规律性。如果截面分析与时序分析结果不一致，表示该指标的变化具有多样性。如果截面分析与时序分析结果相互矛盾，表示该指标的变化，需要个案分析。

表1-37 交通指标的截面特征及其与时序特征的关系

类型	交通指标与国家经济水平的截面关系			交通指标截面特征与时序特征的关系		
	正相关	负相关	没有显著关系	完全一致	不完全一致	相互矛盾
特点	国家经济水平越高，交通指标的数值越大	国家经济水平越低，交通指标的数值越大	交通指标的数值变化，与国家经济水平的变化无显著关系	截面分析和时序分析结果是一致的	截面分析和时序分析结果不完全一致	截面分析和时序分析的结果是相互矛盾的
举例	国家经济水平越高，人均国内客运周转量越大	国家经济水平越低，公路交通事故的致死率越高	每100万居民拥有的机场数量变化是波动的，与国家经济水平没有显著关系	人均国内航空客运量：时序特征是上升变量，截面特征是正相关变量	每千居民的铁路客位数：时序特征是转折变量，截面特征是正相关变量	公路交通事故的致伤率：时序特征是下降变量，截面特征是正相关变量

注：没有显著关系的服务变量，可以分为两类。（1）部分相关，但相关性没有达到统计分析的显著水平；（2）完全没有关系。它们需要个案分析，区别对待。时序特征与截面特征的关系，① 完全一致，如时序分析的上升变量（下降变量）与截面分析的正相关（负相关）、时序分析的其他变量与截面分析的不相关；② 不完全一致，如时序分析的上升变量（下降变量）与截面分析的不相关、时序分析的其他变量与截面分析的正相关（负相关）；③ 相互矛盾，如时序分析的上升变量（下降变量）与截面分析的负相关（正相关）。

一、世界交通体系的截面分析

交通体系的截面分析选择3个截面为对象，重点是2018年截面。

1. 交通体系的2018年截面分析

（1）2018年交通体系的截面特征

我们对交通体系32个指标进行分析。很显然，不同指标的截面分布以及与国家经济水平的特征关系是不同的（表1-38和表1-39），许多指标的截面分布是波动的，而不是平滑的。

表1-38 2018年交通体系32个指标与国家经济水平的特征关系

国家经济水平	经济欠发达			初等发达		中等发达		经济发达		相关系数	显著性
国家分组	1	2	3	4	5	6	7	8	9		
人均国民收入	577	918	1784	4341	8181	14 856	26 626	48 014	72 140		
（1）运输需求											
人均国内客运周转量	—	—	—	—	2660	5657	8866	11 359	16 362	0.9833	***
人均国内货运周转量	—	—	—	—	12 173	9639	4312	4760	7824	−0.4733	
人均国内公路客运周转量	—	—	—	—	2214	4150	7946	10 062	15 288	0.9860	***
人均国内公路货运周转量	—	—	—	—	3469	6555	3210	3968	4377	−0.1105	
人均国内铁路客运周转量	—	4	234	127	389	336	664	1133	1148	0.9504	***

(续表)

国家经济水平	经济欠发达			初等发达		中等发达		经济发达		相关系数	显著性
国家分组	1	2	3	4	5	6	7	8	9		
人均国民收入	577	918	1784	4341	8181	14 856	26 626	48 014	72 140		
人均国内铁路货运周转量	2	25	627	958	4481	2131	1004	3057	2577	0.4604	
人均国内航空客运量	0.05	0.08	0.09	0.25	0.64	1.06	1.08	4.64	3.06	0.8711	***
人均国内航空货运周转量	3.6	0.2	1.7	4.5	19.4	9.3	55.6	200.4	173.9	0.9326	***
人均集装箱海运量	—	—	—	—	0.06	0.18	0.35	0.35	0.15	0.2300	
人均管道运输周转量	—	—	—	—	2540	441	156	366	1162	−0.2504	
(2) 交通工具											
单位GDP的轿车数量	—	—	—	38.9	28.2	24.8	19	10.9	6.6	−0.9333	***
单位GDP的货车数量	—	—	—	3.4	7.2	4	3	1.7	2.7	−0.5985	
每千居民拥有的轿车数量	—	—	—	208	282	414	525	522	476	0.7070	*
每千居民拥有的货车数量	—	—	—	21	68	66	81	81	176	0.9020	***
单位GDP的铁路客位数c	—	—	—	1.1	0.6	0.8	0.3	0.3	0.3	−0.7551	**
单位GDP的铁路货运装载力	—	—	—	—	1.5	8.3	1.8	1.8	4	−0.1079	
每千居民的铁路客位数c	—	—	—	6.6	4.6	10	7.2	12.2	20.9	0.9259	***
每千居民的铁路货运装载力	—	—	—	—	17	146	47	88	258	0.7536	*
单位GDP的定期航班客位数b	—	—	55.2	100.1	36.6	58.9	51.1	37.1	38.4	−0.5326	
每千居民定期航班客位数b	—	—	112	388	323	828	1159	1693	2556	0.9916	***
(3) 交通设施											
每千人高速公路长度	—	—	—	0.113	0.071	0.142	0.217	0.148	0.201	0.6531	
每千人铁路里程	0.03	0.07	0.11	0.21	0.47	0.6	0.36	0.52	0.58	0.7066	**
每100万居民拥有的机场数量b	—	—	0.13	0.57	0.35	0.84	0.67	1.03	1.15	0.8619	***
交通设施数字化指数b	0.254	0.288	0.379	0.528	0.589	0.661	0.75	0.783	0.791	0.8223	***
交通基础设施的综合质量a	2.93	2.82	3.23	3.77	3.98	3.9	4.7	5.41	5.52	0.9243	***
(4) 交通网络											
公路密度	—	—	28	38	22	116	87	149	115	0.7523	**
铁路密度	—	—	3.03	2.67	1.41	4.89	5.25	5.63	4.35	0.5772	
机场密度b	—	—	1.44	4.68	2.09	6.32	7.79	9.04	8.02	0.7771	**
高速公路比例d	—	—	—	1.93	1.79	1.49	2.3	1.25	1.5	−0.4681	
高铁线路比例	—	—	—	—	20.49	—	14.14	6.09	—	−0.9997	
公路连通性指数	49.8	41	53.6	57.8	65.7	74.2	85.2	84.7	76.5	0.7263	**
农村交通可及性	—	—	—	—	—	—	—	—	—		

注:(1) 数据来源同时序分析。(2) * 表示相关,** 表现显著相关,*** 表示非常显著相关,其他为不相关。"—" 表示没有数据。(3) 本表没有考虑国家大小带来的影响。分组数据少于4组时不做分析。(4) a 为2017年数据,b 为2016年数据,c 为2015年数据,d 在计算分组值时,没有计算以色列和葡萄牙的数据。

表1-39 2018年交通体系指标与国家经济水平的特征关系的分类   单位:个

方面	正相关	负相关	相关性不显著	其他	合计
运输需求	5	—	5	—	10
交通工具	5	2	3	—	10
交通设施	4	—	1	—	5
交通网络	3	—	3	1	7
合计	17	2	12	1	32

注:其他指因为数据不全而不能分类的指标。后同。

（2）交通体系指标的截面特征和时序特征的比较

2018年截面的32个交通体系指标中，10个指标的截面特征与时序特征完全一致（表1-47）。这说明交通体系指标的变化具有规律性。

表 1-40　2018 年交通体系指标的截面特征与时序特征的关系　　　　　　　　　　　　　　单位：个

方面	完全一致	不完全一致	相互矛盾	合计
运输需求	5	—		5
交通工具	2	5		7
交通设施	2	2		4
交通网络	1	2		3
合计	10	9		19

2. 交通体系的其他截面

（1）2000 年交通体系的截面特征

2000年交通体系截面分析，国家分组按2000年国家经济水平（人均国民收入）分组，分析指标仍然为32个。其中，18个指标与国家经济水平正相关，6个指标负相关，5个指标相关性不显著，3个指标数据不全（表1-41）；9个指标的截面特征与时序特征完全一致，15个指标不完全一致，没有截面特征与时序特征相矛盾的指标（表1-42）。

表 1-41　2000 年截面交通体系指标与国家经济水平的特征关系的分类　　　　　　　　　　单位：个

方面	正相关	负相关	相关性不显著	其他	合计
运输需求	9	—	1	—	10
交通工具	3	6	1		10
交通设施	3	—	—	2	5
交通网络	3	—	3	1	7
合计	18	6	5	3	32

表 1-42　2000 年交通体系指标的截面特征与时序特征的关系　　　　　　　　　　　　　　单位：个

方面	完全一致	不完全一致	相互矛盾	合计
运输需求	5	4	—	9
交通工具	2	7		9
交通设施	1	2		3
交通网络	1	2		3
合计	9	15		24

（2）1980 年交通体系的截面特征

1980年交通体系截面分析，国家分组按1980年国家经济水平（人均国民收入）分组，分析指标为32个。其中，6个指标与国家经济水平正相关，1个指标相关性不显著，25个指标数据不全（表1-43）；4个指标的截面特征与时序特征完全一致，2个指标不完全一致（表1-44）。

表 1-43 1980 年截面交通体系指标与国家经济水平的特征关系的分类   单位：个

方面	正相关	负相关	相关性不显著	其他	合计
运输需求	6	—	1	3	10
交通工具	—	—	—	10	10
交通设施	—	—	—	5	5
交通网络	—	—	—	7	7
合计	6	—	1	25	32

表 1-44 1980 年交通体系指标的截面特征与时序特征的关系   单位：个

方面	完全一致	不完全一致	相互矛盾	合计
运输需求	4	2	—	6
交通工具	—	—	—	—
交通设施	—	—	—	—
交通网络	—	—	—	—
合计	4	2	—	6

二、世界交通服务的截面分析

交通服务的截面分析选择 3 个截面为对象，重点是 2018 年截面。

1. 交通服务的 2018 年截面分析

（1）2018 年交通服务的截面特征

我们对交通服务 44 个指标进行分析。相关情况详见表 1-45 和表 1-46。

表 1-45 2018 年交通服务 44 个指标与国家经济水平的特征关系

国家经济水平	经济欠发达			初等发达		中等发达		经济发达		相关系数	显著性
国家分组	1	2	3	4	5	6	7	8	9		
人均国民收入	577	918	1784	4341	8181	14 856	26 626	48 014	72 140		
（1）交通行为											
人均轿车交通里程	—	—	—	1779	3	7227	8032	8458	11 572	0.8543	**
家庭交通支出比例	—	—	—	5.1	14.8	11.7	12.7	12.8	11.7	0.2672	
城市公共交通出行比例	—	—	—	—	—	—	—	—	—		
人均客车公路客运周转量	—	—	—	423	1755	1042	1396	841	1286	0.1026	
中小学生均校车经费[a]	—	—	—	—	—	—	—	—	449		
（2）交通产业											
人均交通产业增加值	—	—	—	—	620	1182	1305	2031	2806	0.9886	***
人均交通产业总产值	—	—	—	—	1068	2865	3407	4630	8519	0.9712	***
交通产业劳动生产率	—	—	—	31 368	37 631	53 946	82 879	108 009	0.9983	***
公路客运密度	—	—	—	496	—	3362	1057	919	−0.1440	
公路货运密度	—	—	—	324	—	474	233	411	0.0282	
铁路客运密度	—	—	17 239	7208	—	3307	8604	212	−0.7203	
铁路货运密度	—	—	9712	26 379	—	1315	1773	16 783	−0.1544	
机动车单车公路运行里程	—	—	—	2022	13 658	9807	10 792	13 453	14 206	0.6112	

(续表)

国家经济水平	经济欠发达			初等发达		中等发达		经济发达		相关系数	显著性
国家分组	1	2	3	4	5	6	7	8	9		
人均国民收入	577	918	1784	4341	8181	14 856	26 626	48 014	72 140		
交通服务的综合效率	2.8	2.5	3.2	3.6	4	4	4.7	5.3	5.5	0.9069	***
交通产业增加值率	—	—	—	—	—	43	46	44	36	−0.7776	
交通产业净利润率	—	—	—	—	—	7.9	6.3	4.6	5.7	−0.6994	
物流绩效指数:贸易和运输相关基础设施的质量	2.2	2.1	2.4	2.4	2.8	2.9	3.4	4	3.9	0.9278	***
物流绩效指数:追踪查询货物的能力	2.4	2.6	2.6	2.6	3	3.1	3.4	4	4.1	0.9527	***
物流绩效指数:货物在计划或预期时间内到达收货人的频率	2.7	2.7	2.9	3.1	3.4	3.4	3.8	4.2	4.2	0.9128	***
城市交通满意度					71.6	79	80	79	75.7	0.1588	
(3) 交通经济											
交通产业增加值比例	—	—	—	4.1	7	7.2	5.4	4.7	4.3	−0.1903	
交通产业增加值占服务业增加值比例[b]	—	—	—	10.6	11.3	7.9	6.5	5.9		−0.9119	**
公路客运占客运总量比例	—	—	94.4	96.6	68.5	91.6	89.3	88.6	92.2	0.1216	
公路货运占货运总量比例	—	—	26.7	47.4	58.8	72.4	74.9	68.1	62.2	0.4703	
铁路客运占客运总量比例	—	—	5.6	3.4	31.5	8.4	10.7	11.4	7.8	−0.1216	
铁路货运占货运总量比例	—	—	69.1	15.6	24.3	20.3	22.8	19.7	26.2	−0.2929	
国际旅游客收入占比	—	—	—	—	1	5.1	6.2	4.2	3.6	0.1357	
交通产业劳动力比例	—	—	—	5.2	5.2	6.7	5.5	5	4.5	−0.5744	
交通产业就业占服务业就业比例	—	—	—	—	9	9.2	7.7	6.3	6.3	−0.9222	***
交通产业女性就业比例	4.5	1.5	6.2	10.3	13.1	18.7	18.3	22.2	24.5	0.8615	***
交通需求比例[c]	—	—	4.2	7.6	6	5.6	5.2	4.9	4.3	−0.5096	
单位 GDP 的公路客运周转量	—	—	7510	627	247	399	312	221	213	−0.4251	
单位 GDP 的公路货运周转量	—	—	739	374	326	382	106	81	64	−0.7809	**
单位 GDP 的铁路客运周转量	—	—	331	27	43	21	27	25	15	−0.4369	
单位 GDP 的铁路货运周转量	—	—	836	166	382	133	40	62	39	−0.6044	
单位 GDP 的航空客运量	—	—	0.06	0.052	0.06	0.062	0.034	0.072	0.042	−0.2286	
单位 GDP 的航空货运周转量	—	—	0.8	0.2	2.5	0.8	1.7	2.6	2.3	0.6413	*
单位 GDP 的内陆水运货运周转量	—	—	6.7	32.6	131	13.5	1.1	11.3	11.8	−0.3316	
单位 GDP 的管道货运周转量	—	—	—	690.7	14.3	103.9	27	23.6	0.2	−0.5170	
单位 GDP 的客运周转量	—	—	2570	339	118	158	213	227	245	−0.3832	
单位 GDP 的货运周转量	—	—	381	315	436	299	110	130	122	−0.8072	**
单位 GDP 的公路交通周转量	—	—	103	1591	421	418	274	183	152	−0.4320	
单位 GDP 的国内航空客运周转量[d]	—	—	24.4	0.5	32.6	13.3	8.5	14	22.2	0.0635	
单位 GDP 的国际航空客运周转量[d]	—	—	55.5	93.5	53.6	56.8	67.8	71	53.9	−0.2077	

注:(1) 数据来源同时序分析。(2) * 表示相关,** 表现显著相关,*** 表示非常显著相关,其他为不相关。"—" 表示没有数据。(3) 本表没有考虑国家大小带来的影响。分组数据少于四组时不做分析。(4) a 为 2017 年数据,b 为 2016 年数据,c 为 2015 年数据,d 为 2013 年数据。

表 1-46　2018 年交通服务指标与国家经济水平的特征关系的分类　　　　单位:个

方面	正相关	负相关	相关性不显著	其他	合计
交通行为	1	—	2	2	5
交通产业	7	—	8	—	15
交通经济	2	4	18	—	24
合计	10	4	28	2	44

（2）交通服务指标的截面特征和时序特征的比较

2018 年截面的 44 个交通服务指标中,9 个指标的截面特征与时序特征完全一致(表 1-47)。这说明交通服务指标的变化具有规律性。

表 1-47　2018 年交通服务指标的截面特征与时序特征的关系　　　　单位:个

方面	完全一致	不完全一致	相互矛盾	合计
交通行为	1	—	—	1
交通产业	7	—	—	7
交通经济	1	5	—	6
合计	9	5	—	14

2. 交通服务的其他截面

（1）2000 年交通服务的截面特征

2000 年交通服务截面分析,国家分组按 2000 年国家经济水平(人均国民收入)分组,分析指标仍然为 44 个。其中,5 个指标与国家经济水平正相关,8 个指标负相关,20 个指标相关性不显著,11 个指标数据不全(表 1-48);4 个指标的截面特征与时序特征完全一致,9 个指标不完全一致,没有截面特征与时序特征相矛盾的指标(表 1-49)。

表 1-48　2000 年截面交通服务指标与国家经济水平的特征关系的分类　　　　单位:个

方面	正相关	负相关	相关性不显著	其他	合计
交通行为	1	—	2	2	5
交通产业	3	1	4	7	15
交通经济	1	7	14	2	24
合计	5	8	20	11	44

表 1-49　2000 年交通服务指标的截面特征与时序特征的关系　　　　单位:个

方面	完全一致	不完全一致	相互矛盾	合计
交通行为	1	—	—	1
交通产业	3	1	—	4
交通经济	—	8	—	8
合计	4	9	—	13

（2）1980 年交通服务的截面特征

1980 年交通服务截面分析,国家分组按 1980 年国家经济水平(人均国民收入)分组,分析指标为 44 个。其中,4 个指标与国家经济水平正相关,5 个指标相关性不显著,35 个指标数据不全(表 1-50);3 个指标的截面特征与时序特征完全一致,1 个不完全一致(表 1-51)。

表 1-50　1980 年截面交通服务指标与国家经济水平的特征关系的分类　　　　　单位：个

方面	正相关	负相关	相关性不显著	其他	合计
交通行为	1	—	1	3	5
交通产业	2	—	2	11	15
交通经济	1	—	2	21	24
合计	4	—	5	35	44

表 1-51　1980 年交通服务指标的截面特征与时序特征的关系　　　　　单位：个

方面	完全一致	不完全一致	相互矛盾	合计
交通行为	1	—	—	1
交通产业	2	—	—	2
交通经济	—	1	—	1
合计	3	1	—	4

三、世界交通效率的截面分析

交通效率的截面分析选择 3 个截面为对象，重点是 2018 年截面。

1. 交通效率的 2018 年截面分析

（1）2018 年交通效率的截面特征

我们对交通效率 12 个指标进行分析。相关情况详见表 1-52 和表 1-53。

表 1-52　2018 年交通效率 12 个指标与国家经济水平的特征关系

国家经济水平	经济欠发达			初等发达		中等发达		经济发达		相关系数	显著性
国家分组	1	2	3	4	5	6	7	8	9		
人均国民收入	577	918	1784	4341	8181	14 856	26 626	48 014	72 140		
（1）交通科技											
交通研发投入比例	—	—	—	0.16	1.01	0.24	0.2	0.38		−0.2135	
（2）智能交通											
自动驾驶汽车比例											
（3）交通环境											
交通二氧化碳排放量占比	—	—	13.5	32.7	19.2	33	28.2	32.5	38.6	0.6789	*
人均交通二氧化碳排放量			0.4	0.8	1.2	1.5	1.9	2.5	2.9	0.9549	***
单位 GDP 的交通二氧化碳排放量			0.04	0.16	0.05	0.05	0.05	0.05	0.05	−0.3088	
（4）交通能源											
单位 GDP 的交通能耗			11.5	—	21.7	—	13.2	13	31	0.6002	
单位 GDP 的机动车能耗				43.3	34.8	29.3	23	16.9	12.4	−0.9297	***
人均机动车的能耗				0.2	0.4	0.5	0.6	0.8	0.9	0.9466	***

(续表)

国家经济水平	经济欠发达			初等发达		中等发达		经济发达		相关系数	显著性
国家分组	1	2	3	4	5	6	7	8	9		
人均国民收入	577	918	1784	4341	8181	14 856	26 626	48 014	72 140		
(5)交通安全											
公路交通事故的致死率[a]	29.7	21.3	21.7	17.1	19.4	12.4	10.2	4.6	5.5	−0.8532	***
公路交通事故的致伤率	—	—	35	70	94	162	266	221	289	0.8631	***
机动车的公路交通致死率	—	—	544.3	219.3	160.5	79.5	64.3	60.2	−0.6816	*
车辆100万里程交通事故致死率	—	—	132.9	99.8	14.7	12.7	9.7	5	4	−0.6268	*

注:(1)数据来源同时序分析。(2)*表示相关,**表现显著相关,***表示非常显著相关,其他为不相关。"—"表示没有数据。(3)本表没有考虑国家大小带来的影响。分组数据少于四组时不做分析。(4)a为2016年数据。

表1-53 2018年交通效率指标与国家经济水平的特征关系的分类   单位:个

方面	正相关	负相关	相关性不显著	其他	合计
交通科技	—	—	1	—	1
智能交通	—	—	—	1	1
交通环境	2	—	1	—	3
交通能源	1	1	1	—	3
交通安全	1	3	—	—	4
合计	4	4	3	1	12

(2)交通效率指标的截面特征和时序特征的比较

2018年截面的12个交通效率指标中,3个指标的截面特征与时序特征完全一致,2个不完全一致,3个相互矛盾(交通二氧化碳排放量占比、人均交通二氧化碳排放量和公路交通事故的致伤率)(表1-54)。

表1-54 2018年交通效率指标的截面特征与时序特征的关系   单位:个

方面	完全一致	不完全一致	相互矛盾	合计
交通科技	—	—	—	—
智能交通	—	—	—	—
交通环境	—	—	2	2
交通能源	—	2	—	2
交通安全	3	—	1	4
合计	3	2	3	8

2. 交通效率的其他截面

(1) 2000年交通效率的截面特征

2000年交通效率截面分析,国家分组按2000年国家经济水平(人均国民收入)分组,分析指标仍然为12个。其中,4个指标与国家经济水平正相关,2个指标负相关,3个指标相关性不显著,3个指标数据不全(表1-55);1个指标的截面特征与时序特征完全一致,2个不完全一致,3个相互矛盾(交通二氧化碳排放量占比、人均交通二氧化碳排放量和公路交通事故的致伤率)(表1-56)。

表 1-55 2000 年截面交通效率指标与国家经济水平的特征关系的分类   单位:个

方面	正相关	负相关	相关性不显著	其他	合计
交通科技	—	—	—	1	1
智能交通	—	—	—	1	1
交通环境	2	—	1	—	3
交通能源	1	1	1	—	3
交通安全	1	1	1	1	4
合计	4	2	3	3	12

表 1-56 2000 年交通效率指标的截面特征与时序特征的关系   单位:个

方面	完全一致	不完全一致	相互矛盾	合计
交通科技	—	—	—	—
智能交通	—	—	—	—
交通环境	—	—	2	2
交通能源	—	2	—	2
交通安全	1	—	1	2
合计	1	2	3	6

(2) 1980 年交通效率的截面特征

1980 年 12 个指标的数据不全,无法进行分析。

四、世界交通治理的截面分析

交通治理的截面分析选择 3 个截面为对象,重点是 2018 年截面。

1. 交通治理的 2018 年截面分析

(1) 2018 年交通治理的截面特征

我们对交通治理 12 个指标进行分析。相关情况详见表 1-57 和表 1-58。

表 1-57 2018 年交通治理 12 个指标与国家经济水平的特征关系

国家经济水平	经济欠发达			初等发达		中等发达		经济发达		相关系数	显著性
国家分组	1	2	3	4	5	6	7	8	9		
人均国民收入	577	918	1784	4341	8181	14 856	26 626	48 014	72 140		
(1) 人力资源											
受高等教育劳动力比例	75.1	74.6	70.8	74.3	79	78.8	78.4	78.3	78.5	0.5716	*
受中等教育劳动力比例	52.9	52.3	54.3	59.2	69	65.3	66.7	65.9	64.9	0.5597	*
(2) 交通制度											
道路运输车辆税[a]	—	—	—	2251	1398	1399	1567	2105	2705	0.6864	*
道路运输燃油税[a]	—	—	—	0.51	0.28	0.46	0.54	0.61	0.67	0.7968	**
出口清关平均时间	23.7	2.1	6.3	4.8	9.3	3.1	5.9	—	—	−0.2952	
(3) 交通观念											
城市绿色出行比例											
电动车比例	—	—	0.03	0.01	0.22	—	0.27	0.57	3.85	0.8590	**

(续表)

国家经济水平	经济欠发达			初等发达		中等发达		经济发达		相关系数	显著性
国家分组	1	2	3	4	5	6	7	8	9		
人均国民收入	577	918	1784	4341	8181	14 856	26 626	48 014	72 140		
(4) 交通建设											
交通基础设施投资占GDP比例	—	—	—	1.7	1.9	1.2	0.8	0.8	1	−0.6850	*
人均交通基础设施投资	—	—	19	75	186	188	164	361	683	0.9577	***
(5) 交通维护											
交通基础设施维护费占GDP比例	—	—	—	—	—	0.0036	—	0.0048	—	1.0000	
人均交通基础设施维护费	—	—	—	—	—	130	—	238	—	1.0000	
公路基础设施维护占总支出比例	—	—	—	19.3	17.2	32.4	45.9	36.1	42.7	1.0000	***

注:(1)数据来源同时序分析。(2) * 表示相关,** 表现显著相关,*** 表示非常显著相关,其他为不相关。"—"表示没有数据。(3)本表没有考虑国家大小带来的影响。分组数据少于四组时不做分析。(4) a 为 2012 年数据。

表 1-58 2018 年交通治理指标与国家经济水平的特征关系的分类   单位:个

方面	正相关	负相关	相关性不显著	其他	合计
人力资源	2	—	—	—	2
交通制度	2	—	1	—	3
交通观念	1	—	—	1	2
交通建设	1	1	—	—	2
交通维护	1	—	—	2	3
合计	7	1	1	3	12

(2)交通治理指标的截面特征和时序特征的比较

2018 年截面的 12 个交通指标中,2 个指标的截面特征与时序特征完全一致,6 个不完全一致,没有相互矛盾的指标(表 1-59)。

表 1-59 2018 年交通治理指标的截面特征与时序特征的关系   单位:个

方面	完全一致	不完全一致	相互矛盾	合计
人力资源	1	1	—	2
交通制度	—	2	—	2
交通观念	1	—	—	1
交通建设	—	2	—	2
交通维护	—	1	—	1
合计	2	6	—	8

2. 交通治理的其他截面

(1)2000 年交通治理的截面特征

2000 年交通治理截面分析,国家分组按 2000 年国家经济水平(人均国民收入)分组,分析指标仍然为 12 个。其中,4 个指标与国家经济水平正相关,4 个指标相关性不显著,2 个指标数据不全(表 1-60);4 个指标的截面特征与时序特征不完全一致(表 1-61)。

表 1-60　2000 年截面交通治理指标与国家经济水平的特征关系的分类　　　　单位:个

方面	正相关	负相关	相关性不显著	其他	合计
人力资源	—	—	—	2	2
交通制度	1	—	2	—	3
交通观念	—	—	—	2	2
交通建设	1	—	1	—	2
交通维护	2	—	1	—	3
合计	4	—	4	2	12

表 1-61　2000 年交通治理指标的截面特征与时序特征的关系　　　　单位:个

方面	完全一致	不完全一致	相互矛盾	合计
人力资源	—	—	—	—
交通制度	—	1	—	1
交通观念	—	—	—	—
交通建设	—	1	—	1
交通维护	—	2	—	2
合计	—	4	—	4

（2）1980 年交通服务的截面特征

1980 年 12 个指标的数据不全，无法进行分析。

第四节　世界交通现代化的过程分析

世界交通现代化的过程分析，时间跨度约为 300 年（1750～2050 年），分析内容可以根据需要有所选择（图 1-15）。限于篇幅，我们简要讨论世界交通现代化的历史进程（1750～2018 年）和未来前景（2020～2050 年）。

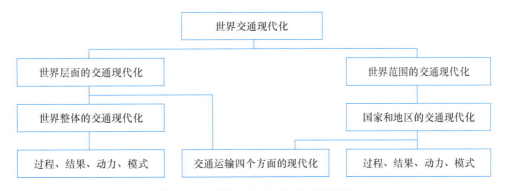

图 1-15　世界交通现代化的过程分析

注：交通四个方面指交通体系、交通服务、交通效率和交通治理。世界、国家和地区的交通现代化，都涉及交通四个方面的现代化。关于世界交通四个方面的现代化，前面两节已有专门分析（时序分析和截面分析）。

根据系统论的观点，整体不等于局部之和。前面关于交通现代化的时序分析和截面分析，揭示了世界交通变迁的四个方面的事实。但是，它们尚不能构成交通现代化的完整概念。全面和系统地认识交通现代化,不仅要有四个方面的现代化研究,还要有交通现代化的整体研究,包括世界整体的交通现代化、国家和地区的交通现代化研究(图 1-15)等。

一、世界交通现代化的历史进程

世界交通现代化的历史进程,指从它的起步到目前的历史过程。世界交通现代化的进程研究,时间跨度约为 300 年;分析内容包括世界整体的交通现代化、世界交通四个方面的现代化、世界范围的国家和地区的交通现代化等。关于世界交通四个方面现代化,前面已有专门分析。关于国家和地区交通现代化,需要专题研究。这里重点讨论世界整体的交通现代化。

世界整体的交通现代化是一个多维度的历史过程,需要从多个角度进行分析,分析内容可以根据需要进行选择。下面简要讨论它的阶段、特点和结果。

1. 世界交通现代化的主要阶段

世界交通现代化的阶段划分,应该与世界经济现代化的阶段划分相协调,因为交通现代化是世界经济现代化的组成部分;同时,世界经济现代化的阶段划分要与世界现代化的阶段划分相协调。当然,它们并非完全同步,而且存在国家差异。

其一,关于世界现代化的阶段划分没有统一认识(图 1-16,专栏 1-10)。一般而言,阶段划分可以依据它的前沿轨迹和特征进行。事实上,人类文明的历史阶段和社会阶段的划分,都是依据人类文明进程的前沿轨迹和特征进行的。当然研究角度不同,认识会有差别。

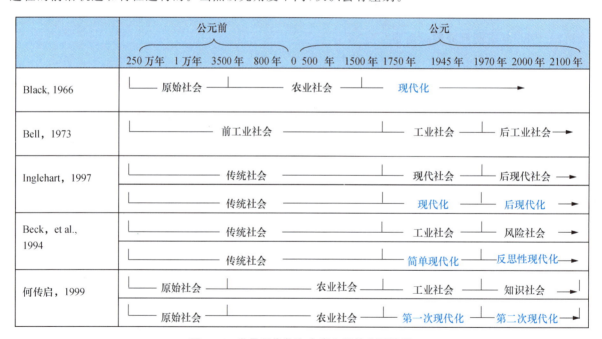

图 1-16 世界现代化和人类文明的主要阶段

资料来源:何传启,2016。

> **专栏 1-10　世界现代化的起点和阶段**
>
> 　　关于世界现代化的起点大致有三种主要观点。① 16～17 世纪的科学革命是世界现代化的起点；② 17～18 世纪的启蒙运动是世界现代化的起点；③ 18 世纪的英国工业革命和法国大革命是世界现代化的起点。其中，第三种观点得到较多支持。《中国现代化报告》认为，18 世纪的工业革命可以作为世界现代化的起点。
>
> 　　关于世界现代化的阶段划分大致有七种观点（专表 1-2）。根据现代化进程的前沿特征和水平划分，在 18～21 世纪期间，现代化进程可以分为第一次现代化和第二次现代化两大阶段，两个阶段的分界点大约是 1970 年前后（知识和信息革命）；每个大阶段又分为起步、发展、成熟和过渡四个小阶段。
>
> **专表 1-2　世界现代化进程的阶段划分**
>
> | 阶段划分 | 内容 | 备注 |
> |---|---|---|
> | 三次浪潮 | 第一次浪潮（1780～1860 年）、第二次浪潮（19 世纪下半叶至 20 世纪初）和第三次浪潮（20 世纪下半叶）（罗荣渠，1993） | 经典现代化的内部阶段 |
> | 四个阶段 | 现代性的挑战、现代化领导集团的巩固、社会和经济转型、社会整合（Black，1966） | |
> | 五个阶段 | 经济成长的五个阶段：传统社会、为起飞创造前提条件阶段、起飞阶段、向成熟推进阶段和大众消费阶段（Rostow，1960）；后来增加了第六个阶段：生活质量阶段 | |
> | 四个时期 | 准备时期、转变时期、高级现代化时期和国际一体化时期（Black，1976） | |
> | 两大阶段 | 经典现代化和后现代化（现代社会和后现代社会）（Crook et al.，1992；Inglehart，1997）
简单现代化和反思性现代化（工业社会和风险社会）（Beck，1986；Beck et al.，1991）
第一次现代化和第二次现代化（工业社会和知识社会）（何传启，1999，2003，2013） | 两次现代化 |
>
> 资料来源：何传启，2016。

　　第二次现代化理论认为，在 18～21 世纪期间，根据它的前沿内涵和特征，世界现代化过程可以分为两大阶段和六次浪潮（表 1-62）；其中，第五次和第六次浪潮是一种预测。

表 1-62　世界现代化的两大阶段和六次浪潮

浪潮	大致时间/年	六次浪潮的内容	两大阶段
第一次	1763～1870	第一次工业革命、机械化、城市化、社会分化流动	第一次现代化
第二次	1870～1945	第二次工业革命、电气化、电器化、普及义务教育	工业化、城市化、民主化
第三次	1946～1970	第三次产业革命、自动化、福利化、普及中等教育	理性化、福利化、流动化
第四次	1970～2020	知识和信息革命、信息化、网络化、普及高等教育	第二次现代化
第五次	2020～2050	新生物学和再生革命、生物经济、仿生化、生物经济社会	知识化、信息化、生态化
第六次	2050～2100	新物理学和时空革命、文化经济、体验化、文化经济社会	全球化、个性化、多元化

资料来源：何传启，2016。
注：依据现代化前沿轨迹的内涵和特征进行划分。第五次和第六次浪潮是一种预测。不同国家的现代化进程是不同步的，不同国家的现代化阶段划分可以有差别。对于先行国家，六次浪潮是先后发生的。对于后发国家，可以两次或多次浪潮的内容同时发生，可以把几次浪潮的内容压缩在同一个时期进行。

　　其二，世界经济现代化的主要阶段。《中国现代化报告 2005》提出经济现代化的两大阶段和六次浪潮（表 1-63）。交通变迁作为经济现代化的一种表现形态，我们可以参照经济现代化的两大阶段和六次浪潮，为交通现代化研究构建一个分析框架。

表 1-63　世界经济现代化的两大阶段和六次浪潮

浪潮	大致时间	核心内容	主要特点	两大阶段
第一次	1763~1870	第一次产业革命	机械化、蒸汽机、殖民效应	第一次经济现代化
第二次	1870~1945	第二次产业革命	电气化、内燃机、贸易效应	(工业化、非农业化)
第三次	1946~1970	第三次产业革命	自动化、计算机、冷战效应	(全国性市场)
第四次	1970~2020	第四次产业革命	信息化、绿色化、知识效应	第二次经济现代化
第五次	2020~2050	新生物学和再生革命	生命工程、生物经济、新生效应	(知识化、非工业化)
第六次	2050~2100	新物理学和时空革命	超级运输、体验经济、新物效应	(市场全球化)

资料来源:何传启,2016。
注:第二次浪潮的时间包括 1914~1945 年期间的经济危机和调整,知识效应包括高技术革命等。

其三,世界交通现代化的主要阶段。参照经济现代化的阶段划分,在 18~21 世纪期间,世界交通现代化的前沿过程大致包括两大阶段,它们有不同特点(表 1-64)。

表 1-64　世界交通现代化的两大阶段

两大阶段	大致时间	主要特点
第一次交通现代化	1760~1970	第一次交通现代化主要解决工业化、城市化过程中人和货物的位移问题,交通运输建设以增量为主,充分满足基于数量型的运输需求,实现快捷、高效、经济、安全的客货运输,主要为国家经济和社会的第一次现代化提供支撑等
第二次交通现代化	1970~2100	第二次交通现代化交通运输需求从数量型增长向质量型增长转变,交通运输建设由增量为主转向存量优化、有序建设、适度开发,交通运输发展强调全局性、整体性,统筹考虑交通运输与国家政治、经济、社会、文化、环境等领域的协调发展,充分体现知识化、信息化、绿色化、全球化、个性化等时代特征,实现高速、重载、智能、绿色、安全的交通运输需求。交通运输上升为国家和地区的发展战略

注:两大阶段的划分和内容是相对的,有些内容在两个时期中都出现,但重点可能有所不同。

2. 世界交通现代化的主要特点

关于世界交通现代化的特点,可以根据需要从不同角度进行分析。

其一,交通现代化是相对可以预期的。在一般情况下,18 世纪以来世界交通变化是相对连续的和有规律可循的(表 1-65)。

表 1-65　18 世纪以来交通指标的变化趋势

趋势	指标数	比例	性质	指标数	比例	类型	指标数	比例
上升变量	31	31	正指标	33	33	水平指标	35	35
下降变量	29	29	逆指标	2	2	特征指标	25	25
转折变量	17	17	转折指标	46	46	状态指标	40	40
波动变量	7	7	波动指标	—	—			
其他	16	16	中性指标	19	19			
合计	100	100	合计	100	100	合计	100	100

注:(1) 指标数单位为个,比例单位为%。(2) 指标性质中,合理值指标为 20 个,包括人均国内航空货运周转量、人均集装箱海运量、每千居民拥有的轿车数量、每千人高速公路长度、每 100 万居民拥有的机场数量、公路密度、机场密度、高速公路比例、高铁线路比例、家庭交通支出比例、城市公共交通出行比例、人均交通产业增加值、人均交通产业总产值、交通产业劳动生产率、铁路货运密度、交通产业增加值比例、交通产业劳动力比例、交通产业女性就业比例、交通需求比例、交通研发投入比例。

其二，交通现代化是一个复杂的过程。

- 交通运输是历史的、动态的，其概念内涵在不断演化。
- 交通运输属于服务业，同时又具有物质生产的性质。交通运输服务总体上来自派生性需求，而非本源性需求，是为了实现生产、生活中的其他需求而完成位移，位移本身不是最终目的（杭文，2016）。
- 交通现代化是一个多因素综合作用的过程。国家的资源禀赋、历史文化背景、经济社会发展水平以及交通运输技术水平等对交通现代化有重要影响。在具有统计数据的交通指标中，大约56%的交通指标与国家经济水平相关（表1-66）；同时，有12%的交通指标存在合理值。
- 随着人类文明的演进，人类对于交通运输的需求在不断变化，需要持续应对新的交通问题。

表 1-66　20世纪80年代以来交通指标与国家经济水平的相关性

项目	2018	2000	1980	合计	比例
正相关变量	38	31	10	79	41.8
负相关变量	11	16	—	27	14.3
没有显著关系变量	45	32	6	83	43.9
合计	94	79	16	189	100

注：变量单位为个，比例单位为%。

其三，交通现代化是一个长期的过程。在过去的300年里，交通现代化包括从传统交通向现代交通、从工业时代的交通向知识时代的交通的转变；其中，第二个转变尚没有完成。

其四，交通现代化是一个多层次的过程。世界、国家、地区和城市的交通现代化，既有共性规律，又有显著的多样性；其中，地区和城市的多样性更大。

其五，交通现代化是一个动态的过程。交通现代化不仅内涵是变化的，而且不同国家的表现也是变化的。世界交通前沿是变化的，国际交通差距是变化的，国家交通地位是可变的。

其六，交通现代化是一个可逆的过程，可以出现停滞、中断或倒退现象等。整个世界的交通现代化进程是连续的和不可逆的，但是，某个国家和地区的交通现代化进程就有多种表现形式，它可以是连续的，也可以是不连续的；可以出现停滞或中断，也可以出现暂时的倒退，甚至长期的倒退。

其七，交通现代化是一个全球的过程。在过去300年里，所有发达国家都是参与国际竞争的国家；交通现代化波及全球的绝大多数国家和地区。

其八，交通现代化是一个进步的过程。过去300年的交通现代化过程，是交通运输服务水平提升和质量优化的过程。

其九，交通现代化是一个充满风险的过程。交通运输业具有显著的外部性，其负外部性包括交通运输系统对资源、环境、安全等产生的负面影响。交通现代化过程要求风险控制和危机管理。

其十，产业革命对交通运输有重大影响。产业革命一方面催生了新的交通运输需求，另一方面推动交通运输相关技术的革新，进而推动交通现代化。

3. 世界交通现代化的主要结果

世界交通现代化的结果，包括一般结果和分段结果，需要截面比较（图1-15）。

（1）世界交通现代化的一般结果

世界交通现代化的一般结果包括交通体系、交通服务、交通效率和交通治理的变化，包括世界交通前沿、国际交通体系结构和国家交通状态的变化等。世界交通前沿的特征可以简称为交通现代性，交通的多样性和副作用也是世界交通现代化的重要结果。

（2）世界交通现代化的分段结果

其一，1760~1970 年世界交通现代化的主要结果。如果把世界交通 1760 年和 1970 年截面进行比较，可以发现它们的差别，显示了世界交通现代化 210 年的主要结果（表 1-67）。结果包括：现代交通占据主导地位，客运和货运量大幅提升，交通产业劳动生产率普遍提高，产业效率和服务质量的国际差距扩大等。

表 1-67　1760~1970 年世界整体交通现代化的结果分析（举例说明）

1760 年截面	1970 年截面	1760~1970 年交通现代化的结果
世界交通是传统交通，主要以自然力、畜力和人力为动力的短程、轻载运输	以初级化石燃料、电力等为动力的现代水运、铁路、公路、航空和管道等五大运输系统并立，实现了交通运输的机械化、电气化、标准化等。世界交通分化程度较高，交通效率国家差距明显	现代交通占据主导地位，客运和货运量大幅提升，交通产业劳动生产率普遍提高，产业效率和服务质量的国际差距扩大；交通产业比例上升（部分国家先升后降）等

其二，1970~2018 年交通现代化的主要结果。如果把世界交通 1970 年和 2018 年截面进行比较，可以发现它们的主要差别，这个差别显示了世界交通现代化 48 年的主要结果（表 1-68）。主要结果包括：世界交通运输仍以工业时代的特征为主导，部分国家先期进入知识经济时代，交通产业劳动生产率大幅提高，产业水平和产业质量的国际差距扩大等。

表 1-68　1970~2018 年世界整体交通现代化的结果分析（举例说明）

1970 年截面	2018 年截面	1970~2018 年交通现代化的结果
以初级化石燃料、电力等为动力的现代水运、铁路、公路、航空和管道等五大运输系统并立，实现了交通运输的机械化、电气化、标准化等。世界交通分化程度较高，交通效率国家差距明显	形成了以化石燃料、电力和清洁能源等为动力，多种运输方式协调配合的综合交通运输体系，实现了交通运输的信息化、高速化，开始向绿色化、智能化迈进。交通运输服务的国际差距明显	世界交通运输仍以工业时代的特征为主导，部分国家先期进入知识经济时代，交通产业劳动生产率大幅提高，产业水平和产业质量的国际差距扩大；交通产业比例下降并趋向合理值等

其三，2019~2100 年世界交通现代化的主要结果。需要等到 2100 年才能进行研究。

二、世界交通现代化的客观现实

1. 世界交通现代化的发展阶段

大体而言，2018 年世界交通现代化处于两次交通现代化并存的阶段。其中，发达国家进入第二次交通现代化，大部分发展中国家处于第一次交通现代化。

2. 世界交通现代化的现实水平

交通发展与交通需求相适应，交通需求与国家地理特征、资源禀赋、人口密度、经济密度和经济结构等紧密相关，交通发展既有共性又有多样性；部分国家交通统计不完备，统计数据难以获取。交通现代化的水平评价面临诸多挑战。

为了大致分析世界交通现代化水平，我们建立了世界交通现代化记分牌（附表 1-2-1）。基于记分牌的数据，按照几何平均值计算综合得分，根据交通现代化综合得分和交通体系综合得分进行分组，2018 年 131 个国家大致可以分为 4 组；其中，18 个国家属于交通发达国家，18 个国家属于交通中等发达国家，30 个国家属于交通初等发达国家，65 个国家属于交通欠发达国家（附表 1-2-2）；4 组国家分别约占 14%、14%、23% 和 49%。

3. 世界交通现代化的国际差距(差异)

本章第二节对交通现代化100个指标进行国际比较,不同指标的表现有所不同。

交通体系国际差距(差异)较大[相对差距(差异)超过1倍]的指标有:高速公路比例、人均国内铁路客运周转量、每千居民的铁路货运装载力、人均国内航空客运量、人均国内航空货运周转量、单位GDP的定期航班客位数等。

交通服务国际差距(差异)较大[相对差距(差异)超过1倍]的指标有:铁路客运密度、铁路货运密度、单位GDP的公路客运周转量、单位GDP的公路货运周转量、单位GDP的铁路货运周转量、单位GDP的管道货运周转量、单位GDP的内陆水运货运周转量。

交通效率国际差距(差异)较大[相对差距(差异)超过1倍]的指标有:车辆100万里程交通事故致死率、公路交通事故的致死率。

三、世界交通现代化的前景分析

关于世界交通现代化的前景分析,带有科学猜想的性质。在本报告里,世界交通现代化前景分析的分析对象主要是世界交通四个方面的前景和国家前景等,分析方法包括路径分析、情景分析和外推分析等。这种前景分析,只是讨论一种可能性,而不是精确预见,有一定参考意义。

1. 世界交通四个方面现代化的前景分析

世界交通四个方面现代化的前景分析需要专题研究。这里选取代表性指标作简要的情景分析,仅供参考。

(1)世界交通体系现代化的前景分析

世界交通体系的前景分析,选择8个指标分析世界前沿水平。交通体系的世界前沿水平(用美、日、英、法、德五国平均值代表估算)(表1-69)。

表1-69 交通体系指标世界前沿水平的情景分析

项目	增长率 实际值	增长率 预测值	2018（基线值）	2020	2030	2040	2050
参考1990～2018年年均增长率估算							
人均国内客运周转量	0.66	0.66	14 150	14 337	15 315	16 359	17 475
人均国内货运周转量	−0.02	−0.53	6673	6602	6263	5940	5634
每千居民拥有的轿车数量	0.70	0.30	487	490	504	520	536
每千居民拥有的货车数量	1.00	1.00	163	166	184	203	224
每千居民的铁路客位数[c]	−0.29	−0.54	17.4	17.0	16.1	15.2	14.4
每千居民定期航班客位数[b]	2.88	1.20	1075	1128	1271	1432	1613
交通设施数字化指数[b]	3.22	0.80	78.8	81.4	88.1	95.4	100
交通基础设施的综合质量[a]	—	0.50	5.61	5.7	6.0	6.3	6.6
参考2000～2018年年均增长率估算							
人均国内客运周转量	0.56	0.56	14 150	14 308	15 128	15 996	16 913
人均国内货运周转量	−0.80	−0.80	6673	6566	6057	5587	5154
每千居民拥有的轿车数量	0.41	0.41	487	491	511	533	555
每千居民拥有的货车数量	1.45	1.45	163	168	194	224	259
每千居民的铁路客位数[c]	−0.61	−0.61	17.4	16.9	15.9	15.0	14.1

(续表)

项目	增长率 实际值	增长率 预测值	2018 (基线值)	2020	2030	2040	2050
每千居民定期航班客位数[b]	2.88	2.88	1075	1205	1601	2127	2825
交通设施数字化指数[b]	—	0.90	78.8	81.7	89.3	97.7	100
交通基础设施的综合质量[a]	−0.50	0.50	5.61	5.7	6.0	6.3	6.6

注:(1) 增长率实际值和基线值是根据美、日、英、法、德五国面板数据整理、计算而得,增长率单位为%;指标单位见附表1-1-1,面板数据来源见附表1-1-2。(2) 根据发展趋势,对部分指标的年均增长率的预测值做了调整。(3) 基线值时间:a 为 2017 年数据,b 为 2016 年数据,c 为 2015 年数据。

(2) 世界交通服务现代化的前景分析

世界交通服务现代化的前景分析,选择 8 个指标分析世界前沿水平。交通的世界前沿水平(用美、日、英、法、德五国平均值代表估算)(表1-70)。

表 1-70 交通服务指标世界前沿水平的情景分析

项目	增长率 实际值	增长率 预测值	2018 (基线值)	2020	2030	2040	2050
参考 1990~2018 年年均增长率估算							
人均交通产业增加值	2.49	1.00	1850	1887	2085	2303	2544
交通产业劳动生产率	2.08	1.56	76 675	81 559	95 174	111 061	129 601
交通服务的综合效率	—	0.50	5.6	5.9	6.1	6.5	5.6
物流绩效指数:追踪查询货物的能力		0.50	4.1	4.1	4.4	4.6	4.8
城市交通满意度[a]	—	0.50	81.3	82.6	86.8	91.2	95.9
交通产业增加值比例	−0.19	−0.10	4.31	4.30	4.26	4.22	4.18
交通产业劳动力比例	−0.18	−0.18	5.04	5.02	4.93	4.84	4.75
交通产业女性就业比例	—	1.00	24.0	24.5	27.0	29.9	33.0
参考 2000~2018 年年均增长率估算							
人均交通产业增加值	2.47	2.47	1850	1943	2480	3167	4043
交通产业劳动生产率	2.36	1.20	76 675	78 526	88 475	99 684	112 313
交通服务的综合效率	—	0.50	5.6	5.9	6.1	6.5	5.6
物流绩效指数:追踪查询货物的能力	0.13	0.50	4.1	4.1	4.4	4.6	4.8
城市交通满意度[a]	1.30	0.65	81.3	82.9	88.5	94.4	100
交通产业增加值比例	0.07	0.07	4.31	4.32	4.35	4.38	4.41
交通产业劳动力比例	−0.10	−0.10	5.04	5.03	4.98	4.94	4.89
交通产业女性就业比例	—	0.50	24.0	24.2	25.5	26.8	28.2

注:(1) 增长率实际值和基线值是根据美、日、英、法、德五国面板数据整理、计算而得,增长率单位为%;指标单位见附表1-1-1,面板数据来源见附表1-1-2。(2) 根据发展趋势,对部分指标的年均增长率的预测值做了调整。(3) 基线值时间:a 为 2017 年数据。

(3) 世界交通效率现代化的前景分析

世界交通效率现代化的前景分析选择 6 个指标分析世界前沿水平(表 1-71)。

表 1-71 交通效率指标世界前沿水平的情景分析

项目	增长率 实际值	增长率 预测值	2018（基线值）	2020	2030	2040	2050
参考 1990~2018 年年均增长率估算							
交通研发投入比例	2.76	1.38	0.220	0.226	0.260	0.298	0.341
自动驾驶汽车比例	97.75	*	0.116	0.3	15.1	32.5	70.2
人均交通二氧化碳排放量	−0.37	−0.37	2.52	2.50	2.41	2.32	2.24
单位 GDP 的机动车能耗	−3.50	−3.50	16.6	15.4	10.8	7.6	5.3
人均机动车的能耗	−0.84	−0.84	0.719	0.707	0.650	0.597	0.549
公路交通事故的致死率	−1.69	−1.69	319	308	260	219	185
参考 2000~2018 年年均增长率估算							
交通研发投入比例	—	1.38	0.220	0.226	0.260	0.298	0.341
自动驾驶汽车比例	97.75	**	0.116	0.3	15.1	29.6	58.2
人均交通二氧化碳排放量	−0.78	−0.78	2.52	2.48	2.30	2.12	1.96
单位 GDP 的机动车能耗	−3.76	−3.76	16.6	15.3	10.5	7.1	4.9
人均机动车的能耗	−1.26	−1.26	0.719	0.701	0.617	0.543	0.478
公路交通事故的致死率	−2.59	−2.59	319	302	232	179	137

注：(1) 增长率实际值和基线值是根据美、日、英、法、德五国面板数据整理、计算而得，增长率单位为%；指标单位见附表 1-1-1，面板数据来源见附表 1-1-2。(2) 根据发展趋势，对部分指标的年均增长率的预测值做了调整。(3) 自动驾驶汽车比例为世界平均水平，其增长率实际值为 2015~2018 年实际年均增长率。预测值 *，2018~2030 年年均增长率取值为 50.00%，2030~2050 年年均增长率取值为 7.00%；预测值 **，2018~2030 年年均增长率取值为 60.00%，2030~2050 年年均增长率取值为 5.00%。

(4) 世界交通治理现代化的前景分析

世界交通治理现代化的前景分析选择电动车比例和人均交通基础设施投资分析世界前沿水平（表 1-72）。

表 1-72 交通治理指标世界前沿水平的情景分析

项目	增长率 实际值	增长率 预测值	2018（基线值）	2020	2030	2040	2050
参考 1990~2018 年年均增长率估算							
电动车比例	88.60	*	0.40	0.7	14.7	31.6	68.3
人均交通基础设施投资	−0.76	−0.76	329	324	301	278	258
参考 2000~2018 年年均增长率估算							
电动车比例	88.60	**	0.40	0.7	14.7	36.3	90.0
人均交通基础设施投资	−0.70	−0.70	329	325	303	283	263

注：(1) 增长率实际值和基线值是根据美、日、英、法、德五国面板数据整理、计算而得，增长率单位为%；指标单位见附表 1-1-1，面板数据来源见附表 1-1-2。(2) 根据发展趋势，对部分指标的年均增长率的预测值做了调整。(3) 电动车比例增长率实际值为 2010~2018 年实际年均增长率。预测值 *，2018~2030 年年均增长率取值为 30.00%，2030~2050 年年均增长率取值为 10.00%；预测值 **，2018~2030 年年均增长率取值为 40.00%，2030~2050 年年均增长率取值为 7.00%。

2. 世界范围的国家交通现代化的前景分析

世界范围的国家交通现代化的前景分析，可以在国家层面和国际体系层面进行。它的分析对象包括国家交通现代化的路径和水平等。国家交通现代化具有路径依赖性，路径选择受历史传统、起点水平和国际环境的影响。一般而言，国家交通现代化的路径选择与国家交通现代化的阶段紧密相关。已经完成第一次交通现代化和已经进入第二次交通现代化的国家，会选择第二次交通现代化路径。没有完成第一次交通现代化的国家，可以有三种选择：追赶交通现代化路径、综合交通现代化路径和第二次交通现代化路径。没有完成第一次交通现代化的国家，一般不宜采用第二次交通现代化路径。当然，21世纪具有很大不确定性，依据历史预测未来是不可能准确的；借鉴历史经验分析未来，只是一种预测方法。

本 章 小 结

交通现代化是一个长期的系统过程。本章关于交通现代化的时序分析、截面分析和过程分析，加深了对交通现代化的历史进程和未来前景的认识，从中可以发现和归纳出交通现代化的长期趋势和基本事实，它们是分析交通现代化规律的历史基础。关于交通现代化的前景分析，可以为制定交通现代化政策提供依据。本章用美、日、英、法、德五国交通指标的平均值为代表，分析世界100个交通指标的发展趋势和基本事实。

1. 交通体系的基本事实

（1）运输需求

运输需求可以用人均国内客运周转量和人均国内货运周转量来代表。总体规模：1970～2018年，人均国内客运周转量由8057人公里增加到14 150人公里，提高了近1倍；人均国内货运周转量在2000年达到峰值7716吨公里，2018年下降为6673吨公里。其中，公路运输，人均国内公路客运周转量上升，人均国内公路货运周转量先上升后下降；铁路运输，人均国内铁路客运周转量上升，人均国内铁路货运周转量先上升后下降；航空运输，人均国内航空客运量和人均国内航空货运周转量均上升；海运方面，人均集装箱海运量上升；管道运输，人均管道运输周转量下降。

（2）交通工具

公路运输：1994～2018年，单位GDP的货车数量由4.09辆/100万美元下降为3.13辆/100万美元；单位GDP的轿车数量先上升后下降。1994～2018年，每千居民拥有的轿车数量由411辆增加到487辆；2000～2018年，每千居民拥有的货车数量由126辆增加到163辆。铁路运输：单位GDP的铁路客位数、单位GDP的铁路货运装载力和每千居民的铁路客位数先上升后下降。航空运输：2004～2016年，单位GDP的定期航班客位数由20.6个/100万美元增加到26.1个/100万美元；每千居民定期航班客位数由765个增加到1075个。

（3）交通设施

设施建设：1970～2018年，每千人高速公路长度由0.04公里增加到0.13公里；1995～2018年，每千人铁路里程由0.45公里下降到0.34公里；2004～2016年，每100万居民拥有的机场数量在0.48个左右波动。数字化建设：2014～2016年，交通设施数字化指数由76.3%上升为78.8%。设施质量：2009～2017年，交通基础设施的综合质量在5.73左右波动。

（4）交通网络

设施密度：1994～2018年，公路密度由181公里/百平方公里增加到196公里/百平方公里；2004

~2016年，机场密度由8.10个/百平方公里增加到9.09个/百平方公里；1995~2018年，铁路密度由6.51公里/百平方公里下降为4.70公里/百平方公里。设施结构：1994~2018年，美、英、法高速公路比例平均由0.94%增加到1.05%；1996~2018年，日、法、德高铁线路比例平均由5.12%增加到9.66%。网络化程度：2018年，公路连通性指数为87.5；1998~2003年，农村交通可及性为93.8%。

2. 交通服务的基本事实

（1）交通行为

私人交通：1970~2018年，人均轿车交通里程由4016公里增加到8718公里，提高了约1.2倍；1995~2018年，家庭交通支出比例基本保持在12.3%左右。公共交通。2018年，城市公共交通出行比例约为32.8%。商业交通。人均客车公路客运周转量先下降后上升，国别差异较大。其中，2018年，人均客车公路客运周转量意大利为1711人公里，德国为966人公里，英国为531人公里。特殊交通。1990~2017年，美国中小学生均校车经费由171美元增加到449美元，提高1.6倍。

（2）交通产业

产业水平：1970~2018年，人均交通产业增加值由172美元增加到1850美元，提高了近10倍；人均交通产业总产值由335美元增加到3875美元，提高了10倍多。

产业效率：1970~2018年，交通产业劳动生产率由6093美元提高到76 675美元，提高了近12倍。其中，公路运输，1994~2018年，公路客运密度由91.3万人公里/公里增加到102.3万人公里/公里，公路货运密度先上升后下降；铁路运输，1995~2018年，铁路客运密度由150.3万人公里/公里增加到297.7万人公里/公里，铁路货运密度由294.5万吨公里/公里增加到477.5万吨公里/公里；机动车运行效率，1994~2018年，机动车单车公路运行里程下降；服务效率，2018年，交通服务的综合效率为5.58。

产业质量：1970~2018年，交通产业增加值率由52.8%下降为47.8%；交通产业净利润率先上升后下降，2018年，交通产业净利润率为3.73%；2007~2018年，物流绩效指数：贸易和运输相关基础设施的质量基本保持在4.10左右。

质量管理：2007~2018年，物流绩效指数中，追踪查询货物的能力保持在4.09；货物在计划或预期时间内到达收货人的频率保持在4.26左右；2013~2017年，城市交通满意度保持在79.3%左右。

（3）交通经济

产业结构：1970~2018年，交通产业增加值比例由4.80%下降为4.31%；交通产业增加值占服务业增加值比例由7.21%下降为5.82%。其中，公路运输，1994~2018年，公路客运占客运总量比例由89.5%下降为87.3%，公路货运占货运总量比例由64.8%上升为68.8%；铁路运输，1994~2018年，铁路客运占客运总量比例由10.5%增加到12.7%，铁路货运占货运总量比例由20.5%增加到21.2%。2008~2018年，国际旅游客运收入占比先上升后下降，2018年为2.76%。

就业结构：2018年，交通产业劳动力比例为5.04%；1970~2016年，交通产业就业占服务业就业比例由10.02%下降为6.29%。职业性别差异，2018年，交通产业女性就业比例约为24%。

需求结构：2005~2015年，交通需求比例保持在4.28%左右。各运输方式情况。公路运输，1994~2018年，单位GDP的公路客运周转量由435人公里/千美元下降为265人公里/千美元；2018年，单位GDP的公路货运周转量为76.7吨公里/千美元。铁路运输，1994~2018年，单位GDP的铁路货运周转量由65.4吨公里/千美元下降为35.4吨公里/千美元。航空运输，单位GDP的航空客运量和单位GDP的航空货运周转量先上升后下降；其中，2018年，单位GDP的航空客运量为0.036人/千美元;单位 GDP 的航空货运周转量为 1.95 吨公里/千美元。内陆水运,1994～2018 年,单位 GDP 的内陆水运货运周转量由 25.9 吨公里/千美元下降为 9.5 吨公里/千美元。管道运输,1994～2018 年,法国单位 GDP 的管道货运周转量由 96.4 吨公里/千美元下降为 48.1 吨公里/千美元。

交通强度:1970～2018 年,单位 GDP 的客运周转量由 1842 人公里/千美元下降为 278 人公里/千美元;单位 GDP 的货运周转量由 1102 吨公里/千美元下降为 118 吨公里/千美元。其中,公路运输,1994～2018 年,单位 GDP 的公路交通周转量由 336 车公里/千美元下降为 199 车公里/千美元;航空运输,2004～2013 年,单位 GDP 的国内航空客运周转量由 32.1 客位公里/千美元下降为 25.4 客位公里/千美元,单位 GDP 的国际航空客运周转量由 49.7 客位公里/千美元下降为 48.1 客位公里/千美元。

3. 交通效率的基本事实

(1) 交通科技

2011～2018 年,交通研发投入比例由 0.18% 增加到 0.22%。

(2) 智能交通

2015～2018 年,自动驾驶汽车比例由 0.015% 提高到 0.116%。

(3) 交通环境

1994～2018 年,交通二氧化碳排放量占比由 25.9% 增加到 30.6%;人均交通二氧化碳排放量在 2000 年达到峰值 2.90 吨,2018 年降至约 2.52 吨;单位 GDP 的交通二氧化碳排放量由约 0.118 千克/国际美元下降为约 0.048 千克/国际美元。

(4) 交通能源

1990～2018 年,单位 GDP 的交通能耗由 44.9 克标准油/国际美元下降到 16.6 克标准油/国际美元;1994～2018 年,单位 GDP 的机动车能耗由 24.3 吨/100 万美元下降到 14.8 吨/100 万美元;1994～2018 年,人均机动车的能耗由约 0.90 吨下降到约 0.72 吨。

(5) 交通安全

1970～2018 年,公路交通事故的致伤率由 657 人/10 万人下降为 319 人/10 万人;1994～2018 年,机动车的公路交通致死率由 202 人/100 万辆车下降为 70 人/100 万辆车;车辆 100 万里程交通事故致死率由 14 人/100 万里程下降为 5 人/100 万里程。

4. 交通治理的基本事实

(1) 人力资源

受高等教育劳动力比例和受中等教育劳动力比例均下降,可能是国际移民引起的变化。

(2) 交通制度

道路运输车辆税和道路运输燃油税上升。其中,1998～2012 年,道路运输车辆税由 1554 美元/年增加到 1775 美元/年;道路运输燃油税由 0.48 美元/升增加到 0.69 美元/升。2005 年,德国出口清关平均时间为 4.7 天。

(3) 交通观念

2018 年,城市绿色出行比例为 66.4%。2010～2018 年,电动车比例由 0.0025% 提高到了 0.40%。

(4) 交通建设

交通基础设施投资占 GDP 比例和人均交通基础设施投资下降。其中,1995～2018 年,交通基础设施投资占 GDP 比例由 1.05% 下降为 0.77%；人均交通基础设施投资由 393 不变价美元下降到 329 不变价美元。

（5）交通维护

2002 年，交通基础设施维护费占 GDP 比例为 0.0025‰，人均交通基础设施维护费约为 76.1 美元。1995~2018 年，公路基础设施维护占总支出比例由 24.3% 上升为 28.3%。

5. 世界交通现代化的历史进程

在 18~21 世纪期间，世界交通现代化的前沿过程大致包括两大阶段。

第一次交通现代化主要解决工业化、城市化过程中人和货物的位移问题，交通运输建设以增量为主，充分满足基于数量型的运输需求，实现快捷、高效、经济、安全的客货运输，主要为国家经济和社会的第一次现代化提供支撑等。

第二次交通现代化交通运输需求从数量型增长向质量型增长转变，交通运输建设由增量为主转向存量优化、有序建设、适度开发，交通运输发展强调全局性、整体观，统筹考虑交通运输与国家政治、经济、社会、文化、环境等领域的协调发展，充分体现知识化、信息化、绿色化、全球化、个性化等时代特征，实现高速、智能、绿色、安全的交通运输需求。交通运输上升为国家和地区的发展战略。

6. 世界交通现代化的客观现实

基于世界交通现代化记分牌的数据，按照几何平均值计算综合得分，根据交通现代化综合得分和交通体系综合得分进行分组，2018 年，大约 18 个国家属于交通发达国家，18 个国家属于交通中等发达国家，30 个国家属于交通初等发达国家，65 个国家属于交通欠发达国家。

7. 世界交通现代化的前景分析

国家交通现代化具有路径依赖性，路径选择受历史传统、起点水平和国际环境的影响。一般而言，国家交通现代化的路径选择与国家交通现代化的阶段紧密相关。已经完成第一次交通现代化和已经进入第二次交通现代化的国家，会选择第二次交通现代化路径。没有完成第一次交通现代化的国家，可以有三种选择：追赶交通现代化路径、综合交通现代化路径和第二次交通现代化路径。

第二章 交通现代化的原理和经验

交通是国民经济的重要部门,也是服务业的组成部分。在农业时代,交通在国民经济中的比重较低;进入工业时代,交通在国民经济中的比重明显上升,运河、铁路、公路以及航空等交通方式先后发挥重要作用,对促进经济和社会发展起到了不可替代的作用;进入知识时代,交通在国民经济中的比重下降和趋于合理值,交通现代化呈现信息化、智能化和绿色化等特征。交通现代化既有共性特点,又有时代差别、国家差别和地区差别等。

本章主要讨论三个方面的内容:交通现代化的基本原理,交通现代化的国际经验,交通现代化的专题分析。其中,专题分析涉及六个分析维度,分别是交通科技、智能交通、交通环境、交通能源、交通安全和城市交通,可为我国交通发展提供国际借鉴。

第一节 交通现代化的基本原理

现代化是18世纪以来人类文明的一种前沿变化和国际竞争,发生在人类文明的所有部门(何传启,2010)。交通现代化是交通领域的现代化,是18世纪工业革命以来交通发展的世界前沿,以及追赶、达到和保持世界前沿水平,同时适应和满足经济发展和社会生活的交通需求的行为和过程。交通现代化研究既是现代化科学的组成部分,也与交通经济学、产业经济学、发展经济学等有很多交叉。现代化科学的基本原理可以适用于交通现代化,同时交通现代化具有一些特有的规律和性质。

一、交通发展的相关理论

交通是社会经济的重要组成部分,它为农业、工业、服务业和国防等提供了重要支撑。交通发展不仅是交通规模的增长,还有伴随规模增长的质的改进,包括交通系统的发展机制和发展效率等(张国强 等,2007)。交通发展受众多因素影响,怀特等在《交通地理学》中认为,影响交通系统发展的因素包括历史因素、技术因素、物理因素、经济因素、政治和社会因素等,这些因素通过直接或间接的方式影响交通发展(White et al.,1983)。

早在18世纪,亚当·斯密在《国富论》中就论述了交通对城市和地区经济繁荣所起的促进作用。19世纪,铁路在欧洲出现以后,交通在国民经济中的作用受到更多关注,1850年,伦敦大学拉德那教授出版《铁路经济》,对交通发展的历史及其影响等进行分析。进入20世纪,国内外交通发展的相关理论不断涌现。以下从交通演化、交通的空间发展以及综合交通发展等视角对相关理论进行简要介绍。

1. 交通演化理论

交通发展可以从历史演进的视角进行分析,与此相关的理论众多,例如,奥地利学者格鲁贝勒提出交通进化理论(Grubler,1990),我国学者荣朝和提出运输化理论(荣朝和,1993,2016),韩彪提出脉冲式运输发展理论(韩彪,1994)。

(1) 交通进化理论

1990年,奥地利学者格鲁贝勒在其著作《基础设施的涨落》中提出,交通的发展遵循有规律的演进路径,依次经历运河、铁路、公路以及航空等几种交通方式产生、发展以及衰落的过程。新交通基础设施与旧基础设施在初期存在互补性,新交通基础设施不断成长,最终超过旧基础设施,进而形成了交通基础设施的涨落更替。图2-1显示了1800年以来美国各类交通基础设施按里程变化的情况。

格鲁贝勒认为,交通的发展既体现了技术的变革,同时也与社会需求密切相关,不同交通方式随社会需求的变化而出现、发展并最终衰落;交通质量和性能是影响交通方式选择的重要因素(Grubler,1990)。

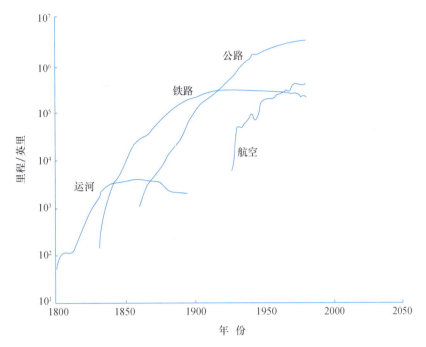

图2-1 美国各类交通基础设施按里程增长变化

资料来源:Grubler,1990。

(2)运输化理论

1993年,我国学者荣朝和出版《论运输化》,将交通业的发展分为前运输化、运输化和后运输化三个阶段,其中,运输化阶段又可以分为初步运输化和完善运输化两个分阶段。运输化理论认为,在工业革命发生之前,从原始游牧经济、传统农业社会到工场手工业阶段,各国经济一直处于前运输化阶段;与大工业对应的是运输化阶段,而运输化本身的特征又在初步运输化和完善运输化这两个分阶段中得到充分发展;随着发达国家逐步向后工业经济转变,运输化在相对地位上开始让位于信息化,从而呈现出一种后运输化趋势(荣朝和,1993)。

2016年,荣朝和对运输化理论进行了补充与完善,将原"初步运输化阶段"改为"运输化1.0阶段",将原"完善运输化阶段"改为"运输化2.0阶段",原"后运输化阶段"改为"运输化3.0阶段"(图2-2)。调整以后,前运输化阶段对应早期运输方式,运输化1.0阶段对应各种近现代运输方式的独立发展;运输化2.0阶段对应多式联运、枢纽衔接和运输领域的综合管理体制等;运输化3.0阶段对应的运输发展则更多地考虑资源环境、大都市区形态、信息化、全球化等(荣朝和,2016)。

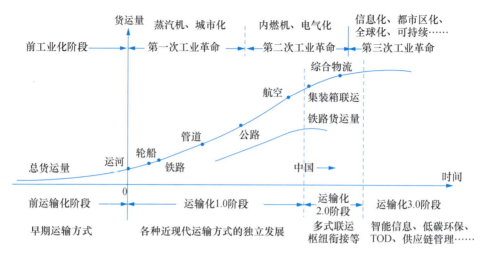

图 2-2 运输化理论的阶段划分示意

资料来源:荣朝和,2016。

2. 交通的空间发展理论

交通的发展是适应和满足社会经济发展需求的过程。许多关于区域发展和产业布局的理论,都涉及交通发展,例如,区位理论(杜能,1986;韦伯,1909;勒施,2010)和区域发展理论等。许多学者基于区位理论的基本思想,构建了交通网络的空间发展模型。例如,范斯模型(Vance,1970)、利默模型(Rimmer,1977)、Taaffe 模型(Taaffe et al. ,1963)、点—轴系统理论(陆大道,1986)等。

(1) Taaffe 模型

1963 年,美国地理学家 Taaffe 等对发展中国家的交通发展进行了比较分析,提出了交通发展的六阶段模型(Taaffe et al. ,1963),分别为:① 沿海小港口贸易点孤立发展阶段;② 内陆渗透线发展,港口逐渐集中阶段;③ 许多小型中心开始沿主要通道发展的支线相互联络与发展阶段;④ 港口、内陆中心和各支线网络继续发展阶段;⑤ 节点完全互联阶段;⑥ 将最大或最重要的中心连接起来的国家干线形成阶段(图 2-3)。

(2) 点—轴系统理论

1984 年,我国学者陆大道提出点—轴系统理论,该理论以中心地理论、空间集聚与扩散理论和增长极理论等为基础(孙东琪 等,2016),论述了重点开发轴线的选择与产业带的建立问题。点—轴开发是指在全国(或地区)范围内,确定若干具体有利发展条件的大区间、省区间及地市间线状基础设施轴线,对轴线地带的若干点予以重点发展;随着经济实力的不断增强,经济开发的注意力逐渐向较低级别的发展轴和发展中心转移,发展轴线逐步向较不发达地区延伸;对于交通发展,点—轴开发有助于实现重点交通线路与重点建设城镇、工矿区的一致发展,进而实现空间上的最佳结合(陆大道,1986)。

3. 综合交通发展理论

20 世纪中后期以来,现代交通向着综合交通的方向发展,网络化、信息化、一体化、绿色化和智能化等成为重要方向,并出现了许多相关理论。

(1) 综合交通体系理论

关于综合交通体系理论,国内外有许多相关研究。综合交通体系是铁路、公路、水路、航空和管道各种交通方式综合发展、综合利用和综合管理的一种模式(杨洪年,2012)。20 世纪中后期,许多发达国家开始关注交通资源的科学分配和合理使用,并力图通过国家规划、政策和法规等实现交通的综合管理和系统优化,综合交通体系的理论和实践由此不断发展。例如,美国学者穆勒在《综合货物运输》

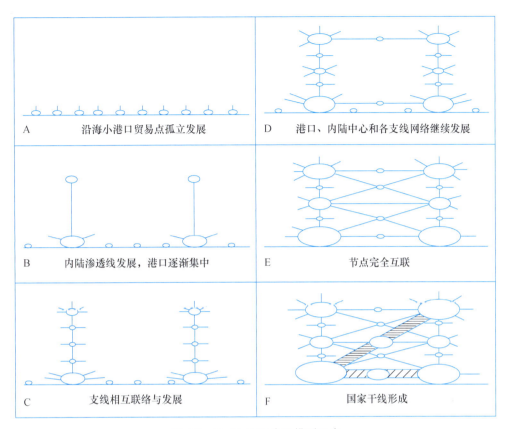

图 2-3　Taaffe 交通发展模型示意

资料来源：Taaffe et al.，1963。

中指出,综合交通体系是一种客货交通体系,其交通过程的各个组成部分都有效地相互连接和相互协调,并具有较大的灵活性;综合交通体系不仅包括硬件设施,而且还包括有关的软件(王先进,2002)。澳大利亚在《整合澳大利亚交通体系》报告中提出物理整合、网络整合、信息整合、费用整合的综合发展思路(IPA,2016)。

由于各国在自然、经济、社会方面的差异性,综合交通体系发展的理论与实践各有不同,主要思想包括以下方面:① 交通方式的平等性和包容性,在充分发挥各自优势基础上实现交通的协调和可持续发展;② 交通体系的紧密性、融合性和一体性,实现交通基础设施、交通装备等硬件设施和管理软件在物理和逻辑上相互连接和配合;③ 交通过程的高效性、连续性、无缝性和全程性;④ 交通结构比例随需求结构而变化,交通技术水平随技术进步不断升级;⑤ 通过市场机制和宏观调控联合作用,实现更高的经济效益和社会效益,以适应当代多样化、国际化、信息化和网络化的需求等(王先进,2002;罗仁坚,2009;李连成,2013)。

(2) 可持续交通理论

随着交通拥堵和环境污染等负效应的产生,可持续交通和绿色交通等发展理念不断涌现。1996年,世界银行发布报告《可持续交通:政策改革的重点》,分析了交通的经济和环境可持续性及其政策选择(World Bank,1996)。2002年,OECD 发布《环境可持续交通指南》,认为环境可持续的交通应包括以下四个方面:① 能够提供具有安全性、可行性和可及性的交通服务;② 达到公众可以接受的健康和环境质量标准;③ 具有生态系统的可承受性;④ 不会加剧不利的全球现象,例如气候变化、臭氧层破坏以及有机污染物扩散等(OECD,2002)。

与可持续交通发展相近的理念还包括绿色交通、低碳交通等,目前,相关理论仍在不断发展和完善。

4. 交通与经济社会的互动研究

关于交通与经济社会的互动关系,已有许多相关研究。1960年,经济学家罗斯托在《经济增长的阶段:非共产党宣言》一书中提出经济增长的阶段理论,认为社会基础资本的先行建设是经济起飞的初始条件,对交通的投资建设有助于降低成本,扩大市场,使主导部门的产生成为可能(罗斯托,2001)。1987年,欧文(Owen)在《运输与世界发展》中认为,交通资源配置的不均衡,是导致富国与穷国在经济增长悬殊的重要原因,现代交通是现代文明的标志,也是经济增长与社会发展的重要前提(Owen,1987)。

进入90年代,面对交通发展所带来的交通拥堵、环境污染等负效应,许多国家和学者开始重新认识交通与经济社会发展的关系。1999年,英国公路评估委员会(SACTRA)完成《交通与经济》报告,认为交通可以通过多种方式影响经济增长,经济活动反过来影响交通需求。交通对于经济的促进作用,主要通过以下方面实现:① 对生产、分配和土地利用进行重组或合理化;② 影响劳动力市场可及性,进而影响劳动力成本;③ 降低生产成本,促进产量;④ 刺激投资;⑤ 拓展新兴市场;⑥ 促进经济连续增长。同时,该报告也对"交通能否与经济增长'脱钩',从而在获得更多财富的同时,减少交通拥堵和环境影响"问题进行了分析(SACTRA,1999)。

2006年,英国研究机构爱丁顿(Eddington)发布交通研究报告,认为交通对社会经济发展的促进作用主要表现在提高商业效率、促进商业投资和创新、促进经济集聚效应、改善劳动力市场、增加竞争、增加国内和国际贸易以及增加全球流动性等方面(图2-4);但在交通网络较为完善的国家中,各经济中心之间的联系已经构建起来,通过交通改善来实现经济增长的空间会逐渐变小(Eddington,2006)。

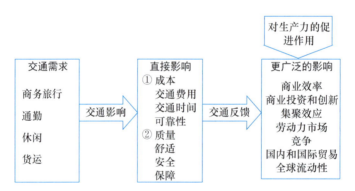

图 2-4 交通与经济发展的关系

资料来源:Eddington,2006。

我国学者也对交通与经济社会的互动关系开展了众多研究。熊永钧(1993)在对发达国家经济社会发展进行分析的基础上认为,交通规模的大小是经济社会现代化程度的基本标志之一,现代经济社会在多大规模上运用多少资源去实现人与物在时空上的变换,反映了经济社会的发达程度。交通业的超前发展,既是社会经济其他部门发展的客观要求,也是由交通业自身的经济特性所决定的。马继列(1998a,b)从发达国家经济发展实例以及工业、农业、市场、资金、产业布局、生产组织、流通等多角度、多领域探讨了交通与经济发展的相互影响和作用,并对交通与经济发展相互适应的规律进行探讨,认为交通与经济之间是相互促进、相互联系的,当交通适应经济发展时,对经济发展起推动作用;当交通滞后于经济发展时,会对经济发展起拖滞作用;当经济飞速发展而产生量大质高的交通需求时,经济发展就会反作用于交通,迫使交通发生急剧的变革和发展。杨冷飞(2011)在新兴古典经济学分析框架下研究了交通发展与经济增长的关系,提出分工自发演进模式下经济增长与交易效率、交通发展的循环过程。

交通发展的负效应也引起我国学者的关注。荣朝和(2001)在对运输化理论的反思中认为,人类交通活动的总量有一个不应该超越的临界值,该临界值从环境方面决定了人类自身的长期和持续发展不致被破坏;从这个角度看,代表运输化发展的成长曲线不是无限上升的,限制该曲线的是自然环境和资源条件等;人类在交通方面需要建立可持续发展的意识,把自己的交通活动限制在一个合理的水平以内。

二、交通现代化的相关理论

关于交通现代化的相关理论,已有研究较多从交通现代化的内涵、特征以及交通现代化的评价等方面展开。对于什么是交通现代化,尚未形成统一认识。表2-1列举了一些学者关于交通现代化内涵与特征的论述。

表2-1 交通现代化的内涵与特征(举例)

内涵与特征	来源
交通运输现代化是传统社会变革的一部分,本质是交通运输系统通过变革提升自身服务能力,并与人、社会、自然和谐共处;它既是交通运输满足经济社会需求、适应自然环境要求的一种状态,也是交通运输从欠发达到较发达的一个过程 交通运输现代化的功能特征包括安全、便捷、高效、可靠、经济、舒适、低耗、环保等;结构特征包括基础设施现代化、运输装备现代化和服务平台现代化等;要素特征包括从业人员、科学技术、生产工具、行业文化、管理体制和管理制度等的现代化	李作敏 等,2013
交通运输现代化的基本内涵是指交通服务体系整体发展水平实现与经济社会现代化相适应,并且相对于交通运输服务体系自身发展过程而言,达到前所未有的一种高度发达完善的状态 交通运输现代化应具备基础设施网络化、公众出行便捷化、货物运输物流化、交通结构合理化、运营管理智能化、服务人性化、公平化、资源环境最优化等基本特征	戴东生,2010
交通运输现代化是指在资源和环境等各种外部约束条件下,各种运输方式按照技术经济比较优势和国情特点分工协作、优势互补、有效衔接形成一体化运输系统,该系统不仅能够在管理和技术上充分满足社会经济发展所产生的各种客货运输需求,而且能够实现与资源环境和经济社会的协调、可持续发展 交通运输现代化的基本特征包括:① 总量适应;② 结构合理;③ 组织有效;④ 技术先进;⑤ 以人为本;⑥ 可持续发展	樊桦,2008
新时期交通现代化的内涵更强调用先进的工业化技术和新型的信息化技术改造传统的交通运输业,使各种运输方式能够在外部条件的约束下有效衔接、分工协作、优势互补,进而形成一体化的运输系统。该系统不仅能够在管理和技术上充分满足社会经济发展所产生的各种客货运输需求,而且能够实现与资源环境和经济社会的协调、可持续发展 新时期的交通现代化将更加突出下列几点:① 以人为本;② 低碳节能和可持续发展;③ 安全	许云飞 等,2013
交通运输现代化,就是用先进的工业化技术和新型的信息化技术改造传统的交通运输业,使其能够满足不断变化和发展的经济、社会的各种需求	周乐,2003
从静态角度,交通现代化是交通运输的一种状态,它最大限度地、经济地克服了时空对经济活动的约束;从动态角度,则是达到这一状态的过程,交通现代化实质上是空间尺度上时间距离不断缩短、费用距离不断下降的过程 交通现代化有两个核心特征:一是快速,二是经济	李连成,2016

三、交通现代化的原理分析

现代化是 18 世纪以来人类文明的一种前沿变化和国际竞争,发生在人类文明的所有部门,不同部门的现代化既有共性也有差异(何传启,2010)。交通是国民经济的重要部门,是服务业的重要组成部分。交通现代化研究是现代化科学的组成部分,也与交通经济学、服务经济学、产业经济学、发展经济学、宏观经济学和现代化科学等有很多交叉。

交通现代化是一个复杂的过程,它既有共性规律又有国别和时代差异,而且受国家地理特征、资源禀赋、国家大小、人口密度、经济密度、科技水平、国家水平、发展阶段和国际环境的影响,交通现代化研究需要不断深入。下面简介我们的研究进展和主要观点。

我们认为,现代化科学的基本原理可以适用于交通现代化,同时交通现代化具有一些特有的规律和性质,可以把《现代化科学:国家发达的科学原理》(何传启,2010)推广到交通现代化领域(表 2-2),从而形成"广义交通现代化的一般理论"(表 2-3),涵盖交通现代化的内涵、过程、结果、动力和模式五方面内容。

表 2-2　交通现代化理论的结构

分类	理论	主要内容
一般理论	元理论	交通现代化的内涵、过程、结果、动力和模式等
分支理论	分阶段研究	第一次交通现代化、第二次交通现代化、综合交通现代化
	分层次研究	世界、国家、地区等的交通现代化
	分主题研究	交通体系、交通服务、交通效率、交通治理的现代化 公路、铁路、水路、航空、管道运输等的现代化
	分专题研究	交通科技、交通环境、交通能源、交通安全、城市交通等的现代化
相关理论	其他现代化理论	第二次现代化理论、经济现代化理论、生态现代化理论、现代化科学等
	其他相关理论	交通经济学、服务经济学、发展经济学、知识经济、信息经济等

表 2-3　广义交通现代化的一般理论

方面	基本内容
内涵	交通现代化是交通领域现代化的简称,指 18 世纪工业革命以来交通发展的世界前沿,以及追赶、达到和保持世界前沿水平,同时适应和满足经济发展和社会生活的交通需求的行为和过程;它包括从传统交通向现代交通和综合智能交通的范式转变,以及交通技术、交通效率、交通质量、交通满意度和交通环境友好性的提升等
过程	交通现代化是一个复杂过程,其中,发达国家的交通现代化是前沿过程,发展中国家的交通现代化是追赶过程。在 18~21 世纪期间,交通现代化的前沿过程可以分为两大阶段,其中,第一次交通现代化的主要特点包括交通的机械化、电气化、自动化、规模化、交通体系形成、交通产业增加值比例和劳动力比例先升后降等;第二次交通现代化特点包括交通的信息化、智能化、绿色化、国际化、便利化、交通体系转型升级、交通产业增加值比例和劳动力比例下降并趋向合理值等;两次交通现代化的协调发展是综合交通现代化。22 世纪交通现代化还会有新变化
结果	交通现代性、特色性和多样性的形成,包括交通的安全性、高效性、准时性、便捷性、舒适性、可及性、可达性、环境友好性等的提高,交通质量和效益的改善,交通技术和交通制度的发展,交通行为和交通结构的合理化,同时存在副作用如交通伤害和环境污染等,以及国家交通水平、国际交通地位和国际交通体系的变化等

(续表)

方面	基本内容
动力	交通现代化的动力因素包括技术创新、制度创新、企业创新、交通竞争、国家利益和市场需求等。交通现代化是现代化的一种表现形式,交通现代化的动力模型可以借鉴现代化的动力模型,同时,交通现代化的动力模型会有一些新特点。不同国家和不同阶段交通现代化的动力有所不同
模式	交通现代化的路径和模式是多样的,具有路径依赖性,受国家地理特征和国际环境的影响;在21世纪有三种基本路径:第一次交通现代化路径、第二次交通现代化路径和综合交通现代化路径;交通现代化的模式具有多样性和客观条件依赖性,不同客观条件的国家和地区可以创造或选择不同模式,不同发展阶段可以有不同模式

1. 交通现代化的内涵

关于交通现代化没有统一定义。概括地说,交通现代化是交通领域现代化的简称,指18世纪工业革命以来交通发展的世界前沿,以及追赶、达到和保持世界前沿水平,同时适应和满足经济发展和社会生活的交通需求的行为和过程。

(1) 交通现代化的含义

一般而言,交通现代化既是一种状态,是18世纪以来交通发展的世界先进水平;又是一个过程,是达到和保持世界交通先进水平的行为和过程。交通现代化没有统一定义。下面是它的两种操作性定义。

- 交通现代化是18世纪工业革命以来交通发展的世界前沿,以及追赶、达到和保持世界前沿水平,同时适应和满足经济发展和社会生活的交通需求的行为和过程。达到和保持交通世界前沿水平的国家是交通发达国家,其他国家是交通发展中国家,两类国家之间的转换有一定的概率。
- 交通现代化是18世纪以来交通领域的一种深刻变化,是从农业时代的传统交通向工业时代的现代交通和知识时代的综合智能交通的转变,它包括现代交通的形成、发展、转型和国际互动,交通要素的创新、选择、传播和退出,以及交通国际体系和国家地位的变化等。

(2) 交通现代化的判断标准

交通现代化是交通变迁的一个组成部分,是现代化与交通变迁的交集。

一般而言,交通变迁没有时间和性质限制,现代化有时间和性质限制,时间和性质可以作为判断依据的主要指标。时间是一个判断依据,18世纪是分界线。性质是一个判断依据,可以参考现代化的三个标准,同时保持交通的特色。现代化的三个标准是:有利于生产力的解放和提高,有利于社会的公平和进步,有利于人类的自由解放和全面发展(何传启,2010)。

由此,我们认为交通现代化的三个标准是:有利于交通生产力和质量的提高,有利于交通劳动力收入和生活质量的提高,有利于交通技术水平和竞争力的提高(表2-4)。

表2-4 交通现代化的两个判据和三个标准

	属于交通现代化的交通变迁	不属于交通现代化的交通变迁
时间判据	18世纪以来的交通变迁,同时满足性质判据的标准	18世纪以前的交通变迁
性质判据	属于交通进步和正向适应的交通变迁,满足下列标准	属于交通倒退和反向适应的交通变迁,满足下列标准
判断标准	标准一:有利于交通生产力和质量的提高	标准一:不利于交通生产力和质量的提高
	标准二:有利于交通劳动力收入和生活质量的提高	标准二:不利于交通劳动力收入和生活质量的提高
	标准三:有利于交通技术水平和竞争力的提高	标准三:不利于交通技术水平和竞争力的提高

注:21世纪交通现代化的标准还包括环境友好。

2. 交通现代化的过程

交通现代化是一个历史过程。关于它的起点和终点,目前没有统一认识。关于交通现代化的过程分析,可关注七个方面:类型、阶段、结构、特点、原理、动力和模式。这里主要讨论类型、阶段、特点和原理四个方面的内容。

(1) 交通现代化过程的类型

在18~21世纪,交通现代化过程可以分为两种类型:前沿过程和追赶过程。

前沿过程是发达国家的交通现代化,同时也是领先型交通现代化。发达国家并非每一个方面都是领先的,有时候需要向其他发达国家和发展中国家学习。

追赶过程是发展中国家的交通现代化,同时也是追赶型交通现代化。发展中国家可以创造新模式和新经验,供其他发展中国家甚至发达国家借鉴。

这两类过程既有联系又有区别,而且相互影响。发达国家可以掉下来,发展中国家可以赶上去,两类国家是动态变化的。

(2) 交通现代化过程的阶段

在18~21世纪,交通现代化过程可以大致分为两大阶段,不同阶段有不同特点,不同国家的阶段划分有所不同。第二次现代化理论(何传启,1999,2013)提出了人类文明进程的周期表、坐标系和路线图。参照第二次现代化理论,可以建立交通变迁和交通现代化的周期表(表2-5)和坐标图(图2-5)。

表2-5 交通变迁和交通现代化的周期表——交通形态的变化

文明时间(起始年)	文明进程	交通变迁和交通形态 (要点举例)	交通现代化
工具时代(起步~公元前3500年)	原始文化(原始社会)	原始社会的交通(原始交通)	
起步期(250万年前)	旧石器早期	步行、人力,活动范围小	
发展期(20万年前)	旧石器中期	步行、人力,活动范围小	
成熟期(4万年前)	旧石器晚期	步行、人力,活动范围小	
过渡期(1万年前)	新石器时代	步行、人力,活动范围小	
农业时代(公元前3500年~公元1760年)	农业文明(农业社会)	农业社会的交通(传统交通)	
起步期(公元前3500年)	古代文明	步行、人力车、马车、木船等	
发展期(公元前500年)	古典文明	步行、人力车、马车、木船等	
成熟期(公元500年)	东方文明、欧洲中世纪	步行、人力车、马车、木船等	
过渡期(1500年)	欧洲文艺复兴	步行、人力车、马车、木船等	
工业时代(1760~1970年)	工业文明(工业社会)	工业社会的交通(现代交通)	
起步期(1760年)	第一次产业革命	机械化,以蒸汽机为动力	第一次交通现代化:交通的机械化、规模化、电气化、自动化等。从传统交通向现代交通转变,交通在国民经济中比例先升后降
发展期(1870年)	第二次产业革命	电气化,以内燃机和电力为动力	
成熟期(1914年)	家庭机械电器化	专业化、标准化,多种交通方式	
过渡期(1946年)	第三次产业革命	自动化、交通体系形成	
知识时代(1970~2100年)	知识文明(知识社会)	知识社会的交通(智能交通)	
起步期(1970年)	第一次信息革命	信息化、高速化、全球化	第二次交通现代化:交通的信息化、智能化、绿色化、便利化等。从现代交通向综合智能交通转变,交通在国民经济中比例下降和趋于合理值
发展期(1992年)	第二次信息革命	智能化、绿色化、便利化	
成熟期(2020年)	新生物学革命	仿生化、体验化、自动驾驶	
过渡期(2050年)	新物理学革命	新能源、新运输、太空旅行	

注:文明时间、文明进程、交通变迁和交通形态,都是基于人类文明前沿的时间轨迹的描述。人类文明进程是不同步的,不同阶段的特点是相对的,有许多交叉。目前知识经济时代仍然是一个动态的过程,交通的特点仍在变化中。

交通现代化是一个长期的历史过程,不同国家的交通现代化是不同步的。在18～21世纪,世界交通现代化的前沿轨迹可以分为第一次和第二次交通现代化两大阶段;每个阶段分别包含起步、发展、成熟和过渡四个小阶段(表2-5,图2-5)。

如果说,第一次交通现代化是初级交通现代化,是从农业时代交通向工业时代交通的转变;那么,第二次交通现代化是高级交通现代化,是从工业时代交通向知识时代交通的转变;两次交通现代化的协调发展是综合交通现代化。22世纪交通现代化还会有新变化。

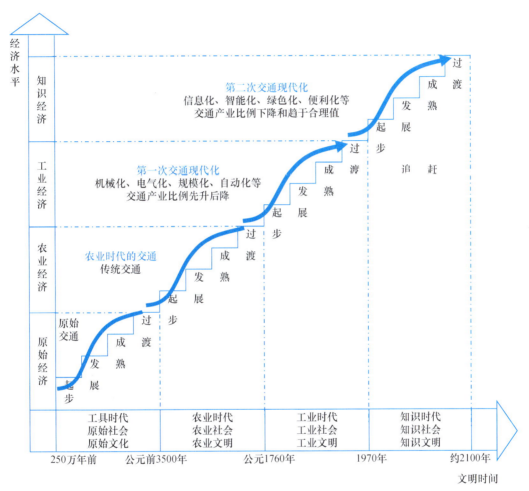

图 2-5 交通变迁和交通现代化的坐标图

(3) 交通现代化过程的特点

交通现代化过程的特点,可以从不同角度和不同层次来讨论。

其一,交通现代化过程的一般特点。交通现代化过程遵循现代化的一般特点,具体包括:部分可预期、不均衡、不同步、阶段性、多样性、系统性、复杂性、长期性、进步性、全球性、副作用等(何传启,2010)。

其二,交通现代化过程的分阶段特点。在18～21世纪的400年里,交通现代化过程可以分为第一次交通现代化和第二次交通现代化两大阶段。两个阶段的特点有所不同,第一次交通现代化的主要特点包括交通的机械化、电气化、规模化、自动化等,从传统交通向现代交通转变,交通在国民经济中比例先升后降;第二次交通现代化的主要特点包括交通的信息化、智能化、绿色化、便利化等,从现代交通向综合智能交通转变,交通在国民经济中比例下降和趋于合理值。

(4) 交通现代化过程的原理

交通现代化过程的原理遵循现代化一般原理。

① 现代化原理在交通部门的应用。

交通现代化遵循现代化的一般原理,包括:进程不同步、分布不均衡、结构稳定性、地位可变迁、行为可预期、路径可选择、需求递进、效用递减、状态不重复、中轴转变原则等(何传启,2010)。

交通现代化既遵循现代化的一般原理,也需要专题研究。

② 交通内容现代化的主要原理。

交通内容现代化是交通要素的创新、选择、传播和退出交互进行的复合过程,它包括交通要素的创新、选择、传播的双向循环和交通要素的可逆退出过程。这些过程的突出特征是多样性,同时有二重性。

其一,交通要素创新具有多样性。交通要素创新是交通要素现代化的一种表现形式,是交通现代化的一种形式,具有路径多样性。例如,交通技术创新、交通企业创新、交通组织创新、交通管理创新、交通模式创新、交通制度创新、交通观念创新和交通要素的组合创新等。

其二,交通要素选择具有多样性。交通要素选择是交通要素现代化的一个重要环节,是交通现代化的重要内容,具有路径和标准的多样性。例如,社会选择,重视交通的国家利益;市场选择,重视市场需求和商业利益;个体选择,重视个人需求等。

其三,交通要素传播具有多样性。交通要素传播是交通要素现代化的一种表现形式,是交通现代化的一种形式,具有路径多样性。例如,交通技术推广;交通交流和交通合作;交通贸易(技术贸易)和交通竞争等。

其四,交通要素退出具有多样性。交通要素退出是交通要素现代化的一种表现形式,是交通现代化的一种形式,具有路径多样性。例如,交通要素的遗失和放弃;交通要素遗产化;交通要素的合理保护和有限传递(有限的退出)等。

其五,交通现代化的二重性:既要维护国家安全利益,又要提高交通水平和国际竞争力。交通现代化过程有两个导向:国家利益和市场需求。它们体现在交通要素的创新、选择、传播和退出的每一个决策过程中。

③ 交通形态现代化的主要原理。

一般而言,交通形态现代化是现代交通的形成、发展、转型和国际互动的前沿过程,每个方面都具有路径、内容或形式的多样性。

其一,现代交通形成有三条路径。具体包括:传统交通的部分继承和发展;传统交通的部分否定和转向;交通要素创新、扩散和交流。

其二,现代交通发展有三个标准。现代交通发展是一种交通变迁,是交通现代化的重要组成部分。在 21 世纪,满足交通现代化的三个标准的交通变迁(表 2-4),才属于交通现代化,才属于现代交通发展。

其三,交通转型具有多样性。交通转型是交通形态现代化过程的重要内容。交通转型是一个长期和渐进的过程。在这个过程中,不同交通形态所占的比例会发生变化;当新交通形态超过旧交通形态的时候,交通转型就基本完成。

其四,交通国际互动具有多样性。交通国际互动是交通形态现代化过程的重要内容。如果国际互动是平等的,那么,国家之间可以相互促进。如果国际互动是不平等的,那么,从短期看,有些国家获利,有些国家受损;从长期看,国家之间可能相互抑制。

④ 交通国际体系变化的主要原理。

交通国际体系变化是世界交通的国际分化、国家分层、国家流动和结构变迁的多元复合过程,发生在结构单元和国际体系两个层次上,前者是后者的基础。交通国际体系变化一般遵循四个基本原理,即进程不同步、分布不均衡、结构稳定性和地位可变迁等(何传启,2010)。

其一,交通国际分化一般指交通效率的国际差距和国际差别扩大、交通国际地位和国际分工的变化等。交通的国家分层主要指国家交通水平的分层,达到和保持世界交通先进水平的国家是交通发达国家,其他国家是交通发展中国家;交通发展中国家包括交通中等发达、初等发达和欠发达国家。交通水平的国家流动主要指国家交通水平的国际地位变化,包括世界排名和国家分组的变化。

其二,结构单元层次的变化主要包括国家交通水平及其国际地位的变化等。

- 国家交通水平变化:国家交通现代化水平是时间的函数,随时间而变化。
- 国家交通的世界排名变化:每年都有发生。
- 国家交通的国家分组变化:国家分组的变化具有一定概率,它与时间跨度有关。

其三,国际体系层次的变化主要包括体系水平和体系结构变化等。

国际体系水平变化:国际体系水平与它结构单元的现代化水平和阶段正相关。

国际体系结构变化:国际体系结构具有相对稳定性。

3. 交通现代化的结果

交通现代化结果不仅与交通现代化过程的时间跨度紧密相关,与它的起点截面、终点截面(分析的终点)和地理范围紧密相关,还与交通现代化目标紧密相关。

(1) 交通现代化的一般结果

交通现代化的一般结果,主要包括交通现代性、特色性、多样性和副作用的形成,包括交通技术和交通模式的改进、交通产业和交通经济的进步、交通治理和交通观念的合理化、交通效率和交通质量的提高以及国家交通水平、国际交通地位和国际交通体系的变化等。不同国家交通现代化的结果既有共性又有差异;两次交通现代化的结果是不同的。

(2) 交通现代化的三种变化

① 世界交通的前沿变化。

一般而言,世界交通的前沿变化主要是交通发达国家前沿变化的一个集合。通过比较交通发达国家的交通现代化过程的起点截面和终点截面(分析截面)的前沿差别,可以认识世界交通的前沿变化。

② 国际交通体系的变化。

通过比较交通现代化过程的起点截面和终点截面(分析截面)的国际交通体系的差别,可以认识国际交通体系的变化。国际交通体系变化包括体系组成、结构、水平和特征的变化等。国际交通体系在水平结构方面相对稳定。

③ 国家交通状态的变化。

在交通现代化过程中,国家交通状态是国家交通现代化状态的简称,包括它的阶段、前沿、水平和国际地位等。国家交通状态的变化可以进行定性和定量分析。通过比较国家交通现代化过程的起点和终点截面(分析截面)的国家交通状态的差别,可以分析它的变化。

其一,从国家交通前沿变化角度分析,交通现代化过程的主要结果包括交通现代性和特色性的形成。

其二,国家第一次交通现代化过程的主要结果是交通第一现代性和特色性的形成,可能还有副作用,不同国家的副作用可能有差别。国家第二次交通现代化过程的主要结果是交通第二现代性和特色性的形成,可能还有副作用,不同国家的副作用可能有差别。

其三,在交通现代化过程中,一部分国家达到和保持世界交通先进水平,成为交通发达国家,其他国家是交通发展中国家,两类国家之间可以转换,处于动态平衡中。

(3) 交通现代化的国家目标

其一,交通现代化的理论目标。包括:① 完成第一次交通现代化;② 进入第二次交通现代化;③ 追赶、达到和保持世界交通的先进水平,成为交通发达国家或缩小国际交通差距。

其二,前两个目标的实现是一个"时间问题",所有国家都有可能先后完成;第三个目标的实现是一个"比例和概率问题",只有部分国家能够达到和保持世界先进水平。

其三,从政策角度看,国家交通现代化的主要目标包括:适应和满足经济发展和社会生活的交通需求,提高交通竞争力,保持或达到世界交通先进水平;发达国家的政策目标是保持世界交通先进水平,发展中国家的政策目标是追赶和达到世界交通先进水平。

其四,交通现代化的实现标准。一般而言,实现交通现代化的基本标准包括交通内容、交通质量、交通制度和交通观念达到当时世界先进水平等。根据世界现代化的度量衡(何传启,2020),从水平角度看,国家实现交通现代化的标准如下:

- 定性标准:现代化水平达到发达国家水平,具有发达国家的典型特征等。
- 定量标准:交通现代化水平超过或等于高收入国家平均值的80%。

4. 交通现代化的动力

交通现代化过程的动力分析,涉及动力因素和动力机制两个方面。第二次现代化理论分析了现代化的动力因素和动力模型(何传启,2010),它们可以应用于交通现代化领域。

(1) 交通现代化的动力因素

交通现代化是一个复杂过程,影响因素很多,不同因素的作用不同。有些因素有促进作用,有些因素有抑制作用。促进作用比较大的影响因素,可以称为交通现代化过程的动力因素。

其一,微观层次的影响因素。一般而言,微观因素包括个人心理因素和社会因素等。例如,企业家精神、创新精神以及个人对交通的需求等,社会的知识、制度、观念、结构、传统、资本、资源、市场、交流、合作和竞争等,它们对交通现代化有影响。

其二,宏观层次的影响因素。一般而言,宏观因素包括国内因素和国际因素等。例如,经济增长、税收、城市化、信息化、全球化和合理预期,包括自然资源禀赋、资本积累、技术进步、制度进步、交通结构、交通环境、交通政策和国际交通体系和交通贸易变化等。

其三,交通现代化的主要动力因素。包括科技进步、技术创新、制度创新、服务创新、交通竞争、国家利益和市场需求等。技术创新是交通现代化的技术来源,制度创新是交通现代化的制度来源,服务创新是交通现代化的重要基础,交通竞争是交通现代化的激励机制,国家利益是交通国际竞争的主导因子,市场需求是交通现代化的主导因素。在交通发达国家,技术创新和服务创新作用比较突出;在交通发展中国家,交通竞争和学习作用比较突出。

(2) 交通现代化的动力模型

交通现代化是现代化的一种表现形式,交通现代化的动力模型可以借鉴现代化的动力模型(何传启,2010)。当然,交通现代化的动力模型会有一些新特点,以下仅以创新驱动模型为例进行说明。

交通现代化的创新驱动模型(图2-6)。创新是交通现代化的根本来源。创新产生新观念、新制度、新知识和新模式,它们形成新交通服务和新交通经济,从而推动交通现代化;在每一个阶段都有信息反馈,形成从创新到交通现代化的正反馈循环驱动。我们认为,技术创新、制度创新和服务创新是交通创新的三个关键因素。技术创新、制度创新和服务创新的联合作用导致新产品、新制度、新结构和新企业的产生,它们的联合作用促进交通现代化;在创新过程的每一步都有信息反馈,形成从三种创新到交通现代化的正反馈循环驱动。

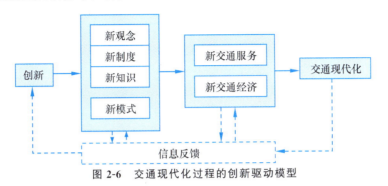

图 2-6　交通现代化过程的创新驱动模型

5. 交通现代化的模式

交通现代化是一个历史过程。不同国家的交通现代化,有自己的发展路径和阶段模式。

(1) 交通现代化的路径

交通现代化是多路径的。21 世纪交通现代化可以有三条基本路径(图 2-7),不同国家和地区可以选择不同路径:

- 选择一,第二次交通现代化路径。适合于已经完成或基本完成第一次交通现代化的国家。
- 选择二,追赶交通现代化路径。先完成第一次交通现代化,后推进第二次交通现代化。适合于没有完成第一次交通现代化的国家,特别是交通现代化刚刚起步的国家。

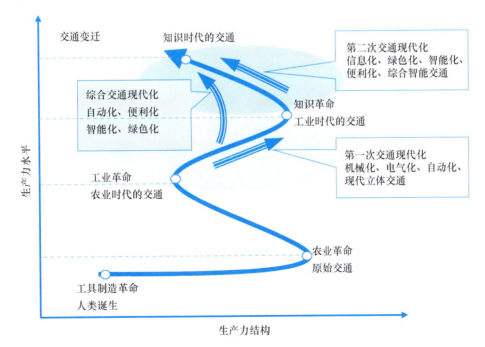

图 2-7　21 世纪交通现代化的三条路径

注:21 世纪第一次交通现代化路径将受到第二次交通现代化的影响,多少具有综合交通现代化的特点。综合交通现代化路径具有多样性,与起点和目标选择紧密相关。

- 选择三，综合交通现代化路径，两次交通现代化协调发展，并持续向第二次交通现代化转型。适合于没有完成第一次交通现代化的国家，特别是第一次交通现代化实现程度较高的国家。

（2）交通现代化的模式

交通现代化包括许多基本要素，如交通生产、交通经济、交通制度和交通观念等。交通现代化模式就是这些基本要素的某种组合。不同国家的不同历史时期具有不同的条件和环境，需要不同的要素组合。关于交通现代化的模式，不同学者的认识有所不同。

其一，交通现代化具有模式多样性和客观条件依赖性。一般而言，不同国家和不同阶段可以选择不同模式，可以创造不同模式。它们与国内、国际环境和政策选择紧密相关。如前所述，交通的发展依次经历了运河、铁路、公路以及航空等为主的阶段（Grubler，1990），不同阶段可以有不同模式；我国学者荣朝和在运输化理论中，阐述了从各种近代运输方式独立发展，到多式联运、枢纽衔接和运输领域的综合管理体制，再到智能化、信息化、低碳环保的交通发展模式（荣朝和，2016）。总的来说，交通发展模式是相对的，相关模式之间没有明显边界，不同模式可以交叉进行。几个模式可以组合成一种复合模式。

其二，交通现代化没有标准模式，没有最佳模式，只有合适模式。国家可以选择或创造模式。模式的创造和选择，受客观条件和国际环境的影响，需要专题研究。

其三，第一次交通现代化的模式选择，更多受自身条件的影响。第二次交通现代化的模式选择，更多受科技水平和国际环境的影响。综合交通现代化的模式选择，更多受政策导向和国际竞争的影响。

（3）综合交通现代化

综合交通现代化是21世纪交通现代化的一条基本路径，它包括两次交通现代化的联动；包括交通的自动化、便利化、信息化、智能化、绿色化等的协同发展；包括交通劳动生产率和从业人员收入的提高、交通从业人员的福利与生活质量的改善、交通服务质量、交通满意度、交通国际竞争力和国际地位的提高等。

从经济结构角度看，第一次交通现代化是一种交通比例先升后降的过程；第二次交通现代化是一种交通比例下降和趋向合理值的过程；综合交通现代化是两次交通现代化协调发展的过程，交通观念和交通制度等持续向第二次交通现代化转型。

第二节 交通现代化的国际经验

不同国家选择不同的交通现代化模式，形成特定的交通发展模式和治理体系。交通发展模式和治理体系涉及多方面内容，包括人力资源、制度、观念、建设、维护等，它的责任主体包括政府、行业企业、研究机构、中介、教育机构、大众等。本节从交通制度、交通建设、交通维护、人力资源四个方面分析交通现代化的国际经验，重点介绍美国、英国和欧盟的经验。

一、交通制度

各种交通法律法规、标准指南、发展战略指引国家和地区交通现代化的发展方向，构成交通制度的主体。交通法律法规及相关标准指南是调整各种交通关系的主要手段，交通发展战略和计划是指引交通发展的灯塔。下面从交通法规和交通战略两个方面介绍相关国际经验。

1. 交通法规

(1) 美国交通法规

美国的交通法规主要由三个层次组成：联邦交通法案、联邦交通标准和指南、各州交通法规和标准。联邦交通法案对美国整体交通发展有重要的促进作用，下面重点介绍相关的联邦交通法案，分为四类：

其一，支柱性的联邦交通法案通过法律授权解决交通发展的资金问题。20 世纪以前，美国的公路主要是私人收费公路。1916 年的《联邦援助公路法》(1916 年版)和 1921 年的《联邦公路法案》正式授权联邦政府提供资金援助公路建设(Federal Highway Administration，2017a)。1956 年的《联邦援助公路法》(1956 年版)推动成立联邦公路信托基金，为美国州际公路系统建设提供法律支持(Turner，1968)。1991 年颁布的《地面多式联运运输效率法案》(以下简称《ISTEA 法案》)打破交通发展资金的项目限制，推动美国综合交通的发展(Federal Highway Administration，1992)。1998 年的《21 世纪交通公平法案》(以下简称《TEA-21 法案》)推动铁路修复和改善融资计划(Build America Bureau，2021)。2005 年的《安全、负责、灵活、高效的运输平等法案》(《SAFETEA-LU 法案》)授权 453 亿美元担保资金完成 2005～2009 财政年度的联邦援助公路计划、公路安全计划等，新增部落交通、公园替代性交通融资的法律授权(Sandra，2006)。2015 年的《修复美国地面运输法案》(以下简称《FAST 法案》)，为地面运输提供长期资金保证，2016～2020 年拨款 3050 亿美元，以促进各州和地方政府推进重要交通项目，包括新建高速公路和公交线路(Federal Highway Administration，2021)。

其二，部分交通法案推动美国交通技术和重大基础设施的发展。如《ISTEA 法案》推动车路协同系统(IVHS)和自动公路系统(AHS)建设，《TEA-21 法案》推动智慧交通系统的应用和发展(US Department of Transportation et al.，2000)，《FAST 法案》推动可替代燃料和电动汽车走廊建设(The White House，2021)。

其三，不同交通法案促进美国就业、环境、能源、经济、安全等。如 1920 年的《海运商业法案》(《琼斯法案》)有力地支持美国就业和美国国土安全(Louisiana Transportation Research Center，2012)，2002 年的《海上运输安全法》通过制定安全计划和实施海上安全保障措施防止恐怖袭击和其他安全问题(US Merchant Marine Academy，2003)，2007 年的《运输能源安全与减缓气候变化法》通过提高运输能源效率加强美国能源安全并减轻气候变化(US Congress，2008)。

其四，还有一些联邦法规虽然不是直接的交通法案，但是对交通的投资、规划、设计、运营和维护有重要影响。如 1990 年的《清洁空气法修正案》对臭氧和细颗粒物排放的约束更新了对联邦和各州交通规划的要求(Hyder，1999)，1990 年的《美国残疾人法案》对交通设施完善无障碍设计的要求(Muszynska et al.，2010)，2009 年的《美国复苏与再投资法案》加大对高速公路及其他交通运输设施建设的投资(Federal Transit Administration，2012)，等等。

(2) 欧盟交通法规

欧盟的法律体系包括欧盟法规、国家法律和判例法三个类别。欧盟法规主要指欧盟委员会通过的条例和指令，其中涉及交通运输的现行欧盟法规超过 900 部，包括 20 部一般性交通法规、13 部交通统计法规、59 部交通基础设施法规、373 部陆地交通法规、167 部船运交通法规、304 部航空交通法规(图 2-8)。这里的国家法律主要指欧盟成员国将欧盟法规(主要是指令)转化而成的国家法律。此外，欧盟涉及交通的判例法超过 9000 条，包括欧盟判例法和成员国判例法，其中来自德国、意大利、法国、荷兰、比利时的交通判例法最多。

欧盟法规对欧盟交通现代化影响深远。以《建立欧盟连接设施的法规》(2013)为例，该法规建立连通欧洲基金(CEF)，支持运输、电信、能源的基础设施建设，2014 年至 2020 年总预算约为 330 亿欧元,其中约260亿欧元用于交通领域。再如,欧盟基于《关于发展全欧洲交通网络的联盟准则》(2013)推出一系列全欧交通网络(TEN-T)政策,以解决欧洲范围内铁路、公路、水路、海运、机场枢纽网络的实施和发展问题,加强欧盟凝聚力。

图 2-8 欧盟交通法规(部分)

2. 交通战略

(1) 美国交通战略

美国的交通战略体系具有多层级、多部门、多主题的特点(图 2-9)。体系主要分为联邦战略、州级战略、大都会战略、城市战略、农村战略等层级;涉及公路、铁路、航空、航海等交通分部门,引导交通向安全、高效、智能化、信息化等主题目标发展。

美国联邦交通部负责制定全国交通发展五年战略计划,提出全国性的交通发展战略目标,如2018~2022年的战略计划就提出安全、基础设施、创新、问责等目标。各州交通部负责制定各州的交通战略计划,如纽约州、马里兰州、佐治亚州、田纳西州、亚利桑那州、弗吉尼亚州、缅因州、艾奥瓦州等都制定了全州的交通战略计划。大都会区的交通战略计划一般由大都市规划组织(MPO)负责。

在传统交通战略基础上,从20世纪90年代开始,美国联邦政府、各州、各地区政府纷纷制定智能交通战略计划,推动交通的智能化发展。如联邦交通部在1994年制定实施国家智能车辆公路系统(IVHS)计划,各州、大都会区、城市在1996~1998年掀起智能交通战略计划热潮。

第二章 交通现代化的原理和经验

图 2-9 美国交通战略体系

(2) 欧盟交通战略

交通运输是欧洲一体化的基石,欧盟交通战略的总体目标是通过建立现代化的基础设施网络来帮助欧洲经济发展,通过综合交通网络确保欧盟内人员和货物的平稳、高效、安全和自由流动,此外还涉及气候变化、旅客权利、清洁燃料以及简化海关流程等。

首先,交通运输是欧盟最具战略意义的共同政策之一,欧盟委员会通过一系列交通白皮书,指导各国进行交通现代化建设。如2001年为符合欧洲理事会在哥德堡通过的可持续发展战略,欧盟推出白皮书《面向2010年的欧洲运输政策》,提出60项措施平衡不同运输方式之间的发展,以振兴铁路,促进海上和内陆水上运输,并控制航空运输的增长。2011年为建立一个具有竞争力的交通运输系统,欧盟发布白皮书《欧洲单一运输区路线图》,包括40项举措,力争到2030年在主要城市实现无碳交通,到2050年交通行业碳排放量减少60%。

其次,欧盟提出一系列交通专项战略,以促进不同交通运输方式的一体化和高效发展。如《欧盟的货运议程:提高欧洲货运的效率、一体化和可持续性》(2007)提出一系列政策以促进货运物流,提高铁路货运竞争力,使欧洲港口能够吸引投资建设,促进海上货运,开发海洋高速公路。《面向2018年欧盟海上运输政策》(2009)提出面向2018年的欧洲海上运输系统的主要战略目标,确定增强部门竞争力和环境绩效的关键领域。《欧盟航空战略》(2015)旨在确保欧盟的航空部门在全球范围内保持竞争力,并为欧洲经济的增长做出贡献。该战略包括四个优先事项:① 与世界主要国家和地区达成航空协议,把欧盟建设为全球航空业的领导者,同时确保所有欧盟企业获得平等机会;② 完成"欧洲单一空域"项目,解决航空公司空中和地面的容量限制;③ 维持较高的欧盟标准,包括安全、环境、社会和乘客权利标准,减轻安全检查的负担和成本;④ 解决与隐私、数据保护、环境和安全有关问题,释放无人机的全部潜力,改善空中交通管制。

再次,欧盟一些重点战略计划与交通战略计划紧密衔接,实现交通战略目标与其他战略目标的协调发展。如《地平线2020计划》支持对智能、绿色和综合交通的研究与创新。在《到2050年向竞争性低碳经济过渡的路线图》中,交通运输是实现该目标的关键部门,通过提高汽车效率、使用电动汽车和更清洁的能源使交通运输排放量减少60%以上。

二、交通建设

1. 交通投融资

交通投融资包括各种类型的交通基础设施建设和交通设备购置的投融资决策、资金筹措以及使用、受益回收机制等。投融资的来源主要有政府财政投入的现金流和各种市场融资手段。主要的资金筹措方式包括政府税费、政府发债、私有部门债务融资、股权融资、公私合营(PPP)等。主要的受益回收方式有设施使用费、一般性税费和溢价归公等。

(1) 美国交通投融资

随着经济社会发展和交通需求变化,美国交通投融资模式也在不断变化。从18世纪到20世纪五六十年代,主要依赖私有资金发展交通基础设施,出现收费公路、私营公交等;随着《联邦公路法案》《联邦城市大运量公交法》等一系列法规和交通基金的落实,催生政府交通投资机制,联邦、州和地方政府在交通资金供给方面发挥重要作用。到2006年公共部门交通资本存量首超私营部门[①],到2018年交通净资产达83 000亿美元,公私部门分别占比55%和45%。近年来,随着交通需求的快速增长,各级政府也在积极引入市场手段补充交通资金。截至2018年,共有24个州颁布广泛法规、13个州和

---

① 包括个人、非经营性运输机构、经营性运输机构的交通设施和车辆设备资产。

2个领地制定有限法规以授权使用公私合营方式进行运输项目。2017年美国交通投资总额超过4200亿美元,其中联邦政府直接交通开支341亿美元(不包括对各州的转移支付),各州和地方政府开支3182亿美元(包括联邦政府转移支付)(BTS,2020)。总体而言,目前美国交通投资主要依靠政府投入,市场化运作有待进一步改革和发展。

美国交通资金筹措方式和财政分担模式大体如下:

① 对于高速公路、公交系统和地方道路等具有较高公共性的交通系统,主要由政府财政来支持。对于航空交通、水上交通和货运轨道交通等排他性、竞争性较高的交通系统,积极引入市场机制,同时依赖少量政府筹款或补贴。

② 针对受益范围为全国的高速公路网,主要由联邦政府投入;针对受益范围在州内的区域性高速公路,主要由州政府投入,过境交通通过联邦政府的转移支付提供补贴;针对主要受益人是当地房地产业主的地方性街道,主要由地方政府通过房地产税承担。

不同层级政府有不同的筹资机制。联邦政府交通经费主要通过联邦政府预算程序划拨(包括公式划拨、特定交通项目拨款等),资金来自联邦燃油税、轮胎税、货车专用税、一般性政府财税(主要是收入所得税)和其他专用税收。州级交通经费来源包括联邦政府转移支付和州政府自筹(通过州燃油税、汽车登记税、汽车销售税、增设交通专用款、发行市政债券、直接道路收费等)。地方政府交通经费主要来源包括联邦政府拨款(包括特定项目专门拨款、社区发展转移支付等)、州政府拨款(公式划拨交通专项拨款)和地方政府自筹(通过一般性税收预算划拨、交通专用收费、增设的房地产税、地方可选销售税、市政债券、直接用户收费等)(赵志荣,2015)。

(2) 欧盟交通投融资

基于欧盟的交通一体化政策,欧盟的交通投融资需求巨大。2016年欧盟28国公路、铁路和内河运输基础设施总成本超过2670亿欧元(购买力平价),其中公路1838亿欧元,达到GDP的0.6%,铁路805亿欧元(其中14%用于高铁),内河航运28亿欧元。33个重点机场的基础设施成本为140亿欧元,34个重点港口的基础设施成本为14亿欧元(Schroten et al.,2019)。预计2010~2030年欧盟基础设施发展需求成本将超过15 000亿欧元,到2020年全欧交通网络(TEN-T)需要5500亿欧元(不包括车辆、设备和充电设施的投资)(European Commission,2011)。

庞大的资金需求一部分通过成员国和欧盟的公共预算解决,包括通过连通欧洲基金、欧洲战略投资基金、地平线2020、欧洲结构和投资基金(包括凝聚力基金和欧洲区域发展基金)等。如2014~2019年欧盟通过连通欧洲基金提供233亿欧元,资助成员国的优先交通项目(European Commission,2021a),以推进欧洲运输网络,推行无碳运输,提供高附加值运输项目,实现军民两用等。

另一部分资金需求通过吸引私营部门投资来解决。如欧盟委员会和欧洲投资银行共同开发的全欧交通网络(TEN-T)项目贷款担保工具,通过共同提供风险资本,以商业银行为受益人,私营项目人除了在商业银行获得正常项目融资外,还能够获得备用信贷,以应对运营初期交通收入不足带来的信用风险。通过这一贷款担保工具,10亿欧元的风险资本可以撬动200亿欧元的商业贷款,为私营部门参与交通投融资提供创新路径。

2. 交通规划

(1) 美国交通规划

首先,对于全国性或跨州交通网络,美国联邦政府机构依据法案授权进行规划。1958年颁布的《州际公路法》推动交通规划达到一个高潮。70年代公路主管部门在国家长期交通规划和土地利用规划结合,以及城市多式联运融入社区发展规划中发挥重要作用(Turner,1970)。2015年以来,联邦交通部根据《FAST法案》创建的"替代燃料走廊"计划,规划布局覆盖全国的充电网络和电动汽车走廊,经过五轮规划投资,已经覆盖134条州际公路和125条高速公路(The White House,2021)。

其次,对于全州性交通发展规划,不同州有不同的流程。一些州通过年度立法进行交通项目投资,一些州由独立的或者类似的委员会、董事会或者主管当局负责。州交通规划需要根据州的交通目标和优先性,平衡城乡需求以及不同交通方式的需求。《ISTEA法案》为综合交通规划提供一个整体框架,特别提出州交通规划要向多式联运的交通系统方向进行投入。全州规划有两个关键部分:全州交通规划和全州交通改善计划,前者提供愿景规划,后者提供短期项目规划(Sarah,1998)。

再次,对于区域性交通发展规划,如大都会区的交通规划,由各县市分别制定,再由大都会区规划机构根据总体规划约束进行协调。联邦机构对于全州性和区域性交通规划从条例上进行指导。根据《FAST法案》要求,各机构在交通规划中要考虑弹性,为此,联邦公路管理局和联邦交通管理局更新了大都会和全州交通规划条例,提高交通系统的弹性和可靠性,降低自然灾害风险(Federal Highway Administration,2017b)。

(2)欧盟交通规划

全欧交通网络(TEN-T)作为欧盟交通网络的一系列规划纲领,协调和改善欧盟各国家和地区不同运输方式的路线、枢纽和管理系统,形成全欧公路网络、铁路网络、海港网络、机场网络、定位和导航网络等。这些网络连接在一起,促进欧盟交通向一体化和高效化发展。整个欧盟互联互通规划分为两个网络层:一个是核心网络层,即最重要的连接节点,包含九个核心网络走廊以及欧洲铁路交通管理系统和海上高速公路,计划于2030年完成;另一个是全面网络层,覆盖所有欧洲地区,计划于2050年完成。

在欧盟交通规划中越来越重视一体化发展,以铁路为例,2020年欧盟正式实施第四个铁路一揽子计划,结束不同成员国在技术、运营和法律要求方面的差异,完善欧洲铁路的一体化发展,提高国际铁路运营效率,实现跨境无缝运输。

三、交通维护

加强交通设施的运营和维护,能够在成本可控的范围内尽可能延长交通设施的使用寿命。特别对于发达国家,其交通基础设施网络构建已经完成,交通现代化的重心从规模扩张向管理维护转变。以下从交通资产管理和交通运行管理两个方面介绍交通维护的国际经验。

1. 交通资产管理

交通资产管理在世界范围内广泛应用,它是"在整个生命周期内有效地运营、维护、升级和扩展有形资产的战略性和系统性过程"(Carlos et al.,2015),侧重于资源分配和利用,旨在以最具成本效益的方式为交通基础设施网络提供所需服务。

(1)美国交通资产管理

美国交通资产管理从路面管理发展而来。自第一部《联邦援助公路法》颁布以来,特别是1956年以来,美国公路网络发展迅速,为了以最具成本效益的方式保持公路的运行状态,美国国家公路与运输协会推出路面管理。到70年代路面管理系统得到重视,大多数交通机构和州交通部都使用它来管理其路面网络,采用的相关工具包括加利福尼亚州奥克兰市大都会交通委员会开发的StreetSaver、美国陆军工程兵团开发的Cartegraph、联邦公路管理局开发的公路性能监测系统HPMS等。

以北卡罗来纳州为例,它是美国交通资产管理使用和实施领先州之一。在经历由人口增加导致的新一轮交通设施建设和扩建后,北卡罗来纳州交通部转向交通资产保存和维护。在21世纪初实施交通资产管理战略,设立专门的交通资产管理办公室。通过引入专业的管理方法对交通决策过程进行改革,包括使用基于服务水平的绩效指标,开发、实施和加强若干管理系统,使用基于网络的系统和数据优化资金使用,分散决策,向利益相关者提供信息等。为了有效管理资金并满足公民的交通需要,州交通部对交通网络进行了分类,并确定投资战略的优先次序,以最大限度地提高骨干公路的流动性和连通性。州交通部实施的"照顾现有资产"的资产管理理念得到立法支持,在立法预算中增加系统维护项目,提高资金的灵活性,促进二级公路相关法律修订,改善二级公路状况。

(2) 英国交通资产管理

英国是道路死亡率最低的国家之一,但也面临交通设施日益老化、维修积压和超期服役等挑战。英国交通资产管理历史悠久,其道路资产管理始于 1825 年。英国交通资产管理的关键原则是:关注生命周期成本、长期战略管理、建立风险监控(服务水平、管理失效或设施报废的风险)、资源可持续利用、持续改进。主要步骤包括:战略和标准制定、资产登记、维护需求识别、维护需求的优先排序和管理、工作计划和成果管理、通过设计影响维护、绩效评估、创新和发展。此外,英国各级政府都有一致的绩效衡量指标或最具价值的绩效指标,地方政府和专业协会参与交通资产管理,推动和发展资产管理人职业。

以公路维护为例,英国议会明确政府有责任维护用公共资金修建的基础设施。1998 年发表的白皮书《交通新政:对所有人都更好》,确定三个主要投资领域:维护、运营和资本改善,为公路局确定"优先维护干线公路和桥梁,最大限度地降低全寿命成本"的目标。1999 年,《地方政府法》要求政府作为公共资金管理者在招标选择服务时要选择最佳价值,公路运输协会发布的《公路养护交付最佳值》明确将资产管理放在保障公路行业最佳价值的中心位置。2000 年,《交通法》规定地方当局制定地方交通计划,利用国家资金让地方政府雇用私人承包商管理道路网络,减少维护积压。此外,针对传统采购和大型项目仅仅以最低价格授予合同的问题,多项立法和政策提出进一步完善交通资产管理的程序。

根据道路服务范围和重要性,英国公路网络分为两部分:全国性、战略性公路承担全国 25% 的交通量和 50% 的重型车辆,其运营和维护由公路局负责;地区性、非战略性公路由地方政府负责。公路局将全国道路分为 14 个运营区域,每个区域由专门的私人顾问机构采用两种形式代管:一是顾问机构独立于维护承包商进行代管,二是顾问机构和维护承包商联合管理和维护,以此实现运营区域资产管理和单点维护责任,包括日常维护、冬季维护等。公路局利用路面资源数据计算路况指数、关键性能指标,制定投资计划,确定预算分配等,并通过最佳价值绩效指标进行绩效评估。已经开发并应用的交通资产管理工具包括路面管理系统、英国路面管理系统、结构管理信息系统、岩土/斜坡数据库、交通信息系统、环境管理系统、技术设备数据库等。

2. 交通运行管理

(1) 美国交通运行管理

随着工业技术和各种交通工程技术的发展,对交通现场流量、密度、速度等数据的获取与分析水平不断提高,1971 年洛杉矶交通管理中心建成,推动美国进入交通运行管理新时期,到 90 年代,交通管理中心在美国得到大范围推广。

美国许多州、县和地方各级交通部门都有交通管理中心。它作为大多数公路和干道管理系统的大脑,通过部署各种智能交通系统技术和主动式管理策略,监控和管理交通流和交通网络,并提供出行者信息。交通管理中心不一定是固定的地点,可以是通过互联网或内网通信连接起来的虚拟中心。作为技术和机构组织枢纽,交通管理中心有效促进机构间协调,并广泛整合各种交通管理策略,以提供安全、高效和可持续的交通基础设施。交通管理中心运作效率直接影响交通网络效率、地区经济竞争力和社区生活质量。

以加利福尼亚州为例,该州第一个交通管理中心于 1971 年在洛杉矶建成,它负责全州范围的交通系统管理,以减少交通拥堵,并确保人员、货物和信息的安全流动。州交通管理中心采用的交通管理工具包括高级交通管理系统(ATMS)、闭路电视视频监控、公路巡逻计算机辅助调度(CHP CAD)、事件记录、交通管理中心活动日志、匝道计量控制、可变信息标志和公路广播、车道封闭系统(LCS)、高速公路绩效管理系统(PeMS)等。以高级交通管理系统为例,它为实时数据源提供一个高级管理接口,以监控公路交通流。通过这个系统,运营商可以利用车辆检测站(VDS)、匝道计量站(RMS)、闭路电视摄像机(CCTV)和可变信息标志(CMS)等技术来提高公路安全性,对公路和区域事故迅速作出反应,并减少拥堵。闭路电视视频监控通过提供实时或接近实时道路交通状况的视频使运营商能够分析交通状况,并通过对事故现场的视觉评估,协助提供有效的事故和应急响应。公路巡逻计算机辅助调度是用于支持调度和响应的安全系统,通过连接所有调度员工作站,提供可靠和准确的事件信息,并通过标准化操作程序减少事件响应时间。加利福尼亚州的12个交通局管理超过50 000英里的公路网络,年管理的道路车流量超过1500亿英里行驶总里程。不同交通局之间主要通过电话、公路巡逻计算机辅助调度、无线电、可变信息标志和协调改道、共享监控视频和现场设备、全州交通管理中心管理会议、标准操作程序、高速公路绩效管理系统、地区智能交通系统要素整合等来协调不同区域的交通管理。

(2) 欧洲交通运行管理

为了便于管理跨境交通运行,欧洲通过多个交通运行管理系统实现交通的一体化管理,如欧洲铁路交通管理系统(ERTMS)、欧洲空中交通管理系统(EATMS)、新一代欧洲空中交通管理系统(SESAR)等。以欧洲铁路交通管理系统为例,在20世纪90年代以前,几乎每个欧洲国家都拥有自己的自动火车保护(ATP)系统,彼此并不兼容,当火车跨越信号区域边界时需要切换不同的信号系统,随着欧洲国际铁路服务的增长,1989年欧共体启动ERTMS研究,ERTMS是自动火车保护(ATP)和指挥与控制系统的欧洲标准,可强制列车遵守速度限制和信号状态。它的目标是逐步取代不同国家的ATP系统,在欧洲创建了一个更高效、更安全的可互操作的铁路系统,有助于简化成员国之间的铁路运营,有效降低运输成本,成为欧洲单一铁路区的重要组成部分。2004年欧洲铁路局(ERA)成立,作为ERTMS系统授权机构负责管理系统规范。ERTMS包括欧洲火车控制系统(ETCS)和全球移动通信系统—铁路(GSM-R),涉及不同级别、模式和子系统。从2012年起有六条货运走廊优先采用ERTMS,占欧洲货运量的20%以上。到2016年已有3775公里的铁路线装备ERTMS,预计到2030年装备ERTMS的运营铁路线将达到50 000公里。

四、人力资源

人口变化、需求变化、技能的可获得性、工作条件和技术变革等都影响交通部门就业(Christidis et al.,2014)。人口老龄化导致适龄就业人口减少,加上交通行业工作条件较为艰苦,难以吸引年轻一代;与此同时,随着交通需求不断增加,以及技术变革导致行业向知识密集型转型,交通行业对具有一定技能的员工需求越来越迫切。摸清行业就业情况、出台就业促进政策、提高就业人员专业技能,有利于交通行业人力资源的长期发展。

1. 交通就业促进

(1) 美国交通就业促进

按北美行业分类系统(NAICS)分类的年平均就业数据。2014年,超过532万人受雇于美国的运输和仓储部门,其中439万人在私营机构工作,其余在联邦、州或地方政府工作(Adams,2017)。

交通运输业是一个广泛的行业,涵盖了各种职业和不同的工作职能,不同职业的需求、工资、教育门槛等都有所不同。确定不同职业的需求和工资可以更好地指导行业就业与培训。美国劳工部(DOL)和劳工统计局(BLS)及各州都有详细的就业统计数据。以美国第五区(包括伊利诺伊州、印第安纳州、密歇根州、明尼苏达州、俄亥俄州和威斯康星州)为例,根据标准职业分类系统(SOC),交通行业就业人数最多的职业是货运、库存和材料搬运工,重型卡车司机和拖车司机,总经理和运营经理;预期就业增长最快的是后勤人员、水泥石匠和混凝土修整工、软件应用程序开发人员,而平均工资水平最高的是总经理和运营经理、经理及其他(包括供应链经理)、软件应用程序开发人员;大部分岗位需要高中或同等学力,部分管理和工程科技岗位需要本科及以上学历(Adams,2017)(表2-6)。

表 2-6 美国第五区交通运输职业情况

职业分类	职业名称	教育门槛	全国平均工资/(美元/小时)	2012年第五区就业人数/人	2012～2022年第五区就业人数变化预测/(%)
运输和物料搬运岗位	助手、工人和物料搬运工的一线主管	高中或同等学力	23.55	30547	10.22
	运输和物料搬运机械和车辆操作员的一线主管	高中或同等学力	27.66	32596	7.25
	救护车司机和服务人员,紧急医疗技术人员除外	高中或同等学力	12.26	1467	17.59
	公交车和城际巴士司机	高中或同等学力	18.95	27454	5.08
	学校或特定客户大巴司机	高中或同等学力	14.38	87668	6.49
	重型卡车司机和拖车司机	高中或同等学力	20.16	314610	9.90
	轻型或送货服务卡车司机	高中或同等学力	16.28	148839	5.34
	出租车司机	高中或同等学力	12.35	31506	14.65
	机车工程师	高中或同等学力	27.41	4002	−4.62
	铁路站场工程师、小型火车运营商和车辆维修工	高中或同等学力	21.54	1117	2.60
	铁路制动、信号和道岔操作员	高中或同等学力	25.14	436	0
	铁路售票员和车长	高中或同等学力	26.84	8645	−5.21
	地铁和有轨电车运营商	高中或同等学力	28.48	15	6.67
	水手和海上加油工	高中或同等学力	19.70	1511	7.81
	船长、大副和领航员	高中或同等学力	38.07	1851	7.08
	交通技术员	高中或同等学力	22.38	368	6.25
	运输检查员	高中或同等学力	34.05	3167	10.99
	输送机操作员和投标者	高中或同等学力	16.35	8593	7.30
	起重机和塔架操作员	高中或同等学力	25.75	7286	11.06
	挖泥船操作员	高中或同等学力	21.94	73	5.48
	起重机和绞车操作员	高中或同等学力	23.47	683	2.64
	车辆和设备清洁工	高中或同等学力	11.22	56770	8.14
	货运、库存和材料搬运工	高中或同等学力	13.07	438191	11.91
	机器给料和卸料工人	高中或同等学力	14.73	23452	2.45
	包装工	高中或同等学力	11.08	149522	9.02
	垃圾和可回收材料收集人员	高中或同等学力	17.32	20630	8.53
	罐车、卡车和船装载工	高中或同等学力	21.41	1027	12.46
工程、科技、建造和维护岗位	土木工程师	本科	41.89	32586	14.60
	轮机工程师	本科	47.67	105	12.38
	城市规划师	硕士	33.18	4400	5.23
	交通规划师(社会科学家及相关)	硕士	38.48	3889	−2.08
	水泥石匠和混凝土修整工	高中或同等学力	19.70	23898	19.14
	建筑工人	高中或同等学力	17.19	140073	17.16
	铺路、铺面和夯实设备操作员	高中或同等学力	20.41	7350	14.83
	操作工程师和其他施工设备操作	高中或同等学力	23.09	52592	13.71
	钢铁结构工人	高中或同等学力	25.55	8853	12.17
	公路养护工	高中或同等学力	18.22	32696	3.03
	轨道铺设和维护设备操作员	高中或同等学力	24.39	3357	2.29
	汽车维修技师和机械师	高中或同等学力	19.22	113539	6.52
	公共汽车和卡车机械师和柴油发动机专家	高中或同等学力	21.71	47573	7.06
	铁路车辆修理工	高中或同等学力	25.27	4802	0.44
	轮胎修理工和更换工	高中或同等学力	12.31	14269	6.69

(续表)

职业分类	职业名称	教育门槛	全国平均工资/(美元/小时)	2012年第五区就业数/个	2012～2022年第五区就业数变化预测/(%)
管理、服务、支撑岗位	总经理和运营经理	本科	56.35	299 750	9.41
	运输、储存和配送经理	高中或同等学力	44.80	20 462	6.42
	经理及其他(包括供应链经理)	本科	52.99	142 338	7.86
	后勤人员	本科	36.94	21 261	19.64
	业务支持专家(包括报关经纪人)	本科	35.10	163 777	8.01
	软件应用程序开发人员	本科	47.85	94 860	19.04
	交通和铁路警察	学院教育(没有学位)	25.56	20	0
	运输安全审查员	学院教育(没有学位)	18.56	5690	12.81
	货运代理	高中或同等学力	21.14	1431	16.86
	调度员,除警察、消防和救护车外	高中或同等学力	19.09	30 492	9.21

数据来源:Adams,2017,17—24。

美国各地区根据交通职业结构,以及不同职业的要求,制定差异化政策,促进交通就业。如运输教育发展试点计划(TEDPP)制定了创新的劳动力发展计划,以吸引和留住佛蒙特州、新罕布什尔州和缅因州的运输部门的技术工人。计划包括运输系统学院、运输系统研究所、第二次交通就业、社区学院等项目。其中运输系统学院项目是一个多层次的劳动力发展试点项目,旨在与非传统劳动力合作,为运输行业提供职业意识和技能培训。运输系统研究所项目根据运输人力需求开展培训课程,提高从业者业务素质。第二次交通就业项目为寻求继续或新就业的老年工人创造工作机会。社区学院项目提供交通课程培训,为社区学生从事交通事业做好准备。

(2) 欧盟交通就业促进

欧盟有完善的就业战略,包括青年就业支持、企业家和个体经营者支持、工作权利保障、移民就业支持、公共就业服务、互学计划、灵活保障、未申报工作处理、长期失业解决等。

交通运输业是欧盟经济的主要贡献者,占欧盟GDP的9%以上,每20个工作岗位就有一个是由交通运输业创造,就业人数达到1100万(European Commission,2014)。2011年欧盟白皮书《单一欧洲运输区路线图》提出市场开放需要与交通运输部门内的优质工作和工作条件齐头并进。

以海运业为例,欧盟海运业直接或间接地创造了许多工作,其中70%的相关工作是岸上知识密集型工作。由于海上专业人员日益短缺,欧洲海运业的竞争力正面临挑战。为应对危机,欧盟委员会、各成员国和行业自身从职业发展途径、综合待遇、人员自由流动、专业技能培训等各方面采取措施增加就业吸引力,如严格执行《国际海员培训、发证和值班标准公约》(STCW),促进欧洲海事培训机构之间的合作,建立"海事卓越证书"(欧洲海事研究生课程),建立欧洲海事培训卓越中心网络(欧洲海事学院)等。

在航空业中,就业主要集中在欧盟的五大航空公司,根据1997～2007年的就业调查,机组人员的总薪酬增长与全国平均工资增长的速度同步或超过平均工资增长,许多航空公司特别为乘务员引入两级工资标准,低成本航空公司的可变工资占总薪酬的比例高于传统航空公司(Peters et al.,2007)。

2. 交通人才培养

(1) 美国交通人才培养

美国开展各类交通人才多途径、多层次立体培养。首先,和高等教育机构合作,培养高层次、高水平交通人才。例如,美国交通部实施大学运输中心项目(US DOT University Transportation Center

Program,UTC),通过联邦拨款,鼓励各地区和大学合作开展研究和教育项目。以中西部运输联盟(the Midwest Transportation Consortium,MTC)为例,该联盟从1999年开始运作,着力发展交通人力资本,已经和艾奥瓦州立大学、密苏里大学圣路易斯分校等高校开展合作,包括在艾奥瓦州立大学招收交通专业学生,建设道路和基础设施管理和运营系统(RIMOS)、天气对流动性和安全的影响中心(C-WIMS),在北艾奥瓦大学推出交通运输的地理硕士课程,在密苏里大学圣路易斯分校商学院开发交通博士课程、启动物流和供应变化管理博士课程,在密苏里大学哥伦比亚分校建设交通基础设施实验室等。

其次,多途径开展交通职业教育,培养交通执业从业人员,提高从业者素质。例如,亚拉巴马大学亨茨维尔分校的短期暑期学院项目,邀请中学生到学校体验各种交通工程设计课题,开展导师教学,学习如何把工程作为职业。佛罗里达州运输局运输统计办公室的职业再教育,为地区数据收集技术人员提供了基于办公室和基于现场的道路特征清单方法培训。该职业再教育项目的教育目标是为寻求从事地面交通项目开发和运营的学生提供研究生水平的教育。加利福尼亚州矿山运输研究所通过圣何塞州立大学提供国际商学院协会认证的运输管理理学硕士课程,通过最先进的视频会议网络在州内授课,并通过网络广播进行授课,使在职交通专业人士无论身处何地都能攻读高级学位。

再次,重视新兴技术和创新系统相关人才培养,推出特别培训课程。例如,智能交通系统的全面部署要求交通行业员工具备规划、设计、建造、运营和管理智能交通系统项目的知识、技能和能力。为此,美国交通部在1996年推出智能交通系统专业能力建设计划,开发相关培训课程。到1997年底已经向超过3000名专业人士提供100多门课程培训。

(2)欧洲交通人才培养

欧洲较为完善的教育、培训和技能资格认证体系为欧洲交通人才的培养奠定基础。根据欧盟统计局数据,主要欧洲国家运输服务专业学生占受高等教育学生的比例在0.1%~2.5%之间,汽车、轮船、飞机专业占受高等教育学生的0.1%~3.4%(表2-7)。

表2-7 2018年欧洲主要国家交通相关专业占接受高等教育学生比例 单位:%

国家	运输服务专业	汽车、轮船、飞机专业	国家	运输服务专业	汽车、轮船、飞机专业
比利时	0.1	0.3	立陶宛	1.2	2.2
保加利亚	1.2	1.9	卢森堡	0.2	—
捷克	1.7	0.3	匈牙利	—	1.4
丹麦	0.1	0.1	马耳他	0.1	0.2
德国	0.1	—	波兰	1	0.5
爱沙尼亚	2.5	1.3	葡萄牙	0.1	0.6
爱尔兰	0.2	0.6	罗马尼亚	0.5	2.1
希腊	0.4	1.3	斯洛文尼亚	1.5	—
西班牙	0.1	1.2	斯洛伐克	1.2	0.8
法国	0.2	0.4	芬兰	0.3	0.5
克罗地亚	4	0.8	瑞典	0.4	0.3
拉脱维亚	2.2	3.4	英国	—	0.5

数据来源:Eurostat,2021。

在职业和技能培训方面,首先,欧盟技能议程支持国家技能战略和公共就业服务,协调就业、教育、研究、工业和区域发展政策,努力实现职业教育和培训的现代化。其次,欧洲职业教育与培训系统包括初级职业教育培训和继续职业教育培训,支持职业卓越中心,实施欧洲质量保障参考框架等。再次,欧洲有较为完备的学徒制度,高质量现代学徒制是正式职业教育和培训系统的一部分,结合与工作相关的技能学习和培训,可以促进年轻人进入相应的劳动力市场,获得新的和增强的技能并获得被认可的资格。升级非正式学徒制和扩大受管制的学徒制是投资国家技能基础,促进经济增长和增强青年就业能力的一种经济、有效的方式。

以英国为例,其东北部地区的区域开发署建立英国首个超低碳汽车经济区,该计划包括建立一个超低碳汽车可持续制造培训中心。该中心由盖茨黑德学院通过国家制造业技术研究院建立,与国家学徒服务中心密切合作,为14岁以上学习者提供关于广泛的最新技术和生产方法课程,与制造技术联盟合作开发支持电动汽车和电池制造、售后服务和维护的新课程,与桑德兰大学合作提供新的学士学位和研究生学位。

第三节 交通现代化的专题分析

交通现代化涉及4个研究主题、6个亚主题和26个分析维度(表1-14)。本节选择6个分析维度做简要介绍和讨论,它们分别是交通科技、智能交通、交通环境、交通能源、交通安全和交通网络中的城市交通。这种讨论和分析,可为我国交通发展提供国际借鉴。

一、交通科技和智能交通

(一)交通科技

交通科技是交通现代化的主要动力之一,它既有一般科技发展的普遍特点,也有交通领域科技的个性特征。交通科技推动了交通现代化,交通现代化也促进了交通科技的发展。交通科技又是科技现代化的一部分,可以从世界科技现代化的大背景下看交通科技的发展和前景。交通科技的巨大进步是推动欧美发达国家迅速发展的重要原因之一,交通科技的三次浪潮与科技革命、现代化浪潮都有一定的关联(表2-8)。

表2-8 交通科技史上的三次浪潮与科技革命、现代化浪潮的关系

科技革命	大致时间	主要标志	现代化浪潮	交通科技浪潮	标志科技
第一次	16~17世纪	近代物理学诞生	第一次现代化浪潮	第一次	大航海科技
第二次	18世纪中后期	蒸汽机和机械革命		第二次	铁路交通技术
第三次	19世纪中后期	电力和运输革命	第二次现代化浪潮		
第四次	1900~1945	相对论和量子论革命		第三次	汽车、飞机、管道
第五次	1946~1970	电子和信息革命	第三次现代化浪潮		等综合交通科技

注:关于科技革命与现代化的关系,部分参考《第六次科技革命的战略机遇》(何传启,2011)。第五次科技革命的大致时间为1946~2020年;其中,1946~1970年为电子技术革命部分,为其上半部分。

1. 交通科技的发展历史

早期的交通科技主要是交通工具的制造和交通线路的发展,如船和车的发明与使用,进而出现了最原始的航线和道路,促进了陆路和水上交通的发展。18世纪之后,现代交通科技得以快速发展(图2-10)。

1500~1820年是交通科技的第一次浪潮(德伯拉,2017)。航海革命开创了交通科技史上的新篇章,大航海科技的进步主要表现在两个方面:一是造船技术的提高,二是导航科技的提高。精准绘制并印刷地图以及星盘、直角器、四分仪等类似指南针的仪器的使用拓展了大航海的范围,也提高了交

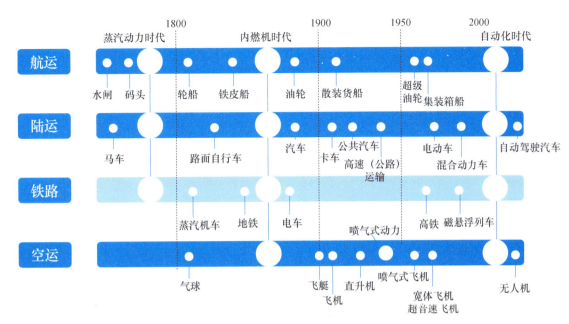

图 2-10　18 世纪以来交通科技的发展

资料来源：Rodrigue et al.，2020。

通的安全性。同时，车辆制造等陆路交通科技也得到了较大提高。交通科技的第一次浪潮，其影响远不止于交通领域，它对世界科技乃至人类文明都产生了深远影响。

1820~1900 年是交通科技的第二次浪潮。蒸汽机的发明带来了交通工具动力的极大提升，轨道交通科技的出现和发展是这一时期的主导交通技术。1825 年英国斯托克顿—达灵顿铁路正式通车，随后美、法、德、俄等国纷纷开始修建铁路。20 世纪初，轨道交通在世界范围内逐渐普及。蒸汽机改进了海上和铁路运输方式的性能，提高了交通运输效率，但因其体积大，难以应用于公路运输。直到 19 世纪后期，内燃机技术的出现促进了公路运输的机械化和规模化，由庞大的公路网络支持的汽车和卡车等交通工具在陆地扩散。内燃机车技术在轨道和航海交通中也得以广泛使用。

1900~1970 年可视为交通科技的第三次浪潮。这一时期，陆路、航空和管道运输科技陆续出现，并行发展。19 世纪末，德国人卡尔·本茨（Karl Benz）发明汽车之后，汽车逐渐在西方国家得到广泛使用，公路交通技术取得了重大发展。20 世纪 40 年代，公路路面材料开始技术规范化。1903 年，第一辆电力机车在铁路上投入使用，目前的高铁开发也依赖于电力机车。1903 年，美国莱特兄弟制造了飞机，由此发展了世界范围内的航空运输。19 世纪 60 年代，美国出现第一条专供石油运输的管道，20 世纪之后，随着石油工业的发展，各产油国竞相开始兴建大量石油及油气管道。除了传统的能源运输管道，矿浆管道和胶囊管道等新兴的管道技术在货物运输中也发挥了越来越大的作用。

2. 当代交通科技

1970 年以来，进入当代交通科技时期，先进科技在交通领域的应用越来越受到重视。比如，美国推进智能交通发展，修建辅助自动驾驶智能公路，推广应用下一代航空导航系统等。欧盟改进交通运输管理和信息系统，建立欧洲共同航空区，统一部署欧洲卫星导航系统（傅志寰 等，2019）。

按现代交通科技的功能及所属领域，分为以下五个方面：

其一，改进性交通科技。它包括交通工具及装备优化升级的科技，如高铁装备科技、轻轨科技、动力传动系统、电子控制核心元器件等；基础设施的建设与养护科技，如桥隧科技、高速公路建设、码头和港口建设、航空工程、管道运输技术、交通网络技术等。

其二，开拓性交通科技。在交通领域充分运用物联网、云计算、人工智能、自动控制、移动互联网等科技，对交通管理、交通运输、公众出行等全方位、全过程进行管控支撑，使交通系统在一定的时空范围内具备感知、互联、分析、预测和控制等能力。具体的交通科技为：智能车路协同系统技术，如自动驾驶、智能停车、智能出行、生物识别科技等；交通数据资源的开放共享及深度利用技术；共享交通与需求响应技术。交通与信息技术的结合，可以实现信息在不同交通系统间的传输、交换，实现各种运输方式的合理布局及高效运行（冉斌 等，2017；US Department of Transportation，2015）。

其三，交通安全科技。交通领域的安全技术主要涉及信号技术、监测技术、救援技术、GPS、卫星导航科技等。就交通各领域具体而言，道路交通安全的总趋势是车联网和自动驾驶科技；水路运输安全的技术导向为注重人机交互性的海事仿真科技，无人船科技及从船上、岸上和通信三个方面实现高度信息化的E-航海科技等；航空方面，开发了并行飞行器和空间仿真工具，用于飞机延误预警、飞机自身安全科技的研发；铁路运输安全科技则有列车自动控制技术、无砟轨道技术、列车主动和被动安全保护技术、安全监测技术、制动系统技术等；城市交通安全科技方面包括以先进科技有效地集成与辅助于智能驾驶决策，使交通系统更加安全、有序和高效地运行，提高车辆的安全标准，改善车辆的安全设计，加强对交通安全的监控和对酒精及违禁药品的检测科技等（Allianz Global Corporate & Specialty，2016）。

其四，绿色交通科技。主要是节能减排等绿色科技在交通领域的应用，如机动车尾气排放控制技术、清洁型替代燃料开发技术等。欧盟倡导在城市中减少乃至淘汰传统燃料汽车，逐步减少交通领域的二氧化碳排放量。德国在轨道运输中使用可再生能源的占比越来越高，并逐年提高降噪措施的投资。英国促进可持续生态能源的利用技术，充分挖掘各种交通工具的低碳潜能。日本致力于减少与交通相关的环境污染与破坏，抑制温室气体及其他破坏环境的物质的排放，减少船舶和飞机的噪声。美国提出开展替代燃料研究，投资燃油高效能技术开发，提升国际政府间对共同控制温室气体排放承诺的参与度等绿色交通科技及政策措施（US Department of Transportation，2015）。

其五，交通运输管理与服务科技。这里是指交通管理科技与物联网技术结合，全面感知交通运输基础设施的质量和交通运载工具的状况，同时监控整个交通系统的运行。目前主要包括交通规划、重大交通基础设施安全监测与预警、电动汽车运营服务、交通大数据应用与出行服务、机场与航道运营管理与服务科技、海洋气象与空气动力学、智能化交通控制系统与交通仿真软件、交通流、空中监视与导航系统等（傅志寰 等，2019）。

3. 未来的交通科技

未来交通科技是以绿色、安全为首要目标，其发展也面临一些挑战，比如，基于高科技构建的新型交通系统的信息安全问题、新型运载装备可能带来的安全风险问题、智能环境下新型交通运输系统运行的法律责任及航空运输快速增长问题等。此外，未来交通需求的不确定性、交通经济的理性发展以及新科技革命也对未来的交通科技有一定影响。

基于应对挑战和以绿色安全为目标导向的未来交通科技，其发展趋势将可能是以下几个方面：电动车制造、氢燃料电池等替代能源生产及混动技术等绿色交通科技；推动交通工具超高速行驶的气动管制造等高速化技术；与物联网深度融合的智能化交通科技；以舒适便捷为发展目标的轻型车辆及材料制造技术；航海运输的大型化及专业化技术；交通服务与管理技术的现代化等。

（二）智能交通

智能交通系统（intelligent transportation system，简称ITS）起源于20世纪60年代。20世纪80年代中期以来，ITS得到了突破性进展。日本、美国、加拿大、德国、法国、澳大利亚等国都投入大量的人力和物力从事ITS的研究，其他一些国家和地区，如韩国、新加坡、芬兰等也相继开展了ITS的研究。目前国际 ITS 领域已经形成美国、日本、欧洲三大体系,其他一些如韩国、澳大利亚等国家的 ITS 研究和发展也已初具规模,我国的 ITS 研究和发展也十分迅速(赵娜 等,2014)。

1. ITS 在美国

美国是较早开展智能交通系统研究和运用的国家。从 20 世纪 80 年代起,美国就制定和实施了多个 ITS 发展战略规划(表 2-9)。

表 2-9 美国智能交通政策规划

阶段	颁布时间	法案与规划	主要内容
ITS 研究开发阶段	1989	IVHS 计划	研究开发先进的交通管理系统、先进的交通信息系统、商用车运行管理系统、先进的车辆控制系统
	1991	ISTEA 法案	把开发研究 IVHS 作为国策并给予充足的财力支持
	1992	IVHS 计划 2	研究开发 IVHS 相关技术,把基础研究成果推向实际应用前的论证阶段
	1995	国家智能交通系统项目规划	规定了智能交通系统的七大领域和 30 个用户服务功能
	1997	ISTEA 法案 2	完善《ISTEA 法案》,对如何采用先进技术以提高运输网络的效能做了相应规定
ITS 基础设施实施阶段	1998	TEA-21 法案	ITS 的发展重点由 ITS 研究开发转移为 ITS 基础设施实施和集成
	1999	5 年 ITS 项目计划(1999~2003)	制定了美国 ITS 基础设施实施和集成的行动计划
	2001	10 年 ITS 项目计划	制定了美国 ITS 的确切目标,广泛实施私有企业产品的联邦政策和行动计划
	2009	智能交通系统(ITS)战略规划(2010~2014)	目标确定为:建立一个全国性的、动态地面交通系统,在车辆、管控中心以及移动装置之间形成网络,用先进的技术降低安全风险、提高出行便利、保护环境
	2014	智能交通系统(ITS)战略规划(2015~2019)	将"实现车联网"与"推进车辆自动化"作为各部门当前及未来智能交通系统工作的主要技术驱动力

注:根据美国交通部智能交通系统联合计划办公室资料整理。

美国《智能交通系统(ITS)战略规划(2015~2019)》在智能交通系统领域最前沿的实践和已取得的成绩的基础上,制定了两大战略重点,即实现车联网和推进车辆自动化(ITS IPO,2014)。为此,多个州通过了《智能网联开放道路测试法案》,并开展车路协同试点。2012 年开始,美国加利福尼亚州、密歇根州、亚利桑那州等多个州已逐步开展了封闭区域测试和开放道路测试的自动驾驶示范。2015 年启动车联网试点项目的部署工作。目前,美国 ITS 全面推向车联网产业(韩广广 等,2018)。

2. ITS 在日本

20 世纪 70 年代是日本研究 ITS 的初始阶段,开展了全面的车辆交通控制系统研究和汽车综合控制系统(comprehensive automobile control systems)实地试验。20 世纪 90 年代,日本相继完成了路车间通信系统、交通信息通信系统、广域旅行信息系统、超智能车辆系统、安全车辆系统及新交通管理系统等方面的研究。2004 年第十一届 ITS 世界会议在日本召开,主题是"ITS——让生活更加美好",从此日本 ITS 研发进入新的发展阶段,制定了新的发展目标,强调安全和安心、环境和效率、舒适和便利等(李蕊 等,2011)。

2006 年,日本启动"Smartway"研究项目;2011 年开始建立一个全新的车路协同系统 ITS spot,服务用户,获取追尾提醒、路段拥挤状态、前方道路情况和停车信息等。2016 年开始,日本推广 ETC 2.0

车载设备和汽车导航系统,助力车路协同技术试验(韩广广 等,2018)。

2012年,日本颁布了新的ITS发展规划,设定了ITS发展的两大战略目标:① 通过智能交通实现道路通畅,与2010年相比,到2020年将主要道路的交通拥堵减少一半;② 通过合作系统建立安全的公路运输社会,2018年死亡人数少于2500人(2010年死亡4863人)(ITS Japan,2012a),并制定了日本智能交通的发展方向(图2-11)。

图2-11 日本智能交通的发展方向

资料来源:ITS Japan,2012b。

2016年日本政府提出了《公私合作ITS路线图》,指出了日本智能交通系统两大发展方向:商业化和创新推进。商业化方向,日本将持续推进自动驾驶技术的应用;创新推进方向,日本将推进自动驾驶系统、交通数据平台、公私合作模式方面的创新研究(傅志寰 等,2019)。

3. ITS在欧洲

欧洲从1986年开始涉足ITS领域的研究,其研究从两条主线展开:① 以车辆的研究开发为主题的PROMETHEUS研究计划,旨在以汽车为主体,利用先进的信息、通信自动化技术来改善运输系统,解决交通问题。② 以道路基础设施开发为主题的DRIVE研究计划,主要涉及公路和交通控制技术的研究(杨兆升 等,2015)。

2001年9月,欧盟制定《2001～2006年各年指示性计划》来加大实现跨欧交通网络的投资力度。在道路交通领域,欧盟积极促进以协调一致的方式在全欧洲实施ITS,伽利略卫星导航定位系统计划成为道路交通ITS发展的主要推动力;在航运领域,《统一的欧洲航运计划》(*The Single Sky Programme*)提高欧洲空中交通能力和实现欧洲各国航运的融合;在水运领域,ITS实施着重于安全和发展近海运输两方面;在铁路领域,开发重点在于系统的通用性和标准化,开发欧洲铁路交通管理系统(the European railways traffic management system),使欧洲大陆上运行的列车处于一体化管理(陈旭梅 等,2004)。

2011年推出欧盟2020智能交通系统(ITS),确定三大发展目标:交通可持续、竞争力和节能减排。为了配合这个文件,欧盟委员会于2011年积极制定配套措施和出台行动计划,在欧盟范围内全面部署和督促落实智能交通系统技术的研发及应用。2014年,欧盟ITS大会首次提出了出行即服务(MaaS)的理念。2016年,欧洲率先成立全球首个区域MaaS联盟,多个城市开展以人为本的出行服务试点。2016年,欧洲还提出了协同式智能交通系统(C-ITS)的设想,重点提高车辆自动化水平,研发车路协同技术,提供实时、准确的出行信息服务(韩广广 等,2018)。

4. ITS 在中国

中国早在 20 世纪 70 年代就已经开始在交通运输管理中应用电子信息及自动控制技术,20 世纪 80 年代陆续引进了国外先进的交通控制系统,开始了 ITS 基础性的研究开发工作。2000 年,我国成立了全国智能运输系统(ITS)协调指导小组及办公室,并成立了 ITS 专家咨询委员会。

目前,我国很多城市在智能交通部分领域取得了长足进展,在智能交通管理系统、智能交通公交系统、智能停车系统、智能枢纽系统、智能执法与特勤系统等都积累了一定经验。在综合交通智能管理系统方面,集交通信息采集、交通大数据分析利用、精准勤务管理、交通信息便民服务、交通信号控制于一体的综合智能交通管理系统在多个城市得到实现。在智能公交系统方面,到 2018 年,我国已实现包括多种方式的便捷支付和统计清算系统等在内的六大智能公交系统功能。在智能停车系统方面,已实现借助互联网、手机、车载导航、诱导屏、广播等手段的全方位多级、连续的信息发布,方便驾驶员随时随地了解停车信息。在车联网系统及自动驾驶技术方面,高校和研究机构围绕车路协同开展了专项技术研究,取得了阶段性成果,并在河北省廊坊市等地搭建了车路协同测试系统(傅志寰 等,2019)。

我国综合运输的智能化发展也取得了长足进步。在载运工具智能化方面,我国的高速公路电子停车收费系统(ETC)发展迅速,基本完成 ETC 全国联网。在交通运行监管与协调智能化方面,实现城市群综合交通运输系统运行态势的实时智能分析。2017 年 9 月,交通运输部发布了《智慧交通让出行更便捷行动方案(2017~2020 年)》,旨在推动企业为主体的智慧交通出行信息服务体系建设,促进"互联网+"便捷交通发展(叶红玲,2018)。随后我国"互联网+"便捷交通、高效物流、智慧交通行动计划等加快推进,大数据物联网和人工智能技术、辅助自动驾驶技术在营运车辆中逐步推广,智能交通新业态发展迅速。

5. ITS 的未来发展

智能交通系统大致经历了三个发展阶段:从系统孤立(智能交通 1.0)到融合应用(智能交通 2.0)到人车路协同服务(智能交通 3.0)。目前国际上智能交通的发展已进入 3.0 阶段,即车路协同测试阶段。该时期更注重系统的整合、无人驾驶和车路协同等新技术的应用,旨在提供面向未来城市发展的交通出行管控与服务(韩广广 等,2018)。

我国学者认为,智能交通未来发展趋势主要有四个方面:① 交通数据资源的开放共享及深度利用。② 共享交通与需求响应服务的充分发展。③ 智能车路协同系统技术的提升与广泛应用。④ 交通的跨界融合与协同创新。交通+新能源的跨界融合,交通+新技术的跨界融合,交通+关联产业的跨界融合都会得到快速发展(傅志寰 等,2019)。

二、交通环境和交通能源

(一) 交通环境

1. 交通现代化的环境影响

(1) 水路运输

世界水路航运先后以风力、燃煤蒸汽、柴油为主要动力,根据 Endresen 等人的模拟估算,1925 年航运二氧化碳、二氧化硫排放分别为 2.29 亿吨和 250 万吨,2000 年分别增加到 6.38 亿吨和 870 万吨,预计到 2050 年将分别增加到 13.08 亿~22.71 亿吨和 200 万~1200 万吨(不同排放情境下)(Endresen et al.,2008)。轮船排放的二氧化碳、二氧化硫和氮氧化物分别占全球人为排放量的 2%~3%、4%~9% 和 10%~15%(Corbett et al.,2003;Endresen et al.,2003,2007;Eyring et al.,2005)。此外,水路航运及港口转运、存储产生的环境污染还包括粉尘、挥发性有机气体、油污、有毒化学品、外来生物和细菌、废水、疏浚泥、噪声等。

（2）铁路运输

根据Facanha等人对美国的相关研究,常规铁路货运系统的能源消耗、温室气体排放和大气污染排放比航空和公路货运系统要低,但铁路客运系统的二氧化硫排放相对较高（Facanha et al.,2007；Chester et al.,2009）。就环境影响而言,在瑞士,铁路系统更是未来区域运输的最佳替代方案（Spielmann et al.,2005）。Song等对中国的研究发现,与其他运输方式相比,铁路可以减少二氧化碳排放,改善土地利用,降低环境足迹,特别在载客率较高的地区,效果更为明显（Song et al.,2016）。

与常规火车相比,Banar等人认为高铁在缓解酸化、全球变暖、光化学烟雾方面有优势,但在非生物耗竭、富营养化、臭氧耗竭、人体毒性、淡水水生生态和陆地生态毒性等方面存在劣势（Banar et al.,2015）。与高速公路、航空相比,高铁环境影响仍然较低。Mauri等人研究发现,高铁占地约为高速公路的1/3,能源消耗约为高速公路、航空的45%和40%,大气污染排放约为高速公路、航空的1/7和1/3（Mauri et al.,1998）。Chester等根据加利福尼亚州高铁研究,发现在高载客率下,高铁具有较低的温室气体排放量和最终能耗,但在低载客率下二氧化硫排放较高（Chester et al.,2010）。通过先进车辆、可再生能源和较高的载客率,高铁可以比其他交通方式实现更为可观的生命周期环境效益（Chester et al.,2012）。

但高铁大规模建设对环境的影响不可忽略（Lin B et al.,2017；Lin X et al.,2019）。总体来说,亚洲高铁碳足迹较高,台北—高雄、北京—天津线分别达到43.8和40.0克/人公里（法国高铁建设为3.7~4.3克/人公里,机车制造和运营为6.6~6.7克/人公里）（Baron et al.,2011）。加利福尼亚州高铁排放的一氧化碳、氮氧化物、挥发性有机污染物和PM_{10}主要来自基建阶段（Chester et al.,2010）。由于桥梁比例较高,土耳其高铁基建阶段环境负荷大于运营阶段（分别占总负荷的58%和42%,常规铁路分别占39%和61%）（Banar et al.,2015）。

铁路地面振动和噪声影响日益严峻。根据Connolly等人对全球9个国家或地区1604条铁路轨道的振动评估,36%的常规火车地面传播振动超出限制,72%的地面传播噪声超过阈值水平,而高铁相应的比例分别为67%和33%（Connolly et al.,2016）。

（3）公路运输

一是大气污染。1943年,美国洛杉矶发生光化学烟雾事件,随后问题出现在越来越多的地区,包括东京、大阪、伦敦等,随着发展中国家汽车普及率的提升,汽车尾气引起的大气污染问题不容忽视。

二是温室气体排放。汽车76%的二氧化碳排放量由燃料使用引起（Potter,2003）,欧盟约20%的运输二氧化碳排放量由公路运输产生（Witik et al.,2011；IPCC,2007）。

三是噪声污染。尽管各国对新车采用更为严格的机动车和轮胎标准及控制措施,但随着交通量的不断增加,特别是重型车辆和公共汽车比例的增加、行驶速度的提高,机动车的噪声水平和烦扰度持续增加。

四是生境破坏。尤其是自然环境恶劣的地区,道路建设严重破坏现有植被并改变土壤理化性质,需要很长时间才能完成自然更新和人类辅助更新,而且原始植物群落组成难以恢复。

五是水污染。货运路面抛撒、汽车废气微粒沉降、汽油滴漏及轮胎磨损物等混合降水形成的地面径流,污染公路周边水体或农田。

（4）航空运输

一是大气污染问题。航空煤油污染物以一氧化碳、二氧化碳、氮氧化物和微小的碳烟颗粒物为主,由于将温室气体直接排放到大气中而危害更大。国际航空的增长导致环境破坏加剧,根据NASA计算,二氧化碳排放量在1976~1984年间增长了121%,在1984~1992年间增长了118%,在1992~

2015 年间增长了 120%,氮氧化物排放增长分别为 46%、41% 和 174%(Eric,2008)。

二是噪声污染问题。噪声污染包括各种航空器在机场及附近活动时产生的噪声。根据估算,1990 年欧洲航空公司噪声隐性社会成本占总外部成本的 75%(Schipper,2004)。

2. 交通改进对环境的改善

(1) 交通工具改进和能源优化

通过改善防污系统、改进发动机、替代燃料(如 LNG)和替代推进系统(如燃料电池、帆)可以减少水路运输的燃料消耗和排放。如在世界船队中实施最佳船体和螺旋桨等系列措施可以减少 20% 二氧化碳排放,选择性催化还原、洗涤塔、低硫燃料等可以减少 80% 以上的氮氧化物和二氧化硫排放(Endresen et al.,2008)。

通过电力牵引代替柴油牵引、改善空气动力学、能量回收的再生制动、节能驾驶、增加负载系数、改进柴油火车发动机等,能够有效提高火车能效并减少引擎排放。根据印度研究,现代柴油机车的颗粒物排放量减少 12%,二氧化硫排放量减少 77%(Gangwar et al.,2014)。

(2) 交通运行管理和设施提升

一是通过协调联运、改进路线规划等,将运输转移到最有效的方式。二是通过优化物流组织、实施有效的运输价格措施来提高交通工具利用率,降低每吨公里运输的排放水平。三是通过各种交通措施以使交通顺畅并减少驾驶动态,如交通信号灯的同步,在确保安全的前提下减少拥挤高速公路过分的限速要求。四是倡导交通文明,降低单位交通服务的能源强度和污染排放,如绿色出行、生态驾驶等。五是通过提升基础设施水平,降低环境影响强度,如采用低噪声多空混凝土路面、无方向性凹凸路面、防噪黑色路面等降低轮胎噪声,建设隔离屏障减少噪声传播等。

(3) 交通标准完善和税费调节

通过对交通工具实施排放标准控制,减少相关环境污染。如欧洲、日本和美国制定的乘用车和重型车辆污染标准。

通过调节交通环境税费,促使交通服务供应者和消费者理性选择交通行为。如对间接航班或在枢纽换乘的国际旅客采取较高环境税,促使航空公司向完全连接的航空网络转变,减少中心辐射型网络相对较大的环境影响(Morrell et al.,2007;Schipper,2004)。

3. 交通环境战略和行动计划

(1) 国际组织的交通环境战略

① 世界银行可持续交通改革和路线图。1996 年提出"可持续交通",发布《可持续发展交通优化改革提案》(世界银行,2002),2019 年和 SuM4All 共同提出迈向可持续交通的全球行动路线图,其中绿色交通的目标包括"减少温室气体排放、大气污染和噪声"(SuM4All et al.,2019)。

② OECD 脱碳运输倡议(decarbonising transport initiative)。该倡议于 2016 年启动,帮助政府和相关企业建立有效的二氧化碳减排措施目录,为国家和合作伙伴提供有针对性的分析援助,收集并分享最佳实践,建立全球政策对话。主要包括新兴经济体碳减排项目、印度脱碳运输、欧洲交通脱碳项目、拉丁美洲城市脱碳运输、重型车辆燃油效率标准等。

③ 欧盟可持续和智能交通战略。2020 年制定交通可持续发展的路线图,确定 10 个关键领域 82 项举措,以落实《欧洲绿色协议》中确定的到 2050 年减少 90% 的交通温室气体排放,在 2050 年之前实现碳中和,努力实现零污染的目标(European Commission,2020)。

(2) 发达国家的交通环境战略

① 美国。联邦运输部负责制定 5 年战略规划,持续追踪交通环境绩效(US Department of Transportation,2018)。通过相关法案、战略计划促进交通减排和绿色发展。如运输部能源蓝图(US Department of Transportation,2012)、航空温室气体减排计划(Federal Aviation Administration,2015)、环境审查流程现代化(Office of the Assistant Secretary for Transportation Policy,2016)、替代燃料和电动汽车走廊计划(The White House,2021)等。

② 英国。近年来发布多个专项战略,指导交通碳减排和可持续发展,如可持续的地方交通白皮书(UK Department for Transport,2011)、改革和改善公交服务计划(UK Department for Transport,2012)、航空政策框架(Secretary of State for Transport,2013)、支持超低排放汽车普及对策(Office for Low Emission Vehicles,2014)、自行车和步行投资战略(UK Department for Transport,2015)、解决路边二氧化氮浓度计划(Department for Environment, Food & Rural Affairs et al.,2017)等。

③ 日本。2014 年国土交通省推出环境行动计划,制定交通政策基本计划和环境相关技术(国土交通省,2014)。2020 年经济产业省提出到 2050 年实现交通行业碳中和(Ministry of Economy,Trade and Industry,2020)。

(二)交通能源

1. 交通能源的演化过程

能源按照基本形态可以分为一次能源和二次能源。一次能源是未经加工转换的天然能源,如煤、石油、天然气、太阳能、水能、风能、核能、海洋能和生物能等。二次能源是指由一次能源加工转换后获得的能源,如电能、焦炭、煤气、沼气、蒸汽、热水、汽油和柴油等制品。根据 BP 世界能源统计数据,1966~2019 年以来,世界一次能源消费总量持续增加,但在 20 世纪 70 年代的石油危机以后,一次能源消费的增长率有所下降(BP,2019)。

有学者认为,从 18 世纪到 20 世纪中后期,交通能源的发展历程大致经历了四个阶段,即原始发展阶段、初级发展阶段、中级发展阶段和高级发展阶段(杨林 等,2016)。进入知识经济时代,绿色交通和可持续交通的发展将使交通能源呈现新的特点。

2. 交通能源的结构

交通能源的结构与交通方式、能源成本等因素有关,不同交通部门的能源结构存在差异。

(1)交通能源的消费结构

根据国际能源署(IEA)数据,1990~2018 年,世界交通能源消费占比呈总体上升趋势,OECD 国家的交通能源消费占比明显高于世界平均水平,约为非 OECD 国家的 1.6~2 倍,中国的交通能源消费占比呈上升趋势(图 2-12)。

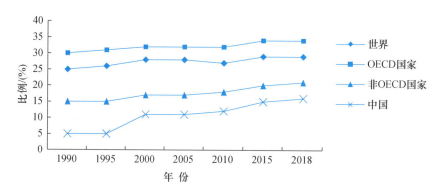

图 2-12 1990~2018 年交通能源消费占比的国别差异

数据来源:IEA,2019。

在世界交通能源消费构成中,成品油的比例占 90% 以上,2018 年的占比与 1990 年相比略有下降,天然气、生物燃料的占比有所增加(表 2-10)。

表 2-10　1990 年和 2018 年世界交通能源消费构成

能源分类	消费量/千吨石油当量		占比/(%)	
	1990	2018	1990	2018
煤	9389	53	0.60	0.00
原油	21	71	0.00	0.00
成品油	1 482 403	2 650 434	94.10	91.68
天然气	56 612	117 175	3.59	4.05
生物燃料	5900	89 642	0.37	3.10
电力	20 963	33 525	1.33	1.16
总计	1 575 288	2 890 900	100.00	100.00

数据来源：IEA，2021。

(2) 交通能源的碳排放与能源强度

能源的碳排放一直受到全球学者的关注。根据国际能源署（IEA）数据，近年来，全球二氧化碳排放量呈上升趋势，2018 年全球二氧化碳排放量为 33 513.25 吨，比 1990 年增长了 63.4%。其中，交通部门 2018 年二氧化碳排放量为 8258 吨，占全球二氧化碳排放量的 24.6%。

如表 2-11 所示，1995～2015 年，美国交通部门二氧化碳排放量明显高于其他国家；1995～2005 年期间，除德国外，表中其他国家交通部门二氧化碳排放量均为正增长；2005～2015 年期间，美国、英国、法国等国出现二氧化碳排放量负增长。

表 2-11　部分国家交通部门二氧化碳排放量

国家	交通部门二氧化碳排放量/吨			增长率/(%)	
	1995	2005	2015	1995～2005	2005～2015
美国	1538	1808	1700	17.56	−5.97
英国	116	127	119	9.48	−6.30
德国	168	156	158	−7.14	1.28
法国	122	131	128	7.38	−2.29
日本	252	254	211	0.79	−16.93
意大利	107	123	103	14.95	−16.26
俄罗斯	191	221	241	15.71	9.05
巴西	104	137	200	31.73	45.99
墨西哥	89	130	151	46.07	16.15
中国	135	403	834	198.52	106.9
印度	78	115	258	47.44	124.35

数据来源：IEA，2021。

能源强度被作为衡量能源效率的重要指标。由表 2-12 可见，由于客车和国内航班的大量使用，美国客运交通的能源强度较高，而法国、意大利等国的客运交通能源强度相对较低。由于交通模式转变和交通效率的提高，多数国家客运交通运输强度在下降，美国、英国、德国、法国、日本等国客运交通的能源强度较 10 年前都有所降低（IEA，2021）。

表 2-12　部分国家 2000 年和 2018 年的客运交通能源强度

国家	2000 年能源强度/(兆焦/人公里)	2018 年能源强度/(兆焦/人公里)	增长率/(%)
美国	2.37	1.99	−16.0
英国	1.69	1.41	−16.6
德国	1.64	1.50	−8.5
法国	1.39	1.23	−11.5
日本	1.63	1.26	−22.7
意大利	1.20	0.92	−23.3

数据来源：IEA，2021。

3. 交通能源所面临的问题和挑战

（1）化石能源的供应问题

根据石油输出国组织（OPEC）对世界石油需求增长情况的预测（表 2-13），2018~2040 年，OECD 国家石油需求将出现负增长，非 OECD 国家石油需求仍然是正增长。2018 年，世界道路交通的石油需求约占世界石油总需求的 49%，预计到 2040 年，该比例将在 47% 左右。与此同时，根据挪威船级社（DNV）《能源转型展望报告 2019》的预测，全球一次能源供应量预计在 2030 年达到峰值，将比能源需求的峰值有所提前，此后，能源供应的下降幅度将超过能源需求（DNV，2020）。如何在能源需求和能源供应间找到平衡点，是交通能源所面临的挑战之一。

表 2-13　2018~2040 年石油需求增长情况

国家	所有部门石油需求			道路交通石油需求		
	2018 年/(100 万桶/天)	2040 年/(100 万桶/天)	2018~2040 石油需求年增长率/(%)	2018 年/(100 万桶/天)	2040 年/(100 万桶/天)	2018~2040 道路交通石油需求年增长率/(%)
OECD 国家	41.5	32.5	−1.1	23.9	16.0	−1.8
非 OECD 国家	48.6	68.2	1.6	20.5	31.3	1.9
中国	12.1	15.9	1.3	5.2	7.5	1.7
俄罗斯	3.4	3.6	0.3	1.2	1.1	−0.4
印度	4.6	9.8	3.5	1.9	5.1	4.6
世界	90.1	100.7	0.5	44.4	47.3	0.3

数据来源：OPEC，2019。

注：2018~2040 道路交通石油需求年增长率为根据 2018 年和 2040 年石油需求进行的估算。

（2）能源转型的探索和突破

国际能源署报告认为，虽然得益于能源效率的提高、电气化以及生物燃料的使用，全球交通部门污染物排放在 2019 年的年增长率较 2000 年有明显下降，但是在二氧化碳排放上，交通部门仍然占 24% 的比例（IEA，2021）。近年来，很多国家和组织都把绿色交通和可持续交通纳入交通发展规划并给予重点扶持，但是交通能源的转型仍然处于探索阶段，其在不同交通部门的推进仍面临技术、政策、市场等诸多挑战。

三、交通安全和城市交通

(一) 交通安全

交通运输的安全问题始终存在,一直与交通造成的死亡、伤害、财产损失等风险有关。在早期的交通运输中,人们就会面临着从马上或独木舟中摔出,以及在没有适当航海工具的情况下出海航行或乘坐经常会发生爆炸、沉没的蒸汽船等所带来的风险。而大规模交通运输的出现将私人的、局部的不幸变成了公共灾难,如海难、火车事故和空难等。

不同交通方式发生事故的风险存在差异。以美国为例(表 2-14),公共交通、航空和管道运输拥有最佳的乘客和驾驶员安全记录,乘火车的风险大约是乘坐公共交通(transit)的 4 倍,而开车的风险则要高出许多。当然,这种比较不是绝对的,因为许多因素会影响个人的驾驶风险,并且驾驶者可以通过多种方式提高其安全性。

表 2-14 2019 年美国按交通方式划分的死亡人数

交通模式	总死亡人数/人	百分比/(%)	1998 年每千人中死亡人数/人
航空	452	1.18	0.06
高速路	36 096	93.94	—
铁路	899	2.34	0.07
公共交通(transit)	268	0.70	0.18(含出租车)
水运	697	1.81	0.28(海洋)
货运	—	—	0.21(含仓储)
管道	12	0.03	—

数据来源:美国交通统计局,2021。

1. 道路交通安全概览

据世卫组织统计,世界道路交通事故致死是导致所有年龄段人群死亡的第八大原因(表 2-15)。道路交通事故不仅会导致生命死伤和财产损失,还会带来其他公共健康问题,例如,当道路交通安全情况变糟时,人们通常不会选择步行、骑自行车或公共交通工具出行,而这对死亡的其他主要原因,包括缺血性心脏病、中风、慢性阻塞性肺病和糖尿病等也有影响,机动化程度的提高与呼吸系统疾病也有着或多或少的关系(World Health Organization,2018)。

表 2-15 2016 年全球全年龄段死亡原因

排名	死因	占总死亡人数百分比/(%)
1	缺血性心脏病	16.6
2	中风	10.2
3	慢性阻塞性肺病	5.4
4	下呼吸道感染	5.2
5	阿尔茨海默病和其他痴呆症	3.5
6	气管、支气管、肺癌	3.0
7	糖尿病	2.8
8	**道路交通伤害**	**2.5**
9	腹泻病	2.4
10	结核病	2.3

数据来源:World Health Organization,2016。

(1) 全世界道路交通死亡人数仍然居高不下

根据世卫组织《全球道路安全状况报告 2018》,尽管道路交通死亡率从 2000 年的每 10 万辆机动车 135 例下降到 2016 年的 64 例,减少了 50% 以上;但是全球道路交通死亡人数仍然居高不下,2016 年约有 135 万人死于道路交通事故(World Health Organization,2018),在全球全年龄段死亡原因中排第八位(表 2-16)。

根据《中国统计年鉴》数据,2015 年交通事故死亡人数为 58 022 人(国家统计局,2016),而 WHO 模拟中国的道路交通死亡人数为 256 180 人,致死率为 18.2 人/10 万人(World Health Organization,2018),远高于主要发达国家。在过去的 30 多年中,中国交通事故数和死亡人数总体呈先增加后下降的趋势,均在 2002 年达到峰值;死亡率自 2005 年起呈下降趋势,2005 年全国交通事故致死率为 760 人/100 万车辆,至 2020 年下降到 166 人/100 万车辆(国家统计局,1990~2020)。

(2) 道路交通伤害是儿童和青壮年死亡的主要原因

道路交通伤害目前是 5~29 岁儿童和青壮年的第一大死亡原因(World Health Organization,2017)。其中,儿童约束装置在减少交通事故对儿童的伤害方面非常有效,尤其是 4 岁以下的儿童(Nazif-Munoz et al.,2018),通常可以减少 60% 的死亡(Jakobsson et al.,2005)。儿童坐在前排或者后排座椅上的位置也很重要,前座位置会造成更大的人身伤害(Ma et al.,2012)。全球有 84 个国家或地区制定了国家儿童约束法,而我们国家在这方面做得还远远不够,属于 4 岁以下儿童未得到充分保护或没有相关法律法规的地区(World Health Organization,2018)。

(3) 弱势道路使用者的安全风险比例远高于其规模比例

世卫组织《全球道路安全状况报告 2018》数据显示,全球道路交通死亡中,行人和骑自行车的人占所有死亡人数的 26%,使用电动两轮或三轮车的死亡者占 28%,两者相加占到了一半以上;非洲的行人死亡率最高,占 44%;在东南亚和西太平洋地区,大多数死者是机动两轮或三轮车,分别占 43% 和 36%。但是在许多国家道路交通的规划、设计和运营中仍然很大程度上忽略了这些占比很大的弱势道路使用者,例如,缺乏充足、独立的自行车道和人行道以及电动自行车没有限速(Reynolds et al.,2009)。

从 2019 年中国数据来看(表 2-16),机动车死亡人数约占交通死亡人数的 91%,非机动车及行人、乘车人死亡人数占比不到 10%,但是我国摩托车死亡人数占总死亡人数的比例近达 16.7%,加之当今城市内快递业务的发展,对摩托车以及两轮或三轮机动车、电动车的管制及相关专属道路的设计迫在眉睫。

表 2-16 2019 年中国交通死亡人数情况

年份	总死亡	机动车死亡				非机动车死亡	自行车死亡	行人、乘车人死亡	其他
		总计	汽车死亡	摩托车死亡	其他机动车				
死亡人数/人	62 763	56 924	43 413	10 474	3037	4375	440	1437	27
人数占比/(%)	100	90.70	69.17	16.69	4.84	6.97	0.70	2.29	0.04

数据来源:国家统计局,2020。

(4) 道路交通安全状况在各地区或国家的差异较大

世卫组织《全球道路安全状况报告 2018》指出,关于道路交通安全情况,各国家差异巨大,道路交通事故死亡风险与国家收入水平之间存在密切联系,低收入国家道路交通死亡率为 27.5 人/10 万人,是高收入国家的 3 倍以上,而高收入国家的平均死亡率为 8.3 人/10 万人(World Health Organization,2018)。而且就人口规模和注册机动车数量而言,低收入国家的道路交通死亡负担比例过高,用占全球1%的机动车创造了13%的道路交通死亡(表2-17)。

表2-17 2016年按收入类型划分的人口、道路交通死亡和机动车比例

国家分类	人口比例/(%)	道路交通死亡比例/(%)	机动车比例/(%)
高收入国家	15	7	40
中等收入国家	76	80	59
低收入国家	9	13	1

数据来源:World Health Organization,2018。

2. 铁路交通安全概览

铁路交通在全球范围内提供了一种相对安全且可持续的运输方式,而这种相对较高水平的安全性伴随着相关的成本问题,因此安全性、效率和成本之间的平衡是全球铁路交通行业面临的主要挑战之一。随着铁路速度的进一步提高,在未来它可能成为更大的潜在危险。2019年,欧盟共发生1516起重大铁路事故,共造成802人死亡和612人重伤,其中死亡的一半以上(61%)涉及非法闯入者,大概1/3(33%)的事故发生在交叉路口(Eurostat,2020);美国铁路事故死亡人数为907人,其中63.6%为非法闯入者,31.8%的死亡发生在交叉路口(National Safety Council,2020)。

在中国,铁路运输是主要的旅客运输方式之一,铁路安全显得尤为重要。国家铁路局公报显示,至2019年年底,全年全国铁路未发生特别重大、重大交通事故,发生较大事故4起,铁路交通死亡人数788人,铁路死亡人数自2011年起连年下降(国家铁路局,2020)(图2-13)。

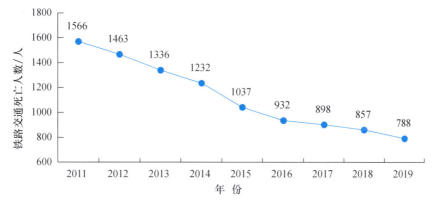

图2-13 2011~2019年中国铁路交通事故死亡人数变化趋势

数据来源:国家铁路局,2020。

3. 航空交通安全概览

根据航空安全数据网数据(图2-14),1942年至今,世界航空事故发生最多的是1948年,共有99起航空失事事件,1303人死亡;而死亡人数最多的年份为1972年,共有75起航空失事事件,2389人死亡。2017年全球发生了14起航空事故,造成59人死亡,无论从致命事故数还是死亡人数上,都使2017年成为有史以来航空业公认的最安全年(Aviation safety network,2021)。自1997年以来,飞机事故和死亡人数的平均数量呈持续下降趋势。

中国在民用航空安全方面一直做得很好。据国新网公报数据,2016~2020年间,中国民航运输航空100万小时重大事故率为0,并连续18年确保了空防安全。截至2020年8月25日,全行业实现运

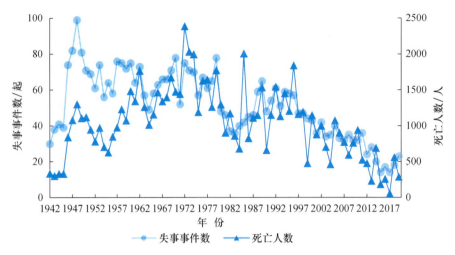

图 2-14　1942～2017 年世界航空失事事件概况

数据来源：Aviation safety network，2021。

输航空安全飞行 10 周年，在此基础上开始创造新的安全记录。截至 2020 年 11 月底，持续安全飞行"120＋3"个月，安全水平稳居世界前列（国务院新闻办公室，2020）。

（二）城市交通

城市交通是以行政区作为空间边界和基础的各类非机动化（如行人、自行车等）和机动化（如公共交通、私家车、摩托车等）交通方式的总称（汪光焘，2018）；或称为城市各种用地之间人和物的流动，这些流动都以一定的城市用地为出发点，以一定的城市用地为终点，经过一定的城市路径而进行。城市交通服务的对象是城市行政区域范围内的全体居民（通常指常住人口）以及来城市活动的人员（包括流动人口和游客等）。

通常所指的城市交通是指城市道路上的交通，主要分为客运交通和货运交通两大部分（图 2-15）。其中城市客运交通又分为公共客运交通、单位客运交通和私人客运交通三类。本节重点介绍城市客运交通情况，世界各城市交通现代化的水平受当地经济和科学技术水平的影响，差异较大，而且由于城市的地理环境、发展规模、空间形态以及政治经济地位不同，城市交通结构也各具特色（表 2-18）。

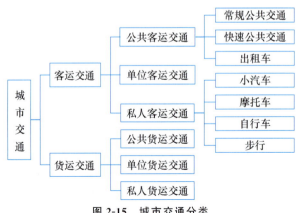

图 2-15　城市交通分类

表 2-18 世界 21 个城市交通结构　　　　　　　　　　　　　　　　　　单位:%

州	城市	公共交通	私家车	自行车	步行	其他
美洲	洛杉矶	5	89	1	3	2
	圣保罗	31	36	0	32	1
	温哥华	21	68	3	7	1
	华盛顿特区	16	77	4	1	2
欧洲	阿姆斯特丹	19	42	30	5	4
	巴塞罗那	17	39	2	42	0
	都柏林	15	59	7	18	1
	里斯本	16	58	1	23	2
	伦敦	35	37	3	25	0
	曼彻斯特	18	52	5	25	0
	罗马	20	60	2	18	0
	斯德哥尔摩	32	46	7	15	0
非洲和中东	迪拜	14	61	0	13	12
	利雅得	2	95	1	1	1
亚太地区	奥克兰	12	81	1	5	1
	悉尼	27	65	1	5	2
	雅加达	10	88	0	1	1
	墨尔本	9	72	2	16	1
	上海	33	27	16	24	0
	新加坡	53	33	2	12	0
	东京	47	12	17	24	0

数据来源:德勤,2020。

由表 2-18 可以看出,公共交通出行占绝对优势的有新加坡(53%)、东京(47%)和伦敦(35%);而轿车出行比例相对较高的有利雅得(95%)、洛杉矶(89%)、雅加达(88%)和奥克兰(81%);阿姆斯特丹人最钟爱骑自行车出行,约占近 1/3(30%),东京(17%)和上海(16%)的自行车出行比例也都超过了 15%;而城市中步行最受欢迎的为巴塞罗那(42%),超过了该城市其他各种交通类型。

1. 城市公共交通概览

公共交通几乎是一种完全属于城市的交通方式,特别是在大型城市群中。它历来就是城市交通的主要组成部分,也是解决城市交通问题的关键。一般来说,城市公共交通系统由多种类型的服务组成,包括轨道交通、地面公交、出租车系统和辅助公共交通系统等,每一种服务都适合特定的市场和空间环境。城市公共交通系统服务的决定因素包括容量、频率、灵活性、成本以及站点之间的空间、时间距离等。

(1) 轨道交通

轨道交通系统是一种较为独立的、拥有独立或半独立路权、运营轨迹相对固定的、成列运营的运输系统。具有运量大、车速高、低污染、低耗能、方便、快捷、不占用地面空间、不与其他车辆相互冲突干扰等多种优势,不失为一种较为理想的城市公共交通方式。但轨道交通系统也有其与生俱来的短板,建设需要很长的时间和大量的资本投入,包括初期的建成投资和后期的运营与维修成本。1955 年第一辆现代化铰接式电车(轻轨)出现在德国杜塞尔多夫街头,从此地铁备受世界上各大城市的青睐,纷纷建造地铁来解决城市交通问题。表 2-19 反映了一些城市的轨道交通发展概况,其中中国北京在线路总长度和年客运量上都名列前茅。

表 2-19 世界 10 个城市轨道交通发展状况

城市	首条线路运营时间	线路总长/公里	线路数/条	车站总数/个	年客运量/亿人次
伦敦	1863	402	11	270	13
巴黎	1900	220	16	302	15
柏林	1902	332	10	173	4
纽约	1904	376	36	472	17
香港	1910	271	10	185	20
东京	1927	304	13	285	38
莫斯科	1935	466	15	230	25
北京	1971	699	23	404	45
首尔	1974	352	23	728	19
新加坡	1987	203	7	122	12

数据来源:根据各城市轨道交通官方网站公布的最新数据整理,数据搜集时间为 2021-03-16。

(2) 地面公交

地面公交是城市交通的最常见形式之一,它的特征是由可供多名乘客,通常是 45～80 人,最高可达 300 人乘坐的机动车辆,包括从小型货车到铰链式公共汽车,按照计划的固定路线和站点来提供服务。在城市中,公交系统服务通常与轨道交通同步,充当其支线或起到必要的补充作用。它们通常与其他交通出行模式(如私家车、摩托车等)共享道路,因此容易出现拥堵。而快速公交系统提供永久性(全时段)或临时性(分时段)的通行权,并具有不受阻碍地流通的优势。表 2-20 显示了一些世界城市的公交发展概况,其中,北京、圣保罗和香港的公交车数量都超过万辆,北京、首尔、伦敦和新加坡在公交车专用道长度上具有一定的优势。

表 2-20 世界 10 个城市地面公交发展状况

城市	线路数/条	车辆数/辆	公交专用道长度/公里	日客运量/100 万人
香港	700	19 768	22	4
纽约	325	5727	80	5
圣保罗	1908	26 391	155	9
北京	1052	30 928	294	10
马德里	217	2022	50	—
首尔	—	8910	282	6
雅加达	67	524	184	1
新加坡	>370	5800	200	4
伦敦	673	9500	240	6
波哥大	12	1080	84	2

数据来源:根据各城市公共交通官方公布最新数据整理,数据搜集时间为 2021-03-16。

2. 城市私人交通概览

城市私人交通包括任何个人主导的出行模式,例如轿车、步行、自行车或摩托车等。在特定情况下,某些形式的个人出行选择可能会受到青睐,而另一些形式则会被舍弃。例如,步行占巴塞罗那所有出行的42%,而洛杉矶的这一数字为3%(德勤,2020),前者的城市规划和道路设计比后者更适合行人的步行。

(1) 私人机动交通

私人汽车具有多种优势,包括按需机动性、舒适性、速度和便利性,这些优势使得汽车保有量在全球范围内持续增长,尤其是在城市地区和发展中经济体中,依赖于汽车的城市发展是全世界城市面临的最严峻挑战之一(Bernick et al.,1997)。全球范围内,收入的增长和汽车价格的亲民化推动了汽车拥有率的上升。许多城市居民(通常是中等收入人群)的出行方式正在从公共或非机动交通工具转向私人汽车。此外,较高的收入使人们能够在郊区的大片土地上负担得起更宽敞的房子,并使用自己的汽车在城市中找到工作和受教育的机会。

汽车依赖程度从低到高不等,对应相应的土地利用格局和出行方式。与汽车依赖程度最相关的指标包括汽车拥有水平、人均汽车行驶里程以及使用汽车出行比例等。例如,在美国洛杉矶,轿车出行比例占到了89%(表2-18)。而依赖汽车的生活方式就会导致以汽车为导向的建筑形式,其特征是扩张的开发、不相邻的土地利用格局、对行人不友好的大型城市街区以及带状式城市发展。

(2) 私人非机动交通

非机动化出行模式主要包括自行车和步行两种方式,这些可持续的绿色交通出行模式具有环境友好、健康、便利、廉价等多种优势。在绝大部分城市中,尽管非机动化出行模式在人们出行总里程数中仅占很小的比重,但步行仍然是短距离(1公里以内)出行的主要方式,而自行车在5公里左右的出行中也具有相当大的竞争力,对人们的日常出行产生重要的影响。自行车出行和步行以其零排放且占据少量道路空间的特点被誉为真正的环境友好型交通模式,不同城市自行车和步行出行的比例相差甚大(表2-18)。

欧洲是发达国家中非机动化出行方式使用率相对较高的地区。目前,在发达国家中,像美国、澳大利亚等国,人们主要将自行车骑行、步行或者跑步当作一种消遣娱乐、锻炼放松的方式,而在荷兰,自行车则被视为一种安全、方便和绿色的日常出行方式。荷兰交通部发布的报告数据显示,36%的荷兰人将自行车列为他们一天中最常用的出行方式,而汽车(45%)和公共交通工具(11%)则相反,骑自行车在全国所有出行中所占比例约为27%,在城市中,如阿姆斯特丹(38%)、兹沃勒(46%)所占比例更高(Ministerie van Verkeer en Waterstaat,2009)。巴塞罗那通过扩展区(l'Eixample)、大街区(superblock)等一系列城市规划项目(Urbano,2016),不断塑造和增强城市空间的公共性,把城市街区道路空间归还给行人,通过限制进入和车辆速度等措施鼓励人们选择步行出行方式,创造更绿色、更干净和更加适于步行的街区城市,巴塞罗那城市的步行比例超过其汽车出行比例(德勤,2020)。

本 章 小 结

交通现代化研究既是现代化科学的组成部分,也与交通经济学、产业经济学、发展经济学等有很多交叉。现代化科学的基本原理可以适用于交通现代化,同时交通现代化具有一些特有的规律和性质。本章开展交通现代化的原理与专题研究,主要内容包括交通现代化的基本原理、交通现代化的国际经验以及交通现代化的专题分析三个部分。

1. 交通现代化的基本原理

交通发展研究的相关理论。从交通演化、交通空间布局以及综合交通发展视角对交通发展研究的相关理论进行介绍。其中,交通演化理论重点介绍交通进化理论和运输化理论;交通空间布局理论重点介绍 Taaffe 模型和点—轴系统理论;综合交通发展理论重点介绍综合交通体系理论和可持续交通理论。关于交通与经济社会的互动关系,已有研究认为,交通可以通过多种方式影响经济和社会发展,经济和社会发展反过来也可以影响交通需求。

交通现代化研究的相关理论。关于交通现代化理论,已有研究多从交通现代化的内涵、特征以及交通现代化的评价等方面展开。对于什么是交通现代化,尚未形成统一认识。文中列举了一些学者关于交通现代化内涵和特征的论述。

交通现代化的原理分析。讨论了交通现代化的内涵、过程、结果、动力和模式等。在18世纪至21世纪期间,交通现代化可以分为两大阶段,第一次交通现代化是从农业时代的传统交通向工业时代的现代交通的转变,第二次交通现代化是从工业时代的现代交通向知识时代的综合智能交通的转变;21世纪,没有完成第一次交通现代化的国家可以采用两次交通现代化协调发展的道路,就是综合交通现代化。

2. 交通现代化的国际经验

不同国家选择不同的交通现代化模式,形成特定的交通发展模式和治理体系,交通现代化的国际经验涉及许多方面,本章讨论交通制度、交通建设、交通维护、人力资源等四个方面,重点介绍美国、欧盟、英国的经验。

交通制度:美国交通法规主要由联邦交通法案、联邦交通标准和指南、州交通法规和标准三个层次组成,交通战略体系具有多层级、多部门、多主题特点。欧盟交通法规包括欧盟法律、国家法律和判例法三个类别,通过交通白皮书、交通专项战略和重点战略计划指导各国交通现代化。

交通建设:美国交通投资主要依靠政府投入。欧盟主要通过成员国和欧盟公共预算、私营部门投资解决资金问题,通过全欧交通网络(TEN-T)等规划纲领形成一体化的多式联运网络。

交通维护:包括交通资产管理、交通运行管理等。美国交通资产管理从路面管理发展而来,以最具"成本—效益"的方式保持交通运行状态,交通管理中心在美国得到大范围推广,许多州、县和地方交通部门都有交通管理中心。英国交通资产管理历史悠久,各级政府有一致的绩效衡量指标。欧盟通过多个交通运行管理系统实现交通一体化管理,有效管理跨境交通运行。

人力资源:包括交通就业促进、交通人才培养等。美国各地区根据交通职业结构、职业要求,制定差异化政策,促进交通就业,开展各类交通人才的多途径、多层次立体培养。欧盟将"就业保障"和"工作弹性"结合起来,促进交通就业,通过较为完善的教育、培训和技能资格认证体系、学徒制度培养交通人才。

3. 交通现代化的专题分析

交通科技和智能交通。① 交通科技是交通现代化的主要动力之一,它既有一般科技发展的普遍特点,也有交通领域科技的个性特征。交通科技推动了交通现代化,交通现代化也促进了交通科技的发展,二者相互影响,相互促进。同时,交通科技又是科技现代化的一部分,交通科技的发展经过了三次浪潮。未来交通科技是以绿色、安全、智能为重要目标,将向绿色化、智能化、高速化、舒适化、大型化和专业化方向发展。② 智能交通有助于提高道路使用效率,降低能耗,减少交通堵塞等,美国、日本、中国和欧洲等都在大力推进智能交通的发展,未来智能交通将进一步改变交通出行模式。

交通环境和交通能源。① 水运、铁路、公路和航空等交通方式都会造成不同程度的环境影响,交通工具改进、交通能源优化、交通标准完善、交通税费调节、交通运行管理等有助于减轻交通环境影响。世界银行、经合组织、欧盟等国际组织以及美国、英国、日本等发达国家都提出了众多交通环境战略或行动计划。② 随着工业经济向知识经济的转变,交通能源也从18世纪的初级发展阶段过渡到20世纪70年代后的高级发展阶段,其能源构成从煤炭、天然气到柴油、汽油,再到新能源的加入。如何在能源需求和能源供应间找到平衡点,对新能源的探索,以及怎样实现能源转型,都是交通能源面临的挑战。

交通安全和城市交通。① 交通运输一直与死亡、伤害和财产损失的风险有关,不同交通方式的事故风险差异很大。② 城市交通可分为客运交通和货运交通两大部分,其中城市客运交通又分为公共客运交通、单位客运交通和私人客运交通三类。世界各城市交通现代化的水平受当地经济和科学技术水平的影响而差异较大,同时由于城市的地理环境、发展规模、空间形态以及政治经济地位不同,交通结构也各具特色。

第三章 中国交通现代化的理性分析

交通现代化是一个国家现代化水平的重要标志。2019年中共中央、国务院印发的《交通强国建设纲要》提出要"建成人民满意、保障有力、世界前列的交通强国,为全面建成社会主义现代化强国、实现中华民族伟大复兴中国梦提供坚强支撑。"中国是世界人口大国,中国交通现代化的实现对人类交通运输发展具有重要意义。交通现代化研究既要探索交通现代化变迁的共性特征,也要寻找它的个性和多样性,并提出推进交通现代化的政策举措。我们沿用第一章世界交通现代化的分析逻辑,先开展时序分析、截面分析和过程分析,然后讨论战略选择。

本章所采用数据主要来自经合组织(OECD)交通数据库、世界银行的《世界发展指标》数据库、欧盟(EU)交通数据库以及《中国统计年鉴》等。需要特别注意的是,不同来源的数据存在一定差异,需要谨慎对待。我们将注明数据来源,以便读者比较分析。

第一节 中国交通现代化的时序分析

中国交通现代化的时序分析,是对中国交通现代化全过程的时间序列数据和资料进行分析,试图去发现和归纳它的事实和特点。我们选择10个国家为参照,分析交通体系、交通服务、交通效率和交通治理的变迁,时间跨度约为50年(表3-1),分析内容包括长期趋势和国际比较等。关于中国交通现代化的地区差异和地区多样性,需要专题研究。

表 3-1 1970~2018年中国交通现代化指标的发展趋势

变化类型	交通体系指标/个	交通服务指标/个	交通效率指标/个	交通治理指标/个	合计/个	比例/(%)
上升变量	22	11	3	5	41	41
下降变量	4	17	4	0	25	25
转折变量	2	4	0	0	6	6
波动变量	0	2	0	0	2	2
其他变量	4	10	5	7	26	26
合计	32	44	12	12	100	100

注:中国26个指标缺少数据或数据不全,无法判断发展趋势,暂时归入"其他变量"。

一、中国交通体系的时序分析

交通体系涉及许多方面。这里重点讨论运输需求、交通工具、交通设施、交通网络四个方面。反映四个方面变化的指标很多,这里选择其中的32个指标为代表。

1. 中国运输需求的时序分析

(1) 中国运输需求的发展趋势

运输需求指标同样很多,本报告选择10个指标。其中,人均国内客运周转量和人均国内货运周转量等8个指标为上升变量,1个指标(人均国内公路客运周转量)为转折变量,1个指标(人均集装箱海运量)缺少数据(表 3-2)。

在表 3-2 中,指标的变化趋势是根据本表数据区间内指标数值逐年变化做出的判断(表 1-16);指标性质的判定是根据 1750~2018 年的变化趋势和指标特点给出的判断和分类(表 1-15);趋势和性质有些时候一致,有些时候不一致,因指标而异。表 3-5、表 3-8、表 3-11、表 3-14、表 3-17、表 3-20、表 3-23、表 3-26、表 3-28、表 3-30 和表 3-33 情况与此相同。

表 3-2　1980~2018 年中国 10 个运输需求指标的发展趋势

指标	1980	1990	2000	2010	2018	变化	增长率	趋势	性质
人均国内客运周转量[①]	213	446	872	1749	1656	7.8	5.6	上升	1
人均国内货运周转量[①]	815	1540	2119	7035	10 777	13.2	7.0	上升	3
人均国内公路客运周转量[①]	73	223	519	1105	656	8.9	5.9	转折	1
人均国内公路货运周转量[①]	35	286	478	3191	5035	145.9	14.0	上升	3
人均国内铁路客运周转量[②]	—	294[a]	359	655	971[b]	3.3	5.6	上升	1
人均国内铁路货运周转量[②]	—	1083[a]	1091	2067	2069	1.9	2.9	上升	3
人均国内航空客运量[②]	—	0.015	0.050	0.20	0.44	30.0	12.9	上升	1
人均国内航空货运周转量[②]	0.12	0.72	3.09	12.9	18.1	147.2	14.0	上升	1,6
人均集装箱海运量	—	—	—	—	—	—	—	—	5,6
人均管道运输周转量[①]	49	53	50	162	375	7.6	5.5	上升	3,5

数据来源:① OECD,2021;② World Bank,2021。
注:(1)指标解释和单位见附表 1-1-1。(2)变化=终点值/起点值,由计算机计算自动生成。增长率为从起点年到终点年的年均增长率,单位为%。(3)指标性质。1 代表正指标,2 代表逆指标,3 代表转折指标,4 代表波动指标,5 代表中性指标,6 代表合理值指标。(4)数据时间。a 为 1995 年数据,b 为 2017 年数据。"—"为没有数据,后同。

其一,交通运输总需求。人均国内客运周转量、人均国内货运周转量明显上升。1980~2018 年,人均国内客运周转量提高了近 7 倍,人均国内货运周转量增加了 12 倍多。

其二,五大交通运输需求。公路运输:1980~2018 年,人均国内公路客运周转量先上升后下降(图 3-1),人均国内公路货运周转量提高了近 145 倍。铁路运输:1995 年以来,人均国内铁路客运周转量提高了 2 倍多(图 3-1),人均国内铁路货运周转量提高了近 1 倍。航空运输:1990~2018 年,人均国内航空客运量提高了 29 倍;1980~2018 年,人均国内航空货运周转量提高了 146 倍多,年均增长率约 14%。管道运输:1980~2018 年,人均管道运输周转量提高了近 7 倍。集装箱海运:人均集装箱海运量缺少数据。

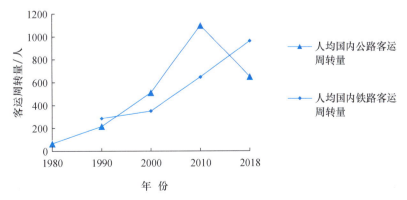

图 3-1　1980~2018 年中国人均国内公路客运周转量与人均国内铁路客运周转量的变化

数据来源:OECD,2021;World Bank,2021。
注:人均国内铁路客运周转量 1990 年数据实际为 1995 年数据。

(2) 中国运输需求的国际比较

其一,前沿比较,以 2018 年或最近年数据为例(表 3-3)。交通运输总需求的比较,2018 年人均国内客运周转量低于美、日、英、法、德,约为五国平均值的 12%,人均国内货运周转量约为五国平均值的 1.62 倍。公路运输:人均国内公路客运周转量、人均国内公路货运周转量分别为五国平均值的 5% 和 1.29 倍。铁路运输:人均国内铁路客运周转量、人均国内铁路货运周转量分别为五国平均值的 64% 和 1.02 倍。航空运输:人均国内航空客运量和人均国内航空货运周转量分别为五国平均值的 26% 和 20%。管道运输:人均管道运输周转量约为四国平均值的 47%,但高于英、法、德三国。

表 3-3　2018 年或最近年中国 9 个运输需求指标的国际比较

指标	中国	美国	日本	英国	法国	德国	中国值÷五国平均值
人均国内客运周转量	1656	20 273[a]	10 752	11 869	14 488	13 248	0.12
人均国内货运周转量	10 777	19 417	1818	2685	3282	6162	1.62
人均国内公路客运周转量	656	20 170[a]	7260	10 657	12 876	12 064	0.05
人均国内公路货运周转量	5035	9076	1665	2425	2517	3820	1.29
人均国内铁路客运周转量	971[a]	98	3450[a]	1212	1612	1182	0.64
人均国内铁路货运周转量	2069	7730	153	259	478	1568	1.02
人均国内航空客运量	0.44	2.72	1.00	2.49	1.05	1.32	0.26
人均国内航空货运周转量	18.1	131.6	74.5	93.3	66.4	96.1	0.20
人均管道运输周转量	375	2622	—	164[b]	186	208	0.47*

数据来源:同表 3-2。

注:(1)指标解释和单位见附表 1-1-1。(2)五国平均值为美、日、英、法、德五国的平均值,后同。(3)数据时间。a 为 2017 年数据,b 为 2010 年数据。(4)计算说明。* 中国值÷美、英、法、德四国平均值。

其二,过程比较,以中国人均国内航空客运量为例(表 3-4)。1990 年以来,中国人均国内航空客运量均低于美、日、英、法、德等发达国家。1990 年约为五国平均值的 2%,2018 年约为五国平均值的 26%,国际差距有所减小。

表 3-4　1970～2018 年中国人均国内航空客运量的国际比较

国家	1970	1980	1990	2000	2010	2018	2018/1970
中国	—	—	0.015	0.05	0.20	0.44	30.0*
美国	0.80	1.30	1.86	2.36	2.33	2.82	3.41
日本	0.16	0.39	0.62	0.86	0.86	1.03	8.90
英国	0.28	0.45	0.82	1.20	1.62	2.13	15.9
法国	0.18	0.35	0.62	0.86	0.94	1.06	5.98
德国	0.08	0.17	0.28	0.71	1.19	1.32	6.39
意大利	0.13	0.18	0.35	0.53	0.55	0.46	3.60
俄罗斯	—	—	—	0.12	0.31	0.80	—
巴西	0.04	0.11	0.13	0.18	0.38	0.49	13.9
墨西哥	0.06	0.19	0.17	0.21	0.27	0.55	8.88
印度	—	0.01	0.01	0.02	0.05	0.12	—
中国值÷五国平均值	—	—	0.02	0.04	0.14	0.26	13.0*

数据来源:同表 3-2。

注:* 数值为 2018/1990 年数据。

2. 中国交通工具的时序分析

(1) 中国交通工具的发展趋势

交通工具分析指标很多,这里选择10个指标。其中,5个指标(单位GDP的轿车数量、每千居民拥有的轿车数量、每千居民拥有的货车数量、每千居民的铁路货运装载力、每千居民定期航班客位数)为上升变量,4个指标(单位GDP的货车数量、单位GDP的铁路客位数、单位GDP的铁路货运装载力、单位GDP的定期航班客位数)为下降变量,1个指标(每千居民的铁路客位数)为转折变量(表3-5)。

表3-5 1990~2018年中国10个交通工具指标的发展趋势

指标	1990	2000	2005	2010	2015	2018	变化	增长率	趋势	性质
单位GDP的轿车数量[①]	0.7	3.0	6.1	8.2	11.5	13.6	20.4	11.4	上升	3
单位GDP的货车数量[①]	10.2	8.0	5.9	4.2	2.6	1.8	0.18	−6.0	下降	3
每千居民拥有的轿车数量[①]	0.2	2.9	10.6	37.3	92.9	136	641	43.2	上升	1,6
每千居民拥有的货车数量[①]	3.2	5.7	7.3	11.9	15.1	18.4	5.8	6.4	上升	1
单位GDP的铁路客位数[②]	—	4.3^a	1.1^b	—	—	—	0.3	−23.6	下降	3
单位GDP的铁路货运装载力[②]	—	21.6	14.4	5.4^c	4.4^d	—	0.2	−10.8	下降	3
每千居民的铁路客位数[②]	—	4.5^a	2.3^b	2.7	3.1^d	—	0.7	−2.77	转折	3
每千居民的铁路货运装载力[②]	—	20.8	25.3	30.5^c	33.4^d	—	1.6	3.47	上升	3
单位GDP的定期航班客位数[②]	—	—	0.02	0.01	0.009	—	0.4	−7.95	下降	5
每千居民定期航班客位数[②]	—	—	35.3	44.5	71.0	—	2.0	7.23	上升	5

数据来源:①《中国统计年鉴》;② OECD,2021。

注:(1) 指标解释和单位见附表1-1-1。(2) 变化=终点值/起点值。增长率为从起点年到终点年的年均增长率,单位为%。(3) 指标性质。1代表正指标;2代表逆指标;3代表转折指标;4代表波动指标;5代表中性指标;6代表合理值指标。(4) 数据时间。a为2001年数据,b为2006年数据,c为2011年数据,d为2014年数据。(5) 指标说明。轿车数量指的是私人载客汽车数量,货车数量指的是民用载货汽车数量。

其一,公路运输。1990~2018年,单位GDP的轿车数量提高了19倍多,每千居民拥有的轿车数量从0.2辆增加到136辆(图3-2);单位GDP的货车数量下降,每千居民拥有的货车数量从3.2辆增加到18.4辆。

其二,铁路运输。2001~2014年,每千居民的铁路客位数先下降后上升,2014年达到3.1个;2000~2014年,单位GDP的铁路货运装载力由21.6吨/100万美元下降为4.4吨/100万美元,每千居民铁路货运装载力提高了0.6倍,2014年达到33.4吨。

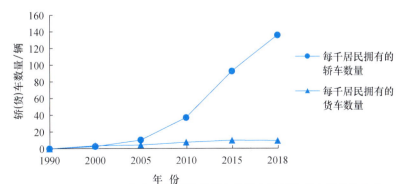

图3-2 1990~2018年中国每千居民拥有的轿车数量和货车数量的变化

数据来源:《中国统计年鉴》。

其三，航空客运。2005~2015年，每千居民定期航班客位数由35.3个上升到71.0个，年均增长率约为7.2%。

（2）中国交通工具的国际比较

其一，前沿比较，以2018年或最近年数据为例（表3-6）。公路运输：2018年，中国每千居民拥有的轿车数量和每千居民拥有的货车数量分别为五国平均值的28%和11%。铁路运输：2014年，每千居民的铁路客位数约为日、法、德三国平均值的17%，每千居民的铁路货运装载力约为美、法、德三国平均值的18%。航空运输：2016年，单位GDP的定期航班客位数和每千居民定期航班客位数分别为五国平均值的37%和7%。

表3-6　2018年或最近年中国10个交通工具指标的国际比较

指标	中国	美国	日本	英国	法国	德国	中国值÷五国平均值
单位GDP的轿车数量	13.6	6.5	12.5	11.4	11.7	11.8	1.26
单位GDP的货车数量	1.85	7.5	2.9	1.6	2.4	1.2	0.59
每千居民拥有的轿车数量	136	407	488	489	488	561	0.28
每千居民拥有的货车数量	18.4	473	115	70	101	57.1	0.11
单位GDP的铁路客位数	0.4[a]	—	0.5[c]	—	0.5[b]	0.4[b]	0.88*
单位GDP的铁路货运装载力	4.4[a]	7.7	—	—	—	1.3	0.97**
每千居民的铁路客位数	3.14[a]	—	19.6[c]	—	19.3[b]	15.5[b]	0.17*
每千居民的铁路货运装载力	33.4[a]	487	—	—	12.4[a]	60	0.18***
单位GDP的定期航班客位数[d]	9.71	7.23	10.9	49.5	30.3	32.7	0.37
每千居民定期航班客位数[d]	79	419	422	2034	1124	1377	0.07

数据来源：同表3-5。

注：(1)指标解释和单位见附表1-1-1。(2)数据时间。a为2014年数据，b为2015年数据，c为2013年数据，d为2016年数据。(3)计算说明。* 中国值÷法、德、日三国平均值，** 中国值÷美、德两国平均值，*** 中国值÷美、法、德三国平均值。

其二，过程比较，以中国每千居民定期航班客位数为例（表3-7）。2005~2016年，中国每千居民定期航班客位数低于美、日、英、法、德五个国家；2005年约为五国平均值的4%，2016年为五国平均值的7%。

表3-7　2005~2016年中国每千居民定期航班客位数的国际比较

国家	2005	2008	2010	2013	2015	2016	2016/2005
中国	35.3	43.2	44.5	57.6	71.0	79.1	2.24
美国	334	350	333	360	400	419	1.26
日本	298	301	279	324	384	422	1.41
英国	1640	1813	1631	1706	1845	2034	1.24
法国	853	998	969	1021	1073	1124	1.32
德国	978	1122	1133	1235	1314	1377	1.41
意大利	683	833	882	884	971	1043	1.53
俄罗斯	83.5	127	141	215	217	196	2.35
墨西哥	150	148	134	156	191	202	1.35
印度	12.9	19.5	21.0	23.6	26.2	28.3	2.19
中国值÷五国平均值	0.04	0.05	0.05	0.06	0.07	0.07	1.71

数据来源：同表3-5。

3. 中国交通设施的时序分析

(1) 中国交通设施的发展趋势

交通设施分析指标很多,这里选择了 5 个指标。其中,4 个指标(每千人高速公路长度、每千人铁路里程、每 100 万居民拥有的机场数量、交通基础设施的综合质量)为上升变量,1 个指标(交通设施数字化指数)缺少数据(表 3-8)。

表 3-8 1990～2018 年中国 5 个交通设施指标的发展趋势

指标	1990	2000	2005	2010	2015	2018	变化	增长率	趋势	性质
每千人高速公路长度①	0.0004	0.013	0.031	0.055	0.090	0.102	232	21.5	上升	1,6
每千人铁路里程①	0.051	0.054	0.058	0.068	0.088	0.095	1.85	2.2	上升	3
每 100 万居民拥有的机场数量②	—	—	0.04	0.04	0.06	0.05ᵃ	1.54	4.0	上升	5,6
交通设施数字化指数	—	—	—	—	—	—	—	—	—	1
交通基础设施的综合质量③	—	—	—	4.33	4.76	4.71ᵇ	1.09	1.2	上升	1

数据来源:①《中国统计年鉴》;② OECD,2021;③ Sum4All,2021。

注:(1) 指标解释和单位见附表 1-1-1。(2) 变化=终点值/起点值。增长率为从起点年到终点年的年均增长率,单位为%。(3) 指标性质。1 代表正指标,2 代表逆指标,3 代表转折指标,4 代表波动指标,5 代表中性指标,6 代表合理值指标。(4) 数据时间。a 为 2016 年数据,b 为 2017 年数据。

其一,交通基础设施。1990～2018 年,中国每千人高速公路长度增加了 231 倍,年均增长率约为 21.5%;1990～2018 年,每千人铁路里程增加了 85%,2018 年为 0.095 公里(图 3-3);2005～2016 年,每 100 万居民拥有的机场数量增加了 0.01 个。

其二,交通基础设施质量。2010～2017 年,交通基础设施的综合质量由 4.33 提高到 4.71。

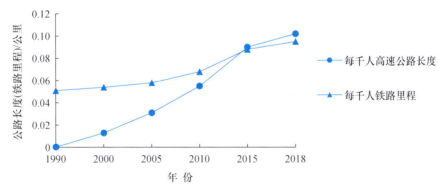

图 3-3 1990～2018 年中国每千人高速公路长度和每千人铁路里程的变化

数据来源:《中国统计年鉴》。

(2) 中国交通设施的国际比较

其一,前沿比较,以 2018 年或最近年数据为例(表 3-9)。中国每千人高速公路长度高于英国,低于德国和法国,每千人铁路里程和每 100 万居民拥有的机场数量均低于美、日、英、法、德,分别为五国平均值的 28% 和 11%,交通基础设施的综合质量约为五国平均值的 84%。

其二,过程比较,以中国交通基础设施的综合质量为例(表 3-10)。2009 年以来,中国交通基础设施的综合质量有所提升,但仍远低于美、日、英、法、德等发达国家,2017 年约为五个发达国家平均值的 84%。

表 3-9 2018 年或最近年中国 4 个交通设施指标的国际比较

指标	中国	美国	日本	英国	法国	德国	中国值÷五国平均值
每千人高速公路长度	0.102	—	—	0.058	0.174	0.158	0.78*
每千人铁路里程	0.095	0.461	0.151	0.245	0.422	0.403	0.28
每 100 万居民拥有的机场数量	0.05	0.32	0.29	0.58	0.81	0.36	0.11
交通基础设施的综合质量	4.71	5.75	5.89	5.20	5.67	5.56	0.84

数据来源:同表 3-8。

注:(1) 指标解释和单位,见附表 1-1-1。(2) 数据时间。每 100 万居民拥有的机场数量为 2016 年数据,交通基础设施的综合质量为 2017 年数据。(3) 计算说明。* 中国值÷英、法、德三国平均值。

表 3-10 2009～2017 年中国交通基础设施的综合质量的国际比较

国家	2009	2010	2013	2015	2017	2017/2009
中国	4.23	4.33	4.56	4.76	4.71	1.11
美国	5.59	5.44	5.55	5.67	5.75	1.03
日本	5.61	5.63	5.84	5.9	5.89	1.05
英国	5.11	5.25	5.4	5.35	5.2	1.02
法国	6.34	6.31	6.04	5.75	5.67	0.89
德国	6.46	6.40	5.92	5.71	5.56	0.86
意大利	3.8	4.01	4.31	4.31	4.41	1.16
俄罗斯	3.46	3.51	3.61	3.77	4.06	1.17
巴西	2.82	2.95	2.63	2.75	3.05	1.08
墨西哥	3.72	3.69	4.11	4.04	3.98	1.07
印度	3.96	4.08	4.34	4.19	4.47	1.13
中国值÷五国平均值	0.73	0.75	0.79	0.84	0.84	1.15

数据来源:同表 3-8。

4. 中国交通网络的时序分析

(1) 中国交通网络的发展趋势

交通网络分析指标很多,这里选择了 7 个指标。其中,5 个指标(公路密度、铁路密度、机场密度、高速公路比例、高铁线路比例)为上升变量,2 个指标无法判断(表 3-11)。

表 3-11 1990～2018 年中国 7 个交通网络指标的发展趋势

指标	1990	2000	2005	2010	2015	2018	变化	增长率	趋势	性质
公路密度①	10.7	17.5	34.8	41.8	47.7	50.5	4.71	5.7	上升	5,6
铁路密度①	0.60	0.72	0.79	0.95	1.26	1.37	2.27	3.0	上升	3,5
机场密度③	—	—	0.49	0.58	0.81	0.80ᵃ	1.63	4.5	上升	5,6
高速公路比例①	0.05	0.97	1.23	1.85	2.70	2.94	60.5	15.8	上升	1,6
高铁线路比例①			0.8ᵇ	5.6	16.4	22.7	28.4	39.7	上升	1,6
公路连通性指数②						88.4				1
农村交通可及性②			97ᶜ							1

数据来源:①《中国统计年鉴》;② Sum4All, 2021;③ OECD, 2021。

注:(1) 指标解释和单位见附表 1-1-1。(2) 变化=终点值/起点值。增长率为从起点年到终点年的年均增长率,单位为%。(3) 指标性质。1 代表正指标,2 代表逆指标,3 代表转折指标,4 代表波动指标,5 代表中性指标,6 代表合理值指标。(4) 数据时间。a 为 2016 年,b 为 2008 年数据,c 为 2003 年数据。

其一,公路运输。1990~2018年,公路密度增加了近4倍;1990~2018年,高速公路比例提高了近60倍(图3-4)。

其二,铁路运输。1990~2018年,铁路密度增加了0.77公里/百平方公里;2008~2018年,高铁线路比例提高了约27倍。

其三,航空运输。机场密度由2005年的0.49个/10万平方公里提高到2016年的0.80个/10万平方公里。

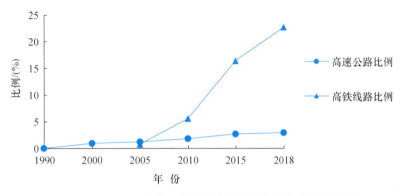

图3-4　1990~2018年中国高速公路比例和高铁线路比例的变化

数据来源:《中国统计年鉴》。

注:高铁线路比例2005年数据为2008年数据。

(2) 中国交通网络的国际比较

其一,前沿比较,以2018年或最近年数据为例(表3-12)。公路运输:公路密度约为四国平均值的26%,但高速公路比例超过美、英、法。铁路运输:铁路密度约为五国平均值的24%,但高铁线路比例超过日、法、德。航空运输:2016年,机场密度约为五国平均值的9%。

表3-12　2018年或最近年中国6个交通网络指标的国际比较

指标	中国	美国	日本	英国	法国	德国	中国值÷五国平均值
公路密度	50.5	73	336	175	199	—	0.26*
铁路密度	1.37	1.64	5.25	6.74	5.17	9.55a	0.24
机场密度	0.80	1.14	10.2	15.7	9.86	8.59	0.09
高速公路比例	2.94	1.16	—	0.93	1.06	—	2.79**
高铁线路比例	22.7	—	14.8b	—	9.66	2.98a	2.35***
公路连通性指数	88.4	100	70.0	80.5	93.4	93.5	1.01

数据来源:同表3-11。

注:(1)指标解释和单位见附表1-1-1。(2)数据时间。a为2016年数据,b为2017年数据,机场密度为2016年数据。(3)计算说明。*中国值÷美、日、英、法四国平均值,**中国值÷美、英、法三国平均值,***中国值÷日、法、德三国平均值。

其二,过程比较,以中国机场密度为例(表3-13)。2005年以来,中国机场密度增加,但仍远低于美、日、英、法、德等发达国家。2005年中国机场密度约为五个发达国家平均值的6%,2016年提高到9%。

表 3-13　2005～2016 年中国机场密度的国际比较　　　　　　　　　单位：个/10 万平方公里

国家	2005	2008	2010	2013	2016	2016/2005
中国	0.49	0.49	0.58	0.69	0.80	1.63
美国	1.11	1.07	1.18	1.14	1.14	1.02
日本	8.23	9.60	9.88	10.15	10.15	1.23
英国	16.1	16.9	16.9	16.9	15.7	0.97
法国	8.40	9.68	9.50	10.04	9.86	1.17
德国	8.32	7.74	8.32	9.17	8.59	1.03
意大利	10.88	11.56	12.24	12.24	11.22	1.03
俄罗斯	0.27	0.27	0.28	0.31	0.42	1.55
墨西哥	2.06	2.21	2.01	2.16	2.16	1.05
印度	0.67	0.87	0.91	0.94	0.98	1.45
中国值÷五国平均值	0.06	0.05	0.06	0.07	0.09	1.51

数据来源：同表 3-11。

5. 小结

20 世纪 80 年代以来，中国交通体系建设取得巨大成就。在 32 个交通指标中，部分指标已经达到世界先进水平，如高速公路比例和高铁线路比例；部分指标的国际差距仍然较大，如每千居民拥有的货车数量和每千居民定期航班客位数。其基本事实如专栏 3-1。

专栏 3-1　中国交通体系指标的基本事实

运输需求。1980～2018 年，人均国内客运周转量提高近 7 倍，人均国内货运周转量增加 12 倍多。公路运输：1980～2018 年，人均国内公路客运周转量先上升后下降，人均国内公路货运周转量提高约 145 倍。铁路运输：1995 年以来，人均国内铁路客运周转量和人均国内铁路货运周转量不同程度增加。航空运输：1990～2018 年，人均国内航空客运量由 0.015 人次提高到 0.44 人次；1980～2018 年，人均国内航空货运周转量提高了 146 倍多。管道运输：1980～2018 年，人均管道运输周转量提高了近 7 倍。国际比较，2018 年人均国内客运周转量约为美、日、英、法、五国平均值的 12%，人均国内货运周转量约为五国平均值的 1.62 倍。

交通工具。公路运输：1990～2018 年，每千居民拥有的轿车数量从 0.2 辆增加到 136 辆；每千居民拥有的货车数量从 3.2 辆增加到 18.4 辆。铁路运输：2001～2014 年，每千居民的铁路客位数先下降后上升；2000～2014 年，每千居民铁路货运装载力提高了 0.6 倍。航空客运：2005～2015 年，每千居民定期航班客位数由 35.3 个上升到 71.0 个。国际比较，2018 年，中国每千居民拥有的轿车数量和每千居民拥有的货车数量分别约为美、日、英、法、德五国平均值的 28% 和 11%；2016 年，每千居民定期航班客位数为五国平均值的 7%。

交通设施。1990～2018 年，中国每千人高速公路长度增加了 231 倍；1990～2018 年，每千人铁路里程增加了 85%，2018 年为 0.095 公里；2005～2016 年，每 100 万居民机场数增加了 0.01 个。2010～2017 年，交通基础设施的综合质量由 4.33 提高到 4.71。国际比较，2018 年，中国每千人高速公路长度高于英国，低于德国和法国，每千人铁路里程和每 100 万居民拥有的机场数量均低于美、日、英、法、德，分别为五国平均值的 28% 和 11%，交通基础设施的综合质量约为五国平均值的 84%。

> **交通网络**。1990~2018年,公路密度增加了近4倍;1990~2018年,高速公路比例提高了近60倍。1990~2018年,铁路密度增加了0.77公里/百平方公里;2008~2018年,高铁线路比例提高了约27倍。机场密度由2005年的0.49个/10万平方公里提高到2016年的0.80个/10万平方公里。国际比较,2018年,公路密度约为美、日、英、法四国平均值的26%,但高速公路比例超过美、英、法,铁路密度约为五国平均值的24%,但高铁线路比例超过法、德、日。2016年,机场密度约为美、日、英、法、德五国平均值的9%。

二、中国交通服务的时序分析

交通服务涉及许多方面。这里重点讨论交通行为、交通产业和交通经济三个方面。反映三个方面变化的指标很多,这里选择其中的44个指标为代表。

1. 中国交通行为的时序分析

(1) 中国交通行为的发展趋势

交通行为分析指标很多,这里选择了5个指标。其中,1个指标(家庭交通支出比例)为上升变量,1个指标(人均客车公路客运周转量)为下降变量,2个指标(人均轿车交通里程、中小学生均校车经费)缺少数据,1个指标无法判断(表3-14)。

表3-14 2010~2018年中国5个交通行为指标的发展趋势

指标	2010	2015	2018	变化	增长率	趋势	性质
人均轿车交通里程	—	—	—				1
家庭交通支出比例①	12.3ª	13.3	13.3	1.08	1.58	上升	5,6
城市公共交通出行比例②	—	—	36				1,6
人均客车公路客运周转量③	—	769	656	0.85	-5.71	下降	3
中小学生均校车经费	—	—	—				1

数据来源:①《中国统计年鉴》数据计算所得;② Deloitte,2021;③ OECD,2021。
注:(1) 指标解释和单位见附表1-1-1。(2) 变化=终点值/起点值。增长率为从起点年到终点年的年均增长率,单位为%。(3) 指标性质。1代表正指标,2代表逆指标,3代表转折指标,4代表波动指标,5代表中性指标,6代表合理值指标。(4) 数据时间。a为2013年数据。(5) 说明。"家庭交通支出比例"用"全国人均交通通信支出/全国居民人均消费支出"计算所得;"城市公共交通出行比例"为北京城市公共交通出行比例。

其一,私人交通。2013~2018年,中国家庭交通支出比例由12.3%上升到13.3%。

其二,商业交通。2015~2018年,中国人均客车公路客运周转量下降,年均下降率约为5.71%。

(2) 中国交通行为的国际比较

其一,前沿比较,以2018年或最近年数据为例(表3-15)。人均客车公路客运周转量高于日、英,低于美、法、德,约为五国平均值的68%。

表 3-15 2018 年或最近年中国 5 个交通行为指标的国际比较

指标	中国	美国	日本	英国	法国	德国	中国值÷五国平均值
人均轿车交通里程	—	11 763	6705	2056	11 969	11 098	—
家庭交通支出比例*	13.3	9.66	10.28	13.87	14.03	13.85	—
城市公共交通出行比例**	36	35	47	35	25	22	1.10
人均客车公路客运周转量	656	1853	554	531	907	966	0.68
中小学生均校车经费	—	449[a]	—	—	—	—	—

注：(1) 指标解释和单位见附表 1-1-1。(2) *家庭交通支出比例数据，中国包含交通和通信支出，美国等五国为交通支出。**城市公共交通出行比例，美、日、英、法、德数据分别用美国纽约、日本东京、英国伦敦、法国巴黎、德国柏林五个城市数据代替；中国数据为北京数据。(3) 数据时间。a 为 2017 年数据。

其二，过程比较，以中国人均客车公路客运周转量为例（表 3-16）。2015～2018 年期间，中国人均客车公路客运周转量下降，由 2015 年的 769 人公里下降到 2018 年的 656 人公里。人均客车公路客运周转量低于美、法、德，高于日、英，2015 年约为五国平均值的 81%，2018 年约为五国平均值的 68%。

表 3-16 2010～2018 年中国人均客车公路客运周转量的国际比较

国家	2010	2015	2016	2017	2018	2018/2010
中国	—	769	729	693	656	0.85*
美国	1519	1726	1727	1808	1853	1.22
日本	607	562	552	551	554	0.91
英国	713	605	523	575	531	0.74
法国	836	878	894	900	907	1.09
德国	955	1001	989	965	966	1.01
意大利	1724	1690	1701	1704	1711	0.99
俄罗斯	986	876	859	851	845	0.86
墨西哥	3974	4190	4224	4262	4298	1.08
中国值÷五国平均值	—	0.81	0.78	0.72	0.68	0.85*

数据来源：同表 3-14。

注：*数值为 2018/2015 年数据。

2. 中国交通产业的时序分析

(1) 中国交通产业的发展趋势

交通产业分析指标很多，这里选择了 15 个指标，其中 8 个指标（人均交通产业增加值、人均交通产业总产值、交通产业劳动生产率、公路货运密度、铁路客运密度、物流绩效指数：贸易和运输相关基础设施的质量、物流绩效指数：追踪查询货物的能力、物流绩效指数：货物在计划或预期时间内到达收货人的频率）为上升变量，3 个指标（公路客运密度、铁路货运密度、交通产业增加值率）为转折变量，3 个指标（机动车单车公路运行里程、交通产业净利润率、城市交通满意度）缺少数据，1 个指标（交通服务的综合效率）无法判断（表 3-17）。

表 3-17　1990~2018 年中国 15 个交通产业指标的发展趋势

指标	1990	2000	2005	2010	2015	2018	变化	增长率	趋势	性质
人均交通产业增加值①	21.5	58.9	99.9	207.4	357.4	437.8	20.4	11.4	上升	1,6
人均交通产业总产值②	—	—	185	377	740	—	4.01	14.9	上升	1,6
交通产业劳动生产率①	1558	3668	6415	25 045	32 568	34 201	22.0	11.7	上升	1,6
公路客运密度①	255	396	278	375	235	191	0.75	-1.02	转折	1
公路货运密度①	327	365	260	1083	1266	1470	4.50	5.52	上升	3
铁路客运密度①	4512	6598	8040	9608	9885	10 742	2.38	3.15	上升	5
铁路货运密度①	18 346	20 044	27 488	30 312	19 632	21 884	1.19	0.63	转折	1,6
机动车单车公路运行里程	—	—	—	—	—	—	—	—	—	3
交通服务的综合效率②	—	—	—	—	4.5	—	—	—	—	1
交通产业增加值率②	—	—	45.8	48.1	40.6	—	0.89	-1.21	转折	5
交通产业净利润率	—	—	—	—	—	—	—	—	—	5
物流绩效指数:贸易和运输相关基础设施的质量③	—	—	3.20ᵃ	3.54	3.75ᵇ	3.75	1.17	1.45	上升	1
物流绩效指数:追踪查询货物的能力③	—	—	3.37ᵃ	3.55	3.68ᵇ	3.65	1.08	0.73	上升	1
物流绩效指数:货物在计划或预期时间内到达收货人的频率③	—	—	3.68ᵃ	3.91	3.9ᵇ	3.84	1.04	0.39	上升	1
城市交通满意度	—	—	—	—	—	—	—	—	—	1

数据来源:①《中国统计年鉴》数据计算所得;② OECD,2021;③ World Bank,2021。

注:(1) 指标解释和单位见附表 1-1-1。(2) 变化=终点值/起点值。增长率为从起点年到终点年的年均增长率,单位为%。(3) 指标性质。1 代表正指标,2 代表逆指标,3 代表转折指标,4 代表波动指标,5 代表中性指标,6 代表合理值指标。(4) 数据时间。a 为 2007 年数据;b 为 2016 年数据。

其一,产业水平。1990~2018 年,人均交通产业增加值提高了 19 倍多,年均增长率约 11.4%(图 3-5);2005~2015 年,人均交通产业总产值年均增长率约为 14.9%。

其二,产业效率。劳动生产率:1990~2018 年,交通产业劳动生产率增加了约 21 倍,2018 年达到 34 201 美元。公路运输:1990~2018 年,公路客运密度先上升后下降,由 1990 年的 25.5 万人公里/公里增加到 2000 年的 39.6 万人公里/公里,2018 年下降到 19.1 万人公里/公里;公路货运密度由 1990 年的 32.7 万吨公里/公里提高到 2018 年的 147 万吨公里/公里。铁路运输:1990~2018 年期间,铁路客运密度提高了约 1.4 倍;铁路货运密度由 1990 年的 1834.6 万吨公里/公里上升到 2010 年的 3031.2 万吨公里/公里,2018 年下降到 2188.4 万吨公里/公里。

其三,产业质量。2005~2015 年,交通产业增加值率由 45.8% 下降到 40.6%。2007~2018 年,物流绩效指数中,贸易和运输相关基础设施的质量由 3.20 提高到 3.75。

其四,质量管理。2007~2018 年,物流绩效指数:追踪查询货物的能力由 3.37 提高到 3.65;物流绩效指数:货物在计划或预期时间内到达收货人的频率由 3.68 提高到 3.84。

(2) 中国交通产业的国际比较

其一,前沿比较。以 2018 年或最近年数据为例(表 3-18)。交通产业,2015 年,人均交通产业增加值低于美、日、英、法、德五国,约为五国平均值的 17%,人均交通产业总产值约为五国平均值的 21%,交通产业劳动生产率约为五国平均值的 45%。公路运输:2018 年,公路客运密度和公路货运密度分别为美、日、英、法四国平均值的 19% 和 5.3 倍。铁路运输:2018 年,铁路客运密度约为美、英、法、德

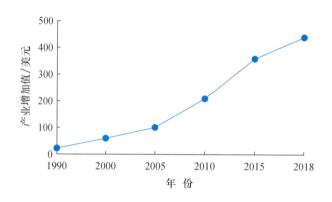

图 3-5 1990~2018 年中国人均交通产业增加值的变化

数据来源：《中国统计年鉴》。

四国平均值的 3.61 倍，铁路货运密度约为五国平均值的 4.58 倍。交通服务的综合效率：2018 年，交通服务的综合效率低于美、日、英、法、德五国，约为五国平均值的 81%。物流绩效指数中，贸易和运输相关基础设施的质量、追踪查询货物的能力、货物在计划或预期时间内到达收货人的频率分别为五国平均值的 91%、89% 和 91%。

表 3-18　2018 年或最近年中国 15 个交通产业指标的国际比较

指标	中国	美国	日本	英国	法国	德国	中国值÷五国平均值
人均交通产业增加值[a]	300	1802	1757	1771	1551	1713	0.17
人均交通产业总产值[a]	740	3498	2908	3859	3324	4338	0.21
交通产业劳动生产率	34 201	102 878	63 973	69 101	79 514	67 909	0.45
公路客运密度	191	919	723	1662	787	—	0.19*
公路货运密度	1470	411	166	378	154	—	5.30*
铁路客运密度	10 742	212	—	4942	3821	2931	3.61**
铁路货运密度	21 884	16 783	1013	1056	1134	3887	4.58
机动车单车公路运行里程	—	17 496	8147	13 414	13 889	13 303	—
交通服务的综合效率	4.5	5.8	6.1	5.6	5.2	5.2	0.81
交通产业增加值率	40.6	51.5	60.4	45.9	46.7	39.5	0.83
交通产业净利润率	—	11.08	-3.84	—	2.63	4.82	—
物流绩效指数：贸易和运输相关基础设施的质量	3.75	4.05	4.25	4.03	4.00	4.37	0.91
物流绩效指数：追踪查询货物的能力	3.65	4.09	4.05	4.11	4.00	4.24	0.89
物流绩效指数：货物在计划或预期时间内到达收货人的频率	3.84	4.08	4.25	4.33	4.15	4.39	0.91
城市交通满意度	—	—	—	75.3	84.3	84.4	—

数据来源：同表 3-17。

注：(1) 指标解释和单位见附表 1-1-1。(2) 数据时间。a 为 2015 年数据，b 为 2017 年数据。(3) 计算说明。* 中国值÷美、日、英、法四国平均值，** 中国值÷美、英、法、德四国平均值。(4) 说明：本表中人均交通产业增加值指标数据来自 OECD 的 Input-Output 结构数据库，与《中国统计年鉴》中计算所得数据有所不同。

其二，过程比较，以中国人均交通产业增加值为例（表 3-19）。2005~2015 年，中国人均交通产业增加值均低于美、日、英、法、德五个发达国家,2005年约为五国平均值的5%,2015年约为五国平均值的17%,国际差距有所减小。

表3-19　2005~2015年中国人均交通产业增加值的国际比较

国家	2005	2008	2010	2013	2015	2015/2005
中国	85	99	123	152	159	3.55
美国	1422	1523	1513	1531	1434	1.27
日本	1887	1853	1890	2070	2068	0.93
英国	1619	1652	1861	1789	1420	1.09
法国	1455	1499	1742	1922	1756	1.07
德国	1421	1523	1755	1931	1776	1.21
意大利	1518	1541	1794	1934	1791	0.96
俄罗斯	395	491	636	773	588	1.47
巴西	140	170	229	294	280	2.40
墨西哥	505	555	585	593	477	1.21
印度	37	42	52	54	55	2.04
中国值÷五国平均值	0.05	0.08	0.10	0.14	0.17	3.22

数据来源:同表3-17。

注:本表中人均交通产业增加值指标数据来自OECD的Input-Output结构数据库,与《中国统计年鉴》中计算所得数据有所不同。

3. 中国交通经济的时序分析

(1) 中国交通经济的发展趋势

交通经济分析指标很多,这里选择了24个指标,其中2个指标(公路货运占货运总量比例、铁路客运占客运总量比例)为上升变量,交通产业增加值比例和交通产业增加值占服务业增加值比例等16个指标为下降变量,2个指标(交通产业劳动力比例、单位GDP的公路货运周转量)为波动变量,1个指标(公路客运占客运总量比例)为转折变量,3个指标(国际旅游客运收入占比、交通产业女性就业比例、单位GDP的公路交通周转量)缺少数据(表3-20)。

表3-20　1990~2018年中国24个交通经济指标的发展趋势

指标	1990	2000	2005	2010	2015	2018	变化	增长率	趋势	性质
交通产业增加值比例①	6.2	6.2	5.7	4.6	4.4	4.4	0.71	-1.23	下降	3,6
交通产业增加值占服务业增加值比例①	19.1	15.4	13.8	10.3	8.7	8.2	0.43	-2.96	下降	3
公路客运占客运总量比例②	53.7ᵃ	59.5	60.5	63.2	47.3	39.6	0.74	-1.26	转折	5
公路货运占货运总量比例②	19.4ᵃ	22.5	20.9	45.4	46.8	46.7	2.41	3.73	上升	5
铁路客运占客运总量比例②	46.3ᵃ	40.5	39.5	36.8	52.7	60.4	1.30	1.11	上升	5
铁路货运占货运总量比例②	54.6ᵃ	50.6	49.8	28.9	19.2	18.9	0.35	-4.32	下降	5
国际旅游客运收入占比	—	—	—	—	—	—				5
交通产业劳动力比例①	2.42	2.81	2.68	1.47	1.94	2.30	0.95	-0.18	波动	3,6
交通产业就业占服务业就业比例①	13.1	10.2	—	4.25	4.58	4.96	0.38	-3.41	下降	3
交通产业女性就业比例	—	—	—	—	—	—				1,6
交通需求比例②	—	—	3.73	2.85	2.86	—	0.77	-2.62	下降	3,6
单位GDP的公路客运周转量②	748ᵃ	550	406	247	97	67	0.09	-9.58	下降	3,5

(续表)

指标	1990	2000	2005	2010	2015	2018	变化	增长率	趋势	性质
单位GDP的公路货运周转量②	795a	506	380	713	524	513	0.65	−1.81	波动	3,5
单位GDP的铁路客运周转量②	644a	374	265	144	108	102	0.16	−7.40	下降	3,5
单位GDP的铁路货运周转量②	2238a	1137	907	454	215	207	0.09	−9.44	下降	3,5
单位GDP的航空客运量②	0.07a	0.05	0.06	0.04	0.04	0.04	0.66	−1.71	下降	3,5
单位GDP的航空货运周转量②	3.0a	3.2	3.3	2.8	1.8	1.8	0.60	−2.12	下降	3,5
单位GDP的内陆水运货运周转量②	960a	550	486	368	339	339	0.35	−4.24	下降	3,5
单位GDP的管道货运周转量②	45.7a	26.1	16.6	10.6	10.8	8.6	0.19	−6.73	下降	3,5
单位GDP的客运周转量②	469	303	233	192	128	108	0.23	−5.12	下降	3,5
单位GDP的货运周转量②	1619	738	632	773	696	701	0.43	−2.94	下降	3,5
单位GDP的公路交通周转量	—	—	—	—	—	—	—	—	—	3,5
单位GDP的国内航空客运周转量②	—	—	96.2b	59.3	52.4c	—	0.55	−6.52	下降	3,5
单位GDP的国际航空客运周转量②	—	—	39.1b	21.1	19.5c	—	0.50	−7.41	下降	3,5

数据来源:①《中国统计年鉴》计算所得数据;② OECD,2021。

注:(1) 指标解释和单位见附表1-1-1。(2) 变化=终点值/起点值。增长率为从起点年到终点年的年均增长率,单位为%。(3) 指标性质。1代表正指标,2代表逆指标,3代表转折指标,4代表波动指标,5代表中性指标,6代表合理值指标。(4) 数据时间。a为1994年数据,b为2004年数据,c为2013年数据。(5) 指标说明。"交通产业增加值"实际为"交通运输、仓储和邮政业增加值";"交通产业就业"实际为"交通运输和仓储就业"。

其一,产业结构。1990~2018年,交通产业增加值比例由6.2%下降到4.4%,交通产业增加值占服务业增加值比例由19.1%下降到8.2%。公路运输:1994~2018年,公路客运占客运总量比例先升后降,2018年降至39.6%;公路货运占货运总量比例提高了约1.4倍;铁路运输:1994~2018年,铁路客运占客运总量比例提高了14.1个百分点,铁路货运占货运总量比例由54.6%下降到18.9%(图3-6)。

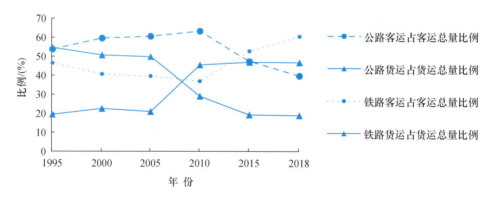

图3-6　1995～2018年中国公路和铁路客货运分别占客货运总量比例的变化

数据来源:OECD,2021。

其二,就业结构。1990~2018年,交通产业劳动力比例波动,交通产业就业占服务业就业比例由13.1%下降至4.96%。

其三,需求结构。2005~2015年,交通需求比例由3.73%下降为2.86%。公路运输:1994~2018年,单位GDP的公路客运周转量下降,单位GDP的公路货运周转量下降约35%。铁路运输:1994~2018年,单位GDP的铁路客运周转量、单位GDP的铁路货运周转量均下降;航空运输:1994~2018年,单位GDP的航空客运量、单位GDP的航空货运周转量均下降;水路运输:1994~2018年,单位GDP的内陆水运货运周转量下降约65%;管道运输:1994~2018年,单位GDP的管道货运周转量下降约81%。

其四,交通强度。1990~2018年,单位GDP的客运周转量、单位GDP的货运周转量均下降;2004~2013年,单位GDP的国内航空客运周转量和单位GDP的国际航空客运周转量均下降。

(2) 中国交通经济的国际比较

其一,前沿比较,以2018或最近年数据为例(表3-21)。产业结构:2018年,交通产业增加值比例、交通产业增加值占服务业增加值比例分别为五国平均值的1.02倍和1.42倍,公路客运占客运总量比例、铁路客运占客运总量比例分别为五国平均值的45%和4.77倍。就业结构:交通产业劳动力比例、交通产业就业占服务业就业比例分别为五国平均值的46%和79%。需求结构:2015年,交通需求比例约为五国平均值的65%;2018年,单位GDP的公路客运周转量、单位GDP的公路货运周转量分别为五国平均值的25%和6.68倍,单位GDP的铁路客运周转量、单位GDP的铁路货运周转量分别为五国平均值的2.79倍和5.86倍,单位GDP的航空客运量、单位GDP的航空货运周转量分别为五国平均值的1.23倍和93%,单位GDP的内陆水运货运周转量约为美、英、法、德四国平均值的35.8倍。交通强度:2018年,单位GDP的客运周转量、单位GDP的货运周转量分别为五国平均值的39%和5.93倍;2013年,单位GDP的国内航空客运周转量、单位GDP的国际航空客运周转量分别为美、日、法、德四国平均值的2.07倍和41%。

表3-21 2018年或最近年中国24个交通经济指标的国际比较

指标	中国	美国	日本	英国	法国	德国	中国值÷五国平均值
交通产业增加值比例	4.40	3.42	5.19	4.04	4.50	4.40	1.02
交通产业增加值占服务业增加值比例	8.2	4.3	7.5	5.2	5.7	6.5	1.42
公路客运占客运总量比例	39.6	99.5	67.5	89.8	88.9	91.1	0.45
公路货运占货运总量比例	46.7	44.9	91.6	—	76.7	62.0	0.68*
铁路客运占客运总量比例	60.4	0.5	32.5	10.2	11.1	8.9	4.77
铁路货运占货运总量比例	18.9	36.4	8.4	—	14.6	25.4	0.89*
国际旅游客运收入占比	—	3.17	0.76	—	3.04	4.08	—
交通产业劳动力比例	2.30	4.33	5.61	4.96	5.26	5.05	0.46
交通产业就业占服务业就业比例	4.96	4.58c	8.17c	5.87c	6.16c	6.70	0.79
交通产业女性就业比例	—	29	21	20	25	25	
交通需求比例b	2.86	3.06	4.42	4.55	5.02	5.10	0.65
单位GDP的公路客运周转量	67	328	185	247	309	253	0.25
单位GDP的公路货运周转量	513	144	42	56	60	80	6.68
单位GDP的铁路客运周转量	102	2	89	28	39	25	2.79
单位GDP的铁路货运周转量	207	123	4	6	11	33	5.86
单位GDP的航空客运量	0.044	0.043	0.026	0.058	0.025	0.028	1.23
单位GDP的航空货运周转量	1.8	2.1	1.9	2.2	1.6	2.0	0.93
单位GDP的内陆水运货运周转量	339	23.5	—	0.03	2.4	11.9	35.8**
单位GDP的管道货运周转量	8.6	—	—		48.1	—	0.18***
单位GDP的客运周转量	108	329	258	252	310	241	0.39

(续表)

指标	中国	美国	日本	英国	法国	德国	中国值÷五国平均值
单位GDP的货运周转量	701	308	44	57	70	112	5.93
单位GDP的公路交通周转量	—	253	150	185	217	190	—
单位GDP的国内航空客运周转量[a]	52.4	67.3	23.7	—	6.5	4.0	2.07*
单位GDP的国际航空客运周转量[a]	19.5	35.1	33.4	—	62.3	61.4	0.41*

数据来源：同表3-20。

注：(1) 指标解释和单位见附表1-1-1。(2) 数据时间。a为2013年数据，b为2015年数据，c为2016年数据。(3) 计算说明。* 中国值÷美、日、法、德四国平均值。** 中国值÷美、英、法、德四国平均值。*** 中国值÷法国值。

其次，过程比较。以中国交通产业增加值比例为例（表3-22），1980年，基本等于五国平均值，2000年高于五国平均值，2018年，低于日、法，高于美、英，约为五国平均值的1.02倍。

表3-22 1980～2018年中国交通产业增加值比例的国际比较

国家	1980	1990	2000	2010	2015	2018	2018/1980
中国	4.69	6.22	6.17	4.59	4.40	4.40	0.94
美国	4.38	3.63	3.51	3.21	3.34	3.42	0.78
日本	4.94	5.24	4.86	5.05	5.14	5.19	1.05
英国	5.09	4.84	4.35	4.08	3.97	4.04	0.79
法国	4.61	4.47	4.41	4.62	4.61	4.50	0.98
德国	4.67	4.57	4.14	4.54	4.54	4.40	0.94
意大利	—	—	5.28	5.45	5.48	5.54	—
俄罗斯	—	—	—	—	6.68	6.54	—
墨西哥	—	—	6.67	6.49	6.71	6.74	—
中国值÷五国平均值	0.99	1.37	1.45	1.07	1.02	1.02	1.03

数据来源：同表3-20。

注：数据说明。"交通产业增加值"实际为"交通运输、仓储和邮政业增加值"；"交通产业就业"实际为"交通运输和仓储就业"。

4. 小结

20世纪80年代以来，中国交通服务能力显著提升。在44个交通指标中，部分指标已经达到世界先进水平，如铁路客运密度、铁路货运密度；部分指标的国际差距仍然较大，如人均交通产业增加值、物流绩效指数等。其基本事实如专栏3-2。

专栏3-2 中国交通服务指标的基本事实

交通行为。 2015～2018年，中国人均客车公路客运周转量下降，2018年约为五国平均值的68%。

交通产业。 1990～2018年，人均交通产业增加值增加了19倍多，交通产业劳动生产率增加了约21倍。1990～2018年，公路货运密度提高了3.5倍。1990～2018年，铁路客运密度提高了约1.4倍；铁路货运密度先上升后下降，2018年为2188.4万吨公里/公里。2007～2018年，物流绩效指数中，贸易和运输相关基础设施的质量、追踪查询货物的能力、货物在计划或预期时间内到达收货人的频率均提高，但仍低于美、日、英、法、德五国。2018年，交通服务的综合效率约为五国平均值的81%。

> **交通经济**。产业结构：1990~2018年，交通产业增加值比例、交通产业增加值占服务业增加值比例下降。就业结构：1990~2018年，交通产业劳动力比例波动，交通产业就业占服务业就业比例下降。需求结构：2005~2015年，交通需求比例由3.73%下降为2.86%，2015年，交通需求比例约为五国平均值的65%。交通强度：1990~2018年，单位GDP的客运周转量、单位GDP的货运周转量均下降，单位GDP的客运周转量约为五国平均值的39%，单位GDP的货运周转量约为五国平均值的5.93倍。

三、中国交通效率的时序分析

交通效率涉及多个方面。这里重点讨论交通科技、智能交通、交通环境、交通能源和交通安全。反映五个方面变化的指标很多，这里选择其中的12个指标为代表。由于反映交通科技的交通研发投入比例暂无数据，不做分析。

1. 中国智能交通的时序分析

这里选择自动驾驶汽车比例指标进行分析。目前，中国自动驾驶汽车统计数据难以获得；如果采用特斯拉和蔚来汽车的销售量作为自动驾驶汽车的估计数，2015年中国自动驾驶汽车比例约为0.03%，2018年达到0.11%，呈上升趋势。这里自动驾驶汽车比例主要指L2级（部分自动驾驶）自动驾驶汽车占民用汽车的比例。

2. 中国交通环境的时序分析

(1) 中国交通环境的发展趋势

交通环境分析指标很多，这里选择了3个指标，其中2个指标（交通二氧化碳排放量占比、人均交通二氧化碳排放量）为上升变量，1个指标（单位GDP的交通二氧化碳排放量）为下降变量（表3-23）。

表3-23　1995~2018年中国3个交通环境指标的发展趋势

指标	1995	2000	2005	2010	2015	2018	变化	增长率	趋势	性质
交通二氧化碳排放量占比[①]	4.39	8.02	7.35	7.26	9.10	9.62	2.19	3.47	上升	2,3
人均交通二氧化碳排放量[①]	0.11	0.20	0.30	0.43	0.60	0.66	6.23	8.28	上升	2,3
单位GDP的交通二氧化碳排放量[②]	0.06	0.07	0.06	0.05	0.05	0.04	0.73	-1.34	下降	2,3

数据来源：① OECD，2021；② Sum4All，2021。
注：(1) 指标解释和单位见附表1-1-1。(2) 变化=终点值/起点值。增长率为从起点年到终点年的年均增长率，单位为%。(3) 指标性质。1代表正指标，2代表逆指标，3代表转折指标，4代表波动指标，5代表中性指标，6代表合理值指标。

其一，二氧化碳排放量。1995~2018年，中国交通二氧化碳排放量占比增加了约1.2倍，人均交通二氧化碳排放量增加了5倍多。

其二，二氧化碳排放强度。1995~2018年，单位GDP的交通二氧化碳排放量由0.06千克/国际美元下降到0.04千克/国际美元。

(2) 中国交通环境的国际比较

其一，前沿比较，以2018年数据为例（表3-24）。二氧化碳排放量：2018年，中国交通二氧化碳排放量占比低于美、日、英、法、德五国，约为五国平均值的31%，人均交通二氧化碳排放量约为五国平均值的26%。二氧化碳排放强度：2018年，单位GDP的交通二氧化碳排放量低于美国，高于德国，约为五国平均值的 90%。

表 3-24 2018 年中国 3 个交通环境指标的国际比较

指标	中国	美国	日本	英国	法国	德国	中国值÷五国平均值
交通二氧化碳排放量占比	9.62	35.8	18.9	34.2	41.3	22.7	0.31
人均交通二氧化碳排放量	0.66	5.39	1.62	1.82	1.87	1.91	0.26
单位 GDP 的交通二氧化碳排放量	0.04	0.09	0.04	0.04	0.04	0.03	0.90

数据来源：同表 3-21。
注：指标解释和单位见附表 1-1-1。

其二，过程比较，以中国人均交通二氧化碳排放量为例（表 3-25）。1995～2018 年，中国人均交通二氧化碳排放量低于美、日、英、法、德等发达国家。1995 年为五国平均值的 4%，2018 年为五国平均值的 26%。

表 3-25 1995～2018 年中国人均交通二氧化碳排放量的国际比较

国家	1995	2000	2005	2010	2015	2018	2018/1995
中国	0.11	0.20	0.30	0.43	0.60	0.66	6.23
美国	5.78	6.09	6.12	5.43	5.30	5.39	0.93
日本	2.01	2.06	1.99	1.79	1.66	1.62	0.81
英国	2.01	2.09	2.11	1.86	1.82	1.82	0.91
法国	2.05	2.17	2.07	1.90	1.92	1.87	0.91
德国	2.06	2.11	1.89	1.81	1.93	1.91	0.93
意大利	1.88	2.04	2.12	1.84	1.70	1.66	0.88
俄罗斯	1.29	1.29	1.54	1.71	1.67	1.79	1.39
墨西哥	0.98	1.07	1.23	1.32	1.24	1.24	1.27
印度	0.08	0.09	0.10	0.16	0.20	0.23	2.78
中国值÷五国平均值	0.04	0.07	0.11	0.17	0.24	0.26	6.86

数据来源：同表 3-21。

3. 中国交通能源的时序分析

（1）中国交通能源的发展趋势

交通能源分析指标很多，这里选择了 3 个指标，其中 1 个指标（单位 GDP 的交通能耗）为下降变量，2 个指标（单位 GDP 的机动车能耗、人均机动车的能耗）缺少数据（表 3-26）。

表 3-26 1990～2018 年中国 3 个交通能源指标的发展趋势

指标	1990	2000	2010	2015	2018	变化	增长率	趋势	性质
单位 GDP 的交通能耗[①]	27.1	22.7	15.9	16.3	14.9	0.55	−2.10	下降	3,5
单位 GDP 的机动车能耗	—	—	—	—	—				3,5
人均机动车的能耗	—	—	—	—	—				3,5

数据来源：① IEA，2021。
注：(1) 指标解释和单位见附表 1-1-1。(2) 变化＝终点值/起点值。增长率为从起点年到终点年的年均增长率，单位为%。(3) 指标性质。1 代表正指标，2 代表逆指标，3 代表转折指标，4 代表波动指标，5 代表中性指标，6 代表合理值指标。

1990~2018年，单位GDP的交通能耗下降了约50%（图3-7），年均下降率约为2.1%。

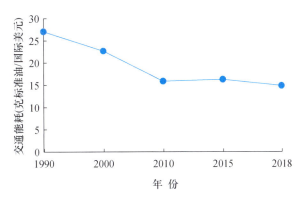

图3-7　1990~2018年中国单位GDP的交通能耗的变化

数据来源：IEA，2021。

（2）中国交通能源的国际比较

以中国单位GDP的交通能耗为例（表3-27）。1990年，中国单位GDP的交通能耗低于美、日、英、法、德五国，约为五国平均值的60%；2018年，中国单位GDP的交通能耗低于美国，高于日、英、法、德，约为五国平均值的90%。

表3-27　1990~2018年中国单位GDP的交通能耗的国际比较

国家	1990	2000	2005	2010	2015	2018	2018/1990
中国	27.1	22.7	20.5	15.9	16.3	14.9	0.55
美国	81.8	57.4	47.8	39.7	33.7	31.0	0.38
日本	29.8	26.1	21.5	17.6	14.2	13.0	0.44
英国	40.3	26.9	21.7	17.6	14.6	12.8	0.32
法国	37.5	28.2	23.0	18.6	16.8	14.1	0.37
德国	35.3	26.6	20.9	16.7	14.3	11.9	0.34
意大利	31.0	25.7	24.0	18.5	16.2	13.2	0.43
俄罗斯	97.6	74.4	52.2	33.0	26.6	23.5	0.24
巴西	33.0	29.9	25.7	25.0	28.1	27.5	0.83
墨西哥	41.7	32.7	33.0	29.3	22.9	20.7	0.50
印度	19.8	14.4	11.5	12.4	12.2	11.5	0.58
中国值÷五国平均值	0.60	0.69	0.76	0.72	0.87	0.90	1.49

数据来源：同表3-26。

4. 中国交通安全的时序分析

（1）中国交通安全的发展趋势

交通安全的分析指标很多，这里选择了4个指标，其中2个指标（公路交通事故的致死率、公路交通事故的致伤率）为下降变量，2个指标（机动车的公路交通致死率、车辆100万里程交通事故致死率）缺少数据（表3-28）。

表 3-28　2005～2018 年中国 4 个交通安全指标的发展趋势

指标	2005	2010	2015	2018	变化	增长率	趋势	性质
公路交通事故的致死率①	—	18.8[a]	18.2[b]	—	0.97	−1.08	下降	2
公路交通事故的致伤率②	34.1	16.1	13.4	17.3	0.51	−5.08	下降	2,3
机动车的公路交通致死率	—	—	—	—	—	—	—	2,3
车辆 100 万里程交通事故致死率	—	—	—	—	—	—	—	2,3

数据来源：① World Bank，2021；② OECD，2021。

注：(1) 指标解释和单位见附表 1-1-1。(2) 变化＝终点值/起点值。增长率为从起点年到终点年的年均增长率，单位为％。(3) 指标性质。1 代表正指标，2 代表逆指标，3 代表转折指标，4 代表波动指标，5 代表中性指标，6 代表合理值指标。(4) 数据时间。a 为 2013 年数据，b 为 2016 年数据。

其一，致死率。2013～2016 年，公路交通事故的致死率由 18.8 人/10 万人下降为 18.2 人/10 万人。

其二，致伤率。2005～2018 年，公路交通事故的致伤率由 34.1 人/10 万人下降为 17.3 人/10 万人，下降了近 50％。

（2）中国交通安全的国际比较

前沿比较，以 2018 年或最近年数据为例（表 3-29）。2016 年，中国公路交通事故的致死率高于美、日、英、法、德五国，约为五国平均值的 3.12 倍。

表 3-29　2018 年或最近年中国 4 个交通安全指标的国际比较

指标	中国	美国	日本	英国	法国	德国	中国值÷五国平均值
公路交通事故的致死率	18.2	12.4	4.1	3.1	5.5	4.1	3.12
公路交通事故的致伤率	17	604	341	193	83	372	0.05
机动车的公路交通致死率	—	123.7	45.5	46.7	74.4	58.0	—
车辆 100 万里程交通事故致死率	—	7.1	5.6	3.5	5.4	4.4	—

数据来源：同表 3-28。

注：① 指标解释和单位见附表 1-1-1。② 数据时间。公路交通事故的致死率为 2016 年数据。

5. 小结

20 世纪 90 年代以来，中国交通效率明显提升。在 12 个交通指标中，部分指标已经达到世界先进水平，如单位 GDP 的交通二氧化碳排放量；部分指标的国际差距仍然较大，如公路交通事故的致死率等。其基本事实如专栏 3-3。

专栏 3-3　中国交通效率指标的基本事实

智能交通。2018 年，中国 L2（部分自动驾驶）级自动驾驶汽车比例约为 0.11％，与世界平均水平相当。

交通环境。1995～2018 年，中国交通二氧化碳排放量占比增加了约 1.2 倍，2018 年约为五国平均值的 31％；人均交通二氧化碳排放量增加了 5 倍多，2018 年约为五国平均值的 26％；1995～2018 年，单位 GDP 的交通二氧化碳排放量下降，2018 年低于美国，高于德国，基本与日、英、法持平。

> **交通能源**。1990~2018年,单位GDP的交通能耗下降。2018年,中国单位GDP的交通能耗低于美国,高于日、英、法、德,约为五国平均值的90%。
>
> **交通安全**。2013~2016年,公路交通事故的致死率下降了0.6人/10万人。2016年中国公路交通事故的致死率高于美、日、英、法、德,约为五国平均值的3.12倍。

四、中国交通治理的时序分析

交通治理涉及许多方面。这里重点讨论人力资源、交通制度、交通观念、交通建设和交通维护。反映五个方面变化的指标很多,这里选择其中的12个指标为代表。由于反映交通维护的交通基础设施维护费占GDP比例、人均交通基础设施维护费和公路基础设施维护占总支出比例3个指标暂无数据,不做分析。

1. 中国人力资源的时序分析

由于无法获取交通专业人才数据,我们选择了受高等教育劳动力比例和受中等教育劳动力比例2个指标分析中国交通人力资源的发展趋势,2个指标均为上升变量,见表3-30。

表3-30 2000~2010年中国2个人力资源指标的发展趋势

指标	2000	2005	2010	变化	增长率	趋势	性质
受高等教育劳动力比例①	4.9	—	12	2.45	9.37	上升	1
受中等教育劳动力比例①	57.9	—	65.1	1.12	1.18	上升	3

数据来源:① 2000年第五次人口普查和2010年第六次人口普查数据计算所得。

注:(1)指标解释和单位见附表1-1-1。(2)变化=终点值/起点值。增长率为从起点年到终点年的年均增长率,单位为%。(3)指标性质。1代表正指标,2代表逆指标,3代表转折指标,4代表波动指标,5代表中性指标,6代表合理值指标。

2. 中国交通制度的时序分析

我们选择了道路运输车辆税、道路运输燃油税、出口清关平均时间3个指标,分析中国交通制度的发展趋势。其中,道路运输车辆税、道路运输燃油税2个指标无法获取中国数据,见表3-31。

表3-31 1995~2018年中国3个交通制度指标的发展趋势

指标	1995	2000	2005	2010	2015	2018	变化	增长率	趋势	性质
道路运输车辆税	—	—	—	—	—	—				5
道路运输燃油税	—	—	—	—	—	—				5
出口清关平均时间①	—	—	—	7.6ᵃ	—	—				2

数据来源:① World Bank,2021。

注:(1)指标解释和单位见附表1-1-1。(2)变化=终点值/起点值。增长率为从起点年到终点年的年均增长率,单位为%。(3)指标性质。1代表正指标,2代表逆指标,3代表转折指标,4代表波动指标,5代表中性指标,6代表合理值指标。(4)数据时间。a为2012年数据。

专栏 3-4　典型国家公路运费和税费

1998年,法国公路运费和税费约0.18美元/公里,2012年为0.26美元/公里;1998年,德国公路运费和税费约0.12美元/公里,2012年为0.23美元/公里。其他国家公路运费和税费情况,见专表3-1。

专表 3-1　1998～2012年典型国家公路运费和税费　　　　　　　　单位:美元/公里

国家	1998	2000	2001	2004	2005	2006	2007	2008	2012
奥地利	0.16	0.14	0.13	0.34	0.34	0.34	0.45	0.53	0.45
法国	0.18	0.15	0.16	0.25	0.26	0.26	0.29	0.32	0.26
德国	—	—	—	—	0.12	0.15	0.22	0.19	0.23
意大利	0.10	0.08	0.09	0.15	0.15	0.14	0.15	0.18	0.17
挪威	0.06	0.06	0.05	0.07	2.03	1.88	2.06	2.31	—
波兰	—	0.02	0.07	0.11	0.11	0.11	0.12	0.13	0.12
瑞典	0.17	0.15	0.14	0.17	0.19	0.20	0.23	0.26	0.22
瑞士	—	—	0.01	0.18	0.02	0.02	0.02	0.02	0.02

数据来源:OECD,2021。

3. 中国交通观念的时序分析

我们选择了城市绿色出行比例、电动车比例2个指标,分析中国交通观念的发展趋势。

城市绿色出行比例由于只能获取1年数据,在这里暂不做趋势判断,只做国际比较,见表3-32。

表 3-32　2018年中国2个交通观念指标的国际比较

指标	中国	美国	日本	英国	法国	德国	中国值÷五国平均值
城市绿色出行比例①	72	42	88	63	73	66	1.08
电动车比例②	0.76	0.41	0.33	0.47	0.42	0.36	1.91

数据来源:① Deloitte,2021;② IEA,2019;《中国统计年鉴2020》。

注:(1) 指标解释和单位见附表1-1-1。(2) 指标说明。城市绿色出行比例,五国数据分别用美国纽约、日本东京、英国伦敦、法国巴黎、德国柏林五个城市数据代替,中国数据为北京数据。

其一,绿色出行。中国城市绿色出行比例低于日本和法国,高于美国、英国和德国,约为五国平均值的1.08倍。

其二,电动车比例。2015年电动车比例约为0.12%,2018年上升至0.76%,提高了5倍。2018年电动车比例高于美、日、英、法、德五个国家,约为五国平均值的1.91倍。

4. 中国交通建设的时序分析

(1) 中国交通建设的发展趋势

我们选择了交通基础设施投资占GDP比例、人均交通基础设施投资2个指标分析中国交通建设的发展趋势,2个指标均为上升变量,见表3-33。

表 3-33　1995～2018 年中国 2 个交通建设指标的发展趋势

指标	1995	2000	2005	2010	2015	2018	变化	增长率	趋势	性质
交通基础设施投资占 GDP 比例①	1.4	2.0	3.7	4.9	5.3	5.6	4.09	6.32	上升	3,5
人均交通基础设施投资①	19.3	39.4	112	267	426	513	26.5	15.3	上升	3,5

数据来源：① OECD，2021。

注：(1) 指标解释和单位见附表 1-1-1。(2) 变化＝终点值/起点值。增长率为从起点年到终点年的年均增长率，单位为％。(3) 指标性质。1 代表正指标，2 代表逆指标，3 代表转折指标，4 代表波动指标，5 代表中性指标，6 代表合理值指标。

交通基础设施投资：1995～2018 年，交通基础设施投资占 GDP 比例增长了 3 倍多，年均增长率约为 6.32％；人均交通基础设施投资从 1995 年的 19.3 美元增加到 2018 年的 513 美元，增长了 25 倍多，年均增长率约为 15.3％(图 3-8)。

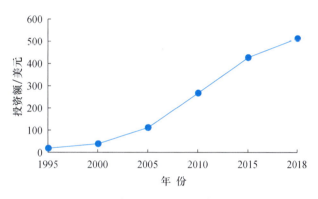

图 3-8　1995～2018 年中国人均交通基础设施投资的变化

数据来源：OECD，2021。

(2) 中国交通建设的国际比较

其一，前沿比较，以 2018 或最近年数据为例(表 3-34)。2018 年，中国交通基础设施投资占 GDP 比例高于美、日、英、法、德五国，约为五国平均值的 7.19 倍。人均交通基础设施投资约为五国平均值的 1.56 倍。

表 3-34　2018 年或最近年中国 2 个交通建设指标的国际比较

指标	中国	美国	日本	英国	法国	德国	中国值÷五国平均值
交通基础设施投资占 GDP 比例	5.57	0.52	0.91	0.92	0.84	0.68	7.19
人均交通基础设施投资	513	302	331a	427	302	293	1.56

数据来源：同表 3-33。

注：(1) 指标解释和单位见附表 1-1-1。(2) 数据时间。a 为 2016 年数据。

其二，过程比较，以中国人均交通基础设施投资为例(表 3-35)。1995 年，中国人均交通基础设施投资低于美、日、英、法、德五国，约为五国平均值的 5％。

表 3-35 1995～2018 年中国人均交通基础设施投资的国际比较   单位：美元

国家	1995	2000	2005	2010	2015	2018	2018/1995
中国	19.3	39.4	112	267	426	513	26.6
美国	331	399	335	315	329	302	0.91
日本	657	597	420	357	323	331[a]	0.50
英国	289	235	260	323	404	427	1.48
法国	408	340	341	346	313	302	0.74
德国	278	296	222	252	252	293	1.05
意大利	206	300	432	163	156	128[a]	0.62
俄罗斯	32.2	75.4	78.3	99.2	86.1	81.8	2.54
墨西哥	22.2	19.7	38.6	48.6	49.6	36.6[b]	1.65
印度	—	—	8.9	11.6	19.8	19.0[a]	—
中国值÷五国平均值	0.05	0.11	0.35	0.84	1.31	1.56	31.7

数据来源：同表 3-33。

注：数据时间。a 为 2016 年数据；b 为 2017 年数据。

5. 小结

20 世纪 90 年代以来，中国交通治理取得明显进步。在 12 个交通治理指标中，受高等教育劳动力比例、受中等教育劳动力比例提高；交通基础设施投资占 GDP 比例和人均交通基础设施投资显著提高，从低于美、日、英、法、德五个发达国家转变为高于五个发达国家。其基本事实如专栏 3-5。

专栏 3-5 中国交通治理指标的基本事实

人力资源。 2000～2010 年，中国受高等教育劳动力比例提高了 1.45 倍，年均增长率达到 9.37%，受中等教育劳动力比例提高了 7.2 个百分点。

交通制度。 2012 年，中国出口清关平均时间约为 7.6 天。

交通观念。 根据 *The 2020 Deloitte City Mobility Index* 数据显示，2018 年，中国北京、深圳城市绿色出行比例分别为 72% 和 74%。2015～2018 年，中国电动车比例提高了约 5 倍；2018 年，中国电动车比例约为美、日、英、法、德五国平均值的 1.91 倍。

交通建设。 1995～2018 年，交通基础设施投资占 GDP 比例增长了 3 倍多，2018 年约为美、日、英、法、德五国平均值的 7.19 倍；人均交通基础设施投资增长了 25 倍多，2018 年约为五国平均值的 1.56 倍。

第二节 中国交通现代化的截面分析

中国交通现代化的截面分析，是对中国交通现代化历史过程的关键时期的截面数据和资料进行分析，试图去发现和归纳中国交通现代化的事实和特征。分析变量涉及交通体系、交通服务、交通效率和交通治理四个方面，分析内容包括国际比较等，分析对象包括 2000 年和 2018 年历史截面（表 3-36），并以 2018 年为重点。在 2018 年截面，中国有 3 个交通指标达到世界先进水平，它们分别是高铁线路比例、高速公路比例和人均交通基础设施投资。

表 3-36 2000 年和 2018 年截面中国交通指标的水平分布

项目	指标个数/个		指标比例/(%)	
	2000 年	2018 年	2000 年	2018 年
分析指标	100	100	—	—
水平相关指标	27	42	100	100
其中 发达水平	—	3	—	7.1
中等发达水平	1	8	3.7	19.0
初等发达水平	3	19	11.1	45.2
欠发达水平	23	12	85.2	28.6

注:加和不等于 100%,是四舍五入的原因。

一、中国交通体系的截面分析

1. 中国交通体系的 2018 年截面分析

2018 年截面是 2014 年到 2018 年的数据,不同指标数据年份可能有所不同。

2018 年,世界交通体系的截面分析包括 32 个变量;其中,约 24 个变量与国家经济水平相关。将中国指标与世界水平进行比较,可大致判断中国交通体系的水平(表 3-37)。

表 3-37 2018 年截面中国交通体系指标的相对水平   单位:个

指标	经济欠发达			经济初等发达		经济中等发达		经济发达		合计
	1组	2组	3组	4组	5组	6组	7组	8组	9组	
运输需求	—	—	—	5	2	—	1	—	—	8
交通工具	—	2	3	—	1	1	—	—	—	7
交通设施	—	—	1	—	1	—	1	—	—	3
交通网络	—	—	—	—	1	—	1	1	1	4
合计	—	2	4	5	5	1	3	1	1	22

注:部分指标难以判断水平,在此不做判定。

2018 年截面,中国交通体系约有 2 个指标达到经济发达国家组的水平,约有 4 个指标达到中等发达国家组的水平,约有 10 个指标达到经济初等发达国家组的水平,6 个指标为经济欠发达国家组的水平(表 3-37,表 3-38)。

表 3-38 2018 年截面中国交通体系指标的国际比较

指标	中国数值	中国分组	国际对照(经济水平、国家分组、人均国民收入、指标特征值)								
			经济欠发达			经济初等发达		经济中等发达		经济发达	
			1	2	3	4	5	6	7	8	9
			577	918	1784	4341	8181	14 856	26 626	48 014	72 140
(1) 运输需求											
人均国内客运周转量	1656	4	—	—	—	—	2660	5657	8866	11 359	16 362
人均国内货运周转量	10 777	5	—	—	—	—	12 173	9639	4312	4760	7824
人均国内公路客运周转量	656	4	—	—	—	—	2214	4150	7946	10 062	15 288
人均国内公路货运周转量	5035	5	—	—	—	—	3469	6555	3210	3968	4377
人均国内铁路客运周转量	971[a]	7	—	4	234	127	389	336	664	1133	1148

(续表)

指标	中国数值	中国分组	国际对照(经济水平、国家分组、人均国民收入、指标特征值)								
			经济欠发达			经济初等发达		经济中等发达		经济发达	
			1	2	3	4	5	6	7	8	9
			577	918	1784	4341	8181	14 856	26 626	48 014	72 140
人均国内铁路货运周转量	2069	4	2	25	627	958	4481	2131	1004	3057	2577
人均国内航空客运量	0.44	4	0.05	0.08	0.09	0.25	0.64	1.06	1.08	4.64	3.06
人均国内航空货运周转量	18.1	4	3.6	0.2	1.7	4.5	19.4	9.3	55.6	200.4	173.9
人均集装箱海运量	—	—	—	—	—	—	0.06	0.18	0.35	0.35	0.15
人均管道运输周转量	375	—	—	—	—	—	2540	441	156	366	1162
(2) 交通工具											
单位GDP的轿车数量	13.6	3				38.9	28.2	24.8	19	10.9	6.6
单位GDP的货车数量	1.8	2				3.4	7.2	4	3	1.7	2.7
每千居民拥有的轿车数量	136	3				208	282	414	525	522	476
每千居民拥有的货车数量	18.4	2				228	380	542	712	673	740
单位GDP的铁路客位数[c]	—	—				1.1	0.6	0.8	0.3	0.3	0.3
单位GDP的铁路货运装载力	4.4[d]	6				—	1.5	8.3	1.8	1.8	4
每千居民的铁路客位数[c]	3.1[d]	3				6.6	4.6	10	7.2	12.2	20.9
每千居民的铁路货运装载力	33.4[d]	5				—	17	146	47	88	258
单位GDP的定期航班客位数	0.009				55.2	100.1	36.6	58.9	51.1	37.1	38.4
每千居民定期航班客位数[b]	71.0[c]				112	388	323	828	1159	1693	2556
(3) 交通设施											
每千人高速公路长度	0.102	5	—	—	—	0.113	0.071	0.142	0.217	0.148	0.201
每千人铁路里程	0.095	3	0.03	0.07	0.11	0.21	0.47	0.6	0.36	0.52	0.58
每100万居民拥有的机场数量[b]	0.05[b]		—	—	0.13	0.57	0.35	0.84	0.67	1.03	1.15
交通设施数字化指数[b]	—		0.254	0.288	0.379	0.528	0.589	0.661	0.75	0.783	0.791
交通基础设施的综合质量[a]	4.71[a]	7	2.93	2.82	3.23	3.77	3.98	3.9	4.7	5.41	5.52
(4) 交通网络											
公路密度	50.5	5	—	—	28	38	22	116	87	149	115
铁路密度	1.37		—	—	3.03	2.67	1.41	4.89	5.25	5.63	4.35
机场密度[b]	0.80		—	—	1.44	4.68	2.09	6.32	7.79	9.04	8.02
高速公路比例	2.94	8	—	—	—	1.93	1.79	1.49	2.30	1.25	1.50
高铁线路比例	22.7	9	—	—	—	—	20.49	—	14.14	6.09	—
公路连通性指数	88.4	7	49.8	41	53.6	57.8	65.7	74.2	85.2	84.7	76.5
农村交通可及性											

注:(1) 数据来源同时序分析。(2) a 为 2017 年数据,b 为 2016 年数据,c 为 2015 年数据,d 为 2014 年数据。

2. 中国交通体系的 2000 年截面分析

2000 年截面,中国交通体系大约有 1 个指标达到经济中等发达国家组的水平,约有 13 个指标为经济欠发达国家组的水平(表 3-39)。

表 3-39 2000 年截面中国交通体系指标的相对水平

指标	经济欠发达			经济初等发达		经济中等发达		经济发达		合计
	1组	2组	3组	4组	5组	6组	7组	8组	9组	
运输需求	—	1	6	—	1	—	—	—	—	8
交通工具	—	—	3	—	—	—	—	—	—	3
交通设施	—	—	1	—	—	—	—	—	—	1
交通网络	—	2	—	—	—	—	—	—	—	2
合计	—	3	10	—	1	—	—	—	—	14

二、中国交通服务的截面分析

1. 中国交通服务的 2018 年截面分析

2018 年截面是 2013 年到 2018 年的数据,不同指标数据年份可能有所不同。

2018 年,世界交通服务的截面分析包括 44 个变量;其中,约 14 个变量与国家经济水平显著相关。将中国指标与世界水平进行比较,可大致判断中国交通服务的水平(表 3-40)。

表 3-40 2018 年截面中国交通服务指标的相对水平

指标	经济欠发达			经济初等发达		经济中等发达		经济发达		合计
	1组	2组	3组	4组	5组	6组	7组	8组	9组	
交通行为	—	—	—	1	—	—	—	—	—	1
交通产业	—	—	—	2	2	1	3	—	—	8
交通经济	—	—	2	2	—	—	—	—	—	4
合计	—	—	2	5	2	1	3	—	—	13

注:部分指标难以判断水平,在此不做判定。

2018 年截面,中国交通服务大约有 4 个指标达到经济中等发达国家组的水平,约有 7 个指标达到经济初等发达国家组的水平,2 个指标为经济欠发达国家组的水平(表 3-40,表 3-41)。

表 3-41 2018 年截面中国交通服务指标的国际比较

指标	中国数值	中国分组	国际对照(经济水平、国家分组、人均国民收入、指标特征值)								
			经济欠发达			经济初等发达		经济中等发达		经济发达	
			1	2	3	4	5	6	7	8	9
			577	918	1784	4341	8181	14 856	26 626	48 014	72 140
(1)交通行为											
人均轿车交通里程	—	—	—	—	—	1779	3	7227	8032	8458	11 572
家庭交通支出比例	13.3	—	—	—	—	5.1	14.8	11.7	12.7	12.8	11.7
城市公共交通出行比例	36	—	—	—	—	—	—	—	—	—	—
人均客车公路客运周转量	656	4	—	—	—	423	1755	1042	1396	841	1286
中小学生均校车经费ᵃ	—	—	—	—	—	—	—	—	—	—	449
(2)交通产业											
人均交通产业增加值	437.8	4	—	—	—	—	620	1182	1305	2031	2806
人均交通产业总产值	740ᶜ	4	—	—	—	—	1068	2865	3407	4630	8519
交通产业劳动生产率	34 201	5	—	—	—	—	31 368	37 631	53 946	82 879	108 009
公路客运密度	191	—	—	—	—	—	496	—	3362	1057	919
公路货运密度	1470	—	—	—	—	—	324	—	474	233	411
铁路客运密度	10 742	—	—	—	—	17 239	—	7208	3307	8604	212
铁路货运密度	21 884	5	—	—	—	9712	—	26 379	1315	1773	16 783
机动车单车公路运行里程	—	—	—	—	—	2022	13 658	9807	10 792	13 453	14 206
交通服务的综合效率	4.5	6	2.8	2.5	3.2	3.6	4	4	4.7	5.3	5.5
交通产业增加值率	40.6ᶜ	—	—	—	—	—	—	43	46	44	36
交通产业净利润率	—	—	—	—	—	—	—	7.9	6.3	4.6	5.7
物流绩效指数:贸易和运输相关基础设施的质量	3.75	7	2.2	2.1	2.4	2.4	2.8	2.9	3.4	4.0	3.9
物流绩效指数:追踪查询货物的能力	3.65	7	2.4	2.6	2.6	2.6	3	3.1	3.5	4.0	4.1
物流绩效指数:货物在计划或预期时间内到达收货人的频率	3.84	7	2.7	2.7	2.9	3.1	3.4	3.4	3.8	4.2	4.2
城市交通满意度	—	—	—	—	—	71.6	—	79	80	79	75.7

(续表)

指标	中国数值	中国分组	国际对照(经济水平、国家分组、人均国民收入、指标特征值)								
			经济欠发达			经济初等发达		经济中等发达		经济发达	
			1	2	3	4	5	6	7	8	9
			577	918	1784	4341	8181	14856	26626	48014	72140
(3) 交通经济											
交通产业增加值比例	4.4	4	—	—	—	4.1	7	7.2	5.4	4.7	4.3
交通产业增加值占服务业增加值比例[b]	8.2	4	—	—	—	—	10.6	11.3	7.9	6.5	5.9
公路客运占客运总量比例	39.6	—	—	—	94.4	96.6	68.5	91.6	89.3	88.6	92.2
公路货运占货运总量比例	46.7	—	—	—	26.7	47.4	58.8	72.4	74.9	68.1	62.2
铁路客运占客运总量比例	60.4	—	—	—	5.6	3.4	31.5	8.4	10.7	11.4	7.8
铁路货运占货运总量比例	18.9	—	—	—	69.1	15.6	24.3	20.3	22.8	19.7	26.2
国际旅游客运收入占比	—	—	—	—	—	—	1	5.1	6.2	4.2	3.6
交通产业劳动力比例	2.30	3	—	—	—	5.2	5.2	6.7	5.5	5	4.5
交通产业就业占服务业就业比例	4.96	3	—	—	—	—	9	9.2	7.7	6.3	6.3
交通产业女性就业比例	—	—	4.5	1.5	6.2	10.3	13.1	18.7	18.3	22.2	24.5
交通需求比例[c]	2.86[c]		—	—	4.2	7.6	6	5.6	5.2	4.9	4.3
单位GDP的公路客运周转量	67		—	—	7510	627	247	399	312	221	213
单位GDP的公路货运周转量	513		—	—	739	374	326	382	106	81	64
单位GDP的铁路客运周转量	102		—	—	331	27	43	21	27	25	15
单位GDP的铁路货运周转量	207		—	—	836	166	382	133	40	62	39
单位GDP的航空客运量	0.04		—	—	—	0.06	0.052	0.06	0.062	0.034	0.072	0.042
单位GDP的航空货运周转量	1.8		—	—	0.8	0.2	2.5	0.8	1.7	2.6	2.3
单位GDP的内陆水运货运周转量	339		—	—	6.7	32.6	131	13.5	1.1	11.3	11.8
单位GDP的管道货运周转量	8.6		—	—	—	690.7	14.3	103.9	27	23.6	0.2
单位GDP的客运周转量	108		—	—	2570	339	118	158	213	227	245
单位GDP的货运周转量	701		—	—	381	315	436	299	110	130	122
单位GDP的公路交通周转量	—		—	—	103	1591	421	418	274	183	152
单位GDP的国内航空客运周转量[d]	52.4		—	—	24.4	0.5	32.6	13.3	8.5	14	22.2
单位GDP的国际航空客运周转量[d]	19.5		—	—	55.5	93.5	53.6	56.8	67.8	71	53.9

注:(1) 数据来源同时序分析。(2) a 为 2017 年数据,b 为 2016 年数据,c 为 2015 年数据,d 为 2013 年数据。

2. 中国交通服务的 2000 年截面分析

2000 年截面,中国交通服务大约有 3 个指标达到经济初等发达国家组的水平,约有 3 个指标为经济欠发达国家组的水平(表 3-42)。

表 3-42 2000 年截面中国交通服务指标的相对水平

指标	经济欠发达			经济初等发达		经济中等发达		经济发达		合计
	1组	2组	3组	4组	5组	6组	7组	8组	9组	
交通行为	—	—	—	—	—	—	—	—	—	—
交通产业	—	—	1	—	1	—	—	—	—	2
交通经济	—	—	2	2	—	—	—	—	—	4
合计	—	—	3	2	1	—	—	—	—	6

三、中国交通效率的截面分析

1. 中国交通效率的 2018 年截面分析

2018 年截面是 2016 年到 2018 年的数据,不同指标数据年份可能有所不同。

2018 年,世界交通效率的截面分析包括 12 个变量;其中,约 8 个变量与国家经济水平显著相关。将中国指标与世界水平进行比较,可大致判断中国交通效率的水平(表3-43)。

表 3-43　2018 年截面中国交通效率指标的相对水平

指标	经济欠发达			经济初等发达		经济中等发达		经济发达		合计
	1 组	2 组	3 组	4 组	5 组	6 组	7 组	8 组	9 组	
交通科技	—	—	—	—	—	—	—	—	—	—
智能交通	—	—	—	—	—	—	—	—	—	—
交通环境	—	—	3	—	—	—	—	—	—	3
交通能源	—	—	—	—	—	—	—	—	—	—
交通安全	—	—	—	—	1	—	—	—	—	1
合计	—	—	3	—	1	—	—	—	—	4

注:部分指标难以判断水平,在此不做判定。

2018 年截面,中国交通效率大约有 1 个指标达到经济初等发达国家组的水平,约有 3 个指标为经济欠发达国家组的水平(表 3-43,表 3-44)。

表 3-44　2018 年截面中国交通效率指标的国际比较

指标	中国数值	中国分组	国际对照(经济水平、国家分组、人均国民输入、指标特征值)								
			经济欠发达			经济初等发达		经济中等发达		经济发达	
			1	2	3	4	5	6	7	8	9
			577	918	1784	4341	8181	14 856	26 626	48 014	72 140
(1) 交通科技											
交通研发投入比例	—	—	—	—	—	0.16	1.01	0.24	0.2	0.38	
(2) 智能交通											
自动驾驶汽车比例	—	—	—	—	—	—	—	—	—	—	—
(3) 交通环境											
交通二氧化碳排放量占比	9.62	3	—	—	13.5	32.7	19.2	33	28.2	32.5	38.6
人均交通二氧化碳排放量	0.66	3	—	—	0.4	0.8	1.2	1.5	1.9	2.5	2.9
单位 GDP 的交通二氧化碳排放量	0.04	3	—	—	0.04	0.16	0.05	0.05	0.05	0.05	0.05
(4) 交通能源											
单位 GDP 的交通能耗	14.9	—	—	—	11.5	—	21.7	—	13.2	13	31
单位 GDP 的机动车能耗	—	—	—	—	—	43.3	34.8	29.3	23	16.9	12.4
人均机动车的能耗	—	—	—	—	—	0.2	0.4	0.5	0.6	0.8	0.9
(5) 交通安全											
公路交通事故的致死率[a]	18.2	4	29.7	21.3	21.7	17.1	19.4	12.4	10.2	4.6	5.5
公路交通事故的致伤率	17.3	—	—	—	35	70	94	162	266	221	289
机动车的公路交通致死率	—	—	—	—	—	544.3	219.3	160.5	79.5	64.3	60.2
车辆 100 万里程交通事故致死率	—	—	—	—	—	132.9	99.8	14.7	12.7	9.7	5	4

注:(1) 数据来源同时序分析。(2) a 为 2016 年数据。

2. 中国交通效率的 2000 年截面分析

2000 年截面,中国交通效率大约有 4 个指标达到经济欠发达国家组的水平(表 3-45)。

表 3-45　2000 年截面中国交通效率指标的相对水平

指标	经济欠发达			经济初等发达		经济中等发达		经济发达		合计
	1组	2组	3组	4组	5组	6组	7组	8组	9组	
交通科技	—	—	—	—	—	—	—	—	—	—
智能交通	—	—	—	—	—	—	—	—	—	—
交通环境	—	2	1	—	—	—	—	—	—	3
交通能源	—	—	1	—	—	—	—	—	—	1
交通安全	—	—	—	—	—	—	—	—	—	—
合计	—	2	2	—	—	—	—	—	—	4

四、中国交通治理的截面分析

1. 中国交通治理的 2018 年截面分析

2018 年截面是 2010 年到 2018 年的数据,不同指标数据年份可能有所不同。

2018 年,世界交通治理的截面分析包括 12 个变量;其中,约 8 个变量与国家经济水平显著相关。将中国指标与世界水平进行比较,可大致判断中国交通治理的水平(表 3-46)。

表 3-46　2018 年截面中国交通治理指标的相对水平

指标	经济欠发达			经济初等发达		经济中等发达		经济发达		合计
	1组	2组	3组	4组	5组	6组	7组	8组	9组	
人力资源	—	—	—	1	—	—	—	—	—	1
交通制度	—	—	1	—	—	—	—	—	—	1
交通观念	—	—	—	—	—	—	—	—	—	—
交通建设	—	—	—	—	—	—	—	1	—	1
交通维护	—	—	—	—	—	—	—	—	—	—
合计	—	—	1	1	—	—	—	1	—	3

注:部分指标难以判断水平,在此不做判定。

2018 年截面,中国交通治理大约有 1 个指标达到经济发达国家组的水平,约有 1 个指标达到经济初等发达国家组的水平,约有 1 个指标为经济欠发达国家组的水平(表 3-46,表 3-47)。

表 3-47　2018 年截面中国交通治理指标的国际比较

指标	中国数值	中国分组	国际对照(经济水平、国家分组、人均国民输入、指标特征值)								
			经济欠发达			经济初等发达		经济中等发达		经济发达	
			1	2	3	4	5	6	7	8	9
			517	862	1694	4369	7915	14 759	28 606	49 364	78 851
(1) 人力资源											
受高等教育劳动力比例	12[a]	—	75.1	74.6	70.8	74.3	79	78.8	78.4	78.3	78.5
受中等教育劳动力比例	65.1[a]	4	52.9	52.3	54.3	59.2	69	65.3	66.7	65.9	64.9
(2) 交通制度											
道路运输车辆税[b]	—	—	—	—	—	2251	1398	1399	1567	2105	2705
道路运输燃油税[b]	—	—	—	—	—	0.51	0.28	0.46	0.54	0.61	0.67
出口清关平均时间	7.6[b]	3	23.7	2.1	6.3	4.8	9.3	3.1	5.9	—	—

(续表)

指标	中国数值	中国分组	国际对照(经济水平、国家分组、人均国民输入、指标特征值)								
			经济欠发达			经济初等发达		经济中等发达		经济发达	
			1	2	3	4	5	6	7	8	9
			517	862	1694	4369	7915	14 759	28 606	49 364	78 851
(3) 交通观念											
城市绿色出行比例	72	—	—	—	—	—	—	—	—	—	—
电动车比例	0.76	—	—	—	0.03	0.01	0.22	—	0.27	0.57	3.85
(4) 交通建设											
交通基础设施投资占GDP比例	5.6					1.7	1.9	1.2	0.8	0.8	1
人均交通基础设施投资	513	8			19	75	186	188	164	361	683
(5) 交通维护											
交通基础设施维护费占GDP比例								0.0036		0.0048	—
人均交通基础设施维护费	—							130		238	—
公路基础设施维护占总支出比例						19.3	17.2	32.4	45.9	36.1	42.7

注:(1) 数据来源同时序分析。(2) a 为 2010 年数据,b 为 2012 年数据。

2. 中国交通治理的 2000 年截面分析

2000 年截面,中国交通治理大约有 3 个指标达到经济欠发达国家组的水平(表3-48)。

表 3-48　2000 年截面中国交通治理指标的相对水平

指标	经济欠发达			经济初等发达		经济中等发达		经济发达		合计
	1组	2组	3组	4组	5组	6组	7组	8组	9组	
人力资源	—	1	1	—	—	—	—	—	—	2
交通制度										
交通观念										
交通建设			1							1
交通维护										
合计	—	1	2							3

第三节　中国交通现代化的过程分析

中国交通现代化包括中国整体的交通现代化、中国各地区的交通现代化、交通四个方面的现代化(图3-9)等。中国交通现代化的过程分析对象可以分为三类:历史进程(1860～2010年)、客观现实(2018年)和未来前景(2020～2050年)。

一、中国交通现代化的历史进程

中国交通现代化的历史进程,指从它的起步到目前的历史过程。中国交通现代化的进程研究,时间跨度约为 160 年。关于中国交通四个方面的现代化,前面已有专门分析。关于中国地区交通现代化,需要专题研究。这里重点讨论中国整体的交通现代化。

中国整体的交通现代化是一个多维度的历史过程,需要从多个角度进行分析,分析内容可以根据需要进行选择。下面简要讨论它的阶段、内容、特点和结果。

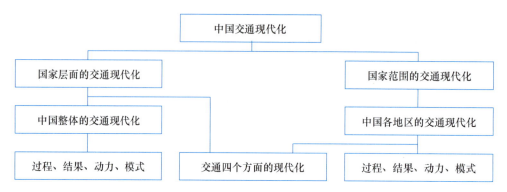

图 3-9　中国交通现代化的过程分析

注：交通四个方面指交通体系、交通服务、交通效率和交通治理。国家层面的交通现代化和地区的交通现代化都涉及交通四个方面的现代化。

1. 中国交通现代化的主要阶段

中国交通现代化是中国经济现代化特别是服务业现代化的组成部分。中国交通现代化的阶段划分，应该与中国经济现代化的阶段划分相协调。当然，它们并非完全同步。

（1）中国经济现代化的发展阶段

《中国现代化报告 2005》认为，中国经济现代化的历史过程分为三个阶段：清朝末年、民国时期和新中国时期；而且每一个阶段又可分为三个时期（表 3-49）。

表 3-49　中国经济现代化的发展阶段

阶段	时期	大致时间	历史阶段	经济发展的新特点	经济转型	经济地位
工业化起步（清朝末年）	准备	1840~1860	鸦片战争	外资造船业和银行	无	下降
	起步	1861~1894	洋务运动	外资和官办工业	起步	下降
	调整	1895~1911	维新新政	民办轻工业	比较慢	下降
局部工业化（民国时期）	探索	1912~1927	北洋政府时期	民办工业化	比较慢	下降
	探索	1928~1936	国民政府早期	官办工业化	比较快	下降
	调整	1937~1949	战争时期	战时工业化	慢	下降
全面工业化（新中国）	探索	1949~1977	计划时期	工业化和计划经济	比较慢	下降
	市场化	1978~2001	改革时期	工业化和市场化	比较快	相对上升
	全球化	2002~至今	追赶时期	新工业化和全球化	比较快	相对上升

资料来源：中国现代化战略研究课题组 等，2005。

（2）中国交通现代化的起步

关于中国交通现代化的起点没有统一认识。中国交通现代化的起步与中国工业化发展历程大致相一致，其中，现代造船厂可以追溯到 1866 年成立的福州船政局；轮船航运企业可以追溯到 1872 年成立的轮船招商局（美国人 1862 年在中国创办旗昌轮船公司）；现代铁路可以追溯到 1881 年，即中国第一条铁路——唐胥铁路的诞生（汪林茂，1998）。也就是说，中国交通现代化的发端，可以追溯到 19 世纪中后期，大致是 19 世纪 60~80 年代。

（3）中国交通现代化的发展阶段

参照中国经济现代化的阶段划分，19 世纪后期以来，中国交通现代化的前沿过程大致分为三个阶段：清朝末年的交通现代化起步、民国时期的局部交通现代化、新中国的全面交通现代化（表 3-50）。

表 3-50　中国交通现代化的发展阶段

阶段	大致时间	历史阶段	交通现代化的主要内容和特点（举例）
交通现代化起步（清朝末年）	1860～1894	洋务运动	运输工具和运输方式的机械化等
	1895～1911	维新新政	
局部交通现代化（民国时期）	1912～1927	北洋政府时期	运输的机械化、专业化、规模化等
	1928～1936	国民政府早期	
	1937～1949	战争时期	
全面交通现代化（新中国）	1949～1977	计划时期	运输的机械化、电气化、规模化、专业化等
	1978～2001	改革时期	运输的市场化、机械化、电气化、标准化等
	2002～至今	全球化时期	运输的信息化、网络化、国际化、智能化等

注：本表内容只是一个提纲，不是全面阐述。

2. 中国交通现代化的主要特点

关于中国交通现代化的特点，不同学者有不同认识，可以从不同角度进行分析。一般而言，世界交通现代化的主要特点在中国都有不同程度的反映，同时中国有自己的特色。

(1) 中国交通现代化是一种后发追赶型交通现代化

中国交通现代化起步时间大约是 19 世纪 60～80 年代，比主要发达国家要晚许多。

(2) 中国高铁线路比例和高速公路比例已达到世界先进水平

中国高铁线路比例由 2008 年的 0.8% 提高到 2018 年的 22.7%，高速公路比例由 1990 年的 0.05% 提高到 2018 年的 2.94%，都达到世界先进水平。

(3) 中国航空运输与发达国家相比仍有较大差距

1980 年以来，中国航空客货运输都取得了长足发展；1990～2018 年，人均国内航空客运量提高了 29 倍，1980～2018 年，人均国内航空货运周转量提高了 146 倍多，但两者仍远低于美、日、英、法、德等发达国家；2018 年，人均国内航空客运量和人均国内航空货运周转量分别为五国平均值的 26% 和 20%。

(4) 中国交通现代化具有地区多样性和不平衡性

中国交通现代化的地区差异是非常明显的。其一，自然地理的差异，例如，东部与西部的地理差别，北方与南方的地理差别等。其二，交通区位的差异，例如，不同地区交通运输方式与交通工具的差别。其三，交通发展水平的地区差异等。

(5) 中国交通现代化水平略高于中国现代化水平

基于世界交通现代化记分牌数据，按照几何平均值计算交通现代化综合得分和交通体系综合得分，2018 年中国属于交通发展中国家，大致属于交通初等发达水平，已接近中等发达水平。2018 年中国交通现代化水平大致位于初等发达国家前列，略高于中国现代化整体水平。

(6) 中国交通现代化面临诸多挑战

为 14 亿人提供人民满意的交通服务，是一项史无前例的伟大事业，其挑战也是巨大的。未来 30 年，中国交通现代化的挑战是多方面的。一是环境挑战，要持续降低交通二氧化碳排放量和排放强度，要为"碳达峰"和"碳中和"做贡献。二是能源挑战，要持续降低交通能源强度，降低交通化石能源的消耗。三是社会挑战，中国老龄人口比例将持续上升，为老龄化社会提供多样化的便捷服务是一项重要任务。四是观念挑战，要改变传统交通观念，提倡绿色生活和绿色出行等。五是补齐短板，中国交通存在一些短板，如部分地区交通基础设施不完备和运输能力不足，部分城市交通堵塞比较严重，部分地区存在出行难等问题。

3. 中国交通现代化的主要结果

中国交通现代化是世界交通现代化的组成部分,中国交通现代化的一般结果与世界交通现代化的一般结果是基本一致的,包括交通现代性、多样性和副作用的形成,包括中国交通状态和国际地位的变化等。

从理论角度看,中国交通现代化的结果包括交通技术的进步、交通效率的提高、交通网络的完善、交通安全的增强、交通服务和治理水平的提升等;从政策角度看,中国交通现代化的结果包括交通体系、交通服务、交通效率和交通治理的深刻变化,包括从工业时代的交通发展向知识经济时代的交通现代化转变等。

二、中国交通现代化的客观现实

在本报告里,中国交通现代化的现实分析以2018年截面为分析对象,分析内容包括中国交通现代化的整体水平和交通四个方面的现代化水平。

1. 中国交通现代化的整体水平

2018年中国交通现代化水平为初等发达水平,处于初等发达国家的前列,接近世界中等发达水平。

2. 中国交通四个方面的现代化水平

2018年截面,中国交通现代化四个方面指标的现代化水平,我们分析了100个指标,其中42个指标可以判断发展水平。大致是:7.1%的指标为发达水平,19.0%的指标为中等发达水平,45.2%的指标为初等发达水平,28.6%的指标为欠发达水平。

(1) 交通体系指标

高速公路比例、高铁线路比例2个指标具有发达国家水平;交通基础设施的综合质量、公路连通性指数等4个指标处于中等发达国家水平;人均国内航空客运量、人均国内航空货运周转量等10个指标处于初等发达国家水平;每千居民拥有的轿车数量、每千居民定期航班客位数等6个指标仍处于欠发达国家水平。

(2) 交通服务指标

交通服务的综合效率等4个指标处于中等发达国家水平;人均交通产业增加值、人均交通产业总产值、交通产业劳动生产率等7个指标处于初等发达国家水平;交通产业劳动力比例等2个指标仍处于欠发达国家水平。

(3) 交通效率指标

公路交通事故的致死率指标处于初等发达国家水平;交通二氧化碳排放量占比、人均交通二氧化碳排放量、单位GDP的交通二氧化碳排放量3个指标仍处于欠发达国家水平。

(4) 交通治理指标

人均交通基础设施投资指标处于发达国家水平;受中等教育劳动力比例指标处于初等发达国家水平;出口清关平均时间指标仍处于欠发达国家水平。

3. 2018年中国交通四个方面的国际差距

其一,交通体系指标的国际比较(表3-51)。高速公路比例、高铁线路比例等指标数值高于发达国家数值;人均国内客运周转量、人均国内公路客运周转量、人均国内航空客运量、每千居民拥有的轿车数量、每千居民拥有的货车数量、每千居民定期航班客位数、每千人高速公路长度、每千人铁路里程、每100万居民拥有的机场数量、公路密度、铁路密度、机场密度等指标低于高收入国家数值,也低于世界平均值。

表 3-51 2018 年或最近年中国交通体系指标的国际比较

指标	中国	高收入国家(五国平均值)	绝对差距	相对差距	性质	分类
人均国内客运周转量	1656	14 150	12 494	8.54	1	L
人均国内货运周转量	10 777	6673	−4104	0.62	3	C
人均国内公路客运周转量	656	12 629	11 973	19.25	1	L
人均国内公路货运周转量	5035	3901	−1134	0.77	3	C
人均国内铁路客运周转量	971[a]	1522	551	1.57	1	L
人均国内铁路货运周转量	2069	2038	−31	0.99	3	C
人均国内航空客运量	0.44	2.00	1.56	4.55	1	L
人均国内航空货运周转量	18.1	132.6	114.5	7.33	1	L
人均集装箱海运量	—	0.182	—	—	5	S
人均管道运输周转量	375	790	415	2.11	3,5	S
单位 GDP 的轿车数量	13.6	10.8	−2.8	0.79	3	C
单位 GDP 的货车数量	1.80	3.13	1.33	1.74	3	C
每千居民拥有的轿车数量	136	487	351	3.58	1,6	L
每千居民拥有的货车数量	18.4	163	145	8.86	1	L
单位 GDP 的铁路客位数	—	0.45[c]	—	—	3	C
单位 GDP 的铁路货运装载力	4.40[d]	4.50	0.10	1.02	3	C
每千居民的铁路客位数	3.10[d]	17.40[c]	14.30	5.61	3	C
每千居民的铁路货运装载力	33.4[d]	274.0	240.6	8.20	3	C
单位 GDP 的定期航班客位数	0.009	26.1[b]	26.091	2900	5	S
每千居民定期航班客位数	71	1075[b]	1004	15.14	5	S
每千人高速公路长度	0.102	0.130	0.028	1.27	1,6	L
每千人铁路里程	0.095	0.340	0.245	3.58	3	C
每 100 万居民拥有的机场数量	0.05[b]	0.47[b]	0.42	9.40	5	S
交通设施数字化指数	—	78.8[b]	—	—	1	L
交通基础设施的综合质量	4.71[a]	5.61[a]	0.90	1.19	1	L
公路密度	50.5	196	146	3.88	5	S
铁路密度	1.37	4.70	3.33	3.43	3,5	S
机场密度	0.80[b]	9.09[b]	8.29	11.36	5	S
高速公路比例	2.94	1.05	−1.89	0.36	1,6	L
高铁线路比例	22.70	9.66	−13.04	0.43	1,6	L
公路连通性指数	88.4	87.5	−0.9	0.99	1	L
农村交通可及性	—	93.8[e]	—	—	1	L

注:(1)指标解释和单位,见附表 1-1-1;指标性质和分类,见附表 1-1-2。(2)数据时间。a 为 2017 年数据,b 为 2016 年数据,c 为 2015 数据,d 为 2014 数据,e 为 1998~2013 年截段数据。(3)计算说明。绝对差距=高收入国家值−中国值。相对差距=高收入国家值÷中国值。(4)数据说明。高收入国家(五国平均值)为美、日、英、法、德五国平均值或者高收入国家平均值;不同指标的性质和类型有差别,其国际比较的含义也有差别,对其国际比较的结果,需要慎重对待。数据处理方法详见专栏 1-4。

其二,交通服务指标的国际比较(表 3-52)。人均客车公路客运周转量、人均交通产业增加值、人均交通产业总产值、交通产业劳动生产率、公路客运密度、交通服务的综合效率、交通产业劳动力比例、交通需求比例等指标低于高收入国家。

表 3-52　2018 年或最近年中国交通服务指标的国际比较

指标	中国	高收入国家(五国平均值)	绝对差距	相对差距	性质	分类
人均轿车交通里程	—	8718	—	—	1	L
家庭交通支出比例	13.3	12.3	−1.0	0.92	5,6	S
城市公共交通出行比例	36	32.8	−3.2	0.91	1,6	L
人均客车公路客运周转量	656	962	306	1.47	3	C
中小学生均校车经费	—	449[a]	—	—	1	L
人均交通产业增加值	437.8	1850	1412	4.23	1,6	L
人均交通产业总产值	740[c]	3875	3135	5.24	1,6	L
交通产业劳动生产率	34 201	76 675	42 474	2.24	1,6	L
公路客运密度	191	1023	832	5.36	1	L
公路货运密度	1470	277	−1193	0.19	3	C
铁路客运密度	10 742	2977	−7765	0.28	5	S
铁路货运密度	21 884	4775	−17 109	0.22	1,6	L
机动车单车公路运行里程	—	13250	—	—	3	C
交通服务的综合效率	4.5	5.58	1.08	1.24	1	L
交通产业增加值率	40.6[c]	47.8	7.2	1.18	5	S
交通产业净利润率	—	3.73	—	—	3,5	S
物流绩效指数:贸易和运输相关基础设施的质量	3.75	4.14	0.39	1.10	1	L
物流绩效指数:追踪查询货物的能力	3.65	4.10	0.45	1.12	1	L
物流绩效指数:货物在计划或预期时间内到达收货人的频率	3.84	4.24	0.4	1.10	1	L
城市交通满意度	—	81.3[a]	—	—	1	L
交通产业增加值比例	4.4	4.31	−0.09	0.98	3	C
交通产业增加值占服务业增加值比例	8.2	5.82	−2.38	0.71	3	C
公路客运占客运总量比例	39.6	87.3	47.7	2.20	3,5	S
公路货运占货运总量比例	46.7	68.8	22.1	1.47	3,5	S
铁路客运占客运总量比例	60.4	12.7	−47.7	0.21	3,5	S
铁路货运占货运总量比例	18.9	21.2	2.3	1.12	3,5	S
国际旅游客运收入占比	—	2.76	—	—	5	S
交通产业劳动力比例	2.42	5.04	2.62	2.08	3	C
交通产业就业占服务业就业比例	13.1	6.29[b]	−6.81	0.48	3	C
交通产业女性就业比例	—	24.0	—	—	1,6	L
交通需求比例	2.86[c]	4.43[c]	1.57	1.55	3,6	C
单位 GDP 的公路客运周转量	67	265	198	3.96	3,5	S
单位 GDP 的公路货运周转量	513	76.7	−436.3	0.15	3,5	S
单位 GDP 的铁路客运周转量	102	36.5	−65.5	0.36	3,5	S
单位 GDP 的铁路货运周转量	207	35.4	−171.6	0.17	3,5	S
单位 GDP 的航空客运量	0.04	0.036	−0.004	0.90	3,5	S
单位 GDP 的航空货运周转量	1.8	1.95	0.15	1.08	3,5	S
单位 GDP 的内陆水运货运周转量	339	9.5	−329.5	0.03	3,5	S

(续表)

指标	中国	高收入国家(五国平均值)	绝对差距	相对差距	性质	分类
单位GDP的管道货运周转量	8.6	48.1	39.5	5.59	3,5	S
单位GDP的客运周转量	108	278	170	2.57	3,5	S
单位GDP的货运周转量	701	118	−583	0.17	3,5	S
单位GDP的公路交通周转量	—	199	—	—	3,5	S
单位GDP的国内航空客运周转量	52.4[d]	25.4[d]	−27	0.48	3,5	S
单位GDP的国际航空客运周转量	19.5[d]	48.1[d]	28.6	2.47	3,5	S

注:(1)指标解释和单位见附表1-1-1;指标性质和分类见附表1-1-2。(2)数据时间。a为2017年数据,b为2016年数据,c为2015年数据,d为2013年数据。(3)计算说明。绝对差距=高收入国家值−中国值。相对差距=高收入国家值÷中国值。(4)数据说明。高收入国家(五国平均值)为美、日、英、法、德五国平均值或者高收入国家平均值;不同指标的性质和类型有差别,其国际比较的含义也有差别,对其国际比较的结果,需要慎重对待。数据处理方法详见专栏1-4。

其三,交通效率指标的国际比较(表3-53)。交通二氧化碳排放量占比、人均交通二氧化碳排放量、单位GDP的交通二氧化碳排放量等指标低于高收入国家;公路交通事故的致死率指标高于高收入国家。

表3-53 2018年或最近年中国交通效率指标的国际比较

指标	中国	高收入国家(五国平均值)	绝对差距	相对差距	性质	分类
交通研发投入比例	—	0.22	—	—	1	L
自动驾驶汽车比例	0.11	0.116*	0.006	1.05	1	L
交通二氧化碳排放量占比	9.62	30.6	21.0	3.18	2,3	C
人均交通二氧化碳排放量	0.66	2.52	1.86	3.82	2,3	C
单位GDP的交通二氧化碳排放量	0.04	0.048	0.008	1.2	2,3	C
单位GDP的交通能耗	14.9	16.6	1.7	1.11	3,5	S
单位GDP的机动车能耗	—	14.8	—	—	3,5	S
人均机动车的能耗	—	0.72	—	—	3,5	S
公路交通事故的致死率	18.2[a]	8.37[a]	−9.83	0.46	2	L
公路交通事故的致伤率	17.3	319.0	301.7	18.4	2,3	C
机动车的公路交通致死率	—	70	—	—	2,3	C
车辆100万里程交通事故致死率	—	5.17	—	—	2,3	C

注:(1)指标解释和单位见附表1-1-1;指标性质和分类见附表1-1-2。(2)数据时间。a为2016年数据。(3)计算说明。绝对差距=高收入国家值−中国值。相对差距=高收入国家值÷中国值。(4)数据说明。高收入国家(五国平均值)为美、日、英、法、德五国平均值或者高收入国家平均值;不同指标的性质和类型有差别,其国际比较的含义也有差别,对其国际比较的结果,需要慎重对待。数据处理方法详见专栏1-4。

其四,交通治理指标的国际比较(表3-54)。受高等教育劳动力比例指标低于高收入国家;电动车比例、人均交通基础设施投资、交通基础设施投资占GDP比例等指标高于高收入国家。

表 3-54 2018 年或最近年中国交通治理指标的国际比较

指标	中国	高收入国家(五国平均值)	绝对差距	相对差距	性质	分类
受高等教育劳动力比例	12[d]	77.1	65.1	6.43	1	L
受中等教育劳动力比例	65.1[d]	62.4	−2.7	0.96	3	C
道路运输车辆税	—	1775[b]	—	—	5	S
道路运输燃油税	—	0.69[b]	—	—	5	S
出口清关平均时间	7.6[b]	5.2[a]	−2.4	0.68	2	L
城市绿色出行比例	72	66.4	−5.6	0.92	1	L
电动车比例	0.76	0.40	−0.36	0.53	1	L
交通基础设施投资占GDP比例	5.6	0.77	−4.83	0.14	3,5	S
人均交通基础设施投资	513	329	−184	0.64	3,5	S
交通基础设施维护费占GDP比例	—	0.0025[c]	—	—	5	S
人均交通基础设施维护费	—	76.1[c]	—	—	5	S
公路基础设施维护占总支出比例	—	28.3	—	—	3,5	S

注：(1) 指标解释和单位见附表 1-1-1；指标性质和分类，见附表 1-1-2。(2) 数据时间。a 为 2014 年数据，b 为 2012 年数据，c 为 2002 年数据，d 为 2010 年数据。(3) 计算说明。绝对差距＝高收入国家值－中国值。相对差距＝高收入国家值÷中国值。(4) 数据说明。高收入国家(五国平均值)为美、日、英、法、德五国平均值或者高收入国家平均值；不同指标的性质和类型有差别，其国际比较的含义也有差别，对其国际比较的结果，需要慎重对待。数据处理方法详见专栏 1-4。

三、中国交通现代化的前景分析

关于中国交通现代化的前景分析，属于一种预测研究。在本报告里，中国交通现代化四个方面的前景分析，主要选择与国家经济水平有显著相关性的指标进行分析，采用线性外推分析方法。分别以 2018 年或最近年数值为基准值，参考 1990～2018 年和 2000～2018 年的年均增长率，预测未来的发展水平。未来水平的预测值，与所采用的年均增长率紧密相关。这种前景分析，只是提出一种可能性，而不是精确预见。

1. 中国交通体系指标的前景分析

中国交通体系现代化的前景分析，选择 8 个指标(表 3-55)。

表 3-55 2020～2050 年中国交通体系指标的情景分析

项目	增长率		2018(基准值)	2020	2030	2040	2050
	实际值	预测值					
参考 1990～2018 年年均增长率估算							
人均国内货运周转量	7.20	−0.50	10 777	10 669	10 148	9652	9180
人均国内铁路客运周转量	5.58	3.00	971[a]	1061	1426	1916	2575
人均国内航空客运量	14.47	5.00	0.44	0.49	0.79	1.29	2.10
每千居民拥有的轿车数量	26.23	4.20	136	148	223	336	507
每千居民拥有的货车数量	6.40	6.40	18.4	20.9	38.8	72.2	134.2

(续表)

项目	增长率 实际值	增长率 预测值	2018（基准值）	2020	2030	2040	2050
每千居民的铁路客位数	−2.83	4.50	3.1[b]	4.0	6.3	9.7	15.1
每千居民定期航班客位数	7.24	5.50	71[c]	93	159	271	462
交通基础设施的综合质量	—	1.00	4.71[a]	4.85	5.36	5.92	6.54
参考2000~2018年年均增长率估算							
人均国内货运周转量	9.46	3.00	10 777	11 433	15 365	20 650	27 752
人均国内铁路客运周转量	6.03	4.00	971[a]	1092	1617	2393	3543
人均国内航空客运量	12.84	6.00	0.44	0.49	0.89	1.59	2.84
每千居民拥有的轿车数量	23.83	4.00	136	147	218	322	477
每千居民拥有的货车数量	5.36	5.36	18.4	20.5	34.5	58.2	98.0
每千居民的铁路客位数	−2.83	6.00	3.1[b]	4.4	7.9	14.1	25.3
每千居民定期航班客位数	7.24	7.24	71[c]	101	203	408	820
交通基础设施的综合质量	—	0.50	4.71[a]	4.78	5.03	5.28	5.55

注：(1)增长率实际值根据面板数据计算而来，增长率单位为%；指标单位见附表1-1-1，面板数据来源见附表1-1-2。(2)基准值时间。a为2017年数据；b为2014年数据；c为2015年数据。

2. 中国交通服务指标的前景分析

中国交通服务现代化的前景分析，选择8个指标（表3-56）。

表3-56 2020~2050年中国交通服务指标的情景分析

项目	增长率 实际值	增长率 预测值	2018（基准值）	2020	2030	2040	2050
参考1990~2018年年均增长率估算							
人均交通产业增加值	11.36	5.10	438	484	795	1308	2151
交通产业劳动生产率	11.66	2.80	34 201	36 143	47 638	62 789	82 759
公路货运密度	5.51	−2.00	1470	1412	1154	943	770
铁路货运密度	0.63	−2.50	21 884	20 803	16 150	12 538	9734
交通服务的综合效率	—	1.00	4.5	4.6	5.1	5.6	6.2
物流绩效指数：追踪查询货物的能力	—	0.70	3.75	3.80	4.08	4.37	4.69
交通产业增加值比例	−1.22	−0.10	4.4	4.4	4.3	4.3	4.3
交通产业劳动力比例	−0.18	2.40	2.3	2.4	3.1	3.9	4.9
参考2000~2018年年均增长率估算							
人均交通产业增加值	11.79	8.00	438	511	1102	2380	5138
交通产业劳动生产率	13.21	4.00	34 201	36 991	54 756	81 053	119 978
公路货运密度	8.05	1.00	1470	1500	1656	1830	2021
铁路货运密度	0.49	−1.00	21 884	21 448	19 397	17 543	15 865
交通服务的综合效率	—	1.30	4.5	4.6	5.3	6.0	6.8
物流绩效指数：追踪查询货物的能力	1.45	0.80	3.75	3.81	4.13	4.47	4.84
交通产业增加值比例	−1.89	−0.20	4.4	4.4	4.3	4.2	4.1
交通产业劳动力比例	−1.11	2.22	2.3	2.4	3.0	3.7	4.6

注：增长率实际值根据面板数据计算而来，增长率单位为%；指标单位见附表1-1-1，面板数据来源见附表1-1-2。

3. 中国交通效率指标的前景分析

中国交通效率现代化的前景分析,简要讨论5个指标的前景(表3-57)。

表3-57　2020~2050年中国交通效率指标的情景分析

项目	增长率		2018（基准值）	2020	2030	2040	2050
	实际值	预测值					
参考1990~2018年年均增长率估算							
自动驾驶汽车比例①	—	*	0.11	0.2	6.2	20.0	64.0
人均交通二氧化碳排放量	8.10	4.00	0.66	0.71	1.06	1.56	2.32
单位GDP的交通二氧化碳排放量	−1.75	−1.75	0.04	0.04	0.03	0.03	0.02
单位GDP的交通能耗	−2.11	−2.11	14.9	14.3	11.5	9.3	7.5
公路交通事故的致死率	−1.08	−1.08	18.2a	17.4	15.6	14.0	12.6
参考2000~2018年年均增长率估算							
自动驾驶汽车比例①	—	**	0.11	0.2	14.3	33.8	80.0
人均交通二氧化碳排放量	6.86	6.86	0.66	0.75	1.46	2.84	5.52
单位GDP的交通二氧化碳排放量	−3.06	−3.06	0.04	0.04	0.03	0.02	0.01
单位GDP的交通能耗	−2.31	−2.31	14.9	14.2	11.3	8.9	7.1
公路交通事故的致死率	—	−0.65	18.2a	17.7	16.6	15.6	14.6

注:(1)增长率实际值是根据面板数据计算而来,增长率单位为%;指标单位见附表1-1-1,面板数据来源见附表1-1-2。(2)基准值时间。a为2016年数据。①为自动驾驶汽车比例,基准值为估计值,其数值为蔚来汽车和特斯拉汽车占民用汽车的比例。(3)预测值 *,2018~2030年年均增长率取值为40.00%,2030~2050年年均增长率取值为12.35%;预测值 **,2018~2030年年均增长率取值为50.00%,2030~2050年年均增长率取值为9.00%。

4. 中国交通治理指标的前景分析

中国交通治理现代化的前景分析,简要讨论3个定量指标的前景(表3-58)。

表3-58　2020~2050年中国交通治理指标的情景分析

项目	增长率		2018（基准值）	2020	2030	2040	2050
	实际值	预测值					
参考1990~2018年年均增长率估算							
出口清关平均时间	—	−3.00	7.6a	6.0	4.4	3.2	2.4
电动车比例	—	*	0.76	1.2	11.1	30.2	82.2
人均交通基础设施投资	15.33	1.11	513	524	586	654	731
参考2000~2018年年均增长率估算							
出口清关平均时间	—	−3.00	7.6a	6.5	5.3	4.3	3.5
电动车比例	—	**	0.76	1.3	17.7	40.0	90.5
人均交通基础设施投资	15.32	1.50	513	529	613	712	826

注:(1)增长率实际值根据面板数据计算而来,增长率单位为%;指标单位见附表1-1-1,面板数据来源见附表1-1-2。(2)基准值时间。a为2012年数据。(3)电动车比例增长率实际值为2010~2018年年均实际增长率。预测值 *,2018~2030年年均增长率取值为25.00%,2030~2050年年均增长率取值为10.55%;预测值 **,2018~2030年年均增长率取值为30.00%,2030~2050年年均增长率取值为8.50%。

第四节 中国交通现代化的战略分析

交通是国民经济中的基础性、先导性、战略性产业,是重要的服务性行业。中国交通现代化的发展目标,需要与中国建设现代化国家的战略目标相协调。

一、中国交通现代化目标分析

1. 中国交通现代化的理论目标

交通现代化是交通领域的全方位变革,它既是相对的、动态的和系统性的,也是一个连续性累积的发展和建设过程。根据交通现代化规律和中国国情,未来30年中国交通现代化可分为三个阶段,即部分(地区和领域)实现现代化、基本实现现代化、全国实现现代化。

- 第一阶段:到2025年("十四五"时期),部分(地区和领域)实现交通现代化。争取在重点城市群、都市圈等更多地区和领域率先基本实现交通现代化,迈出加快建设交通强国的坚实步伐,综合交通运输体系发展质量、运行效率和整体效益得到显著提升,建设社会主义现代化国家的支撑能力得到进一步增强。
- 第二阶段:到2035年,基本实现交通现代化,基本建成交通强国。现代化综合交通体系基本形成,人民满意度明显提高,支撑国家现代化建设能力显著增强。基本实现交通治理体系和治理能力现代化,交通国际竞争力和影响力显著提升。
- 第三阶段:到2050年(本世纪中叶),全国实现交通现代化。全面建成人民满意、保障有力、具有世界前沿水平的交通强国。基础设施质量、技术装备、交通科技创新能力、智能化与绿色化达到世界前沿水平,交通安全、治理能力、文明程度、国际竞争力及影响力达到世界先进水平,全面服务和保障社会主义现代化强国建设,人民享有优质美好交通服务。

2. 中国交通现代化的综合性目标

根据交通的特点,将交通现代化的综合性目标分解为四个方面,即交通设施网络现代化、交通服务现代化、交通技术装备现代化、交通治理现代化等。

其一,交通设施网络现代化。我国综合交通运输的高品质快速网、高效干线网、广泛覆盖的基础网全面建成,体系完备且协同运转顺畅。国家综合立体交通网主骨架基本建成,构成我国区域间、城市群间、省际间以及连通国际运输的主动脉,形成支撑国土空间开发、保护的主轴线。铁路、公路、水运、民航、管道、邮政快递等基础设施网络全面建成。交通发展从以建设为主逐渐转为以管理养护为主。

其二,交通服务现代化。满足人民群众美好生活需要的快速、可靠、公平的全程化、多元化、高品质的交通服务不断升级演进。交通服务将向多元化、定制化方向发展,交通服务产品将极大丰富,更好满足不同群体和区域的发展需要,更好满足多元、舒适、便捷等客运需求和经济、可靠、高效等货运需求。

其三,交通技术装备现代化。智能交通技术将在交通运输领域全面普及应用,我国交通运输领域的技术达到世界前沿水平。交通运输网动态运行管理服务智能化水平不断提升。新能源汽车技术不断成熟,长续航快速充电技术快速发展,新能源汽车占汽车保有量显著提高。智能列车、智能(网联)汽车、智能船舶、商用飞机、智慧管道的技术水平达到世界一流。

其四,交通治理现代化。行业改革不断深化推进,交通运输行业文明迈向新阶段,行业各方面制度更加成熟,交通运输法律法规更加健全,交通运输发展战略规划体系、交通运输发展指标与标准体系、交通投融资机制等重大体制机制改革取得决定性成果,治理体系和治理能力同步适应交通运输发展需要。交通运输建设、运营、维护等造成的交通污染和生态环境影响大幅下降。

3. 中国交通现代化的分方式目标

(1) 铁路现代化

其一,现代化铁路网率先建成。铁路网内外互联互通,区际多路畅通,省会高效连通,地市快速通达,县域基本覆盖,枢纽衔接顺畅,网络设施智慧升级,有效供给能力充沛。全国铁路网规模基本稳定。铁路服务经济社会发展的作用更加显著,应对突发事件及自然灾害、完成急难险重任务、服务重大战略、维护国家安全的能力全面提升。

其二,铁路运输服务供给品质一流。高效率的全程服务体系和高品质的产品供给体系更加完善,人享其行、物畅其流,安全优质、人民满意。运输效率、资源配置效率、资本运营效率持续提升,市场规模、经营发展质量不断跃升,主要运输经济指标达到世界前沿水平,主要经营效益指标位居世界前列,国家铁路集团成为世界一流企业。中欧班列等成为具有国际影响力的世界知名铁路物流品牌。铁路在现代综合交通运输体系中的骨干作用和地位明显增强。

其三,铁路创新发展自主先进。铁路自主创新能力和产业链现代化水平全面提升,铁路科技创新体系健全完善,关键核心技术装备自主可控、先进适用、安全高效。中国成为全球铁路科技创新高地,铁路走出去的产业链和价值链向中高端聚集,中国铁路国际竞争力和影响力显著提升。

其四,铁路治理全面实现现代化。铁路管理体制机制健全高效,制度更加完备,人才队伍精良,市场环境优良,发展活力增强,国铁企业的行业主体作用突出,治理体系和治理能力实现现代化。铁路运输安全持续稳定,本质安全水平、安全预防及管控能力、应急处置及救援能力全面提升,高铁和旅客列车安全得到可靠保障,铁路交通事故率、伤亡率大幅降低。

(2) 公路现代化

其一,全面建成现代化公路网络。"71118"国家高速公路网(7条首都放射线、11条北南纵线、18条东西横线,以及地区环线、并行线、联络线)全面建成,全面形成布局合理、功能完善、覆盖广泛、安全可靠的国家干线公路网络,实现首都辐射省会,省际多路连通,地市高速通达,县县国省道覆盖,乡镇通三级及以上公路。农村公路铺装水平与等级路比例显著提升。公路网有效连接国家陆路门户城市和重要边境口岸,形成重要国际运输通道,与东北亚、东南亚、中亚、南亚的联系更加便捷。

其二,公路运输服务更为优质。运输服务将向多元化、定制化方向发展。定制公路客运服务全面普及,轿车出行服务水平显著提高,网络化公路货运高效经济。公路养护质量显著提升,公路优良路率显著提升。公路交通国际影响力和竞争力显著提升,国际道路运输便利化水平显著提高。

其三,公路技术装备配备精良。公路交通装备全面更新换代,自动驾驶汽车得到全面应用,车路协同和车联网广泛部署,无人驾驶汽车逐渐成为普及化交通工具,有人驾驶汽车和无人驾驶汽车混合运行也将成为交通运行的常态。公路长大桥隧工程技术更加成熟,过江、跨海、沿边等公路建设基本完成。

其四,公路治理能力达到世界前沿水平。公路全生命周期管理体制机制全面建立。公路交通治理国际影响力显著提升。公路安全保障水平显著提高,公路伤亡率和事故率接近"零发生"。公路实现净零排放,对自然生态实现零影响。

(3) 水运现代化

其一,港航基础设施全面完善。大型化、专业化、深水化港口设施达到世界前沿水平,全国港口发展水平整体跃升,主要港口总体达到世界一流水平,若干个枢纽港口达到世界先进水平,全面满足国内外航运发展需要。长江、西江、京杭运河等高等级航道全面建成,高等级航道通行能力进一步提升。

其二,水运服务水平全面提高。现代航运服务业发展全面居于世界前列,水运高质量服务体系基本建成,水运服务品质明显提高,水运综合竞争力显著增强。

其三,航运技术装备水平明显提高。港口和航道数字化、网联化、智能化水平显著提升,打造形成具有世界范围示范意义的数字航道、智慧港口,港口自动化运行水平显著提高。

其四,水运治理能力显著增强。全面实现水运治理体系和治理能力现代化;水运安全发展水平和服务保障能力达到世界先进水平,全面参与国际海运治理,具有较强的影响力和话语权。

(4) 民航现代化

其一,民航基础设施高效完备。建成覆盖广泛、分布合理、功能完善、集约环保的现代化机场网络,航空运输服务覆盖面进一步扩大;枢纽机场、支线机场、通用机场协同发展,形成一批以机场为核心的现代化综合交通枢纽;国际航空枢纽的网络辐射能力更强,建成京津冀、长三角、粤港澳大湾区、成渝等世界级机场群。

其二,航空服务体系更加完善。国际化、大众化、多元化的航空服务体系更加完善,运行质量和效率进一步提升,旅客体验更加美好;形成一批全球排名靠前、竞争力强、富有创新活力的航空企业;通用航空服务深入生产生活各个方面。

其三,民航技术装备创新发展成效显著。自主创新取得突破,国产飞机、空管系统、机场运行等民航核心装备广泛应用;军民融合深入发展;智慧机场、智慧空管等技术装备全面普及应用;全行业能源消耗、污染排放、碳排放水平大幅降低。

其四,民航治理水平显著提升。形成安全、高效、智慧、协同的现代化空中交通管理体系,航空安全管理达到世界前沿水平;民航可持续发展能力显著增强;参与国际民航规则、标准等制定的话语权显著增强。

二、中国交通现代化的路线图

中国交通现代化的路线图是中国交通现代化的战略目标、基本任务、基本路径和政策举措的一种系统集成,旨在系统勾画未来30年中国交通现代化的前景和对策。

1. 中国交通现代化路线图之一:战略目标

未来30年中国交通现代化的战略目标是:增强交通基础设施的规模和质量,加强技术装备科技创新能力,提升智能化与绿色化水平,具备强大的国际竞争力及影响力,逐步达到交通领域的世界前沿水平,分步实现交通现代化。

- 第一步,在2025年前后,争取在更多地区和领域率先基本实现交通现代化;
- 第二步,在2035年前后,全国基本实现交通现代化,基本形成现代化综合交通体系,基本建成交通强国;
- 第三步,在2050年前后,全国全面实现交通现代化,全面建成现代化综合交通体系,建成具有世界先进水平的交通强国。

2. 中国交通现代化路线图之二:基本任务

中国交通现代化要上三个台阶。第一个台阶:全国基本实现交通现代化,基本建成现代化交通强国,达到世界交通中等发达水平;第二个台阶:全国实现交通现代化,全面建成现代化交通强国,达到世界交通发达水平;第三个台阶:高标准实现交通现代化,达到世界交通前沿水平,实现全体人民享有世界一流水平和高满意度的综合智能交通。

3. 中国交通现代化路线图之三:运河路径

从理论和实际角度考虑,综合交通现代化路径是21世纪中国交通现代化的合理选择,这种路径可以简称为交通现代化的运河路径。

中国交通现代化的运河路径是：瞄准交通领域的未来世界前沿，打造现代化综合交通体系，达到交通领域的世界发达水平，支撑国家现代化建设的能力显著增强，人民满意度明显提高，基本建成交通强国。到2050年，全面建成人民满意、保障有力的交通强国，基础设施规模和质量、技术装备、科技创新能力、智能化与绿色化具有世界前沿水平，全面服务和保障社会主义现代化强国建设，全面实现交通现代化；到21世纪末，交通安全、交通治理、文明程度、国际竞争力及影响力都达到世界先进水平（图3-10）。

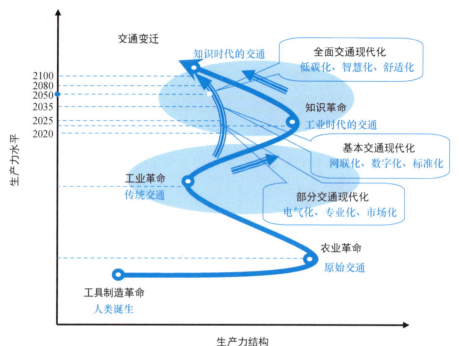

图 3-10　中国交通现代化的路线图——运河路径

4. 中国交通现代化路线图之四：监测指标

中国交通现代化的监测指标体系，可以从基础设施、交通服务、技术装备、交通治理四个方面遴选，包括21个监测指标（表3-59）。

表 3-59　中国交通现代化路线图的监测指标体系

指标体系	监测指标及解释	指标单位
基础设施监测指标	铁路运营里程	万公里
	高铁运营里程	万公里
	铁路复线率	%
	铁路电气化率	%
	公路通车里程	万公里
	高速公路建成里程	万公里
	内河高等级航道里程	万公里
	沿海港口万吨级及以上泊位数	个
	民用运输机场数	个
	通用机场数	个
	城市轨道交通运营里程	公里
	油气管网里程	万公里

(续表)

指标体系	监测指标及解释	指标单位
交通服务监测指标	动车组列车承担铁路客运量比例	%
	民航航班正常率	%
技术装备监测指标	交通基础设施数字化率	%
	R&D经费	亿元
	R&D经费投入强度	%
交通治理监测指标	道路运输较大以上等级行车事故死亡人数下降率	%
	交通二氧化碳排放强度下降率	%

三、中国交通现代化的战略要点与重点任务

随着我国开启全面建设社会主义现代化国家新征程，我国的交通现代化事业也面临着新形势、新要求与新问题。目前，我国交通运输业已由规模扩张阶段转向全方位升级阶段，正处于提升运输服务品质、提高基础设施质量的攻关期。交通运输领域还存在基础设施质量不高、运输服务品质不精、创新发展动力不足等问题，进入新发展阶段，我国交通现代化的战略要点及重点任务主要应从交通基础设施网络、交通服务品质、交通技术装备以及交通治理体系四个方面着手（图3-11）。

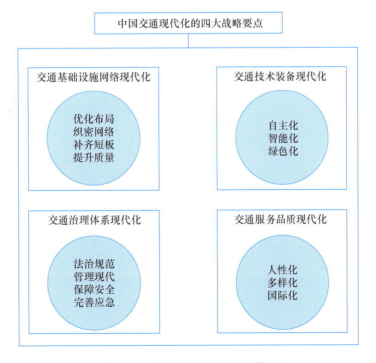

图3-11 中国交通现代化的总体战略

1. 打造现代化交通基础设施网络

（1）优化综合运输大通道网络布局

打造现代化的交通基础设施网络，首先，需要优化综合运输大通道网络布局。按照国土空间总体规划要求，综合考虑人口布局、经济布局、国土利用、生态环境保护等因素，以国土空间基础信息平台为底板，以国家重大区域战略为引领，以城市群、大都市圈为主体形态的国土开发集聚区为重点，着力

完善综合运输大通道布局，优化交通网络功能层级，更好支撑国土空间开发和新一轮高水平对外开放。其次，在"十纵十横"综合运输大通道的基础上，加强西部和东北沿边地区铁路、公路等骨干通道联系，强化交通对沿边开放开发、国防和边疆稳定的战略支撑作用，加快形成"十纵十横一环"综合运输大通道新格局。再次，强化综合运输大通道的经济功能及其对国土空间开发保护的支撑引领作用，在全国"两横三纵"城镇化战略格局的基础上，统筹生产生活生态空间，以综合运输大通道为纽带串联全国主要城市群，着力提升通道系统效率和网络效益，加快构建形成交通经济廊道。

（2）织密重点区域交通运输网络

现代化的交通基础设施网络需要加强主要城镇化地区对外多向联通能力，重点完善城市群、都市圈内快速交通网络。推进城市群都市圈交通一体化，加快城际铁路、市域（郊）铁路建设，有序构建城市高速公路环线系统和推进城市轨道交通发展。依托辐射带动能力较强的中心城市，提高1小时通勤圈协同发展水平。以城际铁路和市域（郊）铁路等轨道交通为骨干，打通各类"断头路""瓶颈路"，推动市内外交通有效衔接和轨道交通"四网融合"，提高都市圈基础设施连接性、贯通性。以京津冀、长三角、粤港澳大湾区等发展相对比较成熟的区域为重点有序推进城际铁路建设。有针对性地完善城市群公路网络，打通城市群内跨市（区）公路"断头路"。积极推进北京、上海、广州、深圳、成都、重庆、杭州、南京、武汉等都市圈市域（郊）铁路建设。

（3）补齐交通基础设施发展短板

现代化的交通基础设施网络需要聚焦交通基础设施薄弱环节和瓶颈制约，补齐交通基础设施短板。一是提升欠发达地区以及边疆地区的通行能力。二是加密国家战略地带交通基础设施布局，重点加强长江经济带、粤港澳大湾区、京津冀地区快速交通网络建设。三是畅通骨干通道连接，推进既有通道缺失路段、延伸路段建设，全面梳理改造干线铁路能力紧张的"卡脖子"路段，打通省际公路"断头路"。四是强化交通基础设施网末端服务能力，解决旅客出行和物流服务"最后一公里"。优化港口后方集疏运体系，加快实施铁路进港工程，推动铁路进园区、进工厂，增强铁路集疏运能力。

（4）提升交通基础设施全生命周期质量水平

交通的现代化离不开高质量的交通基础设施，而高质量的交通基础设施建设要从全生命周期视角统筹考虑交通基础设施规划、勘探、设计、建设、运营和维护等各环节，推动交通基础设施项目管理从分阶段管理向全寿命（过程）管理转变。彻底摒除"重建轻养"思想，坚持"建管养运并举"、加大交通基础设施管护力度，全面提升交通基础设施安全与管理养护水平、抗灾能力。加强大数据、物联网等先进技术在交通基础设施全寿命过程管理中的应用。提升交通基础设施传统施工工艺、管理流程等信息化、智能化水平，促进大数据、云计算、互联网技术、3D打印技术等在交通基础设施企业研发设计、生产施工、经营管理等全流程和全产业链的综合集成应用，协同推动智能技术和建筑装备研发、系统集成和产业化，培育智能监测、远程控制管理和全产业链质量追溯等智能管控。

2. 提供现代化高品质的交通运输服务

（1）提升客运服务品质

一是提高旅客全过程出行美好感受。打造民航、铁路、公路等多种运输方式结合、多家运输企业参与的联程联运体系，实现一站购票、一次托运、安检互认以及无缝换乘，提升旅客在各环节及全链条的出行体验，开发国际旅客联程运输产品，丰富联程联运服务产品。降低民航、铁路、道路等运输方式的延误率、事故率，提升城市交通的安全性、通畅性；打造综合信息服务平台，及时告知旅客相关信息，提升旅客出行的便捷性。

二是发展旅客出行的多样化服务。提高老年人、残疾人出行服务人性化水平，推进机场、车站、码头等客运枢纽以及地铁、公交等交通工具车厢内无障碍辅助设施改造，增加语音、盲文提示等服务功能,推广低地板公交车、无障碍出租车等应用;探索老年电动车等运输工具使用规范化,保障行动不便乘客出行安全、便捷;开行长途旅游专列、大巴等,打造适合老年人的慢节奏、高品质休闲旅游产品。增强城市客运通勤服务保障能力。推动形成城市轨道交通、市域铁路、公交等多方式并举的换乘便捷、舒适可靠的通勤服务体系,强化公共交通的服务质量,缩小与私人交通出行体验差距;强化城市慢行基础设施建设,形成连续、隔离的自行车快车道、步行绿道等慢行出行设施,使其既能与公共交通便捷衔接,又能独立承担出行。提升个性化旅客出行定制服务,发展商务快线、旅游专线、大站快车、社区接驳公交和需求响应交通等多样化特色公共交通服务;完善邮轮、房车、私人游艇、私人飞机等个性化出行领域的相关配套设施建设。

三是发展无障碍化出行服务。系统规划布局无障碍设施,合理设置交通枢纽内外标识,完善售票机和宽体检票机、扶梯、手推车设施,强化一站式问询服务,建设多功能厕所和站台防跌落设施等。按照"轮不离地"理念,规划建设客运枢纽,根据枢纽服务规模,对既有车站逐级实施消除车站台阶等改造。在客运枢纽增加医疗设施、轮椅、母婴室、第三卫生间、优待群体候车区或专属座椅等设施供给,重点提升老年人、婴幼儿童、孕妇、残障人士等的交通出行品质,充分满足旅客多元化、差异化的出行需求。

(2) 提升货运服务质量

推进各运输方式间智能协同调度,实现信息对接、运力匹配、时刻衔接。依托移动互联网促进客运、物流信息整合,鼓励发展客货无车承运,实现一体衔接。加强多式联运、交通枢纽物流园区、城市配送、危险品运输、跨境电子商务等专业化经营平台信息互联互通,提升大宗物资、集装箱、快递包裹等重点货物运输效率。积极推动长江及长三角地区江海联运与多式联运信息服务平台建设。鼓励中国铁路综合物流网络平台开发等。引导相关企业完善甩挂运输管理信息系统,进一步完善民航领域离港系统、航空物流信息平台。

加快调整运输结构,鼓励大宗物资向铁路、水路等转移。推动人与自然和谐共生的现代化,落实低碳环保要求,大幅提升铁路货运比例。加快补足铁路末端专用线和铁路干支衔接线路短板,配套高效公铁转运设备设施;优化铁路运输方式组织形式,丰富铁路运输服务产品;加大公路超载超限治理等。加快推进有条件地区实施铁路专用线进港区,实施内河航道疏浚,开展铁海联运、江海"水水中转"等多式联运。

(3) 提升交通运输服务国际化水平

一是鼓励企业参与国际合作竞争。增加我国交通运输相关领域企业核心竞争力。着重在市场公平竞争环境下更深层次参与国际运输市场竞争合作,以国家有关部门为主体,对交通运输领域国际投资的国别情况做出分析,对我国对外参与活动竞争提供引导。二是推进国内、国际运输市场对接合作。以远洋运输、航空运输、港口企业为主,加强面向国际市场的合作。统筹国内、国际两个市场的对接,提升国内运输市场的国际化程度,将国际发展成果有效辐射国内,实现互促互进、共同发展。三是全面构建友好有序的社会环境。深化对外开放领域工作,打造适宜交通运输对外开放的社会整体环境。增强对境外资本的友好度,扩大负面清单适用范围,结合自贸区、自贸港发展,提升我国对于国际交通运输资本、人才、资源等多重要素的吸引力。四是构建国际化物流服务平台。围绕国际枢纽布局和基础设施网络覆盖度提升,以满足国际快速物流交换特点为需求,构建国际化物流服务平台,发展具有国际竞争力、融入全球供应链体系的交通运输服务,提升交通运输发展水平。提高跨国口岸物流效率,提升综合效益和整体效率,推动国际运输便利化发展。

3. 加强现代化交通技术装备支撑

(1) 推动先进技术装备研发应用

依托国内广阔消费市场，发挥交通运输承载新业态新技术的载体优势，加快推进交通运输领域新型基础设施建设，加快推进新一代基础设施和先进交通技术装备自主创新与研发应用，促进新业态、新模式形成和商业化，更好满足人民群众日益增长的美好生活需要。一是强化前沿关键科技研发。瞄准新一代信息技术、人工智能、智能制造、新材料、新能源等世界科技前沿，加强对可能引发交通产业变革的前瞻性、颠覆性技术研究。强化汽车、民用飞行器、船舶等装备动力传动系统研发，突破高效率、大推力/大功率发动机装备设备关键技术。合理统筹安排时速 600 公里级高速磁悬浮系统、时速 400 公里级高速轮轨（含可变轨距）客运列车系统、低真空管（隧）道高速列车等技术储备研发。二是加快研究布局新一代交通基础设施网络。依托新一代科学技术发展，超前谋划下一代基础设施，研究布局超高速磁悬浮铁路、新能源自动驾驶公路、太阳能发电道路、无人码头等具有革命意义的基础设施和配套装备。超前性研究面向深空、深海、深地、深蓝等领域的下一代基础设施。三是加强新型载运工具与特种装备自主研发。实现 3 万吨级重载列车、时速 250 公里级高速轮轨货运列车等方面的重大突破。加强智能网联汽车（智能汽车、自动驾驶、车路协同）研发，形成自主可控的、完整的产业链。强化大中型邮轮、大型液化天然气船、极地航行船舶、智能船舶、新能源船舶等自主设计建造能力。推进隧道工程、整跨吊运安装设备等工程机械装备研发。研发水下机器人、深潜水装备、大型溢油回收船、大型深远海多功能救助船等新型装备。四是优化技术装备创新的研发环境。建立以企业为主体、产学研用深度融合的技术创新机制，鼓励交通行业各类创新主体建立创新联盟，建立关键核心技术攻关机制，做好试点示范推广和产业化应用，着力解决交通运输领域存在的关键共性技术和短板、瓶颈等问题。建设一批具有国际影响力的实验室、试验基地、技术创新中心等创新平台，加大资源开放共享力度，优化科研资金投入机制。构建适应交通高质量发展的标准体系，加强重点领域标准有效供给。

(2) 提升装备和载运工具智能化水平

广泛应用智能高铁、智能道路、智能航运、自动化码头、数字管网、智能仓储和分拣系统等智能化装备设施，提升铁路计算机联锁、编组站系统自动化程度，建设无人化集装箱码头系统，有序推动无人机自动物流配送，稳步推进城市轨道交通自动驾驶。推广应用集成短程通信、电子标识、高精度定位、主动控制等功能的智能车载设施；建设智能路侧设施，提供网络接入、行驶引导和安全告警等服务；加强车路协同技术应用，示范推广车路协同技术，鼓励乘用车后装和整车厂主动安装具有电子标识、通信和主动安全功能的车载设施，推动汽车自动驾驶。充分利用大数据和云计算，实现智能共享和自适应学习，提高驾驶自动化水平。推广交通事故预防预警应急处理、运输工具主动与被动安全等技术。在航海领域推广应用北斗卫星导航系统，提高船舶定位精度。

(3) 完善智能化交通管理控制系统

开发新一代智能交通管理系统，全面提升交通调度指挥和运输管理智能化水平。推进新一代国家交通控制网、智慧公路建设，增强道路网运行控制管理能力。建设智慧港口，提高港口管理水平与服务效率；建设智慧航道，提升内河高等级航道运行状态在线监测能力；建设智慧海事，基于国家北斗地基增强系统和星基船舶自动识别系统，建设重点船舶全程跟踪和协同监管平台；推动 E 航海示范工程建设，为船舶提供辅助导航服务。完善现代空管系统，加强航空公司运行控制体系建设。推广应用城市轨道交通基于无线通信的列车控制系统。优化城市交通需求管理，完善集指挥调度、信号控制、交通监控、交通执法、车辆管理、信息发布于一体的城市智能交通管理系统。推进部门间、运输方式间的交通管理联网联控。

(4) 推动交通运输技术装备绿色化发展

将低碳绿色的理念贯穿到交通技术装备发展与基础设施建设布局的各个环节，实现系统效率的优化和资源环境效益的集约化，既是新时期交通现代化的内在要求，也是建设美丽中国、实现"碳达峰""碳中和"的重要举措。一是强化顶层设计，加快构建和完善交通运输绿色发展规划政策体系和绿色交通标准体系。研究制定交通运输技术装备绿色化发展中长期发展战略，逐步构建基础设施、运输装备、运输组织等方面的绿色交通标准体系，配套制定绿色交通相关建设和评价标准，完善交通运输行业重点用能设备能效标准和能耗统计标准。二是广泛推广应用节能环保先进技术。制定发布交通运输行业重点节能环保技术和产品推广目录。继续对港口、机场、货运枢纽（物流园区）装卸机械和运输装备实施"油改电、油改气"工程，开展机场新能源综合利用示范。积极推广温拌沥青等技术应用，在桥梁、隧道等交通基础设施中全面推广节能灯具、智能通风控制等新技术与新设备。提高铁路机车牵引能效水平，推广车船节能技术改造，全面规范实施飞机辅助动力装置（APU）替代。三是大力推广应用新能源和清洁能源车船。鼓励支持节能环保车辆优先使用，推动运输装备升级进档。研究制定鼓励新能源汽车使用的差异化政策措施。支持高速公路服务区、交通枢纽充电加气设施的规划与建设，支持内河高等级航道加气设施的规划与建设。四是加强交通基础设施全链条绿色管理，大力推进低碳技术、能源、材料等在交通领域各环节的应用，积极推动绿色公路、绿色港口、绿色航道、绿色机场等建设，全面提升交通基础设施绿色发展水平。

4. 推进交通治理体系现代化

(1) 提升交通治理法治化水平

国家治理多元主体之间只有遵循共同的法律规则，依靠权利义务规定规范彼此关系，用程序化和规范化的方式达成合作，如此的治理模式才具备持续发展性。现代化的交通运输治理体系同样离不开治理机制的规范化和法治化。

一是加快制定综合交通运输相关法律，健全交通法制化水平。规范综合交通运输发展的总体规划、统筹协调和相互融合等问题，明确综合交通运输发展的目标和原则，明确综合交通运输规划的编制和实施，建立相关管理部门的统筹和协调机制，促进不同运输方式的规划、网络、标准的统筹和衔接。不断健全综合交通运输法规制度体系，重点强化生物安全、应急保障、信用监管等职责，发挥法治的引领和规范作用，实现良法善治；强化部省联动，充分发挥行业协会等社会组织的积极作用等。

二是全面提升交通运输依法治理能力。大力加强交通运输依法行政能力建设，在法治轨道上统筹推进保畅保通等各项工作。深化交通运输综合行政执法体制改革，着力提升综合执法能力。加快形成科学完备的交通运输法规制度体系、严格规范的行政执法体系、完善严密的法治监督体系、保障有力的法治保障体系、先进和谐的法治文化体系，全面推进科学立法、严格执法、全民守法，加快建成适应交通强国和法治中国建设的法治交通体系，更好地发挥法治固根本、稳预期、利长远的保障作用。

三是完善综合交通运输规划编制机制。建立健全由国家宏观调控部门统筹协调、交通运输管理部门为责任主体的规划编制机制，加强铁路、公路、水路、民航、邮政发展的统筹规划，建立交通运输与国土、住建、环保等部门之间多规衔接的规划编制机制。

(2) 打造现代化的交通治理体制机制

一是进一步完善综合运输管理体制和运行机制。建立健全国家层面的综合交通运输发展协调机制，按照权责一致的原则进一步理顺各运输方式管理部门之间的职责关系和工作协调机制。在地方综合交通运输管理体制机制方面，鼓励和支持各地加大综合交通运输改革探索，支持地方交通运输主管部门行使本区域内综合交通运输规划、建设、管理与服务等行业管理职责，统筹地方铁路、公路、水路、民航、邮政等管理，加快形成"大交通"管理体制和工作机制。

二是完善交通运输政府治理体系。紧紧围绕法治政府、服务型政府建设,深化综合交通运输管理体制改革,构建中央、省、市(县)三级政府间科学规范的交通运输职责体系;进一步加快转变政府职能,划清政府与市场、社会的边界,全面落实权力清单、责任清单、负面清单管理制度,规范权力运行;完善交通运输财务审计体系,深化交通运输财政事权与支出责任划分改革,强化财政保障;创新行政管理方式,进一步完善交通运输重大行政决策程序、督察督办相关管理制度,提升各级交通运输部门决策民主化、法治化和科学化水平,完善决策、执行、监督制约协调机制;大力加强精良专业的干部队伍建设,提高工作本领,着力提升危机应对、复杂局面驾驭等能力,加快推进交通运输政府治理现代化。

三是推进治理主体的多元化(图3-12)。在交通运输治理现代化过程中,行业治理逐步从自上而下管理,迈向自上而下引导与自下而上参与的多元化、多中心的共建共治共享治理格局。在此过程中,交通运输部门、市场和社会的关系逐步明晰,交通运输在经济属性之外逐步被赋予更鲜明的社会属性和公共属性。建立健全公众参与交通运输治理的制度机制,畅通公众参与渠道,鼓励交通运输行业协会等社会组织积极参与行业治理,健全交通运输志愿者服务体系。拓宽交通运输政务公开领域和范围,推进决策公开、执行公开、管理公开、服务公开、结果公开。紧紧围绕充分发挥市场在资源配置中的决定性作用和更好发挥政府作用,加大"放管服"改革力度,完善交通投资、运输服务的经营许可、市场准入和退出机制,完善特许经营、价格调整和财政补贴机制,营造公平竞争、规范有序的市场环境,充分激发市场主体活力。

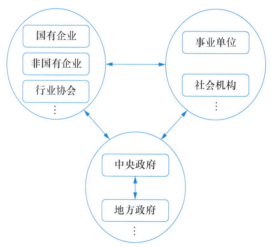

图 3-12 交通运输治理体系现代化的多元主体模式

(3)保障交通运输安全发展

完善交通安全保障制度体系。完善安全责任体系,强化企业主体责任,明确部门监管责任。完善预防控制体系,有效防控系统性风险,建立交通装备、工程第三方认证制度。强化安全生产事故调查评估。完善网络安全保障体系,增强科技兴安能力,加强交通信息基础设施安全保护。完善支撑保障体系,加强安全设施建设。建立自然灾害交通防治体系,提高交通防灾抗灾能力。加强交通安全综合治理,切实提高交通安全水平。

提升基础设施与工具装备安全管理水平。强化交通基础设施预防性养护维护、安全评估,加强长期性能观测,完善数据采集、检测诊断、维修处治技术体系,持续加大基础设施安全防护投入,提升关键基础设施安全防护能力。构建现代化工程建设质量管理体系,推进精品建造和精细管理。强化交通基础设施养护,加强基础设施运行监测检测,提高养护专业化、信息化水平,增强设施耐久性和可靠性。强化载运工具质量治理，保障运输装备安全。

提升交通安全保障能力。加强交通运输安全风险预警、防控机制和能力建设。加快推进城市群、重点地区、重要口岸、主要产业及能源基地、自然灾害多发地区多通道、多方式、多路径建设，提升交通网络系统韧性和安全性。健全粮食、能源等战略物资运输保障体系，提升产业链、供应链安全保障水平。加强通道安全保障，海上巡航搜救打捞、远洋深海极地救援能力建设，健全交通安全监管体系和搜寻救助系统。健全关键信息基础设施安全保护体系，提升车联网、船联网等重要融合基础设施安全保障能力，加强交通信息系统安全防护，加强关键技术创新力度，提升自主可控能力。提升交通运输装备安全水平。

（4）构建现代应急交通体系

针对应急交通体系在新冠疫情防控中暴露出的应急预案体系不够完备、应急协调联动机制有待健全、应急管理法规制度亟待完善、应急服务能力不足、应急装备技术更新换代滞后等问题。我们应从以下四个方面着手，补短板强弱项，打造现代化的应急交通体系。

一是全力补齐交通运输应急预案短板。抓紧编制真正意义上涵盖多种运输方式、跨部门协作的综合交通运输总体应急预案，协调公路、水路、铁路、民航、邮政等交通各部门和专项应急预案，打破以往各自为政的应急预案模式。进一步完善人员分类运送（医护与救援人员、保障人员、被救助人员、其他人员等）、物流分类保障（救援防护物资、基本生活保障物资、生产物资、其他物资等）交通运输应急组织方案。依托大数据、云计算、人工智能等先进技术，科学完善应急运输组织预案，周期性开展理论演练、计算机模拟演练和实景应急操作演练等，确保应急状态下交通物流运行快速、有序开展。

二是完善交通运输应急协调体制机制。明确政府统一管理责权，强化与交通应急系统所有参与者沟通协调，加快建立以大数据信息管理为基础，各参与平台信息互联共享的统筹协调管理机制，确保统一指挥、高效沟通、无缝衔接、协调运行。充分调动社会资源，推动政府、企事业单位、社会自治组织共同参与交通应急体系建设，建立涵盖重大客货运枢纽、关键平台、核心企业等在内的交通运行整体应急响应机制。完善交通企业、社会物流企业合理参与交通运输应急活动的资质评定准入、应急动员补偿、执行监督、事后绩效评价等有效机制。以交通运输企业为依托，加强应急车队能力建设，储备车辆、车皮、船舶、飞机等应急运力，布局转运、临时存储、分拨等交通应急作业场所，平时从事生产经营活动，突发事件中能够快速调用。

三是加快推进交通应急基础设施建设。重点依托国家物流枢纽建设应急物资储备基地、交通运输应急指挥调度平台、交通物流应急组织中心、交通应急救援基地等，优化提升重要交通枢纽应急功能。加强交通物流应急基础设施与国家综合交通运输骨干通道的衔接，强化通道保通保畅。统筹国家交通应急基础设施与社会物流设施、商贸流通及产业设施以及军民融合设施等对接，优化布局建设。强化检测、隔离、救助等应急设施设备配套，推动相关设施设备自动化、无人化、智能化改造升级。

四是促进新技术在交通应急管理领域应用。开发突发事件交通大数据预警预报系统，利用现代信息技术，对重大突发事件产生的交通运输需求、造成的交通系统压力等进行预测并及时预警、预报。在突发事件应急处置过程中，加强交通运输与应急管理、公共卫生、工商企业、社会组织等相关单位信息共享，统一协调资源联合采取措施。加强各种运输方式的信息、时刻、运力等对接，提高换乘和衔接效率，避免人员聚集和货物滞留。利用现代信息技术和先进装备，快速整合交通运输资源，对接供需、规划线路、开展运输组织等，提高交通运输应急处置效率与应对能力。

本章小结

本章关于中国交通现代化的时序分析、截面分析和过程分析,加深了对中国交通现代化的理性认识。关于中国交通现代化的战略分析,可以为制定中国交通现代化政策提供参考。

1. 中国交通体系的发展趋势

(1) 运输需求

交通是服务性行业,交通需求决定交通服务。运输需求可以用人均国内客运周转量和人均国内货运周转量来代表。1980~2018年,人均国内客运周转量提高近7倍,人均国内货运周转量增加12倍多。公路运输:1980~2018年,人均国内公路客运周转量先上升后下降,人均国内公路货运周转量提高约145倍。铁路运输:1995年以来,人均国内铁路客运周转量和人均国内铁路货运周转量不同程度增加。航空运输:1990~2018年,人均国内航空客运量由0.015人次提高到0.44人次;1980~2018年,人均国内航空货运周转量提高了146倍多。管道运输:1980~2018年,人均管道运输周转量增加了近7倍。

(2) 交通工具

公路运输:1990~2018年,每千居民拥有的轿车数量从0.2辆增加到136辆;每千居民拥有的货车数量从3.2辆增加到18.4辆。铁路运输:2001~2014年,每千居民的铁路客位数先下降后上升;2000~2014年,每千居民的铁路货运装载力提高了0.6倍。航空客运:2005~2015年,每千居民定期航班客位数由35.3个上升到71.0个。

(3) 交通设施

公路运输:1990~2018年,中国每千人高速公路长度增加了231倍。铁路运输:1990~2018年,每千人铁路里程增加了85%,2018年为0.095公里。航空运输:2005~2016年,每100万居民机场数由0.04个增加到0.05个。

(4) 交通网络

公路运输:1990~2018年,公路密度增加了近4倍;1990~2018年,高速公路比例提高了近60倍。铁路运输:1990~2018年,铁路密度增加了0.77公里/百平方公里;2008~2018年,高铁线路比例提高了约27倍。航空运输:机场密度由2005年的0.49个/10万平方公里提高到2016年的0.80个/10万平方公里。

(5) 交通体系的前景分析

未来30年,每千居民拥有的轿车数量、人均国内航空客运量、每千居民定期航班客位数、交通基础设施的综合质量继续上升,但每千居民拥有的轿车数量会达到合理值。

2. 中国交通服务的发展趋势

(1) 交通行为

2015~2018年,中国人均客车公路客运周转量由769人公里下降到656人公里。

(2) 交通产业

1990~2018年,人均交通产业增加值增加了19倍多,交通产业劳动生产率增加了约21倍。1990~2018年,公路货运密度提高了3.5倍。1990~2018年,铁路客运密度提高了约1.4倍,铁路货运密度先上升后下降。2007~2018年,物流绩效指数:贸易和运输相关基础设施的质量,物流绩效指数:追踪查询货物的能力,物流绩效指数:货物在计划或预期时间内到达收货人的频率均有所提高。

(3) 交通经济

产业结构:1990~2018年,交通产业增加值比例、交通产业增加值占服务业增加值比例下降。就业结构:1990~2018年,交通产业劳动力比例波动,交通产业就业占服务业就业比例下降。需求结构:2005~2015年,交通需求比例由3.73%下降为2.86%。交通强度:1990~2018年,单位GDP的客运周转量、单位GDP的货运周转量分别降低约77%和57%。

(4) 交通服务的前景分析

未来30年,人均交通产业增加值、交通产业劳动生产率、公路货运密度、交通服务的综合效率、物流绩效指数;追踪查询货物的能力继续上升,并且人均交通产业增加值、交通产业劳动生产率将达到合理值;铁路货运密度、交通产业增加值比例继续下降。

3. 中国交通效率的发展趋势

(1) 智能交通

2018年,中国L2级自动驾驶汽车比例约为0.11%,与世界平均水平相当。

(2) 交通环境

1995~2018年,中国交通二氧化碳排放量占比增加了约1.2倍;人均交通二氧化碳排放量增加了5倍多。1995~2018年,单位GDP的交通二氧化碳排放量由0.06千克/国际美元下降到0.04千克/国际美元。

(3) 交通能源

1990~2018年,单位GDP的交通能耗下降约50%,年均下降率约为2.1%。

(4) 交通安全

2013~2016年,公路交通事故的致死率由18.8人/10万人下降为18.2人/10万人。2005~2018年,公路交通事故的致伤率由34.1人/10万人下降为17.3人/10万人。

(5) 交通效率的前景分析

未来30年,自动驾驶汽车比例将会大幅度提高;单位GDP的交通二氧化碳排放量、单位GDP的交通能耗、公路交通事故的致死率继续下降。

4. 中国交通治理的发展趋势

(1) 人力资源

2000~2010年,中国受高等教育劳动力比例提高了1.45倍,年均增长率达到9.37%,受中等教育劳动力比例提高了7.2个百分点。

(2) 交通制度

2012年中国出口清关平均时间约为7.6天。

(3) 交通观念

根据 *The 2020 Deloitte City Mobility Index* 数据显示,2018年中国北京、深圳绿色出行比例分别为72%和74%。2015~2018年,中国电动车比例由0.12%上升到0.76%。

(4) 交通建设

1995~2018年,交通基础设施投资占GDP比例增长了3倍多,年均增长率约为6.32%;人均交通基础设施投资从1995年的19.3美元增加到2018年的513美元,年均增长率约为15.3%。

(5) 交通治理的前景分析

未来30年,电动车比例将会大幅度提高,出口清关平均时间继续下降,人均交通基础设施投资继续增长。

5. 中国交通现代化的基本事实

2018年,中国交通现代化水平处于初等发达国家的前列,接近中等发达水平。

2018年,中国交通现代化的四个方面42个指标的发展水平大致是:7.1%的指标为发达水平,19.0%的指标为中等发达水平,45.2%的指标为初等发达水平,28.6%的指标为欠发达水平。

6. 中国交通现代化的主要特点

其一,中国交通现代化是一种后发追赶型交通现代化;其二,中国高速公路比例和高铁线路比例已达到世界先进水平;其三,中国航空运输与发达国家相比仍有较大差距;其四,中国交通现代化具有地区多样性和不平衡性;其五,中国交通现代化水平略高于中国现代化水平。

7. 中国交通现代化的战略分析

交通现代化是交通领域的全方位变革,它既是相对的、动态的和系统性的,也是一个连续性累积的发展和建设过程。中国交通现代化的国家目标,需要与中国现代化的国家目标相协调。根据交通现代化规律和中国国情,未来30年中国交通现代化可分为三个阶段,即部分(地区和领域)实现交通现代化(至2025年)、基本实现交通现代化(至2035年)、全国实现交通现代化(至2050年)。根据交通的特点,将交通现代化的综合性目标分解为四个方面,即交通基础设施网络现代化、交通服务品质现代化、交通技术装备现代化、交通治理体系现代化等,分运输方式分别实现铁路现代化、公路现代化、水运现代化、民航现代化。

8. 中国交通现代化的路线图

中国交通现代化的路线图是中国交通现代化的战略目标、基本任务、基本路径和政策措施的一种系统集成,旨在简要勾画中国交通现代化的前景和对策。

未来30年中国交通现代化的战略目标是:增强交通基础设施的规模和质量,加强技术装备科技创新能力,提升智能化与绿色化水平,具备强大的国际竞争力及影响力,逐步达到交通领域的世界前沿水平,分步实现交通现代化。

从理论和实际角度考虑,综合交通现代化路径是21世纪中国交通现代化的合理选择,这种路径可以简称为交通现代化的运河路径。中国交通现代化的运河路径是:瞄准交通领域的未来世界前沿,打造现代化综合交通体系,达到交通领域的世界发达水平,支撑国家现代化建设的能力显著增强,人民满意度明显提高,基本建成交通强国。中国交通现代化的监测指标体系,本研究从基础设施、交通服务、技术装备、交通治理四个方面遴选,包括21个监测指标,并根据2025/2035/2050等时间节点进行定量预测分析,并进行国际比较研究。

推动中国交通现代化需要关注战略要点和推动一系列重点任务,随着我国开启全面建设社会主义现代化国家新征程,我国的交通现代化事业也面临着新形势、新要求与新问题。目前,我国交通运输业已由规模扩张阶段转向全方位升级阶段,正处于提升运输服务品质、提高基础设施质量的攻关期。交通运输领域还存在基础设施质量不高、运输服务品质不精、创新发展动力不足等问题,进入新发展阶段,我国交通现代化的战略要点及重点任务主要应从交通基础设施网络、交通运输服务品质、交通技术装备以及交通治理体系等四个方面着手。

一是要通过优化综合运输大通道网络布局、织密重点区域交通运输网络、补齐交通基础设施发展短板、提升交通基础设施全生命周期质量水平来打造现代化交通基础设施网络;二是要通过提升客运服务品质、货运服务质量、交通运输服务国际化水平来提供现代化高品质的交通运输服务;三是通过推动先进技术装备研发应用、提升装备和载运工具智能化水平、完善智能化交通管理控制系统、推动交通运输技术装备绿色化发展来加强现代化交通技术装备支撑;四是通过提升交通治理法治化水平、打造现代化的交通治理体制机制、保障交通运输安全发展、构建现代应急交通体系来推进交通治理体系现代化。

下 篇

世界和中国现代化评价

"人不能两次踏入同一条河"。变化是永恒的存在。通过对世界现代化进程的客观评价,可以动态监测世界和中国现代化进程。在《中国现代化报告》中,我们提出了国家、地区、经济、社会、文化、生态和国际现代化的评价方法等,建立了世界现代化指数(图二)。

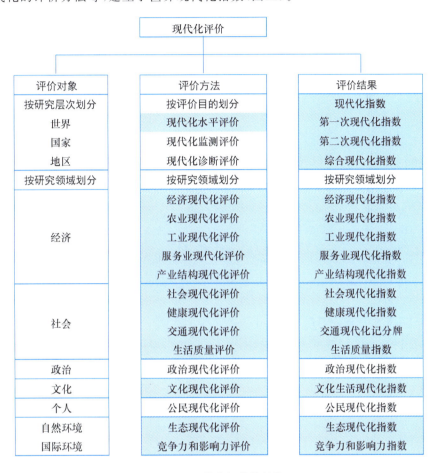

图二 现代化评价的结构

注:现代化水平评价主要反映评价对象现代化的实际进展和国际相对水平,现代化监测评价主要反映国家现代化政策目标的实际进展,现代化诊断评价反映国家现代化过程中的优劣和得失;第一次现代化指数主要反映工业化和城市化的实际水平,第二次现代化指数主要反映知识化和信息化的实际水平,综合现代化指数主要反映现代化水平的国际相对差距。评价结果的蓝色字部分,表示已完成评价。

世界现代化指数主要反映世界现代化在经济、社会、文化和环境等领域的综合成就和相对水平。事实上,现代化还包括政治等各个领域的变化。所以,世界现代化指数,只是反映了现代化的部分内容,而不是全部。此外,统计机构有时会对历史数据进行调整,有些指标的数据不全,这些对评价结果产生一些影响。本报告采用何传启提出的第一次现代化评价模型、第二次现代化评价模型第三版、综合现代化评价模型第三版,对世界131个国家和中国34个地区进行评价。本报告主要反映2018年的评价结果,其他见附录。

第四章 2018年世界和中国现代化指数

2018年美国等28个国家已进入第二次现代化,中国等101个国家处于第一次现代化,布隆迪和塞拉利昂仍然处于农业社会,有些原住民族仍然生活在原始社会(图4-1)。根据第二次现代化指数的国家分组,2018年美国等21个国家为发达国家,俄罗斯等20个国家为中等发达国家,中国等37个国家为初等发达国家,肯尼亚等53个国家为欠发达国家。

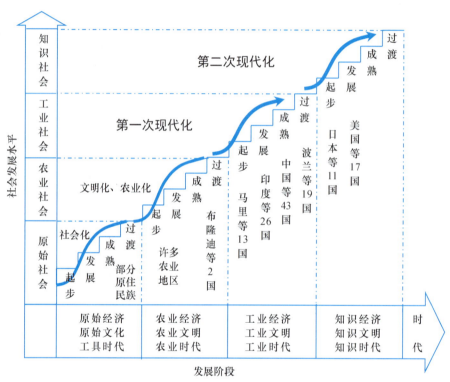

图4-1 2018年世界现代化进程的坐标图

第一节 2018年世界现代化指数

世界现代化指数反映世界131个国家、不同组国家和世界平均现代化水平,包括世界第一次现代化指数(第一次现代化实现程度)、第二次现代化指数和综合现代化指数(表4-1)。它体现世界现代化在经济、社会、知识和环境等领域的综合水平,它没有包括政治等领域的现代化水平。关于现代化指数的评价方法和指标单位,请阅读技术注释。关于现代化评价数据和数据来源,请阅读附录二和数据资料来源。

表 4-1 世界现代化指数的组成

项目	第一次现代化指数	第二次现代化指数	综合现代化指数
用途	第一次现代化是从农业社会向工业社会的转变,典型特征是工业化、城市化和民主化等。本指数反映不同国家和地区完成第一次现代化的进展	第二次现代化是从工业社会向知识社会的转变,目前特征是知识化、信息化和绿色化等。本指数反映不同国家和地区第二次现代化的进展	综合现代化是从半工业社会向知识社会的转变,是两次现代化的协调发展。本指数反映不同国家和地区现代化水平与世界先进水平的相对差距
特点	主要反映"绝对水平"	主要反映"绝对水平"	主要反映"相对水平"

一、2018 年世界现代化的总体水平

2018 年参加评价的 131 个国家中(表 4-2),已经完成第一次现代化的国家有 46 个,没有完成第一次现代化的国家有 85 个;其中,进入第二次现代化的国家为 28 个,约占国家样本数的 21%;已经完成或基本实现第一次现代化的国家为 76 个,约占国家样本数的 58%。基本实现第一次现代化的国家,为第一次现代化指数大于 90 小于 100 的国家(30 个)。

表 4-2 2000~2018 年的世界现代化进程　　　　　　　　　　　　单位:个

项目	2000	2010	2015	2016	2017	2018
已经完成第一次现代化的国家	27	42	47	47	46	46
其中:进入第二次现代化的国家	24	27	26	28	28	28
没有完成第一次现代化的国家	104	89	84	84	85	85
其中:基本实现第一次现代化的国家	31	27	25	24	32	30
处于传统农业社会的国家	13	6	3	4	3	2

注:参加评价的国家为 2000 年人口超过 100 万的 131 个国家。第一次现代化指数达到 100,表示达到 1960 年工业化国家平均水平,完成第一次现代化。第一次现代化指数超过 90 但低于 100,表示基本实现第一次现代化。

2018 年根据第二次现代化指数分组,发达国家、中等发达国家、初等发达国家和欠发达国家占国家样本数的比例分别约为 16%、15%、28% 和 40%(表 4-3)。

表 4-3 2000~2018 年根据第二次现代化水平的国家分组

项目	2000	2010	2011	2012	2013	2014	2015	2016	2017	2018
发达国家/个	17	20	21	21	20	20	20	21	20	21
中等发达国家/个	30	23	21	20	25	19	20	18	19	20
初等发达国家/个	33	34	34	43	34	35	36	40	38	37
欠发达国家/个	51	54	55	47	52	57	55	52	54	53
发达国家占比/(%)	13	15	16	16	15	15	15	16	15	16
中等发达国家占比/(%)	23	18	16	15	19	15	15	14	15	15
初等发达国家占比/(%)	25	26	26	33	26	27	27	31	29	28
欠发达国家占比/(%)	39	41	42	36	40	44	42	40	41	40

注:第二次现代化评价,2000 年按第一版模型评价,2010~2013 年按第二版模型评价,2014~2018 年按第三版模型评价(见技术注释)。加和不等于 100 是由于四舍五入的原因。

2018 年,发达国家全部进入第二次现代化,5 个处于起步期,16 个处于发展期;中等发达国家有 7 个进入第二次现代化,13 个处于第一次现代化;初等发达国家全部处于第一次现代化;欠发达国家有 51 个处于第一次现代化,有 2 个处于传统农业社会(表 4-4)。

表 4-4　2018 年国家现代化的水平与阶段的关系　　　　　　　　　　　　　单位:个

国家现代化水平	国家现代化的阶段							合计
	传统社会	F 起步期	F 发展期	F 成熟期	F 过渡期	S 起步期	S 发展期	
发达国家	—	—	—	—	—	5	16	21
中等发达国家	—	—	—	4	9	6	1	20
初等发达国家	—	—	2	25	10	—	—	37
欠发达国家	2	13	24	14	—	—	—	53

注:国家现代化的阶段是根据产业结构和就业结构的划分。其中,传统社会指传统农业社会,F 代表第一次现代化,S 代表第二次现代化。国家水平分组方法:第二次现代化指数,发达国家超过 80,中等发达国家低于 80 但高于 50,初等发达国家低于 50 但高于 30,欠发达国家低于 30。

根据国家的现代化阶段和现代化水平,可以构建世界现代化的定位图;横坐标为国家的现代化阶段,纵坐标为国家现代化水平(现代化指数和国家分组),例如,基于现代化阶段和第二次现代化水平的定位图(图 4-2),基于现代化阶段和综合现代化水平的国家定位图。

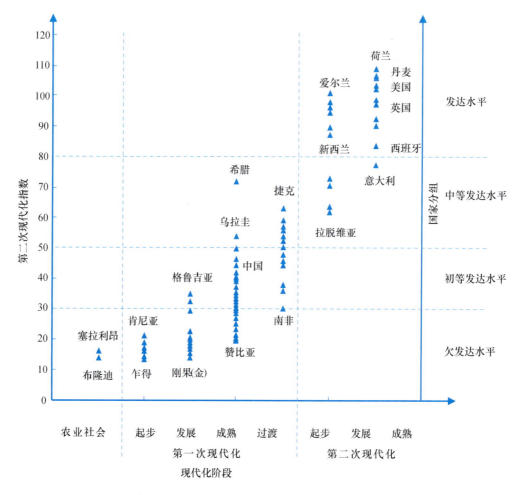

图 4-2　2018 年世界现代化的定位图(基于现代化阶段和第二次现代化水平)

注:图中 131 个点代表不同国家的定位,显示国家的现代化阶段、第二次现代化指数和国家分组。具有发达水平的国家为现代化国家,其他国家是非现代化国家。2018 年现代化国家的特点:具有发达水平,已进入第二次现代化。

1. 2018年发达国家水平

根据第二次现代化水平分组,2018年美国等21个发达国家的第二次现代化指数在80至110之间,它们均已完成第一次现代化;它们的综合现代化指数在80至100之间(表4-5)。

表4-5　2018年21个发达国家的现代化指数

国家	第一次现代化指数	2018年排名	2017年排名	第二次现代化指数	2018年排名	2017年排名	综合现代化指数	2018年排名	2017年排名
荷兰	100.0	1	1	109.8	1	4	99.7	2	4
丹麦	100.0	1	1	109.7	2	1	100.0	1	1
瑞典	100.0	1	1	108.2	3	2	99.4	4	3
瑞士	100.0	1	1	108.2	4	3	97.4	8	8
比利时	100.0	1	1	107.6	5	6	99.5	3	2
美国	100.0	1	1	107.4	6	5	96.0	9	5
德国	100.0	1	1	105.2	7	8	98.2	5	9
新加坡	100.0	1	1	103.2	8	7	97.7	6	6
爱尔兰	100.0	1	1	101.4	9	11	94.7	10	11
芬兰	100.0	1	1	101.0	10	10	97.6	7	7
挪威	100.0	1	1	99.7	11	9	91.5	14	13
法国	100.0	1	1	99.1	12	12	91.7	13	14
英国	100.0	1	1	98.9	13	13	90.4	15	15
奥地利	100.0	1	1	98.6	14	15	93.9	12	12
日本	100.0	1	1	96.9	15	14	94.3	11	10
澳大利亚	100.0	1	1	92.1	16	16	87.7	17	17
以色列	100.0	1	1	91.7	17	18	90.0	16	16
加拿大	100.0	1	1	91.4	18	19	87.0	18	18
韩国	100.0	1	1	89.8	19	17	86.9	19	20
新西兰	100.0	1	1	88.8	20	20	86.9	20	19
西班牙	100.0	1	1	80.7	21	21	80.8	22	21

注:第一次现代化指数达到100时,排名都为1,不分先后。表4-5、表4-6、表4-7和表4-8的排名都是131个国家的排名。2001~2008年的《中国现代化报告》中的排名为108个国家的排名。

2. 2018年中等发达国家水平

2018年,意大利等20个中等发达国家的第二次现代化指数在50至79之间;它们都完成了或基本完成第一次现代化;它们的综合现代化指数在59至81之间(表4-6)。

表4-6　2018年20个中等发达国家的现代化指数

国家	第一次现代化指数	2018年排名	2017年排名	第二次现代化指数	2018年排名	2017年排名	综合现代化指数	2018年排名	2017年排名
意大利	100.0	1	1	76.2	22	22	81.0	21	22
葡萄牙	100.0	1	1	75.2	23	24	71.4	26	26
希腊	100.0	1	1	74.8	24	23	70.2	30	28
斯洛文尼亚	100.0	1	1	72.7	25	25	77.1	23	23
爱沙尼亚	100.0	1	1	67.3	26	27	70.7	27	29

(续表)

国家	第一次现代化指数	2018年排名	2017年排名	第二次现代化指数	2018年排名	2017年排名	综合现代化指数	2018年排名	2017年排名
捷克	100.0	1	1	66.7	27	26	75.9	24	25
匈牙利	100.0	1	1	66.2	28	28	70.6	28	31
立陶宛	100.0	1	1	64.6	29	29	70.1	31	30
拉脱维亚	100.0	1	1	64.2	30	30	68.4	32	32
克罗地亚	100.0	1	1	60.0	31	31	64.7	36	35
波兰	100.0	1	1	58.1	32	35	64.3	38	37
沙特阿拉伯	100.0	1	1	57.6	33	32	73.4	25	24
斯洛伐克	100.0	1	1	57.5	34	33	65.8	34	36
乌拉圭	100.0	1	1	57.0	35	34	64.7	37	33
阿根廷	100.0	1	1	55.8	36	36	66.1	33	34
俄罗斯	100.0	1	1	54.3	37	37	61.2	40	40
哥斯达黎加	100.0	1	1	53.3	38	38	62.8	39	41
智利	100.0	1	1	52.3	39	39	65.4	35	38
保加利亚	99.3	48	50	50.3	40	41	59.7	43	44
土耳其	100.0	1	1	50.2	41	51	59.7	42	54

注：第一次现代化指数达到100时，排名都为1，不分先后。

3. 2018年初等发达国家水平

2018年，中国等37个初等发达国家，第二次现代化指数在30至50之间；其中有6个国家完成了第一次现代化；它们的综合现代化指数在36至71之间（表4-7）。

表4-7 2018年37个初等发达国家的现代化指数

国家	第一次现代化指数	2018年排名	2017年排名	第二次现代化指数	2018年排名	2017年排名	综合现代化指数	2018年排名	2017年排名
罗马尼亚	100.0	1	1	49.7	42	44	58.4	44	51
科威特	98.9	49	46	48.4	43	40	70.3	29	27
白俄罗斯	96.2	56	57	48.2	44	42	57.7	47	46
巴拿马	100.0	1	1	48.0	45	45	54.5	53	48
巴西	99.9	47	47	46.3	46	43	54.5	52	42
马来西亚	100.0	1	1	45.4	47	46	56.0	49	49
中国	100.0	1	48	45.4	48	47	47.6	65	64
多米尼加	98.5	51	52	43.4	49	48	60.7	41	39
委内瑞拉	100.0	1	1	43.1	50	64	57.8	45	52
北马其顿	96.0	57	58	42.8	51	53	53.9	54	58
哥伦比亚	96.8	54	54	42.3	52	49	53.7	55	47
哈萨克斯坦	98.8	50	49	41.2	53	50	53.2	56	53
格鲁吉亚	92.6	72	74	40.1	54	56	52.6	58	63
斯里兰卡	87.4	85	80	38.9	55	55	36.2	86	83
墨西哥	100.0	1	1	38.8	56	54	55.4	51	50

（续表）

国家	第一次现代化指数	2018年排名	2017年排名	第二次现代化指数	2018年排名	2017年排名	综合现代化指数	2018年排名	2017年排名
伊朗	95.8	58	56	38.4	57	52	48.6	63	57
乌克兰	93.1	69	73	38.4	58	57	50.9	59	61
秘鲁	97.0	53	53	37.2	59	58	50.5	60	55
厄瓜多尔	96.6	55	55	37.2	60	59	47.7	64	62
泰国	94.6	63	62	37.0	61	62	44.4	71	77
牙买加	95.5	59	60	37.0	62	60	47.2	66	65
阿尔巴尼亚	91.5	75	77	36.5	63	61	50.4	61	60
黎巴嫩	98.2	52	51	36.2	64	63	57.8	46	43
摩尔多瓦	92.8	70	76	36.1	65	69	49.2	62	68
亚美尼亚	94.6	62	69	35.1	66	67	55.6	50	56
约旦	94.7	61	61	34.2	67	71	52.9	57	59
巴拉圭	87.2	86	83	33.8	68	70	41.6	77	75
博茨瓦纳	92.4	73	75	33.6	69	68	44.3	72	71
阿塞拜疆	92.1	74	71	33.0	70	73	46.5	68	66
突尼斯	93.7	68	66	32.7	71	66	45.0	69	69
叙利亚	95.4	60	59	32.7	72	72	57.3	48	45
阿尔及利亚	94.3	65	67	32.5	73	65	47.0	67	67
南非	94.4	64	63	32.0	74	74	42.2	76	74
萨尔瓦多	94.2	66	64	31.9	75	75	44.1	73	70
菲律宾	89.4	78	68	31.5	76	76	40.7	78	76
摩洛哥	88.7	79	85	30.8	77	77	44.5	70	73
纳米比亚	89.9	77	87	30.3	78	81	40.2	79	80

注：第一次现代化指数达到100时，排名都为1，不分先后。

4. 2018年欠发达国家水平

2018年，印度等53个欠发达国家的第二次现代化指数在12至30之间，它们中有3个国家基本实现第一次现代化；它们的综合现代化指数在10至44之间（表4-8）。

表4-8　2018年53个欠发达国家的现代化指数

国家	第一次现代化指数	2018年排名	2017年排名	第二次现代化指数	2018年排名	2017年排名	综合现代化指数	2018年排名	2017年排名
蒙古	93.9	67	70	28.9	79	78	43.6	74	72
埃及	88.5	81	79	28.8	80	80	38.0	82	85
印度尼西亚	88.0	83	81	28.6	81	79	37.2	85	87
越南	85.8	87	88	28.3	82	82	38.1	81	88
危地马拉	87.8	84	65	27.5	83	83	38.8	80	79
洪都拉斯	85.4	88	86	27.0	84	84	34.0	88	94
吉尔吉斯斯坦	88.6	80	82	26.1	85	85	38.0	83	86
玻利维亚	92.6	71	72	25.6	86	86	43.2	75	78
尼加拉瓜	90.8	76	78	24.9	87	87	33.8	89	93
安哥拉	70.1	105	100	24.0	88	88	29.6	99	89

(续表)

国家	第一次现代化指数	2018年排名	2017年排名	第二次现代化指数	2018年排名	2017年排名	综合现代化指数	2018年排名	2017年排名
乌兹别克斯坦	83.9	89	89	23.7	89	91	33.2	92	91
海地	70.2	103	111	23.4	90	109	33.0	93	116
塞内加尔	75.0	97	98	23.3	91	90	33.4	91	92
加纳	79.1	93	96	22.6	92	92	37.9	84	82
土库曼斯坦	88.1	82	84	22.3	93	89	34.1	87	84
孟加拉国	81.5	91	91	22.3	94	94	30.9	96	98
巴布亚新几内亚	61.4	115	119	22.2	95	93	14.2	128	126
老挝	75.4	96	95	21.0	96	96	25.2	108	102
也门	74.9	98	102	20.9	97	98	26.9	106	97
刚果(布)	77.9	94	94	20.8	98	100	29.3	101	96
塔吉克斯坦	80.8	92	92	20.7	99	99	31.7	95	99
津巴布韦	67.6	107	104	20.6	100	102	23.5	112	109
印度	82.6	90	90	20.5	101	97	30.5	97	100
柬埔寨	72.2	100	99	19.8	102	101	25.3	107	110
科特迪瓦	64.6	112	109	19.8	103	107	30.2	98	101
肯尼亚	65.2	111	108	19.7	104	103	24.3	109	113
莱索托	62.8	113	114	19.5	105	111	21.0	115	115
赞比亚	66.6	109	110	19.4	106	104	24.3	110	106
毛里塔尼亚	65.7	110	115	19.4	107	117	24.0	111	108
缅甸	75.6	95	97	19.0	108	106	28.7	103	105
马达加斯加	61.2	116	113	18.9	109	110	17.3	118	120
喀麦隆	72.6	99	103	18.6	110	112	31.7	94	95
巴基斯坦	71.7	101	101	18.6	111	108	28.4	104	104
厄立特里亚	70.2	104	93	18.5	112	95	29.4	100	81
几内亚	55.1	124	120	18.4	113	113	21.4	114	111
贝宁	61.7	114	112	18.4	114	118	27.2	105	107
马拉维	55.3	122	127	17.9	115	114	14.0	129	128
多哥	67.5	108	107	17.9	116	115	22.2	113	112
卢旺达	59.9	117	116	17.8	117	116	16.9	119	117
尼泊尔	71.3	102	105	17.7	118	120	28.8	102	103
尼日利亚	68.5	106	106	17.5	119	105	33.6	90	90
布基纳法索	57.7	120	123	17.3	120	122	18.5	117	119
坦桑尼亚	57.6	121	118	17.0	121	121	19.0	116	118
莫桑比克	55.2	123	122	16.8	122	119	16.2	123	122
塞拉利昂	46.5	129	129	16.3	123	123	16.3	122	121
布隆迪	49.8	127	125	15.9	124	125	10.9	131	131
马里	50.3	126	126	15.7	125	126	16.9	120	114
乌干达	58.3	118	121	15.6	126	124	15.4	127	123
埃塞俄比亚	53.8	125	124	15.2	127	127	15.6	126	127
尼日尔	44.2	130	130	14.6	128	128	16.6	121	129
刚果(金)	57.9	119	117	13.6	129	129	15.9	125	125
中非	49.3	128	128	13.5	130	130	16.0	124	124
乍得	39.0	131	131	13.3	131	131	12.2	130	130

二、2018 年世界现代化的国际差距

1. 2018 年世界现代化的前沿水平

世界现代化的前沿水平可以从两个方面来反映,一是现代化阶段,二是现代化指数。

2018 年世界现代化前沿已经到达第二次现代化的发展期。2018 年处于第二次现代化发展期的国家大约有 17 个,其中,16 个国家为发达国家,它们的现代化水平是世界前沿水平的一种反映(表 4-9)。

表 4-9 2018 年处于第二次现代化发展期的发达国家

国家	知识创新指数	知识传播指数	生活质量指数	经济质量指数	第二次现代化指数	排名
荷兰	89.5	118.3	114.7	116.6	109.8	1
丹麦	98.2	110.3	114.5	115.6	109.7	2
瑞典	96.8	112.3	112.9	110.9	108.2	3
瑞士	95.7	109.9	115.9	111.4	108.2	4
比利时	90.9	114.4	110.5	114.8	107.6	5
美国	114.5	96.8	104.0	114.2	107.4	6
德国	111.1	96.4	113.3	100.2	105.2	7
新加坡	96.2	97.5	105.0	113.9	103.2	8
芬兰	99.4	99.6	110.3	94.5	101.0	10
法国	76.2	96.5	109.3	114.3	99.1	12
英国	79.9	94.9	108.2	112.8	98.9	13
奥地利	81.0	97.7	113.1	102.4	98.6	14
澳大利亚	55.3	97.7	109.8	105.6	92.1	16
以色列	77.9	84.7	93.0	111.2	91.7	17
加拿大	57.0	109.4	105.4	93.6	91.4	18
西班牙	31.0	80.0	106.3	105.7	80.7	21

2018 年,第二次现代化指数和综合现代化指数排世界前 10 名的国家水平,可以反映世界现代化的先进水平(表 4-10)。

表 4-10 2018 年世界现代化的前沿国家

项目	第二次现代化指数前 10 名	综合现代化指数前 10 名	处于第二次现代化发展期的发达国家
国家	荷兰、丹麦、瑞典、瑞士、比利时、美国、德国、新加坡、爱尔兰、芬兰	丹麦、荷兰、比利时、瑞典、德国、新加坡、芬兰、瑞士、美国、爱尔兰	荷兰、丹麦、瑞典、瑞士、比利时、美国、德国、新加坡、芬兰、法国、英国、奥地利、澳大利亚、以色列、加拿大、西班牙

2. 2018 年世界现代化的末尾水平

世界现代化的末尾水平可以从两个方面来反映,一是现代化阶段,一是现代化指数。

2018 年第一次现代化指数、第二次现代化指数和综合现代化指数排世界后 10 名的国家,它们的水平反映了世界现代化的最低水平(表 4-11)。2018 年有 2 个国家仍然是农业社会,没有进入现代化行列。

表 4-11　2018 年世界现代化的后进国家

项目	农业社会	第一次现代化指数的后 10 名	第二次现代化指数的后 10 名	综合现代化指数的后 10 名
国家	布隆迪塞拉利昂	马拉维、莫桑比克、几内亚、埃塞俄比亚、马里、布隆迪、中非、塞拉利昂、尼日尔、乍得	莫桑比克、塞拉利昂、布隆迪、马里、乌干达、埃塞俄比亚、尼日尔、刚果（金）、中非、乍得	塞拉利昂、莫桑比克、中非、刚果（金）、埃塞俄比亚、乌干达、巴布亚新几内亚、马拉维、乍得、布隆迪

3. 2018 年世界现代化的国际差距

2018 年世界现代化的国际差距与 2000 年相比，不同指标的表现有差别（表 4-12）。

表 4-12　世界现代化水平的国际差距

项目	第一次现代化指数			第二次现代化指数			综合现代化指数		
	2018	2000	1990	2018	2000	1990	2018	2000	1990
最大值	100.0	100.0	100.0	109.8	108.9	97.8	100.0	98.3	98.1
最小值	39.0	31.1	31.5	13.3	9.5	15.5	10.9	13.8	19.8
平均值	86.2	76.7	72.2	44.4	42.4	41.8	50.3	43.9	48.3
绝对差距	61.0	68.9	68.5	96.5	99.4	82.3	89.1	84.5	78.3
标准差	16.6	22.4	23.2	28.5	26.2	22.8	25.1	23.5	21.8
相对差距	2.6	3.2	3.2	8.3	11.5	6.3	9.2	7.1	5.0
变异系数	0.19	0.29	0.32	0.64	0.62	0.55	0.50	0.53	0.45

- 第一次现代化指数，2018 年绝对差距和相对差距比 2000 年有所减小。
- 第二次现代化指数，2018 年绝对差距和相对差距比 2000 年有所减小。
- 综合现代化指数，2018 年绝对差距和相对差距比 2000 年有所增加。

4. 2018 年世界现代化的地理分布

2018 年世界现代化的地理分布不平衡，世界五大洲的平均现代化水平是不同的。相对而言，欧洲和北美水平比较高，南美和亚洲相当，非洲比较落后。

三、2018 年世界现代化的国际追赶

1. 2018 年世界现代化的国际体系变化

在 2000~2018 年期间，根据第二次现代化指数分组，在 131 个参加评价的国家中，有 24 个国家的分组发生了变化，其中，组别上升国家有 10 个，组别下降国家有 14 个（表 4-13）。

表 4-13　2000~2018 年世界现代化的国际地位发生变化的国家

升级的国家			降级的国家		
国家	2000 年分组	2018 年分组	国家	2000 年分组	2018 年分组
新加坡	2	1	白俄罗斯	2	3
新西兰	2	1	格鲁吉亚	2	3
爱尔兰	2	1	乌克兰	2	3
西班牙	2	1	黎巴嫩	2	3
哥斯达黎加	3	2	巴拿马	2	3

(续表)

升级的国家			降级的国家		
国家	2000年分组	2018年分组	国家	2000年分组	2018年分组
土耳其	3	2	哥伦比亚	2	3
阿尔巴尼亚	4	3	科威特	2	3
纳米比亚	4	3	牙买加	2	3
斯里兰卡	4	3	乌兹别克斯坦	3	4
叙利亚	4	3	蒙古	3	4
			埃及	3	4
			土库曼斯坦	3	4
			吉尔吉斯斯坦	3	4
			塔吉克斯坦	3	4

注:1代表发达国家,2代表中等发达国家,3代表初等发达国家,4代表欠发达国家。

在1960～2018年期间,有30个国家的分组发生了变化(表4-14)。其中,地位上升的国家有13个,地位下降的国家有17个。

表4-14 1960～2018年世界现代化的国际地位发生变化的国家

升级的国家			降级的国家		
国家	1960年分组	2018年分组	国家	1960年分组	2018年分组
韩国	3	1	俄罗斯	1	2
沙特阿拉伯	4	2	罗马尼亚	2	3
新加坡	2	1	委内瑞拉	2	3
爱尔兰	2	1	墨西哥	2	3
西班牙	2	1	南非	2	3
芬兰	2	1	黎巴嫩	2	3
日本	2	1	巴拿马	2	3
奥地利	2	1	科威特	2	3
哥斯达黎加	3	2	牙买加	2	3
土耳其	3	2	玻利维亚	3	4
葡萄牙	3	2	津巴布韦	3	4
博茨瓦纳	4	3	尼加拉瓜	3	4
中国	4	3	刚果(布)	3	4
			赞比亚	3	4
			危地马拉	3	4
			埃及	3	4
			蒙古	2	4

注:1代表发达国家,2代表中等发达国家,3代表初等发达国家,4代表欠发达国家。1960年根据第一次现代化指数分组,2018年根据第二次现代化指数分组。

2. 2018年世界现代化的世界排名变化

根据综合现代化指数的排名变化,从2000年到2018年,在参加评价的131个国家中,综合现代化水平上升的国家有41个(指数排名上升在5名及以上的),下降的国家有39个(排名下降在5名及以上的),变化不大的国家约有 51 个(排名变化小于 5 名的)。

3. 2018 年世界现代化的国际转移概率

在 1960~2018 年期间,不同水平国家之间的转移概率如表 4-15。

表 4-15 世界现代化的国家地位的转移概率(马尔科夫链分析)

分组	国家数	发达	中等	初等	欠发达	国家数	发达	中等	初等	欠发达
	1960 年	1960~2018 年转移概率/(%)				1970 年	1970~2018 年转移概率/(%)			
发达	15	93	7	0	0	15	80	20	0	0
中等	23	26	35	35	4	16	44	38	19	0
初等	29	3	10	62	24	26	8	15	58	19
欠发达	40	0	3	5	93	47	0	0	19	81
	1980 年	1980~2018 年转移概率/(%)				1990 年	1990~2018 年转移概率/(%)			
发达	17	88	12	0	0	16	94	0	6	0
中等	13	31	38	23	8	18	33	50	11	6
初等	41	5	15	54	27	37	0	11	59	30
欠发达	39	0	0	8	92	35	0	0	6	94

注:发达代表发达国家,中等代表中等发达国家,初等代表初等发达国家,欠发达代表欠发达国家。1960 年根据第一次现代化指数分组的标准:发达国家≥90,中等发达国家 60~90,初等发达国家 40~60,欠发达国家<40。1970~1990 年根据第二次现代化指数分组的标准:发达国家的指数大于或等于高收入平均值的 80%,中等发达国家的指数高于世界平均值但低于发达国家,初等发达国家的指数低于世界平均值但高于欠发达国家,欠发达国家的指数低于高收入国家平均值的 30%;高收入国家平均值为 100。2018 年根据第二次现代化指数分组的标准:发达国家的指数大于高收入平均值的 80%,中等发达国家的指数为 50%~80%,初等发达国家的指数为 30%~50%,欠发达国家的指数低于高收入国家平均值的 30%;高收入国家平均值为 100。数值差异是因为四舍五入的原因。

- 发达国家保持发达国家的概率:80%~94%;降级为发展中国家的概率:6%~20%。
- 发展中国家保持发展中国家的概率:89.9%~93.5%;升级为发达国家的概率:6.5%~10.1%。其中,1960~2018 年期间,升级概率约为 7.6%,1970~2018 年期间,升级概率约为 10.1%,1980~2018 年期间,升级概率约为 6.5%,1990~2018 年期间,升级概率约为 6.7%。

第二节 2018 年中国现代化指数

中国现代化指数包括中国第一次现代化指数、第二次现代化指数和综合现代化指数,反映中国现代化在经济、社会、文化和环境等领域的综合水平。关于中国政治等领域的现代化水平,需要专门研究。中国现代化指数的评价方法和评价数据来源,与世界现代化指数相同。

一、2018 年中国现代化的总体水平

2018 年,中国是一个发展中国家,大约位于发展中国家的中间位置,处于初等发达国家行列;中国现代化水平与世界中等发达国家的差距比较小,但与发达国家的差距比较大。

2018 年,中国第一次现代化指数为 100,达到 1960 年工业化国家平均水平,即全国平均完成第一次现代化;中国第二次现代化指数为 45.4,世界排名第 48 位,比 2017 年下降 1 位;综合现代化指数为 47.6,世界排名第 65 位,比 2017 年下降 1 位(表 4-16)。

表 4-16 1950～2018 年中国现代化指数

年份	第一次现代化指数	排名	第二次现代化指数	排名	综合现代化指数	排名
2018	100.0	**	45.4	48	47.6	65
2017	99.7	48	44.4	47	45.5	64
2016	99.4	49	45.3	49	46.7	59
2015	99.0	50	41.0	50	44.4	63
2010	92.0	62	37.7	62	34.2	76
2000	76.0	80	31.0	78	31.3	79
1990	63.0	67	26.0	73	29.7	103
1980	54.0	69	25.0	66	21.1	103
1970	40.0	72	21.0	60	—	—
1960	37.0	72	—			
1950	26.0	—				

注：*2018 年评价采用世界银行《世界发展指标》2021 年 2 月版数据；第二次现代化指数和综合现代化指数的评价，2015～2018 年依据第三版评价模型（见技术注释），2010 年依据第二版评价模型，1950～2000 年依据第一版评价模型。**第一次现代化指数达到 100 时，排名都为 1，不分先后。

1. 2018 年中国第一次现代化指数

2018 年中国进入第一次现代化的成熟期，第一次现代化指数为 100，第一次现代化指数的 10 个评价指标都达到或超过 1960 年工业化国家平均水平。

依据世界现代化的度量衡，根据人均国民收入等 10 个指标的评价结果，2018 年中国平均完成第一次现代化。根据现代化科学的基本原理，从理论角度看，国家现代化有三个目标，即完成第一次现代化，完成第二次现代化，达到和保持世界先进水平。完成第一次现代化是中国现代化进程的一个里程碑，它标志着中国具备向第二次现代化进军的物质基础。

2. 2018 年中国第二次现代化指数

2018 年，中国完成第一次现代化，但没有进入第二次现代化。由于中国参与全球化进程，第二次现代化的许多要素已经传入中国。如果按第二次现代化评价模型进行评价，可以大概了解中国第二次现代化的进展。这种评价，仅有参考意义。

2018 年，中国第二次现代化指数约为 45，在 131 个国家中排第 48 名。第二次现代化四类指标发展不平衡，生活质量指数、知识传播指数和知识创新指数达到世界平均水平（图 4-3）。

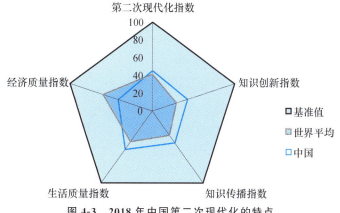

图 4-3 2018 年中国第二次现代化的特点

以 2018 年高收入国家平均值 100 为对照,2018 年,中国知识创新指数、知识传播指数、生活质量指数和经济质量指数分别约为 43、44、53 和 42,世界平均分别约 29、34、43 和 60;中国经济质量、知识创新和知识传播与发达国家的差距较大。

在 2000～2018 年期间,中国第二次现代化指数约提高了 14,知识创新指数约提高 22,知识传播指数约提高 12,生活质量指数约提高 7,经济质量指数约提高 15(表 4-17)。在此期间,知识创新指数提高约 1 倍(106%),经济质量指数提高约 1/2(58%)。

表 4-17　1970～2018 年中国第二次现代化指数

年份	知识创新指数	知识传播指数	生活质量指数	经济质量指数	第二次现代化指数
2018	42.6	44.1	53.4	41.8	45.4
2017	41.9	42.0	52.8	40.8	44.4
2016	41.6	40.1	54.4	45.1	45.3
2015	36.4	36.0	51.0	41.0	41.1
2010	31.4	41.4	47.4	30.7	37.7
2000	20.7	31.7	45.7	26.5	31.2
1990	11.0	23.9	41.9	27.1	26.0
1980	—	16.7	32.6	25.0	24.7
1970	—	12.8	24.2	25.9	21.0

注:2015～2018 年采用第三版评价模型评价。2010 年采用第二版评价模型评价。1970～2000 年根据第一版评价模型评价。

3. 2018 年中国综合现代化指数

综合现代化指数反映国家水平与世界先进水平的相对差距。2018 年,中国综合现代化指数为 47.6,在 131 个国家中排第 65 位。中国综合现代化三类指标发展不平衡(图 4-4)。

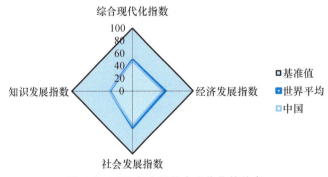

图 4-4　2018 年中国综合现代化的特点

以 2018 年高收入国家平均值 100 为对照,2018 年中国经济发展指数、社会发展指数和知识发展指数分别约为 50、55 和 38,世界平均分别约为 54、58 和 37。2018 年中国知识发展指数与发达国家的差距较大。

在 2000～2018 年期间,中国综合现代化指数约提高了 16,排名提高了 14 名。在 1990～2018 年期间,中国综合现代化指数约提高了 20,排名提高了 38 名(表 4-18)。

表 4-18　1980～2018 年中国综合现代化指数

项目	1980[a]	1990[a]	2000[a]	2010[b]	2015[c]	2016[c]	2017[c]	2018[c]
中国指数	21.1	27.7	31.3	34.2	44.4	46.7	45.5	47.6
中国排名	103	103	79	76	63	59	64	65
高收入国家－中国	78.8	72.2	68.6	65.8	55.6	53.3	54.5	52.3
世界平均－中国	37.7	25.2	18.9	10.3	3.7	1.7	2.8	2.3
高收入国家[d]	99.9	99.9	99.9	100.0	100.0	100.0	100.0	99.9
中等收入国家	51.5	44.4	42.4	31.7	37.2	37.7	37.9	40.3
低收入国家	28.2	31.7	23.6	13.6	15.1	17.3	19.2	19.6
世界平均	59.8	52.9	50.2	44.5	48.1	48.4	48.3	49.9

注：a. 采用综合现代化评价模型第一版的评价结果，是以当年高收入国家平均值为参考值。b. 采用综合现代化评价模型第二版的评价结果，以高收入OECD国家平均值为参考值。c. 采用综合现代化评价模型第三版的评价结果，以高收入国家平均值为参考值。d. 1980～2000年和2015～2017年数据为高收入国家的平均值，2010年数据为高收入OECD国家的平均值。2015～2018年没有高收入OECD国家平均值的数据，故评价参考值继续采用高收入国家的平均值。

二、2018 年中国现代化的国际差距

2018年中国现代化的国际比较（表4-19），第一次现代化指数为100，全国平均完成第一次现代化；第二次现代化指数与高收入国家相差54.6；综合现代化指数与高收入国家相差52.3，与世界平均相差2.3。

表 4-19　2018 年中国现代化指数的国际比较

项目	中国	高收入国家	中收入国家	低收入国家	世界	高收入国家－中国	世界平均－中国
第一次现代化指数	100.0	100.0	95.8	61.6	100.0	0.0	0.0
第二次现代化指数	45.4	100.0	30.8	17.3	41.4	54.6	−4.0
综合现代化指数	47.6	99.9	40.3	19.6	49.9	52.3	2.3

1. 中国第一次现代化评价指标的国际差距

根据世界银行《世界发展指标》2021年2月版数据，2018年中国第一次现代化评价指标中，10个指标全部达标（表4-20）。尽管10个指标已达标，但与发达水平相比仍有差距。

表 4-20　2018 年中国第一次现代化评价指标的达标率和国际比较

指标	中国	标准值	达标率	高收入国家	中收入国家	低收入国家	世界平均	备注
人均国民收入/美元	9600	9180	100.0	43 812	5298	800	11 152	正指标
农业劳动力比例/(%)	26.1	30	100.0	3.1	29.9	59.6	27.2	逆指标
农业增加值比例/(%)	7.0	15	100.0	1.3	7.9	22.7	3.3	逆指标
服务业增加值比例/(%)	53.3	45	100.0	75.8	59.9	56.9	71.1	正指标
城市人口比例/(%)	59.2	50	100.0	80.9	52.3	32.9	55.3	正指标
医生比例/(‰)	2.0	1	100.0	3.1	1.4	0.3	1.6	正指标
婴儿死亡率/(‰)	7.3	30	100.0	4.4	27.6	49.2	29.0	逆指标
平均预期寿命/岁	76.7	70	100.0	80.7	71.9	63.5	72.6	正指标
成人识字率/(%)	96.8	80	100.0	99.9	86.1	60.5	86.2	正指标
大学普及率/(%)	50.6	15	100.0	77.0	36.0	9.5	38.4	正指标

2. 中国第二次现代化评价指标的国际差距

根据世界银行《世界发展指标》2021年2月版数据,2018年中国第二次现代化评价指标中,人均知识产权出口、人均知识产权进口、人均公共教育经费、人均知识创新经费、劳动生产率、知识创新人员比例、人均购买力、空气质量指标,国际差距较大(表4-21)。

表4-21 2018年或近年中国第二次现代化评价指标的国际比较

指标	中国	高收入国家	中等收入国家	低收入国家	世界平均	高收入国家÷中国	世界÷中国
人均知识创新经费*	218	1150	86	—	259	5.3	1.2
知识创新人员比例*	13.1	43.5	7.4	—	14.1	3.3	1.1
发明专利申请比例*	10.01	6.66	2.58	—	3.02	0.7	0.3
人均知识产权出口/美元	4.0	311.7	1.7	0.1	51.8	78.0	13.0
大学普及率/(%)	50.6	77.0	36.0	9.5	38.4	1.5	0.8
宽带网普及率/(%)	28.5	34.0	11.4	0.4	14.2	1.2	0.5
人均公共教育经费/美元	364	2075	228	27	490	5.7	1.3
人均知识产权进口/美元	25.7	281.2	13.4	0.1	55.7	10.9	2.2
平均预期寿命/岁	76.7	80.7	71.9	63.5	72.6	1.1	0.9
人均购买力/国际美元*	15 530	51 434	11 434	2372	17 103	3.3	1.1
婴儿死亡率/(‰)ᵃ	7.3	4.4	27.6	49.2	29	0.6	4.0
空气质量*ᵇ	52.7	14.7	52.5	42.9	45.5	0.3	0.9
劳动生产率/国际美元 PPP	28 226	102 526	26 907	6607	38 928	3.6	1.4
单位 GDP 的能源消耗*ᵃ	0.291	0.116	0.271	—	0.175	0.4	0.6
物质产业增加值比例/(%)*ᵃ	46.7	24.2	40.1	43.1	28.9	0.5	0.6
物质产业劳动力比例/(%)*ᵃ	54.4	26.1	54.1	69.8	50.1	0.5	0.9

注:* 人均知识创新经费:人均 R&D 经费(美元);知识创新人员比例:研究与开发的研究人员/万人;发明专利申请比例:发明专利申请/万人;人均购买力:按购买力平价计算的人均国民收入;空气质量:$PM_{2.5}$ 年均浓度(微克/立方米);单位 GDP 的能源消耗:单位为千克石油当量/美元,为 2015 年值;物质产业:指农业和工业的加总。a. 逆指标。b. $PM_{2.5}$ 年均浓度,为逆指标。

3. 中国综合现代化评价指标的国际差距

根据世界银行《世界发展指标》2021年2月版数据,2018年中国综合现代化评价指标中,人均知识产权贸易、人均知识创新经费、人均国民收入、人均购买力、人均制造业增加值、能源使用效率指标,国际差距比较大(表4-22)。

表4-22 2018年或近年中国综合现代化评价指标的国际比较

指标	中国	高收入国家	中等收入国家	低收入国家	世界平均	高收入国家÷中国	世界÷中国
人均国民收入/美元	9600	43 812	5298	800	11 152	4.6	1.2
人均制造业增加值/美元	2778	6093	1120	71	1837	2.2	0.7
服务业增加值比例/(%)	53.3	75.8	59.9	56.9	71.1	1.4	1.3
服务业劳动力比例/(%)	45.6	73.9	45.9	30.2	49.9	1.6	1.1
城镇人口比例/(%)	59.2	80.9	52.3	32.9	55.3	1.4	0.9
医生比例/每千人	2.0	3.1	1.4	0.3	1.6	1.6	0.8
人均购买力/国际美元	15 530	51 434	11 434	2372	17 103	3.3	1.1
能源使用效率*	5.3	10.2	7.1	—	8.3	1.9	1.6

(续表)

指标	中国	高收入国家	中等收入国家	低收入国家	世界平均	高收入国家÷中国	世界÷中国
人均知识创新经费/美元	218	1150	86	—	259	5.3	1.2
人均知识产权贸易/美元*	30	593	15	0.2	108	20.0	3.6
大学普及率/(%)	50.6	77.0	36.0	9.5	38.4	1.5	0.8
互联网普及率/(%)	54.3	86.4	46.9	15.9	50.8	1.6	0.9

注：* 能源使用效率：美元/千克石油当量，为2015年值；人均知识产权贸易指人均知识产权进口和出口总值。

4. 中国现代化进程的不平衡性

中国现代化进程的不平衡表现在多个方面，如地区不平衡和指标不平衡等。例如，2018年中国第二次现代化的四类指标（16个评价指标）和综合现代化的三类指标（12个评价指标）都不平衡（表4-21，表4-22）。

三、2018年中国现代化的国际追赶

1. 中国现代化指数的国际追赶

在2000～2018年期间，中国现代化水平有较大提高（表4-16）。

- 第一次现代化指数：提高了24；全国平均完成第一次现代化；
- 第二次现代化指数：提高了约14.4；世界排名提高30名；
- 综合现代化指数：提高了约16.6；世界排名提高14名。

在1950～2018年期间，中国第一次现代化指数提高了74；在1970～2018年期间，第二次现代化指数提高了24.4（图4-5）；在1980～2018年期间，综合现代化指数提高了约26.6。

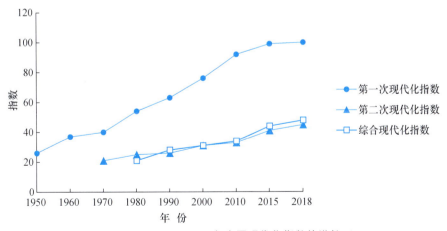

图4-5　1950～2018年中国现代化指数的增长

在1970～2018年期间，中国从第一次现代化的起步期、发展期到达成熟期，国家现代化水平从欠发达水平上升为初等发达水平，中国与中等发达水平的差距缩小（图4-6）。

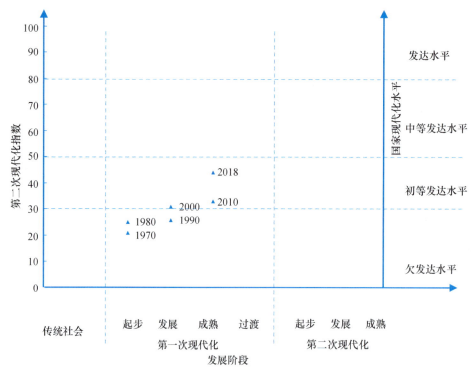

图 4-6　1970～2018 年中国现代化水平的提高

2. 中国现代化前景的情景分析

(1) 按照"线性外推法"估算中国第二次现代化指数的世界排名

《中国现代化报告 2018》对中国现代化前景进行了分析,下面采用并简介其结果。

2015 年,在 131 个国家中,中国第二次现代化指数排名第 50 位。在未来 85 年里,131 个国家如果能够按照它们的 1990～2015 年或 2000～2015 年第二次现代化指数的年均增长率估算它们的现代化水平,那么,中国有可能在 2030～2040 年期间或前后成为中等发达国家,在 2060～2080 年期间或前后成为发达国家,在 2080 年前后进入世界前列(表 4-23)。按 1990～2018 年和 2000～2018 年第二次现代化指数的年均增长率估算,其结果与前面的分析相似。

表 4-23　21 世纪中国第二次现代化指数的世界排名的估算

时间	按 1990～2015 年年均增长率估算	按 2000～2015 年年均增长率估算
2020	进入 131 个国家的前 50 名左右	进入 131 个国家的前 50 名左右
2030	进入 131 个国家的前 40 名左右	进入 131 个国家的前 40 名左右
2040	进入 131 个国家的前 30 名左右	进入 131 个国家的前 40 名左右
2050	进入 131 个国家的前 30 名左右	进入 131 个国家的前 30 名左右
2060	进入 131 个国家的前 20 名左右	进入 131 个国家的前 20 名左右
2080	进入 131 个国家的前 10 名左右	进入 131 个国家的前 10 名左右
2100	进入 131 个国家的前 10 名左右	进入 131 个国家的前 10 名左右

注:当国家的第二次现代化指数的年均增长率为负值时,年均增长率按 0.5% 估算;当年均增长率超过 4% 时,年均增长率按"4%+(年均增长率−4%)/10"估算。1990～2015 年期间,中国按年均增长率 4.03% 估算。2000～2015 年期间,中国按年均增长率 4.21% 估算。

(2) 按照"经验外推法"估算中国现代化的水平

2015年,中国为初等发达国家。根据1960~2015年的世界经验,在50年里,初等发达国家升级为中等发达国家的概率是8%~19%,中等发达国家升级为发达国家的概率是18%~44%。2000年中国为初等发达国家,如果沿用世界历史经验,那么,2050年中国成为中等发达国家的概率约为14%;如果2050年中国成为中等发达国家,那么,2100年中国成为发达国家的概率约为31%;如果直接推算,中国2015年是一个初等发达国家,2100年成为发达国家的总概率约为4.3%(表4-24)。如果沿用1960~2018年的世界经验,2100年中国成为发达国家的总概率约为6%。

表4-24 21世纪中国现代化水平的推算

世界历史经验		中国现代化水平的推算	
2015年,一个初等发达国家	世界经验	2015年,初等发达国家	估计
50年,初等发达国家升级中等发达国家的概率	8%~19%	50年,成为中等发达国家概率	14%
50年,中等发达国家升级发达国家的概率	18%~44%	50年,成为发达国家的概率	31%
100年,初等发达国家升级发达国家的概率	1.4%~8.1%	100年,成为发达国家的概率	4.3%
2100年,成为一个发达国家的概率	4.9%	2100年,成为发达国家的概率	4.3%

第一种情景分析,根据世界和中国第二次现代化指数的年均增长率进行估算,中国现代化的前景比较乐观;第二种情景分析,根据世界现代化的历史经验进行估算,中国现代化的前景不太乐观。如果考虑到中国人口、世界资源和国际冲突等因素,21世纪中国现代化的前景具有很大不确定性。中国现代化的全面实现,不是容易的事情,需要全国人民的共同努力。

第三节 2018年中国地区现代化指数

中国地区现代化指数包括中国34个省级行政区的第一次现代化指数、第二次现代化指数和综合现代化指数,反映34个省级行政区现代化在经济、社会、文化和环境等领域的综合水平。根据定量评价结果,2018年中国地区现代化进程不同步,其中,北京等5个地区进入第二次现代化,天津等29个地区处于第一次现代化(图4-7);同时,局部地区属于传统农业社会。根据第二次现代化指数分组,2018年北京等5个地区具有发达水平,天津等8个地区具有中等发达水平,陕西等21个地区具有初等发达水平(表4-25)。

需要注意的是,中国地区现代化评价,采用世界现代化指数的评价方法进行评价;其中,内地(大陆)地区数据来自《中国统计年鉴2019》和各地区统计年鉴的面板数据,香港和澳门数据采用世界银行《世界发展指标》2021年版数据,台湾数据采用《中国统计年鉴2019》的面板数据;面板数据的准确性,难以核对。部分评价指标没有面板数据,采用估值法进行估算替代或空缺,由此会产生一定误差。本节评价结果仅有一定参考意义,请谨慎对待。

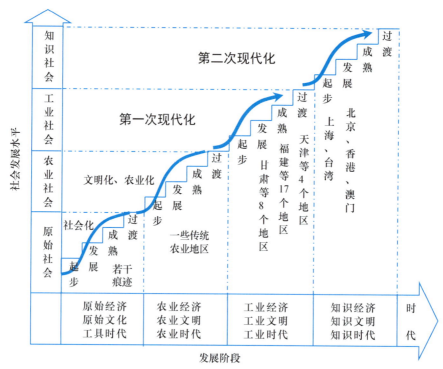

图 4-7 2018 年中国地区现代化进程的坐标图

表 4-25 2018 年中国地区现代化指数

地区	第一次现代化指数	2018年排名	2017年排名	第二次现代化指数	2018年排名	2017年排名	综合现代化指数	2018年排名	2017年排名
北京	100.0	1	1	88.2	1	1	83.6	1	1
上海	100.0	1	1	80.2	2	2	79.7	2	2
天津	100.0	1	1	68.9	3	3	70.8	3	3
江苏	100.0	1	1	66.9	4	4	65.6	4	4
浙江	100.0	1	1	63.7	5	5	61.5	5	5
广东	100.0	1	1	60.5	6	6	57.0	7	7
福建	100.0	1	1	59.9	7	7	57.5	6	6
重庆	100.0	1	1	58.7	8	8	53.7	8	8
山东	100.0	1	1	51.3	9	9	51.8	10	9
湖北	98.8	14	11	51.1	10	10	52.3	9	12
陕西	96.8	21	18	48.3	11	11	49.8	13	13
辽宁	99.1	13	10	47.6	12	13	50.9	11	11
安徽	97.6	17	17	47.3	13	12	42.1	23	22
吉林	98.4	15	12	46.1	14	15	50.5	12	10
海南	93.6	28	26	45.5	15	17	44.6	16	15
四川	96.4	24	22	44.4	16	14	42.1	22	20
河南	96.7	22	23	43.3	17	18	42.2	21	23
湖南	96.4	25	20	42.5	18	19	45.6	15	16
江西	97.8	16	15	42.3	19	20	41.9	24	24

(续表)

地区	第一次现代化指数	2018年排名	2017年排名	第二次现代化指数	2018年排名	2017年排名	综合现代化指数	2018年排名	2017年排名
广西	92.9	30	27	40.9	20	16	38.2	27	27
黑龙江	93.4	29	25	40.0	21	21	43.8	17	17
宁夏	96.5	23	21	39.6	22	23	42.4	20	21
内蒙古	96.9	19	13	39.2	23	22	46.7	14	14
山西	96.4	26	14	36.8	24	24	42.9	19	19
河北	97.1	18	16	36.7	25	25	43.7	18	18
甘肃	90.3	33	30	36.6	26	26	35.0	31	29
贵州	91.9	32	29	34.9	27	27	35.2	30	31
西藏	89.7	34	31	33.8	28	28	36.3	28	28
云南	91.9	31	28	33.6	29	29	35.5	29	30
青海	96.8	20	19	32.2	30	30	39.6	26	26
新疆	95.6	27	24	31.4	31	31	39.9	25	25
香港	100.0			92.3			81.2		
澳门	100.0			95.9			81.3		
台湾	100.0			87.2			83.3		
对照									
中国	100.0			45.4			47.6		
高收入国家	100.0			100.0			99.9		
中等收入国家	95.8			30.8			40.3		
低收入国家	61.6			17.3			19.6		
世界平均	100.0			41.4			49.9		

注:部分评价指标缺少统计数据,采用估值代替或空缺,会使评价结果产生一定误差。

一、2018 年中国地区现代化的总体水平

2018 年,中国属于发展中国家,处于发展中国家的中间位置。根据第二次现代化指数分组,2018 年中国多数地区属于发展中地区;其中,北京、上海、香港、澳门和台湾 5 个地区具有发达水平的部分特征,天津、江苏、浙江、广东、福建、重庆、山东、湖北 8 个地区具有中等发达水平,陕西等 21 个地区具有初等发达水平(表 4-25)。

2018 年,中国有 12 个地区完成第一次现代化,其中,5 个地区进入第二次现代化;22 个地区没有完成第一次现代化,其中,21 个地区基本实现第一次现代化(表 4-26)。

表 4-26　1990～2018 年的中国现代化进程　　　　　　　　　　　　　单位:个

项目	1990	2000	2010	2015	2016	2017	2018
已经完成第一次现代化的地区	3	3	6	6	11	12	12
其中:进入第二次现代化的地区	1	2	4	5	5	5	5
没有完成第一次现代化的地区	31	31	28	28	23	22	22
其中:基本实现第一次现代化的地区	1	3	16	21	20	20	21

注:第一次现代化指数达到 100,表示完成第一次现代化,达到 1960 年工业化国家平均水平。第一次现代化指数超过 90 但低于 100,表示基本实现第一次现代化。

根据地区的现代化阶段和现代化水平,可以构建中国现代化的地区定位图;横坐标表示地区现代化的发展阶段,纵坐标表示地区现代化水平。例如,基于现代化阶段和第二次现代化水平的地区定位图(图 4-8),基于现代化阶段和综合现代化水平的地区定位图。

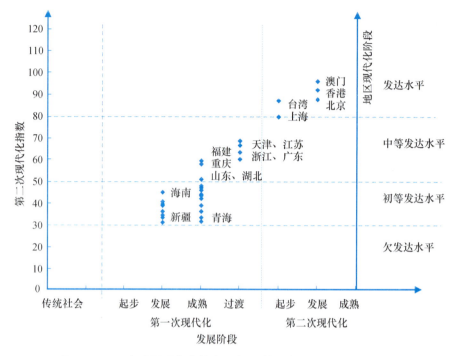

图 4-8　2018 年中国现代化的地区定位(第二次现代化水平的定位)

注:图中 34 个点代表不同地区的定位,显示地区的现代化阶段、第二次现代化指数和水平分组。

1. 2018 年内地(大陆)地区第一次现代化指数

2018 年内地(大陆)31 个地区(不包括香港、澳门、台湾地区,后同)中,9 个地区已经完成第一次现代化,它们是北京、上海、天津、江苏、浙江、广东、福建、重庆和山东;21 个地区基本实现第一次现代化(图 4-9)。

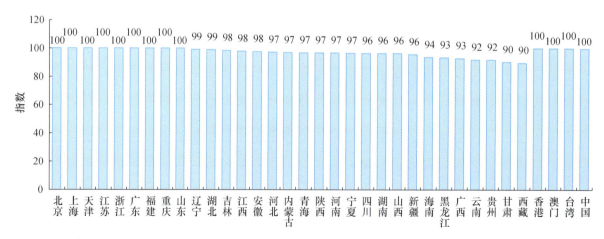

图 4-9　2018 年中国地区第一次现代化指数

注:2018 年西藏第一次现代化指数为 89.7。

如果按照1990～2018年年均增长率估算,全国多数地区有可能在2020年前完成第一次现代化(附表3-2-4)。完成第一次现代化,表示大约达到1960年工业化国家的平均水平。

2. 2018年内地(大陆)地区第二次现代化指数

根据第二次现代化指数分组,2018年,北京和上海第二次现代化指数的数值达到发达国家组水平,天津、江苏、浙江、广东、福建、重庆、山东、湖北8个地区已经达到中等发达国家组水平,陕西等21个地区达到初等发达国家组水平(图4-10)。

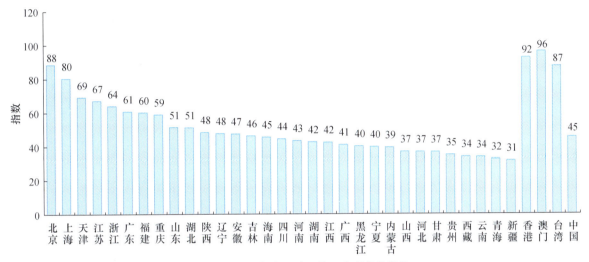

图4-10　2018年中国地区第二次现代化指数

3. 2018内地(大陆)地区综合现代化指数

根据综合现代化指数分组,2018年北京综合现代化指数的数值达到发达国家组水平,上海、天津、江苏、浙江、福建、广东、重庆、湖北、山东、辽宁、吉林11个地区达到中等发达国家组水平,陕西等19个地区达到初等发达国家组水平(图4-11)。

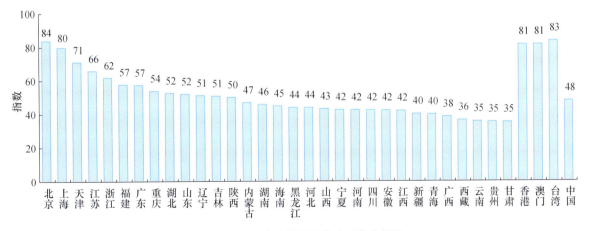

图4-11　2018年中国地区综合现代化指数

注:2018年上海综合现代化指数为79.7。

4. 2018年内地(大陆)地区现代化指数的排名

根据《中国统计年鉴》和地方统计年鉴的面板数据,采用世界现代化指数评价方法,如果北京、天津、上海、香港、澳门、台湾不参加排名,2018年中国地区现代化排名如下:

- 第一次现代化指数前10位:江苏、浙江、广东、福建、重庆、山东、辽宁、湖北、吉林、江西。
- 第二次现代化指数前10位:江苏、浙江、广东、福建、重庆、山东、湖北、陕西、辽宁、安徽。
- 综合现代化指数前10位:江苏、浙江、福建、广东、重庆、湖北、山东、辽宁、吉林、陕西。

5. 内地(大陆)不同区域的现代化水平

关于中国区域划分有多种方案。这里采用"三大带、三大片和八大区"的划分(表4-27)。

表4-27 2018年中国不同区域的现代化水平的比较

地区	第一次现代化指数	第二次现代化指数	综合现代化指数	人均GDP/美元
东部	98.6	59.2	58.7	13 387
中部	96.9	43.2	45.3	8017
西部	94.5	40.2	41.1	7275
北方片	97.7	49.7	52.4	10 568
南方片	97.9	54.6	53.3	11 468
西部片	94.3	38.3	40.0	7040
东北地区	97.0	44.6	48.4	7905
华北沿海	99.3	61.3	62.5	14 547
黄河中游	96.7	41.9	45.4	8588
华东沿海	100.0	70.3	68.9	17 573
华南沿海	96.6	51.7	49.3	10 242
长江中游	97.6	45.8	45.5	8113
西南地区	94.0	41.1	40.6	7152
西北地区	94.8	34.9	39.2	6900
中国	100.0	45.4	47.6	9600
高收入国家	100.0	100.0	99.9	43 812
中等收入国家	95.8	30.8	40.3	5298
低收入国家	61.6	17.3	19.6	800
世界平均	100.0	41.4	49.9	11 152

注:三大带、三大片和八大区的数值为该区有关地区数值的简单算术平均值。

2018年,从《中国统计年鉴》面板数据的评价结果看:根据第二次现代化指数分组,东部和南方片平均达到中等发达水平,华东沿海、华北沿海和华南沿海平均达到中等发达水平;这些地区属于现代化水平比较高的地区。

其一,三大带不平衡,东部现代化水平高于中部,中部现代化水平高于西部。

其二,三大片不平衡,南方片现代化水平高于北方片,北方片高于西部片。

其三,八大区不平衡,华东沿海、华北沿海和华南沿海是现代化水平较高的地区,长江中游、黄河中游和东北地区是现代化水平的第二集团,西北地区和西南地区是现代化水平较低的地区。

其四,在八大区中,华东沿海地区水平最高,西北和西南地区水平较低。

6. 港澳台地区的现代化水平

中国香港、澳门和台湾地区的现代化水平处于中国地区水平的前列。

2018年,香港、澳门和台湾都已经进入第二次现代化,其中,香港和澳门进入第二次现代化的发展期,台湾进入第二次现代化的起步期。2018年,香港、澳门和台湾的第二次现代化指数和综合现代化指数都超过 80。

2018 年香港、澳门和台湾的第一次现代化指数都已达到 100。

二、2018 年中国地区现代化的国际差距

1. 2018 年内地(大陆)地区现代化的前沿水平

2018 年,内地(大陆)地区现代化的前沿已经进入第二次现代化的发展期,地区现代化的前沿水平接近发达国家水平的底线,部分指标达到发达国家水平的底线。例如,2018 年北京处于第二次现代化的发展期,北京和上海的部分指标(平均预期寿命、第二次现代化指数、综合现代化指数等)已接近或达到西班牙和意大利的水平(表 4-28)。

表 4-28　2018 年内地(大陆)地区现代化的前沿水平和国际比较

指标	北京	上海	天津	江苏	浙江	广东	西班牙	意大利	葡萄牙	俄罗斯
第一次现代化指数	100.0	100.0	100.0	100.0	100.0	100.0	100.0	100.0	100.0	100.0
第二次现代化指数	88.2	80.2	68.9	66.9	63.7	60.5	80.7	76.2	74.8	75.2
综合现代化指数	83.6	79.7	70.8	65.6	61.5	57.0	80.8	81.0	70.2	71.4
人均 GDP/美元	21 193	20 402	18 245	17 408	14 910	13 061	30 389	34 616	20 324	23 563
人均购买力/国际美元	39 496	38 023	34 003	32 442	27 787	24 341	42 080	44 960	30 250	35 150
平均预期寿命/岁	82.2	83.6	81.7	78.0	78.8	78.4	83.4	83.3	81.8	81.3
大学普及率/(%)	98.0	98.0	98.0	70.1	53.6	36.0	91.1	64.3	142.9	65.7
互联网普及率/(%)	88.9	83.7	72.6	63.5	71.7	80.1	86.1	74.4	73.0	74.7
城市人口比例/(%)	86.5	88.1	83.2	69.6	68.9	70.7	80.3	70.4	79.1	65.2

注:中国地区人均购买力为按购买力平价计算的人均 GDP,意大利等 5 个国家人均购买力为按购买力平价计算的人均 GNI。中国地区大学普及率和互联网普及率的数据为估算值。

2. 2018 年内地(大陆)地区现代化的地区差距

2018 年内地(大陆)31 个省级行政区之间,第一次现代化指数的绝对差距约为 10.3,相对差距约为 1.1;第二次现代化指数的绝对差距约为 56.8,相对差距约为 2.8;综合现代化指数的绝对差距约为 48.6,相对差距约为 2.4;第二次现代化指数的地区差距最大(表 4-29)。

表 4-29　1990～2018 年内地(大陆)地区现代化的地区差距

项目	第一次现代化指数			第二次现代化指数			综合现代化指数		
	2018	2000	1990	2018	2000	1990	2018	2000	1990
最大值	100.0	96.5	90.5	88.2	74.2	54.7	83.6	65.2	51.9
最小值	89.7	59.2	44.3	31.4	21.6	19.1	35.0	23.5	22.9
平均值	96.8	75.4	64.2	48.1	32.9	27.6	49.1	33.4	31.0
绝对差距	10.3	37.3	46.2	56.8	52.6	35.6	48.6	41.6	29.0
标准差	3.0	9.2	10.4	13.9	11.5	8.1	12.2	9.5	6.6
相对差距	1.1	1.6	2.0	2.8	3.4	2.9	2.4	2.8	2.3
变异系数	0.03	0.12	0.16	0.29	0.35	0.29	0.25	0.28	0.21

注:绝对差距=最大值-最小值。相对差距=最大值÷最小值。数值差异是因为四舍五入的原因。

在 2000～2018 年期间,内地(大陆)地区现代化的地区差距有所扩大。其中,第二次现代化指数的绝对差距扩大,相对差距缩小;综合现代化指数的绝对差距扩大,相对差距缩小;但是,第一次现代

化指数的绝对差距缩小,因为完成第一次现代化的地区增加了(表4-29)。

3. 2018年内地(大陆)地区现代化的国际差距

2018年内地(大陆)31个省级行政区中,地区第一次现代化水平与已经完成第一次现代化的国家的最大差距约为10.3,平均差距为3.2;地区第二次现代化水平与世界先进水平的最大差距是68.3,最小差距是11.5,平均差距是51.6;地区综合现代化水平与世界先进水平的最大差距是65.0,最小差距16.4,平均差距50.9(表4-30)。

表4-30 1990~2018年内地(大陆)地区现代化的国际差距

项目		第一次现代化指数			第二次现代化指数			综合现代化指数		
		2018	2000	1990	2018	2000	1990	2018	2000	1990
与发达国家的差距	最小差距	0.0	3.5	9.5	11.5	26.0	34.2	16.4	34.9	48.0
	最大差距	10.3	40.8	55.7	68.3	78.6	69.8	65.0	76.5	77.1
	平均差距	3.2	24.6	35.8	51.6	67.3	61.3	50.9	66.6	69.0
与世界平均值的差距	最小差距	—	—	—	—	—	—	—	—	—
	最大差距	9.9	30.1	36.7	7.9	24.3	27.7	13.1	26.7	36.5
	平均差距	2.8	14.0	16.8	-8.8	13.0	19.3	-1.0	16.8	28.5

在2000~2018年期间,内地(大陆)地区现代化的国际差距有所缩小。其中,第一次现代化指数的平均差距大约从25减少到3;第二次现代化指数的平均差距大约从67减少到52;综合现代化指数的平均差距大约从67减少到51,减少约16(表4-30)。

4. 中国地区现代化的不平衡性

中国地区现代化的不平衡性是非常突出的,包括地区现代化进程的不同步(图4-7),地区现代化速度有快有慢,地区现代化水平差距比较大,地区现代化指标的表现差别比较大,地区现代化水平的地理分布不均衡等。

中国地区现代化的不平衡性,既反映在不同区域的水平差异上(表4-27),也体现在城乡水平差距上,还存在于许多省级行政区内部,例如,江苏省的苏南与苏北有差距,浙江省的11地级市之间有差距,广东省的珠三角地区与粤西和粤北地区有差距等。

三、2018年中国地区现代化的国际追赶

根据第二次现代化指数分组,2018年与2000年相比,内地(大陆)24个地区(北京和上海等)分组发生变化,7个地区(天津和山西等)分组没有变化。其中,重庆地区从欠发达水平上升为中等发达水平,15个地区从欠发达水平上升为初等发达水平,6个地区从初等发达水平上升为中等发达水平,北京和上海从中等发达水平上升为发达水平(表4-31)。

表4-31 2000~2018年内地(大陆)地区第二次现代化指数的分组变化

2000年分组	2018年分组	地区	地区个数
2	1	北京、上海	2
3	2	江苏、浙江、福建、广东、山东、湖北	6
4	2	重庆	1
4	3	河北、内蒙古、安徽、江西、河南、湖南、广西、海南、贵州、云南、西藏、甘肃、青海、宁夏、新疆	15

注:1代表发达水平,2代表中等发达水平,3代表初等发达水平,4代表欠发达水平。

根据综合现代化指数分组,2018年与2000年相比,内地(大陆)25个地区分组发生变化,6个地区(上海和天津等)分组没有变化。其中,重庆地区从欠发达水平上升为中等发达水平,15个地区从欠发达水平上升为初等发达水平,8个地区从初等发达水平上升为中等发达水平,北京从中等发达水平上升为发达水平(表4-32)。

表4-32 2000~2018年内地(大陆)地区综合现代化指数的分组变化

2000年分组	2018年分组	地区	地区个数
2	1	北京	1
3	2	江苏、浙江、广东、福建、山东、湖北、辽宁、吉林	8
4	2	重庆	1
4	3	河北、内蒙古、安徽、江西、河南、湖南、广西、海南、贵州、云南、西藏、甘肃、青海、宁夏、新疆	15

注:1代表发达水平,2代表中等发达水平,3代表初等发达水平,4代表欠发达水平。

本 章 小 结

1. 2018年世界现代化水平

其一,总体水平。2018年,美国等28个国家已进入第二次现代化,中国等101个国家处于第一次现代化,布隆迪和塞拉利昂处于农业社会,有些原住民族仍然生活在原始社会。

在参加评价的131个国家中,2018年已经完成和基本实现第一次现代化的国家有76个,约占58%(其中,完成第一次现代化的国家有46个,基本实现第一次现代化的国家有30个,分别占35%和23%),已经进入第二次现代化的国家有28个,约占21%。

其二,国际体系。根据第二次现代化指数分组,2018年,美国等21个国家为发达国家,俄罗斯等20个国家为中等发达国家,中国等37个国家为初等发达国家,肯尼亚等53个国家为欠发达国家;四组国家的比例分别约为:16%、15%、28%、40%。

其三,世界前沿。2018年第二次现代化指数排世界前10名的国家是:荷兰、丹麦、瑞典、瑞士、比利时、美国、德国、新加坡、爱尔兰、芬兰。

其四,国际追赶。在2000~2018年期间,根据第二次现代化指数分组,在131个参加评价的国家中,有24个国家的分组发生了变化,其中,组别上升国家有10个,组别下降国家有14个。组别上升代表国家水平提高,组别下降代表国家水平下降。

2. 2018年中国现代化水平

其一,总体水平。2018年,中国是一个发展中国家,处于发展中国家的中间位置,具有初等发达国家水平。中国与中等发达国家的差距比较小,但与发达国家的差距仍然较大。

2018年,中国第一次现代化指数达到100,其10个评价指标都已经达标。根据这10个指标评价结果,2018年,中国平均完成第一次现代化,达到1960年发达国家平均水平。根据世界现代化的度量衡,完成第一次现代化是国家现代化进程中的一个里程碑。

其二,世界排名。2018年,中国第二次现代化指数和综合现代化指数分别约为45和48,在131个国家中排名第48名和第65名。第一次现代化指数为100时,排名不分先后。

其三,指标水平。2018年,中国第一次现代化的10个指标已经达标(标准为1960年工业化国家平均值)。2018年,中国现代化不平衡,其中,人均知识产权贸易、人均公共教育经费、人均知识创新经费、劳动生产率、人均国民收入、空气质量等指标,国际差距较大。

3. 2018年中国地区现代化水平

其一,总体水平。2018年,北京等5个地区进入第二次现代化,天津等29个地区处于第一次现代化,局部地区具有传统农业社会的特点;基于《中国统计年鉴》等的面板数据的评价结果,北京等12个地区第一次现代化指数达到100,已经完成第一次现代化。

其二,水平结构。根据第二次现代化指数分组,2018年,北京、上海、香港、澳门和台湾5个地区具有发达水平的特征,天津、江苏、浙江、广东、福建、重庆、山东、湖北8个地区具有中等发达水平的特征,陕西等21个地区具有初等发达水平的特征。

中国地区发展不平衡,东部现代化水平高于中部和西部,南方片现代化水平高于北方片和西部片;华东沿海、华北沿海和华南沿海是现代化水平较高的地区,西北地区和西南地区水平较低;在许多省市内部,地区发展不平衡性广泛存在,如江苏的苏南与苏北有差距等。

其三,前沿水平。2018年,内地(大陆)地区现代化的前沿已进入第二次现代化的发展期,前沿水平接近发达国家水平的底线,部分指标达到发达国家的门槛。例如,2018年北京处于第二次现代化的发展期,北京和上海的部分指标接近或达到西班牙和意大利的水平。

其四,国际追赶。根据第二次现代化指数分组,2018年与2000年相比,内地(大陆)24个地区分组发生变化,7个地区的分组没有变化。其中,重庆地区从欠发达水平上升为中等发达水平,安徽等15个地区从欠发达水平上升为初等发达水平,江苏等6个地区从初等发达水平上升为中等发达水平,北京和上海从中等发达水平上升为发达水平。

技 术 注 释

《中国现代化报告2021》采用国际机构、有关国家官方统计机构公布的数据,它包括世界131个国家和中国34个地区2018年的发展数据和评价数据等。由于世界不同国家的统计方法不完全相同,统计方法在不断发展,统计数据的可比性和一致性问题需要特别关注。

一、资料来源

世界现代化300年的历史数据主要来自米切尔的《帕尔格雷夫世界历史统计》、麦迪森的《世界经济千年史》、库兹涅茨的《各国的经济增长》、世界银行的《世界发展指标》、联合国的统计年鉴、经济合作与发展组织(OECD)、美国经济分析局(BEA)的数据等。

现代化进程评价所用数据,除少数年份的几个指标的中国数据(世界银行数据集中缺少的数据)来自《中国统计年鉴》外,其他采用世界银行《世界发展指标》2021-02-17网络版数据、联合国出版的统计年鉴、经济合作与发展组织(OECD)的网络数据库等。中国地区现代化评价所用数据,主要来自《中国统计年鉴2019》和《中国统计年鉴2020》。

二、数据一致性和可靠性

世界现代化进程评价,以世界银行出版的《世界发展指标》的系列数据为基本数据来源;部分年份的数据来自联合国贸易与发展会议的《世界投资报告》、世界贸易组织的《国际贸易统计》《联合国统计年鉴》《联合国教科文组织统计年鉴》、国际劳工组织《劳动力统计年鉴》、OECD出版物;少数几个中国数据来自《中国统计年鉴》。

许多发展中国家的统计制度还很薄弱,统计方法在不断发展,统计指标的概念存在差异,统计方法在国与国之间差别较大,它们会影响数据的一致性和可靠性。许多国家的统计机构常常修改其历史统计数据。世界银行在历年《世界发展指标》中对数据来源、数据一致性和可靠性进行了说明。世界银行有时根据一些国家提供的新数据,对过去年份的数据进行调整。在不同年份出版的《世界发展指标》中,关于某年的数据不完全一致。如果出现这种情况,一般采用最近年份《世界发展指标》中公布的数据。2018年世界现代化评价统一采用《世界发展指标》2021年2月网络版数据。数据汇总方法在《世界发展指标》中有专门说明。

中国地区现代化进程评价,以《中国统计年鉴2019》的系列数据为基本数据来源;《中国统计年鉴》中没有的数据,采用《中国科技统计年鉴》《中国能源统计年鉴》和中国31个省级行政区统计机构出版的地方统计年鉴的数据等。

在世界银行和联合国有关机构出版的统计资料中,中国数据的数值一般为中国内地(大陆)31个省级行政区统计数据的加总;在《中国统计年鉴》中,香港特别行政区、澳门特别行政区和台湾地区的统计数据单列,全国的加总数在数值上为内地(大陆)31个省级行政区统计数据的加和。

苏联和东欧国家(捷克斯洛伐克等),1990年前后发生变化。1990年前采用原国家数据。1990年后,分别为俄罗斯、捷克和斯洛伐克的数据。1990年前德国数据采用联邦德国的数据。

三、国家分组

关于国家分组的方法有很多。《中国现代化报告 2003》对此进行了专门分析。例如,世界银行根据人均收入大小分组、联合国开发计划署根据人类发展指数分组、联合国工作分组、联合国地区分组、《中国现代化报告》根据第二次现代化指数分组等。一般而言,国家分组是相对的,更多是为了分析和操作的方便。本报告沿用《中国现代化报告 2003》国家分组方法。

《中国现代化报告 2003》采用四种国家分组方法。① 工业化国家和发展中国家;② 发达国家和发展中国家;③ 高收入国家、中等收入国家和低收入国家;④ 发达国家、中等发达国家、初等发达国家和欠发达国家。四种方法具有一定可比性(表 a)。

表 a 《中国现代化报告》的国家分组

国家分组	类别	分组方法或标准
按地区分组	发达国家[a]	高收入国家(不含石油输出国)
	OECD 国家	OECD 国家
	比较发达国家	按联合国统计署的划分
	比较不发达国家(发展中国家)	按联合国统计署的划分
	最不发达国家(发展中国家)	按联合国统计署的划分
按人均国民收入分组(世界银行 2020 年版)	高收入国家	人均国民收入:大于 12 535 美元
	中等收入国家	人均国民收入:1036～12 535 美元
	中高收入国家	人均国民收入:4046～12 535 美元
	中低收入国家	人均国民收入:1036～4045 美元
	低收入国家	人均国民收入:小于 1036 美元
按第一次现代化实现程度分组	工业化国家	完成第一次现代化的国家
	发展中国家	没有完成第一次现代化的国家
按第二次现代化指数分组(2020 年版)	发达国家[a](高现代化水平)	第二次现代化指数大于或等于 80
	中等发达国家(中等现代化水平)	第二次现代化指数 50～79.9
	初等发达国家(初等现代化水平)	第二次现代化指数 30～49.9
	欠发达国家(低现代化水平)	第二次现代化指数小于 30

注:a. "发达国家"有两种划分方法。按第二次现代化指数划分的发达国家、按人均收入划分(习惯分法)的发达国家(一般指不包含石油输出国的高收入国家),它们(划分的结果)是基本一致的。

四、第一次现代化指数的评价方法和评价指标

第一次现代化进展评价方法主要有三种:定性评价、定量评价和综合评价(定性和定量相结合)。本报告主要进行经济和社会第一次现代化的实现程度的定量评价。

1. 评价指标

20 世纪 80 年代,美国学者英克尔斯教授访问中国,并提出经典现代化的 11 个评价指标(孙立平,1988)。何传启选择其中的 10 个指标作为第一次现代化的评价指标(表 b)。

表 b 第一次现代化的评价指标和评价标准（1960 年工业化国家指标平均值）

项目	指标、单位和指标编号	标准	备注[b]
经济指标	1. 人均国民收入（人均 GNI），美元	逐年计算[a]	正指标
	2. 农业劳动力比例（农业劳动力占总就业劳动力比例），%	30% 以下	逆指标
	3. 农业增加值比例（农业增加值占 GDP 比例），%	15% 以下	逆指标
	4. 服务业增加值比例（服务业增加值占 GDP 比例），%	45% 以上	正指标
社会指标	5. 城市人口比例（城市人口占总人口比例），%	50% 以上	正指标
	6. 医生比例（每千人口中的医生人数），‰	1‰ 以上	正指标
	7. 婴儿死亡率，‰	30‰ 以下	逆指标
	8. 平均预期寿命（出生时平均预期寿命），岁	70 岁以上	正指标
知识指标	9. 成人识字率，%	80% 以上	正指标
	10. 大学普及率（在校大学生占 20～24 岁人口比例），%	15% 以上	正指标

注：参考英克尔斯教授的评价指标（孙立平，1988）。a. 以 1960 年 19 个市场化工业国家人均国民收入平均值 1280 美元为基准值，以后逐年根据美元通货膨胀率（或 GDP 物价折算系数）计算标准值。例如，1960 年标准值为 1280 美元，1970 年为 1702 美元，1980 年为 3411 美元，1990 年为 5147 美元，2000 年为 6399 美元，2010 年为 8000 美元，2011 年 8165 美元，2012 年为 8312 美元，2013 年为 8436 美元，2014 年为 8587 美元，2015 年为 8680 美元，2016 年为 8800 美元，2017 年为 8960 美元，2018 年为 9180 美元。b. 正指标，评价对象数值等于或大于标准值时，表示它达到或超过经典现代化标准；逆指标，评价对象数值等于或小于标准值时，表示它达到或超过经典现代化标准。

2. 评价模型

2001 年何传启设计"第一次现代化评价模型"，包括 10 个经济、社会和知识指标，以及评价方法和发展阶段评价。评价标准参考 1960 年 19 个工业化国家发展指标的平均值。

$$\begin{cases} \text{FMI} = \sum S_i/n \quad (i=1,2,\cdots,n) \\ S_i = 100 \times i_{\text{实际值}}/i_{\text{标准值}} \quad (\text{正指标}, S_i \leqslant 100) \\ S_i = 100 \times i_{\text{标准值}}/i_{\text{实际值}} \quad (\text{逆指标}, S_i \leqslant 100) \end{cases}$$

其中，FMI 为第一次现代化指数，n 为参加评价的指标总个数，S_i 为第 i 号指标的指数，即达标程度（$S_i \leqslant 100$）；i 为评价指标的编号；$i_{\text{实际值}}$ 为 i 号指标的实际值，$i_{\text{标准值}}$ 为 i 号指标的标准值（具体数值见表 b）。

3. 评价方法

其一，检验评价指标的相关性。在地区现代化评价时，可以调整部分评价指标。

其二，计算人均 GNI 的标准值。

其三，采用"比值法"计算单个指标的指数（达标程度）。单个指标的指数最大值为 100（如果超过 100，取值 100），达到 100 表明该指标已经达到第一次现代化水平。

其四，采用简单算术平均值法，计算第一次现代化指数。

其五，评价的有效性。如果参加评价国家，有效指标个数占指标总数的比例低于 60%（即指标个数少于 6 个），则视为无效样本，不进行评价。

其六，计算方法。所有评价由计算机自动完成。计算机计算数据时，计算机内部保留小数点后 12 位小数；显示数据结果时，一般保留整数或 1～2 位小数。

其七，评价的精确性。在阅读和利用评价数据和结果时，需要特别注意小数四舍五入带来的影响。第二次现代化和综合现代化评价，也是如此。

其八，评价误差。有些国家样本，统计数据不全，对评价结果有比较大的影响。水平高的指标的数据缺失，可能拉低评价结果。水平低的指标的数据缺失，可能抬高评价结果。一般而言，指标缺少的越多,影响越大。

4. 第一次现代化的阶段评价

$$\begin{cases} P_{FM} = (P_{农业增加值比例} + P_{农业/工业增加值} + P_{农业劳动力比例} + P_{农业/工业劳动力})/4 \\ P_{农业增加值比例} = (4,3,2,1,0),根据实际值与标准值的比较判断阶段并赋值 \\ P_{农业/工业增加值} = (4,3,2,1,0),根据实际值与标准值的比较判断阶段并赋值 \\ P_{农业劳动力比例} = (4,3,2,1,0),根据实际值与标准值的比较判断阶段并赋值 \\ P_{农业/工业劳动力比例} = (4,3,2,1,0),根据实际值与标准值的比较判断阶段并赋值 \end{cases}$$

其中,P_{FM}代表第一次现代化的阶段,$P_{农业增加值比例}$代表根据农业增加值比例判断的阶段和赋值,$P_{农业/工业增加值}$代表根据农业增加值比例与工业增加值比例的比值判断的阶段和赋值,$P_{农业劳动力比例}$代表根据农业劳动力比例判断的阶段和赋值,$P_{农业/工业劳动力比例}$代表根据农业劳动力比例与工业劳动力比例的比值判断的阶段和赋值。

其一,根据信号指标实际值与标准值的比较判断阶段并赋值。其二,计算赋值的平均值。其三,综合判断第一次现代化的阶段。用于第一次现代化阶段评价的4个信号指标的划分标准和赋值见表c。第一次现代化阶段评价的信号指标的变化如图a所示。

表 c 第一次现代化信号指标的划分标准和赋值

	农业增加值比例/(%)	农业增加值/工业增加值	赋值	说明
过渡期	<5	<0.2	4	
成熟期	5~15,<15	0.2~0.8,<0.8	3	农业增加值比例低于15%为完成第一次现代化的标准,结合工业化国家200年经济史制定
发展期	15~30,<30	0.8~2.0,<2.0	2	
起步期	30~50,<50	2.0~5.0,<5.0	1	
传统社会	≥50	≥5.0	0	
	农业劳动力比例/(%)	农业劳动力/工业劳动力	赋值	
过渡期	<10	<0.2	4	
成熟期	10~30,<30	0.2~0.8,<0.8	3	农业劳动力比例低于30%为完成第一次现代化的标准,结合工业化国家200年经济史制定
发展期	30~50,<50	0.8~2.0,<2.0	2	
起步期	50~80,<80	2.0~5.0,<5.0	1	
传统社会	≥80	≥5.0	0	

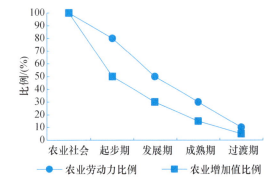
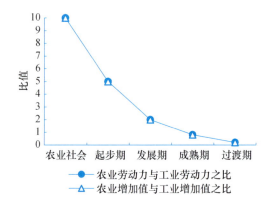

图 a 第一次现代化阶段评价的信号指标变化

有些时候,可能是统计数据或者国家差异的原因,产业结构和就业结构的分析结果与现代化总体水平不协调,需要根据第一次现代化指数对发展阶段进行调整。

发达国家在 20 世纪 60 年代前后完成第一次现代化,在 70 年代前后进入第二次现代化。第一次现代化评价比较适合于发展中国家,第二次现代化评价比较适合于发达国家。

五、第二次现代化指数的评价方法和评价指标

第二次现代化进展评价同样有定性评价、定量评价和综合评价等三种方法。第二次现代化启动已经超过 50 年。随着第二次现代化的发展,第二次现代化的评价指标和评价方法应该做相应的调整。

1. 评价指标

第二次现代化理论认为,知识的创新、传播和应用是第二次现代化的动力,知识创新、知识传播和知识应用的水平反映了第二次现代化的水平。

第二次现代化评价包括知识创新、知识传播、知识应用Ⅰ和Ⅱ(生活质量和经济质量)四大类指标和 16 个具体指标(表 d)。其中,知识创新指在世界上首次发现、发明、创造或应用某种新知识,包括科学发现、技术发明、知识创造和新知识首次应用;知识应用Ⅰ为改进生活质量,知识应用Ⅱ为改进经济质量;物质产业包括农业和工业。

表 d 第二次现代化评价指标

二级指标	第二次现代化评价模型第一版(2001 年版)		第二次现代化评价模型第三版(2018 年新版)	
	三级指标和编号	指标解释和单位	三级指标和编号	指标解释和单位
知识创新	1. 知识创新经费投入	人均研究与发展经费占 GDP 的比例(R&D 经费/GDP)/(%)	1. 知识创新经费投入	人均研究与发展经费投入/美元
	2. 知识创新人员投入	从事研究与发展活动的研究人员比例/(人/万人)	2. 知识创新人员投入	从事研究与发展活动的研究人员比例/(人/万人)
	3. 知识创新专利产出	居民申请发明专利比例/(项/万人)	3. 知识创新专利产出	居民申请发明专利比例/(项/万人)
			4. 人均知识产权出口	人均知识产权出口/美元
知识传播	4. 中学普及率	在校中学生人数占适龄人口(一般 12~17 岁)比例/(%)	5. 大学普及率	在校大学生人数占适龄人口(一般 20~24 岁)比例/(%)
	5. 大学普及率	在校大学生人数占适龄人口(一般 20~24 岁)比例/(%)	6. 宽带网普及率	宽带网用户/百人口/(%)
	6. 电视普及率	电视用户/百人口/(%)	7. 人均公共教育经费	人均公共教育费用/美元
	7. 互联网普及率	互联网用户/百人口/(%)	8. 人均知识产权进口	人均知识产权进口费用/美元
生活质量	8. 城镇人口比例	城镇人口占总人口比例/(%)	9. 平均预期寿命	新生儿平均预期寿命/岁
	9. 医生比例	每千人口中的医生数/(‰)	10. 人均购买力	按购买力平价 PPP 计算的人均国民收入/国际美元
	10. 婴儿死亡率	每千例活产婴儿在 1 岁内的死亡率/(‰)	11. 婴儿死亡率	每千例活产婴儿在 1 岁内的死亡率/(‰)
	11. 平均预期寿命	新生儿平均预期寿命/岁	12. 环境质量	$PM_{2.5}$ 年均浓度/(微克/米^3)
	12. 人均能源消费	人均商业能源消费/千克石油当量		

(续表)

二级指标	第二次现代化评价模型第一版(2001年版)		第二次现代化评价模型第三版(2018年新版)	
	三级指标和编号	指标解释和单位	三级指标和编号	指标解释和单位
经济质量	13. 人均国民收入	人均国民收入/美元	13. 劳动生产率	雇员人均GDP/2017年不变价格PPP
	14. 人均购买力	按购买力平价PPP计算的人均国民收入/国际美元	14. 单位GDP的能源消耗	单位GDP的能源消耗/(千克石油当量/美元)
	15. 物质产业增加值比例	农业和工业增加值占GDP的比例/(%)	15. 物质产业增加值比例	农业和工业增加值占GDP的比例/(%)
	16. 物质产业劳动力比例	农业和工业劳动力占总就业劳动力比例/(%)	16. 物质产业劳动力比例	农业和工业劳动力占总就业劳动力比例/(%)
基准值	高收入国家的平均值		高收入国家的平均值	

注:中国地区大学普及率为大学在校学生人数占18～21岁人口比例。

(1) 不变部分(继承)

评价原理不变,二级指标不变,三级指标总数不变,13个三级指标保留不变等。

(2) 变化部分

与第二版相比,增加3个指标,包括2个知识产权指标和1个环境指标;减少3个指标,包括2个重复指标(在第一次现代化评价和综合现代化评价中已经采用的指标)和1个数据不可得指标(电视普及率已经饱和,世界银行的《世界发展指标》已经不包括这个指标);调整1个指标,人均购买力指标从经济质量部分调到生活质量部分。

2. 评价模型

第二次现代化评价包括第二次现代化指数、知识创新指数、知识传播指数、生活质量指数、经济质量数和16个指标的评价,指标评价采用比值法,指数评价采用算术平均值法,指标和指数采用等权重法。

$$\begin{cases} SMI = (KII + KTI + LQI + EQI)/4 \\ KII = \sum D_i/4 \quad (i = 1,2,3,4) \\ KTI = \sum D_i/4 \quad (i = 5,6,7,8) \\ LQI = \sum D_i/4 \quad (i = 9,10,11,12) \\ EQI = \sum D_i/4 \quad (i = 13,14,15,16) \\ D_i = 100 \times i_{实际值}/i_{基准值} \quad (正指标, D_i \leqslant 120) \\ D_i = 100 \times i_{基准值}/i_{实际值} \quad (逆指标, D_i \leqslant 120) \\ (i = 1,2,3,4,5,6,7,8,9,10,11,12,13,14,15,16) \end{cases}$$

其中,SMI是第二次现代化指数,KII是知识创新指数,KTI是知识传播指数,LQI是生活质量指数,EQI是经济质量指数,D_i是第i号评价指标的发展指数($D_i \leqslant 120$,避免单个指标数值过高影响总评价结果);i为16个评价指标的编号,从1到16;$i_{实际值}$为i号指标的实际值,$i_{基准值}$为i号指标的基准值。16个评价指标的基准值为最新年高收入国家的平均值。

3. 评价方法

其一,检验评价指标的相关性。在地区现代化评价时,可以调整部分评价指标。

其二,确定评价的基准值,为最新年高收入国家的平均值(发达国家平均值)。

其三,采用"比值法"计算单个指标的发展指数。单个指标的发展指数的最高值为120(如果超过

120,取值 120),避免单个指标过高造成评价"失真"。

其四,采用简单算术平均值法,分别计算知识创新指数、知识传播指数、生活质量指数和经济质量指数。

其五,采用简单算术平均值法计算第二次现代化指数。

其六,评价的有效性。如果参加评估的有效指标个数占指标总数的比例低于50%,则视为无效样本,不进行评价。

其七,评价的可比性。由于评价基准值不同,不同年份的《中国现代化报告》关于第二次现代化进程的评价结果,只具有相对可比性。

其八,评价误差。有些国家样本,统计数据不全,对评价结果有比较大的影响。

4. 第二次现代化的阶段评价

$$P_{SM} = (P_{物质产业增加值比例} + P_{物质产业劳动力比例})/2$$

$P_{物质产业增加值比例} = (3,2,1)$,根据实际值与标准值的比较判断阶段并赋值

$P_{物质产业劳动力比例} = (3,2,1)$,根据实际值与标准值的比较判断阶段并赋值

其中,P_{SM}代表第二次现代化的阶段,$P_{物质产业增加值比例}$代表根据物质产业增加值比例判断的阶段和赋值,$P_{物质产业劳动力比例}$代表根据物质产业劳动力比例判断的阶段和赋值。

其一,筛选出处于第一次现代化过渡期和第二次现代化指数超过60的国家。

其二,根据这些国家信号指标实际值与标准值的比较,判断这些国家的阶段并赋值。

其三,计算赋值的平均值,判断第二次现代化的阶段。

用于第二次现代化阶段评价的信号指标的标准和赋值见表 e。

表 e 第二次现代化信号指标的标准和赋值

阶段	物质产业增加值比例/(%)	物质产业劳动力比例/(%)	赋值	备注(前提条件)
成熟期	<20	<20	3	
发展期	20~30,<30	20~30,<30	2	处于第一次现代化过渡期
起步期	30~40,<40	30~40,<40	1	第二次现代化指数高于60
准备阶段	40~50,<50	40~50,<50	0	

注:进入第一次现代化过渡期和第二次现代化指数高于60的国家,才进一步判断第二次现代化阶段。

有些时候,可能是统计数据或者国家差异的原因,产业结构和就业结构的分析结果与现代化总体水平不协调,需要根据第二次现代化指数对发展阶段进行调整。

六、综合现代化指数的评价方法和评价指标

综合现代化指数,主要反映被评价对象的现代化水平与世界先进水平的相对差距。世界第一次现代化是经典的,第二次现代化是新的。随着第二次现代化的发展,综合现代化水平的评价指标和评价方法应该做相应的调整。

1. 评价指标

综合现代化是两次现代化的协调发展。综合现代化评价,选择第一次现代化和第二次现代化的共性指标,同时适用于发达国家和发展中国家,可以反映发达国家和发展中国家的相对水平。综合现代化水平评价包括经济发展、社会发展和知识发展三大类指标和12个具体指标(表 f)。

表 f 综合现代化评价指标

二级指标	综合现代化评价模型第一版(2004 年版)		综合现代化评价模型第三版(2018 年新版)	
	三级指标和编号	指标解释和单位	三级指标和编号	指标解释和单位
经济发展	1. 人均国民收入	人均国民收入/美元	1. 人均国民收入	人均国民收入/美元
	2. 人均购买力	按购买力平价 PPP 计算的人均国民收入/国际美元(PPP)	2. 人均制造业增加值	人均制造业增加值/美元
	3. 服务业增加值比例	服务业增加值占 GDP 比例/(%)	3. 服务业增加值比例	服务业增加值占 GDP 比例/(%)
	4. 服务业劳动力比例	服务业劳动力占总就业劳动力比例/(%)	4. 服务业劳动力比例	服务业劳动力占总就业劳动力比例/(%)
社会发展	5. 城镇人口比例	城镇人口占总人口比例/(%)	5. 城镇人口比例	城镇人口占总人口比例/(%)
	6. 医生比例	每千人口中的医生数/(‰)	6. 医生比例	每千人口中的医生数/(‰)
	7. 平均预期寿命	新生儿平均预期寿命/岁	7. 人均购买力	按购买力平价 PPP 计算的人均国民收入/国际美元
	8. 生态效益(能源使用效率)	人均 GDP/人均能源消费/(美元/千克标准油)	8. 能源使用效率	人均 GDP/人均能源消费/(美元/千克标准油)
知识发展	9. 知识创新经费投入	研究与发展经费占 GDP 的比例(R&D 经费/GDP)/(%)	9. 知识创新经费投入	人均研究与发展经费投入/美元
	10. 知识创新专利产出	每万居民申请发明专利数/(项/万人)	10. 人均知识产权贸易	人均知识产权贸易(人均知识产权进口和出口总值)/美元
	11. 大学普及率	在校大学生人数占适龄人口(一般为 20~24 岁)比例/(%)	11. 大学普及率	在校大学生人数占适龄人口(一般为 20~24 岁)比例/(%)
	12. 互联网普及率	互联网用户/百人/(%)	12. 互联网普及率	互联网用户/百人/(%)
参考值	高收入国家的平均值		高收入国家的平均值	

注:中国地区大学普及率为大学在校学生人数占 18~21 岁人口比例。

(1) 不变部分(继承)

评价原理不变,二级指标不变,三级指标总数不变,9 个三级指标保留不变等。

(2) 变化部分

与第二版相比,增加 3 个指标,包括 1 个知识产权指标、1 个社会指标和 1 个环境指标;减少 3 个重复性指标(在第一次现代化评价或第二次现代化评价中已经采用的指标)。

2. 评价模型

综合现代化指数评价,要选择两次现代化的典型特征指标和两次现代化都适用的指标作为评价指标。综合现代化评价包括经济发展、社会发展和知识发展三大类指标和 12 个具体指标。

$$\begin{cases} IMI = (EI + SI + KI)/3 \\ EI = \sum D_i/4 \quad (i=1,2,3,4) \\ SI = \sum D_i/4 \quad (i=5,6,7,8) \\ KI = \sum D_i/4 \quad (i=9,10,11,12) \\ D_i = 100 \times i_{实际值}/i_{参考值} \quad (正指标,D_i \leqslant 100) \\ D_i = 100 \times i_{参考值}/i_{实际值} \quad (逆指标,D_i \leqslant 100) \\ (i=1,2,3,4,5,6,7,8,9,10,11,12) \end{cases}$$

其中,IMI 是综合现代化指数,EI 是经济发展指数,SI 是社会发展指数,KI 是知识发展指数,D_i 是第

i 号评价指标的相对发展水平（$D_i \leq 100$）；i 为 12 个评价指标的编号，从 1 到 12；$i_{实际值}$ 为 i 号指标的实际值，$i_{参考值}$ 为 i 号指标的参考值。12 个评价指标的参考值为当年高收入国家（发达国家）指标的平均值。

3. 评价方法

其一，检验评价指标的相关性。在地区现代化评价时，可以调整部分评价指标。

其二，确定评价的参考值，为当年高收入国家（发达国家）的平均值。

其三，采用比值法计算单个指标的发展水平。单个指标的发展水平的最高值为 100（如果超过 100，取值 100），达到 100 表明该指标已经达到世界前沿水平。

其四，采用简单算术平均值法，分别计算经济发展、社会发展和知识发展指数。

其五，采用简单算术平均值法计算综合现代化水平。

其六，评价的有效性。如果参加评估国家，有效指标个数占指标总数的比例低于 60%，则视为无效样本，不进行评价。有效指标的多少，对评价结果有比较大影响。

附 录

附录一 交通现代化的指标体系和记分牌

交通与国家地理特征、资源禀赋、国家大小、人口密度、经济密度和发展水平等紧密相关,交通体系和交通服务既有共性又有多样性;部分发展中国家交通统计不完备,交通统计数据难以获取。交通多样性和数据不完备等,是交通现代化水平评价面临的主要挑战。

一、世界交通现代化的指标体系

交通现代化涉及交通体系、交通服务、交通效率和交通治理四个主题,每个主题又包含众多亚主题和分析维度。根据发展趋势和政策需要,可以选择若干亚主题和分析维度进行系统分析。综合考虑指标重要性、国际可比性、数据可获得性等,选择各主题的分析指标,构成交通现代化的指标体系,包括世界交通现代化的100个指标。

二、世界交通现代化的记分牌

世界交通现代化记分牌是世界交通现代化的关键指标的数据和记分的集成。其中,关键指标是能够反映交通现代化的大致水平和共性特征的指标,记分是采用比值法核算单个指标的记分,大致反映单个指标的国际相对水平。交通现代化的指标记分、交通主题综合得分和交通现代化综合得分的计算方法如下。读者可提出符合规律和适合国情的新计算方法。

- 正指标:指标记分=指标实际值÷指标基准值×100,≤100。
- 逆指标:指标记分=指标基准值÷指标实际值×100,≤100。
- 基准值:指标基准值=该指标发达国家或高收入国家的简单算术平均值。
- 交通主题综合得分:采用几何平均值法计算;主题50%及以上指标有记分时,计算主题综合得分。
- 交通现代化综合得分:采用几何平均值法计算;3个主题得分齐全时,计算交通现代化综合得分。

其中,指标记分的最大值设定为100,指标记分等于或小于100(超过100时取值100);指标基准值为该指标发达国家或高收入国家的简单算术平均值,正指标为指标数值与指标水平正相关的指标,逆指标为指标数值与指标水平负相关的指标。交通主题包括交通体系、交通服务和交通治理三个主题。交通现代化综合得分是三个主题综合得分的几何平均值。

根据交通规律和交通国情,不同国家可建立适合自己的交通现代化记分牌。

三、世界交通现代化的100个指标和记分牌

附表1-1-1	世界交通现代化的100个指标	211
附表1-1-2	世界交通现代化100个指标的指标分类和数据来源	217
附表1-1-3	世界交通现代化100个指标的数据时间跨度和国家数量	220
附表1-2-1	世界交通现代化记分牌的指标体系、数据来源和记分方法	223
附表1-2-2	2018年世界交通现代化和交通体系综合得分的国家分组(按国家英文名称排序)	224
附表1-2-3-1	2018年世界交通现代化记分牌(交通体系指标)	226

附表 1-2-3-2　2018 年世界交通现代化记分牌（交通体系指标记分） …………………………… 228
附表 1-2-4　2018 年世界交通现代化记分牌（交通服务指标和记分） …………………………… 230
附表 1-2-5　2018 年世界交通现代化记分牌（交通治理指标和记分） …………………………… 232
附表 1-2-6-1　2010 年世界交通现代化记分牌（交通体系指标） ………………………………… 234
附表 1-2-6-2　2010 年世界交通现代化记分牌（交通体系指标记分） …………………………… 236
附表 1-2-7　2010 年世界交通现代化记分牌（交通服务指标和记分） …………………………… 238
附表 1-2-8　2010 年世界交通现代化记分牌（交通治理指标和记分） …………………………… 240

附表 1-1-1　世界交通现代化的 100 个指标

编号	主题	亚主题	维度	指标	单位*	英文名称和单位	解释**
1	交通体系	交通体系	运输需求	人均国内客运周转量	人公里	Total inland passenger transport per capita (passenger-km)	国内客运周转量/全国人口
2				人均国内货运周转量	吨公里	Total inland freight transport per capita (ton-km)	国内货运周转量/全国人口
3				人均国内公路客运周转量	人公里	Road passenger transport per capita (passenger-km)	国内公路客运周转量/全国人口
4				人均国内公路货运周转量	吨公里	Road freight transport per capita (ton-km)	国内公路货运周转量/全国人口
5				人均国内铁路客运周转量	人公里	Railways, passengers carried per capita (passenger-km)	国内铁路客运周转量/全国人口
6				人均国内铁路货运周转量	吨公里	Railways, goods transported per capita (ton-km)	国内铁路货运周转量/全国人口
7				人均国内航空客运量	人次	Air transport, passengers carried per capita (passenger)	国内航空客运总量/全国人口
8				人均国内航空货运周转量	吨公里	Air transport, freight per capita (ton-km)	国内航空货运周转量/全国人口
9				人均集装箱海运量	标箱	Maritime containers transport per capita (TEU)	标准集装箱海运量/全国人口
10				人均管道运输周转量	吨公里	Pipelines transport per capita (Tonnes-kilometres)	管道运输周转量/全国人口
11			交通工具	单位 GDP 的轿车数量	辆/100 万美元	Passenger cars per one million units of current USD GDP	轿车存量/按 100 万现价美元计算的 GDP
12				单位 GDP 的货车数量	辆/100 万美元	Goods road motor vehicles per one million units of current USD GDP	货车存量/按 100 万现价美元计算的 GDP
13				每千居民拥有的轿车数量	辆	Passenger cars per one thousand inhabitants	每千居民拥有的轿车数量
14				每千居民拥有的货车数量	辆	Goods road motor vehicles per one thousand inhabitants	每千居民拥有的货车数量
15				单位 GDP 的铁路客位数	个/100 万美元	Rail passenger seats and berths per one million units of current USD GDP	铁路乘客座位和铺位总数/按 100 万现价美元计算的 GDP
16				单位 GDP 的铁路货运装载力	吨/100 万美元	Rail freight loading capacity per one million units of current USD GDP	铁路货运装载能力/按 100 万现价美元计算的 GDP
17				每千居民的铁路客位数	个	Rail passenger seats and berths per one thousand inhabitants	每千居民铁路乘客座位和铺位数
18				每千居民的铁路货运装载力	吨	Rail freight loading capacity per one thousand inhabitants	每千居民铁路货运装载力
19				单位 GDP 的定期航班客位数	个/100 万美元	Available seat capacity for scheduled flight per one million units of current USD GDP	定期航班客位数/按 100 万现价美元计算的 GDP
20				每千居民定期航班客位数	个	Available seat capacity for scheduled flight per one thousand inhabitants	每千居民定期航班客位数
21			交通设施	每千人高速公路长度	公里	Length of motorways per one thousand people (km per thousand people)	每千人拥有的高速公路长度
22				每千人铁路里程	公里	Rail lines (total route-km) per one thousand people (km per thousand people)	每千人拥有的铁路里程

(续表)

编号	主题	亚主题	维度	指标	单位*	英文名称和单位	解释**
23				每100万居民拥有的机场数量	个	airports per one million inhabitants	每100万居民拥有的机场个数
24				交通设施数字化指数	指数(%)	Digital Adoption index (0~100)	交通设施数字化指数,从弱到强(0~100)
25				交通基础设施的综合质量	指数(1~7)	Quality of transport infrastructure [value: 1 = worst to 7 = best]	交通基础设施的综合质量(公路、铁路、空港、海港四者算数平均值)[值:1=最差到7=最佳]
26			交通网络	公路密度	公里/百平方公里	Density of road (km per one hundred sq. km)	公路总里程/百平方公里国土面积
27				铁路密度	公里/百平方公里	Railroad density (km of railroads per sq. km)	铁路总里程/百平方公里国土面积
28				机场密度	个/10万平方公里	airports per one hundred thousand sq. km	机场总数/10万平方公里国土面积
29				高速公路比例	%	Share of motorways in total road network	高速公路里程/公路总里程
30				高铁线路比例	%	Share of high-speed rail lines in total rail network	高铁里程/铁路总里程
31				公路连通性指数	指数(1~100)	Road Connectivity Index (0—100)	公路连通性指数,从弱到强(0~100)
32				农村交通可及性	%	Rural Access Index (Percentage)	居住在公路周边2公里范围内的农村人口比例
33	交通服务	交通行为	私人交通	人均轿车交通里程	公里	Road passenger transport by passenger cars per capita	人均轿车交通里程
34				家庭交通支出比例	%	Share of household expenditure for transport in total household expenditure	家庭在交通方面的支出/家庭总支出
35			公共交通	城市公共交通出行比例	%	Share of public transport in all journal modals	城市公共交通出行占所有交通出行方式的比例
36			商业交通	人均客车公路客运周转量	人公里	Road passenger transport by passenger buses and coaches per capita (passenger-km)	营运客车公路客运周转量/全国人口
37			特殊交通	中小学生均校车经费	美元	Expenditures in school bus per student (USD)	美国中小学年度校车总支出/美国小学和初中学生总数
38		交通产业	产业水平	人均交通产业增加值	美元	Value added in transport per capita (USD)	按照现价美元计算的交通产业增加值/全国人口
39				人均交通产业总产值	美元	Gross output in transport per capita (USD)	按照现价美元计算的交通产业总产值/全国人口
40			产业效率	交通产业劳动生产率	美元	Value added in transport per worker (USD)	交通产业增加值/劳动力
41				公路客运密度	千人公里/公里	Road passenger transport/Length of road (thousand passenger-km per km)	国内道路客运量/道路总长度

(续表)

编号	主题	亚主题	维度	指标	单位	英文名称和单位	解释
42				公路货运密度	千吨公里/公里	Road freight transport/Length of road (thousand ton-km per km)	国内道路货运量/道路总长度
43				铁路客运密度	千人公里/公里	Rail passenger transport/Rail lines (thousand passenger-km per km)	国内铁路客运量/铁路总长度
44				铁路货运密度	千吨公里/公里	Rail freight transport/Rail lines (thousand ton-km per km)	国内铁路货运量/铁路总长度
45				机动车单车公路运行里程	千车公里	Road traffic in thousand vehicle-km per road motor vehicle	每辆机动车的运行里程
46				交通服务的综合效率	指数(1～7)	Efficiency of transport services [value: 1=worst to 7=best]	交通服务的综合效率（铁路、海运和空运服务效率算数平均值）[值:1=最差到7=最佳]
47			产业质量	交通产业增加值率	%	Value added/Gross output in transport	交通产业增加值/交通产业总产值
48				交通产业净利润率	%	Net operating surplus and mixed income/Gross output in transport	交通产业净营业盈余和混合收入/交通产业总产值
49				物流绩效指数：贸易和运输相关基础设施的质量	指数(1～5)	Logistics performance index: Quality of trade and transport-related infrastructure (1=low to 5=high)	物流绩效指数：贸易和运输相关基础设施的质量,指数数值从低到高(1～5)越高越好
50			质量管理	物流绩效指数：追踪查询货物的能力	指数(1～5)	Logistics performance index: Ability to track and trace consignments (1=low to 5=high)	物流绩效指数：追踪查询货物的能力,指数数值从低到高(1～5)越高越好
51				物流绩效指数：货物在计划或预期时间内到达收货人的频率	指数(1～5)	Logistics performance index: Frequency with which shipments reach consignee within scheduled or expected time (1=low to 5=high)	物流绩效指数：货物在计划或预期时间内到达收货人的频率,指数数值从低到高(1～5)越高越好
52				城市交通满意度	%	Consumer satisfaction with urban transport (%)	城市交通满意度
53		交通经济	产业结构	交通产业增加值比例	%	Share of value added in the transport sector	交通产业增加值/GDP
54				交通产业增加值占服务业增加值比例	%	Value added in transport (% of services)	交通产业增加值/服务业增加值
55				公路客运占客运总量比例	%	Share of road passenger transport in total inland passenger transport	公路客运量/客运总量
56				公路货运占货运总量比例	%	Share of road freight transport in total inland freight transport	公路货运量/货运总量
57				铁路客运占客运总量比例	%	Share of rail passenger transport in total inland passenger transport	铁路客运量/客运总量
58				铁路货运占货运总量比例	%	Share of rail freight transport in total inland freight transport	铁路货运量/货运总量
59				国际旅游客运收入占比	%	Rate of receipts for passenger transport items from international tourism in gross output in transport	国际旅游客运收入/交通产业总产值

(续表)

编号	主题	亚主题	维度	指标	单位*	英文名称和单位	解释**
60			就业结构	交通产业劳动力比例	%	Share of employment in the transport sector (% of total employment)	交通产业劳动力/总就业人口
61				交通产业就业占服务业就业比例	%	Employment in transport (% of services)	交通产业劳动力/服务业劳动力
62				交通产业女性就业比例	%	Workers in transport who are female (percentage)	交通产业劳动力中女性的比例
63			需求结构	交通需求比例	%	Share of demands in the transport sector (% of total demands)	交通产业需求/总需求
64				单位GDP的公路客运周转量	人公里/千美元	Road passenger transport in passenger-km per one thousand units of current USD GDP	公路客运周转量/GDP
65				单位GDP的公路货运周转量	吨公里/千美元	Road freight transport in tonne-km per one thousand units of current USD GDP	公路货运周转量/GDP
66				单位GDP的铁路客运周转量	人公里/千美元	Rail passenger transport in passenger-km per one thousand units of current USD GDP	铁路客运周转量/GDP
67				单位GDP的铁路货运周转量	吨公里/千美元	Rail freight transport in tonne-km per one thousand units of current USD GDP	铁路货运周转量/GDP
68				单位GDP的航空客运量	人/千美元	Air passenger transport per one thousand units of current USD GDP	航空客运量/GDP
69				单位GDP的航空货运周转量	吨公里/千美元	Air freight transport in tonne-km per one thousand units of current USD GPD	航空货运周转量/GDP
70				单位GDP的内陆水运货运周转量	吨公里/千美元	Inland waterways freight transport in tonne-km per one thousand units of current USD GDP	内陆水运货运周转量/GDP
71				单位GDP的管道货运周转量	吨公里/千美元	Pipeline transport in tonne-km per one thousand units of current USD GDP	管道货运周转量/GDP
72			交通强度	单位GDP的客运周转量	人公里/千美元	Total inland passenger transport in passenger-km per one thousand units of current USD GDP	国内客运周转量/GDP
73				单位GDP的货运周转量	吨公里/千美元	Total inland freight transport in tonne-km per one thousand units of current USD GDP	国内货运周转量/GDP
74				单位GDP的公路交通周转量	车公里/千美元	Road traffic in vehicle-km per one thousand units of current USD GDP	机动车交通量（车公里）/GDP
75				单位GDP的国内航空客运周转量	客位公里/千美元	Domestic seats-km per one thousand units of current USD GDP	国内航空客运周转量/GDP
76				单位GDP的国际航空客运周转量	客位公里/千美元	International seats-km per one thousand units of current USD GDP	国际航空客运周转量/GDP
77	交通效率	交通效率	交通科技	交通研发投入比例	%	Share of R&D in the transport sector (% of total R&D)	交通研发投入/研发总投入

(续表)

编号	主题	亚主题	维度	指标	单位*	英文名称和单位	解释**
78			智能交通	自动驾驶汽车比例	%	Share of autonomous vehicles in total vehicles	L2级自动驾驶车辆数/机动车总数
79			交通环境	交通二氧化碳排放量占比	%	Share of CO_2 emissions from transport in total CO_2 emissions	交通二氧化碳排放量/二氧化碳总排放量
80				人均交通二氧化碳排放量	吨	CO_2 emission from transport in tonnes per inhabitant	交通二氧化碳排放量/全国人口
81				单位GDP的交通二氧化碳排放量	千克/国际美元	CO_2 emission from transport relative to GDP (PPP) (kg per dollar)	交通二氧化碳排放量/GDP(PPP)
82			交通能源	单位GDP的交通能耗	克标准油/国际美元	Energy consumption of transport relative to GDP (PPP) (GOE per dollar)	交通产业能耗/GDP (PPP)
83				单位GDP的机动车能耗	吨/100万美元	Motor fuel deliveries in tonnes per one million units of current USD GDP	燃油机动车能耗/GDP
84				人均机动车的能耗	吨	Motor fuel deliveries in tonnes per inhabitant	人均机动车的能耗
85			交通安全	公路交通事故的致死率	人/10万人	Mortality caused by road traffic injury (per 100,000 people)	公路交通事故的致死率
86				公路交通事故的致伤率	人/10万人	Road injury accidents (per 100,000 people)	公路交通事故的致伤率
87				机动车的公路交通致死率	人/100万车辆	Road fatalities per one million road motor vehicles	机动车的公路交通致死率
88				车辆100万里程交通事故致死率	人/100万里程	Road fatalities per one million vehicle-km	车辆100万里程交通事故致死率
89	交通治理	交通治理	人力资源	受高等教育劳动力比例	%	Labor force with advanced education (% of total working-age population with advanced education)	受高等教育劳动力比例
90				受中等教育劳动力比例	%	Labor force with intermediate education (% of total working-age population with intermediate education)	受中等教育劳动力比例
91			交通制度	道路运输车辆税	美元/年	Road haulage charges and taxes: Vehicle taxes (USD/year)	道路运输车辆税
92				道路运输燃油税	美元/升	Road haulage charges and taxes: Fuel taxes (USD/Litre)	道路运输燃油税
93				出口清关平均时间	天	Average time to clear exports through customs (days)	出口清关平均时间
94			交通观念	城市绿色出行比例	%	Green commuting (% of total comuting)	采用公共交通、自行车以及步行出行/所有交通方式出行
95				电动车比例	%	Electric vehicles (% of total vehicles)	电动车数量/机动车总量
96			交通建设	交通基础设施投资占GDP比例	%	Total inland transport infrastructure investment per GDP	内陆交通基础设施投资/GDP
97				人均交通基础设施投资	美元	Total inland transport infrastructure investment in constant USD per inhabitant	内陆交通基础设施投资/全国人口

(续表)

编号	主题	亚主题	维度	指标	单位*	英文名称和单位	解释**
98			交通维护	交通基础设施维护费占GDP比例	‰	Total inland transport infrastructure maintenance per thousand GDP	内陆交通基础设施维护费用/GDP
99				人均交通基础设施维护费	美元	Total inland transport infrastructure maintenance in constant USD per inhabitant	内陆交通基础设施维护费/全国人口
100				公路基础设施维护占总支出比例	%	Share of road infrastructure maintenance in total road infrastructure spending	公路基础设施维护/公路基础设施总支出

注：* 英文单位 passenger-km 的中文翻译大致有两种：人公里、人-千米（英文直译）；本报告采用人公里；其他类似指标单位类推。

** 本表中"/"表示除以（÷）。

附表 1-1-2　世界交通现代化 100 个指标的指标分类和数据来源

编号	主题	亚主题	维度	指标	指标性质	指标分类	国际数据来源	中国数据来源
1	交通体系	交通体系	运输需求	人均国内客运周转量	1	水平	OECD	OECD
2				人均国内货运周转量	3	特征	OECD	OECD
3				人均国内公路客运周转量	1	水平	OECD	OECD
4				人均国内公路货运周转量	3	特征	OECD	OECD
5				人均国内铁路客运周转量	1	水平	WDI	WDI
6				人均国内铁路货运周转量	3	特征	WDI	WDI
7				人均国内航空客运量	1	水平	WDI	WDI
8				人均国内航空货运周转量	1,6	水平	WDI	WD
I9				人均集装箱海运量	5,6	状态	OECD	无
10				人均管道运输周转量	3,5	状态	OECD	OECD
11			交通工具	单位 GDP 的轿车数量	3	特征	OECD	CSY
12				单位 GDP 的货车数量	3	特征	OECD	CSY
13				每千居民拥有的轿车数量	1,6	水平	OECD	CSY
14				每千居民拥有的货车数量	1	水平	OECD	CSY
15				单位 GDP 的铁路客位数	3	特征	OECD	OECD
16				单位 GDP 的铁路货运装载力	3	特征	OECD	OECD
17				每千居民的铁路客位数	3	特征	OECD	OECD
18				每千居民的铁路货运装载力	3	特征	OECD	OECD
19				单位 GDP 的定期航班客位数	5	状态	OECD	OECD
20				每千居民定期航班客位数	5	状态	OECD	OECD
21			交通设施	每千人高速公路长度	1,6	水平	EU	CSY
22				每千人铁路里程	3	特征	WDI、OECD	CSY
23				每 100 万居民拥有的机场数量	5,6	状态	OECD	ITF
24				交通设施数字化指数	1	水平	Sum4All	无
25				交通基础设施的综合质量	1	水平	Sum4All	Sum4All
26			交通网络	公路密度	5,6	状态	OECD	CSY
27				铁路密度	3,5	状态	OECD	CSY
28				机场密度	5,6	状态	OECD	ITF
29				高速公路比例	1,6	水平	OECD	CSY
30				高铁线路比例	1,6	水平	OECD	CSY
31				公路连接性指数	1	水平	Sum4All	Sum4All
32				农村交通可及性	1	水平	Sum4All	Sum4All
33		交通服务	交通行为	私人交通	人均轿车交通里程	1	水平	OECD	无
34				家庭交通支出比例	5,6	状态	OECD	CSY
35				公共交通	城市公共交通出行比例	1,6	水平	Deloitte	Deloitte
36				商业交通	人均客车公路客运周转量	3	特征	OECD	OECD
37				特殊交通	中小学生均校车经费	1	水平	USA	无
38		交通产业	产业水平	人均交通产业增加值	1,6	水平	OECD	CSY
39				人均交通产业总产值	1,6	水平	OECD	OECD
40			产业效率	交通产业劳动生产率	1,6	水平	OECD	CSY
41				公路客运密度	1	水平	OECD	CSY
42				公路货运密度	3	特征	OECD	CSY
43				铁路客运密度	5	状态	OECD	CSY
44				铁路货运密度	1,6	水平	WDI	CSY
45				机动车单车公路运行里程	3	特征	OECD	无

(续表)

编号	主题	亚主题	维度	指标	指标性质	指标分类	国际数据来源	中国数据来源
46				交通服务的综合效率	1	水平	WEF	OECD
47			产业质量	交通产业增加值率	5	状态	OECD	OECD
48				交通产业净利润率	5	状态	OECD	无
49				物流绩效指数：贸易和运输相关基础设施的质量	1	水平	WDI	WDI
50			质量管理	物流绩效指数：追踪查询货物的能力	1	水平	WDI	WDI
51				物流绩效指数：货物在计划或预期时间内到达收货人的频率	1	水平	WDI	WDI
52				城市交通满意度	1	水平	EU	无
53		交通经济	产业结构	交通产业增加值比例	3,6	特征	OECD	CSY
54				交通产业增加值占服务业增加值比例	3	特征	OECD	CSY
55				公路客运占客运总量比例	5	状态	OECD	OECD
56				公路货运占货运总量比例	5	状态	OECD	OECD
57				铁路客运占客运总量比例	5	状态	OECD	OECD
58				铁路货运占货运总量比例	5	状态	OECD	OECD
59				国际旅游客运收入占比	5	状态	OECD	无
60			就业结构	交通产业劳动力比例	3,6	特征	OECD	CSY
61				交通产业就业占服务业就业比例	3	特征	OECD	CSY
62				交通产业女性就业比例	1,6	水平	OECD	无
63			需求结构	交通需求比例	3,6	特征	OECD	OECD
64				单位GDP的公路客运周转量	3,5	状态	OECD	OECD
65				单位GDP的公路货运周转量	3,5	状态	OECD	OECD
66				单位GDP的铁路客运周转量	3,5	状态	OECD	OECD
67				单位GDP的铁路货运周转量	3,5	状态	OECD	OECD
68				单位GDP的航空客运量	3,5	状态	OECD	OECD
69				单位GDP的航空货运周转量	3,5	状态	OECD	OECD
70				单位GDP的内陆水运货运周转量	3,5	状态	OECD	OECD
71				单位GDP的管道货运周转量	3,5	状态	OECD	OECD
72			交通强度	单位GDP的客运周转量	3,5	状态	OECD	OECD
73				单位GDP的货运周转量	3,5	状态	OECD	OECD
74				单位GDP的公路交通周转量	3,5	状态	OECD	无
75				单位GDP的国内航空客运周转量	3,5	状态	OECD	OECD
76				单位GDP的国际航空客运周转量	3,5	状态	OECD	OECD
77	交通效率	交通效率	交通科技	交通研发投入比例	1,6	水平	OECD	无
78			智能交通	自动驾驶汽车比例	1	水平	Berg Insight	无
79			交通环境	交通二氧化碳排放量占比	2,3	特征	OECD	OECD
80				人均交通二氧化碳排放量	2,3	特征	OECD	OECD
81				单位GDP的交通二氧化碳排放量	2,3	特征	Sum4All	Sum4All
82			交通能源	单位GDP的交通能耗	3,5	状态	Sum4All	IEA
83				单位GDP的机动车能耗	3,5	状态	OECD	无
84				人均机动车的能耗	3,5	状态	OECD	无
85			交通安全	公路交通事故的致死率	2	水平	WDI	WDI
86				公路交通事故的致伤率	2,3	特征	OECD	OECD
87				机动车的公路交通致死率	2,3	特征	OECD	无
88				车辆100万里程交通事故致死率	2,3	特征	OECD	无
89	交通治理	交通治理	人力资源	受高等教育劳动力比例	1	水平	WDI	五普、六普
90				受中等教育劳动力比例	3	特征	WDI	五普、六普

（续表）

编号	主题	亚主题	维度	指标	指标性质	指标分类	国际数据来源	中国数据来源
91			交通制度	道路运输车辆税	5	状态	OECD	无
92				道路运输燃油税	5	状态	OECD	无
93				出口清关平均时间	2	水平	WDI	WDI
94			交通观念	城市绿色出行比例	1	水平	Deloitte	Deloitte
95				电动车比例	1	水平	IEA	IEA,CSY
96			交通建设	交通基础设施投资占GDP比例	3,5	状态	OECD	OECD
97				人均交通基础设施投资	3,5	状态	OECD	OECD
98			交通维护	交通基础设施维护费占GDP比例	5	状态	OECD	无
99				人均交通基础设施维护费	5	状态	OECD	无
100				公路基础设施维护占总支出比例	3,5	状态	OECD	无

注：*，CSY表示《中国统计年鉴》；**，五普指第五次全国人口普查；***，六普指第六次全国人口普查。

附表 1-1-3　世界交通现代化 100 个指标的数据时间跨度和国家数量

编号	主题	亚主题	维度	指标	国际数据时间跨度	具有数据的国家数量*	中国数据时间跨度
1	交通体系	交通体系	运输需求	人均国内客运周转量	1970~2018	29	1980~2018
2				人均国内货运周转量	1970~2018	33	1980~2018
3				人均国内公路客运周转量	1970~2018	28	1980~2018
4				人均国内公路货运周转量	1970~2018	36	1980~2018
5				人均国内铁路客运周转量	1995~2018	68	1995~2017
6				人均国内铁路货运周转量	1995~2018	66	1995~2018
7				人均国内航空客运量	1970~2018	109	1990~2018
8				人均国内航空货运周转量	1970~2018	101	1980~2018
9				人均集装箱海运量	1970~2018	31	无
10				人均管道运输周转量	1970~2018	22	1980~2018
11			交通工具	单位 GDP 的轿车数量	1994~2018	44	1990~2018
12				单位 GDP 的货车数量	1994~2018	38	1990~2018
13				每千居民拥有的轿车数量	1994~2018	44	1990~2018
14				每千居民拥有的货车数量	2000~2018	44	1990~2018
15				单位 GDP 的铁路客位数	1995~2018	43	2001~2006
16				单位 GDP 的铁路货运装载力	1995~2018	42	2000~2014
17				每千居民的铁路客位数	1995~2015	42	2001~2014
18				每千居民的铁路货运装载力	1995~2018	42	2000~2014
19				单位 GDP 的定期航班客位数	2004~2016	48	2005~2015
20				每千居民定期航班客位数	2004~2016	48	2005~2015
21			交通设施	每千人高速公路长度	1970~2018	23	1990~2018
22				每千人铁路里程	1995~2018	63	1990~2018
23				每 100 万居民拥有的机场数	2004~2016	48	2005~2016
24				交通设施数字化指数	2014~2016	128	无
25				交通基础设施的综合质量	2009~2017	115	2010~2017
26			交通网络	公路密度	1994~2018	44	1990~2018
27				铁路密度	1995~2018	48	1990~2018
28				机场密度	2004~2016	48	2005~2016
29				高速公路比例	1994~2018	37	1990~2018
30				高铁线路比例	1996~2018	11	2008~2018
31				公路连通性指数	2018	119	2018
32				农村交通可及性	1998~2015	125	1993~2015
33	交通服务	交通行为	私人交通	人均轿车交通里程	1970~2018	22	无
34				家庭交通支出比例	1994~2018	39	2013~2018
35			公共交通	城市公共交通出行比例	2018~2020	5	2018
36			商业交通	人均客车公路运周转量	1970~2018	31	2015~2018
37			特殊交通	中小学生均校车经费	1990~2017	1	无
38		交通产业	产业水平	人均交通产业增加值	1970~2018	29	1990~2018
39				人均交通产业总产值	1970~2018	19	2005~2015
40			产业效率	交通产业劳动生产率	1970~2018	56	1990~2018
41				公路客运密度	1994~2018	7	1990~2018
42				公路货运密度	1994~2018	7	1990~2018
43				铁路客运密度	1995~2018	10	1990~2018
44				铁路货运密度	1995~2018	10	1990~2018
45				机动车单车公路运行里程	1994~2018	30	无

（续表）

编号	主题	亚主题	维度	指标	国际数据时间跨度	具有数据的国家数量*	中国数据时间跨度
46				交通服务的综合效率	2018	118	2018
47			产业质量	交通产业增加值率	1970~2018	24	2005~2015
48				交通产业净利润率	1970~2018	26	无
49				物流绩效指数：贸易和运输相关基础设施的质量	2007~2018	124	2007~2018
50			质量管理	物流绩效指数：追踪查询货物的能力	2007~2018	124	2007~2018
51				物流绩效指数：货物在计划或预期时间内到达收货人的频率	2007~2018	128	2007~2018
52				城市交通满意度	2013~2017	25	无
53		交通经济	产业结构	交通产业增加值比例	1970~2018	39	1990~2018
54				交通产业增加值占服务业增加值比例	1970~2018	56	1990~2018
55				公路客运占客运总量比例	1994~2018	26	1994~2018
56				公路货运占货运总量比例	1994~2018	40	1994~2018
57				铁路客运占客运总量比例	1994~2018	27	1994~2018
58				铁路货运占货运总量比例	1994~2018	39	1994~2018
59				国际旅游客运收入占比	2008~2018	25	无
60			就业结构	交通产业劳动力比例	1970~2018	37	1990~2018
61				交通产业就业占服务业就业比例	1970~2016	35	1990~2018
62				交通产业女性就业比例	2008~2018	78	无
63			需求结构	交通需求比例	2005~2015	48	2005~2015
64				单位GDP的公路客运周转量	1994~2018	28	1994~2018
65				单位GDP的公路货运周转量	1994~2018	45	1994~2018
66				单位GDP的铁路客运周转量	1994~2018	47	1994~2018
67				单位GDP的铁路货运周转量	1994~2018	48	1994~2018
68				单位GDP的航空客运量	1994~2018	45	1994~2018
69				单位GDP的航空货运周转量	1994~2018	40	1994~2018
70				单位GDP的内陆水运货运周转量	1994~2018	26	1994~2018
71				单位GDP的管道货运周转量	1994~2018	25	1994~2018
72			交通强度	单位GDP的客运周转量	1970~2018	33	1990~2018
73				单位GDP的货运周转量	1970~2018	37	1990~2018
74				单位GDP的公路交通周转量	1994~2018	31	无
75				单位GDP的国内航空客运周转量	2004~2013	38	2004~2013
76				单位GDP的国际航空客运周转量	2004~2013	47	2004~2013
77	交通效率	交通效率	交通科技	交通研发投入比例	2011~2018	24	无
78			智能交通	自动驾驶汽车比例	2015~2018	1	无
79			交通环境	交通二氧化碳排放量占比	1994~2018	51	1995~2018
80				人均交通二氧化碳排放量	1994~2018	51	1995~2018

（续表）

编号	主题	亚主题	维度	指标	国际数据时间跨度	具有数据的国家数量*	中国数据时间跨度
81				单位GDP的交通二氧化碳排放量	1994～2018	42	1995～2018
82			交通能源	单位GDP的交通能耗	1990～2018	10	1990～2018
83				单位GDP的机动车能耗	1994～2018	31	无
84				人均机动车的能耗	1994～2018	31	无
85			交通安全	公路交通事故的致死率	2013～2016	130	2013～2016
86				公路交通事故的致伤率	1970～2018	40	2005～2018
87				机动车的公路交通致死率	1994～2018	39	无
88				车辆100万里程交通事故致死率	1994～2018	31	无
89	交通治理	交通治理	人力资源	受高等教育劳动力比例	1990～2018	86	2000；2010
90				受中等教育劳动力比例	1990～2018	88	2000；2010
91			交通制度	道路运输车辆税	1998～2012	25	无
92				道路运输燃油税	1998～2012	27	无
93				出口清关平均时间	2003～2019	95	2012
94			交通观念	城市绿色出行比例	2018～2020	5	2018
95				电动车比例	2005～2018	22	2015～2018
96			交通建设	交通基础设施投资占GDP比例	1995～2018	37	1995～2018
97				人均交通基础设施投资	1995～2018	40	1995～2018
98			交通维护	交通基础设施维护费占GDP比例	1995～2018	131	无
99				人均交通基础设施维护费	1995～2018	128	无
100				公路基础设施维护占总支出比例	1995～2018	30	无

注：* 不同年份具有统计数据的国家数量有差别。表中数据为2018年或最近年的国家数量。

附表 1-2-1 世界交通现代化记分牌的指标体系、数据来源和记分方法

主题	维度	指标	单位	数据来源	指标分类	国家数量
交通体系	交通需求	人均国内客运周转量*	人公里	OECD	正指标	38
		人均国内航空客运量	人次	WDI	正指标	127
	交通工具	每千居民拥有的轿车数量**	辆	WDI、OECD、OICA	正指标	129
		每千居民的铁路客位数	个	OECD	正指标	42
	交通设施	每千人高速公路长度**	公里	EU	正指标	25
		每千人高铁里程**	公里	WDI、OECD	正指标	11
		交通设施数字化指数	指数	Sum4All	正指标	128
		交通基础设施的综合质量	指数	Sum4All/WEF	正指标	122
交通服务	交通经济	人均交通产业增加值**	美元	OECD	正指标	30
		交通产业劳动生产率**	美元	OECD	正指标	30
	服务质量	交通服务的综合效率	指数	WDI	正指标	118
		物流绩效指数：追踪查询货物的能力	指数	WDI	正指标	131
交通治理	交通能源	人均机动车的能耗***	吨	OECD	正指标	40
		单位 GDP 的机动车能耗	吨/100 万美元	OECD	逆指标	40
	交通安全	公路交通事故的致死率	人/10 万人	WDI	逆指标	131
	交通建设	人均交通基础设施投资	美元	OECD	正指标	44

注：1. 指标分类：在计算指标得分时的指标分类。
2. 正指标为指标数值与指标水平正相关的指标，逆指标为指标数值与指标水平负相关的指标。
3. * 根据 OECD 数据，中国人均国内客运周转量 2018 年和 2010 年分别为 1656 人公里和 1749 人公里。OECD 国际数据包含私人轿车的客运周转量，中国数据没有包含私人轿车的客运周转量。按私人轿车数量及其客运周转量的国际经验估算，2018 年和 2010 年中国人均国内客运周转量调整为 3312 人公里和 2099 人公里。
4. ** 中国指标数据来自《中国统计年鉴》。
5. *** 从交通发展角度看，为正指标。
6. 根据交通规律和交通国情，不同国家可以研究制定适合自己的交通现代化记分牌。
7. 2018 年和 2010 年不同指标具有统计数据的国家数量有所不同。表中的国家数量为国家数量的最大值。
8. 指标记分和综合得分计算方法：
(1) 采用比值法核算单个指标记分；指标记分的最大值设定为 100，指标记分等于或小于 100（超过 100 时取值 100）；然后，采用几何平均值法计算每个主题的综合得分和交通现代化的综合得分。
(2) 正指标：指标记分＝指标实际值÷指标基准值×100，≤100。
(3) 逆指标：指标记分＝指标基准值÷指标实际值×100，≤100。
(4) 指标基准值：为模拟值，等于该指标 21 个发达国家或高收入国家数据的简单算术平均值。
(5) 主题综合得分：采用几何平均值法计算；该主题 50% 及以上指标有记分时，计算主题综合得分。
(6) 交通现代化综合得分：采用几何平均值法计算；3 个主题综合得分齐全时，计算交通现代化综合得分。
(7) 根据交通规律和实际需要，读者可以建立适合自己需要的指标记分和综合得分计算方法。

附表1-2-2 2018年世界交通现代化和交通体系综合得分的国家分组（按国家英文名称排序）

序号	发达水平		中等发达水平		初等发达水平		欠发达水平	
1	澳大利亚	Australia	智利	Chile	阿根廷	Argentina	阿尔巴尼亚	Albania
2	奥地利	Austria	克罗地亚	Croatia	阿塞拜疆	Azerbaijan	阿尔及利亚	Algeria
3	比利时	Belgium	捷克	Czech	白俄罗斯	Belarus	安哥拉	Angola
4	加拿大	Canada	希腊	Greece	巴西	Brazil	亚美尼亚	Armenia
5	丹麦	Denmark	匈牙利	Hungary	保加利亚	Bulgaria	孟加拉国	Bangladesh
6	芬兰	Finland	意大利	Italy	中国	China	贝宁	Benin
7	法国	France	科威特	Kuwait	哥伦比亚	Colombia	玻利维亚	Bolivia
8	德国	Germany	拉脱维亚	Latvia	哥斯达黎加	Costa Rica	博茨瓦纳	Botswana
9	爱尔兰	Ireland	马来西亚	Malaysia	厄瓜多尔	Ecuador	布基纳法索	Burkina Faso
10	以色列	Israel	新西兰	New Zealand	爱沙尼亚	Estonia	布隆迪	Burundi
11	日本	Japan	巴拿马	Panama	格鲁吉亚	Georgia	柬埔寨	Cambodia
12	荷兰	Netherlands	波兰	Poland	印度尼西亚	Indonesia	喀麦隆	Cameroon
13	挪威	Norway	葡萄牙	Portugal	伊朗	Iran	乍得	Chad
14	新加坡	Singapore	韩国	Republic of Korea	约旦	Jordan	刚果（布）	Congo (Brazzaville)
15	瑞典	Sweden	沙特阿拉伯	Saudi Arabia	哈萨克斯坦	Kazakstan	刚果（金）	Congo (Kinshasa)
16	瑞士	Switzerland	斯洛文尼亚	Slovenia	黎巴嫩	Lebanon	科特迪瓦	Cote d'Ivoire
17	英国	United Kingdom	西班牙	Spain	立陶宛	Lithuania	多米尼加	Dominican Republic
18	美国	United States of America	泰国	Thailand	墨西哥	Mexico	埃及	Egypt
19					摩尔多瓦	Moldova	萨尔瓦多	El Salvador
20					摩洛哥	Morocco	厄立特里亚	Eritrea
21					北马其顿	North Macedonia	埃塞俄比亚	Ethiopia
22					秘鲁	Peru	加纳	Ghana
23					罗马尼亚	Romania	危地马拉	Guatemala
24					俄罗斯	Russia	几内亚	Guinea
25					斯洛伐克	Slovakia	海地	Haiti
26					南非	South Africa	洪都拉斯	Honduras
27					突尼斯	Tunisia	印度	India
28					土耳其	Turkey	牙买加	Jamaica
29					乌克兰	Ukraine	肯尼亚	Kenya
30					乌拉圭	Uruguay	吉尔吉斯斯坦	Kyrgyzstan
31							老挝	Laos
32							莱索托	Lesotho
33							马达加斯加	Madagascar
34							马拉维	Malawi
35							马里	Mali
36							毛里塔尼亚	Mauritania
37							蒙古	Mongolia
38							莫桑比克	Mozambique
39							缅甸	Myanmar
40							纳米比亚	Namibia
41							尼泊尔	Nepal
42							尼加拉瓜	Nicaragua
43							尼日尔	Niger
44							尼日利亚	Nigeria
45							巴基斯坦	Pakistan

（续表）

序号	发达水平	中等发达水平	初等发达水平	欠发达水平	
46				巴布亚新几内亚	Papua New Guinea
47				巴拉圭	Paraguay
48				菲律宾	Philippines
49				卢旺达	Rwanda
50				塞内加尔	Senegal
51				塞拉利昂	Sierra Leone
52				斯里兰卡	Sri Lanka
53				叙利亚	Syria
54				塔吉克斯坦	Tajikistan
55				坦桑尼亚	Tanzania
56				中非	The Central African Repubic
57				多哥	Togo
58				土库曼斯坦	Turkmenistan
59				乌干达	Uganda
60				乌兹别克斯坦	Uzbekistan
61				委内瑞拉	Venezuela
62				越南	Vietnam
63				也门	Yemen
64				赞比亚	Zambia
65				津巴布韦	Zimbabwe

注：1. 发达水平组的分组：根据交通现代化综合得分的分组。
分组标准：交通现代化综合得分大于或等于80分。
达到上述标准的国家为发达水平组国家，即发达国家，其他为发展中国家。
2. 其他三组（发展中国家）的分组：根据交通现代化综合得分的分组。
3. 由于多数发展中国家缺少交通现代化综合得分，暂时根据交通体系综合得分进行分组。
中等发达水平组的分组标准：交通体系综合得分小于80，大于或等于50；
初等发达水平组的分组标准：交通体系综合得分小于50，大于或等于30；
欠发达水平组的分组标准：交通体系综合得分小于30。
没有交通体系综合得分的12个国家，暂时归入欠发达国家。
4. 四组国家分别按国家英文名称排序。
5. 部分国家（特别是发展中国家），交通指标的统计数据不齐全，会影响综合得分和国家分组。
6. 交通现代化既有共性又有多样性，不同国家交通模式有差别，会影响结果。本表分组仅供参考。
7. 世界交通现代化记分牌的指标体系、记分方法和综合得分计算方法，需要更多专题研究和持续改进。
8. *加拿大的综合得分计算有调整（每千居民的铁路客位数指标记分没有被采用），新加坡的国家分组有调整。
9. **泰国的国家分组有可能被高估（每千居民的铁路客位数没有数据，如果用每千人铁路里程记分代替，其综合得分约39分）。

附表 1-2-3-1　2018 年世界交通现代化记分牌（交通体系指标[a]）

国家	编号	人均国内客运周转量[b]	人均国内航空客运量	每千居民拥有的轿车数量	每千居民的铁路客位数[c]	每千人高速公路长度	每千人高铁里程[d]	交通设施数字化指数[e]	交通基础设施的综合质量[f]
丹麦	1	13 216	1.13	437	17.0	0.230	—	0.791	5.46
美国	2	20 390	2.72	407	—	—	—	0.747	5.75
瑞士	3	14 674	3.39	541	43.9	0.172	—	0.822	5.91
瑞典	4	13 786	1.52	479	5.1	0.210	—	0.832	5.33
荷兰	5	9709	2.58	486	12.5	0.160	0.005	0.838	6.32
新加坡	6	—	7.17	114	—	—	—	0.871	6.45
比利时	7	12 609	1.19	512	27.2	—	0.018	0.780	5.28
爱尔兰	8	—	34.43	433	6.7	—	—	0.659	4.71
英国	9	11 869	2.49	489	—	0.058	—	0.764	5.20
芬兰	10	14 384	2.42	634	13.4	0.168	—	0.807	5.89
挪威	11	14 023	3.54	518	1.6	—	—	0.804	4.95
德国	12	13 248	1.32	561	15.5	0.158	0.012	0.840	5.56
法国	13	14 488	1.05	488	19.3	0.174	0.041	0.754	5.67
日本	14	10 752	1.00	488	19.6	—	0.022	0.835	5.89
奥地利	15	—	1.46	554	23.5	0.197	0.007	0.862	5.07
澳大利亚	16	13 263	3.03	574	2.0	—	—	0.712	4.75
以色列	17	—	0.83	335	8.0	—	—	0.788	4.73
加拿大	18	16 410	2.47	624	0.4	—	—	0.691	5.40
韩国	19	9287	1.71	362	1.3	—	0.017	0.858	5.59
新西兰	20	732	3.56	653	—	0.059	—	0.706	4.83
西班牙	21	8584	1.72	514	6.1	0.333	0.053	0.765	5.58
意大利	22	14 594	0.45	646	11.4	0.115	0.015	0.765	4.41
希腊	23	4060	1.41	492	3.3	—	—	0.605	4.17
葡萄牙	24	10 038	1.69	456	6.7	—	—	0.785	5.22
斯洛文尼亚	25	14 693	0.53	544	10.6	0.301	—	0.715	4.17
爱沙尼亚	26	2527	0.05	565	10.2	0.116	—	0.833	4.89
捷克	27	9336	0.83	521	29.3	0.118	—	0.724	4.27
匈牙利	28	9253	3.19	373	21.4	0.203	—	0.691	3.78
立陶宛	29	11 840	0.01	515	4.9	0.116	—	0.793	4.56
拉脱维亚	30	1443	2.11	367	17.0	—	—	0.731	4.40
斯洛伐克	31	7089	0.01	426	18.5	0.088	—	0.690	3.73
克罗地亚	32	1127	0.51	408	8.5	0.321	—	0.647	4.28
波兰	33	7535	0.24	617	11.7	0.080	—	0.690	4.08
乌拉圭	34	—	0.21	245	—	—	—	0.759	3.68
俄罗斯	35	1745	0.69	328	6.5	—	—	0.744	4.06
沙特阿拉伯	36	—	1.18	139	—	—	—	0.670	4.42
阿根廷	37	1297	0.41	240	—	—	—	0.686	3.32
智利	38	—	1.04	196	—	—	—	0.586	4.27
科威特	39	—	1.56	399	—	—	—	0.635	3.71
哥斯达黎加	40	—	0.39	176	—	—	—	0.663	3.51
白俄罗斯	41	—	0.29	333	6.6	—	—	0.592	—
巴西	42	—	0.49	172	—	—	—	0.683	3.05
保加利亚	43	1433	0.15	395	7.1	0.108	—	0.625	3.68
土耳其	44	4156	1.40	151	2.1	0.035	0.007	0.632	4.49
马来西亚	45	—	1.92	392	—	—	—	0.686	5.34
巴拿马	46	—	3.02	135	—	—	—	0.574	5.25
黎巴嫩	47	—	0.44	97	—	—	—	0.573	3.33
罗马尼亚	48	1310	0.25	331	8.1	0.042	—	0.644	3.22
哥伦比亚	49	—	0.68	64	—	—	—	0.637	3.13
中国	50	3312	0.44	136	3.1	0.102	0.021	—	4.71
委内瑞拉	51	—	0.08	116	—	—	—	0.491	2.41
哈萨克斯坦	52	—	0.32	220	—	—	—	0.671	3.55
伊朗	53	—	0.28	160	—	—	—	0.509	3.88
墨西哥	54	4310	0.51	256	—	—	—	0.601	3.98
多米尼加	55	—	0.10	73	—	—	—	0.498	4.65
乌克兰	56	—	0.18	164	6.4	—	—	0.538	3.46
厄瓜多尔	57	—	0.31	60	—	—	—	0.569	4.95
约旦	58	—	0.34	109	—	—	—	0.550	4.04
北马其顿	59	—	0.29	199	1.9	0.113	—	0.572	3.90
格鲁吉亚	60	—	0.14	261	2.6	—	—	0.599	4.00
牙买加	61	—	0.06	52	—	—	—	0.498	4.61
阿尔巴尼亚	62	—	0.11	160	2.1	—	—	0.608	3.44
泰国	63	—	1.10	119	—	—	—	0.620	4.08
秘鲁	64	—	0.56	47	—	—	—	0.553	3.21
博茨瓦纳	65	—	0.11	111	—	—	—	0.472	3.56
突尼斯	66	—	0.37	88	—	—	—	0.556	3.44
巴拉圭	67	—	0.10	58	—	—	—	0.541	2.76
亚美尼亚	68	—	0.02	94	3.9	—	—	0.622	3.45
摩尔多瓦	69	—	0.53	228	—	—	—	0.605	2.94
斯里兰卡	70	—	0.27	32	—	—	—	0.476	4.02
阿塞拜疆	71	—	0.23	118	2.9	—	—	0.594	4.96
蒙古	72	—	0.21	48	—	—	—	0.538	2.64
阿尔及利亚	73	—	0.15	93	—	—	—	0.431	3.51
南非	74	—	0.43	116	—	—	—	0.638	4.60
摩洛哥	75	—	0.23	73	—	—	—	0.555	4.55

（续表）

国家	编号	人均国内客运周转量[b]	人均国内航空客运量	每千居民拥有的轿车数量	每千居民的铁路客位数[c]	每千人高速公路长度	每千人高铁里程[d]	交通设施数字化指数[e]	交通基础设施的综合质量[f]
萨尔瓦多	76	—	0.40	17	—	—	—	0.504	3.75
纳米比亚	77	—	0.25	51	—	—	—	0.384	4.55
菲律宾	78	—	0.40	33	—	—	—	0.492	2.72
越南	79	—	0.49	22	—	—	—	0.521	3.44
叙利亚	80	—	0.05	246	—	—	—	0.317	3.35
印度尼西亚	81	—	0.43	52	—	—	—	0.457	4.28
吉尔吉斯斯坦	82	—	0.19	148	—	—	—	0.499	2.39
埃及	83	—	0.13	47	—	—	—	0.526	4.28
玻利维亚	84	—	0.36	26	—	—	—	0.480	2.81
危地马拉	85	—	0.01	43	—	—	—	0.524	3.35
洪都拉斯	86	—	0.04	4	—	—	—	0.429	4.06
安哥拉	87	—	0.05	27	—	—	—	0.335	2.87
尼加拉瓜	88	—	0.04	20	—	—	—	0.456	3.72
乌兹别克斯坦	89	—	0.09	—	—	—	—	0.401	—
加纳	90	—	0.02	20	—	—	—	0.454	3.33
土库曼斯坦	91	—	0.42	82	—	—	—	0.272	—
巴布亚新几内亚	92	—	0.21	6	—	—	—	0.337	—
肯尼亚	93	—	0.11	18	—	—	—	0.454	4.19
尼日利亚	94	—	0.04	16	—	—	—	0.419	2.44
刚果（布）	95	—	0.10	15	—	—	—	0.308	—
塞内加尔	96	—	0.02	23	—	—	—	0.351	3.62
也门	97	—	0.01	22	—	—	—	0.255	2.35
孟加拉国	98	—	0.04	2	—	—	—	0.372	3.24
印度	99	15 591	0.12	17	3.1	—	—	0.511	4.47
塔吉克斯坦	100	—	0.05	29	—	—	—	0.323	3.53
老挝	101	—	0.14	2	—	—	—	0.260	3.11
马达加斯加	102	—	0.02	8	—	—	—	0.251	2.79
莱索托	103	—	—	—	—	—	—	0.292	2.21
缅甸	104	—	0.06	5	—	—	—	0.259	2.34
赞比亚	105	—	0.01	16	—	—	—	0.344	2.86
津巴布韦	106	—	0.02	53	—	—	—	0.328	2.94
柬埔寨	107	—	0.09	19	—	—	—	0.398	3.06
科特迪瓦	108	—	0.03	17	—	—	—	—	4.57
喀麦隆	109	—	0.01	11	—	—	—	0.296	2.70
几内亚	110	—	0.01	8	—	—	—	0.207	3.03
巴基斯坦	111	—	0.03	14	—	—	—	0.400	3.81
贝宁	112	—	0.01	20	—	—	—	0.224	2.91
莫桑比克	113	—	0.02	11	—	—	—	0.253	2.99
马拉维	114	—	0.01	3	—	—	—	0.259	2.35
尼泊尔	115	—	0.16	4	—	—	—	0.365	2.30
坦桑尼亚	116	—	0.03	4	—	—	—	0.340	3.28
厄立特里亚	117	—	—	6	—	—	—	—	—
毛里塔尼亚	118	—	0.09	5	—	—	—	0.339	2.33
卢旺达	119	—	0.12	2	—	—	—	0.428	4.22
塞拉利昂	120	—	0.01	4	—	—	—	0.270	3.08
多哥	121	—	0.07	19	—	—	—	0.250	—
海地	122	—	—	4	—	—	—	0.248	2.44
埃塞俄比亚	123	—	0.11	1	—	—	—	0.269	3.27
乌干达	124	—	0.01	4	—	—	—	0.340	2.67
布基纳法索	125	—	0.01	11	—	—	—	0.236	2.61
马里	126	—	0.02	10	—	—	—	0.292	2.87
刚果（金）	127	—	0.01	14	—	—	—	0.208	—
乍得	128	—	0.01	2	—	—	—	0.229	2.57
尼日尔	129	—	0.01	6	—	—	—	0.160	—
布隆迪	130	—	—	2	—	—	—	0.261	2.92
中非	131	—	0.02	1	—	—	—	0.147	—
高收入国家[g]		12 437	2.00	504	13.1	0.174	—	0.790	5.40
中等收入国家		—	0.31	—	—	—	—	—	—
低收入国家		—	0.03	—	—	—	—	—	—
世界平均		—	0.56	189	—	—	—	—	—
基准值		12 437	2.00	504	13.1	0.174	—	0.790	5.40

注：a. 指标数据为 2015～2018 年期间最近年的数据。"—"表示没有数据。

b. 根据 OECD 数据，中国数值为 1656 人公里；本表中国数值为调整值。调整时参考国际经验和每千居民拥有的轿车数量。

c. 2015 年数据。

d. 奥地利和日本为 2017 年数据，德国为 2016 年数据。基准值难以确定，暂不记分。

e. 2016 年数据。

f. 2017 年数据。

g. 指标数据为高收入国家平均值或 21 个发达国家的算术平均值。

附表 1-2-3-2 2018年世界交通现代化记分牌（交通体系指标记分）

国家	编号	人均国内客运周转量	人均国内航空客运量	每千居民拥有的轿车数量	每千居民的铁路客位数ª	每千人高速公路长度	每千人高铁里程ᵇ	交通设施数字化指数	交通基础设施的综合质量
丹麦	1	100.0	56.4	86.6	100.0	100.0		100.0	100.0
美国	2	100.0	100.0	80.7				94.6	100.0
瑞士	3	100.0	100.0	100.0	100.0	98.7		100.0	100.0
瑞典	4	100.0	76.2	95.0	39.1	100.0		100.0	98.7
荷兰	5	78.1	100.0	96.4	95.6	91.9		100.0	100.0
新加坡	6		100.0	22.7				100.0	100.0
比利时	7	100.0	59.7	100.0	100.0			98.7	97.8
爱尔兰	8		100.0	85.9	51.5			83.4	87.2
英国	9	95.4	100.0	97.0		33.2		96.7	96.3
芬兰	10	100.0	100.0	100.0	100.0	96.5		100.0	100.0
挪威	11	100.0	100.0	100.0	12.3			100.0	91.7
德国	12	100.0	66.2	100.0	100.0	91.1		100.0	100.0
法国	13	100.0	52.4	96.9	100.0	100.0		95.4	100.0
日本	14	86.5	49.9	96.9	100.0			100.0	100.0
奥地利	15		73.2	100.0	100.0	100.0		100.0	93.9
澳大利亚	16	100.0	100.0	100.0	15.3			90.1	88.0
以色列	17		41.7	66.5	61.3			99.7	87.6
加拿大	18	100.0	100.0	100.0	3.2			87.5	100.0
韩国	19	74.7	85.4	71.8	9.7			100.0	100.0
新西兰	20	5.9	100.0	100.0		33.8		89.4	89.4
西班牙	21	69.0	86.2	100.0	46.5	100.0		96.8	100.0
意大利	22	100.0	22.5	100.0	87.4	65.9		96.8	81.7
希腊	23	32.6	70.5	97.7	25.5			76.6	77.2
葡萄牙	24	80.7	84.4	90.5	51.3			99.4	96.7
斯洛文尼亚	25	100.0	26.4	100.0	80.6	100.0		90.5	77.2
爱沙尼亚	26	20.3	2.4	100.0	77.6	66.9		100.0	90.6
捷克	27	75.1	41.6	100.0	100.0	67.7		91.6	79.1
匈牙利	28	74.4	100.0	73.9	100.0	100.0		87.5	70.0
立陶宛	29	95.2	0.5	100.0	37.5	66.5		100.0	84.4
拉脱维亚	30	11.6	100.0	72.9	100.0			92.5	81.5
斯洛伐克	31	57.0	0.7	84.6	100.0	50.9		87.3	69.1
克罗地亚	32	9.1	25.6	80.9	64.9	100.0		81.9	79.3
波兰	33	60.6	12.2	100.0	89.4	45.9		87.3	75.6
乌拉圭	34		10.3	48.6				96.1	68.1
俄罗斯	35	14.0	34.4	65.1	49.7			94.2	75.2
沙特阿拉伯	36		59.0	27.7				84.8	81.9
阿根廷	37	10.4	20.3	47.6				86.8	61.5
智利	38		52.1	38.8				74.2	79.1
科威特	39		78.1	79.2				80.4	68.7
哥斯达黎加	40		19.5	34.9				83.9	65.0
白俄罗斯	41		14.6	66.1	50.4			74.9	
巴西	42		24.4	34.2				86.5	56.5
保加利亚	43	11.5	7.3	78.3	54.1	61.9		79.1	68.1
土耳其	44	33.4	70.2	29.9	16.0	20.1		80.0	83.1
马来西亚	45		95.9	77.8				86.8	98.9
巴拿马	46		100.0	26.8				72.7	97.2
黎巴嫩	47		21.8	19.3				72.5	61.7
罗马尼亚	48	10.5	12.6	65.7	61.8	24.3		81.5	59.6
哥伦比亚	49		33.9	12.7				80.6	58.0
中国	50	26.6	22.0	27.0	23.9	58.6			87.2
委内瑞拉	51		3.8	22.9				62.2	44.6
哈萨克斯坦	52		16.2	43.6				84.9	65.7
伊朗	53		14.1	31.8				64.4	71.9
墨西哥	54	34.7	25.6	50.8				76.1	73.7
多米尼加	55		5.0	14.6				63.0	86.1
乌克兰	56		8.8	32.5	48.9			68.1	64.1
厄瓜多尔	57		15.7	11.9				72.0	91.7
约旦	58		17.0	21.7				69.6	74.8
北马其顿	59		14.7	39.5	14.4	64.8		72.4	72.3
格鲁吉亚	60		6.9	51.8	19.5			75.8	74.1
牙买加	61		3.1	10.4				63.0	85.4
阿尔巴尼亚	62		5.3	31.8	16.1			77.0	63.7
泰国	63		54.8	23.6				78.5	75.6
秘鲁	64		27.8	9.4				70.0	59.4
博茨瓦纳	65		5.6	22.1				59.7	65.9
突尼斯	66		18.5	17.4				70.4	63.7
巴拉圭	67		5.1	11.5				68.5	51.1
亚美尼亚	68		0.9	18.7	29.8			78.7	63.9
摩尔多瓦	69		26.3	45.2				76.6	54.4
斯里兰卡	70		13.6	6.4				60.3	74.4
阿塞拜疆	71		11.5	23.4	21.9			75.2	91.9
蒙古	72		10.6	9.5				68.1	48.9
阿尔及利亚	73		7.6	18.4				54.6	65.0
南非	74		21.3	23.0				80.8	85.2
摩洛哥	75		11.3	14.5				70.3	84.3

（续表）

国家	编号	人均国内客运周转量	人均国内航空客运量	每千居民拥有的轿车数量	每千居民的铁路客位数[a]	每千人高速公路长度	每千人高铁里程[b]	交通设施数字化指数	交通基础设施的综合质量
萨尔瓦多	76		19.8	3.5				63.8	69.4
纳米比亚	77		12.3	10.1				48.6	84.3
菲律宾	78		20.2	6.6				62.3	50.4
越南	79		24.6	4.3				65.9	63.7
叙利亚	80		2.7	48.7				40.1	62.0
印度尼西亚	81		21.5	10.4				57.8	79.3
吉尔吉斯斯坦	82		9.3	29.3				63.2	44.3
埃及	83		6.3	9.3				66.6	79.3
玻利维亚	84		18.2	5.2				60.8	52.0
危地马拉	85		0.4	8.5				66.3	62.0
洪都拉斯	86		2.1	0.9				54.3	75.2
安哥拉	87		2.5	5.3				42.4	53.1
尼加拉瓜	88		1.8	3.9				57.7	68.9
乌兹别克斯坦	89		4.6					50.8	
加纳	90		0.8	4.0				57.5	61.7
土库曼斯坦	91		21.0	16.3				34.4	
巴布亚新几内亚	92		10.6	1.2				42.7	
肯尼亚	93		5.7	3.6				57.5	77.6
尼日利亚	94		2.0	3.3				53.0	45.2
刚果（布）	95		4.9	3.0				39.0	
塞内加尔	96		0.9	4.5				44.1	67.0
也门	97		0.6	4.4				32.3	43.5
孟加拉国	98		1.8	0.5				47.1	60.0
印度	99	100.0	6.1	3.4	23.7			64.7	82.8
塔吉克斯坦	100		2.7	5.8				40.9	65.4
老挝	101		7.1	0.4				32.9	57.6
马达加斯加	102		1.0	1.6				31.8	51.7
莱索托	103							37.0	40.9
缅甸	104		3.2	1.0				32.8	43.3
赞比亚	105		0.5	3.1				43.5	53.0
津巴布韦	106		1.0	10.4				41.5	54.4
柬埔寨	107		4.3	3.8				50.4	56.7
科特迪瓦	108		1.6	3.4					84.7
喀麦隆	109		0.5	2.3				37.5	50.0
几内亚	110		0.3	1.6				26.2	56.1
巴基斯坦	111		1.6	2.8				50.6	70.6
贝宁	112		0.3	3.9				28.4	53.9
莫桑比克	113		0.9	2.1				32.0	55.4
马拉维	114		0.3	0.7				32.8	43.5
尼泊尔	115		8.1	0.8				46.2	42.6
坦桑尼亚	116		1.5	0.9				43.0	60.7
厄立特里亚	117			1.2					
毛里塔尼亚	118		4.3	0.9				42.9	43.1
卢旺达	119		6.1	0.4				54.2	78.1
塞拉利昂	120		0.3	0.8				34.2	57.0
多哥	121		3.6	3.7				31.6	
海地	122			0.7				31.4	45.2
埃塞俄比亚	123		5.3	0.2				34.1	60.6
乌干达	124		0.3	0.7				43.0	49.4
布基纳法索	125		0.5	2.2				29.9	48.3
马里	126		1.0	1.9				37.0	53.1
刚果（金）	127		0.3	2.9				26.3	44.4
乍得	128		0.5	0.4				29.0	47.6
尼日尔	129		0.3	1.2				20.3	
布隆迪	130			0.4				33.0	54.1
中非	131		1.1	0.2				18.6	
高收入国家[c]		100.0	99.8	100.0	100.0	100.0	100.0	100.0	100.0
中等收入国家			15.5						
低收入国家			1.4						
世界平均基准值			27.9	37.5					

注：a. 加拿大每千居民的铁路客位数指标的记分为"3.2"，可能有误。计算交通体系综合得分时，建议暂不采用这个指标记分。

b. 基准值难以确定，暂不记分。

c. 指标数据为高收入国家平均值或21个发达国家的算术平均值。

附表1-2-4 2018年世界交通现代化记分牌（交通服务指标和记分）

国家	编号	指标				记分			
		人均交通产业增加值	交通产业劳动生产率	交通服务的综合效率	物流绩效指数	人均交通产业增加值	交通产业劳动生产率	交通服务的综合效率	物流绩效指数
丹麦	1	2611	103 262	5.30	4.18	100.0	100.0	100.0	100.0
美国	2	2072	102 878	5.80	4.09	98.3	100.0	100.0	100.0
瑞士	3	3412	119 950	5.80	4.10	100.0	100.0	100.0	100.0
瑞典	4	—	—	5.20	3.88			100.0	100.0
荷兰	5	2261	96 185	6.00	4.02	100.0	100.0	100.0	100.0
新加坡	6	—	—	6.30	4.08			100.0	100.0
比利时	7	2353	104 266	5.10	4.05	100.0	100.0	100.0	100.0
爱尔兰	8	—	—	4.80	3.62			100.0	100.0
英国	9	1591	69 101	5.20	4.11	75.5	81.3	100.0	100.0
芬兰	10	2024	75 907	6.00	4.32	96.0	89.3	100.0	100.0
挪威	11	3129	105 946	5.10	3.94	100.0	100.0	100.0	100.0
德国	12	1903	67 909	5.60	4.24	90.3	79.9	100.0	100.0
法国	13	1658	79 514	5.20	4.00	78.7	93.5	100.0	100.0
日本	14	2027	63 973	6.10	4.05	96.1	75.2	100.0	100.0
奥地利	15	2613	104 623	4.70	4.09	100.0	100.0	100.0	100.0
澳大利亚	16	2694	102 360	4.80	3.82	100.0	100.0	100.0	100.0
以色列	17	1312	65 546	4.70	3.50	62.2	77.1	100.0	100.0
加拿大	18	—	—	4.90	3.81			100.0	100.0
韩国	19	1020	37 421	5.70	3.75	48.4	44.0	100.0	100.0
新西兰	20	1901	82 282	—	3.92	90.2	96.8		100.0
西班牙	21	1263	64 336	5.40	3.83	59.9	75.7	100.0	100.0
意大利	22	1720	87 595	4.40	3.85	81.6	100.0	93.6	100.0
希腊	23	—	—	4.30	3.18			91.5	90.9
葡萄牙	24	992	56 279	5.00	3.72	47.1	66.2	100.0	100.0
斯洛文尼亚	25	1468	54 754	4.20	3.27	69.6	64.4	89.4	93.4
爱沙尼亚	26	1491	40 155	5.00	3.21	70.7	47.2	100.0	91.7
捷克	27	1182	37 082	4.50	3.70	56.1	43.6	95.7	100.0
匈牙利	28	828	29 252	3.70	3.67	39.3	34.4	78.7	100.0
立陶宛	29	2087	57 768	4.60	3.12	99.0	67.9	97.9	89.1
拉脱维亚	30	1382	38 397	4.90	2.79	65.6	45.2	100.0	79.7
斯洛伐克	31	1106	40 989	3.80	2.99	52.5	48.2	80.9	85.4
克罗地亚	32	—	—	3.90	3.01			83.0	86.0
波兰	33	941	34 922	4.40	3.51	44.6	41.1	93.6	100.0
乌拉圭	34	—	—	3.70	2.78			78.7	79.4
俄罗斯	35	—	—	4.80	2.65			100.0	75.7
沙特阿拉伯	36	—	—	4.60	3.17			97.9	90.6
阿根廷	37	—	—	3.50	3.05			74.5	87.1
智利	38	750	24 458	4.20	3.20	35.6	28.8	89.4	91.4
科威特	39	—	—	3.30	2.66			70.2	76.0
哥斯达黎加	40	—	—	3.40	2.96			72.3	84.6
白俄罗斯	41	—	—	—	2.54				72.6
巴西	42	—	—	3.30	3.11			70.2	88.9
保加利亚	43	—	—	4.00	3.02			85.1	86.3
土耳其	44	—	—	4.40	3.23			93.6	92.3
马来西亚	45	—	—	5.40	3.15			100.0	90.0
巴拿马	46	—	—	5.30	3.40			100.0	97.1
黎巴嫩	47	—	—	3.00	2.80			63.8	80.0
罗马尼亚	48	—	—	3.90	3.26			83.0	93.1
哥伦比亚	49	—	—	3.40	3.08			72.3	88.0
中国	50	438	34 201	4.50	3.65	20.8	40.2	95.7	100.0
委内瑞拉	51	—	—	2.00	2.29			42.6	65.4
哈萨克斯坦	52	—	—	4.10	2.78			87.2	79.4
伊朗	53	—	—	3.70	2.77			78.7	79.1
墨西哥	54	620	31 368	4.00	3.00	29.4	36.9	85.1	85.7
多米尼加	55	—	—	4.20	2.97			89.4	84.9
乌克兰	56	—	—	4.00	3.11			85.1	88.9
厄瓜多尔	57	—	—	3.80	3.07			80.9	87.7
约旦	58	—	—	3.90	2.77			83.0	79.1
北马其顿	59	—	—	2.80	2.64			59.6	75.4
格鲁吉亚	60	—	—	4.00	2.26			85.1	64.6
牙买加	61	—	—	4.10	2.48			87.2	70.9
阿尔巴尼亚	62	—	—	3.20	2.67			68.1	76.3
泰国	63	—	—	3.90	3.47			83.0	99.1
秘鲁	64	—	—	3.50	2.55			74.5	72.9
博茨瓦纳	65	—	—	3.40	2.89			72.3	82.4
突尼斯	66	—	—	3.50	2.86			74.5	81.7
巴拉圭	67	—	—	2.80	2.61			59.6	74.6
亚美尼亚	68	—	—	3.40	2.51			72.3	71.7
摩尔多瓦	69	—	—	3.30	2.21			70.2	63.1
斯里兰卡	70	—	—	3.90	2.79			83.0	79.7

（续表）

国家	编号	指标[a]				记分			
		人均交通产业增加值	交通产业劳动生产率	交通服务的综合效率	物流绩效指数	人均交通产业增加值	交通产业劳动生产率	交通服务的综合效率	物流绩效指数
阿塞拜疆	71	—	—	5.20	2.14			100.0	61.2
蒙古	72	—	—	2.80	2.10			59.6	60.0
阿尔及利亚	73	—	—	3.60	2.60			76.6	74.3
南非	74	—	—	4.40	3.41			93.6	97.4
摩洛哥	75	—	—	4.50	2.51			95.7	71.7
萨尔瓦多	76	—	—	3.00	2.47			63.8	70.6
纳米比亚	77	—	—	4.10	2.52			87.2	72.1
菲律宾	78	—	—	3.40	3.06			72.3	87.4
越南	79	—	—	3.70	3.45			78.7	98.6
叙利亚	80	—	—	—	2.37				67.7
印度尼西亚	81	—	—	4.60	3.30			97.9	94.3
吉尔吉斯斯坦	82	—	—	2.40	2.64			51.1	75.4
埃及	83	—	—	4.40	2.72			93.6	77.7
玻利维亚	84	—	—	2.50	2.13			53.2	60.9
危地马拉	85	—	—	3.00	2.42			63.8	69.1
洪都拉斯	86	—	—	3.30	2.68			70.2	76.6
安哥拉	87	—	—	2.60	2.00			55.3	57.1
尼加拉瓜	88	—	—	3.00	2.47			63.8	70.7
乌兹别克斯坦	89	—	—	—	2.71				77.4
加纳	90	—	—	2.90	2.57			61.7	73.4
土库曼斯坦	91	—	—	—	2.56				73.1
巴布亚新几内亚	92	—	—	—	2.26				64.6
肯尼亚	93	—	—	4.30	3.07			91.5	87.7
尼日利亚	94	—	—	2.40	2.68			51.1	76.6
刚果（布）	95	—	—	—	2.38				68.0
塞内加尔	96	—	—	3.40	2.11			72.3	60.3
也门	97	—	—	1.90	2.16			40.4	61.7
孟加拉国	98	—	—	3.50	2.79			74.5	79.7
印度	99	—	—	4.60	3.32			97.9	94.9
塔吉克斯坦	100	—	—	3.10	2.33			66.0	66.6
老挝	101	—	—	3.00	2.91			63.8	83.1
马达加斯加	102	—	—	—	2.61				74.6
莱索托	103	—	—	1.10	2.37			23.4	67.7
缅甸	104	—	—	—	2.20				62.9
赞比亚	105	—	—	2.90	1.98			61.7	56.6
津巴布韦	106	—	—	2.80	2.26			59.6	64.6
柬埔寨	107	—	—	3.10	2.52			66.0	72.0
科特迪瓦	108	—	—	3.70	3.14			78.7	89.7
喀麦隆	109	—	—	3.00	2.47			63.8	70.6
几内亚	110	—	—	3.00	2.70			63.8	77.1
巴基斯坦	111	—	—	4.00	2.27			85.1	64.9
贝宁	112	—	—	2.70	2.75			57.4	78.6
莫桑比克	113	—	—	2.70	2.75			57.4	78.6
马拉维	114	—	—	2.60	2.67			55.3	76.3
尼泊尔	115	—	—	2.00	2.65			42.6	75.7
坦桑尼亚	116	—	—	3.50	2.98			74.5	85.3
厄立特里亚	117	—	—	—	2.17				62.0
毛里塔尼亚	118	—	—	2.20	2.47			46.8	70.6
卢旺达	119	—	—	3.60	2.75			76.6	78.6
塞拉利昂	120	—	—	2.70	2.27			57.4	64.9
多哥	121	—	—	—	2.45				70.0
海地	122	—	—	2.30	2.05			48.9	58.6
埃塞俄比亚	123	—	—	3.20	2.18			68.1	62.2
乌干达	124	—	—	2.50	2.41			53.2	68.9
布基纳法索	125	—	—	2.90	2.40			61.7	68.6
马里	126	—	—	2.70	3.08			57.4	88.0
刚果（金）	127	—	—	2.60	2.51			55.3	71.7
乍得	128	—	—	2.40	2.37			51.1	67.7
尼日尔	129	—	—	—	2.22				63.4
布隆迪	130	—	—	2.50	2.01			53.2	57.4
中非	131	—	—	—	2.10				60.0
高收入国家[b]		2108	85 027	4.70	3.52	100.0	100.0	100.0	100.0
中等收入国家		—	—	—	2.66				76.0
低收入国家		—	—	2.80	2.39			59.6	68.2
世界平均		—	—	—	2.90				82.9
基准值		2108	85 027	4.70	3.50				

注：a. 指标数据为2015～2018年期间最近年的数据。"—"表示没有数据。
b. 指标数据为高收入国家平均值或21个发达国家的算术平均值。

附表 1-2-5　2018 年世界交通现代化记分牌（交通治理指标和记分）

国家	编号	指标[a]				记分			
		人均机动车的能耗	单位GDP的机动车能耗	公路交通事故的致死率[b]	人均交通基础设施投资	人均机动车的能耗	单位GDP的机动车能耗	公路交通事故的致死率	人均交通基础设施投资
丹麦	1	—	—	4.0	419			100.0	99.7
美国	2	1.241	19.7	12.4	302	100.0	81.8	67.7	71.8
瑞士	3	0.611	7.4	2.7	963	77.3	100.0	100.0	100.0
瑞典	4	0.631	11.6	2.8	428	79.9	100.0	100.0	100.0
荷兰	5	0.627	11.8	3.8	253	79.3	100.0	100.0	60.3
新加坡	6	—	—	2.8	—			100.0	
比利时	7	—	14.3	5.8	168		100.0	100.0	40.0
爱尔兰	8	0.883	11.2	5.6	—	100.0	100.0	100.0	
英国	9	0.545	12.7	3.1	427	69.0	100.0	100.0	100.0
芬兰	10	0.736	14.7	4.7	392	93.2	100.0	100.0	93.4
挪威	11	0.828	10.1	2.7	1047	100.0	100.0	100.0	100.0
德国	12	0.621	18.0	4.1	293	78.6	89.5	100.0	69.6
法国	13	0.621	14.9	5.5	302	78.6	100.0	100.0	72.0
日本	14	0.468	12.0	4.1	323	59.2	100.0	100.0	77.0
奥地利	15	—	—	5.2	253			100.0	60.3
澳大利亚	16	1.527	27.6	5.6	892	100.0	58.3	100.0	100.0
以色列	17	0.638	15.3	4.2	—	80.8	100.0	100.0	
加拿大	18	1.287	27.8	5.8	235	100.0	57.9	100.0	55.9
韩国	19	0.512	15.3	9.8	474	64.8	100.0	85.7	100.0
新西兰	20	1.124	26.2	7.8	254	100.0	61.5	100.0	60.5
西班牙	21	0.610	20.1	4.1	127	77.3	80.0	100.0	30.2
意大利	22	0.559	16.2	4.1	128	70.8	99.4	100.0	30.5
希腊	23	—	—	9.2	453			91.3	100.0
葡萄牙	24	0.566	24.1	7.4	227	71.6	66.7	100.0	54.1
斯洛文尼亚	25	0.926	35.5	6.4	196	100.0	45.3	100.0	46.6
爱沙尼亚	26	0.645	31.6	6.1	202	81.7	50.9	100.0	48.0
捷克	27	0.609	26.4	5.9	166	77.0	61.0	100.0	39.6
匈牙利	28	0.526	32.6	7.8	252	66.6	49.5	100.0	60.0
立陶宛	29	0.643	33.7	9.3	142	81.3	47.8	90.3	33.8
拉脱维亚	30	0.566	31.8	8.9	136	71.6	50.7	94.4	32.4
斯洛伐克	31	0.092	4.7	6.1	198	11.6	100.0	100.0	47.2
克罗地亚	32	—	—	10.2	99			82.4	23.6
波兰	33	0.566	36.6	15.3	90	71.7	44.0	54.9	21.5
乌拉圭	34	—	—	13.4	—			62.7	
俄罗斯	35	0.400	34.6	18.0	82	50.6	46.6	46.7	19.5
沙特阿拉伯	36	—	—	18.1	—			46.4	
阿根廷	37	0.293	20.1	13.7	—	37.1	80.2	61.3	
智利	38	0.579	36.4	17.6	—	73.3	44.3	47.7	
科威特	39	—	—	8.7	—			96.6	
哥斯达黎加	40	—	—	9.7	—			86.6	
白俄罗斯	41	0.119	18.8	14.3	133	15.1	85.5	58.7	31.6
巴西	42	—	—	19.7	—			42.6	
保加利亚	43	0.351	46.5	8.0	190	44.4	34.6	100.0	45.3
土耳其	44	0.328	35.0	14.0	111	41.5	46.1	60.0	26.3
马来西亚	45	—	—	16.5	—			50.9	
巴拿马	46	—	—	12.5	—			67.2	
黎巴嫩	47	—	—	18.5	—			45.4	
罗马尼亚	48	—	—	11.5	134			73.0	31.9
哥伦比亚	49	—	—	6.4	—			100.0	
中国	50	—	—	23.6	513			35.6	100.0
委内瑞拉	51	—	—	34.6	—			24.3	
哈萨克斯坦	52	—	—	17.6	—			47.7	
伊朗	53	—	—	21.3	—			39.4	
墨西哥	54	0.565	61.0	13.1	37	71.5	26.4	64.1	8.7
多米尼加	55	—	—	17.1	—			49.1	
乌克兰	56	0.187	—	28.8	—	23.6		29.2	
厄瓜多尔	57	—	—	12.3	—			68.3	
约旦	58	—	—	24.4	—			34.4	
北马其顿	59	—	—	9.7	—			86.6	
格鲁吉亚	60	0.052	—	8.1	139	6.5		100.0	33.1
牙买加	61	—	—	13.6	—			61.8	
阿尔巴尼亚	62	—	—	18.2	59			46.2	14.1
泰国	63	—	—	14.5	—			57.9	
秘鲁	64	—	—	13.5	—			62.2	
博茨瓦纳	65	—	—	23.8	—			35.3	
突尼斯	66	—	—	9.7	—			86.6	
巴拉圭	67	—	—	16.7	—			50.3	
亚美尼亚	68	—	—	22.7	38			37.0	9.0
摩尔多瓦	69	0.237	55.9	33.7	12	29.9	28.8	24.9	2.8
斯里兰卡	70	—	—	13.6	—			61.8	

(续表)

国家	编号	指标[a] 人均机动车的能耗	单位GDP的机动车能耗	公路交通事故的致死率[b]	人均交通基础设施投资	记分 人均机动车的能耗	单位GDP的机动车能耗	公路交通事故的致死率	人均交通基础设施投资
阿塞拜疆	71	0.262	55.2	10.3	69	33.1	29.2	81.6	16.5
蒙古	72	—	—	15.5	—			54.2	
阿尔及利亚	73	—	—	22.2	—			37.8	
南非	74	—	—	25.9	—			32.4	
摩洛哥	75	—	—	20.5	—			41.0	
萨尔瓦多	76	—	—	19.6	—			42.9	
纳米比亚	77	—	—	22.8	—			36.8	
菲律宾	78	—	—	—	—				
越南	79	—	—	14.9	—			56.4	
叙利亚	80	—	—	15.4	—			54.5	
印度尼西亚	81	—	—	—	—				
吉尔吉斯斯坦	82	—	—	32.7	—			25.7	
埃及	83	—	—	19.9	—			42.2	
玻利维亚	84	—	—	34.7	—			24.2	
危地马拉	85	—	—	24.7	—			34.0	
洪都拉斯	86	—	—	26.4	—			31.8	
安哥拉	87	—	—	23.6	—			35.6	
尼加拉瓜	88	—	—	27.8	—			30.2	
乌兹别克斯坦	89	—	—	18.1	—			46.4	
加纳	90	—	—	24.9	—			33.7	
土库曼斯坦	91	—	—	12.3	—			68.3	
巴布亚新几内亚	92	—	—	14.2	—			59.2	
肯尼亚	93	—	—	27.4	—			30.7	
尼日利亚	94	—	—	21.4	—			39.3	
刚果(布)	95	—	—	12.2	—			68.9	
塞内加尔	96	—	—	23.4	—			35.9	
也门	97	—	—	—	—				
孟加拉国	98	—	—	15.3	—			54.9	
印度	99	—	—	14.3	19			58.7	4.5
塔吉克斯坦	100	—	—	30.4	—			27.6	
老挝	101	—	—	16.6	—			50.6	
马达加斯加	102	—	—	28.6	—			29.4	
莱索托	103	—	—	17.8	—			47.2	
缅甸	104	—	—	16.7	—			50.3	
赞比亚	105	—	—	16.6	—			50.6	
津巴布韦	106	—	—	—	—				
柬埔寨	107	—	—	30.1	—			27.9	
科特迪瓦	108	—	—	22.6	—			37.2	
喀麦隆	109	—	—	25.3	—			33.2	
几内亚	110	—	—	28.2	—			29.8	
巴基斯坦	111	—	—	28.9	—			29.1	
贝宁	112	—	—	27.5	—			30.5	
莫桑比克	113	—	—	30.1	—			27.9	
马拉维	114	—	—	31.0	—			27.1	
尼泊尔	115	—	—	15.9	—			52.8	
坦桑尼亚	116	—	—	29.2	—			28.8	
厄立特里亚	117	—	—	26.5	—			31.7	
毛里塔尼亚	118	—	—	23.6	—			35.6	
卢旺达	119	—	—	29.7	—			28.3	
塞拉利昂	120	—	—	—	—				
多哥	121	—	—	29.2	—			28.8	
海地	122	—	—	—	—				
埃塞俄比亚	123	—	—	26.7	—			31.5	
乌干达	124	—	—	29.0	—			29.0	
布基纳法索	125	—	—	30.5	—			27.5	
马里	126	—	—	23.1	—			36.4	
刚果(金)	127	—	—	33.7	—			24.9	
乍得	128	—	—	27.6	—			30.4	
尼日尔	129	—	—	26.2	—			32.1	
布隆迪	130	—	—	34.7	—			24.2	
中非	131	—	—	33.6	—			25.0	
高收入国家[c]		0.786	16.0	8.4	420	99.5	100.0	100.0	99.9
中等收入国家		—	—	19.3	—			43.6	
低收入国家		—	—	27.8	—			30.2	
世界平均		—	—	18.1	—			46.3	
基准值		0.786	16.0	8.4	420				

注:a. 指标数据为2015～2018年期间最近年的数据。"—"表示没有数据。
b. 2016年数据。
c. 指标数据为高收入国家平均值或21个发达国家的算术平均值。

附表 1-2-6-1 2010年世界交通现代化记分牌（交通体系指标[a]）

国家	编号	人均国内客运周转量[b]	人均国内航空客运量	每千居民拥有的轿车数量	每千居民的铁路客位数	每千人高速公路长度	每千人高铁里程[c]	交通设施数字化指数[d]	交通基础设施的综合质量
丹麦	1	13 202	1.11	391	9.0	—	—	0.776	6.02
美国	2	19 467	2.33	417	—	—	—	0.720	5.44
瑞士	3	14 262	2.83	526	43.4	0.180	—	0.793	6.24
瑞典	4	13 765	1.51	462	5.0	0.210	—	0.804	5.85
荷兰	5	9557	1.62	466	14.6	0.159	0.005	0.826	6.01
新加坡	6	—	4.90	123	—	—	—	0.868	6.52
比利时	7	12 590	0.69	485	27.2	0.162	0.019	0.761	5.88
爱尔兰	8	—	18.59	411	6.7	—	—	0.639	4.48
英国	9	12 013	1.62	498	—	0.059	—	0.735	5.25
芬兰	10	14 216	1.62	464	13.2	0.145	—	0.790	6.04
挪威	11	13 469	3.38	471	2.0	—	—	0.783	4.68
德国	12	12 800	1.19	517	15.5	0.157	0.011	0.802	6.40
法国	13	13 371	0.94	481	20.7	0.176	0.028	0.744	6.31
日本	14	9921	0.86	456	19.6	—	0.018	0.816	5.63
奥地利	15	9923	1.61	531	26.6	0.206	—	0.814	5.59
澳大利亚	16	13 470	2.75	557	2.0	—	—	0.685	5.09
以色列	17	—	0.67	272	—	—	—	0.754	4.46
加拿大	18	16 410	1.86	596	—	—	—	0.668	5.66
韩国	19	8824	0.75	275	2.0	—	0.008	0.842	5.74
新西兰	20	723	3.06	535	—	0.058	—	0.670	4.95
西班牙	21	8912	1.13	475	6.0	0.306	0.036	0.743	5.63
意大利	22	14 302	0.55	620	14.3	0.112	0.012	0.735	4.01
希腊	23	3895	0.93	469	3.3	—	—	0.576	4.07
葡萄牙	24	9528	0.99	424	6.7	—	—	0.739	5.21
斯洛文尼亚	25	14 460	0.48	522	10.8	0.375	—	0.644	4.54
爱沙尼亚	26	1888	0.44	415	10.2	0.086	—	0.767	4.59
捷克	27	7699	0.49	429	29.3	0.070	—	0.692	4.70
匈牙利	28	7654	1.25	298	21.4	0.148	—	0.636	4.07
立陶宛	29	11 394	0.03	546	7.8	0.100	—	0.747	4.47
拉脱维亚	30	1459	1.51	304	—	—	—	0.691	4.28
斯洛伐克	31	6321	0.01	310	18.3	0.077	—	0.646	3.96
克罗地亚	32	1170	0.37	343	7.4	0.290	—	0.584	4.29
波兰	33	6449	0.11	453	11.7	0.071	—	0.651	2.97
乌拉圭	34	—	0.19	179	—	—	—	0.729	3.91
俄罗斯	35	1963	0.31	240	6.5	—	—	0.688	3.51
沙特阿拉伯	36	—	0.74	113	—	—	—	0.663	4.93
阿根廷	37	1294	0.22	184	—	—	—	0.642	3.17
智利	38	—	0.54	128	—	—	—	0.501	4.87
科威特	39	—	1.53	401	—	—	—	0.631	4.71
哥斯达黎加	40	—	0.37	141	—	—	—	0.605	2.87
白俄罗斯	41	—	0.07	274	7.1	—	—	0.530	—
巴西	42	—	0.38	137	—	—	—	0.655	2.95
保加利亚	43	1626	0.11	352	8.6	0.059	—	0.566	3.27
土耳其	44	3179	0.63	104	1.4	0.028	0.003	0.596	4.24
马来西亚	45	—	1.21	328	—	—	—	0.655	5.45
巴拿马	46	—	1.52	97	—	—	—	0.547	4.75
黎巴嫩	47	—	0.38	104	—	—	—	0.519	3.54
罗马尼亚	48	859	0.18	213	10.2	0.016	—	0.618	2.85
哥伦比亚	49	—	0.37	51	—	—	—	0.606	3.01
中国	50	2099	0.20	46	2.7	0.055	0.004	—	4.33
委内瑞拉	51	—	0.23	135	—	—	—	0.497	2.68
哈萨克斯坦	52	—	0.19	189	—	—	—	0.634	3.43
伊朗	53	—	0.25	109	—	—	—	0.417	3.42
墨西哥	54	3981	0.27	180	—	—	—	0.539	3.69
多米尼加	55	—	0.10	67	—	—	—	0.455	3.81
乌克兰	56	—	0.09	148	6.4	—	—	0.451	3.41
厄瓜多尔	57	—	0.32	49	—	—	—	0.525	3.21
约旦	58	—	0.42	96	—	—	—	0.524	4.11
北马其顿	59	—	0.29	150	1.9	—	—	0.505	3.00
格鲁吉亚	60	—	0.04	147	2.6	—	—	0.564	3.94
牙买加	61	—	0.41	48	—	—	—	0.443	4.83
阿尔巴尼亚	62	—	0.26	101	—	—	—	0.544	3.32
泰国	63	—	0.43	71	—	—	—	0.567	4.76
秘鲁	64	—	0.24	37	—	—	—	0.517	3.23
博茨瓦纳	65	—	0.15	78	—	—	—	0.462	3.95
突尼斯	66	—	0.26	80	—	—	—	0.525	4.98
巴拉圭	67	—	0.11	48	—	—	—	0.465	2.29
亚美尼亚	68	—	0.24	94	3.9	—	—	0.608	3.24
摩尔多瓦	69	—	0.17	113	—	—	—	0.555	2.62
斯里兰卡	70	—	0.15	20	—	—	—	0.427	4.37

(续表)

国家	编号	人均国内客运周转量[b]	人均国内航空客运量	每千居民拥有的轿车数量	每千居民的铁路客位数	每千人高速公路长度	每千人高铁里程[c]	交通设施数字化指数[d]	交通基础设施的综合质量
阿塞拜疆	71	—	0.09	90	2.9	—	—	0.550	4.19
蒙古	72	—	0.14	48	—	—	—	0.521	2.61
阿尔及利亚	73	—	0.09	75	—	—	—	0.370	3.41
南非	74	—	0.31	104	—	—	—	0.591	4.74
摩洛哥	75	—	0.22	61	—	—	—	0.524	4.02
萨尔瓦多	76	—	0.29	14	—	—	—	0.483	4.11
纳米比亚	77	—	0.23	48	—	—	—	0.369	5.17
菲律宾	78	—	0.24	30	—	—	—	0.439	2.71
越南	79	—	0.16	16	—	—	—	0.467	3.35
叙利亚	80	—	0.05	148	—	—	—	0.265	3.09
印度尼西亚	81	—	0.25	37	—	—	—	0.390	3.69
吉尔吉斯斯坦	82	—	0.07	93	—	—	—	0.427	2.47
埃及	83	—	0.12	38	—	—	—	0.507	4.20
玻利维亚	84	—	0.18	21	—	—	—	0.440	2.76
危地马拉	85	—	0.02	38	—	—	—	0.435	3.75
洪都拉斯	86	—	0.06	4	—	—	—	0.407	3.72
安哥拉	87	—	0.04	25	—	—	—	0.317	2.32
尼加拉瓜	88	—	0.01	20	—	—	—	0.379	3.42
乌兹别克斯坦	89	—	0.07	—	—	—	—	0.309	—
加纳	90	—	0.01	17	—	—	—	0.377	3.38
土库曼斯坦	91	—	0.06	82	—	—	—	0.240	—
巴布亚新几内亚	92	—	0.19	6	—	—	—	0.305	—
肯尼亚	93	—	0.10	13	—	—	—	0.401	3.68
尼日利亚	94	—	0.03	15	—	—	—	0.369	2.68
刚果(布)	95	—	0.08	15	—	—	—	0.295	—
塞内加尔	96	—	0.01	16	—	—	—	0.330	3.62
也门	97	—	0.07	19	—	—	—	0.268	3.22
孟加拉国	98	—	0.01	2	—	—	—	0.308	3.08
印度	99	7626	0.05	11	—	—	—	0.442	4.08
塔吉克斯坦	100	—	0.08	29	—	—	—	0.286	2.97
老挝	101	—	0.07	2	—	—	—	0.201	3.70
马达加斯加	102	—	0.02	7	—	—	—	0.233	2.94
莱索托	103	—	—	—	—	—	—	0.264	2.73
缅甸	104	—	0.02	5	—	—	—	0.172	2.24
赞比亚	105	—	0.02	14	—	—	—	0.294	3.03
津巴布韦	106	—	0.02	46	—	—	—	0.303	3.57
柬埔寨	107	—	0.02	19	—	—	—	0.359	3.39
科特迪瓦	108	—	0.03	17	—	—	—	—	3.72
喀麦隆	109	—	—	11	—	—	—	0.270	2.91
几内亚	110	—	0.01	8	—	—	—	0.206	2.71
巴基斯坦	111	—	0.04	11	—	—	—	0.365	3.80
贝宁	112	—	0.01	18	—	—	—	0.210	3.20
莫桑比克	113	—	0.02	10	—	—	—	0.278	3.07
马拉维	114	—	0.01	4	—	—	—	0.235	3.20
尼泊尔	115	—	0.03	4	—	—	—	0.297	2.49
坦桑尼亚	116	—	0.02	4	—	—	—	0.295	2.96
厄立特里亚	117	—	—	6	—	—	—	—	—
毛里塔尼亚	118	—	0.15	4	—	—	—	0.304	2.71
卢旺达	119	—	0.02	2	—	—	—	0.409	3.63
塞拉利昂	120	—	0.01	4	—	—	—	0.236	2.53
多哥	121	—	0.10	17	—	—	—	0.209	—
海地	122	—	—	4	—	—	—	0.249	1.72
埃塞俄比亚	123	—	0.04	1	—	—	—	0.227	3.85
乌干达	124	—	0.01	3	—	—	—	0.278	2.84
布基纳法索	125	—	0.01	7	—	—	—	0.225	2.81
马里	126	—	0.02	8	—	—	—	0.315	2.97
刚果(金)	127	—	0.01	14	—	—	—	0.194	—
乍得	128	—	0.01	2	—	—	—	0.179	2.60
尼日尔	129	—	0.01	6	—	—	—	0.155	—
布隆迪	130	—	—	2	—	—	—	0.229	2.98
中非	131	—	0.02	1	—	—	—	0.139	—
高收入国家[e]		12 050	1.50	440	13.0	0.165	—	0.740	5.60
中等收入国家		—	0.16	—	—	—	—	—	—
低收入国家		—	0.02	—	—	—	—	0.280	—
世界平均		—	0.38	—	—	—	—	—	—
基准值		12 050	1.50	440	13.0	0.165	—	0.740	5.60

注:a. 指标数据为 2010 年或附近年的数据。"—"表示没有数据。

b. 根据 OECD 数据,中国数值为 1749 人公里;本表中国数值为调整值。调整时参考国际经验和每千居民拥有的轿车数量。

c. 基准值难以确定,暂不记分。

d. 2014 年数据。

e. 指标数据为高收入国家平均值或 21 个发达国家的算术平均值。

附表 1-2-6-2 2010 年世界交通现代化记分牌（交通体系指标记分）

国家	编号	人均国内客运周转量	人均国内航空客运量	每千居民拥有的轿车数量	每千居民的铁路客位数	每千人高速公路长度	每千人高铁里程[a]	交通设施数字化指数	交通基础设施的综合质量
丹麦	1	100.0	73.9	88.9	68.9			100.0	100.0
美国	2	100.0	100.0	94.8				97.3	97.1
瑞士	3	100.0	100.0	100.0	100.0	100.0		100.0	100.0
瑞典	4	100.0	100.0	100.0	38.2	100.0		100.0	100.0
荷兰	5	79.3	100.0	100.0	100.0	100.0		100.0	100.0
新加坡	6		100.0	27.9				100.0	100.0
比利时	7	100.0	46.1	100.0	100.0	100.0		100.0	100.0
爱尔兰	8		100.0	93.3	51.9			86.4	80.0
英国	9	99.7	100.0	100.0		39.0		99.3	93.8
芬兰	10	100.0	100.0	100.0	100.0	96.8		100.0	100.0
挪威	11	100.0	100.0	100.0	15.4			100.0	83.6
德国	12	100.0	79.3	100.0	100.0	100.0		100.0	100.0
法国	13	100.0	62.4	100.0	100.0	100.0		100.0	100.0
日本	14	82.3	57.1	100.0	100.0			100.0	100.0
奥地利	15	82.3	100.0	100.0	100.0	100.0		100.0	99.8
澳大利亚	16	100.0	100.0	100.0	15.4			92.6	90.9
以色列	17		44.5	61.8				100.0	79.6
加拿大	18	100.0	100.0	100.0				90.3	100.0
韩国	19	73.2	49.8	62.5	15.1			100.0	100.0
新西兰	20	6.0	100.0	100.0		38.5		90.5	88.4
西班牙	21	74.0	75.6	100.0	45.8	100.0		100.0	100.0
意大利	22	100.0	36.7	100.0	100.0	75.0		99.3	71.6
希腊	23	32.3	62.1	100.0	25.7			77.8	72.7
葡萄牙	24	79.1	65.8	96.3	51.5			99.9	93.0
斯洛文尼亚	25	100.0	31.9	100.0	83.2	100.0		87.0	81.1
爱沙尼亚	26	15.7	29.2	94.3	78.2	57.6		100.0	82.0
捷克	27	63.9	32.7	97.6	100.0	46.5		93.5	83.9
匈牙利	28	63.5	83.2	67.8	100.0	98.5		85.9	72.7
立陶宛	29	94.6	1.8	100.0	60.1	66.5		100.0	79.8
拉脱维亚	30	12.1	100.0	69.0				93.4	76.4
斯洛伐克	31	52.5	0.9	70.4	100.0	51.0		87.3	70.7
克罗地亚	32	9.7	24.5	77.9	56.7	100.0		78.9	76.6
波兰	33	53.5	7.2	100.0	90.1	47.4		88.0	53.0
乌拉圭	34		12.9	40.6				98.5	69.8
俄罗斯	35	16.3	20.5	54.7	50.1			93.0	62.7
沙特阿拉伯	36		49.4	25.8				89.6	88.0
阿根廷	37	10.7	14.8	41.9				86.8	56.6
智利	38		36.2	29.0				67.7	87.0
科威特	39		100.0	91.2				85.3	84.1
哥斯达黎加	40		24.7	32.1				81.8	51.3
白俄罗斯	41		4.6	62.3	55.0			71.6	
巴西	42		25.4	31.1				88.5	52.7
保加利亚	43	13.5	7.2	80.0	66.3	39.4		76.5	58.4
土耳其	44	26.4	42.1	23.7	11.0	19.0		80.5	75.7
马来西亚	45		80.9	74.5				88.5	97.3
巴拿马	46		100.0	22.0				73.9	84.8
黎巴嫩	47		25.5	23.6				70.1	63.2
罗马尼亚	48	7.1	12.3	48.5	78.3	10.9		83.5	50.9
哥伦比亚	49		25.0	11.5				81.9	53.8
中国	50	17.4	13.3	10.5	20.8	36.7			77.3
委内瑞拉	51		15.1	30.7				67.2	47.9
哈萨克斯坦	52		12.7	43.0				85.7	61.3
伊朗	53		17.0	24.9				56.4	61.1
墨西哥	54	33.0	18.3	41.0				72.8	65.9
多米尼加	55		6.7	15.2				61.5	68.0
乌克兰	56		5.7	33.5	49.3			60.9	60.9
厄瓜多尔	57		21.4	11.1				70.9	57.3
约旦	58		28.2	21.9				70.8	73.4
北马其顿	59		19.6	34.0	14.5			68.2	53.6
格鲁吉亚	60		2.9	33.4	19.6			76.2	70.4
牙买加	61		27.6	10.9				59.9	86.3
阿尔巴尼亚	62		17.6	23.0				73.5	59.3
泰国	63		28.6	16.1				76.6	85.0
秘鲁	64		16.3	8.5				69.9	57.7
博茨瓦纳	65		9.7	17.6				62.4	70.5
突尼斯	66		17.2	18.1				70.9	88.9
巴拉圭	67		7.6	10.8				62.8	40.9
亚美尼亚	68		16.3	21.4	30.1			82.2	57.9
摩尔多瓦	69		11.2	25.7				75.0	46.8
斯里兰卡	70		9.9	4.6				57.7	78.0

（续表）

国家	编号	人均国内客运周转量	人均国内航空客运量	每千居民拥有的轿车数量	每千居民的铁路客位数	每千人高速公路长度	每千人高铁里程[a]	交通设施数字化指数	交通基础设施的综合质量
阿塞拜疆	71		5.9	20.5	22.0			74.3	74.8
蒙古	72		9.6	10.9				70.4	46.6
阿尔及利亚	73		6.2	16.9				50.0	60.9
南非	74		20.5	23.7				79.9	84.6
摩洛哥	75		14.7	13.9				70.8	71.8
萨尔瓦多	76		19.6	3.2				65.3	73.4
纳米比亚	77		15.3	10.8				49.9	92.3
菲律宾	78		16.0	6.7				59.3	48.4
越南	79		10.9	3.7				63.1	59.8
叙利亚	80		3.6	33.6				35.8	55.2
印度尼西亚	81		16.4	8.3				52.7	65.9
吉尔吉斯斯坦	82		4.6	21.1				57.7	44.1
埃及	83		7.7	8.6				68.5	75.0
玻利维亚	84		11.8	4.7				59.5	49.3
危地马拉	85		1.5	8.6				58.8	67.0
洪都拉斯	86		4.0	0.9				55.0	66.4
安哥拉	87		2.9	5.7				42.8	41.4
尼加拉瓜	88		0.8	4.6				51.2	61.1
乌兹别克斯坦	89		4.9					41.8	
加纳	90		0.5	3.8				50.9	60.4
土库曼斯坦	91		3.9	18.7				32.4	
巴布亚新几内亚	92		12.8	1.4				41.2	
肯尼亚	93		6.4	3.0				54.2	65.7
尼日利亚	94		1.8	3.4				49.9	47.9
刚果（布）	95		5.3	3.4				39.9	
塞内加尔	96		0.7	3.6				44.6	64.6
也门	97		4.4	4.3				36.2	57.5
孟加拉国	98		0.8	0.5				41.6	55.0
印度	99	63.3	3.5	2.4				59.7	72.9
塔吉克斯坦	100		5.5	6.6				38.6	53.0
老挝	101		4.7	0.5				27.2	66.1
马达加斯加	102		1.7	1.5				31.5	52.5
莱索托	103							35.7	48.8
缅甸	104		1.2	1.2				23.2	40.0
赞比亚	105		1.3	3.3				39.7	54.1
津巴布韦	106		1.4	10.5				40.9	63.8
柬埔寨	107		1.3	4.3				48.5	60.5
科特迪瓦	108		1.7	3.9					66.4
喀麦隆	109			2.4				36.5	52.0
几内亚	110		0.4	1.8				27.8	48.4
巴基斯坦	111		2.4	2.5				49.3	67.9
贝宁	112		0.4	4.1				28.4	57.1
莫桑比克	113		1.6	2.2				37.6	54.8
马拉维	114		0.4	0.8				31.8	57.1
尼泊尔	115		2.3	0.8				40.1	44.5
坦桑尼亚	116		1.1	0.9				39.9	52.9
厄立特里亚	117			1.4					
毛里塔尼亚	118		10.0	0.9				41.1	48.4
卢旺达	119		1.2	0.4				55.3	64.8
塞拉利昂	120		0.5	0.9				31.9	45.2
多哥	121		6.9	3.8				28.2	
海地	122			0.8				33.6	30.7
埃塞俄比亚	123		2.5	0.2				30.7	68.8
乌干达	124		0.4	0.7				37.6	50.7
布基纳法索	125		0.7	1.7				30.4	50.2
马里	126		1.3	1.8				42.6	53.0
刚果（金）	127		0.4	3.2				26.2	
乍得	128		0.6	0.5				24.2	46.4
尼日尔	129		0.5	1.4				20.9	
布隆迪	130			0.4				30.9	53.2
中非	131		1.4	0.2				18.8	
高收入国家[b]		100.0	99.7	100.0	100.0	100.0		100.0	100.0
中等收入国家			10.9						
低收入国家			1.6					37.8	
世界平均			25.3						
基准值									

注：a. 基准值难以确定，暂不记分。
b. 指标数据为高收入国家平均值或21个发达国家的算术平均值。

附表 1-2-7　2010 年世界交通现代化记分牌(交通服务指标和记分)

国家	编号	指标				记分			
		人均交通产业增加值	交通产业劳动生产率	交通服务的综合效率	物流绩效指数	人均交通产业增加值	交通产业劳动生产率	交通服务的综合效率	物流绩效指数
丹麦	1	2935	112 264	—	3.94	100.0	100.0		100.0
美国	2	1503	87 705	—	4.17	73.4	100.0		100.0
瑞士	3	2965	106 402	—	4.27	100.0	100.0		100.0
瑞典	4	—	—		4.22				100.0
荷兰	5	2050	87 795	—	4.12	100.0	100.0		100.0
新加坡	6	—	—		4.15				100.0
比利时	7	2358	98 556	—	4.22	100.0	100.0		100.0
爱尔兰	8	—	—		4.02				100.0
英国	9	1440	66 024	—	4.13	70.3	80.4		100.0
芬兰	10	2067	71 752	—	4.09	100.0	87.4		100.0
挪威	11	4389	131 002	—	4.10	100.0	100.0		100.0
德国	12	1698	70 002	—	4.18	82.9	85.2		100.0
法国	13	1700	81 434	—	4.01	83.0	99.1		100.0
日本	14	2245	71 218	—	4.13	100.0	86.7		100.0
奥地利	15	2316	93 634	—	3.83	100.0	100.0		100.0
澳大利亚	16	2722	104 136	—	3.87	100.0	100.0		100.0
以色列	17	937	54 366	—	3.39	45.7	66.2		96.9
加拿大	18	—	—		4.01				100.0
韩国	19	809	31 044	—	3.83	39.5	37.8		100.0
新西兰	20	1450	67 348	—	3.67	70.8	82.0		100.0
西班牙	21	1242	61 721	—	3.96	60.6	75.1		100.0
意大利	22	1768	90 983	—	3.83	86.3	100.0		100.0
希腊	23	—	—		3.31				94.6
葡萄牙	24	929	57 832	—	3.38	45.4	70.4		96.6
斯洛文尼亚	25	1134	45 023	—	3.16	55.3	54.8		90.3
爱沙尼亚	26	1192	36 416	—	2.95	58.2	44.3		84.3
捷克	27	1100	36 837	—	3.60	53.7	44.8		100.0
匈牙利	28	673	27 952	—	2.87	32.8	34.0		82.0
立陶宛	29	1285	46 173	—	3.27	62.7	56.2		93.4
拉脱维亚	30	1057	28 986	—	3.55	51.6	35.3		100.0
斯洛伐克	31	688	27 975	—	3.54	33.6	34.1		100.0
克罗地亚	32	—	—		2.82				80.6
波兰	33	595	26 935	—	3.45	29.0	32.8		98.6
乌拉圭	34	—	—		2.78				79.4
俄罗斯	35	—	—		2.60				74.3
沙特阿拉伯	36	—	—		3.32				94.9
阿根廷	37	—	—		3.15				90.0
智利	38	636	24 113	—	3.33	31.0	29.4		95.1
科威特	39	—	—		3.44				98.3
哥斯达黎加	40	—	—		3.13				89.4
白俄罗斯	41	—	—		2.58				73.7
巴西	42	—	—		3.42				97.7
保加利亚	43	—	—		2.96				84.6
土耳其	44	—	—		3.09				88.3
马来西亚	45	—	—		3.32				94.9
巴拿马	46	—	—		3.26				93.1
黎巴嫩	47	—	—		3.16				90.3
罗马尼亚	48	—	—		2.90				82.9
哥伦比亚	49	—	—		2.75				78.6
中国	50	207	25045	—	3.55	10.1	30.5		100.0
委内瑞拉	51	—	—		2.84				81.1
哈萨克斯坦	52	—	—		2.70				77.1
伊朗	53	—	—		2.50				71.4
墨西哥	54	579	30 405	—	3.28	28.3	37.0		93.7
多米尼加	55	—	—		3.17				90.6
乌克兰	56	—	—		2.49				71.1
厄瓜多尔	57	—	—		2.84				81.1
约旦	58	—	—		2.33				66.6
北马其顿	59	—	—		2.82				80.6
格鲁吉亚	60	—	—		2.67				76.3
牙买加	61	—	—		3.07				87.7
阿尔巴尼亚	62	—	—		2.39				68.3
泰国	63	—	—		3.41				97.4
秘鲁	64	—	—		2.89				82.6
博茨瓦纳	65	—	—		2.59				74.0
突尼斯	66	—	—		2.56				73.1
巴拉圭	67	—	—		2.72				77.7
亚美尼亚	68	—	—		2.26				64.6
摩尔多瓦	69	—	—		3.00				85.7
斯里兰卡	70	—	—		2.23				63.7

(续表)

国家	编号	指标[a]				记分			
		人均交通产业增加值	交通产业劳动生产率	交通服务的综合效率	物流绩效指数	人均交通产业增加值	交通产业劳动生产率	交通服务的综合效率	物流绩效指数
阿塞拜疆	71	—	—	—	2.65				75.7
蒙古	72	—	—	—	2.42				69.1
阿尔及利亚	73	—	—	—	2.26				64.6
南非	74	—	—	—	3.73				100.0
摩洛哥	75	—	—	—	3.01				86.0
萨尔瓦多	76	—	—	—	2.68				76.6
纳米比亚	77	—	—	—	2.04				58.3
菲律宾	78	—	—	—	3.29				94.0
越南	79	—	—	—	3.10				88.6
叙利亚	80	—	—	—	2.63				75.1
印度尼西亚	81	—	—	—	2.77				79.1
吉尔吉斯斯坦	82	—	—	—	2.33				66.6
埃及	83	—	—	—	2.56				73.1
玻利维亚	84	—	—	—	2.38				68.0
危地马拉	85	—	—	—	2.71				77.4
洪都拉斯	86	—	—	—	2.83				80.9
安哥拉	87	—	—	—	2.54				72.6
尼加拉瓜	88	—	—	—	2.51				71.7
乌兹别克斯坦	89	—	—	—	2.96				84.6
加纳	90	—	—	—	2.51				71.7
土库曼斯坦	91	—	—	—	2.38				68.0
巴布亚新几内亚	92	—	—	—	2.43				69.4
肯尼亚	93	—	—	—	2.89				82.6
尼日利亚	94	—	—	—	2.45				70.0
刚果(布)	95	—	—	—	2.33				66.6
塞内加尔	96	—	—	—	3.08				88.0
也门	97	—	—	—	2.63				75.1
孟加拉国	98	—	—	—	2.64				75.4
印度	99	—	—	—	3.14				89.7
塔吉克斯坦	100	—	—	—	2.25				64.3
老挝	101	—	—	—	2.45				70.0
马达加斯加	102	—	—	—	2.51				71.7
莱索托	103	—	—	—	1.99				56.9
缅甸	104	—	—	—	2.36				67.4
赞比亚	105	—	—	—	2.35				67.1
津巴布韦	106	—	—	—	2.50				71.4
柬埔寨	107	—	—	—	2.50				71.4
科特迪瓦	108	—	—	—	2.95				84.3
喀麦隆	109	—	—	—	2.60				74.3
几内亚	110	—	—	—	2.89				82.6
巴基斯坦	111	—	—	—	2.64				75.4
贝宁	112	—	—	—	3.07				87.7
莫桑比克	113	—	—	—	2.28				65.1
马拉维	114	—	—	—	2.56				73.1
尼泊尔	115	—	—	—	2.26				64.6
坦桑尼亚	116	—	—	—	2.56				73.1
厄立特里亚	117	—	—	—	1.55				44.3
毛里塔尼亚	118	—	—	—	2.28				65.1
卢旺达	119	—	—	—	1.99				56.9
塞拉利昂	120	—	—	—	1.73				49.4
多哥	121	—	—	—	3.42				97.7
海地	122	—	—	—	2.43				69.4
埃塞俄比亚	123	—	—	—	2.89				82.6
乌干达	124	—	—	—	2.45				70.0
布基纳法索	125	—	—	—	2.77				79.1
马里	126	—	—	—	2.31				66.0
刚果(金)	127	—	—	—	2.43				69.4
乍得	128	—	—	—	2.62				74.9
尼日尔	129	—	—	—	2.45				70.0
布隆迪	130	—	—	—	1.67				47.7
中非	131	—	—	—	2.31				65.9
高收入国家[b]		2049	82 141	—	3.57	100.0	100.0		100.0
中等收入国家		—	—	—	2.68				76.5
低收入国家		—	—	—	2.34				66.8
世界平均		—	—	—	2.92				83.4
基准值		2049	82 141	—	3.50				

注:a. 指标数据为2010年或附近年的数据。"—"表示没有数据。
b. 指标数据为高收入国家平均值或21个发达国家的算术平均值。

附表 1-2-8 2010 年世界交通现代化记分牌（交通治理指标和记分）

国家	编号	指标[a]				记分			
		人均机动车的能耗	单位GDP的机动车能耗	公路交通事故的致死率[b]	人均交通基础设施投资	人均机动车的能耗	单位GDP的机动车能耗	公路交通事故的致死率	人均交通基础设施投资
丹麦	1	—	—	3.5	276			100.0	61.8
美国	2	1.244	25.7	10.6	315	100.0	70.9	74.5	70.6
瑞士	3	0.700	9.4	3.3	1253	88.6	100.0	100.0	100.0
瑞典	4	0.742	14.0	2.8	440	93.9	100.0	100.0	98.6
荷兰	5	0.636	12.5	3.4	253	80.5	100.0	100.0	56.8
新加坡	6	—	—	3.6	—			100.0	
比利时	7	0.674	23.7	6.7	209	85.3	76.8	100.0	46.8
爱尔兰	8	0.818	16.8	4.1	558	100.0	100.0	100.0	100.0
英国	9	0.563	14.3	2.9	323	71.3	100.0	100.0	72.5
芬兰	10	0.753	16.2	4.8	292	95.3	100.0	100.0	65.4
挪威	11	0.824	9.4	3.8	740	100.0	100.0	100.0	100.0
德国	12	0.621	18.0	4.3	252	78.6	100.0	100.0	56.6
法国	13	0.643	15.8	5.1	346	81.4	100.0	100.0	77.5
日本	14	0.518	11.6	4.7	357	65.6	100.0	100.0	80.0
奥地利	15	—	—	5.4	333			100.0	74.6
澳大利亚	16	1.368	25.3	5.4	821	100.0	72.1	100.0	100.0
以色列	17	0.637	17.8	3.6	—	80.7	100.0	100.0	
加拿大	18	1.292	27.2	6.0	543	100.0	66.9	100.0	100.0
韩国	19	0.417	18.1	12.0	468	52.8	100.0	65.8	100.0
新西兰	20	1.069	31.7	6.0	315	100.0	57.4	100.0	70.6
西班牙	21	0.622	20.4	3.7	387	78.7	89.4	100.0	86.7
意大利	22	0.667	18.5	6.1	163	84.4	98.4	100.0	36.6
希腊	23	—	—	9.1	151			86.8	33.9
葡萄牙	24	0.617	27.4	7.8	227	78.1	66.5	100.0	51.0
斯洛文尼亚	25	0.884	37.5	6.4	197	100.0	48.5	100.0	44.2
爱沙尼亚	26	0.623	35.6	7.0	164	78.9	51.2	100.0	36.8
捷克	27	0.558	28.1	6.1	228	70.6	64.7	100.0	51.0
匈牙利	28	0.411	31.3	7.7	124	52.0	58.1	100.0	27.8
立陶宛	29	0.384	32.1	10.6	200	48.6	56.6	74.5	44.9
拉脱维亚	30	0.424	37.4	10.0	134	53.7	48.7	79.0	30.0
斯洛伐克	31	0.072	4.3	6.6	135	9.2	100.0	100.0	30.2
克罗地亚	32	0.216	44.6	9.2	155	27.4	40.8	85.9	34.7
波兰	33	0.403	32.0	10.3	216	51.0	56.9	76.7	48.4
乌拉圭	34	—	—	16.6	—			47.6	
俄罗斯	35	0.438	41.0	18.9	99	55.4	44.4	41.8	22.2
沙特阿拉伯	36	—	—	27.4	—			28.8	
阿根廷	37	0.293	22.4	13.6	—	37.1	81.2	58.1	
智利	38	0.462	33.6	12.4	—	58.5	54.2	63.7	
科威特	39	—	—	18.7	—			42.2	
哥斯达黎加	40	—	—	13.9	—			56.8	
白俄罗斯	41	0.236	23.5	13.7	146	29.9	77.6	57.7	32.6
巴西	42	—	—	23.4	—			33.8	
保加利亚	43	0.270	39.7	8.3	72	34.2	45.8	95.2	16.2
土耳其	44	0.223	20.9	8.9	102	28.3	86.9	88.8	22.9
马来西亚	45	—	—	24.0	—			32.9	
巴拿马	46	—	—	10.0	—			79.0	
黎巴嫩	47	—	—	22.6	—			35.0	
罗马尼亚	48	—	—	8.7	194			90.8	43.6
哥伦比亚	49	—	—	17.0	—			47.0	
	50	—	—	18.8	267			42.0	59.8
委内瑞拉	51	—	—	45.1	—			17.5	
哈萨克斯坦	52	—	—	24.2	—			32.6	
伊朗	53	—	—	32.1	—			24.6	
墨西哥	54	0.565	61.0	12.3	49	71.5	29.9	64.2	10.9
多米尼加	55	—	—	29.3	—			27.0	
乌克兰	56	0.187	102.3	10.6	—	23.6	17.8	74.5	
厄瓜多尔	57	—	—	20.1	—			39.3	
约旦	58	—	—	26.3	—			30.0	
北马其顿	59	—	—	9.4	—			84.0	
格鲁吉亚	60	0.052	68.7	11.8	106	6.5	26.5	66.9	23.8
牙买加	61	—	—	11.5	—			68.7	
阿尔巴尼亚	62	—	—	15.1	93			52.3	21.0
泰国	63	—	—	36.2	—			21.8	
秘鲁	64	—	—	13.9	—			56.8	
博茨瓦纳	65	—	—	23.6	—			33.5	
突尼斯	66	—	—	24.4	—			32.4	
巴拉圭	67	—	—	20.7	—			38.2	
亚美尼亚	68	—	—	18.3	29			43.2	6.5
摩尔多瓦	69	0.154	63.1	12.5	9	19.5	28.9	63.2	2.0
斯里兰卡	70	—	—	17.4	—			45.4	

(续表)

国家	编号	指标[a]				记分			
		人均机动车的能耗	单位GDP的机动车能耗	公路交通事故的致死率[b]	人均交通基础设施投资	人均机动车的能耗	单位GDP的机动车能耗	公路交通事故的致死率	人均交通基础设施投资
阿塞拜疆	71	0.166	28.4	10.0	157	21.0	64.2	79.0	35.2
蒙古	72	—	—	21.0	—			37.6	
阿尔及利亚	73	—	—	23.8	—			33.2	
南非	74	—	—	25.1	—			31.5	
摩洛哥	75	—	—	20.8	—			38.0	
萨尔瓦多	76	—	—	21.1	—			37.4	
纳米比亚	77	—	—	23.9	—			33.1	
菲律宾	78	—	—	10.5	—			75.2	
越南	79	—	—	24.5	—			32.2	
叙利亚	80	—	—	20.0	—			39.5	
印度尼西亚	81	—	—	15.3	—			51.6	
吉尔吉斯斯坦	82	—	—	22.0	—			35.9	
埃及	83	—	—	12.8	—			61.7	
玻利维亚	84	—	—	23.2	—			34.1	
危地马拉	85	—	—	19.0	—			41.6	
洪都拉斯	86	—	—	17.4	—			45.4	
安哥拉	87	—	—	26.9	—			29.4	
尼加拉瓜	88	—	—	15.3	—			51.6	
乌兹别克斯坦	89	—	—	11.2	—			70.5	
加纳	90	—	—	26.2	—			30.2	
土库曼斯坦	91	—	—	17.4	—			45.4	
巴布亚新几内亚	92	—	—	16.8	—			47.0	
肯尼亚	93	—	—	29.1	—			27.1	
尼日利亚	94	—	—	20.5	—			38.5	
刚果(布)	95	—	—	26.4	—			29.9	
塞内加尔	96	—	—	27.2	—			29.0	
也门	97	—	—	21.5	—			36.7	
孟加拉国	98	—	—	13.6	—			58.1	
印度	99	—	—	16.6	12			47.6	2.6
塔吉克斯坦	100	—	—	18.8	—			42.0	
老挝	101	—	—	14.3	—			55.2	
马达加斯加	102	—	—	28.4	—			27.8	
莱索托	103	—	—	28.2	—			28.0	
缅甸	104	—	—	20.3	—			38.9	
赞比亚	105	—	—	24.7	—			32.0	
津巴布韦	106	—	—	28.2	—			28.0	
柬埔寨	107	—	—	17.4	—			45.4	
科特迪瓦	108	—	—	24.2	—			32.6	
喀麦隆	109	—	—	27.6	—			28.6	
几内亚	110	—	—	27.3	—			28.9	
巴基斯坦	111	—	—	14.2	—			55.6	
贝宁	112	—	—	27.7	—			28.5	
莫桑比克	113	—	—	31.6	—			25.0	
马拉维	114	—	—	35.0	—			22.6	
尼泊尔	115	—	—	17.0	—			46.5	
坦桑尼亚	116	—	—	32.9	—			24.0	
厄立特里亚	117	—	—	24.1	—			32.8	
毛里塔尼亚	118	—	—	24.5	—			32.2	
卢旺达	119	—	—	32.1	—			24.6	
塞拉利昂	120	—	—	27.3	—			28.9	
多哥	121	—	—	31.1	—			25.4	
海地	122	—	—	15.1	—			52.3	
埃塞俄比亚	123	—	—	25.3	—			31.2	
乌干达	124	—	—	27.4	—			28.8	
布基纳法索	125	—	—	30.0	—			26.3	
马里	126	—	—	25.6	—			30.9	
刚果(金)	127	—	—	33.2	—			23.8	
乍得	128	—	—	24.1	—			32.8	
尼日尔	129	—	—	26.4	—			29.9	
布隆迪	130	—	—	31.3	—			25.2	
中非	131	—	—	32.4	—			24.4	
高收入国家[c]		0.790	18.2	7.9	446	100.0	100.0	100.0	100.0
中等收入国家		—	—	18.5	—			42.7	
低收入国家		—	—	26.3	—			30.0	
世界平均		—	—	17.4	—			45.3	
基准值		0.790	18.2	7.9	446				

注：a. 指标数据为2010年或附近年的数据。"—"表示没有数据。

b. 为2013年数据。

c. 指标数据为高收入国家平均值或21个发达国家的算术平均值。

附录二 世界现代化水平评价的数据集

附表 2-1-1	2018 年世界现代化水平	243
附表 2-1-2	2018 年根据第二次现代化指数的国家分组	245
附表 2-2-1	2018 年世界第一次现代化指数	247
附表 2-2-2	2018 年世界第一次现代化评价指标	249
附表 2-2-3	2018 年世界第一次现代化发展阶段	251
附表 2-2-4	世界第一次现代化指数的增长率和预期完成时间	253
附表 2-2-5	1950~2018 年世界第一次现代化指数	255
附表 2-2-6	1950~2018 年世界第一次现代化指数的排名	257
附表 2-3-1	2018 年世界第二次现代化指数	259
附表 2-3-2	2018 年世界知识创新指数	261
附表 2-3-3	2018 年世界知识传播指数	263
附表 2-3-4	2018 年世界生活质量指数	265
附表 2-3-5	2018 年世界经济质量指数	267
附表 2-3-6	2018 年世界第二次现代化发展阶段	269
附表 2-3-7	1990~2018 年第二次现代化指数的年均增长率	271
附表 2-3-8	1970~2018 年世界第二次现代化指数	273
附表 2-3-9	1970~2018 年世界第二次现代化指数的排名	275
附表 2-4-1	2018 年世界综合现代化指数	277
附表 2-4-2	2018 年世界经济发展指数	279
附表 2-4-3	2018 年世界社会发展指数	281
附表 2-4-4	2018 年世界知识发展指数	283
附表 2-4-5	1980~2018 年世界综合现代化指数	285
附表 2-4-6	1980~2018 年世界综合现代化指数的排名	287

附表 2-1-1 2018 年世界现代化水平

国家	编号	人口/100万	第一次现代化 指数	第一次现代化 排名[a]	第一次现代化 阶段[b]	第二次现代化 指数	第二次现代化 排名	第二次现代化 阶段[c]	综合现代化 指数	综合现代化 排名	国家阶段[d]	国家分组[e]
丹麦	1	5.8	100.0	1	4	109.7	2	2	100.0	1	6	1
美国	2	326.7	100.0	1	4	107.4	6	2	96.0	9	6	1
瑞士	3	8.5	100.0	1	4	108.2	4	2	97.4	8	6	1
瑞典	4	10.2	100.0	1	4	108.2	3	2	99.4	4	6	1
荷兰	5	17.2	100.0	1	4	109.8	1	2	99.7	2	6	1
新加坡	6	5.6	100.0	1	4	103.2	8	2	97.5	6	6	1
比利时	7	11.4	100.0	1	4	107.6	5	2	99.5	3	6	1
爱尔兰	8	4.9	100.0	1	4	101.4	9	1	94.7	10	5	1
英国	9	66.5	100.0	1	4	98.9	13	2	90.4	15	6	1
芬兰	10	5.5	100.0	1	4	101.0	10	2	97.6	7	6	1
挪威	11	5.3	100.0	1	4	99.7	11	1	91.5	14	5	1
德国	12	82.9	100.0	1	4	105.2	7	2	98.2	5	6	1
法国	13	67.0	100.0	1	4	99.1	12	2	91.7	13	6	1
日本	14	126.5	100.0	1	4	96.9	15	1	94.3	11	6	1
奥地利	15	8.8	100.0	1	4	98.6	14	2	93.9	12	6	1
澳大利亚	16	25.0	100.0	1	4	92.1	16	2	87.7	17	6	1
以色列	17	8.9	100.0	1	4	91.7	17	2	90.0	16	6	1
加拿大	18	37.1	100.0	1	4	91.4	18	2	87.0	18	6	1
韩国	19	51.6	100.0	1	4	89.8	19	1	86.9	19	5	1
新西兰	20	4.8	100.0	1	4	88.8	20	1	86.9	20	5	1
西班牙	21	46.8	100.0	1	4	80.7	21	2	80.8	22	6	1
意大利	22	60.4	100.0	1	4	76.2	22	2	81.0	21	6	2
希腊	23	10.7	100.0	1	3	74.8	24		70.2	30	3	2
葡萄牙	24	10.3	100.0	1	4	75.2	23	1	71.4	26	5	2
斯洛文尼亚	25	2.1	100.0	1	4	72.7	25		77.1	23	5	2
爱沙尼亚	26	1.3	100.0	1	4	67.3	26	1	70.7	27	5	2
捷克	27	10.6	100.0	1	4	66.7	27		75.9	24	4	2
匈牙利	28	9.8	100.0	1	4	66.2	28	1	70.6	28	5	2
立陶宛	29	2.8	100.0	1	4	64.6	29	1	70.1	31	5	2
拉脱维亚	30	1.9	100.0	1	4	64.2	30	1	68.4	32	5	2
斯洛伐克	31	5.4	100.0	1	4	57.5	34		65.8	34	4	2
克罗地亚	32	4.1	100.0	1	4	60.0	31		64.7	36	4	2
波兰	33	38.0	100.0	1	4	58.1	32		64.3	38	4	2
乌拉圭	34	3.4	100.0	1	3	57.0	35		64.7	37	3	2
俄罗斯	35	144.5	100.0	1	4	54.3	37		61.2	40	4	2
沙特阿拉伯	36	33.7	100.0	1	4	57.6	33		73.4	25	4	2
阿根廷	37	44.5	100.0	1	4	55.8	36		66.1	33	4	2
智利	38	18.7	100.0	1	4	52.3	39		65.6	35	4	2
科威特	39	4.1	98.9	49	4	48.4	43		70.3	29	4	3
哥斯达黎加	40	5.0	100.0	1	4	53.3	38		62.8	39	4	3
白俄罗斯	41	9.5	96.2	56	3	48.2	44		57.7	47	3	3
巴西	42	209.5	99.9	47	4	46.3	46		54.5	52	4	3
保加利亚	43	7.0	99.3	48	4	50.3	40		59.7	43	4	2
土耳其	44	82.3	100.0	1	3	50.2	41		59.7	42	3	2
马来西亚	45	31.5	100.0	1	4	45.4	47		56.0	49	4	3
巴拿马	46	4.2	100.0	1	4	48.0	45		54.5	53	4	3
黎巴嫩	47	6.8	98.2	52	3	36.2	64		57.5	46	3	3
罗马尼亚	48	19.5	100.0	1	4	49.7	42		58.4	44	4	3
哥伦比亚	49	49.7	96.8	54	3	42.3	52		53.7	55	3	3
中国	50	1392.7	100.0	1	3	45.4	48		47.6	65	3	3
委内瑞拉	51	28.9	100.0	1	4	43.1	50		57.8	45	4	3
哈萨克斯坦	52	18.3	98.8	50	4	41.2	53		53.2	56	3	3
伊朗	53	81.8	95.8	58	3	38.4	57		48.6	63	3	3
墨西哥	54	126.2	100.0	1	4	38.8	56		55.4	51	4	3
多米尼加	55	10.6	98.5	51	4	43.4	49		60.5	41	3	3
乌克兰	56	44.6	93.1	69	3	38.4	58		50.9	59	3	3
厄瓜多尔	57	17.1	96.6	55	3	37.2	60		47.7	64	3	3
约旦	58	10.0	94.7	61	4	34.2	67		52.9	57	4	3
北马其顿	59	2.1	96.0	57	3	42.8	51		53.9	54	3	3
格鲁吉亚	60	3.7	92.6	72	3	40.1	54		52.6	58	3	3
牙买加	61	2.9	95.5	59	3	37.0	62		47.2	66	3	3
阿尔巴尼亚	62	2.9	91.5	75	2	36.5	63		50.4	61	2	3
泰国	63	69.4	94.6	63	3	37.0	61		44.4	71	3	3
秘鲁	64	32.0	97.0	53	3	37.2	59		50.5	60	3	3
博茨瓦纳	65	2.3	92.4	73	3	33.6	69		44.3	72	3	3
突尼斯	66	11.6	93.7	68	3	32.7	71		45.0	69	3	3
巴拉圭	67	7.0	87.2	86	3	33.8	68		41.6	77	3	3
亚美尼亚	68	3.0	94.6	62	3	35.1	66		55.6	50	3	3
摩尔多瓦	69	2.7	92.8	70	3	36.1	65		49.2	62	3	3
斯里兰卡	70	21.7	87.4	85	3	38.9	55		36.2	86	3	3

(续表)

国家	编号	人口/100万	第一次现代化 指数	第一次现代化 排名[a]	第一次现代化 阶段[b]	第二次现代化 指数	第二次现代化 排名	第二次现代化 阶段[c]	综合现代化 指数	综合现代化 排名	国家阶段[d]	国家分组[e]
阿塞拜疆	71	9.9	92.1	74	3	33.0	70		46.5	68	3	3
蒙古	72	3.2	93.9	67	3	28.9	79		43.6	74	3	4
阿尔及利亚	73	42.2	94.3	65	3	32.5	73		47.0	67	3	3
南非	74	57.8	94.4	64	4	32.0	74		42.2	76	4	3
摩洛哥	75	36.0	88.7	79	3	30.8	77		44.5	70	3	3
萨尔瓦多	76	6.4	94.2	66	3	31.9	75		44.1	73	3	3
纳米比亚	77	2.4	89.9	77	3	30.3	78		40.2	79	3	3
菲律宾	78	106.7	89.4	78	3	31.5	76		40.7	78	3	3
越南	79	95.5	85.8	87	3	28.3	82		38.1	81	3	4
叙利亚	80	16.9	95.4	60	3	32.7	72		57.3	48	3	3
印度尼西亚	81	267.7	88.0	83	3	28.6	81		37.2	85	3	4
吉尔吉斯斯坦	82	6.3	88.6	80	3	26.1	85		38.0	83	3	4
埃及	83	98.4	88.5	81	3	28.8	80		38.0	82	3	4
玻利维亚	84	11.4	92.6	71	3	25.6	86		43.2	75	3	4
危地马拉	85	16.3	87.8	84	3	27.5	83		38.8	80	3	4
洪都拉斯	86	9.6	85.4	88	3	27.0	84		34.0	88	3	4
安哥拉	87	30.8	70.1	105	2	24.0	88		29.6	99	2	4
尼加拉瓜	88	6.5	90.8	76	2	24.9	87		33.8	89	2	4
乌兹别克斯坦	89	33.0	83.9	89	2	23.7	89		33.2	92	2	4
加纳	90	29.8	79.1	93	2	22.6	92		37.9	84	2	4
土库曼斯坦	91	5.9	88.1	82	3	22.3	93		34.1	87	3	4
巴布亚新几内亚	92	8.6	61.4	115	2	22.2	95		14.2	128	2	4
肯尼亚	93	51.4	65.2	111	1	19.7	104		24.3	109	1	4
尼日利亚	94	195.9	68.5	106	2	17.5	119		33.6	90	2	4
刚果(布)	95	5.2	77.9	94	3	20.8	98		29.3	101	3	4
塞内加尔	96	15.9	75.0	97	2	23.3	91		33.4	91	2	4
也门	97	28.5	74.9	98	3	20.9	97		26.9	106	3	4
孟加拉国	98	161.4	81.5	91	3	22.3	94		30.9	96	3	4
印度	99	1352.6	82.6	90	2	20.5	101		30.5	97	2	4
塔吉克斯坦	100	9.1	80.8	92	2	20.7	99		31.7	95	2	4
老挝	101	7.1	75.4	96	2	21.0	96		25.2	108	2	4
马达加斯加	102	26.3	61.2	116	1	18.9	109		17.3	118	1	4
莱索托	103	2.1	62.8	113	3	19.5	105		21.0	115	3	4
缅甸	104	53.7	75.6	95	2	19.0	108		28.7	103	2	4
赞比亚	105	17.4	66.6	109	3	19.4	106		24.3	110	3	4
津巴布韦	106	14.4	67.6	107	2	20.6	100		23.5	112	2	4
柬埔寨	107	16.2	72.2	100	2	19.8	102		25.3	107	2	4
科特迪瓦	108	25.1	64.6	112	2	19.8	103		30.2	98	2	4
喀麦隆	109	25.2	72.6	99	2	18.6	110		31.7	94	2	4
几内亚	110	12.4	55.1	124	1	18.4	113		21.4	114	1	4
巴基斯坦	111	212.2	71.7	101	2	18.6	111		28.4	104	2	4
贝宁	112	11.5	61.7	114	2	18.4	114		27.2	105	2	4
莫桑比克	113	29.6	55.2	123	1	16.8	122		16.2	123	1	4
马拉维	114	18.1	55.3	122	1	17.9	115		14.0	129	1	4
尼泊尔	115	28.1	71.3	102	2	17.7	118		28.8	102	2	4
坦桑尼亚	116	56.3	57.6	121	1	17.0	121		19.0	116	1	4
厄立特里亚	117	3.2	70.2	104	2	18.5	112		29.4	100	2	4
毛里塔尼亚	118	4.4	65.7	110	2	19.4	107		24.0	111	2	4
卢旺达	119	12.3	59.9	117	1	17.8	117		16.9	119	1	4
塞拉利昂	120	7.7	46.5	129	0	16.3	123		16.3	122	0	4
多哥	121	7.9	67.5	108	2	17.9	116		22.2	113	2	4
海地	122	11.1	70.2	103	2	23.4	90		33.0	93	2	4
埃塞俄比亚	123	109.2	53.8	125	1	15.2	127		15.6	126	1	4
乌干达	124	42.7	58.3	118	1	15.6	126		15.4	127	1	4
布基纳法索	125	19.8	57.7	120	2	17.3	120		18.5	117	2	4
马里	126	19.1	50.3	126	1	15.7	125		16.9	120	1	4
刚果(金)	127	84.1	57.9	119	2	13.6	129		15.9	125	2	4
乍得	128	15.5	39.0	131	1	13.3	131		12.2	130	1	4
尼日尔	129	22.4	44.2	130	1	14.6	128		16.6	121	1	4
布隆迪	130	11.2	49.8	127	0	15.9	124		10.9	131	0	4
中非	131	4.7	49.3	128	1	13.5	130		16.0	124	1	4
高收入国家		1230.5	100.0		4	100.0		2	99.9		6	
中等收入国家		5710.1	95.8		3	30.8			40.3		3	
低收入国家		651.3	61.6		1	17.3			19.6		1	
世界平均		7591.9	100.0		3	41.4			49.9		3	

注:a. 第一次现代化指数达到100%时,排名不分先后。b. 第一次现代化的阶段。0代表传统农业社会,1代表起步期,2代表发展期,3代表成熟期,4代表过渡期。c. 第二次现代化的阶段。1代表起步期,2代表发展期。d. 国家阶段划分。0代表传统农业社会,1代表第一次现代化起步期,2代表第一次现代化发展期,3代表第一次现代化成熟期,4代表第一次现代化过渡期,5代表第二次现代化起步期,6代表第二次现代化发展期,7代表第二次现代化成熟期,8代表第二次现代化过渡期。e. 国家分组为根据第二次现代化指数的分组。1代表发达国家,2代表中等发达国家,3代表初等发达国家,4代表欠发达国家。"—"表示没有数据,后同。

附表 2-1-2 2018 年根据第二次现代化指数的国家分组

国家	编号	第二次现代化指数	第一次现代化指数	综合现代化指数	人均国民收入	2018 年分组[a]	2017 年分组[a]
丹麦	1	109.7	100.0	100.0	61 020	1	1
美国	2	107.4	100.0	96.0	63 170	1	1
瑞士	3	108.2	100.0	97.4	83 730	1	1
瑞典	4	108.2	100.0	99.4	55 580	1	1
荷兰	5	109.8	100.0	99.7	51 300	1	1
新加坡	6	103.2	100.0	97.7	57 900	1	1
比利时	7	107.6	100.0	99.5	46 100	1	1
爱尔兰	8	101.4	100.0	94.7	59 640	1	1
英国	9	98.9	100.0	90.4	41 770	1	1
芬兰	10	101.0	100.0	97.6	48 280	1	1
挪威	11	99.7	100.0	91.5	80 640	1	1
德国	12	105.2	100.0	98.2	47 050	1	1
法国	13	99.1	100.0	91.7	41 200	1	1
日本	14	96.9	100.0	94.3	41 150	1	1
奥地利	15	98.6	100.0	93.9	49 080	1	1
澳大利亚	16	92.1	100.0	87.7	53 190	1	1
以色列	17	91.7	100.0	90.0	40 860	1	1
加拿大	18	91.4	100.0	87.0	45 000	1	1
韩国	19	89.8	100.0	86.9	32 730	1	1
新西兰	20	88.8	100.0	86.9	42 110	1	2
西班牙	21	80.7	100.0	80.8	29 350	1	1
意大利	22	76.2	100.0	81.0	33 840	2	2
希腊	23	74.8	100.0	70.2	18 970	2	2
葡萄牙	24	75.2	100.0	71.4	22 050	2	2
斯洛文尼亚	25	72.7	100.0	77.1	24 600	2	2
爱沙尼亚	26	67.3	100.0	70.7	21 340	2	2
捷克	27	66.7	100.0	75.9	20 520	2	2
匈牙利	28	66.2	100.0	70.6	15 020	2	2
立陶宛	29	64.6	100.0	70.1	17 460	2	2
拉脱维亚	30	64.2	100.0	68.4	16 540	2	2
斯洛伐克	31	57.5	100.0	65.8	18 350	2	2
克罗地亚	32	60.0	100.0	64.7	14 080	2	3
波兰	33	58.1	100.0	64.3	14 150	2	2
乌拉圭	34	57.0	100.0	64.7	15 910	2	2
俄罗斯	35	54.3	100.0	61.2	10 250	2	3
沙特阿拉伯	36	57.6	100.0	73.4	21 610	2	3
阿根廷	37	55.8	100.0	66.1	12 370	2	3
智利	38	52.3	100.0	65.4	14 620	2	3
科威特	39	48.4	98.9	70.3	33 590	3	3
哥斯达黎加	40	53.3	100.0	62.8	11 590	2	3
白俄罗斯	41	48.2	96.2	57.7	5700	3	2
巴西	42	46.3	99.9	54.5	9080	3	3
保加利亚	43	50.3	99.3	59.7	8560	2	2
土耳其	44	50.2	100.0	59.7	10 520	2	2
马来西亚	45	45.4	100.0	56.0	10 650	3	3
巴拿马	46	48.0	100.0	54.5	14 420	3	3
黎巴嫩	47	36.2	98.2	57.8	7720	3	2
罗马尼亚	48	49.7	100.0	58.4	11 430	3	3
哥伦比亚	49	42.3	96.8	53.7	6260	3	3
中国	50	45.4	100.0	47.6	9600	3	3
委内瑞拉	51	43.1	100.0	57.8	13 080	3	3
哈萨克斯坦	52	41.2	98.8	53.2	8070	3	3
伊朗	53	38.4	95.8	48.6	5300	3	4
墨西哥	54	38.8	100.0	55.4	9180	3	3
多米尼加	55	43.4	98.5	60.5	7760	3	3
乌克兰	56	38.4	93.1	50.9	2800	3	3
厄瓜多尔	57	37.2	96.6	47.7	6090	3	2
约旦	58	34.2	94.7	52.9	4270	3	3
北马其顿	59	42.8	96.0	53.9	5480	3	3
格鲁吉亚	60	40.1	92.6	52.6	4460	3	3
牙买加	61	37.0	95.5	47.2	5010	3	3
阿尔巴尼亚	62	36.5	91.5	50.4	4860	3	3
泰国	63	37.0	94.6	44.4	6600	3	3
秘鲁	64	37.2	97.0	50.5	6470	3	3
博茨瓦纳	65	33.6	92.4	44.3	7340	3	3
突尼斯	66	32.7	93.7	45.0	3500	3	3
巴拉圭	67	33.8	87.2	41.6	5620	3	3
亚美尼亚	68	35.1	94.6	55.6	4250	3	4
摩尔多瓦	69	36.1	92.8	49.2	3930	3	3
斯里兰卡	70	38.9	87.4	36.2	4040	3	3

(续表)

国家	编号	第二次现代化指数	第一次现代化指数	综合现代化指数	人均国民收入	2018年分组[a]	2017年分组[a]
阿塞拜疆	71	33.0	92.1	46.5	4060	3	3
蒙古	72	28.9	93.9	43.6	3630	4	4
阿尔及利亚	73	32.5	94.3	47.0	3980	3	3
南非	74	32.0	94.4	42.2	5750	3	3
摩洛哥	75	30.8	88.7	44.5	3090	3	4
萨尔瓦多	76	31.9	94.2	44.1	3820	3	3
纳米比亚	77	30.3	89.9	40.2	4900	3	3
菲律宾	78	31.5	89.4	40.7	3710	3	4
越南	79	28.3	85.8	38.1	2380	4	4
叙利亚	80	32.7	95.4	57.3	—	3	4
印度尼西亚	81	28.6	88.0	37.2	3850	4	4
吉尔吉斯斯坦	82	26.1	88.6	38.0	1220	4	3
埃及	83	28.8	88.5	38.0	2790	4	3
玻利维亚	84	25.6	92.6	43.2	3370	4	4
危地马拉	85	27.5	87.8	38.8	4390	4	4
洪都拉斯	86	27.0	85.4	34.0	2320	4	4
安哥拉	87	24.0	70.1	29.6	3210	4	4
尼加拉瓜	88	24.9	90.8	33.8	1970	4	4
乌兹别克斯坦	89	23.7	83.9	33.2	2020	4	4
加纳	90	22.6	79.1	37.9	2130	4	3
土库曼斯坦	91	22.3	88.1	34.1	6740	4	4
巴布亚新几内亚	92	22.2	61.4	14.2	2600	4	4
肯尼亚	93	19.7	65.2	24.3	1600	4	4
尼日利亚	94	17.5	68.5	33.6	1960	4	4
刚果(布)	95	20.8	77.9	29.3	1780	4	4
塞内加尔	96	23.3	75.0	33.4	1400	4	4
也门	97	20.9	74.9	26.9	940	4	4
孟加拉国	98	22.3	81.5	30.9	1750	4	4
印度	99	20.5	82.6	30.5	2010	4	4
塔吉克斯坦	100	20.7	80.8	31.7	1000	4	4
老挝	101	21.0	75.4	25.2	2450	4	4
马达加斯加	102	18.9	61.2	17.3	500	4	4
莱索托	103	19.5	62.8	21.0	1280	4	3
缅甸	104	19.0	75.6	28.7	1370	4	4
赞比亚	105	19.4	66.6	24.3	1440	4	4
津巴布韦	106	20.6	67.6	23.5	1530	4	4
柬埔寨	107	19.8	72.2	25.3	1380	4	4
科特迪瓦	108	19.8	64.6	30.2	2180	4	4
喀麦隆	109	18.6	72.6	31.7	1450	4	4
几内亚	110	18.4	55.1	21.4	850	4	4
巴基斯坦	111	18.6	71.7	28.4	1480	4	4
贝宁	112	18.4	61.7	27.2	1200	4	4
莫桑比克	113	16.8	55.2	16.2	460	4	4
马拉维	114	17.9	55.3	14.0	350	4	4
尼泊尔	115	17.7	71.3	28.8	970	4	4
坦桑尼亚	116	17.0	57.6	19.0	1020	4	4
厄立特里亚	117	18.5	70.2	29.4	—	4	4
毛里塔尼亚	118	19.4	65.7	24.0	1580	4	4
卢旺达	119	17.8	59.9	16.9	780	4	4
塞拉利昂	120	16.3	46.5	16.3	490	4	4
多哥	121	17.9	67.5	22.2	660	4	4
海地	122	23.4	70.2	33.0	1360	4	4
埃塞俄比亚	123	15.2	53.8	15.6	800	4	4
乌干达	124	15.6	58.3	15.4	750	4	4
布基纳法索	125	17.3	57.7	18.5	750	4	4
马里	126	15.7	50.3	16.9	830	4	4
刚果(金)	127	13.6	57.9	15.9	500	4	4
乍得	128	13.3	39.0	12.2	680	4	4
尼日尔	129	14.6	44.2	16.6	570	4	4
布隆迪	130	15.9	49.8	10.9	280	4	4
中非	131	13.5	49.3	16.0	490	4	4
高收入国家		100.0	100.0	99.9	43 812		
中等收入国家		30.8	95.8	40.3	5298		
低收入国家		17.3	61.6	19.6	800		
世界平均		41.4	100.0	49.9	11 152		

注：a. 1代表发达国家，2代表中等发达国家，3代表初等发达国家，4代表欠发达国家。

附表 2-2-1 2018 年世界第一次现代化指数[a]

国家	编号	经济指标指数				社会指标指数				知识指标指数		指数	排名	达标个数
		人均GNI[b]	农业劳动力比例[c]	农业增加值比例[b]	服务业增加值比例[b]	城市人口比例	医生比例[d]	婴儿死亡率	预期寿命	成人识字率[c]	大学入学率[b]			
丹麦	1	100	100	100	100	100	100	100	100	100	100	100	1	10
美国	2	100	100	100	100	100	100	100	100	100	100	100	1	10
瑞士	3	100	100	100	100	100	100	100	100	100	100	100	1	10
瑞典	4	100	100	100	100	100	100	100	100	100	100	100	1	10
荷兰	5	100	100	100	100	100	100	100	100	100	100	100	1	10
新加坡	6	100	100	100	100	100	100	100	100	100	100	100	1	10
比利时	7	100	100	100	100	100	100	100	100	100	100	100	1	10
爱尔兰	8	100	100	100	100	100	100	100	100	100	100	100	1	10
英国	9	100	100	100	100	100	100	100	100	100	100	100	1	10
芬兰	10	100	100	100	100	100	100	100	100	100	100	100	1	10
挪威	11	100	100	100	100	100	100	100	100	100	100	100	1	10
德国	12	100	100	100	100	100	100	100	100	100	100	100	1	10
法国	13	100	100	100	100	100	100	100	100	100	100	100	1	10
日本	14	100	100	100	100	100	100	100	100	100	—	100	1	9
奥地利	15	100	100	100	100	100	100	100	100	100	100	100	1	10
澳大利亚	16	100	100	100	100	100	100	100	100	100	100	100	1	10
以色列	17	100	100	100	100	100	100	100	100	100	100	100	1	10
加拿大	18	100	100	100	100	100	100	100	100	100	100	100	1	10
韩国	19	100	100	100	100	100	100	100	100	100	100	100	1	10
新西兰	20	100	100	100	100	100	100	100	100	100	100	100	1	10
西班牙	21	100	100	100	100	100	100	100	100	100	100	100	1	10
意大利	22	100	100	100	100	100	100	100	100	100	100	100	1	10
希腊	23	100	100	100	100	100	100	100	100	100	100	100	1	10
葡萄牙	24	100	100	100	100	100	100	100	100	100	100	100	1	10
斯洛文尼亚	25	100	100	100	100	100	100	100	100	100	100	100	1	10
爱沙尼亚	26	100	100	100	100	100	100	100	100	100	100	100	1	10
捷克	27	100	100	100	100	100	100	100	100	100	100	100	1	10
匈牙利	28	100	100	100	100	100	100	100	100	100	100	100	1	10
立陶宛	29	100	100	100	100	100	100	100	100	100	100	100	1	10
拉脱维亚	30	100	100	100	100	100	100	100	100	100	100	100	1	10
斯洛伐克	31	100	100	100	100	100	100	100	100	100	100	100	1	10
克罗地亚	32	100	100	100	100	100	100	100	100	100	100	100	1	10
波兰	33	100	100	100	100	100	100	100	100	100	100	100	1	10
乌拉圭	34	100	100	100	100	100	100	100	100	100	100	100	1	10
俄罗斯	35	100	100	100	100	100	100	100	100	100	100	100	1	10
沙特阿拉伯	36	100	100	100	100	100	100	100	100	100	100	100	1	10
阿根廷	37	100	100	100	100	100	100	100	100	100	100	100	1	10
智利	38	100	100	100	100	100	100	100	100	100	100	100	1	10
科威特	39	100	100	100	89	100	100	100	100	100	100	98.9	49	9
哥斯达黎加	40	100	100	100	100	100	100	100	100	100	100	100	1	10
白俄罗斯	41	62	100	100	100	100	100	100	100	100	100	96.20	56	9
巴西	42	99	100	100	100	100	100	100	100	100	—	99.87	47	8
保加利亚	43	93	100	100	100	100	100	100	100	100	100	99.32	48	9
土耳其	44	100	100	100	100	100	100	100	100	100	100	100	1	10
马来西亚	45	100	100	100	100	100	100	100	100	100	100	100	1	10
巴拿马	46	100	100	100	100	100	100	100	100	100	100	100	1	10
黎巴嫩	47	84	100	100	100	100	100	100	100	100	—	98.23	52	8
罗马尼亚	48	100	100	100	100	100	100	100	100	100	100	100	1	10
哥伦比亚	49	68	100	100	100	100	100	100	100	100	100	96.81	54	9
中国	50	100	100	100	100	100	100	100	100	100	100	100	1	10
委内瑞拉	51	100	100	100	100	100		100	100	100	100	100	1	9
哈萨克斯坦	52	88	100	100	100	100	100	100	100	100	100	98.79	50	9
伊朗	53	58	100	100	100	100	100	100	100	100	100	95.77	58	9
墨西哥	54	100	100	100	100	100	100	100	100	100	100	100	1	10
多米尼加	55	85	100	100	100	100	100	100	100	100	100	98.45	51	9
乌克兰	56	31	100	100	100	100	100	100	100	100	100	93.1	69	9
厄瓜多尔	57	66	100	100	100	100	100	100	100	100	100	96.6	55	9
约旦	58	47	100	100	100	100	100	100	100	100	100	94.7	61	9
北马其顿	59	60	100	100	100	100	100	100	100	100	100	96.0	57	9
格鲁吉亚	60	49	77	100	100	100	100	100	100	100	100	92.6	72	8
牙买加	61	55	100	100	100	100	100	100	100	100	100	95.5	59	9
阿尔巴尼亚	62	53	80	81	100	100	100	100	100	100	100	91.5	75	7
泰国	63	72	93	100	100	100	81	100	100	100	100	94.6	63	6
秘鲁	64	70	100	100	100	100	100	100	100	100	100	97.0	53	9
博茨瓦纳	65	80	100	100	100	100	53	93	99	100	100	92.4	73	6
突尼斯	66	38	100	100	100	100	100	100	100	99	100	93.7	68	8
巴拉圭	67	61	100	100	100	100	24	100	100	100	—	87.2	86	7
亚美尼亚	68	46	100	100	100	100	100	100	100	100	100	94.6	62	9
摩尔多瓦	69	43	100	100	100	85	100	100	100	100	100	92.8	70	8
斯里兰卡	70	44	100	100	100	37	93	100	100	100	100	87.4	85	7

(续表)

国家	编号	经济指标指数				社会指标指数				知识指标指数		指数	排名	达标个数
		人均GNI[b]	农业劳动力比例[c]	农业增加值比例[b]	服务业增加值比例[b]	城市人口比例	医生比例[d]	婴儿死亡率	预期寿命	成人识字率[e]	大学入学率[b]			
阿塞拜疆	71	44	83	100	95	100	100	100	100	100	100	92.1	74	7
蒙古	72	40	100	100	100	100	100	100	100	100	100	93.9	67	8
阿尔及利亚	73	43	100	100	100	100	100	100	100	100	100	94.3	65	9
南非	74	63	100	100	100	100	100	91	100	100	91	94.4	64	7
摩洛哥	75	34	88	100	100	100	73	100	100	92	100	88.7	79	6
萨尔瓦多	76	42	100	100	100	100	100	100	100	100	100	94.2	66	9
纳米比亚	77	53	100	100	100	100	59	96	91	100	100	89.9	77	6
菲律宾	78	40	100	100	100	94	60	100	100	100	100	89.4	78	7
越南	79	26	78	100	100	72	83	100	100	100	100	85.8	87	6
叙利亚	80		100	72	91	100	100	100	100		100	95.4	60	6
印度尼西亚	81	42	100	100	100	100	38	100	100	100	100	88.0	83	8
吉尔吉斯斯坦	82	13	100	100	100	73	100	100	100	100	100	88.6	80	7
埃及	83	30	100	100	100	85	80	100	100	89	100	88.5	81	6
玻利维亚	84	37	97	100	100	100	100	100	100	100	—	92.6	71	7
危地马拉	85	48	95	100	100	100	35	100	100	100	100	87.8	84	7
洪都拉斯	86	25	98	100	100	100	31	100	100	100	100	85.4	88	7
安哥拉	87	35	59	100	97	100	21	58	87	83	62	70.1	105	2
尼加拉瓜	88	21	99	98	100	100	99	100	100	100	—	90.8	76	5
乌兹别克斯坦	89	22	100	54	96	100	100	100	100	100	67	83.9	89	6
加纳	90	23	97	82	100	100	14	86	91	99	—	79.1	93	3
土库曼斯坦	91	73	100	100	75	100	100	82	97	100	53	88.1	82	5
巴布亚新几内亚	92	28	52	88	100	26	7	81	92	77	—	61.4	115	1
肯尼亚	93	17	54	44	100	54	20	91	95	100	76	65.2	111	2
尼日利亚	94	21	84	71	100	100	45	40	78	78	—	68.5	106	2
刚果(布)	95	19	89	100	94	100	16	84	92	100	84	77.9	94	3
塞内加尔	96	15	97	100	100	94	7	89	97	65	85	75.0	97	1
也门	97	10	100	100	100	73	53	69	94	—		74.9	98	3
孟加拉国	98	19	76	100	100	73	54	100	100	92	100	81.5	91	5
印度	99	22	69	97	100	68	78	100	99	93	100	82.6	90	5
塔吉克斯坦	100	11	66	78	100	54	100	99	100	100	100	80.8	92	5
老挝	101	27	48	95	100	70	37	100	97	100	100	75.4	96	2
马达加斯加	102	5	46	63	100	74	18	80	95	94	36	61.2	116	1
莱索托	103	14	67	100	100	56	7	43	77	96	68	62.8	113	2
缅甸	104	15	62	70	90	61	86	81	96	94	100	75.6	95	1
赞比亚	105	16	60	100	100	87	16	69	91	100	27	66.6	109	3
津巴布韦	106	17	45	100	100	64	19	76	87	100	67	67.6	107	3
柬埔寨	107	15	82	68	100	47	19	100	99	100	91	72.2	100	3
科特迪瓦	108	24	73	73	100	100	23	50	82	59	62	64.6	112	2
喀麦隆	109	16	68	100	100	100	9	58	84	96	95	72.6	99	3
几内亚	110	9	49	62	100	72	8	46	87	40	77	55.1	124	1
巴基斯坦	111	16	80	66	100	73	100	52	96	74	60	71.7	101	2
贝宁	112	13	77	53	100	95	5	50	88	53	83	61.7	114	1
莫桑比克	113	5	42	61	100	72	8	53	86	76	49	55.2	123	1
马拉维	114	4	39	57	100	34	2	93	91	78	—	55.3	122	1
尼泊尔	115	11	46	58	100	39	91	100	100	85	83	71.3	102	3
坦桑尼亚	116	11	46	52	100	68	1	81	93	97	27	57.6	121	1
厄立特里亚	117	—	47	100	100		6	96	94	96	22	70.2	104	2
毛里塔尼亚	118	17	95	75	100	100	18	58	92	67	33	65.7	110	2
卢旺达	119	8	47	61	100	34	14	100	98	92	45	59.9	117	2
塞拉利昂	120	5	54	25	80	84	3	36	78	54		46.5	129	0
多哥	121	7	91	64	100	83	3	64	87	80	97	67.5	108	1
海地	122	15	100	80	100	100	9	82	91	77	—	70.2	103	3
埃塞俄比亚	123	9	45	48	92	42	10	79	95	65	54	53.8	125	0
乌干达	124	8	41	65	100	48	17	87	90	96	32	58.3	118	1
布基纳法索	125	8	100	74	100	59	8	54	87	52	43	57.7	120	2
马里	126	9	48	40	94	85	14	49	84	44	37	50.3	126	0
刚果(金)	127	5	46	78	82	89	7	44	86	96	44	57.9	119	0
乍得	128	7	40	33	90	46	4	42	77	28	22	39.0	131	0
尼日尔	129	6	41	39	94	33	4	63	89	44	29	44.2	130	0
布隆迪	130	3	35	52	100	26	10	73	87	85	27	49.8	127	1
中非	131	5	43	48	100	83	7	36	75	47	—	49.3	128	1
高收入国家		100	100	100	100	100	100	100	100	100	100	100		10
中等收入国家		58	100	100	100	100	100	100	100	100	100	95.77		9
低收入国家		9	50	66	100	66	34	61	91	76	64	61.62		1
世界平均		100	100	100	100	100	100	100	100	100	100	100		10

注：a. 指标单位和评价方法见技术注释。后同。
b. 为2013~2018年期间最近年的数据，厄立特里亚和叙利亚的农业增加值比例和服务业增加值比例为估计值。服务业增加值比例＝100－农业增加值比例－工业增加值比例。
c. 世界银行估计数。d. 为2011~2017年期间最近年的数据。e. 部分国家为估计值。

附表 2-2-2　2018 年世界第一次现代化评价指标

国家	编号	经济指标数值				社会指标数值				知识指标数值	
		人均GNI[a]	农业劳动力比例[b]	农业增加值比例[a]	服务业增加值比例[a]	城市人口比例	医生比例[c]	婴儿死亡率	预期寿命	成人识字率[d]	大学入学率[a]
丹麦	1	61 020	2.2	1.0	78	88	4.0	3	81	100	81
美国	2	63 170	1.4	0.9	80	82	2.6	6	79	100	88
瑞士	3	83 730	3.0	0.7	74	74	4.3	4	84	100	61
瑞典	4	55 580	1.7	1.4	77	87	4.0	2	83	100	72
荷兰	5	51 300	2.1	1.7	81	91	3.6	3	82	100	87
新加坡	6	57 900	0.1	0.0	75	100	2.3	2	83	97	89
比利时	7	46 140	1.0	0.6	81	98	3.1	3	82	100	79
爱尔兰	8	59 640	4.8	0.9	62	63	3.3	3	82	100	77
英国	9	41 770	1.1	0.6	82	83	2.8	4	81	100	61
芬兰	10	48 280	3.7	2.4	74	85	3.8	2	82	100	90
挪威	11	80 640	2.1	1.9	66	82	2.8	2	83	100	83
德国	12	47 050	1.3	0.7	72	77	4.2	3	81	100	70
法国	13	41 200	2.5	1.7	81	80	3.3	4	83	100	68
日本	14	41 150	3.5	1.2	70	92	2.4	2	84	100	—
奥地利	15	49 080	3.7	1.1	73	58	5.2	3	82	100	87
澳大利亚	16	53 190	2.6	2.5	73	86	3.7	3	83	100	108
以色列	17	40 860	1.0	1.1	79	92	3.5	3	83	100	61
加拿大	18	45 000	1.5	1.9	75	81	2.6	4	82	100	70
韩国	19	32 730	5.0	1.7	64	81	2.4	3	83	98	96
新西兰	20	42 110	5.9	5.8	74	87	3.5	4	82	100	83
西班牙	21	29 350	4.2	2.8	77	80	3.9	3	83	98	91
意大利	22	33 840	3.8	1.9	77	70	4.0	3	83	99	64
希腊	23	18 970	12.3	3.7	81	79	5.5	4	82	98	143
葡萄牙	24	22 050	6.0	2.0	79	65	5.1	3	81	96	66
斯洛文尼亚	25	24 600	5.5	2.2	69	55	3.1	2	81	100	77
爱沙尼亚	26	21 340	3.3	1.9	74	69	3.5	2	78	100	70
捷克	27	20 520	2.8	1.9	66	74	4.1	3	79	100	64
匈牙利	28	15 020	4.8	3.5	71	71	3.3	3	76	99	50
立陶宛	29	17 460	7.2	2.9	71	68	4.8	3	76	100	74
拉脱维亚	30	16 540	7.0	3.6	78	68	3.2	3	75	100	93
斯洛伐克	31	18 350	2.3	2.4	68	54	3.4	5	77	100	45
克罗地亚	32	14 080	6.2	3.0	77	57	3.0	4	78	99	68
波兰	33	14 150	9.6	2.3	69	60	2.4	4	78	99	69
乌拉圭	34	15 910	8.4	5.6	70	95	5.1	7	78	99	63
俄罗斯	35	10 250	5.9	3.4	64	74	4.0	5	73	100	85
沙特阿拉伯	36	21 610	2.5	2.2	48	84	2.5	6	75	95	68
阿根廷	37	12 370	0.1	5.3	72	92	4.0	9	77	99	90
智利	38	14 620	9.2	3.5	67	88	2.4	6	80	96	91
科威特	39	33 590	1.9	0.4	40	100	2.6	7	75	96	54
哥斯达黎加	40	11 590	12.4	4.5	76	79	3.0	8	80	98	55
白俄罗斯	41	5700	11.3	6.6	62	79	5.2	3	74	100	87
巴西	42	9080	9.3	4.4	77	87	2.2	13	76	93	—
保加利亚	43	8560	6.6	3.4	74	75	4.0	6	75	98	72
土耳其	44	10 520	18.4	5.8	65	75	1.8	9	77	96	113
马来西亚	45	10 650	10.6	7.5	54	76	1.5	7	76	95	45
巴拿马	46	14 420	14.2	2.2	68	68	1.6	13	78	95	48
黎巴嫩	47	7720	11.7	3.2	83	89	2.0	6	79	95	—
罗马尼亚	48	11 430	22.3	4.3	67	54	3.0	6	75	99	51
哥伦比亚	49	6260	16.7	6.3	67	81	2.1	12	77	95	55
中国	50	9600	26.1	7.0	53	59	2.0	7	77	97	51
委内瑞拉	51	13 080	7.5	5.0	58	88		21	72	97	79
哈萨克斯坦	52	8070	15.8	4.4	62	57	4.0	9	73	100	54
伊朗	53	5300	17.7	9.9	54	75	1.1	12	76	86	63
墨西哥	54	9180	12.8	3.4	65	80	2.4	13	75	95	42
多米尼加	55	7760	9.3	5.1	66	81	1.6	24	74	94	60
乌克兰	56	2800	14.4	10.1	67	69	3.0	7	72	100	83
厄瓜多尔	57	6090	28.8	8.9	59	64	2.0	12	77	93	45
约旦	58	4270	2.6	4.8	71	91	2.3	14	74	98	34
北马其顿	59	5480	15.7	8.5	67	58	2.9	7	76	98	43
格鲁吉亚	60	4460	38.9	6.8	73	59	6.1	9	74	99	60
牙买加	61	5010	16.2	6.6	73	56	1.3	12	74	88	27
阿尔巴尼亚	62	4860	37.3	18.4	60	60	1.2	9	78	98	55
泰国	63	6600	32.1	8.1	57	50	0.8	8	77	94	49
秘鲁	64	6470	27.8	6.9	62	78	1.3	11	77	94	71
博茨瓦纳	65	7340	20.4	2.0	69	69	0.5	32	69	87	25
突尼斯	66	3500	14.3	10.5	66	69	1.3	15	77	79	32
巴拉圭	67	5620	20.1	10.2	57	62	0.2	17	74	94	—
亚美尼亚	68	4250	25.8	13.9	61	63	4.4	11	75	100	55
摩尔多瓦	69	3930	24.5	10.3	67	43	3.2	13	72	99	40
斯里兰卡	70	4040	25.5	7.9	65	18	0.9	6	77	92	20

(续表)

国家	编号	经济指标数值				社会指标数值				知识指标数值	
		人均GNI[a]	农业劳动力比例[b]	农业增加值比例[a]	服务业增加值比例[a]	城市人口比例	医生比例[c]	婴儿死亡率	预期寿命	成人识字率[d]	大学入学率[a]
阿塞拜疆	71	4060	36.3	5.2	43	56	3.4	19	73	100	28
蒙古	72	3630	26.7	10.8	50	68	2.9	14	70	98	66
阿尔及利亚	73	3980	9.9	11.8	48	73	1.8	20	77	81	51
南非	74	5750	5.2	2.2	72	66	0.9	28	64	87	24
摩洛哥	75	3090	34.2	12.2	62	62	0.7	19	76	74	36
萨尔瓦多	76	3820	16.7	5.1	69	72	1.6	12	73	89	29
纳米比亚	77	4900	22.6	7.0	66	50	0.6	31	63	92	23
菲律宾	78	3710	24.3	9.7	60	47	0.6	22	71	98	35
越南	79	2380	38.7	14.7	51	36	0.8	16	75	95	29
叙利亚	80	—	10.7	20.7	41	54	1.3	18	72	—	40
印度尼西亚	81	3850	29.6	12.8	47	55	0.4	21	72	96	36
吉尔吉斯斯坦	82	1220	20.4	11.7	61	36	2.2	17	71	100	41
埃及	83	2790	21.7	11.2	54	43	0.8	18	72	71	35
玻利维亚	84	3370	31.1	11.5	62	69	1.6	22	71	92	—
危地马拉	85	4390	31.7	9.4	69	51	0.4	21	74	81	22
洪都拉斯	86	2320	30.7	11.6	62	57	0.3	15	75	87	26
安哥拉	87	3210	50.9	8.6	43	66	0.2	52	61	66	9
尼加拉瓜	88	1970	30.3	15.3	59	59	1.0	15	74	83	—
乌兹别克斯坦	89	2020	26.6	28.0	43	50	2.4	17	72	100	10
加纳	90	2130	31.0	18.3	50	56	0.1	35	64	79	16
土库曼斯坦	91	6740	21.7	9.3	34	52	2.2	37	68	100	8
巴布亚新几内亚	92	2600	57.3	17.0	46	13	0.1	37	64	62	—
肯尼亚	93	1600	55.1	34.1	49	27	0.2	33	66	82	11
尼日利亚	94	1960	35.5	21.2	53	50	0.4	76	54	62	—
刚果(布)	95	1780	33.7	6.9	42	67	0.2	36	64	80	13
塞内加尔	96	1400	30.8	15.0	61	47	0.1	34	68	52	13
也门	97	940	28.3	5.0	59	37	0.5	44	66	—	—
孟加拉国	98	1750	39.4	13.1	58	37	0.5	27	72	74	21
印度	99	2010	43.3	15.4	58	34	0.8	30	69	74	28
塔吉克斯坦	100	1000	45.8	19.2	53	27	2.1	30	71	100	31
老挝	101	2450	62.4	15.7	53	35	0.4	38	68	85	15
马达加斯加	102	500	64.7	23.8	59	37	0.2	38	67	75	5
莱索托	103	1280	44.9	4.4	64	28	0.1	69	54	77	10
缅甸	104	1370	48.2	21.4	41	31	0.9	37	67	76	19
赞比亚	105	1440	50.1	3.3	62	44	0.2	43	64	87	4
津巴布韦	106	1530	66.0	8.3	71	32	0.2	39	61	89	10
柬埔寨	107	1380	36.4	22.0	46	23	0.2	24	70	81	14
科特迪瓦	108	2180	41.0	20.5	58	51	0.2	61	57	47	9
喀麦隆	109	1450	44.2	14.4	60	56	0.1	52	59	77	14
几内亚	110	850	61.3	24.3	51	36	0.1	65	61	32	12
巴基斯坦	111	1480	37.4	22.9	59	37	1.0	57	67	59	9
贝宁	112	1200	39.1	28.1	57	47	0.0	60	61	42	13
莫桑比克	113	460	70.6	24.6	50	36	0.1	56	60	61	7
马拉维	114	350	76.6	26.3	60	17	0.0	32	64	62	—
尼泊尔	115	970	65.1	25.8	61	20	0.9	27	70	68	12
坦桑尼亚	116	1020	65.7	28.7	46	34	0.0	37	65	78	4
厄立特里亚	117	—	63.8	12.6	68	—	0.1	31	66	77	3
毛里塔尼亚	118	1580	31.5	20.0	55	54	0.2	51	65	53	5
卢旺达	119	780	63.3	24.6	58	17	0.1	27	69	73	7
塞拉利昂	120	490	55.4	58.9	36	42	0.0	83	54	43	—
多哥	121	660	33.1	23.4	61	42	0.0	47	61	64	15
海地	122	1360	29.2	18.7	57	55	0.1	49	64	62	—
埃塞俄比亚	123	800	67.3	31.1	42	21	0.1	38	66	52	8
乌干达	124	750	72.4	23.2	51	24	0.2	35	63	77	5
布基纳法索	125	750	27.1	23.1	52	29	0.1	55	61	41	7
马里	126	830	63.0	37.6	42	42	0.1	62	59	35	6
刚果(金)	127	500	64.8	19.2	37	44	0.1	68	60	77	7
乍得	128	680	75.4	45.1	41	23	0.0	71	54	22	3
尼日尔	129	570	72.9	38.5	42	16	0.0	48	62	35	4
布隆迪	130	280	86.3	29.0	60	13	0.1	41	61	68	4
中非	131	490	70.3	31.2	48	41	0.1	83	53	37	—
高收入国家		43 812	3.1	1.3	76	81	3.1	4	81	100	77
中等收入国家		5298	29.9	7.9	60	52	1.4	28	72	86	36
低收入国家		800	59.6	22.7	57	33	0.3	49	63	60	10
世界平均		11 152	27.2	3.3	71	55	1.6	29	73	86	38
标准值		9180	30.0	15.0	45	50	1.0	30	70	80	15

注：a. 为2013~2018年期间最近年的数据,厄立特里亚和叙利亚的农业增加值比例和服务业增加值比例为估计值。服务业增加值比例＝100－农业增加值比例－工业增加值比例。

b. 世界银行估计数。c. 2011~2017年期间最近年的数据。d. 部分国家为估计值。

附表 2-2-3　2018 年世界第一次现代化发展阶段

国家	编号	信号指标				信号赋值				平均值	发展阶段	指数
		农业增加值比例	农业增加值/工业增加值	农业劳动力比例	农业劳动力/工业劳动力	农业增加值比例	农业增加值/工业增加值	农业劳动力比例	农业劳动力/工业劳动力			
丹麦	1	1.0	0.05	2.2	0.12	4	4	4	4	4.0	4	100
美国	2	0.9	0.05	1.4	0.07	4	4	4	4	4.0	4	100
瑞士	3	0.7	0.03	3.0	0.15	4	4	4	4	4.0	4	100
瑞典	4	1.4	0.06	1.7	0.10	4	4	4	4	4.0	4	100
荷兰	5	1.7	0.09	2.1	0.13	4	4	4	4	4.0	4	100
新加坡	6	0.0	0.00	0.1	0.00	4	4	4	4	4.0	4	100
比利时	7	0.6	0.03	1.0	0.05	4	4	4	4	4.0	4	100
爱尔兰	8	0.9	0.02	4.8	0.25	4	4	4	3	3.8	4	100
英国	9	0.6	0.04	1.1	0.06	4	4	4	4	4.0	4	100
芬兰	10	2.4	0.10	3.7	0.17	4	4	4	4	4.0	4	100
挪威	11	1.9	0.06	2.1	0.11	4	4	4	4	4.0	4	100
德国	12	0.7	0.02	1.3	0.05	4	4	4	4	4.0	4	100
法国	13	1.7	0.10	2.5	0.12	4	4	4	4	4.0	4	100
日本	14	1.2	0.04	3.5	0.14	4	4	4	4	4.0	4	100
奥地利	15	1.1	0.04	3.7	0.15	4	4	4	4	4.0	4	100
澳大利亚	16	2.5	0.10	2.6	0.13	4	4	4	4	4.0	4	100
以色列	17	1.1	0.06	1.0	0.06	4	4	4	4	4.0	4	100
加拿大	18	1.9	0.08	1.5	0.08	4	4	4	4	4.0	4	100
韩国	19	1.7	0.05	5.0	0.20	4	4	4	3	3.8	4	100
新西兰	20	5.8	0.28	5.9	0.30	3	3	4	3	3.3	4	100
西班牙	21	2.8	0.14	4.2	0.21	4	4	4	3	3.8	4	100
意大利	22	1.9	0.09	3.8	0.14	4	4	4	4	4.0	4	100
希腊	23	3.7	0.24	12.3	0.80	4	3	3	2	3.0	3	100
葡萄牙	24	2.0	0.11	6.0	0.24	4	4	4	3	3.8	4	100
斯洛文尼亚	25	2.2	0.08	5.5	0.16	4	4	4	4	4.0	4	100
爱沙尼亚	26	1.9	0.08	3.3	0.11	4	4	4	4	4.0	4	100
捷克	27	1.9	0.06	2.8	0.07	4	4	4	4	4.0	4	100
匈牙利	28	3.5	0.14	4.8	0.15	4	4	4	4	4.0	4	100
立陶宛	29	2.9	0.11	7.2	0.28	4	4	4	3	3.8	4	100
拉脱维亚	30	3.6	0.19	7.0	0.29	4	4	4	3	3.8	4	100
斯洛伐克	31	2.4	0.08	2.3	0.06	4	4	4	4	4.0	4	100
克罗地亚	32	3.0	0.15	6.2	0.23	4	4	4	3	3.8	4	100
波兰	33	2.3	0.08	9.6	0.30	4	4	4	3	3.8	4	100
乌拉圭	34	5.6	0.23	8.4	0.44	3	3	4	3	3.3	3	100
俄罗斯	35	3.4	0.10	5.9	0.22	4	4	4	3	3.8	4	100
沙特阿拉伯	36	2.2	0.04	2.5	0.10	4	4	4	4	4.0	4	100
阿根廷	37	5.3	0.23	0.1	0.00	3	3	4	4	3.5	4	100
智利	38	3.5	0.12	9.2	0.41	4	4	4	3	3.8	4	100
科威特	39	0.4	0.01	1.9	0.08	4	4	4	4	4.0	4	99
哥斯达黎加	40	4.5	0.24	12.4	0.63	4	3	3	3	3.3	3	100
白俄罗斯	41	6.6	0.21	11.3	0.37	3	3	3	3	3.0	3	96
巴西	42	4.4	0.24	9.3	0.46	4	4	4	3	3.8	4	100
保加利亚	43	3.4	0.15	6.6	0.22	4	4	4	3	3.8	4	99
土耳其	44	5.8	0.20	18.4	0.69	3	3	3	3	3.0	3	100
马来西亚	45	7.5	0.20	10.6	0.39	3	3	3	3	3.0	3	100
巴拿马	46	2.2	0.08	14.2	0.76	4	4	3	3	3.5	4	100
黎巴嫩	47	3.2	0.23	11.7	0.48	4	3	3	3	3.3	3	98
罗马尼亚	48	4.3	0.15	22.3	0.74	3	3	3	3	3.5	4	100
哥伦比亚	49	6.3	0.23	16.7	0.84	3	3	3	2	2.8	3	97
中国	50	7.0	0.18	26.1	0.92	3	3	3	3	3.0	3	100
委内瑞拉	51	5.0	0.13	7.5	0.45	3	4	4	3	3.5	4	100
哈萨克斯坦	52	4.4	0.13	15.8	0.76	4	4	3	3	3.5	4	99
伊朗	53	9.9	0.28	17.7	0.55	3	3	3	3	3.0	3	96
墨西哥	54	3.4	0.11	12.8	0.49	4	4	3	3	3.5	4	100
多米尼加	55	5.1	0.18	9.3	0.48	3	4	4	3	3.5	4	98
乌克兰	56	10.1	0.44	14.4	0.59	3	3	3	3	3.0	3	93
厄瓜多尔	57	8.9	0.28	28.8	1.56	3	3	3	2	2.8	3	97
约旦	58	4.8	0.20	2.6	0.11	4	3	4	4	3.8	4	95
北马其顿	59	8.5	0.35	15.7	0.50	3	3	3	3	3.0	3	96
格鲁吉亚	60	6.8	0.34	38.9	2.70	3	3	2	1	2.3	2	93
牙买加	61	6.6	0.33	16.2	1.01	3	3	3	2	2.8	3	95
阿尔巴尼亚	62	18.4	0.87	37.3	1.89	2	2	2	2	2.0	2	91
泰国	63	8.1	0.23	32.1	1.41	3	3	2	2	2.5	2	95
秘鲁	64	6.9	0.22	27.8	1.81	3	3	3	2	2.8	3	97
博茨瓦纳	65	2.0	0.07	20.4	1.15	4	4	3	2	3.3	3	92
突尼斯	66	10.5	0.45	14.3	0.43	3	3	3	3	3.0	3	94
巴拉圭	67	10.2	0.31	20.1	1.08	3	3	3	2	2.8	3	87
亚美尼亚	68	13.9	0.56	25.8	1.13	3	3	3	2	2.8	3	95
摩尔多瓦	69	10.3	0.45	24.5	1.26	3	3	3	2	2.8	3	93
斯里兰卡	70	7.9	0.30	25.5	0.91	3	3	3	2	2.8	3	87

(续表)

国家	编号	信号指标				信号赋值				平均值	发展阶段[a]	指数
		农业增加值比例	农业增加值/工业增加值	农业劳动力比例	农业劳动力/工业劳动力	农业增加值比例	农业增加值/工业增加值	农业劳动力比例	农业劳动力/工业劳动力			
阿塞拜疆	71	5.2	0.10	36.3	2.46	3	4	2	1	2.5	3	92
蒙古	72	10.8	0.28	26.7	1.29	3	3	3	2	2.8	3	94
阿尔及利亚	73	11.8	0.30	9.9	0.32	3	3	4	3	3.3	3	94
南非	74	2.2	0.08	5.2	0.22	4	4	4	3	3.8	4	94
摩洛哥	75	12.2	0.47	34.2	1.49	3	3	2	2	2.5	3	89
萨尔瓦多	76	5.1	0.20	16.7	0.75	3	3	3	3	3.0	3	94
纳米比亚	77	7.0	0.26	22.6	1.39	3	3	3	2	2.8	3	90
菲律宾	78	9.7	0.32	24.3	1.27	3	3	3	2	2.8	3	89
越南	79	14.7	0.43	38.7	1.45	3	3	2	2	2.5	3	86
叙利亚	80	20.7	0.54	10.7	0.47	2	3	4	3	3.0	3	95
印度尼西亚	81	12.8	0.32	29.6	1.33	3	3	3	2	2.8	3	88
吉尔吉斯斯坦	82	11.7	0.42	20.4	0.83	3	3	3	2	2.8	3	89
埃及	83	11.2	0.32	21.7	0.81	3	3	3	2	2.8	3	88
玻利维亚	84	11.5	0.44	31.1	1.59	3	3	2	2	2.5	3	93
危地马拉	85	9.4	0.44	31.7	1.70	3	3	2	2	2.5	3	88
洪都拉斯	86	11.6	0.43	30.7	1.52	3	3	2	2	2.5	3	85
安哥拉	87	8.6	0.18	50.9	7.28	3	4	1	0	2.0	2	70
尼加拉瓜	88	15.3	0.59	30.3	1.79	2	3	2	2	2.3	2	91
乌兹别克斯坦	89	28.0	0.96	26.6	1.18	1	2	3	2	2.0	2	84
加纳	90	18.3	0.58	31.0	1.52	2	3	2	2	2.3	2	79
土库曼斯坦	91	9.3	0.16	21.7	0.55	3	4	3	3	3.3	3	88
巴布亚新几内亚	92	17.0	0.46	57.3	4.56	2	3	1	1	1.8	2	61
肯尼亚	93	34.1	2.08	55.1	8.90	1	1	1	0	0.8	1	65
尼日利亚	94	21.2	0.82	35.5	2.96	2	2	2	1	1.8	2	68
刚果(布)	95	6.9	0.14	33.7	1.55	3	4	2	2	2.8	3	78
塞内加尔	96	15.0	0.62	30.8	2.36	3	2	2	1	2.0	2	75
也门	97	5.0	0.14	28.3	2.78	3	4	3	1	2.8	3	75
孟加拉国	98	13.1	0.46	39.4	1.89	3	3	2	2	2.5	3	82
印度	99	15.4	0.59	43.3	1.74	2	3	2	2	2.3	2	83
塔吉克斯坦	100	19.2	0.70	45.8	2.95	2	3	2	1	2.0	2	81
老挝	101	15.7	0.50	62.4	4.93	2	3	1	1	1.8	2	75
马达加斯加	102	23.8	1.42	64.7	7.45	2	2	1	0	1.3	1	61
莱索托	103	4.4	0.14	44.9	3.34	4	4	2	1	2.8	3	63
缅甸	104	21.4	0.56	48.2	2.79	2	3	2	1	2.0	2	76
赞比亚	105	3.3	0.10	50.1	4.72	4	4	1	1	2.5	3	67
津巴布韦	106	8.3	0.40	66.0	9.78	3	3	1	0	1.8	2	68
柬埔寨	107	22.0	0.68	36.4	1.35	2	3	2	2	2.3	2	72
科特迪瓦	108	20.5	0.98	41.0	3.22	2	2	2	1	1.8	2	65
喀麦隆	109	14.4	0.56	44.2	3.06	3	3	2	1	2.3	2	73
几内亚	110	24.3	0.98	67.8	10.68	2	2	1	0	1.3	1	55
巴基斯坦	111	22.9	1.28	37.4	1.50	2	2	2	2	2.0	2	72
贝宁	112	28.1	1.92	39.1	2.14	2	2	2	1	1.8	2	62
莫桑比克	113	24.6	0.97	70.6	8.35	2	2	1	0	1.3	1	55
马拉维	114	26.3	1.89	76.6	14.11	2	2	1	0	1.3	1	55
尼泊尔	115	25.8	1.92	65.1	4.39	2	2	1	1	1.5	2	71
坦桑尼亚	116	28.7	1.15	65.7	10.21	2	2	1	0	1.3	1	58
厄立特里亚	117	12.6	0.66	63.8	8.71	3	3	1	0	1.8	2	70
毛里塔尼亚	118	20.0	0.78	31.5	1.78	2	2	2	2	2.0	2	66
卢旺达	119	24.6	1.42	63.3	7.48	1	2	1	0	1.0	1	60
塞拉利昂	120	58.9	11.18	55.4	8.30	0	0	1	0	0.3	0	47
多哥	121	23.4	1.51	33.1	1.72	2	2	2	2	2.0	2	68
海地	122	18.7	0.78	29.2	4.36	2	2	3	1	2.3	2	70
埃塞俄比亚	123	31.1	1.14	67.3	7.30	1	2	1	0	1.0	1	54
乌干达	124	23.2	0.89	72.4	11.08	2	2	1	0	1.3	1	58
布基纳法索	125	23.1	0.94	27.1	1.07	2	2	3	2	2.3	2	58
马里	126	37.6	1.86	63.0	8.22	1	2	1	0	1.0	1	50
刚果(金)	127	19.2	0.44	64.8	6.65	2	3	1	0	1.5	2	58
乍得	128	45.1	3.14	75.4	39.47	1	1	1	0	0.8	1	39
尼日尔	129	38.5	2.02	72.9	10.75	1	1	1	0	0.8	1	44
布隆迪	130	29.0	2.61	86.3	25.29	1	1	0	0	0.5	0	50
中非	131	31.2	1.52	70.3	11.16	1	2	1	0	1.0	1	49
高收入国家		1.3	0.05	3.1	0.14	4	4	4	4	4.0	4	100
中等收入国家		7.9	0.25	29.9	1.24	3	3	3	2	2.8	3	96
低收入国家		22.7	1.11	59.6	5.85	2	2	1	0	1.3	1	62
世界平均		3.3	0.13	27.2	1.19	4	3	3	2	3.0	3	100

注:a. 0代表传统农业社会,1代表起步期,2代表发展期,3代表成熟期,4代表第一次现代化的过渡期。

附表 2-2-4　世界第一次现代化指数的增长率和预期完成时间

国家	编号	2000年指数	2018年指数	2000~2018年 年均增长率	指数达到100需要的年数 （按2000~2018年年均增长率）
丹麦	1	100.0	100.0	0.0	
美国	2	100.0	100.0	0.0	
瑞士	3	100.0	100.0	0.0	
瑞典	4	100.0	100.0	0.0	
荷兰	5	100.0	100.0	0.0	
新加坡	6	100.0	100.0	0.0	
比利时	7	100.0	100.0	0.0	
爱尔兰	8	100.0	100.0	0.0	
英国	9	100.0	100.0	0.0	
芬兰	10	100.0	100.0	0.0	
挪威	11	100.0	100.0	0.0	
德国	12	100.0	100.0	0.0	
法国	13	100.0	100.0	0.0	
日本	14	100.0	100.0	0.0	
奥地利	15	100.0	100.0	0.0	
澳大利亚	16	100.0	100.0	0.0	
以色列	17	100.0	100.0	0.0	
加拿大	18	100.0	100.0	0.0	
韩国	19	100.0	100.0	0.0	
新西兰	20	100.0	100.0	0.0	
西班牙	21	100.0	100.0	0.0	
意大利	22	100.0	100.0	0.0	
希腊	23	100.0	100.0	0.0	
葡萄牙	24	100.0	100.0	0.0	
斯洛文尼亚	25	100.0	100.0	0.0	
爱沙尼亚	26	95.1	100.0	0.3	0
捷克	27	98.0	100.0	0.1	0
匈牙利	28	97.4	100.0	0.1	0
立陶宛	29	94.6	100.0	0.3	0
拉脱维亚	30	94.6	100.0	0.3	0
斯洛伐克	31	95.3	100.0	0.3	0
克罗地亚	32	96.9	100.0	0.2	0
波兰	33	96.2	100.0	0.2	0
乌拉圭	34	99.4	100.0	0.0	0
俄罗斯	35	91.0	100.0	0.5	0
沙特阿拉伯	36	99.3	100.0	0.0	0
阿根廷	37	100.0	100.0	0.0	0
智利	38	97.2	100.0	0.2	0
科威特	39	100.0	98.9	−0.1	—
哥斯达黎加	40	94.4	100.0	0.3	0
白俄罗斯	41	92.5	96.2	0.2	18
巴西	42	93.9	99.9	0.3	0
保加利亚	43	92.4	99.3	0.4	2
土耳其	44	88.4	100.0	0.7	0
马来西亚	45	90.6	100.0	0.5	0
巴拿马	46	94.5	100.0	0.3	0
黎巴嫩	47	95.9	98.2	0.1	13
罗马尼亚	48	88.7	100.0	0.7	0
哥伦比亚	49	92.4	96.8	0.3	12
中国	50	76.1	100.0	1.5	0
委内瑞拉	51	96.4	100.0	0.2	0
哈萨克斯坦	52	90.4	98.8	0.5	2
伊朗	53	84.4	95.8	0.7	6
墨西哥	54	97.9	100.0	0.1	0
多米尼加	55	89.6	98.5	0.5	3
乌克兰	56	89.8	93.1	0.2	37
厄瓜多尔	57	91.0	96.6	0.3	10
约旦	58	91.9	94.7	0.2	33
北马其顿	59	92.0	96.0	0.2	18
格鲁吉亚	60	82.1	92.6	0.7	12
牙买加	61	90.0	95.5	0.3	14
阿尔巴尼亚	62	75.1	91.5	1.1	8
泰国	63	77.1	94.6	1.1	5
秘鲁	64	91.9	97.0	0.3	10
博茨瓦纳	65	70.2	92.4	1.5	5
突尼斯	66	89.2	93.7	0.3	24
巴拉圭	67	88.4	87.2	−0.1	—
亚美尼亚	68	81.7	94.6	0.8	7
摩尔多瓦	69	78.9	92.8	0.9	8
斯里兰卡	70	71.7	87.4	1.1	12

(续表)

国家	编号	2000年指数	2018年指数	2000~2018年年均增长率	指数达到100需要的年数（按2000~2018年年均增长率）
阿塞拜疆	71	84.0	92.1	0.5	16
蒙古	72	77.8	93.9	1.0	6
阿尔及利亚	73	85.1	94.3	0.6	10
南非	74	80.0	94.4	0.9	6
摩洛哥	75	74.9	88.7	0.9	13
萨尔瓦多	76	92.3	94.2	0.1	54
纳米比亚	77	65.2	89.9	1.8	6
菲律宾	78	88.4	89.4	0.1	—
越南	79	66.3	85.8	1.4	11
叙利亚	80	79.0	95.4	1.1	5
印度尼西亚	81	67.7	88.0	1.5	9
吉尔吉斯斯坦	82	70.9	88.6	1.2	10
埃及	83	83.9	88.8	0.3	42
玻利维亚	84	78.6	92.6	0.9	8
危地马拉	85	77.8	87.8	0.7	19
洪都拉斯	86	81.8	85.4	0.2	65
安哥拉	87	39.5	70.1	3.2	11
尼加拉瓜	88	75.8	90.8	1.0	10
乌兹别克斯坦	89	77.0	83.9	0.5	37
加纳	90	55.1	79.1	2.0	12
土库曼斯坦	91	71.6	88.1	1.2	11
巴布亚新几内亚	92	45.6	61.4	1.7	30
肯尼亚	93	57.6	65.2	0.7	62
尼日利亚	94	49.9	68.5	1.8	22
刚果（布）	95	63.0	77.9	1.2	21
塞内加尔	96	54.5	75.0	1.8	16
也门	97	56.2	74.9	1.6	18
孟加拉国	98	50.7	81.5	2.7	8
印度	99	58.6	82.6	1.9	10
塔吉克斯坦	100	77.6	80.8	0.2	97
老挝	101	38.5	75.4	3.8	8
马达加斯加	102	46.7	61.4	1.5	33
莱索托	103	50.7	62.8	1.2	39
缅甸	104	55.1	75.6	1.8	16
赞比亚	105	50.2	66.6	1.6	26
津巴布韦	106	63.7	67.6	0.3	—
柬埔寨	107	44.3	72.2	2.7	12
科特迪瓦	108	51.4	64.6	1.3	34
喀麦隆	109	52.1	72.6	1.9	17
几内亚	110	47.5	55.1	0.8	72
巴基斯坦	111	60.2	71.7	1.0	34
贝宁	112	46.2	61.7	1.6	30
莫桑比克	113	48.5	55.2	0.7	83
马拉维	114	37.0	55.3	2.3	27
尼泊尔	115	38.8	71.3	3.4	10
坦桑尼亚	116	42.0	57.6	1.8	32
厄立特里亚	117	48.2	70.2	2.1	17
毛里塔尼亚	118	53.0	65.7	1.2	35
卢旺达	119	33.7	59.9	3.2	16
塞拉利昂	120	34.4	46.5	1.7	46
多哥	121	46.2	67.5	2.1	19
海地	122	53.5	70.2	1.5	23
埃塞俄比亚	123	33.0	53.8	2.8	23
乌干达	124	39.2	58.3	2.2	24
布基纳法索	125	38.7	57.7	2.2	25
马里	126	37.3	50.3	1.7	41
刚果（金）	127	42.4	57.9	1.7	32
乍得	128	43.1	39.0	−0.6	—
尼日尔	129	36.8	44.2	1.0	80
布隆迪	130	31.1	49.8	2.7	27
中非	131	37.8	49.3	1.5	48
高收入国家		100.0	100.0	0.0	0
中等收入国家		92.6	95.8	0.2	23
低收入国家		57.6	61.6	0.4	
世界平均		89.4	100.0	0.6	0

附表 2-2-5 1950~2018 年世界第一次现代化指数

国家	编号	1950	1960	1970	1980	1990	2000	2010	2016	2017	2018
丹麦	1	83.7	96.7	100.0	100.0	100.0	100.0	100.0	100.0	100.0	100.0
美国	2	100.0	100.0	100.0	100.0	100.0	100.0	100.0	100.0	100.0	100.0
瑞士	3	83.6	93.3	100.0	100.0	100.0	100.0	100.0	100.0	100.0	100.0
瑞典	4	80.6	95.5	100.0	100.0	100.0	100.0	100.0	100.0	100.0	100.0
荷兰	5	80.3	96.6	100.0	100.0	100.0	100.0	100.0	100.0	100.0	100.0
新加坡	6	54.6	76.8	90.2	94.3	94.2	100.0	100.0	100.0	100.0	100.0
比利时	7	82.8	95.4	100.0	100.0	100.0	100.0	100.0	100.0	100.0	100.0
爱尔兰	8	64.6	85.4	96.3	100.0	100.0	100.0	100.0	100.0	100.0	100.0
英国	9	83.6	96.0	100.0	100.0	100.0	100.0	100.0	100.0	100.0	100.0
芬兰	10	60.6	84.3	100.0	100.0	100.0	100.0	100.0	100.0	100.0	100.0
挪威	11	85.4	91.1	100.0	100.0	100.0	100.0	100.0	100.0	100.0	100.0
德国	12	75.1	91.9	100.0	100.0	100.0	100.0	100.0	100.0	100.0	100.0
法国	13	76.2	96.7	100.0	100.0	100.0	100.0	100.0	100.0	100.0	100.0
日本	14	62.6	88.5	100.0	100.0	100.0	100.0	100.0	100.0	100.0	100.0
奥地利	15	72.6	89.6	100.0	100.0	100.0	100.0	100.0	100.0	100.0	100.0
澳大利亚	16	85.9	98.7	100.0	100.0	100.0	100.0	100.0	100.0	100.0	100.0
以色列	17	84.5	95.5	91.5	100.0	100.0	100.0	100.0	100.0	100.0	100.0
加拿大	18	90.0	100.0	100.0	100.0	100.0	100.0	100.0	100.0	100.0	100.0
韩国	19	34.6	51.5	70.6	86.6	97.3	100.0	100.0	100.0	100.0	100.0
新西兰	20	84.7	98.3	100.0	100.0	100.0	100.0	100.0	100.0	100.0	100.0
西班牙	21	58.2	73.1	95.4	100.0	100.0	100.0	100.0	100.0	100.0	100.0
意大利	22	63.0	86.8	100.0	100.0	100.0	100.0	100.0	100.0	100.0	100.0
希腊	23	63.4	73.9	91.6	99.6	98.8	100.0	100.0	100.0	100.0	100.0
葡萄牙	24	48.2	59.6	73.4	85.8	95.4	100.0	100.0	100.0	100.0	100.0
斯洛文尼亚	25	—	—	—	—	—	—	100.0	100.0	100.0	100.0
爱沙尼亚	26	—	—	—	—	—	95.1	100.0	100.0	100.0	100.0
捷克	27	—	—	100.0	95.8	93.3	98.0	100.0	100.0	100.0	100.0
匈牙利	28	72.3	79.4	91.9	94.8	94.9	97.4	100.0	100.0	100.0	100.0
立陶宛	29	—	—	—	—	—	94.6	100.0	100.0	100.0	100.0
拉脱维亚	30	—	—	—	97.5	—	94.6	100.0	100.0	100.0	100.0
斯洛伐克	31	—	—	—	—	—	95.3	100.0	100.0	100.0	100.0
克罗地亚	32	—	—	—	—	—	96.9	100.0	100.0	100.0	100.0
波兰	33	49.9	80.2	95.4	100.0	92.5	96.2	100.0	100.0	100.0	100.0
乌拉圭	34	—	80.8	85.5	95.9	94.4	99.4	100.0	100.0	100.0	100.0
俄罗斯	35	—	90.1	—	—	—	—	91.0	99.8	100.0	100.0
沙特阿拉伯	36	—	27.5	51.7	65.8	90.8	99.3	97.4	100.0	100.0	100.0
阿根廷	37	80.7	85.5	91.2	94.5	93.3	100.0	100.0	100.0	100.0	100.0
智利	38	68.4	73.1	76.6	91.6	85.5	97.2	100.0	99.9	100.0	100.0
科威特	39	—	76.8	88.5	91.1	98.1	100.0	100.0	100.0	99.9	98.9
哥斯达黎加	40	55.3	57.5	72.8	89.5	92.2	94.4	98.4	100.0	100.0	100.0
白俄罗斯	41	—	—	—	—	—	92.5	97.2	96.4	95.5	96.2
巴西	42	52.8	59.3	72.1	80.8	86.6	93.9	100.0	100.0	99.7	99.9
保加利亚	43	—	81.4	94.9	96.8	86.7	92.4	97.9	98.6	98.8	99.3
土耳其	44	34.3	45.0	53.7	60.9	79.0	88.4	100.0	100.0	100.0	100.0
马来西亚	45	—	46.5	55.4	68.5	76.5	90.6	99.0	100.0	100.0	100.0
巴拿马	46	48.1	62.9	82.6	94.4	93.6	94.5	98.6	100.0	100.0	98.2
黎巴嫩	47	—	77.1	85.2	92.8	—	95.9	100.0	99.0	98.0	98.2
罗马尼亚	48	—	67.7	82.4	90.3	83.4	88.7	99.8	100.0	100.0	100.0
哥伦比亚	49	35.8	54.2	65.8	77.6	87.3	92.4	87.9	97.2	96.6	96.8
中国	50	26.1	36.5	39.9	53.9	63.0	76.1	92.3	99.4	99.7	100.0
委内瑞拉	51	52.0	74.6	89.3	95.5	93.6	96.4	99.3	100.0	100.0	100.0
哈萨克斯坦	52	—	—	—	—	—	90.4	99.1	100.0	98.9	98.8
伊朗	53	—	41.6	56.6	71.8	64.8	84.4	98.9	96.2	96.1	95.8
墨西哥	54	52.9	64.4	79.0	87.8	91.0	97.9	100.0	100.0	100.0	100.0
多米尼加	55	39.6	47.7	61.9	75.6	81.7	89.6	95.4	97.3	97.9	98.5
乌克兰	56	—	—	—	—	—	89.8	93.7	92.6	92.5	93.1
厄瓜多尔	57	48.1	53.2	64.7	81.6	85.9	91.0	94.8	96.6	96.5	96.6
约旦	58	—	43.9	55.4	85.4	86.5	91.9	95.2	94.5	94.5	94.7
北马其顿	59	—	—	—	—	—	92.0	95.8	95.2	95.5	96.0
格鲁吉亚	60	—	—	—	—	92.2	82.1	89.0	91.6	91.5	92.6
牙买加	61	47.0	67.9	77.9	80.8	82.8	90.0	100.0	88.9	95.3	95.5
阿尔巴尼亚	62	—	48.3	—	58.4	—	75.1	89.6	88.8	90.5	91.5
泰国	63	37.0	41.2	55.3	62.2	73.5	77.1	81.7	89.9	94.3	94.6
秘鲁	64	35.6	59.3	71.9	79.1	82.1	91.9	94.8	96.8	96.8	97.0
博茨瓦纳	65	—	25.3	29.1	47.2	65.6	70.2	84.0	89.3	91.1	92.4
突尼斯	66	—	42.9	54.5	67.6	78.0	89.3	94.3	94.1	93.8	93.7
巴拉圭	67	46.8	55.5	69.1	67.8	72.7	88.8	89.0	92.1	87.1	87.2
亚美尼亚	68	—	—	—	—	—	81.7	88.3	91.6	93.4	94.6
摩尔多瓦	69	—	—	—	—	—	78.9	91.1	89.8	90.7	92.8
斯里兰卡	70	—	50.2	54.3	52.5	66.3	71.7	80.0	86.8	87.6	87.4

(续表)

国家	编号	1950	1960	1970	1980	1990	2000	2010	2016	2017	2018
阿塞拜疆	71	—	—	—	—	—	84.0	88.6	93.1	92.7	92.1
蒙古	72	—	66.2	—	87.4	86.7	77.8	88.8	93.9	92.8	93.9
阿尔及利亚	73	38.3	43.4	54.3	71.8	79.8	85.1	90.5	94.4	93.8	94.3
南非	74	55.7	62.6	76.1	78.2	80.0	80.0	91.9	93.4	94.2	94.4
摩洛哥	75	35.7	40.6	48.5	54.1	65.7	74.9	82.5	86.1	87.0	88.7
萨尔瓦多	76	43.4	47.0	54.0	60.4	81.4	92.3	94.2	94.5	94.0	94.2
纳米比亚	77	—	—	—	—	64.3	65.2	81.2	81.7	84.9	89.9
菲律宾	78	43.0	58.2	52.9	61.0	70.8	88.4	89.6	92.5	93.4	89.4
越南	79	—	36.8	—	—	—	66.3	79.1	81.0	83.2	85.8
叙利亚	80	—	47.7	61.8	74.6	79.1	79.0	88.9	86.7	95.4	95.4
印度尼西亚	81	15.9	29.9	40.6	43.5	58.5	67.7	82.0	85.2	87.5	88.0
吉尔吉斯斯坦	82	—	—	—	—	—	70.9	84.6	87.2	87.2	88.6
埃及	83	32.5	48.4	60.5	71.5	73.1	83.9	90.2	89.9	88.7	88.5
玻利维亚	84	36.7	44.6	61.0	61.4	72.3	78.6	86.0	86.8	92.7	92.6
危地马拉	85	27.4	45.7	46.4	61.7	64.8	77.8	80.9	93.7	93.9	87.8
洪都拉斯	86	31.0	39.8	51.9	56.9	66.3	81.8	90.0	86.4	85.0	85.4
安哥拉	87	—	30.3	—	28.9	59.5	39.5	66.0	68.7	70.9	70.1
尼加拉瓜	88	—	49.2	65.0	70.0	—	75.8	86.8	88.8	90.1	90.8
乌兹别克斯坦	89	—	—	—	—	—	77.0	77.7	86.7	82.7	83.9
加纳	90	—	36.7	38.9	42.3	53.0	55.1	61.9	73.4	75.2	79.1
土库曼斯坦	91	—	—	—	—	—	71.6	86.0	84.8	87.0	88.1
巴布亚新几内亚	92	—	31.2	35.7	39.3	47.9	45.6	45.8	62.9	57.1	61.4
肯尼亚	93	24.0	30.8	36.6	42.0	48.5	57.6	59.3	61.1	64.7	65.2
尼日利亚	94	20.9	24.7	37.4	45.5	48.2	49.9	67.5	67.5	66.5	68.5
刚果（布）	95	—	41.2	55.4	62.1	64.3	63.0	60.0	73.9	75.6	77.9
塞内加尔	96	—	34.5	41.7	46.5	47.8	54.5	64.5	66.1	73.0	75.0
也门	97	—	18.7	—	25.6	60.7	56.2	66.7	68.8	70.7	74.9
孟加拉国	98	—	28.7	—	32.1	43.2	50.7	65.5	79.6	80.6	81.5
印度	99	30.4	33.4	38.7	43.7	51.4	58.6	71.4	79.1	80.9	82.6
塔吉克斯坦	100	—	—	—	—	—	77.6	76.0	76.1	79.0	80.8
老挝	101	—	23.6	24.9	33.7	33.7	38.5	67.3	69.4	75.3	75.4
马达加斯加	102	—	32.7	40.8	39.3	46.7	46.7	54.6	59.6	61.2	61.2
莱索托	103	—	22.8	33.9	49.4	53.9	50.7	62.9	71.9	60.8	62.8
缅甸	104	—	39.8	24.5	40.3	—	55.1	77.7	69.3	74.2	75.6
赞比亚	105	—	42.3	47.2	51.9	52.0	50.2	55.5	65.1	61.6	66.6
津巴布韦	106	—	43.5	47.5	52.5	59.1	63.7	68.2	64.9	67.0	67.6
柬埔寨	107	—	24.6	—	—	—	44.3	58.7	67.5	72.5	72.2
科特迪瓦	108	—	—	37.1	53.6	51.5	51.4	59.0	59.4	61.9	64.6
喀麦隆	109	—	35.0	34.9	47.8	51.7	52.1	70.8	68.8	68.3	72.6
几内亚	110	—	15.0	—	26.8	43.6	47.5	51.7	55.8	56.7	55.1
巴基斯坦	111	19.6	34.0	42.0	44.6	49.0	60.2	65.8	69.8	70.7	71.7
贝宁	112	—	29.9	37.7	39.9	54.7	46.2	55.7	61.1	61.4	61.7
莫桑比克	113	—	23.8	12.9	23.4	36.2	48.5	47.5	51.9	55.8	55.2
马拉维	114	—	26.2	28.2	28.2	36.6	37.0	45.9	47.5	49.3	55.3
尼泊尔	115	—	16.2	23.0	26.1	31.5	38.8	59.5	64.6	66.5	71.3
坦桑尼亚	116	—	27.0	34.8	38.9	32.5	42.0	50.2	55.4	57.1	57.6
厄立特里亚	117	—	—	—	—	—	48.2	62.2	58.2	76.2	70.2
毛里塔尼亚	118	—	26.2	32.3	43.9	53.0	53.0	56.0	54.3	59.6	65.7
卢旺达	119	—	20.0	23.7	28.8	34.7	33.7	50.5	57.5	58.4	59.9
塞拉利昂	120	—	19.3	39.4	38.2	41.5	34.4	40.7	40.0	44.3	46.5
多哥	121	—	27.4	34.4	41.9	48.4	46.2	55.2	60.6	65.8	67.5
海地	122	17.1	30.9	30.2	30.5	47.0	53.5	60.3	66.1	61.5	70.2
埃塞俄比亚	123	—	17.8	26.2	26.3	33.0	33.0	44.0	49.3	53.0	53.8
乌干达	124	—	27.7	24.3	30.0	32.9	39.2	50.0	54.8	56.0	58.3
布基纳法索	125	—	—	24.6	31.6	32.4	38.7	42.0	53.2	55.2	57.7
马里	126	—	23.6	28.2	31.1	36.8	37.3	43.0	47.7	49.6	50.3
刚果（金）	127	—	—	—	46.1	—	42.4	49.0	62.9	57.5	57.9
乍得	128	—	25.9	28.2	36.7	37.9	43.1	49.3	36.7	37.4	39.0
尼日尔	129	—	21.3	24.2	30.4	35.3	36.8	32.5	37.9	43.0	44.2
布隆迪	130	—	16.6	21.5	27.5	33.8	31.1	47.2	50.9	49.9	49.8
中非	131	—	30.6	34.7	37.4	43.0	37.8	44.5	46.7	45.3	49.3
高收入国家		—	100.0	100.0	100.0	100.0	100.0	100.0	100.0	100.0	100.0
中等收入国家		—	50.9	—	84.0	84.1	92.6	91.3	95.5	95.4	95.8
低收入国家		—	33.9	32.8	45.0	51.7	57.6	55.6	57.3	60.0	61.6
世界平均		—	—	67.5	79.8	81.0	89.4	96.4	99.9	100.0	100.0

附表 2-2-6 1950～2018 年世界第一次现代化指数的排名

国家	编号	1950	1960	1970	1980	1990	2000	2010	2016	2017	2018
丹麦	1	7	5	1	1	1	1	1	1	1	1
美国	2	1	1	1	1	1	1	1	1	1	1
瑞士	3	8	12	1	1	1	1	1	1	1	1
瑞典	4	12	9	1	1	1	1	1	1	1	1
荷兰	5	13	7	1	1	1	1	1	1	1	1
新加坡	6	27	27	27	31	27	1	1	1	1	1
比利时	7	10	11	1	1	1	1	1	1	1	1
爱尔兰	8	19	20	19	1	1	1	1	1	1	1
英国	9	9	8	1	1	1	1	1	1	1	1
芬兰	10	23	21	1	1	1	1	1	1	1	1
挪威	11	4	14	1	1	1	1	1	1	1	1
德国	12	15	13	1	1	1	1	1	1	1	1
法国	13	14	6	1	1	1	1	1	1	1	1
日本	14	22	17	1	1	1	1	1	1	1	1
奥地利	15	16	16	1	1	1	1	1	1	1	1
澳大利亚	16	3	3	1	1	1	1	1	1	1	1
以色列	17	6	10	25	1	1	1	1	1	1	1
加拿大	18	2	1	1	1	1	1	1	1	1	1
韩国	19	46	47	42	40	23	1	1	1	1	1
新西兰	20	5	4	1	1	1	1	1	1	1	1
西班牙	21	24	32	20	1	1	1	1	1	1	1
意大利	22	21	18	1	1	1	1	1	1	1	1
希腊	23	20	30	24	1	21	1	1	1	1	1
葡萄牙	24	32	39	38	41	24	1	1	1	1	1
斯洛文尼亚	25	—	—	—	—	—	1	1	1	1	1
爱沙尼亚	26	—	—	—	—	—	39	1	1	1	1
捷克	27	—	—	1	26	30	30	1	1	1	1
匈牙利	28	17	25	23	28	25	32	1	1	1	1
立陶宛	29	—	—	—	—	—	40	1	1	1	1
拉脱维亚	30	—	—	—	23	—	41	1	1	1	1
斯洛伐克	31	—	—	—	—	—	38	1	1	1	1
克罗地亚	32	—	—	—	—	—	34	1	1	1	1
波兰	33	31	24	21	1	32	36	1	1	1	1
乌拉圭	34	—	23	30	25	26	28	1	1	1	1
俄罗斯	35	—	15	—	—	—	52	43	1	1	1
沙特阿拉伯	36	—	87	63	58	35	29	52	1	1	1
阿根廷	37	11	19	26	29	31	1	1	1	1	1
智利	38	18	31	36	34	42	33	1	48	1	1
科威特	39	—	28	29	35	22	1	1	1	46	49
哥斯达黎加	40	26	43	39	37	33	43	50	1	1	1
白俄罗斯	41	—	—	—	—	—	45	53	56	57	56
巴西	42	29	40	40	44	39	44	1	1	47	47
保加利亚	43	—	22	22	24	38	47	51	51	50	48
土耳其	44	47	57	60	64	51	62	1	1	1	1
马来西亚	45	—	55	53	55	53	54	47	1	1	1
巴拿马	46	33	37	32	30	29	42	49	1	1	1
黎巴嫩	47	—	26	31	32	—	37	1	50	51	52
罗马尼亚	48	—	34	33	36	43	60	44	1	1	1
哥伦比亚	49	43	45	44	48	36	46	76	53	54	54
中国	50	52	72	72	69	67	80	62	49	48	1
委内瑞拉	51	30	29	28	27	28	35	45	1	1	1
哈萨克斯坦	52	—	—	—	—	—	55	46	1	49	50
伊朗	53	—	64	51	52	63	65	48	57	56	58
墨西哥	54	28	36	34	38	34	31	1	1	1	1
多米尼加	55	39	52	47	49	46	58	55	52	52	51
乌克兰	56	—	—	—	—	—	57	61	67	73	69
厄瓜多尔	57	34	46	46	43	41	53	57	55	55	55
约旦	58	—	59	52	42	40	51	56	60	61	61
北马其顿	59	—	—	—	—	—	49	54	58	58	57
格鲁吉亚	60	—	—	—	33	—	68	71	70	74	72
牙买加	61	35	33	35	45	44	56	1	76	60	59
阿尔巴尼亚	62	—	51	—	66	—	82	68	77	77	75
泰国	63	41	66	55	59	54	78	84	73	62	63
秘鲁	64	45	41	41	46	45	50	58	54	53	53
博茨瓦纳	65	—	93	88	76	62	87	81	75	75	73
突尼斯	66	—	62	56	57	52	59	59	62	66	68
巴拉圭	67	36	44	43	56	56	61	70	69	83	86
亚美尼亚	68	—	—	—	—	—	70	75	71	69	62
摩尔多瓦	69	—	—	—	—	—	73	64	74	76	70
斯里兰卡	70	—	48	58	71	60	84	87	81	80	85

(续表)

国家	编号	1950	1960	1970	1980	1990	2000	2010	2016	2017	2018
阿塞拜疆	71	—	—	—	—	—	66	74	66	71	74
蒙古	72	—	35	—	39	37	75	73	63	70	67
阿尔及利亚	73	40	61	57	51	49	64	65	61	67	65
南非	74	25	38	37	47	48	71	63	65	63	64
摩洛哥	75	44	67	64	68	61	83	82	85	85	79
萨尔瓦多	76	37	54	59	65	47	48	60	59	64	66
纳米比亚	77	—	—	—	—	65	90	85	88	87	77
菲律宾	78	38	42	61	63	58	63	69	68	68	78
越南	79	—	70	—	—	—	89	88	89	88	87
叙利亚	80	—	53	48	50	50	72	72	82	59	60
印度尼西亚	81	57	84	71	83	71	88	83	86	81	83
吉尔吉斯斯坦	82	—	—	—	—	—	86	80	79	82	80
埃及	83	48	50	50	53	55	67	66	72	79	81
玻利维亚	84	42	58	49	62	57	74	79	80	72	71
危地马拉	85	51	56	67	61	64	76	86	64	65	84
洪都拉斯	86	49	68	62	67	59	69	67	84	86	88
安哥拉	87	—	82	—	102	69	119	97	101	100	105
尼加拉瓜	88	—	49	45	54	—	81	77	78	78	76
乌兹别克斯坦	89	—	—	—	—	—	79	89	83	89	89
加纳	90	—	71	74	84	75	98	103	94	96	93
土库曼斯坦	91	—	—	—	—	—	85	78	87	84	82
巴布亚新几内亚	92	—	78	80	90	84	114	125	109	119	115
肯尼亚	93	53	80	79	85	81	95	107	112	108	111
尼日利亚	94	54	94	77	79	83	107	110	103	106	106
刚果（布）	95	—	65	54	60	66	92	105	93	94	94
塞内加尔	96	—	74	69	77	85	99	100	105	98	97
也门	97	—	103	—	109	68	96	96	99	102	98
孟加拉国	98	—	85	—	96	89	104	99	90	91	91
印度	99	50	76	75	82	79	94	92	91	90	90
塔吉克斯坦	100	—	—	—	—	—	77	91	92	92	92
老挝	101	—	97	93	95	99	123	95	97	95	96
马达加斯加	102	—	77	70	89	87	111	115	114	113	116
莱索托	103	—	99	85	74	73	105	101	95	114	113
缅甸	104	—	69	95	87	—	97	90	98	97	95
赞比亚	105	—	63	66	73	76	106	113	106	110	109
津巴布韦	106	—	60	65	72	70	91	94	107	104	107
柬埔寨	107	—	95	—	—	—	115	109	102	99	100
科特迪瓦	108	—	—	78	70	78	103	108	115	109	112
喀麦隆	109	—	73	81	75	77	102	93	100	103	99
几内亚	110	—	107	—	106	88	110	116	118	120	124
巴基斯坦	111	55	75	68	80	80	93	98	96	101	101
贝宁	112	—	83	76	88	72	113	112	111	112	114
莫桑比克	113	—	96	101	110	95	108	122	123	122	123
马拉维	114	—	91	89	104	94	126	124	127	127	122
尼泊尔	115	—	106	99	108	104	121	106	108	105	102
坦桑尼亚	116	—	89	82	91	102	118	118	119	118	121
厄立特里亚	117	—	—	—	—	—	109	102	116	93	104
毛里塔尼亚	118	—	90	86	81	74	101	111	121	115	110
卢旺达	119	—	101	98	103	97	129	117	117	116	117
塞拉利昂	120	—	102	73	92	91	128	130	129	129	129
多哥	121	—	88	84	86	82	112	114	113	107	108
海地	122	56	79	87	99	86	100	104	104	111	103
埃塞俄比亚	123	—	104	92	107	100	130	127	125	124	125
乌干达	124	—	86	96	101	101	120	119	120	121	118
布基纳法索	125	—	—	94	97	103	122	129	122	123	120
马里	126	—	98	91	98	93	125	128	126	126	126
刚果（金）	127	—	—	—	78	—	117	121	110	117	119
乍得	128	—	92	90	94	92	116	120	131	131	131
尼日尔	129	—	100	97	100	96	127	131	130	130	130
布隆迪	130	—	105	100	105	98	131	123	124	125	127
中非	131	—	81	83	93	90	124	126	128	128	128
国家数量/个	160	57	107	101	110	104	131	131	131	131	131

注：第一次现代化指数达到100，排名不分先后。排名为131个国家的排名。

附表 2-3-1 2018年世界第二次现代化指数

国家	编号	知识创新指数	知识传播指数	生活质量指数	经济质量指数	第二次现代化指数	指数排名	水平分组[b]	发展阶段[c]
丹麦	1	98.2	110.3	114.5	115.6	109.7	2	1	2
美国	2	114.5	96.8	104.0	114.2	107.4	6	1	2
瑞士	3	95.7	109.9	115.9	111.4	108.2	4	1	2
瑞典	4	96.8	112.3	112.9	110.9	108.2	3	1	2
荷兰	5	89.5	118.3	114.7	116.6	109.8	1	1	2
新加坡	6	96.2	97.5	105.0	113.9	103.2	8	1	2
比利时	7	90.9	114.4	110.5	114.8	107.6	5	1	2
爱尔兰	8	80.2	106.4	115.5	103.7	101.4	9	1	1
英国	9	79.9	94.9	108.2	112.8	98.9	13	1	2
芬兰	10	99.4	99.6	110.3	94.5	101.0	10	1	2
挪威	11	75.4	99.8	115.6	107.8	99.7	11	1	1
德国	12	111.1	96.4	113.3	100.2	105.2	7	1	2
法国	13	76.2	96.5	109.3	114.3	99.1	12	1	2
日本	14	116.7	71.8	107.7	91.6	96.9	15	1	1
奥地利	15	81.0	97.7	113.1	102.4	98.6	14	1	2
澳大利亚	16	55.3	97.7	109.8	105.6	92.1	16	1	2
以色列	17	77.9	84.7	93.0	111.2	91.7	17	1	2
加拿大	18	57.0	109.4	105.4	93.6	91.4	18	1	2
韩国	19	102.0	92.2	91.6	73.4	89.8	19	1	1
新西兰	20	59.6	99.2	103.3	93.0	88.8	20	1	1
西班牙	21	31.0	80.0	106.3	105.7	80.7	21	1	2
意大利	22	35.9	64.8	99.6	104.4	76.2	22	2	2
希腊	23	27.4	81.1	92.7	98.0	74.8	24	2	
葡萄牙	24	36.4	69.1	102.3	93.1	75.2	23	2	1
斯洛文尼亚	25	46.4	71.8	97.3	75.3	72.7	25	2	
爱沙尼亚	26	30.4	64.1	102.1	72.7	67.3	26	2	
捷克	27	38.2	64.8	96.8	67.0	66.7	27	2	
匈牙利	28	40.5	62.4	92.0	70.1	66.2	28	2	1
立陶宛	29	24.3	54.4	101.1	78.7	64.6	29	2	1
拉脱维亚	30	14.9	61.3	95.7	84.7	64.2	30	2	1
斯洛伐克	31	23.0	55.7	83.4	67.8	57.5	34	2	
克罗地亚	32	16.7	54.9	85.6	82.8	60.0	31	2	
波兰	33	27.4	52.3	86.0	66.6	58.1	32	2	
乌拉圭	34	7.1	54.6	81.0	85.1	57.0	35	2	
俄罗斯	35	25.5	53.8	79.2	58.5	54.3	37	2	
沙特阿拉伯	36	11.2	73.9	69.7	75.5	57.6	33	2	
阿根廷	37	9.5	56.9	74.9	81.8	55.8	36	2	
智利	38	5.0	60.6	71.9	71.7	52.3	39	2	
科威特	39	4.6	42.3	73.8	73.1	48.4	43	3	
哥斯达黎加	40	3.4	50.6	72.2	86.8	53.3	38	2	
白俄罗斯	41	4.3	58.3	81.6	48.8	48.2	44	3	
巴西	42	9.0	27.6	68.0	80.6	46.3	46	3	
保加利亚	43	17.0	49.5	72.2	62.6	50.3	40	2	
土耳其	44	13.5	58.7	58.0	70.5	50.2	41	3	
马来西亚	45	18.8	32.4	75.0	55.5	45.4	47	3	
巴拿马	46	2.3	27.9	76.9	85.1	48.0	45	3	
黎巴嫩	47	1.7	3.5	61.4	78.4	36.2	64	3	
罗马尼亚	48	9.0	44.1	80.6	65.0	49.7	42	3	
哥伦比亚	49	1.3	32.4	62.3	73.3	42.3	52	3	
中国	50	42.6	44.1	53.4	41.8	45.4	48	3	
委内瑞拉	51	4.0	43.9	57.5	67.1	43.1	50	3	
哈萨克斯坦	52	5.7	31.3	72.4	55.4	41.2	53	3	
伊朗	53	19.9	42.3	48.7	42.6	38.4	57	3	
墨西哥	54	2.9	29.5	59.2	63.7	38.8	56	3	
多米尼加	55	0.5	35.0	62.7	75.6	43.4	49	3	
乌克兰	56	7.9	38.7	61.4	45.5	38.4	58	3	
厄瓜多尔	57	3.0	27.6	63.0	55.1	37.2	60	3	
约旦	58	4.3	16.0	47.1	69.2	34.2	67	3	
马其顿	59	6.3	49.0	60.0	55.8	42.8	51	3	
格鲁吉亚	60	9.8	37.6	58.8	54.3	40.1	54	3	
牙买加	61	1.0	20.7	64.1	62.3	37.0	62	3	
阿尔巴尼亚	62	1.2	29.8	64.2	50.7	36.5	63	3	
泰国	63	9.9	35.6	60.0	42.7	37.0	61	3	
秘鲁	64	0.5	32.5	54.9	61.0	37.2	59	3	
博茨瓦纳	65	2.0	18.6	48.8	64.9	33.6	69	3	
突尼斯	66	11.4	20.0	46.2	53.4	32.7	71	3	
巴拉圭	67	1.9	7.8	65.5	60.0	33.8	68	3	
亚美尼亚	68	2.9	36.9	51.0	49.5	35.1	66	3	
摩尔多瓦	69	5.6	27.5	60.0	51.3	36.1	65	3	
斯里兰卡	70	1.7	17.4	77.2	59.4	38.9	55	3	

(续表)

国家	编号	知识创新指数	知识传播指数	生活质量指数	经济质量指数	第二次现代化指数	指数排名	水平分组[b]	发展阶段[c]
阿塞拜疆	71	1.6	31.5	53.4	45.7	33.0	70	3	
蒙古	72	1.5	30.7	43.8	39.8	28.9	79	4	
阿尔及利亚	73	5.3	29.8	44.3	50.5	32.5	73	3	
南非	74	4.7	16.8	44.5	62.2	32.0	74	3	
摩洛哥	75	8.5	20.3	44.3	50.0	30.8	77	3	
萨尔瓦多	76	0.6	18.2	51.0	57.7	31.9	75	3	
纳米比亚	77	1.6	14.7	42.4	62.6	30.3	78	3	
菲律宾	78	0.9	19.5	52.0	53.4	31.5	76	3	
越南	79	6.1	27.2	46.0	33.8	28.3	82	4	
叙利亚	80	1.5	37.5	49.0	42.7	32.7	72	3	
印度尼西亚	81	1.6	16.1	55.2	41.4	28.6	81	4	
吉尔吉斯斯坦	82	1.2	17.2	47.2	39.0	26.1	85	4	
埃及	83	6.3	22.1	38.1	48.7	28.8	80	4	
玻利维亚	84	1.6	7.8	48.3	44.8	25.6	86	4	
危地马拉	85	0.2	12.1	47.5	50.3	27.5	83	4	
洪都拉斯	86	0.3	14.1	51.1	42.4	27.0	84	4	
安哥拉	87	0.2	5.3	35.5	55.2	24.0	88	4	
尼加拉瓜	88	0.1	4.5	53.9	41.1	24.9	87	4	
乌兹别克斯坦	89	3.3	13.9	45.2	32.5	23.7	89	4	
加纳	90	1.1	8.2	36.0	45.2	22.6	92	4	
土库曼斯坦	91	0.5	6.8	48.1	33.9	22.3	93	4	
巴布亚新几内亚	92	0.3	1.6	54.8	32.0	22.2	95	4	
肯尼亚	93	2.1	5.5	38.8	32.5	19.7	104	4	
尼日利亚	94	0.5	1.0	25.9	42.8	17.5	119	4	
刚果(布)	95	0.5	5.6	32.5	44.5	20.8	98	4	
塞内加尔	96	4.6	5.5	34.9	48.1	23.3	91	4	
也门	97	0.1	3.8	32.0	47.5	20.9	97	4	
孟加拉国	98	0.5	11.6	34.9	42.2	22.3	94	4	
印度	99	2.2	11.3	32.5	35.9	20.5	101	4	
塔吉克斯坦	100	0.1	10.8	35.4	36.4	20.7	99	4	
老挝	101	0.5	8.1	42.1	33.4	21.0	96	4	
马达加斯加	102	0.2	2.0	40.7	32.8	18.9	109	4	
莱索托	103	0.2	4.8	32.9	40.0	19.5	105	4	
缅甸	104	0.2	6.7	36.4	32.7	19.0	108	4	
赞比亚	105	0.5	2.4	37.3	37.6	19.4	106	4	
津巴布韦	106	0.8	5.4	39.7	36.5	20.6	100	4	
柬埔寨	107	0.2	5.6	42.5	30.8	19.8	102	4	
科特迪瓦	108	0.1	4.6	36.2	38.2	19.8	103	4	
喀麦隆	109	0.5	5.2	27.2	41.6	18.6	110	4	
几内亚	110	0.5	5.3	36.0	31.9	18.4	113	4	
巴基斯坦	111	2.1	4.1	31.3	36.7	18.6	111	4	
贝宁	112	0.5	4.7	31.8	36.5	18.4	114	4	
莫桑比克	113	0.4	2.9	38.5	25.5	16.8	122	4	
马拉维	114	0.6	0.3	39.3	31.5	17.9	115	4	
尼泊尔	115	0.5	8.9	31.3	30.0	17.7	118	4	
坦桑尼亚	116	0.2	3.0	37.0	27.6	17.0	121	4	
厄立特里亚	117	0.5	2.2	32.4	38.9	18.5	112	4	
毛里塔尼亚	118	0.5	2.2	32.4	42.5	19.4	107	4	
卢旺达	119	0.3	3.4	34.8	32.7	17.8	117	4	
塞拉利昂	120	0.5	0.6	35.9	28.2	16.3	123	4	
多哥	121	0.6	5.4	32.2	33.2	17.9	116	4	
海地	122	0.4	0.8	47.9	44.5	23.4	90	4	
埃塞俄比亚	123	0.6	3.1	33.9	23.3	15.2	127	4	
乌干达	124	0.2	1.8	31.0	29.3	15.6	126	4	
布基纳法索	125	0.5	2.7	30.5	35.6	17.3	120	4	
马里	126	0.5	3.5	30.7	28.5	15.7	125	4	
刚果(金)	127	0.2	2.2	29.0	22.8	13.6	129	4	
乍得	128	0.8	1.7	24.6	26.2	13.3	131	4	
尼日尔	129	0.5	1.6	26.0	30.4	14.6	128	4	
布隆迪	130	0.2	1.5	31.5	30.4	15.9	124	4	
中非	131	0.5	1.0	24.6	27.7	13.5	130	4	
高收入国家		100.0	100.0	100.0	100.0	100.0			2
中等收入国家		15.9	24.0	38.8	44.4	30.8			
低收入国家		0.5	3.7	31.6	33.3	17.3			
世界平均		29.2	33.7	42.7	60.0	41.4			

注：a. 采用第二次现代化评价模型第三版的评价结果，指标单位和评价方法见技术注释。后同。

b. 水平分组：1 代表发达水平，2 代表中等发达水平，3 代表初等发达水平，4 代表欠发达水平。

c. 第二次现代化的发展阶段：0 代表准备阶段，1 代表起步期，2 代表发展期。

附表 2-3-2　2018 年世界知识创新指数

国家	编号	知识创新指标的实际值				知识创新指标的指数				均值	知识创新指数[c]
		人均知识创新经费[a]	知识创新人员比例[b]	发明专利申请比例[c]	人均知识产权出口[d]	人均知识创新经费	知识创新人员比例	发明专利申请比例	人均知识产权出口		
丹麦	1	1887	80.7	2.2	574	120	120	33	120	98.2	98.2
美国	2	1788	44.1	8.7	364	120	101	120	117	114.5	114.5
瑞士	3	2713	54.5	1.5	3036	120	120	23	120	95.7	95.7
瑞典	4	1823	75.4	1.8	754	120	120	27	120	96.8	96.8
荷兰	5	1148	56.0	1.2	2230	100	120	18	120	89.5	89.5
新加坡	6	1184	68.0	2.8	1484	103	120	42	120	96.2	96.2
比利时	7	1342	50.2	0.8	373	117	115	12	120	90.9	90.9
爱尔兰	8	901	52.4	0.2	2945	78	120	2	120	80.2	80.2
英国	9	742	46.0	1.9	395	65	106	29	120	79.9	79.9
芬兰	10	1388	68.6	2.5	627	120	120	38	120	99.4	99.4
挪威	11	1692	64.7	2.0	97	120	120	31	31	75.4	75.4
德国	12	1479	52.1	5.6	438	120	120	84	120	111.1	111.1
法国	13	916	47.2	2.1	265	80	108	32	85	76.2	76.2
日本	14	1278	53.3	20.0	360	111	120	120	116	116.7	116.7
奥地利	15	1633	57.3	2.3	154	120	120	35	50	81.0	81.0
澳大利亚	16	1012	45.3	1.1	39	88	104	17	12	55.3	55.3
以色列	17	2066	82.5	1.7	143	120	120	25	46	77.9	77.9
加拿大	18	725	43.3	1.2	149	63	99	18	48	57.0	57.0
韩国	19	1608	79.8	31.5	150	120	120	120	48	102.0	102.0
新西兰	20	585	55.3	2.1	112	51	120	32	36	59.6	59.6
西班牙	21	376	30.0	0.3	54	33	69	5	17	31.0	31.0
意大利	22	484	23.1	1.5	82	42	53	22	26	35.9	35.9
希腊	23	239	34.8	0.4	9	21	80	6	3	27.4	27.4
葡萄牙	24	322	45.4	0.6	12	28	104	10	4	36.4	36.4
斯洛文尼亚	25	507	48.5	1.2	35	44	112	18	11	46.4	46.4
爱沙尼亚	26	330	37.6	0.2	12	29	86	3	4	30.4	30.4
捷克	27	452	38.6	0.6	47	39	89	10	15	38.2	38.2
匈牙利	28	255	32.4	0.4	185	22	74	6	59	40.5	40.5
立陶宛	29	181	31.9	0.3	11	16	73	4	4	24.3	24.3
拉脱维亚	30	113	17.9	0.4	6	10	41	6	2	14.9	14.9
斯洛伐克	31	162	30.0	0.4	10	14	69	6	3	23.0	23.0
克罗地亚	32	146	19.2	0.3	17	13	44	4	5	16.7	16.7
波兰	33	188	31.1	1.1	16	16	71	17	5	27.4	27.4
乌拉圭	34	84	7.0	0.1	13	7	16	1	4	7.1	7.1
俄罗斯	35	114	27.8	1.7	6	10	64	26	2	25.5	25.5
沙特阿拉伯	36	203	—	0.3	—	18	—	5	—	11.2	11.2
阿根廷	37	79	11.9	0.1	7	7	27	1	2	9.5	9.5
智利	38	53	4.9	0.2	2	5	11	3	1	5.0	5.0
科威特	39	21	5.1	0.0	—	2	12	0	—	4.6	4.6
哥斯达黎加	40	50	3.8	0.0	1	4	9	0	0	3.4	3.4
白俄罗斯	41	38	—	0.5	7	3	—	7	2	4.3	4.3
巴西	42	125	8.9	0.2	4	11	20	4	1	9.0	9.0
保加利亚	43	72	23.4	0.3	13	6	54	4	4	17.0	17.0
土耳其	44	102	13.8	0.9	1	9	32	13	0	13.5	13.5
马来西亚	45	141	24.0	0.4	8	12	55	5	3	18.8	18.8
巴拿马	46	22	0.4	0.3	5	2	1	5	2	2.3	2.3
黎巴嫩	47	—	—	0.2	3	—	—	3	1	1.7	1.7
罗马尼亚	48	63	8.8	0.5	5	5	20	8	2	9.0	9.0
哥伦比亚	49	16	0.9	0.1	2	1	2	1	1	1.3	1.3
中国	50	218	13.1	10.0	4	19	30	120	1	42.6	42.6
委内瑞拉	51	54	3.0	0.0	—	5	7	0	—	4.0	4.0
哈萨克斯坦	52	12	6.7	0.4	0	1	15	6	0	5.7	5.7
伊朗	53	46	14.7	1.5	—	4	34	22	—	19.9	19.9
墨西哥	54	30	3.2	0.1	0	3	7	2	0	2.9	2.9
多米尼加	55	—	—	0.0	—	—	—	0	—	0.2	0.5
乌克兰	56	14	9.9	0.5	2	1	23	7	1	7.9	7.9
厄瓜多尔	57	28	4.0	0.0	0	2	9	0	0	3.0	3.0
约旦	58	30	6.0	0.0	2	3	14	0	1	4.3	4.3
北马其顿	59	22	8.0	0.2	6	2	18	3	2	6.3	6.3
格鲁吉亚	60	14	14.6	0.3	0	1	34	4	0	9.8	9.8
牙买加	61	—	—	0.1	2	—	—	1	1	1.0	1.0
阿尔巴尼亚	62	—	—	0.1	5	—	—	1	2	1.2	1.2
泰国	63	66	13.5	0.1	2	6	31	2	1	9.9	9.9
秘鲁	64	9	—	0.0	1	1	—	0	0	0.5	0.5
博茨瓦纳	65	39	1.9	0.0	—	3	4	0	—	2.0	2.0
突尼斯	66	21	17.7	0.2	2	2	41	2	1	11.4	11.4
巴拉圭	67	8	1.4	—	—	1	3	—	—	1.9	1.9
亚美尼亚	68	8	—	0.3	—	1	—	5	—	2.9	2.9
摩尔多瓦	69	11	7.0	0.3	1	1	16	5	0	5.6	5.6
斯里兰卡	70	4	1.1	0.2	—	0	2	2	—	1.7	1.7

(续表)

国家	编号	知识创新指标的实际值				知识创新指标的指数				均值	知识创新指数[e]
		人均知识创新经费[a]	知识创新人员比例[b]	发明专利申请比例[c]	人均知识产权出口[d]	人均知识创新经费	知识创新人员比例	发明专利申请比例	人均知识产权出口		
阿塞拜疆	71	9	—	0.2	—	1	—	2	—	1.6	1.6
蒙古	72	4	—	0.3	0	0	—	4	0	1.5	1.5
阿尔及利亚	73	22	8.2	0.0	0	2	19	1	0	5.3	5.3
南非	74	51	5.2	0.1	2	4	12	2	1	4.7	4.7
摩洛哥	75	—	10.7	0.1	0	—	25	1	0	8.5	8.5
萨尔瓦多	76	7	0.6	0.0	1	1	1	0	0	0.6	0.6
纳米比亚	77	18	1.5	0.1	1	2	3	1	1	1.6	1.6
菲律宾	78	5	1.1	0.0	0	0	2	1	0	0.9	0.9
越南	79	12	7.1	0.1	—	1	16	1	—	6.1	6.1
叙利亚	80			0.9	0.1			2	1		1.5	1.5
印度尼西亚	81	9	2.2	0.1	0	1	5	1	0	1.6	1.6
吉尔吉斯斯坦	82	1	—	0.2	0	0	—	3	0	1.2	1.2
埃及	83	18	6.9	0.1	0	2	16	2	0	6.3	6.3
玻利维亚	84	—	1.6	0.1	1	—	4	1	0	1.6	1.6
危地马拉	85	1	0.1	0.0	1	0	0	0	0	0.2	0.2
洪都拉斯	86	1	0.3	0.0	—	0	1	0	—	0.3	0.3
安哥拉	87	1	0.2	0.0	0	0	0	0	0	0.2	0.2
尼加拉瓜	88	2	—	0.0	—	0	—	0	—	0.1	0.1
乌兹别克斯坦	89	2	4.8	0.1	0	0	11	2	0	3.3	3.3
加纳	90	—	0.9	0.0	—	—	2	0	—	1.1	1.1
土库曼斯坦	91	—	—	—	—	—	—	—	—	—	0.5
巴布亚新几内亚	92	1	0.4	—	—	0	1	—	—	0.3	0.3
肯尼亚	93	—	2.2	0.0	1	—	5	1	0	2.1	2.1
尼日利亚	94	—	—	0.0	—	—	—	0	—	0.1	0.5
刚果（布）	95	—	—	—	0	—	—	—	0	0.1	0.5
塞内加尔	96	7	5.6	—	0	1	13	—	0	4.6	4.6
也门	97			0.0	0			0	0	0.1	0.1
孟加拉国	98			0.0	0			0	0	0.0	0.5
印度	99	13	2.5	0.1	1	1	6	2	0	2.2	2.2
塔吉克斯坦	100	1	—	0.0	—	0	—	0	—	0.1	0.1
老挝	101			0.0				0		0.0	0.5
马达加斯加	102	—	0.3	—	0	—	1	—	0	0.2	0.2
莱索托	103	1	0.2	—	0	0	1	—	0	0.2	0.2
缅甸	104	0	0.3	—	0	0	1	—	0	0.2	0.2
赞比亚	105	—	—	—	—	—	—	—	—	0.1	0.5
津巴布韦	106	—	1.0	0.0	0	—	2	0	0	0.8	0.8
柬埔寨	107	1	0.3	—	0	0	1	—	0	0.2	0.2
科特迪瓦	108	2	—	—	0	0	—	—	0	0.1	0.1
喀麦隆	109	—	—	—	0	—	—	—	0	0.1	0.5
几内亚	110	—	—	—	—	—	—	—	—	—	0.5
巴基斯坦	111	3	3.4	0.0	0	0	8	0	0	2.1	2.1
贝宁	112	—	—	—	0	—	—	—	0	0.0	0.5
莫桑比克	113	2	0.4	0.0	0	0	1	0	0	0.4	0.4
马拉维	114	—	0.5	0.0	0	—	1	0	0	0.6	0.6
尼泊尔	115	—	—	0.0	—	—	—	0	—	0.1	0.5
坦桑尼亚	116	5	0.2	0.0	0	0	0	0	0	0.2	0.2
厄立特里亚	117	—	—	—	—	—	—	—	—	—	0.5
毛里塔尼亚	118	0	—	—	0	0	—	—	0	0.0	0.5
卢旺达	119	5	0.1	0.0	0	0	0	0	0	0.3	0.3
塞拉利昂	120	—	—	—	1	—	—	—	0	0.2	0.5
多哥	121	2	0.5	—	0	0	1	—	0	0.6	0.6
海地	122	—	—	0.0	2	—	—	0	1	0.4	0.4
埃塞俄比亚	123	2	0.9	0.0	0	0	2	0	0	0.6	0.6
乌干达	124	1	0.3	0.0	0	0	1	0	0	0.2	0.2
布基纳法索	125	5	0.5	—	0	0	1	—	0	0.5	0.5
马里	126	2	0.3	—	0	0	1	—	0	0.3	0.3
刚果（金）	127	2	0.1	—	0	0	0	—	0	0.2	0.2
乍得	128	2	0.6	—	0	0	—	—	0	0.8	0.8
尼日尔	129	—	0.3	—	—	—	1	—	—	0.6	0.5
布隆迪	130	1	0.2	—	0	0	1	—	0	0.2	0.2
中非	131	—	—	—	—	—	—	—	—	—	0.5
高收入国家		1150	43.5	6.7	312	100	100	100	100	100.0	100.0
中等收入国家		86	7.4	2.6	2	7	17	39	1	15.9	15.9
低收入国家		—	—	—	0	—	—	—	0	0.0	0.5
世界平均		259	14.1	3.0	52	23	32	45	17	29.2	29.2
基准值		1150	43.5	6.7	312						

注：a. 指人均 R&D 经费，为 2013～2018 年期间最近年的数据。

b. 指从事研究与发展活动的研究人员全时当量/万人，为 2013～2018 年期间最近年的数据。

c. 指居民申请国内发明专利数/万人，为 2013～2018 年期间最近年数据。

d. 指人均知识产权出口收入，为 2013～2018 年期间最近年数据。

e. 当评价指标个数少于 2 个时，知识创新指数的值设定为"0.5"。减少发展中国家数据缺失带来的评价误差。

附表 2-3-3　2018 年世界知识传播指数

国家	编号	知识传播指标的实际值				知识传播指标的指数				知识传播指数[c]
		大学普及率[a]	宽带网普及率	人均公共教育经费[b]	人均知识产权进口[a]	大学普及率	宽带网普及率	人均公共教育经费	人均知识产权进口	
丹麦	1	81	44	4503	270	105	120	120	96	110.3
美国	2	88	36	2732	134	115	105	120	48	96.8
瑞士	3	61	46	4127	1603	80	120	120	120	109.9
瑞典	4	72	39	4071	481	94	115	120	120	112.3
荷兰	5	87	43	2519	2620	113	120	120	120	118.3
新加坡	6	89	26	1626	2982	115	76	78	120	97.5
比利时	7	79	39	2834	337	102	115	120	120	114.4
爱尔兰	8	77	30	2449	17563	100	87	118	120	106.4
英国	9	61	40	2197	218	80	116	106	77	94.9
芬兰	10	90	31	2955	193	117	93	120	69	99.6
挪威	11	83	41	5973	145	108	120	120	51	99.8
德国	12	70	41	2185	194	91	120	120	69	96.4
法国	13	68	45	2116	214	88	120	102	76	96.5
日本	14	—	32	1222	174	—	95	59	62	71.8
奥地利	15	87	28	2541	210	113	83	120	75	97.7
澳大利亚	16	108	34	2769	145	120	99	120	52	97.7
以色列	17	61	29	2470	156	80	85	119	55	84.7
加拿大	18	70	39	2747	319	91	113	120	113	109.4
韩国	19	96	42	1269	190	120	120	61	68	92.2
新西兰	20	83	35	2693	189	108	102	120	67	99.2
西班牙	21	91	32	1185	142	118	94	57	50	80.0
意大利	22	64	28	1311	85	83	82	63	30	64.8
希腊	23	143	38	—	36	120	111	—	13	81.1
葡萄牙	24	66	37	1078	86	85	109	52	31	69.1
斯洛文尼亚	25	77	29	1125	129	100	87	54	46	71.8
爱沙尼亚	26	70	33	1017	51	91	98	49	18	64.1
捷克	27	64	30	795	140	83	88	38	50	64.8
匈牙利	28	50	32	682	163	65	93	33	58	62.4
立陶宛	29	74	28	644	22	96	83	31	8	54.4
拉脱维亚	30	93	27	690	34	120	80	33	12	61.3
斯洛伐克	31	45	28	692	138	59	81	33	49	55.7
克罗地亚	32	68	27	527	76	88	79	25	27	54.9
波兰	33	69	19	632	96	89	55	30	34	52.3
乌拉圭	34	63	28	838	36	82	83	40	13	54.6
俄罗斯	35	85	22	511	44	110	65	25	15	53.8
沙特阿拉伯	36	68	20	—	—	88	60	—	—	73.9
阿根廷	37	90	19	798	46	117	56	38	16	56.9
智利	38	91	17	813	96	118	51	39	34	60.6
科威特	39	54	5	—	—	71	14	—	—	42.3
哥斯达黎加	40	55	17	864	113	72	49	42	40	50.6
白俄罗斯	41	87	34	276	19	114	100	13	7	58.3
巴西	42	—	15	628	24	—	44	30	9	27.6
保加利亚	43	72	27	341	30	93	78	16	11	49.5
土耳其	44	113	16	—	23	120	48	—	8	58.7
马来西亚	45	45	9	480	64	59	25	23	23	32.4
巴拿马	46	48	11	296	9	62	32	14	3	27.9
黎巴嫩	47	—	0	193	2	—	0	9	1	3.5
罗马尼亚	48	51	26	335	49	66	77	16	18	44.1
哥伦比亚	49	55	13	289	12	72	40	14	4	32.4
中国	50	51	29	364	26	66	84	18	9	44.1
委内瑞拉	51	79	9	—	9	103	26	—	3	43.9
哈萨克斯坦	52	54	13	254	9	70	40	12	3	31.3
伊朗	53	63	12	209	—	82	35	10	—	42.3
墨西哥	54	42	15	420	—	54	43	20	1	29.5
多米尼加	55	60	7	—	15	78	22	—	5	35.0
乌克兰	56	83	12	135	13	107	36	7	5	38.7
厄瓜多尔	57	45	11	306	11	58	34	15	4	27.6
约旦	58	34	4	139	2	45	12	7	1	16.0
北马其顿	59	43	20	—	91	56	59	—	32	49.0
格鲁吉亚	60	60	21	156	7	78	62	8	3	37.6
牙买加	61	27	10	267	17	35	29	13	6	20.7
阿尔巴尼亚	62	55	13	164	9	71	37	8	3	29.8
泰国	63	49	13	254	76	64	39	12	27	35.6
秘鲁	64	71	7	264	11	92	22	13	4	32.5
博茨瓦纳	65	25	2	—	52	32	5	—	18	18.6
突尼斯	66	32	9	255	2	41	26	12	1	20.0
巴拉圭	67	—	5	183	3	—	14	9	1	7.8
亚美尼亚	68	55	12	106	—	71	35	5	—	36.9
摩尔多瓦	69	40	15	197	10	52	45	10	3	27.5
斯里兰卡	70	20	7	114	—	25	21	6	—	17.4

（续表）

国家	编号	知识传播指标的实际值				知识传播指标的指数				知识传播指数[c]
		大学普及率[a]	宽带网普及率	人均公共教育经费[b]	人均知识产权进口[a]	大学普及率	宽带网普及率	人均公共教育经费	人均知识产权进口	
阿塞拜疆	71	28	18	103	—	36	54	5	—	31.5
蒙古	72	66	10	150	5	85	28	7	2	30.7
阿尔及利亚	73	51	7	—	4	67	21	—	1	29.8
南非	74	24	2	375	31	31	7	18	11	16.8
摩洛哥	75	36	4	—	5	47	13	—	2	20.3
萨尔瓦多	76	29	8	146	14	38	23	7	5	18.2
纳米比亚	77	23	3	444	1	30	7	21	0	14.7
菲律宾	78	35	4	—	9	46	10	—	3	19.5
越南	79	29	14	95	—	37	40	5	—	27.2
叙利亚	80	40	8	—	—	52	23	—	—	37.5
印度尼西亚	81	36	3	119	5	47	10	6	2	16.1
吉尔吉斯斯坦	82	41	4	75	1	54	11	4	0	17.2
埃及	83	35	7	—	3	46	20	—	1	22.1
玻利维亚	84	—	4	—	7	—	13	—	3	7.8
危地马拉	85	22	3	131	13	28	9	6	5	12.1
洪都拉斯	86	26	4	148	12	34	11	7	4	14.1
安哥拉	87	9	0	—	8	12	1	—	3	5.3
尼加拉瓜	88	—	3	94	0	—	9	5	0	4.5
乌兹别克斯坦	89	10	13	96	2	13	37	5	1	13.9
加纳	90	16	0	73	—	20	1	4	—	8.2
土库曼斯坦	91	8	0	204	—	10	0	10	—	6.8
巴布亚新几内亚	92	—	0	53	—	—	1	3	—	1.6
肯尼亚	93	11	1	84	3	15	2	4	1	5.5
尼日利亚	94	—	0	—	1	—	0	—	0	1.0
刚果（布）	95	13	0	120	—	16	0	6	—	5.6
塞内加尔	96	13	1	63	1	17	2	3	0	5.6
也门	97	—	2	—	8	—	5	—	3	3.8
孟加拉国	98	21	6	22	0	27	19	1	0	11.6
印度	99	28	1	56	6	36	4	3	2	11.3
塔吉克斯坦	100	31	0	49	0	41	0	2	0	10.8
老挝	101	15	1	59	—	19	2	3	—	8.1
马达加斯加	102	5	0	13	1	7	0	1	0	2.0
莱索托	103	10	0	92	2	13	1	4	1	4.8
缅甸	104	19	0	27	1	24	1	1	0	6.7
赞比亚	105	4	0	57	2	5	1	3	1	2.4
津巴布韦	106	10	1	90	0	13	4	4	0	5.4
柬埔寨	107	14	1	21	2	18	3	1	1	5.6
科特迪瓦	108	9	1	80	0	12	2	4	0	4.6
喀麦隆	109	14	0	45	0	19	0	2	0	5.2
几内亚	110	12	0	20	—	15	0	1	—	5.3
巴基斯坦	111	9	1	42	1	12	3	2	0	4.1
贝宁	112	13	0	40	0	16	1	2	0	4.7
莫桑比克	113	7	0	25	0	9	1	1	0	2.9
马拉维	114	—	0	14	0	—	0	1	0	0.3
尼泊尔	115	12	3	50	—	16	8	2	—	8.9
坦桑尼亚	116	4	2	43	0	5	4	2	0	3.0
厄立特里亚	117	3	0	—	—	4	0	—	—	2.2
毛里塔尼亚	118	5	0	30	0	6	1	1	0	2.2
卢旺达	119	7	0	24	—	9	0	1	—	3.4
塞拉利昂	120	—	—	23	0	—	—	1	0	0.6
多哥	121	15	0	31	0	19	1	2	0	5.4
海地	122	—	0	35	0	—	1	2	0	0.8
埃塞俄比亚	123	8	0	30	0	11	0	1	0	3.1
乌干达	124	5	0	17	0	6	0	1	0	1.8
布基纳法索	125	7	0	41	0	8	0	2	0	2.7
马里	126	6	1	31	—	7	2	2	—	3.5
刚果（金）	127	7	0	7	0	9	0	0	0	2.2
乍得	128	3	0	16	—	4	0	1	—	1.7
尼日尔	129	4	0	13	0	6	0	1	0	1.6
布隆迪	130	4	0	14	0	5	0	1	0	1.5
中非	131	—	0	—	—	—	0	—	—	1.0
高收入国家		77	34	2075	281	100	100	100	100	100.0
中等收入国家		36	11	228	13	47	34	11	5	24.0
低收入国家		10	0	27	0	12	1	1	0	3.7
世界平均		38	14	490	56	50	42	24	20	33.7
基准值		77	34	2075	281					

注：a. 为 2013～2018 年期间最近年的数据。b. 为 2013～2017 年期间最近年的数据。

c. 当评价指标个数少于 2 个时，知识传播指数的最小值设定为"1"。减少发展中国家数据缺失带来的评价误差。

附表 2-3-4　2018 年世界生活质量指数

国家	编号	生活质量指标的实际值				生活质量指标的指数				生活质量指数
		平均预期寿命	人均购买力[a]	婴儿死亡率	环境质量[b]	平均预期寿命	人均购买力	婴儿死亡率	环境质量	
丹麦	1	81.0	60 610	3.3	10.0	100	118	120	120	114.5
美国	2	78.5	63 780	5.6	7.4	97	120	79	120	104.0
瑞士	3	83.8	71 070	3.6	10.3	104	120	120	120	115.9
瑞典	4	82.6	56 220	2.2	6.2	102	109	120	120	112.9
荷兰	5	81.8	60 410	3.4	12.0	101	117	120	120	114.7
新加坡	6	83.1	90 510	2.1	19.1	103	120	120	77	105.0
比利时	7	81.6	54 860	2.8	12.9	101	107	120	114	110.5
爱尔兰	8	82.3	68 090	2.9	8.2	102	120	120	120	115.5
英国	9	81.3	48 000	3.7	10.5	101	93	119	120	108.2
芬兰	10	81.7	51 480	2.0	5.9	101	100	120	120	110.3
挪威	11	82.8	74 490	2.0	7.0	103	120	120	120	115.6
德国	12	80.9	58 070	3.3	12.0	100	113	120	120	113.3
法国	13	82.7	49 200	3.7	11.8	103	96	119	120	109.3
日本	14	84.2	44 370	1.8	11.7	104	86	120	120	107.7
奥地利	15	81.7	58 320	2.9	12.5	101	113	120	118	113.1
澳大利亚	16	82.7	49 760	3.1	8.6	103	97	120	120	109.8
以色列	17	82.8	41 420	3.0	21.4	103	81	120	69	93.0
加拿大	18	81.9	50 280	4.3	6.4	102	98	102	120	105.4
韩国	19	82.6	43 850	2.8	25.0	102	85	120	59	91.6
新西兰	20	81.9	43 530	4.1	6.0	101	85	107	120	103.3
西班牙	21	83.4	42 080	2.6	9.7	103	82	120	120	106.3
意大利	22	83.3	44 960	2.8	16.8	103	87	120	88	99.6
希腊	23	81.8	30 250	3.5	16.2	101	59	120	91	92.7
葡萄牙	24	81.3	35 150	3.0	8.2	101	68	120	120	102.3
斯洛文尼亚	25	81.4	39 500	1.7	16.0	101	77	120	92	97.3
爱沙尼亚	26	78.2	36 740	2.0	6.7	97	71	120	120	102.1
捷克	27	79.0	40 020	2.5	16.1	98	78	120	91	96.8
匈牙利	28	76.1	31 650	3.3	15.9	94	62	120	92	92.0
立陶宛	29	75.7	36 330	3.3	11.9	94	71	120	120	101.1
拉脱维亚	30	74.8	31 250	3.3	13.4	93	61	120	109	95.7
斯洛伐克	31	77.3	32 110	4.8	17.6	96	62	92	84	83.4
克罗地亚	32	78.1	29 020	4.1	17.9	97	56	107	82	85.6
波兰	33	77.6	31 650	3.8	20.9	96	61	116	70	86.0
乌拉圭	34	77.8	20 590	6.5	9.3	96	40	68	120	81.0
俄罗斯	35	72.7	28 040	5.4	16.2	90	55	81	91	79.2
沙特阿拉伯	36	75.0	49 230	6.0	87.9	93	96	73	17	69.7
阿根廷	37	76.5	22 480	8.7	13.3	95	44	51	110	74.9
智利	38	80.0	24 420	6.2	21.0	99	47	71	70	71.9
科威特	39	75.4	58 550	6.9	60.7	93	114	64	24	73.8
哥斯达黎加	40	80.1	19 270	7.5	15.7	99	37	59	93	72.2
白俄罗斯	41	74.2	18 650	2.6	18.8	92	36	120	78	81.6
巴西	42	75.7	14 530	12.8	12.7	94	28	34	116	68.0
保加利亚	43	75.0	22 890	5.9	19.1	93	45	75	77	72.2
土耳其	44	77.4	28 390	9.2	44.3	96	55	48	33	58.0
马来西亚	45	76.0	27 350	7.2	16.0	94	53	61	92	75.0
巴拿马	46	78.3	29 400	13.2	11.4	97	57	33	120	76.9
黎巴嫩	47	78.9	15 900	6.4	30.6	98	31	69	48	61.4
罗马尼亚	48	75.4	29 620	6.2	14.6	93	58	71	101	80.6
哥伦比亚	49	77.1	14 670	12.2	16.5	96	29	36	89	62.3
中国	50	76.7	15 530	7.3	52.7	95	30	60	28	53.4
委内瑞拉	51	72.1	17 080	21.0	17.0	89	33	21	86	57.5
哈萨克斯坦	52	73.2	22 950	9.2	13.8	91	45	48	106	72.4
伊朗	53	76.5	13 880	12.4	39.0	95	27	35	38	48.7
墨西哥	54	75.0	19 800	12.6	20.9	93	38	35	70	59.2
多米尼加	55	73.9	17 330	24.1	13.7	92	34	18	107	62.7
乌克兰	56	71.6	12 950	7.4	20.3	89	25	59	72	61.4
厄瓜多尔	57	76.8	11 530	12.3	14.9	95	22	36	99	63.0
约旦	58	74.4	10 220	13.8	33.0	92	20	32	45	47.1
北马其顿	59	75.7	16 480	6.8	29.7	94	32	65	49	60.0
格鲁吉亚	60	73.6	14 040	8.7	22.2	91	27	51	66	58.8
牙买加	61	74.4	9590	12.3	13.4	92	19	36	110	64.1
阿尔巴尼亚	62	78.5	13 960	8.5	18.2	97	27	52	81	64.2
泰国	63	76.9	17 630	8.1	26.3	95	34	54	56	60.0
秘鲁	64	76.5	12 450	10.7	24.8	95	24	41	59	54.9
博茨瓦纳	65	69.3	16 530	32.3	23.1	86	32	14	64	48.8
突尼斯	66	76.5	10 650	14.6	37.7	95	21	30	39	46.2
巴拉圭	67	74.1	12 720	17.2	11.9	92	25	26	120	65.5
亚美尼亚	68	74.9	13 250	11.0	32.5	93	26	40	45	51.0
摩尔多瓦	69	71.9	13 280	12.6	16.3	89	26	35	90	60.0
斯里兰卡	70	76.8	12 820	6.4	11.1	95	25	69	120	77.2

(续表)

国家	编号	生活质量指标的实际值				生活质量指标的指数				生活质量指数
		平均预期寿命	人均购买力[a]	婴儿死亡率	环境质量[b]	平均预期寿命	人均购买力	婴儿死亡率	环境质量	
阿塞拜疆	71	72.9	13 800	19.3	19.9	90	27	23	74	53.4
蒙古	72	69.7	10 950	14.2	40.1	86	21	31	37	43.8
阿尔及利亚	73	76.7	11 630	20.4	38.9	95	23	22	38	44.3
南非	74	63.9	12 530	27.8	25.1	79	24	16	59	44.5
摩洛哥	75	76.5	7450	19.1	32.6	95	14	23	45	44.3
萨尔瓦多	76	73.1	8330	11.8	24.5	91	16	37	60	51.0
纳米比亚	77	63.4	9860	31.2	25.4	79	19	14	58	42.4
菲律宾	78	71.1	9650	22.2	18.1	88	19	20	81	52.0
越南	79	75.3	7290	16.3	29.6	93	14	27	50	46.0
叙利亚	80	71.8	—	18.0	43.8	89	—	24	34	49.0
印度尼西亚	81	71.5	11 310	20.9	16.5	89	22	21	89	55.2
吉尔吉斯斯坦	82	71.4	5100	17.1	22.7	88	10	26	65	47.2
埃及	83	71.8	11 350	17.9	87.0	89	22	25	17	38.1
玻利维亚	84	71.2	8650	22.0	21.6	88	17	20	68	48.3
危地马拉	85	74.1	8470	21.4	24.1	92	16	21	61	47.5
洪都拉斯	86	75.1	5350	14.9	20.6	93	10	30	71	51.1
安哥拉	87	60.8	6550	51.9	32.4	75	13	8	45	35.5
尼加拉瓜	88	74.3	5540	14.9	17.6	92	11	30	83	53.9
乌兹别克斯坦	89	71.6	7130	16.5	28.5	89	14	27	52	45.2
加纳	90	63.8	5220	35.0	34.7	79	10	13	42	36.0
土库曼斯坦	91	68.1	14 570	36.6	21.8	84	28	12	68	48.1
巴布亚新几内亚	92	64.3	4190	36.9	12.3	80	8	12	120	54.8
肯尼亚	93	66.3	4240	32.8	28.6	82	8	13	51	38.8
尼日利亚	94	54.3	5040	75.7	71.8	67	10	6	20	25.9
刚果（布）	95	64.3	3400	35.7	46.6	80	7	12	32	32.5
塞内加尔	96	67.7	3310	33.6	40.7	84	6	13	36	34.9
也门	97	66.1	3520	43.6	50.5	82	7	10	29	32.0
孟加拉国	98	72.3	4760	26.7	60.8	90	9	16	24	34.9
印度	99	69.4	6580	29.7	90.9	86	13	15	16	32.5
塔吉克斯坦	100	70.9	3850	30.4	46.2	88	7	14	32	35.4
老挝	101	67.6	7410	37.6	25.1	84	14	12	59	42.1
马达加斯加	102	66.7	1600	37.5	22.5	83	3	12	65	40.7
莱索托	103	53.7	3200	69.1	28.0	67	6	6	52	32.9
缅甸	104	66.9	4970	37.0	35.6	83	10	12	41	36.4
赞比亚	105	63.5	3550	43.4	27.4	79	7	10	54	37.3
津巴布韦	106	61.2	2990	39.3	22.3	76	6	11	66	39.7
柬埔寨	107	69.6	3970	23.7	25.6	86	8	19	57	42.5
科特迪瓦	108	57.4	4960	60.6	25.9	71	10	7	57	36.2
喀麦隆	109	58.9	3620	51.6	72.8	73	7	9	20	27.2
几内亚	110	61.2	2510	65.1	26.1	76	5	7	56	36.0
巴基斯坦	111	67.1	4770	57.2	58.3	83	9	8	25	31.3
贝宁	112	61.5	3200	60.4	39.0	76	6	7	38	31.8
莫桑比克	113	60.2	1290	56.4	21.3	75	3	8	69	38.5
马拉维	114	63.8	1040	32.1	23.6	79	2	14	62	39.3
尼泊尔	115	70.5	3360	26.5	99.7	87	7	17	15	31.3
坦桑尼亚	116	65.0	2570	37.0	29.1	81	5	12	51	37.0
厄立特里亚	117	65.9	1610	31.3	48.0	82	3	14	31	32.4
毛里塔尼亚	118	64.7	5140	51.4	47.4	80	10	9	31	32.4
卢旺达	119	68.7	2070	27.3	43.2	85	4	16	34	34.8
塞拉利昂	120	54.3	1580	83.4	21.6	67	3	5	68	35.9
多哥	121	60.8	1600	47.0	35.7	75	3	9	41	32.2
海地	122	63.7	3070	49.4	15.0	79	6	9	98	47.9
埃塞俄比亚	123	66.2	2150	37.9	39.0	82	4	12	38	33.9
乌干达	124	63.0	2110	34.6	50.5	78	4	13	29	31.0
布基纳法索	125	61.2	2080	55.3	42.9	76	4	8	34	30.5
马里	126	58.9	2270	61.8	38.5	73	4	7	38	30.7
刚果（金）	127	60.4	1080	67.9	44.9	75	2	6	33	29.0
乍得	128	54.0	1590	70.8	66.0	67	3	6	22	24.6
尼日尔	129	62.0	1280	47.9	94.1	77	2	9	16	26.0
布隆迪	130	61.2	780	41.2	38.9	76	2	11	38	31.5
中非	131	52.8	1030	83.4	56.8	65	2	5	26	24.6
高收入国家		80.7	51 434	4.4	14.7	100	100	100	100	100.0
中等收入国家		71.9	11 434	27.6	52.5	89	22	16	28	38.8
低收入国家		63.5	2372	49.2	42.9	79	5	9	34	31.6
世界平均		72.6	17 103	29.0	45.5	90	33	15	32	42.7
基准值		80.7	51 434	4.4	14.7					

注：a. 按购买力平价 PPP 计算的人均国民收入（国际美元）。
b. 为空气质量，为 $PM_{2.5}$ 年均浓度（微克/立方米）。

附表 2-3-5 2018 年世界经济质量指数

国家	编号	经济质量指标的实际值				经济质量指标的指数				经济质量指数
		劳动生产率[a]	单位GDP的能源消耗[b]	物质产业增加值比例[c]	物质产业劳动力比例[d]	劳动生产率	单位GDP的能源消耗	物质产业增加值比例	物质产业劳动力比例	
丹麦	1	115 608	0.05	22.1	21.1	113	120	110	120	115.6
美国	2	126 319	0.12	19.5	21.2	120	97	120	120	114.2
瑞士	3	123 091	0.04	25.7	23.5	120	120	94	111	111.4
瑞典	4	105 688	0.10	23.4	19.9	103	117	103	120	110.9
荷兰	5	109 201	0.09	19.5	18.3	107	120	120	120	116.6
新加坡	6	163 718	0.09	25.3	16.1	120	120	96	120	113.9
比利时	7	122 400	0.11	19.5	22.0	119	101	120	118	114.8
爱尔兰	8	180 506	0.05	37.7	23.6	120	120	64	111	103.7
英国	9	93 344	0.06	18.2	19.2	91	120	120	120	112.8
芬兰	10	104 848	0.14	26.4	26.1	102	84	92	100	94.5
挪威	11	127 508	0.08	33.9	21.6	120	120	71	120	107.8
德国	12	105 652	0.09	28.0	28.6	103	120	86	91	100.2
法国	13	110 206	0.10	18.7	22.7	107	115	120	115	114.3
日本	14	78 341	0.10	30.3	27.9	76	117	80	93	91.6
奥地利	15	112 008	0.09	26.6	29.1	109	120	91	90	102.4
澳大利亚	16	98 139	0.10	26.6	22.5	96	120	91	116	105.6
以色列	17	89 310	0.08	26.6	18.3	87	120	118	120	111.2
加拿大	18	94 337	0.18	25.2	21.1	92	66	96	120	93.6
韩国	19	79 825	0.19	35.8	30.2	78	62	68	86	73.4
新西兰	20	79 214	0.12	26.2	25.7	77	101	92	102	93.0
西班牙	21	96 818	0.10	22.9	24.5	94	116	106	106	105.7
意大利	22	109 532	0.08	23.4	29.9	107	120	103	87	104.4
希腊	23	82 658	0.12	19.0	27.5	81	97	120	95	98.0
葡萄牙	24	71 680	0.11	21.3	30.9	70	105	113	84	93.1
斯洛文尼亚	25	80 227	0.15	30.5	38.8	78	76	79	67	75.3
爱沙尼亚	26	69 902	0.24	25.6	32.9	68	49	95	79	72.7
捷克	27	79 868	0.22	33.7	40.3	78	54	72	65	67.0
匈牙利	28	66 929	0.19	28.7	37.3	65	61	84	70	70.1
立陶宛	29	72 041	0.14	28.5	33.0	70	80	85	79	78.7
拉脱维亚	30	62 709	0.14	22.3	30.6	61	84	109	85	84.7
斯洛伐克	31	66 199	0.18	31.6	38.8	65	63	76	67	67.8
克罗地亚	32	69 366	0.14	23.5	33.7	68	83	103	78	82.8
波兰	33	68 234	0.20	30.9	41.4	67	59	78	63	66.6
乌拉圭	34	46 432	0.08	30.1	27.6	45	120	80	95	85.1
俄罗斯	35	55 743	0.35	36.2	32.7	54	33	67	80	58.5
沙特阿拉伯	36	121 761	0.28	51.8	27.3	119	41	47	96	75.5
阿根廷	37	54 279	0.16	28.4	22.0	53	70	85	119	81.8
智利	38	54 097	0.15	33.2	31.6	53	79	73	83	71.7
科威特	39	89 617	0.21	60.0	24.0	87	56	40	109	73.1
哥斯达黎加	40	45 408	0.10	23.8	32.1	44	120	102	81	86.8
白俄罗斯	41	36 962	0.35	37.9	41.9	36	33	64	62	48.8
巴西	42	33 045	0.12	22.5	29.4	32	94	107	89	80.6
保加利亚	43	49 623	0.31	25.7	36.7	48	37	94	71	62.6
土耳其	44	79 949	0.15	35.2	45.1	78	77	69	58	70.5
马来西亚	45	57 883	0.27	45.8	37.7	56	44	53	69	55.5
巴拿马	46	66 484	0.08	31.7	33.0	65	120	76	79	85.1
黎巴嫩	47	47 772	0.16	17.5	35.9	47	75	120	73	78.4
罗马尼亚	48	64 227	0.16	32.5	52.3	63	73	74	50	65.0
哥伦比亚	49	29 901	0.09	33.2	36.7	29	120	73	71	73.3
南非	50	28 252	0.29	46.7	54.4	28	40	52	48	41.8
委内瑞拉	51	41 830	0.19	42.3	24.2	41	63	57	108	67.1
哈萨克斯坦	52	54 307	0.35	37.9	36.6	53	34	64	71	55.4
伊朗	53	45 125	0.55	45.8	49.7	44	21	53	52	42.6
墨西哥	54	46 369	0.16	34.5	38.9	45	73	70	67	63.7
多米尼加	55	39 754	0.11	34.0	28.9	39	102	71	90	75.6
乌克兰	56	28 006	0.75	33.5	39.0	27	15	72	67	45.5
厄瓜多尔	57	24 477	0.14	41.5	47.4	24	83	58	55	55.1
约旦	58	46 162	0.22	29.4	26.8	45	52	82	97	69.2
北马其顿	59	44 211	0.23	32.5	47.1	43	50	74	55	55.8
格鲁吉亚	60	31 652	0.25	26.7	53.3	31	47	91	49	54.3
牙买加	61	21 339	0.20	26.9	32.3	21	57	90	81	62.3
阿尔巴尼亚	62	31 204	0.18	39.7	57.0	30	66	61	46	50.7
泰国	63	32 524	0.33	42.9	54.9	32	35	56	47	42.7
秘鲁	64	22 936	0.12	38.4	43.2	22	98	63	60	61.0
博茨瓦纳	65	45 814	0.17	31.5	38.1	45	69	77	68	64.9
突尼斯	66	36 027	0.22	33.9	47.8	35	53	71	55	53.4
巴拉圭	67	26 775	0.13	43.4	38.7	26	90	56	67	60.0
亚美尼亚	68	37 188	0.25	38.7	48.6	36	46	63	54	49.5
摩尔多瓦	69	39 659	0.35	32.9	43.9	39	33	74	59	51.3
斯里兰卡	70	33 507	0.13	34.5	53.4	33	86	70	49	59.4

(续表)

国家	编号	经济质量指标的实际值				经济质量指标的指数				经济质量指数
		劳动生产率[a]	单位GDP的能源消耗[b]	物质产业增加值比例[c]	物质产业劳动力比例[d]	劳动生产率	单位GDP的能源消耗	物质产业增加值比例	物质产业劳动力比例	
阿塞拜疆	71	29 174	0.19	57.5	51.0	28	61	42	51	45.7
蒙古	72	29 903	0.44	49.8	47.3	29	26	49	55	39.8
阿尔及利亚	73	44 316	0.24	51.7	40.8	43	48	47	64	50.5
南非	74	43 503	0.42	28.0	28.3	42	28	86	92	62.2
摩洛哥	75	25 161	0.18	38.1	57.0	25	66	64	46	50.0
萨尔瓦多	76	20 901	0.18	30.6	38.9	20	64	79	67	57.7
纳米比亚	77	33 297	0.15	33.9	38.8	32	79	71	67	62.6
菲律宾	78	21 202	0.16	40.2	43.4	21	72	60	60	53.4
越南	79	12 859	0.35	48.9	65.3	13	33	49	40	33.8
叙利亚	80	9664	—	59.2	33.5	9	—	41	78	42.7
印度尼西亚	81	24 015	0.25	52.5	51.9	23	46	46	50	41.4
吉尔吉斯斯坦	82	13 784	0.51	39.2	45.1	13	23	62	58	39.0
埃及	83	42 373	0.24	46.2	48.5	41	47	52	54	48.7
玻利维亚	84	18 089	0.25	37.7	50.5	18	46	64	52	44.8
危地马拉	85	21 152	0.23	30.9	50.4	21	51	78	52	50.3
洪都拉斯	86	12 810	0.27	38.4	50.9	12	43	63	51	42.4
安哥拉	87	18 079	0.10	56.5	57.9	18	115	43	45	55.2
尼加拉瓜	88	12 914	0.31	41.1	47.3	13	38	59	55	41.1
乌兹别克斯坦	89	16 223	0.62	56.9	49.3	16	19	42	53	32.5
加纳	90	12 792	0.17	49.8	51.5	12	69	49	51	45.2
土库曼斯坦	91	38 438	0.61	66.3	60.9	37	19	37	43	33.9
巴布亚新几内亚	92	14 187	—	53.9	69.9	14	—	45	37	32.0
肯尼亚	93	9624	0.38	50.5	61.3	9	30	48	43	32.5
尼日利亚	94	18 225	0.25	46.9	47.5	18	47	52	55	42.8
刚果（布）	95	10 678	0.15	57.6	55.6	10	78	42	47	44.5
塞内加尔	96	13 639	0.20	39.2	43.9	13	58	62	59	48.1
也门	97	6178	0.20	40.6	38.5	6	57	60	68	47.5
孟加拉国	98	10 877	0.20	41.6	60.2	11	57	58	43	42.2
印度	99	19 034	0.40	41.5	68.3	19	29	58	38	35.9
塔吉克斯坦	100	13 587	0.31	46.6	61.3	13	38	52	43	36.4
老挝	101	14 507	—	47.2	75.0	14	—	51	35	33.4
马达加斯加	102	3214	—	40.6	73.4	3	—	60	36	32.8
莱索托	103	7917	—	35.8	58.3	8	—	68	45	40.0
缅甸	104	11 035	0.30	59.3	65.4	11	39	41	40	32.7
赞比亚	105	9734	0.34	37.8	60.7	9	34	64	43	37.6
津巴布韦	106	6892	0.59	28.9	72.8	7	20	84	36	36.5
柬埔寨	107	7368	0.38	54.3	63.4	7	30	45	41	30.8
科特迪瓦	108	16 668	0.39	41.6	53.7	16	30	58	49	38.2
喀麦隆	109	8530	0.22	40.2	58.6	8	53	60	45	41.6
几内亚	110	7537	—	49.1	67.1	7	—	49	39	31.9
巴基斯坦	111	14 557	0.37	40.8	62.4	14	32	59	42	36.7
贝宁	112	7947	0.32	42.7	57.4	8	36	57	46	36.5
莫桑比克	113	3078	0.66	49.9	79.0	3	18	48	33	25.5
马拉维	114	2570	—	40.3	82.1	3	—	60	32	31.5
尼泊尔	115	5847	0.58	39.2	79.9	6	20	62	33	30.0
坦桑尼亚	116	5492	0.48	53.8	72.1	5	24	45	36	27.6
厄立特里亚	117	3961	—	31.8	71.1	4	—	76	37	38.9
毛里塔尼亚	118	20 667	—	44.5	49.2	20	—	54	53	42.5
卢旺达	119	4201	—	41.9	71.8	4	—	58	36	32.7
塞拉利昂	120	5091	—	64.2	62.0	5	—	38	42	28.2
多哥	121	4660	0.72	38.8	52.4	5	16	62	50	33.2
海地	122	7636	0.28	42.6	35.9	7	41	57	73	44.5
埃塞俄比亚	123	4565	0.87	58.4	76.5	4	13	41	34	23.3
乌干达	124	5791	—	49.3	79.0	6	—	49	33	29.3
布基纳法索	125	6075	—	47.6	52.3	6	—	51	50	35.6
马里	126	6763	—	57.8	70.7	7	—	42	37	28.5
刚果（金）	127	3305	0.80	63.0	74.5	3	15	38	35	22.8
乍得	128	4296	—	59.5	77.3	4	—	41	34	26.2
尼日尔	129	3340	0.27	57.6	79.6	3	44	42	33	30.4
布隆迪	130	1791	—	40.1	89.7	2	—	60	29	30.4
中非	131	2422	—	51.8	76.6	2	—	47	34	27.7
高收入国家		102 526	0.12	24.2	26.1	100	100	100	100	100.0
中等收入国家		26 907	0.27	40.1	54.1	26	43	60	48	44.4
低收入国家		6607	—	43.1	69.8	6	—	56	37	33.3
世界平均		38 928	0.18	28.9	50.1	38	66	84	52	60.0
基准值		102 526	0.12	24.2	26.1					

注：a. 雇员人均GDP（2017年不变价格国际美元PPP）。
　　委内瑞拉、叙利亚、也门、厄立特里亚的数值，为2017年按2011年不变价格PPP计算的值。
b. 2010～2015年期间最近年的数据。c. 物质产业＝农业＋工业，为2013～2018年期间最近年的数据。
d. 物质产业＝农业＋工业，为世界银行估计数。

附表 2-3-6 2018 年世界第二次现代化发展阶段

国家	编号	2018年第一次现代化的阶段[a]	2018年第二次现代化指数	产业结构信号 物质产业增加值占GDP比例	赋值	劳动力结构信号 物质产业劳动力占总劳动力比例	赋值	平均值	第二次现代化的阶段[b]
丹麦	1	4	109.7	22.1	2	21.1	2	2.0	2
美国	2	4	107.4	19.5	3	21.2	2	2.5	2
瑞士	3	4	108.2	25.7	2	23.5	2	2.0	2
瑞典	4	4	108.2	23.4	2	19.9	3	2.5	2
荷兰	5	4	109.8	19.5	3	18.3	3	3.0	2
新加坡	6	4	103.2	25.3	2	16.1	3	2.5	2
比利时	7	4	107.6	19.5	3	22.0	2	2.5	2
爱尔兰	8	4	101.4	37.7	1	23.6	2	1.5	1
英国	9	4	98.9	18.2	3	19.2	3	3.0	2
芬兰	10	4	101.0	26.4	2	26.1	2	2.0	2
挪威	11	4	99.7	33.9	1	21.6	2	1.5	1
德国	12	4	105.2	28.0	2	28.6	2	2.0	2
法国	13	4	99.1	18.7	3	22.7	2	2.5	2
日本	14	4	96.9	30.3	1	27.9	2	1.5	1
奥地利	15	4	98.6	26.6	2	29.1	2	2.0	2
澳大利亚	16	4	92.1	26.6	2	22.5	2	2.0	2
以色列	17	4	91.7	20.6	2	18.3	3	2.5	2
加拿大	18	4	91.4	25.2	2	21.1	2	2.0	2
韩国	19	4	89.8	35.8	1	30.2	1	1.0	1
新西兰	20	4	88.8	26.2	2	25.7	2	2.0	1
西班牙	21	4	80.7	22.9	2	24.5	2	2.0	2
意大利	22	4	76.2	23.4	2	29.9	2	2.0	2
希腊	23	3	74.8	19.0		27.5			
葡萄牙	24	4	75.2	21.3	2	30.9	1	1.5	1
斯洛文尼亚	25	4	72.7	30.5	1	38.8	1	1.0	1
爱沙尼亚	26	4	67.3	25.6	2	32.9	1	1.5	1
捷克	27	4	66.7	33.7	1	40.3		0.5	
匈牙利	28	4	66.2	28.7	2	37.3	1	1.5	1
立陶宛	29	4	64.6	28.5	2	33.0	1	1.5	1
拉脱维亚	30	4	64.2	22.3	2	30.6	1	1.5	1
斯洛伐克	31	4	57.5	31.6		38.8			
克罗地亚	32	4	60.0	23.5		33.7			
波兰	33	4	58.1	30.9		41.4			
乌拉圭	34	3	57.0	30.1		27.6			
俄罗斯	35	4	54.3	36.0		32.7			
沙特阿拉伯	36	4	57.6	51.8		27.3			
阿根廷	37	4	55.8	28.4		22.0			
智利	38	4	52.3	33.2		31.6			
科威特	39	4	48.4	60.0		24.0			
哥斯达黎加	40	3	53.3	23.8		32.1			
白俄罗斯	41	3	48.2	37.9		41.9			
巴西	42	4	46.3	22.5		29.4			
保加利亚	43	4	50.3	25.7		36.7			
土耳其	44	3	50.2	35.2		45.1			
马来西亚	45	4	45.4	45.8		37.7			
巴拿马	46	4	48.0	31.7		33.0			
黎巴嫩	47	3	36.2	17.5		35.9			
罗马尼亚	48	4	49.7	32.5		52.3			
哥伦比亚	49	3	42.3	33.2		36.7			
中国	50	3	45.4	46.7		54.4			
委内瑞拉	51	4	43.1	42.3		24.2			
哈萨克斯坦	52	4	41.2	37.9		36.6			
伊朗	53	3	38.4	45.8		49.7			
墨西哥	54	4	38.8	34.5		38.9			
多米尼加	55	4	43.4	34.0		28.9			
乌克兰	56	3	38.4	33.5		39.0			
厄瓜多尔	57	3	37.2	41.5		47.4			
约旦	58	4	34.2	29.4		26.8			
北马其顿	59	3	42.8	32.5		47.1			
格鲁吉亚	60	2	40.1	26.7		53.3			
牙买加	61	3	37.0	26.9		32.3			
阿尔巴尼亚	62	2	36.5	39.7		57.0			
泰国	63	3	37.0	42.9		54.9			
秘鲁	64	3	37.2	38.4		43.2			
博茨瓦纳	65	3	33.6	31.5		38.1			
突尼斯	66	3	32.7	33.9		47.8			
巴拉圭	67	3	33.8	43.4		38.7			
亚美尼亚	68	3	35.1	38.7		48.6			
摩尔多瓦	69	3	36.1	32.9		43.9			
斯里兰卡	70	3	38.9	34.5		53.4			

(续表)

国家	编号	2018年第一次现代化的阶段[a]	2018年第二次现代化指数	产业结构信号 物质产业增加值占GDP比例	赋值	劳动力结构信号 物质产业劳动力占总劳动力比例	赋值	平均值	第二次现代化的阶段[b]
阿塞拜疆	71	3	33.0	57.5		51.0			
蒙古	72	3	28.9	49.8		47.3			
阿尔及利亚	73	3	32.5	51.7		40.8			
南非	74	4	32.0	28.0		28.3			
摩洛哥	75	3	30.8	38.1		57.0			
萨尔瓦多	76	3	31.9	30.6		38.9			
纳米比亚	77	3	30.3	33.9		38.8			
菲律宾	78	3	31.5	40.2		43.4			
越南	79	3	28.3	48.9		65.3			
叙利亚	80	3	32.7	59.2		33.5			
印度尼西亚	81	3	28.6	52.5		51.9			
吉尔吉斯斯坦	82	3	26.1	39.2		45.1			
埃及	83	3	28.8	46.2		48.5			
玻利维亚	84	3	25.5	37.7		50.5			
危地马拉	85	3	27.5	30.9		50.4			
洪都拉斯	86	3	27.0	38.4		50.9			
安哥拉	87	2	24.0	56.5		57.9			
尼加拉瓜	88	2	24.9	41.1		47.3			
乌兹别克斯坦	89	2	23.7	56.9		49.3			
加纳	90	2	22.6	49.8		51.5			
土库曼斯坦	91	3	22.3	66.3		60.9			
巴布亚新几内亚	92	2	22.2	53.9		69.9			
肯尼亚	93	1	19.7	50.5		61.3			
尼日利亚	94	2	17.5	46.9		47.5			
刚果(布)	95	3	20.8	57.6		55.6			
塞内加尔	96	2	23.3	39.2		43.9			
也门	97	3	20.9	40.6		38.5			
孟加拉国	98	3	22.3	41.6		60.2			
印度	99	2	20.5	41.5		68.3			
塔吉克斯坦	100	2	20.7	46.6		61.3			
老挝	101	2	21.0	47.2		75.0			
马达加斯加	102	1	18.9	40.6		73.4			
莱索托	103	3	19.5	35.8		58.3			
缅甸	104	2	19.0	59.3		65.4			
赞比亚	105	3	19.4	37.8		60.7			
津巴布韦	106	2	20.6	28.9		72.8			
柬埔寨	107	2	19.8	54.3		63.4			
科特迪瓦	108	2	19.8	41.6		53.7			
喀麦隆	109	2	18.6	40.2		58.6			
几内亚	110	1	18.4	49.1		67.1			
巴基斯坦	111	2	18.6	40.8		62.4			
贝宁	112	2	18.4	42.7		57.4			
莫桑比克	113	1	16.8	49.9		79.0			
马拉维	114	1	17.9	40.3		82.1			
尼泊尔	115	2	17.7	39.2		79.9			
坦桑尼亚	116	1	17.0	53.8		72.1			
厄立特里亚	117	2	18.5	31.8		71.1			
毛里塔尼亚	118	2	19.4	44.5		49.2			
卢旺达	119	1	17.8	41.9		71.8			
塞拉利昂	120	0	16.3	64.2		62.0			
多哥	121	2	17.9	38.8		52.4			
海地	122	2	23.4	42.6		35.9			
埃塞俄比亚	123	1	15.2	58.4		76.5			
乌干达	124	1	15.6	49.3		79.0			
布基纳法索	125	2	17.3	47.6		52.3			
马里	126	1	15.7	57.8		70.7			
刚果(金)	127	2	13.6	63.0		74.5			
乍得	128	1	13.3	59.5		77.3			
尼日尔	129	1	14.6	57.6		79.6			
布隆迪	130	0	15.9	40.1		89.7			
中非	131	1	13.5	51.8		76.6			
高收入国家		4	100.0	24.2	2	26.1	2	2.0	2
中等收入国家		3	30.8	40.1		54.1			
低收入国家		1	17.3	43.1		69.8			
世界平均			41.4	28.9		50.1			

注:a. 第一次现代化的阶段。0代表传统社会,1代表起步期,2代表发展期,3代表成熟期,4代表过渡期。

b. 处于第一次现代化的过渡期和第二次现代化指数大于60时,再判断第二次现代化的阶段。第二次现代化的阶段:1代表起步期,2代表发展期,3代表成熟期。

附表 2-3-7 1990~2018 年第二次现代化指数的年均增长率

国家	编号	1990	2000	2010	2018	1990~2018年年均增长率	2000~2018年年均增长率	2010~2018年年均增长率
丹麦	1	64.0	81.1	105.8	109.7	1.94	1.69	0.45
美国	2	60.5	73.1	99.3	107.4	2.07	2.16	0.99
瑞士	3	72.7	78.7	102.0	108.2	1.43	1.78	0.74
瑞典	4	65.1	80.2	100.7	108.2	1.83	1.68	0.91
荷兰	5	55.3	66.6	98.8	109.8	2.48	2.81	1.32
新加坡	6	53.1	69.4	98.3	103.2	2.40	2.23	0.60
比利时	7	52.9	61.6	88.8	107.6	2.57	3.15	2.43
爱尔兰	8	48.7	68.6	99.6	101.4	2.66	2.20	0.23
英国	9	52.1	68.8	89.3	98.9	2.32	2.04	1.29
芬兰	10	56.5	75.0	100.3	101.0	2.10	1.67	0.08
挪威	11	60.3	76.4	96.0	99.7	1.81	1.49	0.47
德国	12	53.0	62.7	87.4	105.2	2.48	2.92	2.34
法国	13	53.3	64.6	87.5	99.1	2.24	2.41	1.57
日本	14	67.3	74.3	91.4	96.9	1.31	1.49	0.74
奥地利	15	55.3	69.1	90.6	98.6	2.09	1.99	1.07
澳大利亚	16	53.7	57.0	87.7	92.1	1.95	2.70	0.62
以色列	17	45.6	61.2	79.0	91.7	2.53	2.27	1.87
加拿大	18	58.0	64.0	85.8	91.4	1.64	2.00	0.79
韩国	19	35.1	55.8	82.2	89.8	3.41	2.68	1.11
新西兰	20	49.1	56.2	78.3	88.8	2.14	2.57	1.58
西班牙	21	44.9	55.5	76.6	80.7	2.12	2.11	0.67
意大利	22	46.1	55.1	72.9	76.2	1.81	1.82	0.56
希腊	23	39.6	45.6	67.9	74.8	2.30	2.79	1.23
葡萄牙	24	37.3	49.2	69.0	75.2	2.53	2.39	1.09
斯洛文尼亚	25	34.4	47.1	69.8	72.7	2.71	2.44	0.50
爱沙尼亚	26	35.3	40.2	60.2	67.3	2.33	2.91	1.41
捷克	27	28.4	38.5	57.5	66.7	3.10	3.09	1.87
匈牙利	28	29.7	36.4	59.8	66.2	2.91	3.39	1.30
立陶宛	29	29.3	36.6	55.4	64.6	2.87	3.20	1.94
拉脱维亚	30	27.1	36.1	51.2	64.2	3.13	3.24	2.87
斯洛伐克	31	27.0	34.2	49.4	57.5	2.73	2.92	1.91
克罗地亚	32	30.2	35.6	51.1	60.0	2.49	2.94	2.04
波兰	33	24.6	34.1	48.5	58.1	3.11	3.00	2.27
乌拉圭	34	31.6	39.3	46.7	57.0	2.13	2.08	2.51
俄罗斯	35	34.7	32.9	46.5	54.3	1.61	2.81	1.95
沙特阿拉伯	36	30.9	35.6	45.8	57.6	2.24	2.71	2.90
阿根廷	37	31.1	40.2	46.6	55.8	2.11	1.84	2.28
智利	38	23.9	31.5	43.2	52.3	2.84	2.86	2.43
科威特	39	45.7	45.7	48.1	48.4	0.21	0.33	0.08
哥斯达黎加	40	27.6	32.3	42.6	53.3	2.38	2.82	2.83
白俄罗斯	41	25.5	27.2	42.1	48.2	2.31	3.24	1.71
巴西	42	25.1	30.5	41.5	46.3	2.21	2.35	1.37
保加利亚	43	27.3	30.0	40.1	50.3	2.21	2.92	2.89
土耳其	44	20.8	26.4	35.6	50.2	3.19	3.64	4.40
马来西亚	45	24.1	30.1	39.4	45.4	2.29	2.32	1.79
巴拿马	46	31.3	34.9	42.2	48.0	1.54	1.80	1.64
黎巴嫩	47	26.8	27.0	36.2	36.2	1.08	1.65	0.02
罗马尼亚	48	22.2	25.1	40.3	49.7	2.92	3.87	2.67
哥伦比亚	49	22.5	27.2	35.2	42.3	2.28	2.48	2.33
中国	50	13.4	16.4	27.0	45.4	4.46	5.84	6.71
委内瑞拉	51	24.8	28.9	39.7	43.1	2.00	2.24	1.06
哈萨克斯坦	52	24.5	25.2	33.3	41.2	1.88	2.77	2.70
伊朗	53	19.6	22.9	32.2	38.4	2.43	2.90	2.21
墨西哥	54	25.5	29.0	34.6	38.8	1.52	1.64	1.44
多米尼加	55	23.0	25.1	35.6	43.4	2.30	3.10	2.52
乌克兰	56	27.3	27.9	34.9	38.4	1.22	1.79	1.21
厄瓜多尔	57	22.9	23.3	30.5	37.2	1.75	2.64	2.53
约旦	58	31.8	30.3	32.3	34.2	0.26	0.66	0.69
北马其顿	59	22.7	25.5	33.1	42.8	2.29	2.92	3.26
格鲁吉亚	60	22.4	22.0	29.6	40.1	2.10	3.39	3.88
牙买加	61	24.1	28.7	34.7	37.0	1.54	1.42	0.79
阿尔巴尼亚	62	23.3	21.9	30.8	36.5	1.62	2.88	2.15
泰国	63	19.1	22.9	29.2	37.0	2.40	2.71	3.02
秘鲁	64	22.3	24.5	29.6	37.2	1.84	2.35	2.88
博茨瓦纳	65	21.6	23.6	30.2	33.6	1.60	1.97	1.31
突尼斯	66	19.4	25.3	30.5	32.7	1.88	1.44	0.88
巴拉圭	67	23.7	24.6	30.1	33.8	1.28	1.78	1.45
亚美尼亚	68	17.1	19.6	28.2	35.1	2.60	3.28	2.75
摩尔多瓦	69	20.9	23.0	30.9	36.1	1.97	2.52	1.97
斯里兰卡	70	17.6	19.3	27.9	38.9	2.87	3.98	4.23

(续表)

国家	编号	1990	2000	2010	2018	1990~2018年年均增长率	2000~2018年年均增长率	2010~2018年年均增长率
阿塞拜疆	71	20.0	18.6	26.1	33.0	1.80	3.23	2.97
蒙古	72	17.1	19.5	24.2	28.9	1.90	2.22	2.26
阿尔及利亚	73	20.8	21.5	26.8	32.5	1.60	2.31	2.41
南非	74	23.3	23.4	30.3	32.0	1.14	1.76	0.68
摩洛哥	75	19.7	20.4	25.4	30.8	1.61	2.32	2.43
萨尔瓦多	76	20.0	23.1	27.0	31.9	1.68	1.81	2.09
纳米比亚	77	20.3	22.7	27.1	30.3	1.44	1.62	1.44
菲律宾	78	19.6	21.9	25.6	31.5	1.70	2.02	2.60
越南	79	14.4	16.4	22.5	28.3	2.44	3.06	2.89
叙利亚	80	23.5	22.2	25.5	32.7	1.19	2.18	3.15
印度尼西亚	81	18.0	19.8	24.3	28.6	1.66	2.07	2.05
吉尔吉斯斯坦	82	18.2	18.6	22.5	26.1	1.29	1.90	1.87
埃及	83	17.3	21.6	23.7	28.8	1.83	1.61	2.50
玻利维亚	84	16.9	18.3	20.6	25.6	1.49	1.90	2.79
危地马拉	85	17.9	20.1	23.6	27.5	1.55	1.76	1.93
洪都拉斯	86	18.2	20.3	23.3	27.0	1.41	1.59	1.85
安哥拉	87	14.8	14.1	20.8	24.0	1.75	3.01	1.81
尼加拉瓜	88	18.9	21.0	23.6	24.9	0.99	0.94	0.70
乌兹别克斯坦	89	16.9	18.9	19.9	23.7	1.22	1.27	2.23
加纳	90	13.7	13.7	20.0	22.6	1.81	2.81	1.55
土库曼斯坦	91	15.8	15.6	18.4	22.3	1.24	2.02	2.47
巴布亚新几内亚	92	18.2	18.1	20.0	22.2	0.71	1.14	1.30
肯尼亚	93	15.9	15.6	17.8	19.7	0.76	1.32	1.29
尼日利亚	94	12.4	13.1	17.1	17.5	1.26	1.62	0.32
刚果(布)	95	17.3	16.6	21.1	20.8	0.65	1.25	−0.19
塞内加尔	96	17.9	17.0	21.3	23.3	0.94	1.77	1.14
也门	97	16.1	18.0	20.4	20.9	0.92	0.81	0.28
孟加拉国	98	14.0	15.8	18.1	22.3	1.67	1.95	2.67
印度	99	12.9	13.9	17.3	20.5	1.66	2.16	2.16
塔吉克斯坦	100	15.2	14.0	18.4	20.7	1.10	2.18	1.42
老挝	101	14.4	15.9	18.2	21.0	1.37	1.58	1.81
马达加斯加	102	15.7	17.0	18.2	18.9	0.67	0.60	0.50
莱索托	103	17.9	15.8	18.1	19.5	0.29	1.16	0.90
缅甸	104	12.3	13.8	17.4	19.0	1.58	1.82	1.14
赞比亚	105	12.7	13.8	17.1	19.4	1.53	1.93	1.62
津巴布韦	106	16.8	16.0	17.8	20.6	0.74	1.43	1.82
柬埔寨	107	13.4	14.0	17.2	19.8	1.41	1.93	1.80
科特迪瓦	108	16.4	16.4	18.6	19.8	0.66	1.02	0.79
喀麦隆	109	13.5	13.4	17.0	18.6	1.16	1.84	1.17
几内亚	110	14.7	15.6	17.7	18.4	0.81	0.92	0.47
巴基斯坦	111	14.3	15.3	16.5	18.6	0.95	1.08	1.47
贝宁	112	13.9	15.2	17.9	18.4	1.00	1.05	0.34
莫桑比克	113	13.2	15.0	15.4	16.8	0.88	0.66	1.09
马拉维	114	13.3	14.1	16.0	17.9	1.08	1.34	1.40
尼泊尔	115	11.5	12.5	15.4	17.7	1.53	1.95	1.74
坦桑尼亚	116	12.5	13.9	15.6	17.0	1.10	1.12	1.03
厄立特里亚	117	15.0	17.5	16.4	18.5	0.74	0.32	1.54
毛里塔尼亚	118	16.8	17.0	18.1	19.4	0.53	0.76	0.89
卢旺达	119	11.3	13.4	16.6	17.8	1.62	1.61	0.90
塞拉利昂	120	14.4	13.7	16.2	16.3	0.44	0.98	0.12
多哥	121	14.0	14.2	16.4	17.9	0.87	1.27	1.06
海地	122	18.6	20.9	20.9	23.4	0.82	0.63	1.42
埃塞俄比亚	123	11.7	12.0	14.3	15.2	0.94	1.31	0.74
乌干达	124	12.3	13.6	14.6	15.6	0.85	0.77	0.80
布基纳法索	125	13.1	13.6	15.5	17.3	0.99	1.37	1.42
马里	126	13.1	13.6	15.0	15.7	0.67	0.82	0.62
刚果(金)	127	11.6	12.5	13.4	13.6	0.55	0.46	0.18
乍得	128	12.9	12.4	12.8	13.3	0.11	0.38	0.48
尼日尔	129	11.2	11.5	13.9	14.6	0.96	1.37	0.66
布隆迪	130	12.0	12.5	14.1	15.9	1.02	1.33	1.50
中非	131	10.5	10.2	12.7	13.5	0.90	1.55	0.77
高收入国家		51.7	64.3	87.2	100.0	2.38	2.48	1.73
中等收入国家		14.8	16.8	23.5	30.8	2.65	3.42	3.46
低收入国家		14.2	14.2	15.8	17.3	0.70	1.11	1.15
世界平均		21.8	25.4	34.2	41.4	2.31	2.76	2.41

注:采用第二次现代化评价模型第三版的评价结果,以2018年高收入国家平均值为基准值的评价。

附表 2-3-8　1970~2018 年世界第二次现代化指数

国家	编号	1970[a]	1980[a]	1990[a]	2000[a]	2010[b]	2015[c]	2016[c]	2017[c]	2018[c]
丹麦	1	54.0	66.1	86.8	102.1	105.2	109.3	109.8	109.1	109.7
美国	2	70.6	79.2	96.9	107.8	103.7	107.3	108.6	106.4	107.4
瑞士	3	50.9	65.0	97.8	98.7	100.4	106.7	107.1	107.2	108.2
瑞典	4	58.2	74.7	92.9	108.9	104.5	106.6	107.9	107.5	108.2
荷兰	5	59.8	67.7	85.3	92.6	99.5	106.1	107.7	106.5	109.8
新加坡	6	41.0	40.7	68.8	76.4	98.8	103.7	103.3	102.9	103.2
比利时	7	53.2	73.7	83.2	89.8	96.7	102.5	104.9	105.5	107.6
爱尔兰	8	37.7	44.4	59.0	75.9	94.4	101.3	102.2	97.2	101.4
英国	9	54.3	64.0	75.1	92.0	95.2	99.0	99.5	96.0	98.9
芬兰	10	49.2	62.0	84.7	103.2	104.3	98.8	99.8	98.7	101.0
挪威	11	56.1	64.6	87.4	100.4	95.0	98.7	99.8	99.3	99.7
德国	12	55.8	61.9	80.0	96.5	99.6	99.8	100.6	99.6	105.2
法国	13	48.3	67.0	78.3	89.8	96.4	97.5	99.1	96.4	99.1
日本	14	58.5	72.4	88.3	103.4	101.2	96.8	99.6	95.9	96.9
奥地利	15	43.7	55.4	78.2	81.7	93.5	95.1	97.0	95.8	98.6
澳大利亚	16	53.7	60.8	76.9	98.9	89.8	93.1	95.3	91.1	92.1
以色列	17	45.0	64.1	64.8	81.4	85.9	90.5	93.4	89.1	91.7
加拿大	18	59.2	68.6	89.0	91.9	91.6	90.3	94.3	89.0	91.4
韩国	19	25.2	34.5	54.6	83.6	96.0	87.7	89.6	91.1	89.8
新西兰	20	46.8	61.6	69.4	77.2	80.0	84.2	86.0	82.4	88.8
西班牙	21	31.1	55.0	62.0	71.9	77.2	77.9	80.0	77.5	80.7
意大利	22	39.3	46.6	66.1	73.9	76.9	73.4	77.1	73.8	76.2
希腊	23	35.0	55.6	52.1	62.5	63.9	72.2	74.7	72.8	74.8
葡萄牙	24	24.0	27.8	39.4	67.6	71.8	71.2	73.3	72.4	75.2
斯洛文尼亚	25	—	—	—	66.5	79.4	70.6	73.9	70.9	72.7
爱沙尼亚	26	—	81.1	—	65.8	67.9	63.9	65.4	64.5	67.3
捷克	27	66.2	70.0	61.6	60.4	66.0	63.5	65.7	64.5	66.7
匈牙利	28	49.8	52.5	51.3	56.6	68.5	62.2	63.5	63.6	66.2
立陶宛	29	—	79.1	—	54.7	58.5	59.7	63.5	62.5	64.6
拉脱维亚	30	—	60.3	—	55.8	56.1	57.8	62.3	61.9	64.2
斯洛伐克	31	—	—	—	57.0	57.4	56.4	58.7	55.8	57.5
克罗地亚	32	—	—	—	50.7	57.1	56.3	59.5	58.3	60.0
波兰	33	55.4	51.1	46.9	51.1	57.5	54.6	56.1	55.2	58.1
乌拉圭	34	33.8	48.0	59.4	69.3	47.8	54.0	55.1	55.7	57.0
俄罗斯	35	—	96.7	—	57.2	55.8	53.9	55.8	52.2	54.3
沙特阿拉伯	36	26.3	39.6	52.3	50.5	67.6	52.8	55.9	58.2	57.6
阿根廷	37	35.6	40.1	54.4	54.4	56.4	52.6	54.6	54.0	55.8
智利	38	30.1	36.3	38.5	48.0	49.0	51.1	53.4	50.6	52.3
科威特	39	58.6	53.5	89.8	54.1	61.7	50.3	46.8	49.8	48.4
哥斯达黎加	40	33.0	31.0	34.6	37.0	45.4	50.2	53.2	51.4	53.3
白俄罗斯	41	—	69.5	—	50.8	46.0	48.1	49.3	47.7	48.2
巴西	42	30.2	29.1	43.0	39.7	40.4	47.0	48.6	47.5	46.3
保加利亚	43	50.1	67.7	62.8	47.9	44.8	46.4	48.3	47.9	50.3
土耳其	44	20.0	25.3	32.2	36.5	44.9	46.2	47.8	40.9	50.2
马来西亚	45	25.4	24.2	28.7	39.1	46.8	44.9	47.6	45.5	45.4
巴拿马	46	40.9	47.7	52.8	51.5	42.7	44.8	46.5	45.7	48.0
黎巴嫩	47	—	51.9	—	54.5	58.5	44.7	46.7	35.5	36.2
罗马尼亚	48	35.6	42.1	41.1	41.6	45.2	44.7	47.6	47.2	49.7
哥伦比亚	49	22.9	27.0	42.6	47.2	39.1	42.3	43.7	41.9	42.3
中国	50	21.0	24.7	26.0	31.2	37.7	41.1	45.3	44.4	45.4
委内瑞拉	51	32.1	34.0	39.2	39.9	52.0	40.4	33.5	34.2	43.1
哈萨克斯坦	52	—	73.8	—	40.9	39.4	39.7	40.8	41.0	41.2
伊朗	53	20.8	21.7	29.5	32.6	49.6	39.6	40.4	40.1	38.4
墨西哥	54	26.2	33.1	46.0	39.6	38.4	38.3	41.2	38.0	38.8
多米尼加	55	26.1	34.7	44.2	42.3	44.1	38.0	41.4	42.8	43.4
乌克兰	56	—	74.7	—	49.2	41.0	37.7	39.2	36.9	—
厄瓜多尔	57	24.8	39.5	27.7	33.0	42.3	37.7	38.9	36.5	37.2
约旦	58	19.5	31.7	49.7	38.2	54.9	36.3	33.7	32.2	34.2
北马其顿	59	—	—	—	40.8	37.3	36.1	39.8	38.6	42.8
格鲁吉亚	60	—	62.7	—	49.1	28.7	35.3	38.3	37.2	40.1
牙买加	61	25.3	39.4	42.4	45.9	36.6	35.3	37.3	35.9	37.0
阿尔巴尼亚	62	—	35.1	—	22.3	37.8	35.1	38.9	35.9	36.5
泰国	63	18.4	25.7	23.8	30.1	35.1	34.5	37.3	35.8	37.0
秘鲁	64	25.1	29.0	37.2	38.4	36.2	34.4	35.3	36.6	37.2
博茨瓦纳	65	10.6	23.2	27.9	33.2	28.6	34.1	33.2	33.2	33.6
突尼斯	66	20.2	29.4	28.0	32.5	44.5	33.3	34.3	32.3	32.7
巴拉圭	67	24.0	22.3	31.3	40.1	37.2	32.8	31.4	32.3	33.8
亚美尼亚	68	—	—	—	36.2	37.3	32.6	34.9	32.8	35.1
摩尔多瓦	69	—	61.1	—	38.6	34.2	32.5	34.1	32.6	36.1
斯里兰卡	70	22.3	21.2	34.1	24.2	33.3	32.5	35.1	37.8	38.9

(续表)

国家	编号	1970[a]	1980[a]	1990[a]	2000[a]	2010[b]	2015[c]	2016[c]	2017[c]	2018[c]
阿塞拜疆	71	—	64.9	—	43.4	32.7	31.6	33.9	31.8	33.0
蒙古	72	—	55.0	52.0	30.1	29.1	31.4	31.3	28.9	28.9
阿尔及利亚	73	18.6	30.2	38.9	32.7	29.5	30.9	32.3	33.6	32.5
南非	74	39.4	32.5	37.6	37.3	32.2	30.6	31.8	31.4	32.0
摩洛哥	75	23.1	25.9	30.3	33.3	31.4	30.6	32.0	30.2	30.8
萨尔瓦多	76	21.7	25.4	28.5	40.2	29.5	30.0	31.4	31.4	31.9
纳米比亚	77	—	—	35.1	28.2	24.5	29.7	30.8	27.6	30.3
菲律宾	78	25.5	25.5	28.6	31.5	23.9	29.6	31.7	31.0	31.5
越南	79	—	16.7	—	22.3	31.6	29.5	28.9	27.4	28.3
叙利亚	80	30.5	34.7	37.8	23.8	43.9	28.9	30.8	31.9	32.7
印度尼西亚	81	18.6	18.7	28.8	22.4	25.5	28.1	29.4	28.3	28.6
吉尔吉斯斯坦	82	—	55.6	—	31.6	25.3	27.4	28.4	25.3	26.1
埃及	83	24.6	26.0	34.6	39.5	31.2	27.1	28.8	28.1	28.8
玻利维亚	84	29.0	24.8	36.0	28.9	25.3	25.9	26.0	25.0	25.6
危地马拉	85	16.9	25.0	37.5	22.0	26.2	25.6	27.3	26.4	27.5
洪都拉斯	86	16.8	26.8	28.8	28.3	34.1	23.8	25.8	25.3	27.0
安哥拉	87	19.2	15.8	34.7	14.8	26.4	23.7	23.0	23.7	24.0
尼加拉瓜	88	21.5	31.1	33.9	25.2	33.1	23.4	25.3	24.6	24.9
乌兹别克斯坦	89	—	59.9	—	40.3	40.3	23.2	24.4	22.4	23.7
加纳	90	18.3	24.5	22.4	18.4	19.6	22.6	21.0	21.9	22.6
土库曼斯坦	91	—	—	—	34.7	25.3	22.0	22.4	22.7	22.3
巴布亚新几内亚	92	13.0	19.0	19.5	18.6	16.8	21.7	26.6	21.8	22.2
肯尼亚	93	16.2	15.1	23.6	26.0	20.1	21.5	23.6	19.1	19.7
尼日利亚	94	14.9	15.8	25.0	14.7	27.4	21.2	19.7	18.7	17.5
刚果(布)	95	33.0	27.8	23.4	21.9	25.4	21.0	21.1	19.9	20.8
塞内加尔	96	23.5	19.1	24.5	16.0	22.4	20.4	20.2	22.6	23.3
也门	97	4.0	13.9	40.2	23.3	27.6	20.2	20.0	20.1	20.9
孟加拉国	98	5.3	15.9	21.3	16.2	19.3	20.2	21.3	21.2	22.3
印度	99	17.1	19.3	23.8	20.7	23.7	20.0	20.9	20.1	20.5
塔吉克斯坦	100	—	—	—	32.0	21.9	20.0	20.0	20.0	20.7
老挝	101	6.2	14.9	17.2	18.2	26.5	19.9	21.7	20.6	21.0
马达加斯加	102	17.9	14.7	17.1	16.2	16.6	19.9	20.1	18.5	18.9
莱索托	103	19.8	24.5	31.7	18.7	25.0	19.9	20.8	18.3	19.5
缅甸	104	15.7	21.0	20.6	27.0	28.6	19.7	19.1	18.7	19.0
赞比亚	105	15.0	21.7	21.8	20.0	18.1	19.4	19.7	18.8	19.4
津巴布韦	106	20.1	21.3	27.5	25.8	19.5	19.4	20.3	19.3	20.6
柬埔寨	107	—	4.0	—	19.2	20.8	19.2	21.1	19.7	19.8
科特迪瓦	108	9.1	28.3	31.1	20.4	17.8	18.5	16.9	18.7	19.8
喀麦隆	109	16.0	23.5	24.3	19.0	19.9	18.5	18.2	18.2	18.6
几内亚	110	8.1	13.9	26.3	18.0	16.9	18.5	16.7	17.9	18.4
巴基斯坦	111	15.5	16.5	17.9	25.0	17.8	18.5	18.7	18.5	18.6
贝宁	112	19.6	21.3	25.3	15.1	17.3	18.3	16.3	17.0	18.4
莫桑比克	113	8.0	10.7	17.7	18.3	14.2	18.0	18.7	16.9	16.8
马拉维	114	20.7	14.9	23.1	15.7	20.4	17.8	17.8	17.8	17.9
尼泊尔	115	14.6	13.2	20.9	18.0	26.7	17.8	17.0	16.8	17.7
坦桑尼亚	116	15.3	13.6	16.6	14.3	16.5	17.7	19.6	16.7	17.0
厄立特里亚	117	—	—	—	19.1	23.6	17.7	17.6	20.7	18.5
毛里塔尼亚	118	21.3	21.0	25.3	23.6	20.6	17.4	15.3	17.0	19.4
卢旺达	119	13.0	10.2	16.2	9.5	23.7	16.8	17.6	17.1	17.8
塞拉利昂	120	23.8	19.1	22.5	14.1	14.0	16.7	14.8	15.9	16.3
多哥	121	18.8	22.1	23.3	17.4	14.0	15.9	15.1	17.2	17.9
海地	122	13.7	15.4	24.1	17.2	13.7	15.9	18.0	18.5	23.4
埃塞俄比亚	123	14.1	15.2	17.7	14.8	12.3	15.6	15.4	14.9	15.2
乌干达	124	11.5	14.6	16.6	14.2	18.0	15.4	15.6	15.8	15.6
布基纳法索	125	1.6	16.9	16.3	13.0	18.8	15.3	15.0	16.4	17.3
马里	126	19.9	16.6	16.9	16.0	17.5	15.3	14.4	15.5	15.7
刚果(金)	127	—	17.0	—	13.8	19.6	14.2	13.9	13.3	13.6
乍得	128	15.6	25.8	18.3	16.5	17.9	14.2	12.9	12.9	13.3
尼日尔	129	13.2	16.0	17.8	15.5	18.5	14.1	13.4	13.7	14.6
布隆迪	130	9.6	12.2	15.5	11.2	15.0	14.1	14.6	15.6	15.9
中非	131	13.5	15.2	20.5	11.9	14.8	13.8	13.0	13.2	13.5
高收入国家		72.3	76.4	88.9	100.0	100.1	99.7	100.1	100.0	100.0
中等收入国家		19.7	35.6	33.4	38.4	31.3	29.3	30.9	30.6	30.8
低收入国家		9.4	20.2	21.9	20.1	20.5	15.7	15.7	16.3	17.3
世界平均		33.2	43.9	46.8	46.0	47.6	40.0	41.7	41.0	41.4

注:a. 1970～2000 年是以 2000 年高收入国家平均值为基准值的评价。
   其中,1970 年和 1990 年没有知识创新和知识传播的数据,评价结果仅供参考。
b. 采用第二次现代化评价模型第二版的评价结果,以高收入 OECD 国家平均值为基准值。
c. 采用第二次现代化评价模型第三版的评价结果,以当年高收入国家平均值为基准值。
d. 1970～2000 年和 2015～2018 年数据为高收入国家的平均值,2010 年数据为高收入 OECD 国家的平均值。

附表 2-3-9 1970～2018 年世界第二次现代化指数的排名

国家	编号	1970[a]	1980[a]	1990[a]	2000[a]	2010[b]	2015[c]	2016[c]	2017[c]	2018[c]
丹麦	1	12	10	8	5	1	1	1	1	2
美国	2	1	1	2	2	4	2	2	5	6
瑞士	3	15	11	1	8	6	3	5	3	4
瑞典	4	7	2	3	1	2	4	3	2	3
荷兰	5	3	7	9	10	3	6	4	4	1
新加坡	6	23	32	18	19	9	5	7	7	8
比利时	7	14	3	11	14	10	7	6	6	5
爱尔兰	8	27	30	25	20	15	8	8	11	9
英国	9	11	14	16	11	13	9	13	13	13
芬兰	10	18	15	10	4	8	10	11	10	10
挪威	11	8	12	7	6	14	11	10	9	11
德国	12	9	16	12	9	7	12	9	8	7
法国	13	19	9	13	13	11	13	14	12	12
日本	14	6	4	6	3	5	14	12	14	15
奥地利	15	22	20	14	16	16	15	15	15	14
澳大利亚	16	13	18	15	7	18	16	16	16	16
以色列	17	21	13	20	17	19	17	18	18	17
加拿大	18	4	6	5	12	17	18	17	19	18
韩国	19	46	41	26	15	12	19	19	17	19
新西兰	20	20	17	17	18	20	20	20	20	20
西班牙	21	35	21	22	22	22	21	21	21	21
意大利	22	26	29	19	21	23	22	22	22	22
希腊	23	30	19	30	27	29	23	23	23	24
葡萄牙	24	51	53	42	24	24	24	25	24	23
斯洛文尼亚	25	—	—	—	25	21	25	24	25	25
爱沙尼亚	26	—	—	—	26	26	26	27	27	26
捷克	27	2	5	23	28	28	27	26	26	27
匈牙利	28	17	24	32	31	25	28	29	28	28
立陶宛	29	—	—	—	33	32	29	28	29	29
拉脱维亚	30	—	—	—	32	37	30	30	30	30
斯洛伐克	31	—	—	—	30	34	31	32	33	34
克罗地亚	32	—	—	—	40	35	32	31	31	31
波兰	33	10	26	34	38	33	33	33	35	32
乌拉圭	34	31	27	24	23	43	34	36	34	35
俄罗斯	35	—	—	—	29	38	35	35	37	37
沙特阿拉伯	36	40	34	29	41	27	36	34	32	33
阿根廷	37	29	33	27	35	36	37	37	36	36
智利	38	38	37	45	44	42	38	38	39	39
科威特	39	5	23	4	36	30	39	46	40	43
哥斯达黎加	40	32	47	53	65	46	40	39	38	38
白俄罗斯	41	—	—	—	39	45	41	40	42	44
巴西	42	37	50	37	57	56	42	41	43	46
保加利亚	43	16	8	21	45	49	43	42	41	40
土耳其	44	65	63	57	66	48	44	43	51	41
马来西亚	45	44	69	65	60	44	45	45	46	47
巴拿马	46	24	28	28	37	53	46	48	45	45
黎巴嫩	47	—	25	—	34	31	47	47	63	64
罗马尼亚	48	28	31	40	50	47	48	44	44	42
哥伦比亚	49	55	55	38	46	59	49	50	49	52
中国	50	60	66	73	78	62	50	49	47	48
委内瑞拉	51	34	42	43	56	40	51	69	64	50
哈萨克斯坦	52	—	—	—	51	58	52	53	50	53
伊朗	53	61	74	62	73	41	53	54	52	57
墨西哥	54	41	43	35	58	60	54	52	54	56
多米尼加	55	42	39	36	49	51	55	51	48	49
乌克兰	56	—	—	—	42	55	56	56	57	58
厄瓜多尔	57	48	35	70	71	54	57	57	59	60
约旦	58	69	45	33	63	39	58	68	71	67
北马其顿	59	—	—	—	52	64	59	55	53	51
格鲁吉亚	60	—	—	—	43	81	60	59	56	54
牙买加	61	45	36	39	47	66	61	60	60	62
阿尔巴尼亚	62	—	38	—	94	61	62	58	61	63
泰国	63	74	60	80	79	68	63	61	62	61
秘鲁	64	47	51	49	62	67	64	62	58	59
博茨瓦纳	65	96	71	69	70	83	65	70	68	69
突尼斯	66	63	49	68	74	50	66	65	66	71
巴拉圭	67	50	72	59	55	65	67	76	70	68
亚美尼亚	68	—	—	—	67	63	68	64	67	66
摩尔多瓦	69	—	—	—	61	69	69	66	69	65
斯里兰卡	70	56	78	55	89	71	70	63	55	55

(续表)

国家	编号	1970[a]	1980[a]	1990[a]	2000[a]	2010[b]	2015[c]	2016[c]	2017[c]	2018[c]
阿塞拜疆	71	—	—	—	48	73	71	67	73	70
蒙古	72	—	22	31	80	80	72	77	78	79
阿尔及利亚	73	72	48	44	72	79	73	71	65	73
南非	74	25	44	47	64	74	74	73	74	74
摩洛哥	75	54	58	61	69	76	75	72	77	77
萨尔瓦多	76	57	62	67	54	78	76	75	75	75
纳米比亚	77	—	—	51	83	96	77	79	81	78
菲律宾	78	43	61	66	77	97	78	74	76	76
越南	79	—	88	—	95	75	79	81	82	82
叙利亚	80	36	40	46	90	52	80	78	72	72
印度尼西亚	81	73	85	63	93	90	81	80	79	81
吉尔吉斯斯坦	82	—	—	—	76	94	82	83	85	85
埃及	83	49	57	54	59	77	83	82	80	80
玻利维亚	84	39	65	50	81	93	84	86	86	86
危地马拉	85	78	64	48	96	89	85	84	83	83
洪都拉斯	86	79	56	64	82	70	86	87	84	84
安哥拉	87	70	94	52	121	88	87	91	88	88
尼加拉瓜	88	58	46	56	87	72	88	88	87	87
乌兹别克斯坦	89	—	—	—	53	57	89	89	91	89
加纳	90	75	67	87	106	108	90	97	92	92
土库曼斯坦	91	—	—	—	68	92	91	92	89	93
巴布亚新几内亚	92	94	84	93	105	122	92	85	93	95
肯尼亚	93	80	98	82	85	106	93	90	103	104
尼日利亚	94	87	93	76	123	85	94	105	105	119
刚果(布)	95	33	54	83	97	91	95	95	100	98
塞内加尔	96	53	83	77	117	101	96	101	90	91
也门	97	103	103	41	92	84	97	104	98	97
孟加拉国	98	102	92	89	115	111	98	94	94	94
印度	99	77	81	81	98	99	99	98	97	101
塔吉克斯坦	100	—	—	—	75	102	100	103	99	99
老挝	101	101	100	99	108	87	101	93	96	96
马达加斯加	102	76	101	100	114	123	102	102	110	109
莱索托	103	67	68	58	104	95	103	99	111	105
缅甸	104	82	80	91	84	82	104	108	106	108
赞比亚	105	86	75	88	100	114	105	106	104	106
津巴布韦	106	64	76	71	86	110	106	100	102	100
柬埔寨	107	—	110	—	101	103	107	96	101	102
科特迪瓦	108	98	52	60	99	117	108	117	107	103
喀麦隆	109	81	70	78	103	107	109	111	112	110
几内亚	110	99	104	72	109	121	110	118	113	113
巴基斯坦	111	84	90	95	88	118	111	110	108	111
贝宁	112	68	77	74	120	120	112	119	118	114
莫桑比克	113	100	108	97	107	127	113	109	119	122
马拉维	114	62	99	85	118	105	114	113	114	115
尼泊尔	115	88	106	90	110	86	115	116	120	118
坦桑尼亚	116	85	105	103	124	124	116	107	121	121
厄立特里亚	117	—	—	—	102	100	117	115	95	112
毛里塔尼亚	118	59	79	75	91	104	118	122	117	107
卢旺达	119	93	109	105	131	98	119	114	116	117
塞拉利昂	120	52	82	86	126	128	120	125	123	123
多哥	121	71	73	84	111	129	121	123	115	116
海地	122	90	95	79	112	130	122	112	109	90
埃塞俄比亚	123	89	96	98	122	131	123	121	127	127
乌干达	124	95	102	102	125	115	124	120	124	126
布基纳法索	125	104	87	104	128	112	125	124	122	120
马里	126	66	89	101	116	119	126	127	126	125
刚果(金)	127	—	86	—	127	109	127	128	129	129
乍得	128	83	59	94	113	116	128	131	131	131
尼日尔	129	92	91	96	119	113	129	129	128	128
布隆迪	130	97	107	106	130	125	130	126	125	124
中非	131	91	97	92	129	126	131	130	130	130
国家数量/个	160	104	110	106	131	131	131	131	131	131

注:a. 1970～2000 年是以 2000 年高收入国家平均值为基准值的评价。
其中,1970 年和 1990 年没有知识创新和知识传播的数据,评价结果仅供参考。
b. 采用第二次现代化评价模型第二版的评价结果,以高收入 OECD 国家平均值为基准值。
c. 采用第二次现代化评价模型第三版的评价结果,以当年高收入国家平均值为基准值。

附表 2-4-1　2018 年世界综合现代化指数[a]

国家	编号	经济发展指数	社会发展指数	知识发展指数	综合现代化指数	指数排名	水平分组[b]
丹麦	1	100.0	100.0	100.0	100.0	1	1
美国	2	100.0	92.1	96.0	96.0	9	1
瑞士	3	99.5	97.8	94.9	97.4	8	1
瑞典	4	100.0	99.5	98.5	99.4	4	1
荷兰	5	99.1	100.0	100.0	99.7	2	1
新加坡	6	99.6	93.5	100.0	97.7	6	1
比利时	7	98.8	99.8	100.0	99.5	3	1
爱尔兰	8	95.5	94.5	94.1	94.7	10	1
英国	9	89.4	95.8	86.1	90.4	15	1
芬兰	10	99.3	93.7	100.0	97.6	7	1
挪威	11	91.6	97.9	85.2	91.5	14	1
德国	12	97.9	98.9	97.8	98.2	5	1
法国	13	90.4	98.8	85.8	91.7	13	1
日本	14	95.8	91.0	96.0	94.3	11	1
奥地利	15	98.2	93.0	90.4	93.9	12	1
澳大利亚	16	87.8	95.5	79.8	87.7	17	1
以色列	17	93.8	95.1	81.2	90.0	16	1
加拿大	18	91.9	85.8	83.2	87.0	18	1
韩国	19	88.5	83.0	89.3	86.9	19	1
新西兰	20	91.4	93.9	75.3	86.9	20	1
西班牙	21	80.6	95.3	66.3	80.8	22	1
意大利	22	89.4	93.6	60.0	81.0	21	1
希腊	23	68.4	89.1	53.2	70.2	30	2
葡萄牙	24	72.8	87.2	54.0	71.4	26	2
斯洛文尼亚	25	79.4	85.9	66.0	77.1	23	2
爱沙尼亚	26	72.0	82.5	57.7	70.7	27	2
捷克	27	75.6	90.3	61.8	75.9	24	2
匈牙利	28	65.9	87.4	58.5	70.6	28	2
立陶宛	29	69.3	88.6	52.3	70.1	31	2
拉脱维亚	30	65.6	86.2	53.3	68.4	32	2
斯洛伐克	31	68.8	80.7	47.8	65.8	34	2
克罗地亚	32	63.2	80.9	50.1	64.7	36	2
波兰	33	61.3	78.1	53.5	64.3	38	2
乌拉圭	34	64.9	85.0	44.1	64.7	37	2
俄罗斯	35	55.8	74.8	53.0	61.2	40	2
沙特阿拉伯	36	65.1	86.5	68.7	73.4	25	2
阿根廷	37	61.8	85.9	50.5	66.1	33	2
智利	38	60.4	81.6	54.1	65.4	35	2
科威特	39	66.9	86.5	57.5	70.3	29	2
哥斯达黎加	40	60.4	82.7	45.3	62.8	39	2
白俄罗斯	41	48.9	74.3	49.8	57.7	47	2
巴西	42	57.7	74.5	31.3	54.5	52	2
保加利亚	43	55.8	77.9	45.3	59.7	43	2
土耳其	44	53.3	76.9	48.8	59.7	42	2
马来西亚	45	55.1	68.7	44.3	56.0	49	2
巴拿马	46	57.2	72.9	33.4	54.5	53	2
黎巴嫩	47	53.6	74.1	45.7	57.8	46	2
罗马尼亚	48	54.4	80.1	40.7	58.4	44	2
哥伦比亚	49	50.1	74.1	36.9	53.7	55	2
中国	50	49.9	54.9	38.1	47.6	65	3
委内瑞拉	51	59.5	66.6	47.4	57.8	45	2
哈萨克斯坦	52	51.1	67.4	41.0	53.2	56	2
伊朗	53	41.0	49.4	55.5	48.6	63	3
墨西哥	54	54.5	78.6	33.3	55.4	51	2
多米尼加	55	54.9	71.0	55.6	60.5	41	2
乌克兰	56	45.6	64.2	43.0	50.9	59	2
厄瓜多尔	57	44.2	66.8	32.2	47.7	64	3
约旦	58	53.7	73.7	31.3	52.9	57	2
北马其顿	59	46.1	74.1	41.4	53.9	54	2
格鲁吉亚	60	44.2	74.9	38.7	52.6	58	2
牙买加	61	51.6	56.1	34.1	47.2	66	3
阿尔巴尼亚	62	38.5	60.2	52.3	50.4	61	2
泰国	63	45.8	50.3	37.2	44.4	71	3
秘鲁	64	46.9	65.6	38.9	50.5	60	2
博茨瓦纳	65	49.5	58.7	24.5	44.3	72	3
突尼斯	66	43.6	62.0	29.5	45.0	69	3
巴拉圭	67	47.1	52.1	25.5	41.6	77	3
亚美尼亚	68	42.0	76.0	48.8	55.6	50	2
摩尔多瓦	69	45.3	66.5	35.7	49.2	62	2
斯里兰卡	70	42.3	44.4	21.8	36.2	86	3

(续表)

国家	编号	经济发展指数	社会发展指数	知识发展指数	综合现代化指数	指数排名	水平分组[b]
阿塞拜疆	71	33.8	73.2	32.4	46.5	68	3
蒙古	72	38.1	64.3	28.5	43.6	74	3
阿尔及利亚	73	42.7	63.8	34.6	47.0	67	3
南非	74	54.4	45.6	26.5	42.2	76	3
摩洛哥	75	38.8	53.8	40.8	44.5	70	3
萨尔瓦多	76	48.4	63.9	20.1	44.1	73	3
纳米比亚	77	48.0	50.0	22.6	40.2	79	3
菲律宾	78	43.5	49.0	29.4	40.7	78	3
越南	79	31.6	42.9	39.9	38.1	81	3
叙利亚	80	71.9	54.2	45.8	57.3	48	2
印度尼西亚	81	37.3	50.6	23.7	37.2	85	3
吉尔吉斯斯坦	82	40.1	49.4	24.5	38.0	83	3
埃及	83	38.4	50.2	25.5	38.0	82	3
玻利维亚	84	40.7	62.8	26.0	43.2	75	3
危地马拉	85	44.6	45.3	26.5	38.8	80	3
洪都拉斯	86	40.0	44.0	18.2	34.0	88	3
安哥拉	87	31.2	50.2	7.6	29.6	99	4
尼加拉瓜	88	39.6	51.1	10.8	33.8	89	3
乌兹别克斯坦	89	33.6	47.7	18.5	33.2	92	3
加纳	90	35.1	46.0	32.8	37.9	84	3
土库曼斯坦	91	37.6	47.2	17.5	34.1	87	3
巴布亚新几内亚	92	27.1	8.9	6.5	14.2	128	4
肯尼亚	93	30.9	30.0	12.1	24.3	109	4
尼日利亚	94	37.2	39.3	24.4	33.6	90	3
刚果（布）	95	30.8	48.2	8.9	29.3	101	4
塞内加尔	96	40.8	41.7	17.6	33.4	91	3
也门	97	41.5	23.0	16.1	26.9	106	4
孟加拉国	98	35.0	43.0	14.7	30.9	96	3
印度	99	32.4	39.7	19.6	30.5	97	3
塔吉克斯坦	100	31.6	46.9	16.5	31.7	95	3
老挝	101	28.0	23.2	24.5	25.2	108	4
马达加斯加	102	29.0	18.3	4.6	17.3	118	4
莱索托	103	36.8	14.4	11.8	21.0	115	4
缅甸	104	27.3	43.8	15.0	28.7	103	4
赞比亚	105	35.0	29.4	8.4	24.3	110	4
津巴布韦	106	34.3	21.4	14.8	23.5	112	4
柬埔寨	107	29.3	30.5	16.1	25.3	107	4
科特迪瓦	108	37.3	36.6	16.6	30.2	98	3
喀麦隆	109	35.5	44.5	15.2	31.7	94	3
几内亚	110	28.8	17.4	17.9	21.4	114	4
巴基斯坦	111	33.8	43.9	7.5	28.4	104	4
贝宁	112	34.5	34.1	13.1	27.2	105	4
莫桑比克	113	24.1	19.1	5.3	16.2	123	4
马拉维	114	26.1	7.8	8.0	14.0	129	4
尼泊尔	115	27.6	31.0	27.7	28.8	102	4
坦桑尼亚	116	25.6	22.7	8.6	19.0	116	4
厄立特里亚	117	64.6	20.8	2.9	29.4	100	4
毛里塔尼亚	118	36.9	27.4	7.7	24.0	111	4
卢旺达	119	29.4	9.9	11.5	16.9	119	4
塞拉利昂	120	25.0	18.6	5.3	16.3	122	4
多哥	121	36.8	21.3	8.3	22.2	113	4
海地	122	42.4	37.5	19.0	33.0	93	3
埃塞俄比亚	123	22.3	16.5	8.1	15.6	126	4
乌干达	124	24.8	13.0	8.5	15.4	127	4
布基纳法索	125	34.2	14.4	6.9	18.5	117	4
马里	126	24.5	20.4	5.6	16.9	120	4
刚果（金）	127	21.5	21.3	4.7	15.9	125	4
乍得	128	21.5	11.0	4.0	12.2	130	4
尼日尔	129	21.4	24.5	3.9	16.6	121	4
布隆迪	130	23.5	7.0	2.1	10.9	131	4
中非	131	24.4	18.5	5.0	16.0	124	4
高收入国家		100.0	99.8	100.0	99.9		
中等收入国家		42.9	50.3	27.8	40.3		
低收入国家		29.7	18.8	10.3	19.6		
世界平均		54.2	58.3	37.3	49.9		

注：a. 采用综合现代化评价模型第三版的评价结果，指标单位和评价方法见技术注释。后同。
b. 国家水平分组：1代表发达水平，2代表中等发达水平，3代表初等发达水平，4代表欠发达水平。

附表 2-4-2 2018 年世界经济发展指数

国家	编号	经济发展指标的实际值				经济发展指标的指数				经济发展指数
		人均国民收入[a]	人均制造业增加值[a]	服务业增加值比例[b]	服务业劳动力比例[c]	人均国民收入	人均制造业增加值	服务业增加值比例	服务业劳动力比例	
丹麦	1	61 020	7898	77.9	78.9	100	100	100	100	100.0
美国	2	63 170	7093	80.5	78.8	100	100	100	100	100.0
瑞士	3	83 730	15071	74.3	76.5	100	100	98	100	99.5
瑞典	4	55 580	7114	76.6	80.1	100	100	100	100	100.0
荷兰	5	51 300	5865	80.5	81.7	100	96	100	100	99.1
新加坡	6	57 900	13729	74.7	83.9	100	100	99	100	99.6
比利时	7	46 100	5790	80.5	77.9	100	95	100	100	98.8
爱尔兰	8	59 640	25466	62.3	76.4	100	100	82	100	95.5
英国	9	41 770	3805	81.8	80.8	95	62	100	100	89.4
芬兰	10	48 280	7320	73.6	73.9	100	100	97	100	99.3
挪威	11	80 640	4821	66.1	78.4	100	79	87	100	91.6
德国	12	47 050	9601	72.0	71.4	100	100	95	97	97.9
法国	13	41 200	4118	81.3	77.3	94	68	100	100	90.4
日本	14	41 150	8124	69.7	72.1	94	100	92	98	95.8
奥地利	15	49 080	8691	73.4	70.9	100	100	97	96	98.2
澳大利亚	16	53 190	3319	73.4	77.5	100	54	97	100	87.8
以色列	17	40 860	4989	79.4	81.8	93	82	100	100	93.8
加拿大	18	45 000	4202	74.8	78.9	100	69	99	100	91.9
韩国	19	32 730	8903	64.2	69.8	75	100	85	94	88.5
新西兰	20	42 110	4389	73.8	74.3	96	72	97	100	91.4
西班牙	21	29 350	3383	77.1	75.5	67	56	100	100	80.6
意大利	22	33 840	5195	76.6	70.1	77	85	100	95	89.4
希腊	23	18 970	1951	81.0	72.5	43	32	100	98	68.4
葡萄牙	24	22 050	2889	78.7	69.1	50	47	100	94	72.8
斯洛文尼亚	25	24 600	5302	69.5	61.2	56	87	92	83	79.4
爱沙尼亚	26	21 340	3079	74.4	67.1	49	51	98	91	72.0
捷克	27	20 520	5316	66.3	59.7	47	87	87	81	75.6
匈牙利	28	15 020	3057	71.3	62.7	34	50	94	85	65.9
立陶宛	29	17 460	3181	71.5	67.1	40	52	94	91	69.3
拉脱维亚	30	16 540	1886	77.7	69.4	38	31	100	94	65.6
斯洛伐克	31	18 350	3679	68.4	61.2	42	60	90	83	68.8
克罗地亚	32	14 080	1875	76.5	66.3	32	31	100	90	63.2
波兰	33	14 150	2587	69.1	58.6	32	42	91	79	61.3
乌拉圭	34	15 910	2013	69.9	72.4	36	33	92	98	64.9
俄罗斯	35	10 250	1506	63.8	67.3	23	25	84	91	55.8
沙特阿拉伯	36	21 610	2990	48.2	72.7	49	49	64	98	65.1
阿根廷	37	12 370	1486	71.6	78.0	28	24	95	100	61.8
智利	38	14 620	1677	66.8	68.5	33	28	88	93	60.4
科威特	39	33 590	2324	40.0	76.0	77	38	53	100	66.9
哥斯达黎加	40	11 590	1427	76.2	67.9	26	23	100	92	60.4
白俄罗斯	41	5700	1346	62.1	58.1	13	22	82	79	48.9
巴西	42	9080	881	77.5	70.6	21	14	100	96	57.7
保加利亚	43	8560	1208	74.3	63.3	20	20	98	86	55.8
土耳其	44	10 520	1800	64.8	54.9	24	30	86	74	53.3
马来西亚	45	10 650	2450	54.2	62.3	24	40	71	84	55.1
巴拿马	46	14 420	916	68.3	67.0	33	15	90	91	57.2
黎巴嫩	47	7720	612	82.5	64.1	18	10	100	87	53.6
罗马尼亚	48	11 430	2319	67.5	47.7	26	38	89	64	54.4
哥伦比亚	49	6260	748	66.8	63.3	14	12	88	86	50.1
中国	50	9600	2778	53.3	45.6	22	46	70	62	49.9
委内瑞拉	51	13 080	1938	57.7	75.8	30	32	76	100	59.5
哈萨克斯坦	52	8070	1121	62.1	63.4	18	18	82	86	51.1
伊朗	53	5300	749	54.2	50.3	12	12	71	68	41.0
墨西哥	54	9180	1699	65.5	61.1	21	28	86	83	54.5
多米尼加	55	7760	1138	66.0	71.1	18	19	87	96	54.9
乌克兰	56	2800	339	66.5	61.0	6	6	88	82	45.6
厄瓜多尔	57	6090	878	58.5	52.7	14	14	77	71	44.2
约旦	58	4270	772	70.6	73.2	10	13	93	99	53.7
北马其顿	59	5480	684	67.5	52.9	13	11	89	72	46.1
格鲁吉亚	60	4460	417	73.3	46.7	10	7	97	63	44.2
牙买加	61	5010	411	73.1	67.7	11	7	97	92	51.6
阿尔巴尼亚	62	4860	325	60.3	43.0	11	5	80	58	38.5
泰国	63	6600	1951	57.1	45.1	15	32	75	61	45.8
秘鲁	64	6470	898	61.6	56.8	15	15	81	77	46.9
博茨瓦纳	65	7340	426	68.5	61.9	17	7	90	84	49.5
突尼斯	66	3500	524	66.1	52.2	8	9	87	71	43.6
巴拉圭	67	5620	1098	56.6	61.3	13	18	75	83	47.1
亚美尼亚	68	4250	476	61.3	51.4	10	8	81	70	42.0
摩尔多瓦	69	3930	475	67.1	56.1	9	8	88	76	45.3
斯里兰卡	70	4040	646	65.5	46.6	9	11	86	63	42.3

(续表)

国家	编号	经济发展指标的实际值				经济发展指标的指数				经济发展指数
		人均国民收入[a]	人均制造业增加值	服务业增加值比例[b]	服务业劳动力比例[c]	人均国民收入	人均制造业增加值	服务业增加值比例	服务业劳动力比例	
阿塞拜疆	71	4060	219	42.5	49.0	9	4	56	66	33.8
蒙古	72	3630	391	50.2	52.7	8	6	66	71	38.1
阿尔及利亚	73	3980	1093	48.3	59.2	9	18	64	80	42.7
南非	74	5750	749	72.0	71.7	13	12	95	97	54.4
摩洛哥	75	3090	514	61.9	43.0	7	8	82	58	38.8
萨尔瓦多	76	3820	650	69.4	61.1	9	11	92	83	48.4
纳米比亚	77	4900	661	66.1	61.2	11	11	87	83	48.0
菲律宾	78	3710	621	59.8	56.6	8	10	79	77	43.5
越南	79	2380	411	51.1	34.7	5	7	67	47	31.6
叙利亚	80	—	—	40.8	66.5	—	—	54	90	71.9
印度尼西亚	81	3850	773	47.5	48.1	9	13	63	65	37.3
吉尔吉斯斯坦	82	1220	187	60.8	54.9	3	3	80	74	40.1
埃及	83	2790	411	53.8	51.5	6	7	71	70	38.4
玻利维亚	84	3370	367	62.3	49.5	8	6	82	67	40.7
危地马拉	85	4390	625	69.1	49.5	10	10	91	67	44.6
洪都拉斯	86	2320	422	61.6	49.1	5	7	81	66	40.0
安哥拉	87	3210	199	43.5	42.1	7	3	57	57	31.2
尼加拉瓜	88	1970	284	58.9	52.8	4	5	78	71	39.6
乌兹别克斯坦	89	2020	259	43.1	50.7	5	4	57	69	33.6
加纳	90	2130	230	50.2	48.5	5	4	66	66	35.1
土库曼斯坦	91	6740	—	33.7	39.0	15	—	45	53	37.6
巴布亚新几内亚	92	2600	48	46.1	30.1	6	1	61	41	27.1
肯尼亚	93	1600	133	49.5	38.7	4	2	65	52	30.9
尼日利亚	94	1960	196	53.1	52.5	4	3	70	71	37.2
刚果(布)	95	1780	193	42.4	44.5	4	3	56	60	30.8
塞内加尔	96	1400	231	60.8	56.1	3	4	80	76	40.8
也门	97	940	143	59.4	61.5	2	2	78	83	41.5
孟加拉国	98	1750	305	58.4	39.8	4	5	77	54	35.0
印度	99	2010	293	58.5	31.7	5	5	77	43	32.4
塔吉克斯坦	100	1000	87	53.4	38.7	2	1	70	52	31.6
老挝	101	2450	189	52.8	25.0	6	3	70	34	28.0
马达加斯加	102	500	12	59.4	26.6	1	0	78	36	29.0
莱索托	103	1280	199	64.2	41.7	3	3	85	56	36.8
缅甸	104	1370	351	40.7	34.6	3	6	54	47	27.3
赞比亚	105	1440	104	62.2	39.3	3	2	82	53	35.0
津巴布韦	106	1530	178	71.1	27.2	3	3	94	37	34.3
柬埔寨	107	1380	247	45.7	36.6	3	4	60	50	29.3
科特迪瓦	108	2180	277	58.4	46.3	5	5	77	63	37.3
喀麦隆	109	1450	219	59.8	41.4	3	4	79	56	35.5
几内亚	110	850	93	50.9	32.9	2	2	67	45	28.8
巴基斯坦	111	1480	181	59.2	37.6	3	3	78	51	33.8
贝宁	112	1200	114	57.3	42.6	3	2	76	58	34.5
莫桑比克	113	460	44	50.1	21.0	1	1	66	28	24.1
马拉维	114	350	33	59.7	17.9	1	1	79	24	26.1
尼泊尔	115	970	52	60.8	20.1	2	1	80	27	27.6
坦桑尼亚	116	1020	75	46.2	27.9	2	1	61	38	25.6
厄立特里亚	117	—	—	68.2	28.9	—	—	90	39	64.6
毛里塔尼亚	118	1580	125	55.5	50.8	4	2	73	69	36.9
卢旺达	119	780	59	58.1	28.2	2	1	77	38	29.4
塞拉利昂	120	490	11	35.8	38.0	1	0	47	51	25.0
多哥	121	660	45	61.2	47.6	2	1	81	64	36.8
海地	122	1360	240	57.4	64.1	3	4	76	87	42.4
埃塞俄比亚	123	800	45	41.6	23.5	2	1	55	32	22.3
乌干达	124	750	121	50.7	21.0	2	2	67	28	24.8
布基纳法索	125	750	79	52.4	47.7	2	1	69	65	34.2
马里	126	830	56	42.2	29.3	2	1	56	40	24.5
刚果(金)	127	500	103	37.0	25.5	1	2	49	34	21.5
乍得	128	680	21	40.5	22.7	2	0	53	31	21.5
尼日尔	129	570	41	42.4	20.4	1	1	56	28	21.4
布隆迪	130	280	26	59.9	10.3	1	0	79	14	23.5
中非	131	490	86	48.2	23.4	1	1	64	32	24.4
高收入国家		43 812	6093	75.8	73.9	100	100	100	100	100.0
中等收入国家		5298	1120	59.9	45.9	12	18	79	62	42.9
低收入国家		800	71	56.9	30.2	2	1	75	41	29.7
世界平均		11 152	1837	71.1	49.9	25	30	94	67	54.2
参考值		43 812	6093	75.8	73.9					

注:a. 为 2013~2018 年期间最近年的数据。"—"表示没有数据,后同。
b. 服务业增加值比例=100－农业增加值比例－工业增加值比例。
c. 世界银行估计值。

附表 2-4-3　2018 年世界社会发展指数

国家	编号	社会发展指标的实际值				社会发展指标的指数				社会发展指数
		城市人口比例	医生比例[a]	生活水平[b]	能源生产效率[c]	城市人口比例	医生比例	生活水平	能源使用效率	
丹麦	1	87.9	4.0	60610	18.8	100	100	100	100	100.0
美国	2	82.3	2.6	63780	8.6	100	84	100	84	92.1
瑞士	3	73.8	4.3	71070	22.3	91	100	100	100	97.8
瑞典	4	87.4	4.0	56220	10.0	100	100	100	98	99.5
荷兰	5	91.5	3.6	60410	12.6	100	100	100	100	100.0
新加坡	6	100.0	2.3	90510	17.1	100	74	100	100	93.5
比利时	7	98.0	3.1	54860	10.6	100	99	100	100	99.8
爱尔兰	8	63.2	3.3	68090	25.2	78	100	100	100	94.5
英国	9	83.4	2.8	48000	16.2	100	90	93	100	95.8
芬兰	10	85.4	3.8	51480	7.6	100	100	100	75	93.7
挪威	11	82.2	2.8	74490	10.9	100	91	100	100	97.9
德国	12	77.3	4.2	58070	13.4	96	100	100	100	98.9
法国	13	80.4	3.3	49200	11.8	99	100	96	100	98.8
日本	14	91.6	2.4	44370	11.6	100	78	86	100	91.0
奥地利	15	58.3	5.2	58320	13.9	72	100	100	100	93.0
澳大利亚	16	86.0	3.7	49760	8.7	100	100	97	85	95.5
以色列	17	92.4	3.5	41420	13.6	100	100	81	100	95.1
加拿大	18	81.4	2.6	50280	6.2	100	84	98	61	85.8
韩国	19	81.5	2.4	43850	7.2	100	76	85	71	83.0
新西兰	20	86.5	3.5	43530	9.3	100	100	85	91	93.9
西班牙	21	80.3	3.9	42080	14.6	99	100	82	100	95.3
意大利	22	70.4	4.0	44960	16.3	87	100	87	100	93.6
希腊	23	79.1	5.5	30250	13.1	98	100	59	100	89.1
葡萄牙	24	65.2	5.1	35150	14.6	81	100	68	100	87.2
斯洛文尼亚	25	54.5	3.1	39500	10.7	67	100	77	100	85.9
爱沙尼亚	26	68.9	3.5	36740	7.5	85	100	71	73	82.5
捷克	27	73.8	4.1	40020	9.4	91	100	78	92	90.3
匈牙利	28	71.4	3.3	31650	11.3	88	100	62	100	87.4
立陶宛	29	67.7	4.8	36330	12.5	84	100	71	100	88.6
拉脱维亚	30	68.1	3.2	31250	11.7	84	100	61	100	86.2
斯洛伐克	31	53.7	3.4	32110	9.6	66	100	62	94	80.7
克罗地亚	32	56.9	3.0	29020	12.6	70	97	56	100	80.9
波兰	33	60.1	2.4	31620	11.2	74	77	61	100	78.1
乌拉圭	34	95.3	5.1	20590	14.8	100	100	40	100	85.0
俄罗斯	35	74.4	4.0	28040	5.4	92	100	55	53	74.8
沙特阿拉伯	36	83.8	2.5	49230	7.0	100	82	96	68	86.5
阿根廷	37	91.9	4.0	22480	11.6	100	100	44	100	85.9
智利	38	87.6	2.4	24420	12.2	100	79	47	100	81.6
科威特	39	100.0	2.6	58550	6.2	100	85	100	61	86.5
哥斯达黎加	40	79.3	3.0	19270	17.8	98	95	37	100	82.7
白俄罗斯	41	78.6	5.2	18650	6.5	97	100	36	64	74.3
巴西	42	86.6	2.2	14530	10.5	100	70	28	100	74.5
保加利亚	43	75.0	4.0	22890	7.6	93	100	45	74	77.9
土耳其	44	75.1	1.8	28390	15.8	93	60	55	100	76.9
马来西亚	45	76.0	1.5	27350	8.0	94	50	53	78	68.7
巴拿马	46	67.7	1.6	29400	25.3	84	51	57	100	72.9
黎巴嫩	47	88.6	2.0	15900	14.2	100	65	31	100	74.1
罗马尼亚	48	54.0	3.0	29620	14.5	67	96	58	100	80.1
哥伦比亚	49	80.8	2.1	14670	19.2	100	68	29	100	74.1
中国	50	59.2	2.0	15530	5.3	73	64	30	52	54.9
委内瑞拉	51	88.2	—	17080	—	100	—	33	—	66.6
哈萨克斯坦	52	57.4	4.0	22950	5.5	71	100	45	54	67.4
伊朗	53	74.9	1.1	13880	4.3	93	36	27	42	49.4
墨西哥	54	80.2	2.4	19800	12.6	99	77	38	100	78.6
多米尼加	55	81.1	1.6	17330	19.3	100	50	34	100	71.0
乌克兰	56	69.4	3.0	12950	5.0	86	97	25	50	64.2
厄瓜多尔	57	63.8	2.0	11530	13.6	79	66	22	100	66.8
约旦	58	91.1	2.3	10220	11.2	100	75	20	100	73.7
北马其顿	59	58.0	2.9	16480	11.5	72	93	32	100	74.1
格鲁吉亚	60	58.6	6.1	14040	10.4	72	100	27	100	74.9
牙买加	61	55.7	1.3	9590	9.7	69	42	19	95	56.1
阿尔巴尼亚	62	60.3	1.2	13960	14.4	75	39	27	100	60.2
泰国	63	49.9	0.8	17630	8.1	62	26	34	79	50.3
秘鲁	64	77.9	1.3	12450	15.0	96	42	24	100	65.6
博茨瓦纳	65	69.4	0.5	16530	13.3	86	17	32	100	58.7
突尼斯	66	68.9	1.3	10650	11.1	85	42	21	100	62.0
巴拉圭	67	61.6	0.2	12720	14.8	76	8	25	100	52.1
亚美尼亚	68	63.1	4.4	13250	10.8	78	100	26	100	76.0
摩尔多瓦	69	42.6	3.2	13280	8.9	53	100	26	88	66.5
斯里兰卡	70	18.5	0.9	12820	22.2	23	30	25	100	44.4

(续表)

国家	编号	社会发展指标的实际值				社会发展指标的指数				社会发展指数
		城市人口比例	医生比例[a]	生活水平[b]	能源生产效率[c]	城市人口比例	医生比例	生活水平	能源使用效率	
阿塞拜疆	71	55.7	3.4	13 800	9.9	69	100	27	97	73.2
蒙古	72	68.4	2.9	10 950	6.0	85	92	21	59	64.3
阿尔及利亚	73	72.6	1.8	11 630	8.7	90	58	23	85	63.8
南非	74	66.4	0.9	12 550	4.8	82	29	24	47	45.6
摩洛哥	75	62.5	0.7	7450	12.6	77	24	14	100	53.8
萨尔瓦多	76	72.0	1.6	8330	12.4	89	51	16	100	63.9
纳米比亚	77	50.0	0.6	9860	12.9	62	19	19	100	50.0
菲律宾	78	46.9	0.6	9650	14.7	58	19	19	100	49.0
越南	79	35.9	0.8	7290	8.8	44	27	14	86	42.9
叙利亚	80	54.2	1.3	—	—	67	42	—	—	54.2
印度尼西亚	81	55.3	0.4	11 310	11.1	68	12	22	100	50.6
吉尔吉斯斯坦	82	36.4	2.2	5100	7.3	45	71	10	71	49.4
埃及	83	42.7	0.8	11 350	12.5	53	26	22	100	50.2
玻利维亚	84	69.4	1.6	8650	9.9	86	51	17	97	62.8
危地马拉	85	51.1	0.4	8470	9.2	63	11	16	90	45.3
洪都拉斯	86	57.1	0.3	5350	8.7	71	10	10	85	44.0
安哥拉	87	65.5	0.2	6550	15.1	81	7	13	100	50.2
尼加拉瓜	88	58.5	1.0	5540	9.1	72	32	11	90	51.1
乌兹别克斯坦	89	50.5	2.4	7130	3.9	62	77	14	38	47.7
加纳	90	56.1	0.1	5220	14.1	69	4	10	100	46.0
土库曼斯坦	91	51.6	2.2	14 570	2.5	64	72	28	25	47.2
巴布亚新几内亚	92	13.2	0.1	4190	—	16	2	8	—	8.9
肯尼亚	93	27.0	0.2	4240	7.3	33	6	8	72	30.0
尼日利亚	94	50.3	0.4	5040	7.2	62	14	10	71	39.3
刚果(布)	95	66.9	0.2	3400	10.0	83	5	7	98	48.2
塞内加尔	96	47.2	0.1	3310	10.3	58	2	6	100	41.7
也门	97	36.6	0.5	3520	—	45	17	7	—	23.0
孟加拉国	98	36.6	0.5	4760	15.3	45	18	9	100	43.0
印度	99	34.0	0.8	6580	8.0	42	25	13	79	39.7
塔吉克斯坦	100	27.1	2.1	3850	8.0	34	68	7	79	46.9
老挝	101	35.0	0.4	7410	—	43	12	14	—	23.2
马达加斯加	102	37.2	0.2	1600	—	46	6	3	—	18.3
莱索托	103	28.2	0.1	3200	—	35	2	6	—	14.4
缅甸	104	30.6	0.9	4970	10.9	38	28	10	100	43.8
赞比亚	105	43.5	0.2	3550	5.3	54	5	7	52	29.4
津巴布韦	106	32.2	0.2	2990	3.5	40	6	6	34	21.4
柬埔寨	107	23.4	0.2	3970	8.1	29	6	8	79	30.5
科特迪瓦	108	50.8	0.2	4960	6.8	63	7	10	67	36.6
喀麦隆	109	56.4	0.1	3620	10.0	70	3	7	98	44.5
几内亚	110	36.1	0.1	2510	—	45	3	5	—	17.4
巴基斯坦	111	36.7	1.0	4770	9.1	45	32	9	89	43.9
贝宁	112	47.3	0.0	3200	7.1	58	2	6	70	34.1
莫桑比克	113	36.0	0.1	1290	2.7	44	2	3	27	19.1
马拉维	114	16.9	0.0	1040	—	21	1	2	—	7.8
尼泊尔	115	19.7	0.9	3360	6.5	24	29	7	64	31.0
坦桑尼亚	116	33.8	0.0	2570	4.5	42	0	5	44	22.7
厄立特里亚	117	35.8	0.1	1610	3.4	44	2	3	34	20.8
毛里塔尼亚	118	53.7	0.2	5140	—	66	6	10	—	27.4
卢旺达	119	17.2	0.1	2070	—	21	4	4	—	9.9
塞拉利昂	120	42.1	0.0	1580	—	52	1	3	—	18.6
多哥	121	41.7	0.0	1600	3.0	52	1	3	30	21.3
海地	122	55.3	0.1	3070	7.5	68	3	6	73	37.5
埃塞俄比亚	123	20.8	0.1	2150	3.4	26	3	4	33	16.5
乌干达	124	23.8	0.2	2110	—	29	5	4	—	13.0
布基纳法索	125	29.4	0.1	2080	—	36	3	4	—	14.4
马里	126	42.4	0.1	2270	—	52	5	4	—	20.4
刚果(金)	127	44.5	0.1	1080	2.6	55	2	2	26	21.3
乍得	128	23.1	0.0	1590	—	29	1	3	—	11.0
尼日尔	129	16.4	0.0	1280	7.5	20	1	2	74	24.5
布隆迪	130	13.0	0.1	780	—	16	3	2	—	7.0
中非	131	41.4	0.1	1030	—	51	2	2	—	18.5
高收入国家		80.9	3.1	51 434	10.2	100	99	100	100	99.8
中等收入国家		52.3	1.4	11 434	7.1	65	45	22	70	50.3
低收入国家		32.9	0.3	2372	—	41	11	5	—	18.8
世界平均		55.3	1.6	17 103	8.3	68	51	33	81	58.3
参考值		80.9	3.1	51 434	10.2					

注：a. 2011～2017年期间最近年的数据。
b. 按购买力平价PPP计算的人均GNI(国际美元)，为2011～2018年期间最近年数据。
c. 2010～2015年期间最近年的数据。

附表 2-4-4 2018 年世界知识发展指数

国家	编号	知识发展指标的实际值				知识发展指标的指数				知识发展指数
		知识生产经费投入[a]	人均知识产权贸易[b]	大学普及率[c]	互联网普及率	知识生产经费投入	人均知识产权贸易	大学普及率	互联网普及率	
丹麦	1	1887	844	81	98	100	100	100	100	100.0
美国	2	1788	498	88	87	100	84	100	100	96.0
瑞士	3	2713	4639	61	90	100	100	80	100	94.9
瑞典	4	1823	1234	72	92	100	100	94	100	98.5
荷兰	5	1148	4850	87	95	100	100	100	100	100.0
新加坡	6	1184	4465	89	88	100	100	100	100	100.0
比利时	7	1342	710	79	89	100	100	100	100	100.0
爱尔兰	8	901	20508	77	85	78	100	100	98	94.1
英国	9	742	613	61	95	65	100	80	100	86.1
芬兰	10	1388	820	90	89	100	100	100	100	100.0
挪威	11	1692	242	83	96	100	41	100	100	85.2
德国	12	1479	632	70	90	100	100	91	100	97.8
法国	13	916	479	68	82	80	81	88	95	85.8
日本	14	1278	534	—	85	100	90	—	98	96.0
奥地利	15	1633	365	87	88	100	62	100	100	90.4
澳大利亚	16	1012	184	108	87	88	31	100	100	79.8
以色列	17	2066	299	61	82	100	50	80	94	81.2
加拿大	18	725	467	70	91	63	79	91	100	83.2
韩国	19	1608	340	96	96	100	57	100	100	89.3
新西兰	20	585	300	83	91	51	51	100	100	75.4
西班牙	21	376	196	91	86	33	33	100	100	66.3
意大利	22	484	167	64	74	42	28	83	86	60.0
希腊	23	239	45	143	73	21	8	100	84	53.2
葡萄牙	24	322	98	66	75	28	16	85	86	54.0
斯洛文尼亚	25	507	164	77	80	44	28	100	92	66.0
爱沙尼亚	26	330	63	70	89	29	11	91	100	57.7
捷克	27	452	187	64	81	39	32	83	93	61.8
匈牙利	28	255	347	50	76	22	59	65	88	58.5
立陶宛	29	181	33	74	80	16	6	96	92	52.3
拉脱维亚	30	113	39	93	84	10	7	100	97	53.3
斯洛伐克	31	162	148	45	81	14	25	59	93	47.8
克罗地亚	32	146	93	68	73	13	16	88	84	50.1
波兰	33	188	112	69	78	16	19	89	90	53.5
乌拉圭	34	84	49	63	68	7	8	82	79	44.1
俄罗斯	35	114	50	85	81	10	8	100	94	53.0
沙特阿拉伯	36	203	—	68	93	18	—	88	100	68.7
阿根廷	37	79	53	90	74	7	9	100	86	50.5
智利	38	53	98	91	82	5	17	100	95	54.1
科威特	39	21	—	54	100	2	—	71	100	57.5
哥斯达黎加	40	50	114	55	74	4	19	72	86	45.3
白俄罗斯	41	38	26	87	79	3	4	100	92	49.8
巴西	42	125	28	—	67	11	5	—	78	31.3
保加利亚	43	72	42	72	65	6	7	93	75	45.3
土耳其	44	102	24	113	71	9	4	100	82	48.8
马来西亚	45	141	72	45	81	12	12	59	94	44.3
巴拿马	46	22	15	48	58	2	2	62	67	33.4
黎巴嫩	47	—	5	—	78	—	1	—	90	45.7
罗马尼亚	48	63	55	51	71	5	9	66	82	40.7
哥伦比亚	49	16	14	55	62	1	2	72	72	36.9
中国	50	218	30	51	54	19	5	66	63	38.1
委内瑞拉	51	54	9	79	72	5	1	100	83	47.4
哈萨克斯坦	52	12	9	54	79	1	2	70	91	41.0
伊朗	53	46	—	63	70	4	—	82	81	55.5
墨西哥	54	30	2	42	66	3	0	54	76	33.3
多米尼加	55	—	15	60	75	—	3	78	87	55.6
乌克兰	56	14	15	83	59	1	3	100	68	43.0
厄瓜多尔	57	28	11	45	57	2	2	58	66	32.2
约旦	58	30	5	34	67	3	1	45	77	31.3
北马其顿	59	22	96	43	79	2	16	56	92	41.4
格鲁吉亚	60	14	7	60	74	1	1	78	74	38.7
牙买加	61	—	19	27	55	—	3	35	64	34.1
阿尔巴尼亚	62	—	14	55	72	—	2	71	83	52.3
泰国	63	66	78	49	57	6	13	64	66	37.2
秘鲁	64	9	12	71	53	1	2	92	61	38.9
博茨瓦纳	65	39	52	25	47	3	9	32	54	24.7
突尼斯	66	21	4	32	64	2	1	41	74	29.5
巴拉圭	67	8	3	—	65	1	0	—	75	25.5
亚美尼亚	68	8	—	55	65	1	—	71	75	48.8
摩尔多瓦	69	11	11	40	76	1	2	52	88	35.7
斯里兰卡	70	4	—	20	34	0	—	25	39	21.8

(续表)

国家	编号	知识发展指标的实际值				知识发展指标的指数				知识发展指数
		知识生产经费投入[a]	人均知识产权贸易[b]	大学普及率[c]	互联网普及率	知识生产经费投入	人均知识产权贸易	大学普及率	互联网普及率	
阿塞拜疆	71	9	3	28	80	1	1	36	92	32.4
蒙古	72	4	5	66	24	0	1	85	27	28.5
阿尔及利亚	73	22	4	51	60	2	1	67	69	34.6
南非	74	51	34	24	56	4	6	31	65	26.5
摩洛哥	75	—	5	36	65	—	1	47	75	40.8
萨尔瓦多	76	7	15	29	34	1	3	38	39	20.1
纳米比亚	77	18	1	23	51	2	0	30	59	22.6
菲律宾	78	5	9	35	60	0	2	46	70	29.4
越南	79	12	—	29	70	1	—	37	81	39.9
叙利亚	80	—	—	40	34	—	—	52	40	45.8
印度尼西亚	81	9	6	36	40	1	1	47	46	23.7
吉尔吉斯斯坦	82	1	1	41	38	0	0	54	44	24.5
埃及	83	18	3	35	47	2	1	46	54	25.5
玻利维亚	84	—	8	—	44	—	1	—	51	26.0
危地马拉	85	1	14	22	65	0	2	28	75	26.5
洪都拉斯	86	1	12	26	32	0	2	34	37	18.2
安哥拉	87	1	8	9	14	0	1	12	17	7.6
尼加拉瓜	88	2	0	—	28	0	0	—	32	10.8
乌兹别克斯坦	89	2	2	10	52	0	0	13	61	18.5
加纳	90	—	—	16	39	—	—	20	45	32.8
土库曼斯坦	91	—	—	8	21	—	—	10	25	17.5
巴布亚新几内亚	92	1	—	—	11	0	—	—	13	6.5
肯尼亚	93	—	4	11	18	—	1	15	21	12.1
尼日利亚	94	—	1	—	42	—	0	—	49	24.4
刚果（布）	95	—	1	13	9	—	0	16	10	8.9
塞内加尔	96	7	1	13	46	1	0	17	53	17.6
也门	97	—	8	—	27	—	1	—	31	16.1
孟加拉国	98	—	0	21	15	—	0	27	17	14.7
印度	99	13	6	28	34	1	1	36	40	19.6
塔吉克斯坦	100	1	—	31	22	0	—	41	25	16.5
老挝	101	—	—	15	26	—	—	19	30	24.5
马达加斯加	102	0	1	5	10	0	0	7	11	4.6
莱索托	103	1	2	10	29	0	0	13	34	11.8
缅甸	104	0	1	19	31	0	0	24	36	15.0
赞比亚	105	—	2	—	14	—	0	—	17	8.4
津巴布韦	106	—	0	10	27	—	0	13	31	14.8
柬埔寨	107	1	2	14	40	0	0	18	46	16.1
科特迪瓦	108	2	0	9	47	0	0	12	54	16.6
喀麦隆	109	—	0	14	23	—	0	19	27	15.2
几内亚	110	—	—	12	18	—	—	15	21	17.9
巴基斯坦	111	3	1	9	16	0	0	12	18	7.5
贝宁	112	—	0	13	20	—	0	16	23	13.1
莫桑比克	113	2	0	7	10	0	0	9	12	5.3
马拉维	114	—	0	—	14	—	0	—	16	8.0
尼泊尔	115	—	—	12	34	—	—	16	39	27.7
坦桑尼亚	116	5	0	4	25	0	0	5	29	8.6
厄立特里亚	117	—	—	3	1	—	—	4	2	2.9
毛里塔尼亚	118	0	0	5	21	0	0	6	24	7.7
卢旺达	119	5	—	7	22	0	—	9	25	11.5
塞拉利昂	120	—	1	—	9	—	0	—	10	5.3
多哥	121	2	0	15	12	0	0	19	14	8.3
海地	122	—	2	—	32	—	0	—	38	19.0
埃塞俄比亚	123	2	—	8	19	0	—	11	22	8.1
乌干达	124	1	1	5	24	0	0	6	27	8.5
布基纳法索	125	5	0	—	16	0	0	—	19	6.9
马里	126	2	0	6	13	0	0	7	15	5.6
刚果（金）	127	2	0	7	9	0	0	9	10	4.7
乍得	128	2	—	3	7	0	—	4	8	4.0
尼日尔	129	—	0	4	5	—	0	6	6	3.9
布隆迪	130	1	0	4	2	0	0	5	2	2.1
中非	131	—	—	—	4	—	—	—	5	5.0
高收入国家		1150	593	77	86	100	100	100	100	100.0
中等收入国家		86	15	36	47	7	3	47	54	27.8
低收入国家		—	0	10	16	—	0	12	18	10.3
世界平均		259	108	38	51	23	18	50	59	37.3
参考值		1150	593	77	86					

注：a. 人均R&D经费，为2013～2018年期间最近年的数据。

b. 人均知识产权的进口和出口总值，为2013～2018年期间最近年的数据。

c. 2013～2018年期间最近年的数据。

附表 2-4-5　1980～2018 年世界综合现代化指数

国家	编号	1980[a]	1990[a]	2000[a]	2010[b]	2015[c]	2016[c]	2017[c]	2018[c]
丹麦	1	92.8	97.7	95.1	99.7	100.0	100.0	100.0	100.0
美国	2	92.4	90.7	95.3	96.2	97.7	98.0	98.3	96.0
瑞士	3	89.0	92.1	95.9	95.6	97.3	97.2	97.2	97.4
瑞典	4	98.0	98.1	98.3	99.3	98.7	98.6	98.9	99.4
荷兰	5	91.0	95.8	90.2	97.6	97.7	98.3	98.4	99.7
新加坡	6	59.8	63.9	87.6	95.6	96.9	97.9	98.0	97.7
比利时	7	90.9	94.4	85.7	97.1	98.8	99.4	99.5	99.5
爱尔兰	8	68.3	71.0	75.0	95.0	94.5	95.0	93.8	94.7
英国	9	88.4	88.7	88.4	91.1	91.6	91.1	90.5	90.4
芬兰	10	87.0	91.8	89.4	96.8	97.4	97.8	97.8	97.6
挪威	11	91.2	91.4	90.2	93.5	92.9	92.8	92.4	91.5
德国	12	93.0	93.5	94.7	93.2	94.5	95.0	95.9	98.2
法国	13	89.2	89.8	85.6	93.1	91.7	91.8	91.1	91.7
日本	14	94.4	93.1	93.9	93.3	93.2	94.3	94.4	94.3
奥地利	15	87.2	92.0	86.9	93.8	94.0	92.9	93.8	93.9
澳大利亚	16	90.8	87.8	86.2	92.2	90.9	90.3	90.0	87.7
以色列	17	82.1	80.7	83.5	86.9	89.3	90.5	90.3	90.0
加拿大	18	92.6	85.0	82.0	90.7	89.1	89.7	87.7	87.0
韩国	19	47.1	63.2	78.7	80.2	84.2	85.0	84.8	86.9
新西兰	20	87.4	78.4	74.1	85.0	87.3	87.2	85.6	86.9
西班牙	21	72.7	83.5	74.0	80.9	79.4	80.4	79.6	80.8
意大利	22	74.6	84.6	77.9	82.9	78.1	79.0	78.7	81.0
希腊	23	68.8	67.4	60.4	74.7	69.1	69.3	69.4	70.2
葡萄牙	24	52.5	60.5	69.3	70.1	69.6	70.0	70.4	71.4
斯洛文尼亚	25	—	71.0	64.5	73.9	71.7	73.1	73.6	77.1
爱沙尼亚	26	76.4	56.1	62.5	63.3	65.7	66.6	67.0	70.7
捷克	27	72.7	58.7	57.0	68.2	69.9	70.3	70.4	75.9
匈牙利	28	63.0	57.9	58.2	67.4	66.5	66.2	66.0	70.6
立陶宛	29	—	57.4	53.7	61.3	65.4	65.9	66.9	70.1
拉脱维亚	30	74.7	56.8	56.0	60.7	64.8	65.0	65.6	68.4
斯洛伐克	31	—	69.3	53.1	61.6	63.7	64.3	60.9	65.8
克罗地亚	32	—	61.9	49.5	58.2	62.2	62.3	62.1	64.7
波兰	33	65.2	50.8	53.3	57.2	59.0	59.1	59.9	64.3
乌拉圭	34	64.0	66.4	62.8	60.5	64.2	64.3	64.7	64.7
俄罗斯	35	85.4	56.3	53.9	55.4	59.1	58.5	58.8	61.2
沙特阿拉伯	36	57.4	55.6	43.0	58.9	71.4	72.1	71.0	73.4
阿根廷	37	66.6	54.7	64.0	63.9	64.0	63.9	64.5	66.1
智利	38	59.5	47.6	54.4	53.1	62.1	60.2	59.7	65.4
科威特	39	74.0	61.8	54.2	63.9	66.6	69.5	70.4	70.3
哥斯达黎加	40	54.3	49.6	46.7	50.5	56.9	57.5	57.6	62.8
白俄罗斯	41	—	62.9	46.6	48.5	53.9	53.9	54.4	57.7
巴西	42	51.0	55.9	47.9	52.7	57.3	56.7	57.5	54.5
保加利亚	43	62.8	52.2	48.0	54.9	55.2	55.5	55.7	59.7
土耳其	44	41.8	45.3	42.3	54.0	56.2	56.8	51.2	59.7
马来西亚	45	39.4	37.2	43.2	47.5	49.9	53.2	53.0	56.0
巴拿马	46	56.3	49.4	50.8	50.7	52.2	53.4	53.4	54.5
黎巴嫩	47	71.8	54.2	56.7	53.9	54.7	59.3	56.6	57.8
罗马尼亚	48	50.0	40.2	38.9	48.5	52.6	52.9	52.5	58.4
哥伦比亚	49	50.1	51.3	45.8	47.1	52.2	53.2	54.0	53.7
中国	50	21.1	27.7	31.3	34.2	44.4	46.7	45.5	47.6
委内瑞拉	51	57.6	52.0	50.2	64.6	61.5	53.8	51.9	57.8
哈萨克斯坦	52	—	52.9	43.2	45.1	51.3	51.1	51.3	53.2
伊朗	53	38.8	36.7	33.5	42.4	47.9	48.7	48.5	48.6
墨西哥	54	57.0	53.4	50.9	46.9	51.6	52.2	52.7	55.4
多米尼加	55	49.6	63.2	59.9	52.2	53.3	58.1	59.6	60.5
乌克兰	56	91.3	50.6	46.0	43.8	46.4	46.4	47.4	50.9
厄瓜多尔	57	55.7	42.7	38.0	47.2	45.2	45.3	46.6	47.7
约旦	58	49.0	56.1	48.6	54.1	50.8	53.7	48.2	52.9
北马其顿	59	—	44.4	46.8	43.8	48.0	48.1	48.3	53.9
格鲁吉亚	60	76.9	48.0	40.9	39.6	42.2	45.7	46.1	52.6
牙买加	61	41.7	43.7	42.1	41.4	43.3	40.5	44.2	47.2
阿尔巴尼亚	62	35.0	31.8	30.2	39.2	40.8	47.3	47.6	50.4
泰国	63	34.2	36.6	32.2	36.6	36.9	38.2	39.9	44.4
秘鲁	64	47.2	54.3	50.0	47.7	48.0	45.5	50.1	50.5
博茨瓦纳	65	20.1	33.3	36.6	31.8	38.7	39.8	41.1	44.3
突尼斯	66	40.6	40.0	41.9	41.6	41.7	39.6	41.5	45.0
巴拉圭	67	41.4	40.4	54.6	39.8	40.2	40.5	40.1	41.6
亚美尼亚	68	—	21.4	37.1	42.1	47.4	49.3	49.7	55.6
摩尔多瓦	69	59.4	42.5	39.9	37.4	41.6	42.4	42.8	49.2
斯里兰卡	70	31.8	35.0	27.8	27.7	34.0	35.1	34.9	36.2

(续表)

国家	编号	1980[a]	1990[a]	2000[a]	2010[b]	2015[c]	2016[c]	2017[c]	2018[c]
阿塞拜疆	71	—	—	38.4	39.0	45.5	44.7	44.2	46.5
蒙古	72	65.3	38.9	35.2	37.5	42.4	41.8	41.1	43.6
阿尔及利亚	73	45.6	40.0	30.4	38.6	39.1	40.9	43.5	47.0
南非	74	50.7	44.6	35.8	38.7	40.2	40.1	40.6	42.2
摩洛哥	75	35.3	38.1	37.2	33.6	36.3	37.2	40.8	44.5
萨尔瓦多	76	43.4	48.7	48.8	36.9	41.1	40.7	41.2	44.1
纳米比亚	77	—	32.5	30.7	31.1	33.3	34.4	37.3	40.2
菲律宾	78	39.6	40.1	39.1	35.7	40.0	40.7	40.1	40.7
越南	79	—	21.3	22.3	30.2	30.6	30.0	31.9	38.1
叙利亚	80	44.6	39.3	29.2	41.3	49.1	42.8	54.7	57.3
印度尼西亚	81	30.7	27.1	30.0	27.4	28.9	29.9	32.1	37.2
吉尔吉斯斯坦	82	—	21.7	35.9	30.1	32.3	32.5	32.6	38.0
埃及	83	38.2	39.9	39.6	37.5	33.9	34.2	33.4	38.0
玻利维亚	84	33.2	53.8	40.7	34.1	33.7	35.0	39.0	43.2
危地马拉	85	41.2	36.8	30.9	29.7	34.8	35.0	38.0	38.8
洪都拉斯	86	36.6	37.8	32.7	32.1	29.3	31.7	29.4	34.0
安哥拉	87	19.5	44.0	14.6	27.7	28.5	35.4	31.2	29.6
尼加拉瓜	88	42.0	36.7	34.4	30.0	28.4	29.1	29.5	33.8
乌兹别克斯坦	89	—	19.8	28.9	29.3	28.6	36.3	33.2	33.2
加纳	90	33.9	33.4	19.4	22.7	28.4	29.3	35.1	37.9
土库曼斯坦	91	—	—	26.3	26.0	30.2	34.7	34.9	34.1
巴布亚新几内亚	92	25.9	23.6	19.3	10.3	14.9	20.9	14.0	14.2
肯尼亚	93	26.1	27.0	26.5	18.3	18.5	19.4	20.1	24.3
尼日利亚	94	29.7	30.7	19.1	25.5	24.9	29.7	30.8	33.6
刚果(布)	95	33.6	37.2	24.6	25.2	26.8	26.4	27.1	29.3
塞内加尔	96	29.8	30.4	23.9	19.3	21.9	23.0	29.6	33.4
也门	97	13.0	30.8	23.3	28.1	26.2	25.2	27.1	26.9
孟加拉国	98	25.1	31.3	24.0	20.7	25.0	26.7	26.6	30.9
印度	99	30.0	27.4	29.5	20.8	24.7	25.7	26.3	30.5
塔吉克斯坦	100	—	5.5	30.5	23.2	29.1	26.0	26.4	31.7
老挝	101	18.9	20.1	17.5	18.4	23.5	25.5	25.5	25.2
马达加斯加	102	27.3	27.8	22.1	16.9	18.6	15.1	16.8	17.3
莱索托	103	26.7	44.9	18.6	17.1	19.8	23.1	18.7	21.0
缅甸	104	25.6	30.2	23.6	21.2	19.8	23.3	23.3	28.7
赞比亚	105	29.6	21.0	18.7	19.1	22.4	22.9	23.2	24.3
津巴布韦	106	30.4	26.3	24.0	19.4	20.1	20.2	21.0	23.5
柬埔寨	107	—	30.8	19.9	15.8	17.8	21.0	21.0	25.3
科特迪瓦	108	61.7	49.5	23.4	19.5	21.0	26.4	25.8	30.2
喀麦隆	109	34.3	31.6	21.3	21.9	27.2	27.2	27.5	31.7
几内亚	110	14.2	42.6	28.5	14.1	19.4	18.8	20.5	21.4
巴基斯坦	111	29.8	25.7	31.2	21.7	23.3	23.5	23.5	28.4
贝宁	112	29.5	36.1	20.9	19.4	22.6	22.0	22.9	27.2
莫桑比克	113	18.0	20.7	21.7	13.4	15.8	16.6	15.6	16.2
马拉维	114	21.0	31.6	19.4	12.2	13.5	11.5	13.4	14.0
尼泊尔	115	20.2	22.8	16.9	16.2	18.7	18.5	23.8	28.8
坦桑尼亚	116	18.2	22.7	15.7	14.0	15.3	15.5	17.2	19.0
厄立特里亚	117	—	—	19.9	22.2	20.8	15.6	35.6	29.4
毛里塔尼亚	118	32.7	37.8	25.5	17.3	19.3	18.5	21.7	24.0
卢旺达	119	19.2	21.5	16.4	14.1	18.0	17.6	17.9	16.9
塞拉利昂	120	26.7	27.2	15.4	11.4	12.6	15.5	15.8	16.3
多哥	121	28.7	33.7	21.2	14.6	18.2	20.4	22.2	
海地	122	24.3	42.6	22.4	12.2	20.7	19.6	18.4	33.0
埃塞俄比亚	123	17.0	23.8	15.3	16.5	12.9	13.4	13.8	15.6
乌干达	124	21.3	24.0	21.7	13.6	14.7	15.2	15.5	15.4
布基纳法索	125	33.4	22.2	18.7	11.4	13.6	16.6	17.1	18.5
马里	126	22.6	22.1	17.5	15.8	17.6	18.8	19.3	16.9
刚果(金)	127	35.4	33.4	13.8	15.0	15.6	15.6	14.4	15.9
乍得	128	28.4	25.6	23.7	11.6	10.5	10.5	11.0	12.2
尼日尔	129	25.9	23.7	17.4	11.7	13.3	11.9	13.4	16.6
布隆迪	130	24.9	24.0	17.7	9.6	10.8	9.6	10.4	10.9
中非	131	26.7	28.4	17.3	17.4	16.2	15.5	15.0	16.0
高收入国家[d]		99.9	99.9	99.9	100.0	100.0	100.0	100.0	99.9
中等收入国家		51.5	44.4	42.4	31.7	37.2	37.7	37.9	40.3
低收入国家		28.2	31.7	23.6	13.6	15.1	17.3	19.2	19.6
世界平均		59.8	52.9	50.2	44.5	48.1	48.4	48.3	49.9

注:a. 采用综合现代化评价模型第一版的评价结果。
  b. 采用综合现代化评价模型第二版的评价结果。
  c. 采用综合现代化评价模型第三版的评价结果,见技术注释。
  d. 1980~2000 年和 2015~2018 年数据为高收入国家的平均值,2010 年数据为高收入 OECD 国家的平均值。

附表 2-4-6　1980～2018 年世界综合现代化指数的排名

国家	编号	1980[a]	1990[a]	2000[a]	2010[b]	2015[c]	2016[c]	2017[c]	2018[c]
丹麦	1	4	2	4	1	1	1	1	1
美国	2	6	11	3	6	4	5	5	9
瑞士	3	13	7	2	8	7	8	8	8
瑞典	4	1	1	1	2	3	3	3	4
荷兰	5	9	3	8	3	5	4	4	2
新加坡	6	37	25	11	7	8	6	6	6
比利时	7	10	4	14	4	2	2	2	3
爱尔兰	8	29	20	20	9	10	10	11	10
英国	9	14	13	10	16	15	15	15	15
芬兰	10	17	9	9	5	6	7	7	7
挪威	11	8	10	7	11	13	13	13	14
德国	12	3	5	5	13	9	9	9	5
法国	13	12	12	15	14	14	14	14	13
日本	14	2	6	6	12	12	11	10	11
奥地利	15	16	8	12	10	11	12	12	12
澳大利亚	16	11	14	13	15	16	17	17	17
以色列	17	19	18	16	18	17	16	16	16
加拿大	18	5	15	17	17	18	18	18	18
韩国	19	54	27	18	22	20	20	20	19
新西兰	20	15	19	21	19	19	19	19	20
西班牙	21	26	17	22	21	21	21	21	22
意大利	22	23	16	19	20	22	22	22	21
希腊	23	28	23	28	23	27	28	28	30
葡萄牙	24	46	31	23	25	26	26	26	26
斯洛文尼亚	25	—	21	24	24	23	23	23	23
爱沙尼亚	26	21	38	27	31	30	29	29	27
捷克	27	25	32	31	26	25	25	25	24
匈牙利	28	34	33	30	27	29	30	31	28
立陶宛	29	—	34	38	33	31	31	30	31
拉脱维亚	30	22	35	33	34	32	32	32	32
斯洛伐克	31	—	22	40	32	35	33	36	34
克罗地亚	32	—	29	45	37	36	36	35	36
波兰	33	32	50	39	38	40	39	37	38
乌拉圭	34	33	24	26	35	33	34	33	37
俄罗斯	35	18	36	37	39	39	40	40	40
沙特阿拉伯	36	41	40	57	36	24	24	24	25
阿根廷	37	30	41	25	30	34	35	34	33
智利	38	38	57	35	44	37	37	38	35
科威特	39	24	30	36	29	28	27	27	29
哥斯达黎加	40	45	52	51	48	42	42	41	39
白俄罗斯	41	—	28	52	49	46	46	46	47
巴西	42	47	39	49	45	41	44	42	52
保加利亚	43	35	47	48	40	44	45	44	43
土耳其	44	59	58	58	42	43	43	54	42
马来西亚	45	65	79	56	52	54	50	49	49
巴拿马	46	43	54	42	47	49	49	48	53
黎巴嫩	47	27	43	32	43	45	38	43	46
罗马尼亚	48	50	69	66	50	48	52	51	44
哥伦比亚	49	49	49	54	54	50	51	47	55
中国	50	103	103	79	76	63	59	64	65
委内瑞拉	51	40	48	43	28	38	47	52	45
哈萨克斯坦	52	—	46	55	56	52	54	53	56
伊朗	53	66	82	76	59	58	56	57	63
墨西哥	54	42	45	41	55	51	53	50	51
多米尼加	55	51	26	29	46	47	41	39	41
乌克兰	56	7	51	53	58	60	60	61	59
厄瓜多尔	57	44	64	68	53	62	63	62	64
约旦	58	52	37	47	41	53	48	59	57
北马其顿	59	—	61	50	57	56	57	58	54
格鲁吉亚	60	20	56	61	65	66	61	63	58
牙买加	61	60	63	59	62	64	72	65	66
阿尔巴尼亚	62	71	92	85	66	70	58	60	61
泰国	63	73	84	78	74	76	76	77	71
秘鲁	64	53	42	44	51	57	62	55	60
博茨瓦纳	65	106	90	71	80	75	74	71	72
突尼斯	66	63	72	60	61	67	75	69	69
巴拉圭	67	61	68	34	64	72	71	75	77
亚美尼亚	68	—	122	70	60	59	55	56	50
摩尔多瓦	69	39	67	63	72	68	66	68	62
斯里兰卡	70	79	86	91	89	79	80	83	86

（续表）

国家	编号	1980[a]	1990[a]	2000[a]	2010[b]	2015[c]	2016[c]	2017[c]	2018[c]
阿塞拜疆	71	—	—	67	67	61	64	66	68
蒙古	72	31	75	74	71	65	67	72	74
阿尔及利亚	73	55	71	84	69	74	68	67	67
南非	74	48	60	73	68	71	73	74	76
摩洛哥	75	70	76	69	78	77	77	73	70
萨尔瓦多	76	57	55	46	73	69	70	70	73
纳米比亚	77	—	91	82	81	82	84	80	79
菲律宾	78	64	70	65	75	73	69	76	78
越南	79	—	123	104	82	84	88	88	81
叙利亚	80	56	74	88	63	55	65	45	48
印度尼西亚	81	80	106	86	90	88	89	87	85
吉尔吉斯斯坦	82	—	120	72	83	83	86	86	83
埃及	83	67	73	64	70	80	85	85	82
玻利维亚	84	77	44	62	77	81	82	78	75
危地马拉	85	62	81	81	85	78	81	79	80
洪都拉斯	86	68	77	77	79	86	87	94	88
安哥拉	87	107	62	130	88	90	79	89	99
尼加拉瓜	88	58	83	75	84	92	92	93	89
乌兹别克斯坦	89	—	127	89	86	89	78	91	92
加纳	90	74	89	114	95	91	91	82	84
土库曼斯坦	91	—	—	93	91	85	83	84	87
巴布亚新几内亚	92	96	115	115	130	122	108	126	128
肯尼亚	93	94	107	92	108	114	111	113	109
尼日利亚	94	85	98	116	92	97	90	90	90
刚果（布）	95	75	80	95	93	94	96	96	101
塞内加尔	96	83	99	98	105	103	104	92	91
也门	97	114	97	102	87	95	100	97	106
孟加拉国	98	98	95	96	101	96	94	98	96
印度	99	82	104	87	100	98	98	100	97
塔吉克斯坦	100	—	128	83	94	87	97	99	95
老挝	101	109	126	122	107	99	99	102	108
马达加斯加	102	90	102	105	111	113	126	120	118
莱索托	103	91	59	119	110	108	103	115	115
缅甸	104	97	100	100	99	109	102	105	103
赞比亚	105	86	124	117	106	102	105	106	110
津巴布韦	106	81	108	97	104	107	109	109	112
柬埔寨	107	—	96	111	115	116	107	110	107
科特迪瓦	108	36	53	101	102	104	95	101	98
喀麦隆	109	72	94	108	97	93	93	95	94
几内亚	110	113	66	90	119	110	113	111	114
巴基斯坦	111	84	109	80	98	100	101	104	104
贝宁	112	87	85	110	103	101	106	107	105
莫桑比克	113	111	125	107	123	119	118	122	123
马拉维	114	104	93	113	125	126	129	128	129
尼泊尔	115	105	116	125	113	112	114	103	102
坦桑尼亚	116	110	117	127	121	121	122	118	116
厄立特里亚	117	—	—	112	96	105	121	81	100
毛里塔尼亚	118	78	78	94	109	111	115	108	111
卢旺达	119	108	121	126	120	115	117	117	119
塞拉利昂	120	92	105	128	128	129	123	121	122
多哥	121	88	87	109	117	124	116	112	113
海地	122	100	65	103	124	106	110	116	93
埃塞俄比亚	123	112	113	129	112	128	127	127	126
乌干达	124	102	111	106	122	123	125	123	127
布基纳法索	125	76	118	118	129	125	119	119	117
马里	126	101	119	121	114	117	112	114	120
刚果（金）	127	69	88	131	116	120	120	125	125
乍得	128	89	110	99	127	131	130	130	130
尼日尔	129	95	114	123	126	127	128	129	121
布隆迪	130	99	112	120	131	130	131	131	131
中非	131	93	101	124	118	118	124	124	124
国家数量/个	160	114	128	131	131	131	131	131	131

注：a. 采用综合现代化评价模型第一版的评价结果，以当年高收入国家平均值为参考值。

b. 采用综合现代化评价模型第二版的评价结果。

c. 采用综合现代化评价模型第三版的评价结果，见技术注释。

附录三 中国地区现代化水平评价的数据集

附表 3-1-1	2018年中国地区现代化指数	290
附表 3-1-2	2018年中国现代化的地区分组	291
附表 3-2-1	2018年中国地区第一次现代化指数和排名	292
附表 3-2-2	2018年中国地区第一次现代化评价指标	293
附表 3-2-3	2018年中国地区第一次现代化发展阶段	294
附表 3-2-4	中国地区第一次现代化指数的增长率和预期完成时间	295
附表 3-2-5	1970~2018年中国地区第一次现代化指数	296
附表 3-2-6	1970~2018年中国地区第一次现代化指数的排名	297
附表 3-3-1	2018年中国地区第二次现代化指数和排名	298
附表 3-3-2	2018年中国地区知识创新指数	299
附表 3-3-3	2018年中国地区知识传播指数	300
附表 3-3-4	2018年中国地区生活质量指数	301
附表 3-3-5	2018年中国地区经济质量指数	302
附表 3-3-6	2018年中国地区第二次现代化发展阶段	303
附表 3-3-7	1970~2018年中国地区第二次现代化指数	304
附表 3-3-8	1970~2018年中国地区第二次现代化指数的排名	305
附表 3-4-1	2018年中国地区综合现代化指数和排名	306
附表 3-4-2	2018年中国地区经济发展指数	307
附表 3-4-3	2018年中国地区社会发展指数	308
附表 3-4-4	2018年中国地区知识发展指数	309
附表 3-4-5	1980~2018年中国地区综合现代化指数	310
附表 3-4-6	1980~2018年中国地区综合现代化指数的排名	311

附表 3-1-1　2018 年中国地区现代化指数

地区	编号	人口/100万	第一次现代化				第二次现代化			综合现代化	
			指数	排名	达标个数	发展阶段[a]	指数	排名	发展阶段[b]	指数	排名
北京	1	21.5	100.0	1	10	F4	88.2	1	S2	83.6	1
天津	2	15.6	100.0	1	10	F4	68.9	3		70.8	3
河北	3	75.6	97.1	18	8	F3	36.7	25		43.7	18
山西	4	37.2	96.4	26	8	F3	36.8	24		42.9	19
内蒙古	5	25.3	96.9	19	9	F2	39.2	23		46.7	14
辽宁	6	43.6	99.1	13	8	F3	47.6	12		50.9	11
吉林	7	27.0	98.4	15	8	F3	46.1	14		50.5	12
黑龙江	8	37.7	93.4	29	7	F2	40.0	21		43.8	17
上海	9	24.2	100.0	1	10	F4	80.2	2	S1	79.7	2
江苏	10	80.5	100.0	1	10	F4	66.9	4		65.6	4
浙江	11	57.4	100.0	1	10	F4	63.7	5		61.5	5
安徽	12	63.2	97.6	17	8	F3	47.3	13		42.1	23
福建	13	39.4	100.0	1	10	F3	59.9	7		57.5	6
江西	14	46.5	97.8	16	8	F3	42.3	19		41.9	24
山东	15	100.5	100.0	1	10	F3	51.3	9		51.8	10
河南	16	96.1	96.7	22	8	F3	43.3	17		42.2	21
湖北	17	59.2	98.8	14	9	F3	51.1	10		52.3	9
湖南	18	69.0	96.4	25	8	F3	42.5	18		45.6	15
广东	19	113.5	100.0	1	10	F4	60.5	6		57.0	7
广西	20	49.3	92.9	30	8	F2	40.9	20		38.2	27
海南	21	9.3	93.6	28	7	F2	45.5	15		44.6	16
重庆	22	31.0	100.0	1	10	F3	58.7	8		53.7	8
四川	23	83.4	96.4	24	8	F3	44.4	16		42.1	22
贵州	24	36.0	91.9	32	7	F2	34.9	27		35.2	30
云南	25	48.3	91.9	31	7	F2	33.6	29		35.5	29
西藏	26	3.4	89.7	34	6	F3	33.8	28		36.3	28
陕西	27	38.6	96.8	21	8	F3	48.3	11		49.8	13
甘肃	28	26.4	90.3	33	7	F2	36.6	26		35.0	31
青海	29	6.0	96.8	20	8	F3	32.2	30		39.6	26
宁夏	30	6.9	96.5	23	8	F3	39.6	22		42.4	20
新疆	31	24.9	95.6	27	8	F2	31.4	31		39.9	25
香港	32	7.5	100.0	1	10	F4	92.3		S2	81.2	
澳门	33	0.7	100.0	1	10	F4	95.9		S2	81.3	
台湾	34	23.6	100.0	1	10	F4	87.2		S1	83.3	
中国		1395.4	100.0		10	F3	45.4			47.6	
高收入国家		1230.5	100.0		10	F4	100.0		S2	99.9	
中等收入国家		5710.1	95.8		9	F3	30.8			40.3	
低收入国家		651.3	61.6		1	F1	17.3			19.6	
世界平均		7591.9	100.0		10	F3	41.4			49.9	

注：a. F 代表第一次现代化，F1 代表起步期，F2 代表发展期，F3 代表成熟期，F4 代表过渡期。
　　b. S 代表第二次现代化，S1 代表起步期，S2 代表发展期，北京、香港和澳门的发展阶段根据第二次现代化指数进行了调整。

附表 3-1-2　2018 年中国现代化的地区分组

地区	编号	第二次现代化指数	第一次现代化指数	综合现代化指数	人均国民收入[a]	阶段[b]	根据第二次现代化指数的分组[c]	根据综合现代化指数的分组[c]
北京	1	88.2	100.0	83.6	21 193	6	1	1
天津	2	68.9	100.0	70.8	18 245	4	2	2
河北	3	36.7	97.1	43.7	7221	3	3	3
山西	4	36.8	96.4	42.9	6851	3	3	3
内蒙古	5	39.2	96.9	46.7	10 324	2	3	3
辽宁	6	47.6	99.1	50.9	8768	3	3	2
吉林	7	46.1	98.4	50.5	8406	3	3	2
黑龙江	8	40.0	93.4	43.8	6541	2	3	3
上海	9	80.2	100.0	79.7	20 402	5	1	2
江苏	10	66.9	100.0	65.6	17 408	4	2	2
浙江	11	63.7	100.0	61.5	14 910	4	2	2
安徽	12	47.3	97.6	42.1	7212	3	3	3
福建	13	59.9	100.0	57.5	13 784	3	2	2
江西	14	42.3	97.8	41.9	7170	3	3	3
山东	15	51.3	100.0	51.8	11 528	3	2	2
河南	16	43.3	96.7	42.2	7580	3	3	3
湖北	17	51.1	98.8	52.3	10 069	3	2	2
湖南	18	42.5	96.4	45.6	8003	3	3	3
广东	19	60.5	100.0	57.0	13 061	4	2	2
广西	20	40.9	92.9	38.2	6271	2	3	3
海南	21	45.5	93.6	44.6	7853	2	3	2
重庆	22	58.7	100.0	53.7	9966	3	2	2
四川	23	44.4	96.4	42.1	7389	3	3	3
贵州	24	34.9	91.9	35.2	6234	2	3	3
云南	25	33.6	91.9	35.5	5613	2	3	3
西藏	26	33.8	89.7	36.3	6559	3	3	3
陕西	27	48.3	96.8	49.8	9595	3	3	3
甘肃	28	36.6	90.3	35.0	4736	2	3	3
青海	29	32.2	96.8	39.6	7208	3	3	3
宁夏	30	39.6	96.5	42.4	8176	3	3	3
新疆	31	31.4	95.6	39.9	7478	3	3	3
香港	32	92.3	100.0	81.2	50 060	6	1	1
澳门	33	95.9	100.0	81.3	78 640	6	1	1
台湾	34	87.2	100.0	83.3	26 376	5	1	2
中国		45.4	100.0	47.6	9600	3		
高收入国家		100.0	100.0	99.9	43 812	6		
中等收入国家		30.8	95.8	40.3	5298	3		
低收入国家		17.3	61.6	19.6	800	1		
世界平均		41.4	100.0	49.9	11 152	3		

注：a. 内地(大陆)数据为人均 GDP(美元)。

b. 0 代表传统农业社会,1 代表第一次现代化起步期,2 代表第一次现代化发展期,3 代表第一次现代化成熟期,4 代表第一次现代化过渡期,5 代表第二次现代化起步期,6 代表第二次现代化发展期。

c. 1 代表发达水平,2 代表中等发达水平,3 代表初等发达水平,4 代表欠发达水平。

附表 3-2-1 2018 年中国地区第一次现代化指数和排名[a]

地区	编号	经济指标指数				社会和知识指标指数						指数	排名	达标个数
		人均国民收入[b]	农业劳动力比例	农业增加值比例	服务业增加值比例	城市人口比例	医生比例	婴儿死亡率[c]	预期寿命[d]	成人识字率	大学入学率[e]			
北京	1	100	100	100	100	100	100	100	100	100	100	100.0	1	10
天津	2	100	100	100	100	100	100	100	100	100	100	100.0	1	10
河北	3	79	93	100	100	100	100	100	100	100	100	97.1	18	8
山西	4	75	89	100	100	100	100	100	100	100	100	96.4	26	8
内蒙古	5	100	69	100	100	100	100	100	100	100	100	96.9	19	9
辽宁	6	96	95	100	100	100	100	100	100	100	100	99.1	13	8
吉林	7	92	92	100	100	100	100	100	100	100	100	98.4	15	8
黑龙江	8	71	81	82	100	100	100	100	100	100	100	93.4	29	7
上海	9	100	100	100	100	100	100	100	100	100	100	100.0	1	10
江苏	10	100	100	100	100	100	100	100	100	100	100	100.0	1	10
浙江	11	100	100	100	100	100	100	100	100	100	100	100.0	1	10
安徽	12	79	97	100	100	100	100	100	100	100	100	97.6	17	8
福建	13	100	100	100	100	100	100	100	100	100	100	100.0	1	10
江西	14	78	100	100	100	100	100	100	100	100	100	97.8	16	8
山东	15	100	100	100	100	100	100	100	100	100	100	100.0	1	10
河南	16	83	85	100	100	100	100	100	100	100	100	96.7	22	8
湖北	17	100	88	100	100	100	100	100	100	100	100	98.8	14	9
湖南	18	87	77	100	100	100	100	100	100	100	100	96.4	25	8
广东	19	100	100	100	100	100	100	100	100	100	100	100.0	1	10
广西	20	68	61	100	100	100	100	100	100	100	100	92.9	30	8
海南	21	86	78	72	100	100	100	100	100	100	100	93.6	28	7
重庆	22	100	100	100	100	100	100	100	100	100	100	100.0	1	10
四川	23	80	84	100	100	100	100	100	100	100	100	96.4	24	8
贵州	24	68	56	100	100	95	100	100	100	100	100	91.9	32	7
云南	25	61	62	100	100	96	100	100	100	100	100	91.9	31	7
西藏	26	71	82	100	100	62	100	100	100	81	100	89.7	34	6
陕西	27	100	72	100	95	100	100	100	100	100	100	96.8	21	8
甘肃	28	52	56	100	100	95	100	100	100	100	100	90.3	33	7
青海	29	79	90	100	100	100	100	100	100	100	100	96.8	20	8
宁夏	30	89	76	100	100	100	100	100	100	100	100	96.5	23	8
新疆	31	81	74	100	100	100	100	100	100	100	100	95.6	27	8
香港	32	100	100	100	100	100	100	100	100	100	100	100.0	1	10
澳门	33	100	100	100	100	100	100	100	100	100	100	100.0	1	10
台湾	34	100	100	100	100	100	100	100	100	100	100	100.0	1	10
中国		100	100	100	100	100	100	100	100	100	100	100.0	1	10
高收入国家		100	100	100	100	100	100	100	100	100	100	100.0	1	10
中等收入国家		58	100	100	100	100	100	100	100	100	100	95.8		9
低收入国家		9	50	66	100	66	34	61	91	76	64	61.6		1
世界平均		100	100	100	100	100	100	100	100	100	100	100.0	1	10

注:a. 指标单位和评价方法见技术注释。后同。
b. 内地(大陆)地区数据为人均居民生产总值(人均 GDP)。
c. 内地(大陆)地区数据为 2018 年或最近年值(来自地方卫生资料),天津等 24 个地区数据为估计值。
d. 内地(大陆)地区数据为 2018 年或最近年值(来自地方卫生资料),山西、福建、江西、山东、贵州、陕西、青海、宁夏、新疆数据为估计值。
e. 中国地区数据为在校大学生占 18~21 岁人口比例,根据在校大学生人数和 2010 年人口普查数据的估算,北京、天津、上海数据为估计值。内地(大陆)地区数据没有考虑出国留学和外地借读的影响。

附表 3-2-2　2018 年中国地区第一次现代化评价指标

地区	编号	经济指标数值				社会和知识指标数值					
		人均国民收入[a]	农业劳动力比例	农业增加值比例	服务业增加值比例	城市人口比例	医生比例	婴儿死亡率[b]	平均预期寿命[c]	成人识字率	大学入学率[d]
北京	1	21 193	3.7	0.4	81.0	86.5	4.4	2.2	82.2	98.3	98.0
天津	2	18 245	6.7	0.9	58.6	83.2	2.6	3.2	81.7	98.6	98.0
河北	3	7221	32.4	9.3	46.2	56.4	2.6	6.8	77.1	96.0	51.3
山西	4	6851	33.7	4.4	53.4	58.4	2.6	5.3	77.5	97.5	39.6
内蒙古	5	10 324	43.8	10.1	50.5	62.7	2.8	4.5	77.3	95.4	45.0
辽宁	6	8768	31.5	8.0	52.4	68.1	2.7	4.1	78.9	98.4	66.0
吉林	7	8406	32.5	7.7	49.8	57.5	2.6	3.8	77.1	97.2	73.6
黑龙江	8	6541	37.1	18.3	57.0	60.1	2.3	5.3	77.5	97.7	53.9
上海	9	20 402	3.0	0.3	69.9	88.1	2.8	3.5	83.6	97.6	98.0
江苏	10	17 408	16.1	4.5	51.0	69.6	2.7	2.7	78.0	94.2	70.1
浙江	11	14 910	11.4	3.5	54.7	68.9	3.2	2.1	78.8	95.1	53.6
安徽	12	7212	30.9	8.8	45.1	54.7	1.9	4.1	76.7	93.3	40.0
福建	13	13 784	21.0	6.6	45.2	65.8	2.2	4.2	77.7	93.3	56.1
江西	14	7170	27.5	8.5	44.8	56.0	1.8	5.4	76.5	95.9	43.0
山东	15	11 528	27.8	6.5	49.5	61.2	2.6	4.1	79.0	93.0	53.5
河南	16	7580	35.4	8.9	45.2	51.7	2.3	3.6	76.0	95.2	43.4
湖北	17	10 069	34.0	9.0	47.6	60.3	2.5	5.1	77.0	95.2	71.3
湖南	18	8003	39.1	8.5	51.9	56.0	2.5	7.3	76.7	96.9	47.9
广东	19	13 061	20.7	3.9	54.2	70.7	2.2	2.4	78.4	97.3	36.0
广西	20	6271	49.3	14.8	45.5	50.2	2.1	3.4	77.0	96.8	37.4
海南	21	7853	38.3	20.7	56.6	59.1	2.2	4.1	78.4	96.0	41.1
重庆	22	9966	27.2	6.8	52.3	65.5	2.2	3.1	77.6	96.2	53.1
四川	23	7389	35.9	10.9	51.4	52.3	2.4	5.5	77.1	92.5	38.4
贵州	24	6234	53.8	14.6	46.5	47.5	2.1	7.5	74.3	90.1	23.9
云南	25	5613	48.4	14.0	47.1	47.8	2.0	7.8	74.7	91.9	27.5
西藏	26	6559	36.5	8.8	48.7	31.1	2.3	14.4	70.6	64.8	18.0
陕西	27	9595	41.4	7.5	42.8	58.1	2.4	6.1	76.2	95.0	65.5
甘肃	28	4736	53.9	11.2	54.9	47.7	2.1	4.0	73.9	89.6	33.4
青海	29	7208	33.4	9.4	47.1	54.5	2.6	8.7	72.2	89.8	20.8
宁夏	30	8176	39.4	7.6	47.9	58.9	2.7	6.0	75.2	90.8	31.9
新疆	31	7478	40.5	13.9	45.8	50.9	2.6	11.7	74.9	96.3	31.1
香港	32	50 060	0.2	0.1	93.1	100.0	1.9	1.5	84.9	100.0	76.9
澳门	33	78 640	0.4	0.0	95.8	100.0	2.6	2.6	84.1	96.5	90.7
台湾	34	26 376	4.9	1.7	62.3	83.0	2.1	3.7	80.8	98.9	84.7
中国		9600	26.1	7.0	53.3	59.2	2.0	7.3	76.7	96.8	50.6
高收入国家		43 812	3.1	1.3	75.8	80.9	3.1	4.4	80.7	99.9	77.0
中等收入国家		5298	29.9	7.9	59.9	52.3	1.4	27.6	71.9	86.1	36.0
低收入国家		800	59.6	22.7	56.9	32.9	0.3	49.2	63.5	60.5	9.5
世界平均		11 152	27.2	3.3	71.1	55.3	1.6	29.0	72.6	86.2	38.4
标准值		9180	30.0	15.0	45.0	50.0	1.0	30.0	70.0	80.0	15.0

注：a. 内地（大陆）地区数据为人均地区生产总值（人均 GDP）。

b. 内地（大陆）地区数据为 2018 年或最近年值（来自地方卫生资料），天津等 24 个地区数据为估计值。

c. 内地（大陆）地区数据为 2018 年或最近年值（来自地方卫生资料），山西、福建、江西、山东、贵州、陕西、青海、宁夏、新疆数据为估计值。

d. 中国地区数据为在校大学生占 18～21 岁人口比例，根据在校大学生人数和 2010 年人口普查数据的估算，北京、天津、上海数据为估计值。内地（大陆）地区数据没有考虑出国留学和外地借读的影响。

附表 3-2-3 2018 年中国地区第一次现代化发展阶段

地区	编号	信号指标				信号赋值				平均值	发展阶段[a]
		农业增加值比例	农业增加值/工业增加值	农业劳动力比例	农业劳动力/工业劳动力	农业增加值比例	农业增加值/工业增加值	农业劳动力比例	农业劳动力/工业劳动力		
北京	1	0.4	0.02	3.70	0.25	4.0	4	4.00	3	3.8	4
天津	2	0.9	0.02	6.70	0.21	4.0	4	4.00	3	3.8	4
河北	3	9.3	0.21	32.41	0.99	3.0	3	2.00	2	2.5	3
山西	4	4.4	0.10	33.70	1.46	4.0	4	2.00	2	3.0	3
内蒙古	5	10.1	0.26	43.79	2.60	3.0	3	2.00	1	2.3	2
辽宁	6	8.0	0.20	31.50	1.33	3.0	3	2.00	2	2.5	3
吉林	7	7.7	0.18	32.47	1.54	3.0	4	2.00	2	2.8	3
黑龙江	8	18.3	0.74	37.10	2.22	2.0	3	2.00	1	2.0	2
上海	9	0.3	0.01	2.97	0.10	4.0	4	4.00	4	4.0	4
江苏	10	4.5	0.10	16.10	0.38	4.0	4	3.00	3	3.5	4
浙江	11	3.5	0.08	11.41	0.25	4.0	4	3.00	3	3.5	4
安徽	12	8.8	0.19	30.90	1.07	3.0	4	2.00	2	2.8	3
福建	13	6.6	0.14	21.00	0.60	3.0	4	3.00	3	3.3	3
江西	14	8.5	0.18	27.50	0.84	3.0	4	3.00	2	3.0	3
山东	15	6.5	0.15	27.80	0.79	3.0	4	3.00	3	3.3	3
河南	16	8.9	0.19	35.40	1.16	3.0	4	2.00	2	2.8	3
湖北	17	9.0	0.21	33.97	1.45	3.0	3	2.00	2	2.5	3
湖南	18	8.5	0.21	39.10	1.75	3.0	3	2.00	2	2.5	3
广东	19	3.9	0.09	20.73	0.53	4.0	4	3.00	3	3.5	4
广西	20	14.8	0.37	49.30	2.84	3.0	3	2.00	1	2.3	2
海南	21	20.7	0.91	38.30	3.28	2.0	2	2.00	1	1.8	2
重庆	22	6.8	0.17	27.19	1.05	3.0	4	3.00	2	3.0	3
四川	23	10.9	0.29	35.90	1.32	3.0	3	2.00	2	2.5	3
贵州	24	14.6	0.38	53.83	2.92	3.0	3	1.00	1	2.0	2
云南	25	14.0	0.36	48.40	3.51	3.0	3	2.00	1	2.3	2
西藏	26	8.8	0.21	36.50	1.85	3.0	3	2.00	2	2.5	3
陕西	27	7.5	0.15	41.39	2.39	3.0	4	2.00	1	2.5	3
甘肃	28	11.2	0.33	53.90	3.48	3.0	3	1.00	1	2.0	2
青海	29	9.4	0.21	33.40	1.58	3.0	3	2.00	2	2.5	3
宁夏	30	7.6	0.17	39.40	2.31	3.0	4	2.00	1	2.5	3
新疆	31	13.9	0.34	40.50	2.98	3.0	3	2.00	1	2.3	2
香港	32	0.1	0.01	0.17	0.02	4.0	4	4.00	4	4.0	4
澳门	33	0.0	0.00	0.40	0.04	4.0	4	4.00	4	4.0	4
台湾	34	1.7	0.05	4.90	0.14	4.0	3	4.00	4	3.8	4
中国		7.0	0.18	26.07	0.92	3.0	4	3.00	2	3.0	3

注：a. 数字代表第一次现代化发展阶段，1 代表起步期，2 代表发展期，3 代表成熟期，4 代表过渡期。

附表 3-2-4　中国地区第一次现代化指数的增长率和预期完成时间

地区	编号	1990年指数	2000年指数	2018年指数	1990～2018年年均增长率	指数达到100需要的年数（按1990～2018年速度）	2000～2018年年均增长率	指数达到100需要的年数（按2000～2018年速度）
北京	1	90.5	94.2	100.0	0.36	0	0.33	0
天津	2	84.2	93.4	100.0	0.62	0	0.38	0
河北	3	62.9	73.6	97.1	1.56	2	1.55	2
山西	4	69.0	77.4	96.4	1.20	3	1.23	3
内蒙古	5	65.3	72.1	96.9	1.42	2	1.65	2
辽宁	6	79.2	87.2	99.1	0.80	1	0.71	1
吉林	7	68.6	78.7	98.4	1.30	1	1.25	1
黑龙江	8	72.0	80.8	93.4	0.93	7	0.81	9
上海	9	89.4	96.5	100.0	0.40	0	0.20	0
江苏	10	64.2	83.1	100.0	1.60	0	1.03	0
浙江	11	66.3	82.8	100.0	1.18	0	1.05	0
安徽	12	56.7	68.9	97.6	1.96	1	1.95	1
福建	13	65.0	78.7	100.0	1.55	0	1.34	0
江西	14	56.2	68.1	97.8	2.00	1	2.03	1
山东	15	63.4	77.2	100.0	1.64	0	1.45	0
河南	16	59.1	67.1	96.7	1.78	2	2.05	2
湖北	17	62.7	79.5	98.8	1.64	1	1.22	1
湖南	18	57.5	72.5	96.4	1.86	2	1.59	2
广东	19	69.2	81.2	100.0	1.32	0	1.16	0
广西	20	56.4	68.1	92.9	1.80	4	1.74	4
海南	21	61.7	70.0	93.6	1.50	4	1.63	4
重庆	22	—	77	100.0	—		1.49	0
四川	23	57.0	69.1	96.4	1.89	2	1.87	2
贵州	24	51.3	60.0	91.9	2.11	4	2.40	4
云南	25	49.8	60.5	91.9	2.21	4	2.35	4
西藏	26	44.3	59.2	89.7	2.55	4	2.33	5
陕西	27	64.3	78.3	96.8	1.47	2	1.18	3
甘肃	28	59.9	67.0	90.3	1.48	7	1.67	6
青海	29	57.0	71.3	96.8	1.91	2	1.72	2
宁夏	30	61.7	72.5	96.5	1.61	2	1.60	2
新疆	31	60.2	72.2	95.6	1.67	3	1.57	3
香港	32	100.0	100.0	100.0	0.00		0	
澳门	33	100.0	100.0	100.0	0.00		0	
台湾	34	100.0	100.0	100.0	0.00		0	
中国		63.0	75.5	100.0	1.66	0	1.57	0

附表 3-2-5　1970～2018 年中国地区第一次现代化指数

地区	编号	1970	1980	1990	2000	2010	2015	2016	2017	2018
北京	1	64.1	82.9	90.5	94.2	100.0	100.0	100.0	100.0	100.0
天津	2	66.4	77.7	84.2	93.4	100.0	100.0	100.0	100.0	100.0
河北	3	35.1	56.4	62.9	73.6	89.6	91.1	95.8	96.6	97.1
山西	4	42.7	62.5	69.0	77.4	90.5	92.9	94.6	96.9	96.4
内蒙古	5	46.3	58.8	65.3	72.1	93.0	95.4	97.2	97.2	96.9
辽宁	6	60.3	69.5	79.2	87.2	95.7	99.7	98.5	98.4	99.1
吉林	7	49.0	64.7	68.6	78.7	90.9	94.5	97.5	98.1	98.4
黑龙江	8	56.1	63.7	72.0	80.8	90.0	92.4	93.8	93.0	93.4
上海	9	69.8	82.3	89.4	96.5	100.0	100.0	100.0	100.0	100.0
江苏	10	41.5	56.3	64.2	83.1	99.0	99.6	100.0	100.0	100.0
浙江	11	36.5	52.7	66.3	82.8	99.2	99.5	100.0	100.0	100.0
安徽	12	33.7	51.5	56.7	68.9	87.5	92.0	95.4	96.4	97.6
福建	13	40.8	54.8	65.0	78.7	96.2	98.3	99.5	100.0	100.0
江西	14	34.0	51.6	56.2	68.1	88.0	92.9	96.2	96.7	97.8
山东	15	33.1	51.2	63.4	77.2	94.1	98.2	100.0	100.0	100.0
河南	16	37.6	50.5	59.1	67.1	85.3	90.0	94.1	95.5	96.7
湖北	17	37.6	53.8	62.7	79.5	93.5	95.0	97.4	98.4	98.8
湖南	18	32.4	50.8	57.5	72.5	88.5	92.5	95.3	95.7	96.4
广东	19	42.5	59.2	69.2	81.2	98.3	99.9	100.0	100.0	100.0
广西	20	33.3	53.4	56.4	68.1	83.8	87.1	90.7	91.6	92.9
海南	21	—	31.3	61.7	70.0	86.1	89.3	91.3	92.4	93.6
重庆	22	—	—	—	76.7	92.3	98.2	100.0	100.0	100.0
四川	23	30.7	48.8	57.0	69.1	86.8	90.7	94.7	95.5	96.4
贵州	24	34.1	45.4	51.3	60.0	85.2	83.7	89.2	90.8	91.9
云南	25	32.6	44.1	49.8	60.5	84.7	85.4	90.0	90.9	91.9
西藏	26	—	38.4	44.3	59.2	81.2	80.6	87.0	88.6	89.7
陕西	27	37.0	53.5	64.3	78.3	89.1	93.5	94.9	95.8	96.8
甘肃	28	27.8	46.0	59.9	67.0	84.3	84.7	89.0	89.5	90.3
青海	29	41.3	53.1	57.0	71.3	86.0	92.5	95.4	95.8	96.8
宁夏	30	47.3	54.2	61.7	72.5	91.4	92.8	95.0	95.7	96.5
新疆	31	35.2	50.6	60.2	72.2	83.8	89.4	92.3	94.6	95.6
香港	32	—	—	100.0	100.0	100.0	100.0	100.0	100.0	100.0
澳门	33	—	—	100.0	100.0	100.0	100.0	100.0	100.0	100.0
台湾	34	—	—	100.0	100.0	100.0	100.0	100.0	100.0	100.0
中国		39.9	54.0	63.0	75.5	93.2	99.2	99.4	99.7	100.0
高收入国家		100.0	100.0	100.0	100.0	100.0	100.0	100.0	100.0	100.0
中等收入国家		—	84.0	84.0	92.6	91.3	95.3	95.5	95.4	95.8
低收入国家		32.8	45.0	52.0	57.6	55.6	55.4	57.3	60.0	61.6
世界平均		67.5	80.0	81.0	89.4	96.4	99.6	99.9	100.0	100.0

附表 3-2-6 1970～2018 年中国地区第一次现代化指数的排名

地区	编号	1970	1980	1990	2000	2010	2015	2016	2017	2018
北京	1	3	1	1	2	1	1	1	1	1
天津	2	2	3	3	3	1	1	1	1	1
河北	3	19	10	15	16	17	22	15	16	18
山西	4	9	7	7	13	15	16	22	14	26
内蒙古	5	8	9	10	20	11	11	13	13	19
辽宁	6	4	4	4	4	8	5	10	10	13
吉林	7	6	5	8	10	14	13	11	12	15
黑龙江	8	5	6	5	8	16	20	24	25	29
上海	9	1	2	2	1	1	1	1	1	1
江苏	10	11	11	13	5	5	6	1	1	1
浙江	11	17	18	9	6	4	7	1	1	1
安徽	12	22	20	25	24	21	21	17	17	17
福建	13	13	12	11	11	7	8	9	1	1
江西	14	21	19	27	25	20	15	14	15	16
山东	15	24	21	14	14	9	9	1	1	1
河南	16	15	24	21	27	25	24	23	23	22
湖北	17	14	14	16	9	10	12	12	11	14
湖南	18	26	22	22	18	19	19	18	20	25
广东	19	10	8	6	7	6	4	1	1	1
广西	20	23	16	26	26	30	27	27	27	30
海南	21	—	30	17	22	23	26	26	26	28
重庆	22	—	—	—	15	12	10	1	1	1
四川	23	27	25	23	23	22	23	21	22	24
贵州	24	20	27	28	30	26	30	29	29	32
云南	25	25	28	29	29	27	28	28	28	31
西藏	26	—	29	30	31	31	31	31	31	34
陕西	27	16	15	12	12	18	14	20	18	21
甘肃	28	28	26	20	28	28	29	30	30	33
青海	29	12	17	24	21	24	18	16	19	20
宁夏	30	7	13	18	17	13	17	19	21	23
新疆	31	18	23	19	19	29	25	25	24	27
香港	32	—	—	1	1	1	1	1	1	1
澳门	33	—	—	1	1	1	1	1	1	1
台湾	34	—	—	1	1	1	1	1	1	1

附表 3-3-1　2018 年中国地区第二次现代化指数和排名[a]

地区	编号	知识创新指数	知识传播指数	生活质量指数	经济质量指数	第二次现代化指数[b]	指数排名	水平分组[b]
北京	1	96.7	73.5	81.9	100.5	88.2	1	1
天津	2	75.2	62.6	78.9	58.8	68.9	3	2
河北	3	19.9	41.7	51.7	33.4	36.7	25	3
山西	4	18.2	36.8	57.2	34.9	36.8	24	3
内蒙古	5	14.3	39.0	67.9	35.5	39.2	23	3
辽宁	6	39.1	45.1	68.0	38.3	47.6	12	3
吉林	7	24.7	44.9	71.3	43.8	46.1	14	3
黑龙江	8	19.1	40.6	60.2	40.0	40.0	21	3
上海	9	86.9	78.0	84.6	71.4	80.2	2	1
江苏	10	73.4	62.4	78.5	53.3	66.9	4	2
浙江	11	70.6	57.2	77.1	49.9	63.7	5	2
安徽	12	47.3	36.7	65.0	40.2	47.3	13	3
福建	13	60.5	54.0	77.7	47.4	59.9	7	2
江西	14	24.8	40.0	62.9	41.6	42.3	19	3
山东	15	51.2	43.7	68.7	41.5	51.3	9	2
河南	16	31.1	37.3	66.2	38.5	43.3	17	3
湖北	17	50.6	47.3	62.2	44.2	51.1	10	3
湖南	18	34.9	37.5	53.8	43.7	42.5	18	3
广东	19	69.3	44.9	76.6	51.4	60.5	6	2
广西	20	21.3	34.9	70.4	37.0	40.9	20	3
海南	21	14.6	42.9	78.6	45.8	45.5	15	3
重庆	22	52.5	62.9	72.3	47.0	58.7	8	2
四川	23	38.8	40.2	57.9	40.6	44.4	16	3
贵州	24	22.3	28.6	54.8	33.9	34.9	27	3
云南	25	14.8	29.7	54.6	35.2	33.6	29	3
西藏	26	8.2	37.4	53.9	35.7	33.8	28	3
陕西	27	49.2	46.2	56.5	41.2	48.3	11	3
甘肃	28	14.8	36.5	62.4	32.6	36.6	26	3
青海	29	13.2	33.2	49.5	32.7	32.2	30	3
宁夏	30	28.1	39.3	58.6	32.2	39.6	22	3
新疆	31	10.1	36.3	46.2	33.0	31.4	31	3
香港	32	48.2	95.0	105.9	110.0	89.8		1
澳门	33	39.6	110.7	113.4	106.7	92.6		1
台湾	34	79.5	83.5	110.4	75.5	87.2		1
中国		42.6	44.1	53.4	41.8	45.4		3
高收入国家		100.0	100.0	100.0	100.0	100.0		
中等收入国家		15.9	24.0	38.8	44.4	30.8		
低收入国家		0.5	3.7	31.6	33.3	17.3		
世界平均		29.2	33.7	42.7	60.0	41.4		

注：a. 采用第二次现代化评价模型第三版的评价结果，指标单位见技术注释。后同。部分指标的数据为估计值，评价结果仅供参考。

b. 根据第二次现代化指数分组，1 代表发达水平，2 代表中等发达水平，3 代表初等发达水平，4 代表欠发达水平。

附表 3-3-2　2018 年中国地区知识创新指数

地区	编号	知识创新指标的实际值				知识创新指标的指数				知识创新指数
		人均知识创新经费[a]	知识创新人员比例[b]	发明专利申请比例[c]	人均知识产权出口[d]	人均知识创新经费	知识创新人员比例	发明专利申请比例	人均知识产权出口	
北京	1	1312.7	124.1	54.6	102.3	114.1	120.0	120.0	32.8	96.7
天津	2	477.5	63.8	17.1	60.4	41.5	120.0	120.0	19.4	75.2
河北	3	100.1	13.7	2.5	6.0	8.7	31.4	37.7	1.9	19.9
山西	4	71.8	12.0	2.5	3.6	6.2	27.6	37.9	1.1	18.2
内蒙古	5	77.3	9.8	1.5	18.1	6.7	22.6	22.3	5.8	14.3
辽宁	6	159.8	21.9	5.8	13.6	13.9	50.3	87.8	4.4	39.1
吉林	7	64.0	13.5	3.9	11.3	5.6	30.9	58.5	3.6	24.7
黑龙江	8	54.4	9.8	3.2	4.3	4.7	22.6	47.8	1.4	19.1
上海	9	847.7	77.6	25.9	106.0	73.7	120.0	120.0	34.0	86.9
江苏	10	469.4	69.8	24.7	40.3	40.8	120.0	120.0	12.9	73.4
浙江	11	380.5	79.8	24.9	29.5	33.1	120.0	120.0	9.5	70.6
安徽	12	154.9	23.3	17.2	7.5	13.5	53.5	120.0	2.4	47.3
福建	13	247.2	40.8	9.5	21.2	21.5	93.9	120.0	6.8	60.5
江西	14	100.8	18.3	3.1	3.8	8.8	42.2	46.9	1.2	24.8
山东	15	247.3	30.7	7.2	12.5	21.5	70.6	108.7	4.0	51.2
河南	16	105.9	17.4	4.9	6.6	9.2	39.9	73.9	2.1	31.1
湖北	17	210.2	26.3	8.6	11.6	18.3	60.4	120.0	3.7	50.6
湖南	18	144.4	21.3	5.1	3.0	12.6	49.0	77.1	1.0	34.9
广东	19	360.3	67.2	19.1	18.3	31.3	120.0	120.0	5.9	69.3
广西	20	44.3	8.1	4.1	3.1	3.9	18.6	61.9	1.0	21.3
海南	21	43.8	8.7	2.3	1.1	3.8	20.1	34.2	0.4	14.6
重庆	22	199.4	29.6	7.3	46.2	17.3	68.2	109.8	14.8	52.5
四川	23	133.4	19.0	6.5	9.4	11.6	43.8	96.9	3.0	38.8
贵州	24	51.0	9.3	4.2	2.3	4.4	21.3	62.5	0.8	22.3
云南	25	58.8	10.3	2.0	1.9	5.1	23.6	29.9	0.6	14.8
西藏	26	16.2	4.6	1.3	3.5	1.4	10.5	19.8	1.1	8.2
陕西	27	208.4	25.0	8.0	4.1	18.1	57.5	120.0	1.3	49.2
甘肃	28	55.8	8.4	2.3	1.6	4.8	19.4	34.4	0.5	14.8
青海	29	43.1	7.1	2.1	1.9	3.7	16.4	32.0	0.6	13.2
宁夏	30	100.1	16.1	4.4	4.4	8.7	37.0	65.5	1.4	28.1
新疆	31	39.3	6.0	1.5	2.5	3.4	13.9	22.1	0.8	10.1
香港	32	417.9	40.3	2.1	99.7	36.3	92.6	32.1	32.0	48.2
澳门	33	177.5	35.4	1.5	—	15.4	81.5	21.9	—	39.6
台湾[e]	34	885.8	81.8	4.9	149.2	77.0	120.0	72.9	47.9	79.5
中国		218.1	13.1	10.0	4.0	19.0	30.0	120.0	1.3	42.6
高收入国家		1150.5	43.5	6.7	311.7	100.0	100.0	100.0	100.0	100.0
中等收入国家		86.0	7.4	2.6	1.7	7.5	16.9	38.8	0.6	15.9
低收入国家		—	—	—	0.1	—	—	—	0.0	0.0
世界平均		258.9	14.1	3.0	51.8	22.5	32.4	45.4	16.6	29.2
基准值		1150.5	43.5	6.7	311.7					

注：a. 人均 R&D 经费。
　　b. 从事研究与发展活动的研究人员全时当量/万人。
　　c. 居民申请国内发明专利数/万人。
　　d. 人均技术转让收入（美元）。
　　e. 人均知识产权出口值为 2012 年的估计值，约为人均知识产权进口值的 60%。

附表 3-3-3　2018 年中国地区知识传播指数

地区	编号	知识传播指标的实际值				知识传播指标的指数				知识传播指数
		大学普及率[a]	宽带网普及率	人均公共教育经费[b]	人均知识产权进口[c]	大学普及率	宽带网普及率	人均公共教育经费	人均知识产权进口	
北京	1	98	30	882	124.9	120.0	87.2	42.5	44.4	73.5
天津	2	98	28	558	58.9	120.0	82.6	26.9	20.9	62.6
河北	3	51	29	311	3.5	66.6	84.1	15.0	1.3	41.7
山西	4	40	27	329	3.9	51.4	78.4	15.9	1.4	36.8
内蒙古	5	45	25	443	9.4	58.4	72.9	21.3	3.3	39.0
辽宁	6	66	26	292	11.6	85.8	76.7	14.1	4.1	45.1
吉林	7	74	22	340	10.3	95.6	64.0	16.4	3.7	44.9
黑龙江	8	54	21	285	43.2	70.0	63.2	13.8	15.4	40.6
上海	9	98	32	733	176.9	120.0	93.8	35.3	62.9	78.0
江苏	10	70	42	456	46.2	91.1	120.0	22.0	16.4	62.4
浙江	11	54	46	504	41.6	69.6	120.0	24.3	14.8	57.2
安徽	12	40	26	317	6.4	52.0	77.3	15.3	2.3	36.7
福建	13	56	41	418	8.7	72.8	120.0	20.1	3.1	54.0
江西	14	43	28	386	4.7	55.8	83.7	18.6	1.7	40.0
山东	15	53	29	352	11.0	69.4	84.5	17.0	3.9	43.7
河南	16	43	26	323	1.2	56.4	76.7	15.5	0.4	37.3
湖北	17	71	25	316	21.7	92.6	73.6	15.2	7.7	47.3
湖南	18	48	24	296	10.9	62.2	69.7	14.2	3.9	37.5
广东	19	36	32	458	48.9	46.5	93.3	22.1	17.4	44.9
广西	20	37	25	347	2.2	48.5	73.5	16.7	0.8	34.9
海南	21	41	30	534	12.7	53.4	87.9	25.7	4.5	42.9
重庆	22	53	34	435	169.2	68.9	101.5	21.0	60.2	62.9
四川	23	38	31	329	7.5	49.9	92.5	15.9	2.7	40.2
贵州	24	24	20	485	0.7	31.1	59.8	23.4	0.2	28.6
云南	25	28	21	428	0.7	35.7	62.1	20.6	0.3	29.7
西藏	26	18	23	1197	4.7	23.4	66.9	57.7	1.7	37.4
陕西	27	65	27	382	2.4	85.0	80.5	18.4	0.9	46.2
甘肃	28	33	28	411	0.0	43.4	82.8	19.8	0.0	36.5
青海	29	21	25	651	0.0	27.0	74.6	31.4	0.0	33.2
宁夏	30	32	32	479	0.0	41.4	92.8	23.1	0.0	39.3
新疆	31	31	26	577	1.6	40.4	76.6	27.8	0.6	36.3
香港	32	77	31	1615	267.5	99.9	107.3	77.8	95.1	95.0
澳门	33	91	31	2388	455.3	117.7	89.9	115.1	120.0	110.7
台湾[d]	34	85	24	1319	248.7	110.0	71.8	63.6	88.4	83.5
中国		51	29	364	25.7	65.7	83.9	17.5	9.1	44.1
高收入国家		77	34	2075	281.2	100.1	99.9	100.0	100.0	100.0
中等收入国家		36	11	228	13.4	46.8	33.5	11.0	4.8	24.0
低收入国家		10	0	27	0.1	12.4	1.1	1.3	0.0	3.7
世界平均		38	14	490	55.7	49.8	41.6	23.6	19.8	33.7
基准值		77	34.0	2075	281.2					

注：a. 中国地区数据为在校大学生占 18~21 岁人口比例，根据在校大学生人数和 2010 年人口普查数据的估算，北京、天津、上海数据为估计值。内地（大陆）地区数据没有考虑出国留学和外地借读的影响。
b. 人均政府教育支出。
c. 内地（大陆）地区数据为人均技术进口费用。
d. 人知识产权进口为 2012 年数据，来自人民网 2012 年 12 月 18 日报道（台湾技术贸易赤字问题严重）。

附表 3-3-4　2018 年中国地区生活质量指数

地区	编号	生活质量指标的实际值				生活质量指标的指数				生活质量指数
		平均预期寿命[a]	人均购买力[b]	婴儿死亡率[c]	环境质量[d]	平均预期寿命	人均购买力	婴儿死亡率	环境质量	
北京	1	82.2	39 496	2.2	51	101.9	76.8	120.0	28.8	81.9
天津	2	81.7	34 003	3.2	52	101.2	66.1	120.0	28.3	78.9
河北	3	77.1	13 457	6.8	72	95.5	26.2	64.7	20.4	51.7
山西	4	77.5	12 768	5.3	59	96.1	24.8	83.1	24.9	57.2
内蒙古	5	77.3	19 240	4.5	36	95.8	37.4	97.7	40.8	67.9
辽宁	6	78.9	16 340	4.1	41	97.7	31.8	106.6	35.9	68.0
吉林	7	77.1	15 665	3.8	33	95.5	30.5	114.6	44.5	71.3
黑龙江	8	77.5	12 190	5.3	39	96.1	23.7	83.4	37.7	60.2
上海	9	83.6	38 023	3.5	36	103.6	73.9	120.0	40.8	84.6
江苏	10	78.0	32 442	2.7	43	96.7	63.1	120.0	34.2	78.5
浙江	11	78.8	27 787	2.1	40	97.6	54.0	120.0	36.8	77.1
安徽	12	76.7	13 440	4.1	48	95.0	26.1	108.2	30.6	65.0
福建	13	77.7	25 689	4.2	25	96.3	49.9	105.7	58.8	77.7
江西	14	76.5	13 362	5.4	30	94.8	26.0	81.7	49.0	62.9
山东	15	79.0	21 484	4.1	55	97.9	41.8	108.3	26.7	68.7
河南	16	76.0	14 127	3.6	63	94.2	27.5	120.0	23.3	66.2
湖北	17	77.0	18 765	5.1	49	95.4	36.5	87.1	30.0	62.2
湖南	18	76.7	14 915	7.3	48	95.0	29.0	60.6	30.6	53.8
广东	19	78.4	24 341	2.4	35	97.1	47.3	120.0	42.0	76.6
广西	20	77.0	11 687	3.4	34	95.5	22.7	120.0	43.2	70.4
海南	21	78.4	14 635	4.1	18	97.1	28.5	107.3	81.7	78.6
重庆	22	77.6	18 573	3.1	40	96.2	36.1	120.0	36.8	72.3
四川	23	77.1	13 770	5.5	51	95.5	26.8	80.3	28.8	57.9
贵州	24	74.3	11 618	7.5	32	92.0	22.6	58.7	45.9	54.8
云南	25	74.7	10 461	7.8	30	92.6	20.3	56.4	49.0	54.6
西藏	26	70.6	12 225	14.4	20	87.5	23.8	30.7	73.5	53.9
陕西	27	76.2	17 881	6.1	61	94.4	34.8	72.7	24.1	56.5
甘肃	28	73.9	8827	4.0	47	91.6	17.2	109.7	31.3	62.4
青海	29	72.2	13 434	8.7	46	89.4	26.1	50.6	32.0	49.5
宁夏	30	75.2	15 238	6.0	38	93.1	29.6	73.0	38.7	58.6
新疆	31	74.9	13 937	11.7	54	92.8	27.1	37.7	27.2	46.2
香港	32	84.9	65 530	1.5	19	105.2	120.0	120.0	78.3	105.9
澳门	33	84.1	123 380	2.6	13	104.2	120.0	120.0	109.5	113.4
台湾	34	80.8	53 023	3.7	12	100.1	103.1	118.5	120.0	110.4
中国		76.7	15 530	7.3	53	95.0	30.2	60.3	27.9	53.4
高收入国家		80.7	51 434	4.4	15	99.9	100.0	100.0	100.1	100.0
中等收入国家		71.9	11 434	27.6	52	89.0	22.2	16.0	28.0	38.8
低收入国家		63.5	2372	49.2	43	78.7	4.6	8.9	34.3	31.6
世界平均		72.6	17 103	29.0	46	89.9	33.3	15.2	32.3	42.7
基准值		80.7	51 434	4.4	15					

注：a. 内地（大陆）地区数据为 2018 年或最近年值（来自地方卫生资料），山西、福建、江西、山东、贵州、陕西、青海、宁夏、新疆数据为估计值。

b. 内地（大陆）地区数据为按购买力平价计算的人均 GDP，其他为按购买力平价计算的人均 GNI。

c. 内地（大陆）地区数据为 2018 年或最近年值（来自地方卫生资料），天津等 24 个地区数据为估计值。

d. $PM_{2.5}$ 年均浓度，内地（大陆）数据为直辖市或各省会城市的值。

附表 3-3-5　2018 年中国地区经济质量指数

地区	编号	经济质量指标的实际值				经济质量指标的指数				经济质量指数
		劳动生产率[a]	单位 GDP 的能源消耗[b]	物质产业增加值比例[c]	物质产业劳动力比例	劳动生产率	单位 GDP 的能源消耗	物质产业增加值比例	物质产业劳动力比例	
北京	1	59 572	0.11	19.0	18.4	58.1	104.1	120.0	120.0	100.5
天津	2	51 022	0.20	41.4	38.5	49.8	59.2	58.5	67.8	58.8
河北	3	20 871	0.41	53.8	65.0	20.4	28.1	45.0	40.1	33.4
山西	4	21 404	0.56	46.6	56.8	20.9	20.9	52.0	46.0	34.9
内蒙古	5	31 178	0.62	49.5	59.6	30.4	18.8	48.9	43.8	35.5
辽宁	6	27 235	0.41	47.6	55.1	26.6	28.4	50.8	47.4	38.3
吉林	7	24 868	0.22	50.2	53.5	24.3	53.8	48.2	48.8	43.8
黑龙江	8	20 032	0.32	43.0	53.8	19.5	35.8	56.3	48.5	40.0
上海	9	57 774	0.16	30.1	33.7	56.4	71.6	80.4	77.4	71.4
江苏	10	47 400	0.16	49.0	58.9	46.3	73.4	49.4	44.3	53.3
浙江	11	35 628	0.18	45.3	56.5	34.8	65.4	53.4	46.2	49.9
安徽	12	16 641	0.20	54.9	59.7	16.2	56.8	44.1	43.7	40.2
福建	13	31 194	0.17	54.8	56.2	30.4	68.6	44.2	46.4	47.4
江西	14	20 282	0.20	55.2	60.4	19.8	59.5	43.9	43.2	41.6
山东	15	30 090	0.25	50.5	63.1	29.3	47.3	48.0	41.4	41.5
河南	16	17 464	0.22	54.8	66.0	17.0	53.3	44.2	39.5	38.5
湖北	17	26 743	0.20	52.4	57.4	26.1	59.2	46.2	45.4	44.2
湖南	18	23 695	0.20	48.1	61.5	23.1	58.9	50.3	42.4	43.7
广东	19	36 348	0.16	45.8	60.0	35.5	73.7	52.9	43.5	51.4
广西	20	17 380	0.25	54.5	66.2	17.0	47.3	44.4	39.2	37.0
海南	21	19 569	0.21	43.4	50.0	19.1	56.0	55.8	52.2	45.8
重庆	22	28 969	0.19	47.7	53.1	28.3	59.9	50.8	49.2	47.0
四川	23	20 268	0.23	48.6	63.1	19.8	51.3	49.8	41.4	40.6
贵州	24	17 664	0.31	53.5	72.3	17.2	37.1	45.3	36.1	33.9
云南	25	14 505	0.30	52.9	62.2	14.1	38.8	45.8	42.0	35.2
西藏	26	13 811	—	51.3	56.2	13.5	—	47.1	46.4	35.7
陕西	27	31 210	0.24	57.2	58.7	30.4	47.6	42.3	44.5	41.2
甘肃	28	12 891	0.44	45.1	69.4	12.6	26.5	53.7	37.6	32.6
青海	29	21 163	0.70	52.9	54.5	20.6	16.5	45.8	47.9	32.7
宁夏	30	23 655	0.88	52.1	56.4	23.1	13.1	46.5	46.3	32.2
新疆	31	22 298	0.67	54.2	54.1	21.7	17.4	44.6	48.2	33.0
香港[d]	32	118 442	0.04	6.9	11.5	120.0	120.0	100.0	100.0	110.0
澳门[d]	33	221 081	—	4.2	10.4	120.0	—	100.0	100.0	106.7
台湾	34	82 958	0.13	37.7	40.6	80.9	92.6	64.2	64.3	75.5
中国		28 226	0.29	46.7	54.4	27.5	39.8	51.8	48.0	41.8
高收入国家		102 526	0.12	24.2	26.1	100.0	100.1	100.0	99.9	100.0
中等收入国家		26 907	0.27	40.1	54.1	26.2	42.7	60.4	48.3	44.4
低收入国家		6607	—	43.1	69.8	6.4	—	56.1	37.4	33.3
世界平均		38 928	0.18	28.9	50.1	38.0	66.1	83.8	52.0	60.0
基准值		102 526	0.12	24.2	26.1					

注：a. 劳动生产率＝GDP/就业劳动力。

b. 单位 GDP 的能源消耗＝人均能源消费/人均 GDP。

c. 物质产业＝农业＋工业。

d. 香港和澳门人口规模比较小，产业和就业结构指数最大值设定为 100。

附表 3-3-6　2018 年中国地区第二次现代化发展阶段

地区	编号	第一次现代化的阶段[a]	第二次现代化指数	产业结构信号		劳动力结构信号		平均值	第二次现代化的阶段[b]
				物质产业增加值占GDP比例	赋值	物质产业劳动力占总劳动力比例[c]	赋值		
北京	1	4	88.2	19.0	3	18.4	3	3.0	S2
天津	2	4	68.9	41.4		38.5	1	0.5	
河北	3	3	36.7	53.8		65.0			
山西	4	3	36.8	46.6		56.8			
内蒙古	5	2	39.2	49.5		59.6			
辽宁	6	3	47.6	47.6		55.1			
吉林	7	3	46.1	50.2		53.5			
黑龙江	8	2	40.0	43.0		53.8			
上海	9	4	80.2	30.1	1	33.7	1	1	S1
江苏	10	4	66.9	49.0		58.9			
浙江	11	4	63.7	45.3		56.5			
安徽	12	3	47.3	54.9		59.7			
福建	13	3	59.9	54.8		56.2			
江西	14	3	42.3	55.2		60.4			
山东	15	3	51.3	50.5		63.1			
河南	16	3	43.3	54.8		66.0			
湖北	17	3	51.1	52.4		57.4			
湖南	18	3	42.5	48.1		61.5			
广东	19	4	60.5	45.8		60.0			
广西	20	2	40.9	54.5		66.6			
海南	21	2	45.5	43.4		50.0			
重庆	22	3	58.7	47.7		53.1			
四川	23	3	44.4	48.6		63.1			
贵州	24	2	34.9	53.5		72.3			
云南	25	2	33.6	52.9		62.2			
西藏	26	3	33.8	51.3		56.2			
陕西	27	3	48.3	57.2		58.7			
甘肃	28	2	36.6	45.1		69.4			
青海	29	3	32.2	52.9		54.5			
宁夏	30	3	39.6	52.1		56.4			
新疆	31	2	31.4	54.2		54.1			
香港	32	4	92.3	6.9	3	11.5	3	3.0	S2
澳门	33	4	93.5	4.2	3	10.4	3	3.0	S2
台湾	34	4	83.8	37.7	1	40.6		0.5	S1
中国		3	45.4	46.7		54.4			
高收入国家		4	100.0	24.2	2	26.1	2	2	S2
中等收入国家		3	30.8	40.1		54.1			
低收入国家		1	17.3	43.1		69.8			
世界平均		3	41.4	28.9		50.1			

注：a. 数字代表第一次现代化的阶段，1 代表起步期，2 代表发展期，3 代表成熟期，4 代表过渡期。
　　b. S 代表第二次现代化，S1 代表起步期，S2 代表发展期，港澳台的发展阶段根据第二次现代化指数进行了调整。

附表 3-3-7 1970～2018 年中国地区第二次现代化指数

地区	编号	1970[a]	1980[a]	1990[a]	2000[a]	2010[b]	2015[c]	2016[c]	2017[c]	2018[c]
北京	1	30.8	43.9	54.7	74.2	74.7	81.2	82.3	83.8	88.2
天津	2	31.3	40.4	42.5	53.9	61.6	65.6	67.5	67.2	68.9
河北	3	16.7	28.9	25.2	29.3	33.9	32.8	33.6	33.8	36.7
山西	4	23.7	36.1	28.4	31.6	36.8	31.1	34.6	34.4	36.8
内蒙古	5	25.6	31.3	26.7	29.1	37.2	34.3	38.6	35.8	39.2
辽宁	6	28.2	34.3	34.5	39.9	46.8	42.7	46.5	43.7	47.6
吉林	7	24.8	34.3	29.9	33.9	37.2	40.6	43.7	41.6	46.1
黑龙江	8	24.9	33.0	30.1	34.8	39.2	39.1	38.5	36.0	40.0
上海	9	38.7	43.5	49.4	65.7	74.1	72.4	77.3	78.2	80.2
江苏	10	20.0	28.7	32.2	34.6	52.3	60.8	64.2	64.4	66.9
浙江	11	16.6	24.2	27.1	35.2	49.0	58.5	61.1	61.4	63.7
安徽	12	15.6	24.8	21.9	27.3	31.3	39.2	44.6	44.0	47.3
福建	13	17.7	25.5	23.4	30.5	39.5	47.6	55.2	54.3	59.9
江西	14	17.6	25.2	22.0	26.0	29.0	32.6	36.6	36.7	42.3
山东	15	17.9	26.0	27.6	31.9	39.4	48.7	50.9	48.2	51.3
河南	16	18.3	27.2	23.2	26.3	31.9	33.3	38.0	39.1	43.3
湖北	17	16.8	28.2	26.8	31.3	37.3	40.8	47.1	47.5	51.1
湖南	18	16.5	25.2	23.6	27.8	31.8	36.4	37.7	38.5	42.5
广东	19	22.3	26.5	27.0	33.9	45.3	53.5	58.8	58.7	60.5
广西	20	16.9	24.6	20.6	25.4	29.1	35.3	43.0	41.1	40.9
海南	21	—	—	21.3	25.8	34.0	35.2	40.5	39.6	45.5
重庆	22	—	—	—	27.2	44.4	45.2	50.2	51.4	58.7
四川	23	—	22.4	23.9	30.1	32.1	35.5	39.6	42.2	44.4
贵州	24	20.0	22.9	19.1	22.4	25.8	25.7	31.2	31.9	34.9
云南	25	18.8	21.8	20.0	22.5	24.9	26.8	31.8	30.8	33.6
西藏	26		15.5	19.7	21.6	26.0	28.1	30.7	31.1	33.8
陕西	27	22.2	31.5	26.4	38.8	36.3	42.6	43.5	45.2	48.3
甘肃	28	12.0	21.8	23.9	26.9	28.7	27.0	32.9	33.5	36.6
青海	29	20.1	28.1	24.1	26.6	31.2	26.4	30.2	29.9	32.2
宁夏	30	26.0	28.4	26.1	28.5	37.8	30.6	35.3	35.1	39.6
新疆	31	17.6	30.1	26.4	28.0	31.4	27.3	28.7	28.5	31.4
香港[d]	32	—	—	74.9	92.5	82.6	86.2	88.0	86.8	89.8
澳门[d]	33	—	—	51.1	78.7	82.7	81.9	83.7	87.8	92.6
台湾[d]	34	—	—	65.0	79.8	76.1	78.1	78.7	84.0	87.2
中国		21.5	26.3	25.9	31.0	33.2	40.7	44.8	43.8	45.4
高收入国家		72.3	76.4	88.9	100.2	95.3	99.7	100.1	100.0	100.0
中等收入国家		19.7	35.6	31.7	38.4	28.0	28.5	30.0	29.7	30.8
低收入国家		9.4	20.2	26.7	20.1	16.8	15.6	15.6	16.0	17.3
世界平均		33.2	43.9	46.8	46.0	42.6	39.3	40.9	40.2	41.4

注：a. 1970～2000 年以 2000 年高收入国家平均值为基准。

b. 采用第二次现代化评价模型第二版的评价结果，2000～2010 年以 2013 年高收入 OECD 国家平均值为基准。

c. 采用第二次现代化评价模型第三版的评价结果，以当年高收入国家平均值为基准。

d. 香港、澳门和台湾的统计指标数据不全，评价结果仅供参考，部分数据有调整。

附表 3-3-8　1970～2018 年中国地区第二次现代化指数的排名

地区	编号	1970[a]	1980[a]	1990[a]	2000[a]	2010[b]	2015[c]	2016[c]	2017[c]	2018[c]
北京	1	3	1	1	1	1	1	1	1	1
天津	2	2	3	3	3	3	3	3	3	3
河北	3	23	11	17	16	19	22	25	25	25
山西	4	9	4	8	12	16	24	24	24	24
内蒙古	5	6	9	13	17	15	20	18	22	23
辽宁	6	4	5	4	4	6	10	11	13	12
吉林	7	8	6	7	9	14	13	13	15	14
黑龙江	8	7	7	6	7	11	15	19	21	21
上海	9	1	2	2	2	2	2	2	2	2
江苏	10	14	12	5	8	4	4	4	4	4
浙江	11	24	24	10	6	5	5	5	5	5
安徽	12	26	22	25	21	24	14	12	12	13
福建	13	18	19	22	14	9	8	7	7	7
江西	14	20	21	24	26	27	23	22	20	19
山东	15	17	18	9	11	10	7	8	9	9
河南	16	16	16	23	25	21	21	20	18	17
湖北	17	22	14	12	13	13	12	10	10	10
湖南	18	25	20	21	20	22	16	21	19	18
广东	19	10	17	11	10	7	6	6	6	6
广西	20	21	23	27	28	26	18	15	16	20
海南	21	—	—	26	27	18	19	16	17	15
重庆	22	—	—	—	22	8	9	9	8	8
四川	23	—	26	19	15	20	17	17	14	16
贵州	24	13	25	30	30	29	31	28	27	27
云南	25	15	27	28	29	31	28	27	29	29
西藏	26	—	29	29	31	30	26	29	28	28
陕西	27	11	8	15	5	17	11	14	11	11
甘肃	28	27	28	20	23	28	28	26	26	26
青海	29	12	15	18	24	25	30	30	30	30
宁夏	30	5	13	16	18	12	25	23	23	22
新疆	31	19	10	14	19	23	27	31	31	31
香港	32									
澳门	33									
台湾	34									

注：a. 1970～2000 年以 2000 年高收入国家平均值为基准。
　　b. 采用第二次现代化评价模型第二版的评价结果，2000～2010 年以 2013 年高收入 OECD 国家平均值为基准。
　　c. 采用第二次现代化评价模型第三版的评价结果，以当年高收入国家平均值为基准。

附表 3-4-1　2018 年中国地区综合现代化指数和排名[a]

地区	编号	经济发展指数	社会发展指数	知识发展指数	综合现代化指数	指数排名	水平分组[b]
北京	1	75.1	91.2	84.6	83.6	1	1
天津	2	74.8	76.3	61.4	70.8	3	2
河北	3	42.3	52.5	36.4	43.7	18	3
山西	4	45.6	50.3	32.7	42.9	19	3
内蒙古	5	49.5	56.1	34.4	46.7	14	3
辽宁	6	48.9	57.2	46.6	50.9	11	2
吉林	7	48.7	59.7	43.2	50.5	12	2
黑龙江	8	43.5	51.2	36.6	43.8	17	3
上海	9	77.0	82.4	79.6	79.7	2	2
江苏	10	65.7	76.2	55.1	65.6	4	2
浙江	11	61.6	73.6	49.4	61.5	5	2
安徽	12	43.5	51.7	31.1	42.1	23	3
福建	13	59.3	65.9	47.1	57.5	6	2
江西	14	43.2	51.5	30.9	41.9	24	3
山东	15	52.0	62.6	40.7	51.8	10	2
河南	16	42.1	53.9	30.8	42.2	21	3
湖北	17	50.2	61.0	45.8	52.3	9	2
湖南	18	45.1	58.1	33.6	45.6	15	3
广东	19	56.7	68.9	45.5	57.0	7	2
广西	20	38.0	48.5	28.0	38.2	27	3
海南	21	45.9	56.5	31.4	44.6	16	3
重庆	22	52.1	61.8	47.1	53.7	8	2
四川	23	42.8	53.5	30.1	42.1	22	3
贵州	24	36.2	46.4	22.9	35.2	30	3
云南	25	38.7	44.7	23.2	35.5	29	3
西藏	26	43.7	44.5	20.8	36.3	28	3
陕西	27	49.2	57.4	42.9	49.8	13	3
甘肃	28	36.4	42.8	25.8	35.0	31	3
青海	29	45.3	48.5	25.2	39.6	26	3
宁夏	30	47.1	51.1	28.9	42.4	20	3
新疆	31	44.7	46.8	28.2	39.9	25	3
香港	32	76.9	91.1	75.4	81.2		1
澳门	33	76.9	94.6	72.3	81.3		1
台湾	34	80.7	87.9	81.4	83.3		2
中国		49.9	54.9	38.1	47.6		3
高收入国家		100.0	99.7	100.0	99.9		
中等收入国家		42.9	50.3	27.8	40.3		
低收入国家		29.7	18.8	10.3	19.6		
世界平均		54.2	58.3	37.3	49.9		

注：a. 采用综合现代化评价模型第三版的评价结果，指标单位和评价方法见技术注释。后同。
b. 根据综合现代化指数分组，1 代表发达水平，2 代表中等发达水平，3 代表初等发达水平，4 代表欠发达水平。

附表 3-4-2　2018 年中国地区经济发展指数

地区	编号	经济指标的实际值				经济指标的指数				经济发展指数
		人均国民收入[a]	人均制造业增加值[b]	服务业增加值比例	服务业劳动力比例	人均国民收入	人均制造业增加值	服务业增加值比例	服务业劳动力比例	
北京	1	21 193	3170	81.0	81.6	48.4	52.0	100.0	100.0	75.1
天津	2	18 245	5899	58.6	61.5	41.6	96.8	77.3	83.2	74.8
河北	3	7221	2712	46.2	35.0	16.5	44.5	60.9	47.4	42.3
山西	4	6851	2306	53.4	43.2	15.6	37.8	70.5	58.5	45.6
内蒙古	5	10 324	3248	50.5	40.4	23.6	53.3	66.6	54.7	49.5
辽宁	6	8768	2781	52.4	44.9	20.0	45.6	69.1	60.8	48.9
吉林	7	8406	2867	49.8	46.5	19.2	47.1	65.7	62.9	48.7
黑龙江	8	6541	1292	57.0	46.2	14.9	21.2	75.2	62.5	43.5
上海	9	20 402	4855	69.9	66.3	46.6	79.7	92.2	89.7	77.0
江苏	10	17 408	6195	51.0	41.1	39.7	100.0	67.3	55.6	65.7
浙江	11	14 910	4954	54.7	43.5	34.0	81.3	72.1	58.8	61.6
安徽	12	7212	2647	45.1	40.3	16.5	43.4	59.5	54.5	43.5
福建	13	13 784	5287	45.2	43.8	31.5	86.8	59.7	59.3	59.3
江西	14	7170	2667	44.8	39.6	16.4	43.8	59.2	53.6	43.2
山东	15	11 528	4049	49.5	36.9	26.3	66.5	65.3	49.9	52.0
河南	16	7580	2774	45.2	34.0	17.3	45.5	59.7	46.0	42.1
湖北	17	10 069	3492	47.6	42.6	23.0	57.3	62.8	57.6	50.2
湖南	18	8003	2533	51.9	38.5	18.3	41.6	68.4	52.1	45.1
广东	19	13 061	4337	54.2	40.0	29.8	71.2	71.5	54.1	56.7
广西	20	6271	1982	45.5	33.4	14.3	32.5	60.0	45.1	38.0
海南	21	7853	1419	56.6	50.0	17.9	23.3	74.7	67.7	45.9
重庆	22	9966	3247	52.3	46.9	22.7	53.3	69.0	63.5	52.1
四川	23	7389	2221	51.4	36.9	16.9	36.5	67.9	49.9	42.8
贵州	24	6234	1933	46.5	27.7	14.2	31.7	61.4	37.6	36.2
云南	25	5613	1742	47.1	37.8	12.8	28.6	62.2	51.2	38.7
西藏	26	6559	2209	48.7	43.8	15.0	36.3	64.2	59.3	43.7
陕西	27	9595	3805	42.8	41.3	21.9	62.4	56.4	55.9	49.2
甘肃	28	4736	1281	54.9	30.6	10.8	21.0	72.5	41.4	36.4
青海	29	7208	2501	47.1	45.5	16.5	41.0	62.2	61.6	45.3
宁夏	30	8176	2900	47.9	43.6	18.7	47.6	63.2	59.0	47.1
新疆	31	7478	2394	45.8	45.9	17.1	39.3	60.4	62.1	44.7
香港	32	48 543	472	93.1	88.5	100.0	7.7	100.0	100.0	76.9
澳门	33	87 209	470	95.8	89.6	100.0	7.7	100.0	100.0	76.9
台湾	34	26 376	8571	62.3	59.4	60.2	100.0	82.2	80.4	80.7
中国		9600	2778	53.3	45.6	21.9	45.6	70.3	61.7	49.9
高收入国家		43 812	6093	75.8	73.9	100.0	100.0	100.0	100.0	100.0
中等收入国家		5298	1120	59.9	45.9	12.1	18.4	79.1	62.1	42.9
低收入国家		800	71	56.9	30.2	1.8	1.2	75.0	40.9	29.7
世界平均		11 152	1837	71.1	49.9	25.5	30.1	93.8	67.5	54.2
参考值		43 812	6093	75.8	73.9					

注：a. 内地（大陆）地区数据为人均 GDP 的值。
　　b. 内地（大陆）地区数据为估计值，为人均工业增加值的 80%，工业增加值包括采矿业、制造业和公共事业的增加值。

附表 3-4-3　2018 年中国地区社会发展指数

地区	编号	社会指标的实际值				社会指标的指数				社会发展指数
		城市人口比例	医生比例	生活水平[a]	能源使用效率[b]	城市人口比例	医生比例	生活水平	能源使用效率	
北京	1	86.5	4.6	39 496	9.0	100.0	100.0	76.8	87.9	91.2
天津	2	83.2	2.8	34 003	5.1	100.0	89.0	66.1	50.0	76.3
河北	3	56.4	2.8	13 457	2.4	69.8	90.3	26.2	23.7	52.5
山西	4	58.4	2.7	12 768	1.8	72.2	86.5	24.8	17.7	50.3
内蒙古	5	62.7	2.9	19 240	1.6	77.5	93.5	37.4	15.9	56.1
辽宁	6	68.1	2.8	16 340	2.4	84.2	89.0	31.8	24.0	57.2
吉林	7	57.5	2.9	15 665	4.6	71.1	91.9	30.5	45.5	59.7
黑龙江	8	60.1	2.4	12 190	3.1	74.3	76.5	23.7	30.2	51.2
上海	9	88.1	3.0	38 023	6.2	100.0	95.2	73.9	60.5	82.4
江苏	10	69.6	2.9	32 442	6.3	86.0	93.5	63.1	62.0	76.2
浙江	11	68.9	3.3	27 787	5.6	85.2	100.0	54.0	55.3	73.6
安徽	12	54.7	2.0	13 440	4.9	67.6	64.8	26.1	48.0	51.7
福建	13	65.8	2.3	25 689	5.9	81.4	74.5	49.9	57.9	65.9
江西	14	56.0	1.9	13 362	5.1	69.2	60.6	26.0	50.3	51.5
山东	15	61.2	2.9	21 484	4.1	75.6	93.2	41.8	40.0	62.6
河南	16	51.7	2.5	14 127	4.6	63.9	79.0	27.5	45.0	53.9
湖北	17	60.3	2.6	18 765	5.1	74.5	82.9	36.5	50.0	61.0
湖南	18	56.0	2.6	14 915	5.1	69.2	84.5	29.0	49.8	58.1
广东	19	70.7	2.4	24 341	6.4	87.4	78.7	47.3	62.2	68.9
广西	20	50.2	2.2	11 687	4.1	62.1	69.4	22.7	40.0	48.5
海南	21	59.1	2.4	14 635	4.8	73.0	77.1	28.5	47.3	56.5
重庆	22	65.5	2.4	18 573	5.2	81.0	79.4	36.1	50.6	61.8
四川	23	52.3	2.5	13 770	4.4	64.6	79.4	26.8	43.3	53.5
贵州	24	47.5	2.3	11 618	3.2	58.7	72.9	22.6	31.3	46.4
云南	25	47.8	2.1	10 461	3.3	59.1	66.5	20.3	32.8	44.7
西藏	26	31.1	2.4	12 225	3.8	38.5	78.1	23.8	37.7	44.5
陕西	27	58.1	2.6	17 881	4.1	71.9	82.6	34.8	40.3	57.4
甘肃	28	47.7	2.3	8827	2.3	58.9	72.9	17.2	22.4	42.8
青海	29	54.5	2.7	13 434	1.4	67.3	86.5	26.1	13.9	48.5
宁夏	30	58.9	2.8	15 238	1.1	72.8	91.0	29.6	11.1	51.1
新疆	31	50.9	2.6	13 937	1.5	62.9	82.3	27.1	14.7	46.8
香港	32	100.0	2.0	65 530	23.5	100.0	64.5	100.0	100.0	91.1
澳门	33	100.0	2.6	123 380	—	100.0	83.2	100.0	—	94.6
台湾	34	83.0	2.3	53 023	8.0	100.0	73.4	100.0	78.2	87.9
中国		59.2	2.0	15 530	5.3	73.1	63.9	30.2	52.2	54.9
高收入国家		80.9	3.1	51 434	10.2	100.0	98.7	100.0	100.0	99.7
中等收入国家		52.3	1.4	11 434	7.1	64.7	44.6	22.2	69.9	50.3
低收入国家		32.9	0.3	2372	—	40.7	11.1	4.6	—	18.8
世界平均		55.3	1.6	17 103	8.3	68.3	50.5	33.3	81.1	58.3
参考值		80.9	3.1	51 434	10.2					

注：a. 内地（大陆）地区数据为按购买力平价计算的人均GDP，其他为按购买力平价计算的人均GNI。
　　b. 人均GDP与人均能源消费之比。

附表 3-4-4　2018 年中国地区知识发展指数

地区	编号	知识指标的实际值				知识指标的指数				知识发展指数
		人均知识创新经费[a]	人均知识产权贸易[b]	大学普及率[c]	互联网普及率[d]	知识创新经费投入	人均知识产权贸易	大学普及率	互联网普及率	
北京	1	1313	227	148.6	88.9	100.0	38.3	100.0	100.0	84.6
天津	2	477	119	160.0	72.6	41.5	20.1	100.0	84.0	61.4
河北	3	100	10	51.3	59.3	8.7	1.6	66.6	68.7	36.4
山西	4	72	7	39.6	62.0	6.2	1.3	51.4	71.8	32.7
内蒙古	5	77	27	45.0	58.6	6.7	4.6	58.4	67.8	34.4
辽宁	6	160	25	66.0	71.2	13.9	4.2	85.8	82.5	46.6
吉林	7	64	22	73.6	58.7	5.6	3.6	95.8	68.0	43.2
黑龙江	8	54	47	53.9	55.1	4.7	8.0	70.0	63.8	36.6
上海	9	848	283	116.2	83.7	73.7	47.7	100.0	96.9	79.6
江苏	10	469	87	70.1	63.5	40.8	14.6	91.1	73.5	55.0
浙江	11	381	71	53.6	71.7	33.1	12.0	69.6	83.0	49.4
安徽	12	155	14	40.0	48.7	13.5	2.3	52.0	56.4	31.1
福建	13	247	30	56.1	77.0	21.5	5.0	72.8	89.1	47.1
江西	14	101	8	43.0	49.6	8.8	1.4	55.8	57.4	30.9
山东	15	247	24	53.5	58.7	21.5	4.0	69.4	68.0	40.7
河南	16	106	8	43.4	48.5	9.2	1.3	56.4	56.1	30.8
湖北	17	210	33	71.3	57.6	18.3	5.6	92.6	66.7	45.8
湖南	18	144	14	47.9	49.5	12.6	2.3	62.2	57.3	33.6
广东	19	360	67	36.0	80.1	31.3	11.3	46.8	92.7	45.5
广西	20	44	5	37.4	50.9	3.9	0.9	48.5	58.9	28.0
海南	21	44	14	41.1	57.0	3.8	2.3	53.4	66.0	31.4
重庆	22	199	215	53.1	56.8	17.3	36.3	68.9	65.8	47.1
四川	23	133	17	38.4	48.6	11.6	2.8	49.9	56.2	30.1
贵州	24	51	3	23.9	48.0	4.4	0.5	31.1	55.5	22.9
云南	25	59	3	27.5	44.4	5.1	0.4	35.7	51.4	23.2
西藏	26	16	8	18.0	49.1	1.4	1.4	23.4	56.8	20.8
陕西	27	208	6	65.5	58.3	18.1	1.1	85.0	67.5	42.9
甘肃	28	56	2	33.4	47.3	4.8	0.3	43.4	54.8	25.8
青海	29	43	2	20.8	60.1	3.7	0.3	27.0	69.6	25.2
宁夏	30	100	4	31.9	55.8	8.7	0.7	41.4	64.6	28.9
新疆	31	39	4	31.1	59.0	3.4	0.7	40.4	68.3	28.2
香港	32	418	367	76.9	89.4	36.3	61.9	99.9	103.5	75.4
澳门	33	177	455	90.7	83.8	15.4	76.8	100.0	97.0	72.3
台湾	34	886	398	84.7	—	77.0	67.1	100.0	—	81.4
中国		218	30	50.6	54.3	19.0	5.0	65.7	62.8	38.1
高收入国家		1150	593	77.0	86.4	100.0	100.0	100.1	100.0	100.0
中等收入国家		86	15	36.0	46.9	7.5	2.6	46.8	54.3	27.8
低收入国家		—	0.2	9.5	15.9	—	0.0	12.4	18.4	10.3
世界平均		259	108	38.4	50.8	22.5	18.1	49.8	58.7	37.3
参考值		1150	593	77.0	86.4					

注：a. 采用人均 R&D 经费。
　　b. 内地（大陆）地区数据为估计值，为人均技术转让费用收入和人均技术进口费用的总和。
　　c. 中国地区数据为在校大学生占 18～21 岁人口比例，根据在校大学生人数和 2010 年人口普查数据的估算，北京、天津、上海数据为估计值。内地（大陆）地区数据没有考虑出国留学和外地借读的影响。
　　d. 内地（大陆）地区数据为估计值，根据 2016 年地区互联网普及率和 2018 年全国互联网普及率的估算。

附表 3-4-5　1980～2018 年中国地区综合现代化指数

地区	编号	1980[a]	1990[a]	2000[a]	2010[b]	2015[c]	2016[c]	2017[c]	2018[c]
北京	1	42.1	51.9	65.2	66.3	79.9	80.8	82.7	83.6
天津	2	35.9	43.0	49.8	57.1	70.4	71.3	69.6	69.4
河北	3	25.3	29.0	28.3	29.5	39.2	40.1	41.9	43.4
山西	4	26.4	31.1	31.8	33.0	39.5	39.9	41.8	42.0
内蒙古	5	27.0	31.0	30.4	36.4	47.5	47.1	45.1	46.2
辽宁	6	29.1	38.0	38.8	41.4	52.0	48.7	50.1	51.2
吉林	7	28.1	33.0	35.5	35.4	46.2	48.5	50.2	50.3
黑龙江	8	28.0	33.7	33.3	33.8	41.5	42.3	42.7	43.8
上海	9	41.7	48.5	62.3	63.0	75.7	76.5	78.8	79.0
江苏	10	27.6	32.4	34.8	42.6	59.1	61.0	65.8	67.8
浙江	11	23.4	31.2	35.5	44.9	56.6	58.1	61.7	63.0
安徽	12	22.2	24.3	27.0	26.7	38.3	39.4	40.8	42.5
福建	13	24.3	28.9	33.6	37.6	51.3	52.7	54.9	58.0
江西	14	22.7	25.7	29.2	27.4	38.2	39.6	40.2	41.3
山东	15	20.0	29.0	31.5	35.8	48.5	49.8	51.0	52.2
河南	16	19.3	24.7	25.0	26.1	37.2	38.7	40.7	42.4
湖北	17	24.5	30.1	33.3	33.0	45.8	48.0	49.3	51.6
湖南	18	21.7	26.2	29.7	29.0	40.8	42.4	43.1	44.8
广东	19	25.9	32.4	37.5	42.7	53.4	54.9	54.7	56.2
广西	20	22.3	25.4	27.6	25.3	35.5	36.6	36.5	38.7
海南	21	—	32.8	31.5	31.7	41.3	41.8	43.7	46.6
重庆	22	—	—	30.1	34.4	46.2	50.5	52.0	55.2
四川	23	21.1	28.0	30.0	27.4	37.7	39.0	41.4	43.7
贵州	24	19.4	22.9	23.5	23.1	30.4	32.1	32.5	34.6
云南	25	20.8	23.7	24.5	23.2	31.8	32.6	33.2	35.1
西藏	26	26.5	28.3	24.7	26.5	32.7	33.2	33.9	37.0
陕西	27	26.6	29.0	37.0	31.9	43.1	45.1	47.4	49.8
甘肃	28	17.0	26.3	26.9	24.9	31.1	32.7	33.4	34.6
青海	29	27.7	28.7	28.9	28.6	36.6	36.7	37.2	39.5
宁夏	30	25.4	28.9	28.8	29.6	38.5	39.5	41.1	44.0
新疆	31	25.5	30.7	30.1	30.0	35.1	37.1	38.4	40.7
香港	32	63.8	76.7	76.1	80.2	80.4	80.6	80.4	80.9
澳门	33	—	74.9	65.3	82.7	80.5	80.9	81.6	81.3
台湾	34	—	73.6	74.2	70.1	73.0	74.3	79.7	83.3
中国		23.3	27.9	32.0	34.2	44.4	46.7	45.5	47.6
高收入国家[d]		99.9	99.9	100.1	100.0	100.0	100.0	100.0	99.9
中等收入国家		51.5	48.3	42.9	31.7	37.2	37.7	37.9	40.3
低收入国家		28.2	37.9	23.7	13.6	13.3	16.5	19.2	19.6
世界平均		59.8	59.4	50.2	44.5	48.1	48.4	48.3	49.9

注：a. 采用综合现代化评价模型第一版的评价结果，以当年高收入国家平均值为参考。
　　b. 采用综合现代化评价模型第二版的评价结果。
　　c. 采用综合现代化评价第三版的评价结果。
　　d. 1980～2000 年和 2014～2018 年数据为高收入国家的平均值，2010～2013 年数据为高收入 OECD 国家的平均值。

附表 3-4-6　1980～2018 年中国地区综合现代化指数的排名

地区	编号	1980[a]	1990[a]	2000[a]	2010[b]	2015[c]	2016[c]	2017[c]	2018[c]
北京	1	1	1	1	1	1	1	1	1
天津	2	3	3	3	3	3	3	3	3
河北	3	16	15	24	20	19	18	18	20
山西	4	12	11	13	14	18	19	19	23
内蒙古	5	9	12	16	9	10	13	14	15
辽宁	6	4	4	4	7	7	10	11	11
吉林	7	5	6	8	11	11	11	10	12
黑龙江	8	6	5	11	13	15	16	17	18
上海	9	2	2	2	2	2	2	2	2
江苏	10	8	8	9	6	4	4	4	4
浙江	11	19	10	7	4	5	5	5	5
安徽	12	22	28	26	25	21	22	22	21
福建	13	18	18	10	8	8	7	6	6
江西	14	20	25	21	24	22	20	24	24
山东	15	26	17	14	10	9	9	9	9
河南	16	28	27	28	27	24	24	23	22
湖北	17	17	14	12	15	13	12	12	10
湖南	18	23	24	20	21	17	15	16	16
广东	19	13	9	5	5	6	6	7	7
广西	20	21	26	25	28	26	27	27	27
海南	21	—	7	15	17	16	17	15	14
重庆	22	—	—	18	12	12	8	8	8
四川	23	24	22	19	23	23	23	20	19
贵州	24	27	30	31	31	31	31	31	30
云南	25	25	29	30	30	29	30	30	29
西藏	26	11	21	29	26	28	28	28	28
陕西	27	10	16	6	16	14	14	13	13
甘肃	28	29	23	27	29	30	29	29	31
青海	29	7	20	22	22	25	26	26	26
宁夏	30	15	19	23	19	20	21	21	17
新疆	31	14	13	17	18	27	25	25	25
香港	32								
澳门	33								
台湾	34								

注：a. 采用综合现代化评价模型第一版的评价结果，以当年高收入国家平均值为参考。
　　b. 采用综合现代化评价模型第二版的评价结果。
　　c. 采用综合现代化评价第三版的评价结果。

附录四 《中国现代化报告》20 年回顾

一、《中国现代化报告》的简要回顾

《中国现代化报告》是国际欧亚科学院院士、中国科学院中国现代化研究中心主任、中国现代化战略研究课题组组长何传启及其团队合作完成的一个年度性系列报告，由北京大学出版社出版。中国现代化战略研究课题组成立于 2001 年，是一个跨学科、跨部门的联合课题组。目前，它有 10 位科学顾问和 30 多位研究专家。中国科学院中国现代化研究中心成立于 2002 年，是我国现代化研究领域的首家跨学科、专业性和综合性的国家科研机构；在新现代化研究领域，它已走到世界前沿，具有国际影响力。

根据邓小平同志提出的"三步走"发展战略，从 1981 年到 1990 年，我国人均国民收入翻一番，达到温饱水平；从 1991 年到 2000 年，人均国民收入再翻一番，达到小康水平；从 2001 年到 2050 年左右，达到世界中等发达水平，基本实现现代化。2000 年，我国顺利实现前两步战略目标。2001 年，是我国"三步走"发展战略的第三步战略的起点。

2001 年，在国家自然科学基金资助下，《中国现代化报告》首度面世。报告的研究工作先后获得国家自然科学基金、国家科技攻关计划和中国科学院的资助。

从 2001 年到 2021 年，何传启及其团队完成和出版年度报告 20 部和报告概要 5 部。20 部年度报告的主题各异（附表 4-1），其中，4 部属于基础研究（现代化原理），4 部涉及分层现代化，4 部涉及领域现代化，5 部涉及部门现代化，3 部涉及专题研究（专题现代化）。年度报告和报告概要的作者、主题和出版者如附表 4-2 所示。

报告遵循系统学原理，采用定量与定性相结合的实证研究方法，系统和科学地研究世界现代化的发展规律和中国现代化的战略选择。其研究对象是 2000 年人口超过 100 万和统计数据齐全的 131 个国家，覆盖全球 96% 的人口；时间跨度为 400 年（1700～2100 年）。报告获得一批重要科学发现，如人类文明进程的"长江模型"和世界现代化的水平结构和转移概率等；提出一批重要政策建议，如中国现代化的"和平鸽战略"和"运河战略"，海南岛自由贸易区和 10 个中国现代化路线图等，部分建议已被采纳并发挥积极作用。

附表 4-1 《中国现代化报告》20 部年度报告的主题分布

主题分类	年度报告的主题	合计/部
基础研究	现代化科学、现代化理论、现代化度量衡、现代化与评价	4
分层现代化	世界现代化、国际现代化、地区现代化、城市现代化	4
领域现代化	经济现代化、社会现代化、文化现代化、生态现代化	4
部门现代化	农业现代化、工业现代化、服务业现代化、健康现代化、交通现代化	5
专题现代化	知识经济与现代化、产业结构现代化、生活质量现代化	3

附表 4-2　《中国现代化报告》系列的作者(执笔人)和主题

作者(执笔人)	报告主题	出版者,出版时间
何传启	中国现代化报告 2021:交通现代化研究	北京大学出版社,2021
何传启	中国现代化报告 2020:世界现代化的度量衡	北京大学出版社,2020
何传启	中国现代化报告 2019:生活质量现代化研究	北京大学出版社,2019
何传启	中国现代化报告 2018:产业结构现代化研究	北京大学出版社,2018
何传启	中国现代化报告 2017:健康现代化研究	北京大学出版社,2017
何传启	中国现代化报告 2016:服务业现代化研究	北京大学出版社,2016
何传启	中国现代化报告 2014～2015:工业现代化研究	北京大学出版社,2015
何传启	中国现代化报告 2013:城市现代化研究	北京大学出版社,2013
何传启	中国现代化报告 2012:农业现代化研究	北京大学出版社,2012
何传启	中国现代化报告 2011:现代化科学概论	北京大学出版社,2011
何传启,张凤*	中国现代化报告 2010:世界现代化概览	北京大学出版社,2010
何传启,张凤*	中国现代化报告 2009:文化现代化研究	北京大学出版社,2009
何传启,张凤*	中国现代化报告 2008:国际现代化研究	北京大学出版社,2008
何传启,张凤*	中国现代化报告 2007:生态现代化研究	北京大学出版社,2007
何传启,张凤*	中国现代化报告 2006:社会现代化研究	北京大学出版社,2006
何传启,张凤*	中国现代化报告 2005:经济现代化研究	北京大学出版社,2005
何传启,张凤*	中国现代化报告 2004:地区现代化之路	北京大学出版社,2004
何传启等*	中国现代化报告 2003:现代化理论、进程与展望	北京大学出版社,2003
何传启等*	中国现代化报告 2002:知识经济与现代化	北京大学出版社,2002
何传启,张凤,刘细文**	中国现代化报告 2001:现代化与评价	北京大学出版社,2001
何传启	如何成为一个现代化国家:中国现代化报告概要(2001～2016)	北京大学出版社,2017
何传启	中国现代化报告概要(2001～2010)	北京大学出版社,2010
何传启,张凤*	中国现代化报告概要(2001～2007)	北京大学出版社,2007
Chuanqi He	*How to Become a Modernized Country: China Modernization Report Outlook*(2001～2016)	World Scientific,2020
He C.	*How to Become a Modernized Country: China Modernization Report Outlook*(2001～2016)	Peking University Press,2017
He C.	*China Modernization Report Outlook* (2001～2010)	Peking University Press,2010
Чуаньци Хэ	*Обзорный доклад о модернизация в мире и Китае*(2001～2010)	Весь мир,2011

注:＊为执笔人,作者为中国现代化战略研究课题组、中国科学院中国现代化研究中心。＊＊为执笔人,作者为中国现代化报告课题组。

二、《中国现代化报告》的科学基础

从 2001 年到 2021 年,《中国现代化报告》走过 20 年历程。在过去 20 年里,现代化科学和第二次现代化理论,以及系统科学原理和综合评价理论等,为报告提供科学基础。下面简要介绍现代化科学和第二次现代化理论,以便读者更好理解报告。

1. 现代化科学

"现代化科学"是何传启 2010 年提出来的。目前有四部学术著作,即《现代化科学:国家发达的科学原理》(何传启,2010)、《中国现代化报告 2011：现代化科学概要》(何传启,2011)、*Modernization Science: The Principles and Methods of National Advancement*(He,2012)和《现代化科学领导干部读本：现代化 100 问》(何传启,2019)。现代化科学的诞生,为《中国现代化报告》研究提供了科学基础和理论支撑。

何传启认为,现代化既是一个世界现象,是 18 世纪工业革命以来人类发展的世界前沿,以及追赶、达到和保持世界前沿水平的行为和过程；也是一种文明进步,是从传统文明向现代文明的范式转变,以及人的全面发展和自然环境的合理保护。现代化科学是采用科学精神和科学方法,系统研究现代化现象的一门交叉科学,是现代化研究、现代化理论和现代化知识的系统集成；它可作为管理科学的一门分支学科。

俗话说,十个手指有长短,国家水平有高低。依据水平高低,所有国家可以分为两组,即发达国家和发展中国家。发达国家为何是发达国家,发达国家如何保持发达水平,发展中国家如何追赶发达水平,或者说,什么是人类发展的世界前沿,发达国家如何保持前沿,发展中国家如何追赶世界前沿,关于这些问题的研究属于现代化科学的研究范畴。通俗地说,现代化科学是关于人类发展的世界前沿的一门科学,它聚焦三个问题：什么是世界前沿、如何保持前沿、如何追赶前沿。从这个角度看,它是一门战略性和综合性的新兴交叉科学。

2015 年以来中国科学院大学公共政策与管理学院开设"现代化科学导论"课。连续 6 年被学生评为优秀,2019 年被评为中国科学院大学院级"研究生优秀课程"。

2. 第二次现代化理论

世界现代化进程大致是 18 世纪 60 年代开始的,世界现代化研究大致是 20 世纪 50 年代开始的。在过去 60 多年里,世界现代化研究出现了三次浪潮,分别是 50~60 年代的现代化研究(有人称其为经典现代化研究)、70~80 年代的后现代化研究、80 年代中期以来的新现代化研究,并产生大量理论成果。其中,10 种理论影响比较大,分别是经典现代化理论、依附理论、世界体系理论、后现代化理论、生态现代化理论、反思性现代化理论、全球化理论、多元现代性理论、第二次现代化理论和综合现代化理论等。下面简要介绍三种理论。

经典现代化理论是 20 世纪 50~60 年代美国学者提出来的。它不是一个单一理论,而是一个关于现代化现象的理论集合。这种理论认为,现代化是一种社会变迁,是从传统社会向现代社会的转变等。这种理论可以解释发达国家从 18 世纪 60 年代到 20 世纪 60 年代的社会变迁,即从传统农业社会向现代工业社会的转变,可以用于 20 世纪发展中国家的现代化政策研究；但是,它不能解释发达国家 20 世纪 70 年代从工业社会向知识社会的转变,不能解释非工业化、信息化、绿色化和智能化等新变化。

后现代化理论。该理论活跃于 20 世纪 70~80 年代,主要来自欧美学者的贡献。它并不是一个完整的理论体系,而是一个关于后工业社会、后现代主义、后现代性和后现代化研究的思想集合。该理论认为,现代化是非线性的,从传统社会向现代社会的转变是现代化,从现代社会向后现代社会的转变是后现代化等。

第二次现代化理论是 20 世纪 90 年代中国学者何传启提出来的。它把从 18 世纪到 21 世纪的世界现代化进程的前沿过程分为两大阶段,其中,从农业社会和农业经济向工业社会和工业经济的转变是第一次现代化(即经典现代化),从工业社会和工业经济向知识社会和知识经济的转变是第二次现代化(即新型现代化),两次现代化的协调发展是综合现代化。

第二次现代化理论既是现代化科学的基本理论,也是《中国现代化报告》的重要基础。现代化科学和第二次现代化理论相关著作的作者和出版者如附表 4-3 所示。

附表 4-3　现代化科学和第二次现代化理论著作的作者和出版者

作者	著作名称	出版者,出版时间
何传启	现代化科学领导干部读本:现代化 100 问	人民日报出版社,2019
何传启	第二次现代化理论:人类发展的世界前沿和科学逻辑	科学出版社,2013
何传启	中国复兴的科学基础和战略机遇	科学出版社,2013
何传启	第六次科技革命的战略机遇(第二版)	科学出版社,2012
何传启	第六次科技革命的战略机遇	科学出版社,2011
何传启	现代化科学:国家发达的科学原理	科学出版社,2010
何传启	东方复兴:现代化的三条道路	商务印书馆,2003
何传启	分配革命——按贡献分配(第二次现代化前沿Ⅱ)	经济管理出版社,2001
何传启,张凤	知识创新——竞争新焦点(第二次现代化前沿Ⅰ)	经济管理出版社,2001
何传启	K 管理:企业管理现代化(第二次现代化的行动议程Ⅱ)	中国经济出版社,2000
何传启	公民意识现代化(第二次现代化的行动议程Ⅰ)	中国经济出版社,2000
何传启	第二次现代化　人类文明进程的启示	高等教育出版社,1999
张凤,何传启	国家创新系统——第二次现代化的发动机	高等教育出版社,1999
何传启	效益管理	中国科技出版社,1992
马蒂内利,何传启	世界现代化报告Ⅲ:现代化与人类发展	科学出版社,2021
马蒂内利,何传启	世界现代化报告Ⅱ:新时期的现代化与多样性	科学出版社,2017
马蒂内利,何传启	世界现代化报告:首届世界现代化论坛文集	科学出版社,2014
Martinelli A, He C.	*Global Modernization Review*（Ⅲ）:*Modernization and Human Development*	科学出版社,2021
Martinelli A, He C.	*Global Modernization Review*（Ⅱ）:*Modernity and Diversity in New Era*	科学出版社,2018
Martinelli A, He C.	*Global Modernization Review*:*New Discoveries and Theories Revisited*	World Scientific,2015
He C, Lapin N.	*Civilization and Modernization*	World Scientific,2014
Chuanqi He	*Modernization Science*:*The Principles and Methods of National Advancement*	Springer,2012

事实上,先有第二次现代化理论,后有《中国现代化报告》和现代化科学。一方面,第二次现代化理论和现代化科学,为《中国现代化报告》奠定了科学基础。另一方面,连续 20 年的《中国现代化报告》研究,既促进了现代化科学的诞生和发展,也促进了第二次现代化理论的发展和完善。现代化理论研究和实证研究,相互促进,相得益彰。

三、致谢

《中国现代化报告》20 年来取得了一些成绩,成绩的取得离不开相关部门、专家和学者的支持与合作。借此机会,作者衷心感谢中国科学院、科技部和国家自然科学基金的支持和帮助!感谢中国现代化战略研究课题组顾问们 20 年的学术指导和支持!感谢中国科学院文献情报中心和中国科学院中国现代化研究中心的支持和配合!感谢中国现代化战略研究课题组全体成员 20 年的长期合作和奉献!特别感谢北京大学出版社 20 年的大力支持!

中国现代化是一项史无前例的伟大事业。让我们不忘初心,携手前行!

数据资料来源

本报告的统计数据和资料主要来自世界组织、有关国家和地区的官方统计出版物。如果没有相关世界组织、国家和地区的统计专家和工作人员通过长期、艰苦、系统的努力而积累的高质量的统计数据,本报告是无法完成的。特此向他们表示最诚挚的感谢!

本报告的数据资料来源主要包括:

国家统计局,2000~2020. 中国统计年鉴[M]. 北京:中国统计出版社.

国家统计局,科技部. 1991~2020. 中国科技统计年鉴[M]. 北京:中国统计出版社.

国家统计局,1991~2020. 中国能源统计年鉴[M]. 北京:中国统计出版社.

交通运输部,2010~2020. 中国交通运输统计年鉴[M]. 北京:人民交通出版社.

库兹涅茨,1999. 各国经济的增长[M]. 常勋,等,译. 北京:商务印书馆.

麦迪森,2003. 世界经济千年史[M]. 伍晓鹰,等,译. 北京:北京大学出版社.

米切尔,2002. 帕尔格雷夫世界历史统计:美洲卷(1750—1993):第4版[M]. 贺力平,译. 北京:经济出版社.

米切尔,2002. 帕尔格雷夫世界历史统计:欧洲卷(1750—1993):第4版[M]. 贺力平,译. 北京:经济出版社.

米切尔,2002. 帕尔格雷夫世界历史统计:亚洲、非洲和大洋洲卷(1750—1993):第4版[M]. 贺力平,译. 北京:经济出版社.

BEA, 2021. Industry Economic Accounts [DB/OL]. [2021-04-30]. http://www.bea.gov/industry/index.htm.

Berg Insight, 2016. The Future of Autonomous Cars[R]. Gothenburg: Berginsight Publication.

BTS (Bureau of Transportation Statistics, USA). Bus Profile [DB/OL]. [2021-01-31]. https://www.bts.gov/bts/bts/content/bus-profile.

Deloitte, 2021. Global Transportation, Hospitality & Services [DB/OL]. [2021-01-31]. https://www2.deloitte.com/global/en/insights/focus/future-of-mobility/deloitte-urban-mobility-index-for-cities.html.

EC (European Commission), 2021. Transport [DB/OL]. [2021-01-31]. https://ec.europa.eu/transport/facts-fundings/scoreboard/compare/people/urban-transport-consumer-satisfaction_en.

EU (European Union), 2020. Energy, transport and environment statistics 2020[R/OL]. [2020-05-20]. https://ec.europa.eu/eurostat/en/web/products-statistical-books/-/ks-dk-20-001.

EU (European Union), 2021. Eurostat [DB/OL]. [2021-01-31]. https://ec.europa.eu/eurostat.

IEA (International Energy Agency), et. al. 2019. Global EV Outlook 2019 [R]. IEA Publications.

IEA, 2021. IEA data and statistics[DB/OL]. [2021-06-07]. https://www.iea.org/.

NCES (National Center for Education Statistics, USA). Enrollment in elementary, secondary, and degree-granting postsecondary institutions, by level and control of institution: Selected years, 1869—70 through fall 2028 [DB/OL]. [2021-01-31]. https://nces.ed.gov/programs/digest/d18/tables/dt18_105.30.asp?referrer=report.

OECD, 2015. Industry and services/Structural Analysis (STAN) Database[DB/OL]. [2015-09-30]. http://stats.oecd.org/.

OECD, 2018. STAN Database for Structural Analysis (ISIC Rev. 4) [DB/OL]. [2018-03-30]. http://stats.oecd.org.

OECD, 2021. OECD Statistics [DB/OL]. [2021-04-30]. https://stats.oecd.org/.

OICA, 2021. Vehicles in Use [DB/OL]. [2021-01-31]. https://www.oica.net/category/vehicles-in-use/.

Sum4All, 2021. Policy Decision-Making Tool for Sustainable Mobility 2.0 [DB/OL]. [2021-01-31]. https://www.sum4all.org/gra-tool/country-performance/indicators.

UNDP, 1990~2020. Human Development Report. [2021-04-20]. http://www.undp.org/

WEF, 2021. Global Competitiveness Index [DB/OL]. [2021-01-31]. http://reports.weforum.org/global-competitiveness-index-2016—2017/competitiveness-rankings/#series=GCI.A.02.01.

World Bank, 2021. World Development Indicators [DB/OL]. [2021-04-30]. https://databank.worldbank.org/source/world-development-indicators.

参 考 文 献

1. 《我国交通运输对标国际研究》课题组,2016.我国交通运输对标国际研究[M].北京:人民交通出版社.
2. 贝尔,1986.后工业社会的来临[M].高铦,等,译.北京:商务印书馆.
3. 陈旭梅,于雷,郭继孚,等,2004.美、欧、日智能交通系统(ITS)发展分析及启示[J].城市规划,(07):75—79+84.
4. 戴东生,等,2010.宁波综合交通运输现代化水平研究[J].宁波经济(三江论坛),(03):15—17+20.
5. 德伯拉·L 斯帕,2017.技术简史:从海盗船到黑色直升机[M].倪正东,译.北京:中信出版社.
6. 丁琼,2009.城市交通与城市中心区形态的互动研究[D].南京:东南大学.
7. 杜能,1986.孤立国同农业和国民经济的关系[M].吴衡康,译.北京:商务印书馆.
8. 樊桦,2008.交通运输现代化评价指标体系初探[J].综合运输,(05):19—23.
9. 樊一江,2012.新型城镇化需要交通运输先行引领[J].综合运输,(07):46—50.
10. 傅志寰,2020.实现3个转变 建设交通强国.科技导报,38(09):1.
11. 傅志寰,孙永福,翁孟勇,等,2019.交通强国战略研究:第一卷,第二卷[M].北京:人民交通出版社.
12. 国家铁路局,2016.2015年铁路安全情况公告[EB/OL].(2016-03-17)[2021-06-08].http://www.nra.gov.cn/xxgkml/xxgk/xxgkml/201908/t20190830_88063.shtml.
13. 国家铁路局,2020.2019年铁路安全情况公告[EB/OL].(2020-03-27)[2021-05-29].http://www.nra.gov.cn/jgzf/zfjg/zfdt/202003/t20200327_107025.shtml.
14. 国家统计局,1982~2020.中国统计年鉴[M].北京:中国统计出版社.
15. 国务院新闻办公室,2020."十三五"期间民航实现运输航空安全飞行"十周年"[EB/OL].(202-12-22)[2021-06-08].http://www.scio.gov.cn/xwfbh/xwbfbh/wqfbh/42311/44556/zy44560/Document/1695300/1695300.htm.
16. 国土交通省,2014.環境行動計画[R/OL].[2021-06-08].https://www.mlit.go.jp/common/001177604.pdf.
17. 韩彪,1992.马克思运输经济思想研究纲要[J].北京社会科学,(04):45—50.
18. 韩彪,1994.交通运输发展理论[M].大连:大连海事大学出版社.
19. 韩广广,孙超,林钰龙,2018.智能交通国际路线图及未来发展思考[A].//中国城市规划学会城市交通规划学术委员会.创新驱动与智慧发展——2018年中国城市交通规划年会论文集.中国城市规划学会城市交通规划学术委员会:中国城市规划设计研究院城市交通专业研究院:11.
20. 杭文,2016.运输经济学[M].南京:东南大学出版社.
21. 何传启,1999.第二次现代化:人类文明进程的启示[M].北京:高等教育出版社.
22. 何传启,2003.东方复兴:现代化的三条道路[M].北京:商务印书馆.
23. 何传启,2010.现代化科学:国家发达的科学原理[M].北京:科学出版社.
24. 何传启,2011.第六次科技革命的战略机遇[M].北京:科学出版社.
25. 何传启,2013.第二次现代化理论:人类发展的世界前沿和科学逻辑[M].北京:科学出版社.
26. 何传启,2015.中国现代化报告2014~2015——工业现代化研究[M].北京:北京大学出版社.
27. 何传启,2016.中国现代化报告2016——服务业现代化研究[M].北京:北京大学出版社.
28. 何传启,2019.中国现代化报告2019——生活质量现代化研究[M].北京:北京大学出版社.
29. 何传启,2020.中国现代化报告2020——世界现代化的度量衡[M].北京:北京大学出版社.
30. 胡思继,2011.交通运输学[M].北京:人民交通出版社.
31. 库兹涅茨,1999.各国经济的增长[M].常勋 等,译.北京:商务印书馆.
32. 勒施,2010.经济空间秩序[M].王守礼,译.北京:商务印书馆.
33. 黎德扬,2001.社会交通与社会发展[M].北京:人民交通出版社.

34. 黎德扬,高鸣放,成元君,等,2012.交通社会学[M].北京:中国社会科学出版社.
35. 李景鹏,2014.关于推进国家治理体系和治理能力现代化——"四个现代化"之后的第五个"现代化"[J].天津社会科学,(02):57—62.
36. 李连成,2010.交通现代化指标体系的基本框架[J].综合运输,(03):13—16.
37. 李连成,2013.从综合运输体系理论视角看我国交通运输业的发展[J].桂海论丛,29(04):82—86.
38. 李连成,2016.交通现代化的内涵和特征[J].综合运输,38(09):43—49.
39. 李连成,2020.交通强国的内涵及评价指标体系[J].北京交通大学学报(社会科学版),19(02):12—19.
40. 李蕊,李伟,吴勇,2011.日本智能交通系统介绍及其借鉴[J].中国交通信息化,(01):123—126.
41. 李振福,2004.基于交通发展的城市化水平测度模型[J].大连海事大学学报,(03):52—55.
42. 李作敏,樊东方,杨雪英,等,2013.关于中国交通运输现代化路线图的思考[J].交通建设与管理,(12):40—43.
43. 陆大道,1986.二○○○年我国工业生产力布局总图的科学基础[J].地理科学,(02):110—118.
44. 陆化普,2019.智能交通系统主要技术的发展[J].科技导报,37(06):27—35.
45. 陆化普,2020.交通强国建设的机遇与挑战[J].科技导报,38(09):17—25.
46. 罗仁坚,2009.综合运输体系的内涵和发展理念[J].综合运输,(04):4—7.
47. 罗荣渠,1990.从"西化"到现代化[M].北京:北京大学出版社.
48. 罗荣渠,1993.现代化新论:世界与中国的现代化进程[M].北京:北京大学出版社.
49. 罗斯托,2001.经济增长的阶段:非共产党宣言[M].郭熙保,王松茂,译.北京:中国社会科学出版社.
50. 马继列,1998a.交通运输与经济发展的相关关系(一)[J].综合运输,(02):9—11.
51. 马继列,1998b.交通运输与经济发展的相关关系(二)[J].综合运输,(03):8—11.
52. 麦迪森,2003.世界经济千年史.伍晓鹰,等,译.北京:北京大学出版社.
53. 米切尔,2002.帕尔格雷夫世界历史统计:第4版[M].贺力平,译.北京:经济出版社.
54. 冉斌,张健,2017.交通运输前沿技术导论[M].北京:科学出版社.
55. 荣朝和,1993.论运输化[M].北京:中国社会科学出版社.
56. 荣朝和,2001.运输发展理论的近期进展[J].中国铁道科学,(03):4—11.
57. 荣朝和,2016.对运输化阶段划分进行必要调整的思考[J].北京交通大学学报,40(04):122—129.
58. 世界银行,2002.可持续发展的交通运输:政策改革之优先课题[M].建设部城市交通工程技术中心,译.北京:中国建筑工业出版社.
59. 斯密,2009.国富论[M].胡长明,译.北京:人民日报出版社.
60. 宋健,1994.现代科学技术基础知识[M].北京:科学出版社.
61. 宿凤鸣,2018.中国交通2050现代化发展愿景[M].//中国科学院中国现代化研究中心.服务业现代化的发展趋势和战略选择.北京:科学出版社:218—222.
62. 孙东琪,刘卫东,陈明星,2016.点—轴系统理论的提出与在我国实践中的应用[J].经济地理,36(03):1—8.
63. 孙立平,1988.社会现代化[M].北京:华夏出版社.
64. 汤文英,2015.新型城镇化背景下公路交通发展理念探讨[J].科技视界,(24):295—296.
65. 汪光焘,2015.论城市交通学[J].城市交通,13(05):1—10.
66. 汪光焘,2018.城市交通治理的内涵和目标研究[J].城市交通,16(01):1—6.
67. 汪林茂,1998.中国走向近代化的里程碑[M].重庆:重庆出版社.
68. 汪鸣,2019.辉煌交通:中国交通运输改革与探索(1978—2018年)[J].中国经贸导刊,(05):9—11+26.
69. 汪鸣,宿凤鸣,2019.协同推进高质量交通强国建设[J].综合运输,40(01):53—58.
70. 王鸿生,1996.世界科学技术史[M].北京:中国人民大学出版社.
71. 王庆云,2003.交通运输与经济发展的内在关系[J].综合运输,(07):4—7.
72. 王庆云,2007.中国交通发展的演进过程及问题思考[J].交通运输系统工程与信息,(01):1—11.
73. 王先进,2002.发达国家综合运输体系的概念由来[J].综合运输,(09):44.
74. 韦伯,1997.工业区位论[M].李刚剑,陈志人,张英保,译.北京:商务印书馆.

75. 文国玮,2013. 城市交通与道路系统规划(2013 版)[M]. 北京:清华大学出版社.
76. 吴俊,2015. 新型城镇化背景下构建现代综合交通运输体系的对策建议[J/OL]. 城市建设理论研究(电子版),(09):3969—3970. DOI:10.3969/j.issn.2095-2104.2015.09.3203.
77. 新华社,2009. 四个现代化宏伟目标的提出[EB/OL]. [2009-09-17]. http://paper.ce.cn/jjrb/html/2009-09/17/content_81241.htm.
78. 熊永钧,1993. 现代交通运输与经济发展关系的探讨[J]. 北方交通大学学报,(03):300—305.
79. 徐循初,2008. 城市道路与交通规划:上册[M]. 北京:中国建筑工业出版社.
80. 许云飞,金小平,曹更永,2013. 现代化和交通现代化研究[J]. 理论与现代化,(03):16—23.
81. 杨传堂,2020. 推进交通运输治理体系和治理能力现代化,加快建设交通强国[J]. 旗帜,(02):13—15.
82. 杨洪年,2012. 综合运输体系若干理论问题探讨[J]. 综合运输,(09):4—11.
83. 杨冷飞,2011. 基于新兴古典经济学的交通运输与经济增长关系[J]. 综合运输,(12):18—22.
84. 杨林,温惠英,2016. 交通与能源[M]. 北京:人民交通出版社.
85. 杨兆升,于德新,2015. 智能运输系统概论[M]. 3 版. 北京:人民交通出版社:4—8.
86. 叶红玲,2018. 智能化推进交通强国[J]. 中国水运,(01):13—14.
87. 虞和平,2001. 中国现代化历程[M]. 南京:江苏人民出版社.
88. 张大为,2020. 不懈努力加快建设交通强国[J]. 科技导报,38(09):13—16.
89. 张冠增,2011. 西方城市建设史纲[M]. 北京:中国建筑工业出版社.
90. 张国强,王庆云,张宁,2007. 中国交通运输发展理论研究综述[J]. 交通运输系统工程与信息,(04):13—18.
91. 赵德馨,2003. 中国近现代经济史(1842—1949)[M]. 郑州:河南人民出版社.
92. 赵娜,袁家斌,徐晗,2014. 智能交通系统综述[J]. 计算机科学,41(11):7—11+45.
93. 赵志荣,2015. 财政联邦主义下的交通设施投融资——以美国明尼苏达州为例[M]. 上海:格致出版社.
94. 中共中央国务院,2019. 中共中央国务院印发《交通强国建设纲要》[EB/OL]. [2019-09-19]. http://www.gov.cn/zhengce/2019-09/19/content_5431432.htm.
95. 中国现代化战略研究课题组,等,2005. 中国现代化报告 2005——经济现代化研究[M]. 北京:北京大学出版社.
96. 中华人民共和国交通运输部,2010~2020. 中国交通运输统计年鉴. 北京:人民交通出版社.
97. 周积明,1996. 最初的纪元:中国早期现代化研究[M]. 北京:高等教育出版社.
98. 周乐,2003. 我国交通运输现代化的战略思考[J]. 综合运输,3(7):9—14.
99. ADAMS T,2017. Region V transportation workforce assessment and summit[R/OL]. [2021-04-21]. https://rosap.ntl.bts.gov/view/dot/35522.
100. Allianz Global Corporate & Specialty,2016. Global aviation safety plan(2017—2019)[R]. Montreal,Canada:International Civil Aviation Organization.
101. ARCADIS,2017. Urban mobility for smarter cities:UK sustainable cities mobility index 2017[R/OL]. [2021-05-29]. https://images.arcadis.com/media/7/B/2/%7B7B2CD7F4-B667-4EDC-85D4-09FD4B5D9C75%7DArcadis%20Urban%20Mobility%20for%20Smarter%20Cities%20-%20Sustainable%20Cities%20Index.pdf.
102. Aviation Safety Network,2021. By period(航空安全数据网最新安全事件)[EB/OL]. [2021-06-02]. https://aviation-safety.net/statistics/period/stats.php?cat=A1.
103. BANAR M,ÖZDEMIR A,2015. An evaluation of railway passenger transport in Turkey using life cycle assessment and life cycle cost methods[J]. Transportation Research Part D:Transport and Environment,41:88—105.
104. BARON T,TUCHSCHMID M,MARTINETTI G,et al,2011. High speed rail and sustainability. Background report:methodology and results of carbon footprint analysis[R]. Paris:International Union of Railways (UIC).
105. BEA. 2021. Industry economic accounts[DB/OL]. [2021-04-30]. http://www.bea.gov/industry/index.htm.
106. BECK U,GIDDENS A,LASH S. 1994. Reflexive modernization:politics,tradition and aesthetics in the modern social order [M]. Standford,California:Standford University Press.
107. BECK U,1992. Risk society:toward a new modernity[M]. London:Sage.

108. BELL D,1973. The coming of post-industrial society[M]. New York: Base Books.
109. Berg Insight. 2016. The future of autonomous cars[R]. Gothenburg: Berginsight Publication.
110. BERNICK M, CERVERO R,1997. Transit villages in the 21st century[M]. New York: McGraw-Hill.
111. BLACK C E,1966. The dynamics of modernization: a study in comparative history [M]. New York, Evanston, and London: Harper & Row, Publishers.
112. BLACK C E,1976. Comparative modernization: a reader [M]. New York: The Free Press.
113. BP,2019. Statistical review of world energy—all data,1965—2019[R/OL].[2021-05-03]. https://www.bp.com/en/global/corporate/energy-economics/statistical-review-of-world-energy.html.
114. BTS(Bureau of Transportation Statistics),2020. Government transportation revenues and expenditures: government transportation expenditures[R/OL].[2021-04-13]. https://data.bts.gov/stories/s/hjpc-j5px.
115. BTS(Bureau of Transportation Statistics), 2021. Transporation fatalities by mods[EB/OL].[2021-06-07]. https://www.bts.gov/content/transportation-fatalities-mode.
116. BTS(Bureau of Transportation Statistics), 2021. Bus profile [DB/OL].[2021-01-31]. https://www.bts.gov/bts/bts/content/bus-profile.
117. Build America Bureau,2021. Railroad rehabilitation & improvement financing (RRIF) [EB/OL].[2021-06-08]. https://www.transportation.gov/buildamerica/financing/rrif/railroad-rehabilitation-improvement-financing-rrif.
118. Bundesministerium für Verkehr,Bau und Stadtentwicklung,2013. The mobility and fuels strategy of the German government(MFS): new pathways for energy[R/OL].[2021-05-09]. https://www.bmvi.de/SharedDocs/EN/Documents/MKS/mfs-strategy-final-en.pdf?__blob=publicationFile.
119. CARLOS M, MARKETA V,SUI T,2015. A multi-objective sustainable model for transportation asset management practices[R/OL].[2021-04-21]. https://rosap.ntl.bts.gov/view/dot/30921.
120. CERB, QUALCOMM, 2017. Urban mobility index[R/OL].[2021-05-29]. https://www.qualcomm.com/media/documents/files/urban-mobility-index-report.pdf.
121. CERVERO R, MURAKAMI J,2009. Rail and property development in Hong Kong: experiences and extensions [J]. Urban Studies, 46 (10): 2019—2043.
122. CERVERO W, BELL M,2003. Advanced modeling for transit operations and service planning[M]. Oxford: Elsevier.
123. CHAMON M, MAURO P, OKAWA Y, et al, 2008. Mass car ownership in the emerging market giants [J]. Economic Policy, 23 (54): 243—296.
124. CHESTER M, HORVATH A,2010. Life-cycle assessment of high-speed rail: the case of California[J]. Environmental Research Letters, 136(01): 123—129.
125. CHESTER M, HORVATH A,2012. High-speed rail with emerging automobiles and aircraft can reduce environmental impacts in California's future[J]. Environmental Research Letters,7(03): 34012—34022.
126. CHESTER M,HORVATH A, MADANAT S,2009. Comparison of life-cycle energy and emissions footprints of passenger transportation in metropolitan regions[J]. Atmospheric Environment,44(8):1071—1079.
127. CHRISTIDIS P,NAVAJAS E,BRONS M,et al,2014. Future employment in transport[R/OL].[2021-04-21]. https://publications.jrc.ec.europa.eu/repository/bitstream/JRC93302/move%20jobs%20%20jrc%20final%20report%20final%2020150113.pdf.
128. CONNOLLY D P,MARECKI G P, KOUROUSSIS G,et al,2016. The growth of railway ground vibration problems: a review[J]. Science of the Total Environment,568:1276—1282.
129. CORBETT J J, KÖHLER H W, 2003. Updated emissions from ocean shipping[J/OL]. J Geophys Res,108(D20): 4650.[2021-05-30]. https://doi.org/10.1029/2003JD003751. DOI: 10.1029/2003JD003751.
130. COYLE J J, BARDI E J, NOVACK R A,2000. Transportation,5e[M]. Cincinnati: South-Western College Publishing.

131. CROOK S,PAKULSKI J,WATERS M,1992. Post-modernization: change in advanced society[M]. London: Sage.
132. DAVID L B,JOHN B C,2004. Metropolitan areas and the measurement of American urbanization[J]. Population Research and Policy Review,23(4): 399—418.
133. Deloitte,2020. The 2020 Deloitte city mobility index[DB/OL]. [2021-06-08]. https://www2.deloitte.com/xe/en/insights/focus/future-of-mobility/deloitte-urban-mobility-index-for-cities.html.
134. Deloitte,2021. Global Transportation, hospitality & services[DB/OL]. [2021-01-31]. https://www2.deloitte.com/global/en/pages/consumer-business/topics/transportation-hospitality-services.html?icid=top_transportation-hospitality-services.
135. Department for Environment,Food & Rural Affairs, UK Department for Transport,2017. UK plan for tackling roadside nitrogen dioxide concentrations: an overview[R/OL]. [2021-06-08]. https://assets.publishing.service.gov.uk/government/uploads/system/uploads/attachment_data/file/633269/air-quality-plan-overview.pdf.
136. DIXON S,IRSHACL H,PANKRATZ D M,et al,2018. 德勤城市移动出行指数[R/OL]. [2021-06-08]. https://www2.deloitte.com/content/dam/Deloitte/cn/Documents/consumer-business/deloitte-cn-consumer-city-mobility-index-zh-180613.pdf.
137. DNV,2020. DNV GL energy transition outlook 2019 — power supply and use[R/OL]. [2021-03-03]. https://www.dnv.com/power-renewables/index.html.
138. EDDINGTON R,2006. Main report-transport's role in sustaining the UK's productivity and competitiveness[R/OL]. [2021-01-05]. https://webarchive.nationalarchives.gov.uk/20090115123436/http:/www.dft.gov.uk/162259/1
139. EDDINGTON R,2006. Main report: transport's role in sustaining the UK's productivity and competitiveness[R/OL]. [2021-01-05]. https://webarchive.nationalarchives.gov.uk/20090115123436/http:/www.dft.gov.uk/162259/187604/206711/volume1.pdf.
140. ENDRESEN Ø, EIDE M,VERITAS D,et al.,2008. The environmental impacts of increased international maritime shipping: past trends and future perspectives[C]. Guadalajara: Global Forum on Transport and Environment in a Globalising World.
141. ENDRESEN Ø, SØRGÅRD E, BEHRENS H et al, 2007. A historical reconstruction of ships fuel consumption and emissions[J/OL]. J Geophys Res,112(D12): 301. [2021-03-05]. https://doi.org/10.1029/2006JD007630. DOI:10.1029/2006JD007630.
142. ENDRESEN Ø, SØRGÅRD E, SUNDET J,et al,2003. Emission from international sea transportation and environmental impact[J/OL]. J Geophys Res,108(D17): 4560. [2021-03-05]. https://doi.org/10.1029/2002JD002898. DOI:10.1029/2002JD002898.
143. ERIC P,2008. The environmental impacts of increased international air transport[C]. Guadalajara: Global forum on transport and environment in a globalising world.
144. European Automobile Manufacturers Association,2019. ACEA Report vehicles in use Europe 2019[R/OL]. [2021-05-29]. https://www.acea.be/uploads/publications/ACEA_Report_Vehicles_in_use-Europe_2019.pdf.
145. European Commission,2011. White paper: roadmap to a single European transport area — towards a competitive and resource efficient transport system[R/OL]. [2021-04-21]. https://eur-lex.europa.eu/LexUriServ/LexUriServ.do?uri=COM:2011:0144:FIN:EN:PDF.
146. European Commission,2014. Creating jobs: transport provides work for millions of Europeans[EB/OL]. [2021-06-08]. https://ec.europa.eu/transport/sites/default/files/_static/pdf/connect-to-compete-jobs-v3_en.pdf.
147. European Commission,2020. Sustainable and smart mobility strategy—putting European transport on track for the future.[R/OL]. [2021-06-08]. https://eur-lex.europa.eu/resource.html?uri=cellar:5e601657-3b06-11eb-b27b-01aa75ed71a1.0001.02/DOC_1&format=PDF.

148. European Commission,2021a. Connecting Europe facility (CEF)[EB/OL].[2021-06-08]. https://ec.europa.eu/transport/themes/infrastructure/cef_en.

149. European Commission,2021b. Consumer satisfaction with urban transport[DB/OL].[2021-01-31]. https://ec.europa.eu/transport/facts-fundings/scoreboard/compare/people/urban-transport-consumer-satisfaction_en.

150. European Union,2020. Energy, transport and environment statistics—2020 edition[R/OL].[2020-05-20]. https://ec.europa.eu/eurostat/en/web/products-statistical-books/-/ks-dk-20-001.

151. European Union,2021. Eurostat[DB/OL].[2021-01-31]. https://ec.europa.eu/eurostat.

152. EUROSTAT,2020. Railway safety statistics in the EU[EB/OL].[2021-06-07]. https://ec.europa.eu/eurostat/statistics-explained/index.php?title=Railway_safety_statistics_in_the_EU.

153. EUROSTAT,2021. Distribution of students enrolled at tertiary education levels by sex and field of education[R/OL].[2021-04-21]. https://ec.europa.eu/eurostat/databrowser/view/educ_uoe_enrt04/default/table?lang=en.

154. EYRING V, KÖHLER H, AARDENNE J,et al,2005. Emissions from international shipping:1: The last 50 years[J/OL]. J Geophys Res,108(D17):305.[2021-05-30]. https://doi.org/10.1029/2004JD005619. DOI:10.1029/2004JD005619.

155. FACANHA C, HORVATH A,2007. Evaluation of life-cycle air emission factors of freight transportation[J]. Environmental Science and Technology,41(20):7138—7144.

156. Federal Aviation Administration,2015. United States aviation greenhouse gas emissions reduction plan[R/OL].[2021-06-08]. https://www.faa.gov/about/office_org/headquarters_offices/apl/environ_policy_guidance/policy/media/2015_US_Action_Plan_FINAL.pdf.

157. Federal Highway Administration,1992. A guide to federal-aid programs, projects, and other uses of highway funds[R/OL].(1992-09-01)[2021-06-08]. https://rosap.ntl.bts.gov/view/dot/2127.

158. Federal Highway Administration,2017a. Funding federal-aid highways[R/OL].(2017-01-01)[2021-06-08]. https://rosap.ntl.bts.gov/view/dot/50515.

159. Federal Highway Administration,2017b. Resilience and transportation planning[R/OL].(2017-01-01)[2021-06-10]. https://rosap.ntl.bts.gov/view/dot/50865.

160. Federal Highway Administration,2021. Fixing America's surface transportation act or "FAST Act"[EB/OL].[2021-06-08]. https://ops.fhwa.dot.gov/fastact/index.htm.

161. Federal Transit Administration,2012. American Recovery and Reinvestment Act (ARRA) statistical summaries[R/OL].[2021-06-08]. https://rosap.ntl.bts.gov/view/dot/29246.

162. GANGWAR M, SHARMA S M,2014. Evaluating choice of traction option for a sustainable Indian railways[J]. Transportation Research Part D: Transport and Environment,33:135—145.

163. GRUBLER A,1990. The rise and fall of infrastructures: dynamics of evolution and technological change in transport[M]. New York: Springer-Verlag.

164. HYDER D,1999. Rules, roles, and responsibilities in transportation planning and air quality: one state's view[R/OL].[2021-06-08]. https://rosap.ntl.bts.gov/view/dot/12861.

165. IEA,2019. Global EV Outlook 2019. Paris:IEA.[2021-05-30]. https://www.iea.org/reports/global-ev-outlook-2019.

166. IEA,2021a. Data and statistics[DB/OL].[2021-03-05]. https://www.iea.org/data-and-statistics/data-products.

167. IEA,2021b. Energy efficiency indicators: overview[R/OL].[2021-03-05]. https://www.iea.org/reports/energy-efficiency-indicators.

168. IEA,2021c. World energy model[R/OL].[2021-03-05]. https://www.iea.org/reports/tracking-transport-2020.

169. IEA,2021d. World energy outlook—2020[R/OL].[2021-05-03]. https://www.iea.org/reports/world-energy-

outlook-2020.
170. INGLEHART R,1997. Modernization and postmodernization: cultural, economic and political change in 43 societies [M]. Princeton: Princeton University Press.
171. ITS IPO(Intelligent Transportation Systems Joint Program Office),2014. ITS 2015—2019 strategic plan [DB/OL]. [2020-07-10]. https:// www. its. dot. gov.
172. IPA(Infrastructure Partnership Australia),2016. Integrating Australia's transport systems: a strategy for an efficient transport future[R/OL]. [2021-05-18]. http://infrastructure. org. au/wp-content/uploads/2016/12/Integrating-Australias-Transport-Systems_IPA_BoozCo_FINAL-1. pdf.
173. IPCC,2007. Climate change 2007: the physical science basis. Contribution of Working Group I to the Fourth Assessment Report of the Intergovernmental Panel on Climate Change[M]. Cambridge: Cambridge University Press: 996.
174. ITS Japan,2012a. ITS in Japan [DB/OL]. [2020-09-10]. https://www. its-jp. org/english/what_its_e/.
175. ITS Japan,2012b. ITS initiatives in Japan [DB/OL]. [2020-09-10]. https://www. its-jp. org/english/what_its_e/.
176. JAKOBSSON L, ISAKSSON-HELLMAN I, LUNDELL B,2005. Safety for the growing child-experiences from Swedish accident data [C/OL]. Washington: 19th Enhanced Safety of Vehicles Conference. [2021-05-29]. https://www-esv. nhtsa. dot. gov/Proceedings/19/05-0330-O. pdf.
177. KITCHIN R, THRIFT N, 2009. International encyclopedia of human geography[M]. Oxford: Elsevier.
178. LARDNER D, 1850. Railway economy[M]. New York: Harper & Brothers.
179. LIN B, LIU C, WANG H, et al, 2017. Modeling the railway network design problem: a novel approach to considering carbon emissions reduction[J]. Transportation Research Part D: Transport and Environment, 56: 95—109.
180. LIN X, YANG J, 2019. Supporting green transportation with transport impact assessment: its deficiency in Chinese cities[J]. Transportation Research Part D: Transport and Environment, 73: 67—75.
181. Louisiana Transportation Research Center, 2012. The impact of modifying jones act on US domestic shipping: research project capsule[R/OL]. [2021-06-08]. https://rosap. ntl. bts. gov/view/dot/25084.
182. MA X, LAYDE P, ZHU S, 2012. Association between child restraint systems use and injury in motor vehicle carshes[J]. Academic Emergency Medicine, 19(8): 916—923.
183. MATSUMOTO H, 2004. International urban systems and air passenger and cargo flows: some calculations [J]. Journal of Air Transport Management, 10(4): 239—247.
184. MAURI M, FRANCIA C, 1998. High-speed railway: environmental effects on natural resources during the construction phase[J]. Environmental Engineering and Renewable Energy, 37—45.
185. Ministry of Economy, Trade and Industry, 2020. Japan's roadmap to "beyond-zero" carbon[R/OL]. (2020-11-11) [2021-06-08]. https://www. meti. go. jp/english/policy/energy_environment/global_warming/roadmap/report/20201111. html.
186. MORRELL P, LU C, 2007. The environmental cost implication of hub-hub versus hub by-pass flight networks[J]. Transportation Research Part D: Transport and Environment, 12(3): 143—157.
187. MUSZYNSKA A K, 2010. Americans with Disabilities Act (ADA) program review, training and support services[R/OL]. (2010-12-01)[2021-06-08]. https://rosap. ntl. bts. gov/view/dot/18450.
188. National Center for Education Statistics, 2018. Digest of education statistics: 2018[DB/OL]. [2021-01-31]. https://nces. ed. gov/programs/digest/d18/tables/dt18_105. 30. asp? referrer=report.
189. National Safety Council, 2020. Railroad deaths and injuries[EB/OL]. [2021-06-07]. https://injuryfacts. nsc.

org/home-and-community/safety-topics/railroad-deaths-and-injuries/.

190. NAZIF-MUNOZ J I, BLANK-GOMMEL A, SHOR E, 2018. Effectiveness of child restraints and booster legislation in Israel[J]. Injury Prevention, 24(6): 405—411.

191. OECD, 2002. OECD guidelines towards environmentally sustainable transport[R/OL]. [2021-05-21]. http://www.partizipation.at/fileadmin/media_data/Downloads/themen/oecd-guidelines.pdf.

192. OECD, 2015. Industry and services /Structural Analysis (STAN) Database[DB/OL]. [2015-09-30]. http://stats.oecd.org/.

193. OECD, 2018. STAN database for structural analysis (ISIC Rev. 4) [DB/OL]. [2018-03-30]. http://stats.oecd.org.

194. OECD, 2021. OECD statistics [DB/OL]. [2021-01-31]. https://stats.oecd.org/.

195. Office for Low Emission Vehicles, 2014. Investing in ultra low emission vehicles in the UK, 2015 to 2020[R/OL]. [2021-06-08]. https://assets.publishing.service.gov.uk/government/uploads/system/uploads/attachment_data/file/307019/ulev-2015—2020.pdf.

196. Office of the Assistant Secretary for Transportation Policy, 2016. Sec 1317 modernization of the environmental review process: report to congress[R/OL]. [2021-06-08]. https://www.transportation.gov/sites/dot.gov/files/docs/FAST1317_RTC_508.pdf.

197. OICA, 2021. Vehicles in use[DB/OL]. [2021-01-31]. https://www.oica.net/category/vehicles-in-use/.

198. OPEC(Organization of the Petroleum Exporting Countries), 2019. World oil outlook 2040[R/OL]. [2021-04-09]. https://www.opec.org/opec_web/static_files_project/media/downloads/publications/WOO_2019.pdf.

199. OWEN W. 1987. Transportation and world development[M]. Baltimore: Johns Hopkins University Press.

200. PETERS M, VIERTELHAUZEN T, VELDEN J V, 2007. Social developments in the EU air transport sector: a study of developments in employment, wages and working conditions in the period 1997—2007[R/OL]. [2021-06-08]. https://ec.europa.eu/transport/sites/default/files/modes/air/studies/doc/internal_market/2008_01_social_study_final_report.pdf.

201. POTTER S, 2003. Transport energy and emissions: urban public transport[M].//HENSHER D A, BUTTON, K J, BUTTON. Handbooks in transport 4: handbook of transport and environment. Elsevier, Oxford: 247—262.

202. Reconnecting America and the Center for Transit-Oriented Development, 2009. Station area planning: how to make great transit-oriented places [R/OL]. [2021-05-29]. http://reconnectingamerica.org/assets/Uploads/tod202.pdf.

203. REYNOLDS C, HARRIS A, TESCHKE K, et al, 2009. The impact of transportation infrastructure on bicycling injuries and crashes: a review of the literature[J]. Environmental Health, 8(47): 1—19.

204. RIMMER P J, 1977. A conceptual framework for examining urban and regional transport needs in South-East Asia [J]. Pacific Viewpoint, 18(2): 133—147.

205. RODRIGUE J-P et al, 2020. The geography of transport systems[M]. 5th ed. New York: Routledge.

206. ROSTOW W W, 1960. The stages of economic growth: a non-communist manifesto [M]. Cambridge: Cambridge University Press.

207. SACTRA, 1999. Transport and the economy: full report [R/OL]. [2020-09-05]. https://www.ffue.org/wp-content/uploads/2016/08/SACTRA_Full-report.pdf.

208. SANDRA B, 2006. Implementation of the safe, accountable, flexible, efficient transportation equity act—a legacy for users[EB/OL]. [2021-06-08]. https://www.transportation.gov/testimony/implementation-safe-accountable-flexible-efficient-transportation-equity-act-%E2%80%93-legacy.

209. SARAH J, 1998. Statewide transportation planning under ISTEA: a new framework for decision making[R/OL].

(1998-12-01)[2021-06-10]. https://rosap. ntl. bts. gov/view/dot/54060.

210. SCHIPPER Y,2004. Environmental costs in European aviation[J]. Transport Policy,11(2): 141—154.
211. SCHROTEN A,WIJNGAARDEN L,BRAMBILLA M,2019. Overview of transport infrastructure expenditures and costs[R]. Brussels: European Commission.
212. Secretary of State for Transport,2013. Aviation policy framework[R/OL]. [2021-06-08]. https://assets. publishing. service. gov. uk/government/uploads/system/uploads/attachment_data/file/153776/aviation-policy-framework. pdf.
213. SONG M, LIU J, ZENG W, et al,2016. Railway transportation and environmental efficiency in China[J]. Transportation Research Part D: Transport and Environment,48:488—498.
214. SPIELMANN M, SCHOLZ R,TIETJE O, et al,2005. Scenario modelling in prospective LCA of transport systems:Application of formative scenario analysis[J]. The International Journal of Life Cycle Assessment,10(5): 325—335.
215. Sum4All (Sustainable Mobility for All),2017. Global mobility report 2017: tracking sector performance[R/OL]. [2021-03-21]. http://hdl. handle. net/10986/28542.
216. Sum4All,2021. Policy decision-making tool for sustainable mobility 2. 0[DB/OL]. [2021-01-31]. https://www. sum4all. org/gra-tool/country-performance/indicators.
217. Sum4All,World Bank,German Cooperation,2019. Global roadmap of action: toward sustainable mobility[R/OL]. [2021-06-08]. https://pubdocs. worldbank. org/en/350451571411004650/Global-Roadmap-of-Action-Toward-Sustainable-Mobility. pdf.
218. TAAFFE E J, MORRILL R L, GOULD P R,1963. Transport expansion in underdeveloped countries: a comparative analysis[J]. Geographical Review,53(4):503—529.
219. TANG B S, CHIANG Y H, BALDWIN A N, et al, 2004. Study of the integrated rail-property development model in Hong Kong[R/OL]. [2021-05-29]. http://www. reconnectingamerica. org/assets/Uploads/mtrstudyrpmodel2004. pdf.
220. The White House,2021. Fact Sheet: biden administration advances electric vehicle charging infrastructure [EB/OL]. (2021-04-22)[2021-06-08]. https://www. whitehouse. gov/briefing-room/statements-releases/2021/04/22/fact-sheet-biden-administration-advances-electric-vehicle-charging-infrastructure/.
221. TURNER F C,1968. The highway trust fund[R/OL]. (1968-12-04)[2021-06-08]. https://rosap. ntl. bts. gov/view/dot/43165.
222. TURNER F C,1970. Pioneers in transportation planning[R/OL]. (1970-04-21)[2021-06-10]. https://rosap. ntl. bts. gov/view/dot/43208.
223. US Congress,2008. Transportation energy security and climate change mitigation act of 2007[R/OL]. (2008-09-29)[2021-06-08]. https://rosap. ntl. bts. gov/view/dot/17352.
224. US Department of Transportation, Intelligent Transportation Systems Joint Program Office, 2000. The TEA-21 ITS deployment program: interim report 2000[R/OL]. (2000-03-01)[2021-06-08]. https://rosap. ntl. bts. gov/view/dot/37619.
225. US Department of Transportation,2012. US DOT's energy blueprint: efficient transportation for America[R/OL]. [2021-06-08]. https://www. transportation. gov/sites/dot. gov/files/docs/usdot_energy_blueprint. pdf.
226. US Department of Transportation,2015. Beyond traffic 2045: trends and choices[R/OL]. [2021-03-20]. https://www. transportation. gov/sites/dot. gov/files/docs/BeyondTraffic_tagged_508_final. pdf.
227. US Department of Transportation,2018. 2018—19 Annual performance plan—2017 annual performance report[R/OL]. [2021-06-08]. https://www. transportation. gov/sites/dot. gov/files/docs/mission/budget/317341/dot-fy-

2018—2019-annual-performance-planfy-2017-annual-performance-reportfinal. pdf.

228. US Department of Transportation, 2019. 2015 Environmental justice implementation report [R/OL]. [2021-06-08]. https://www.transportation.gov/transportation-policy/environmental-justice/2015-environmental-justice-implementation-report.

229. US Merchant Marine Academy, 2003. Maritime transportation security act of 2002: section 109 implementation: a report to Congress[R/OL]. (2003-05-01)[2021-06-08]. https://rosap.ntl.bts.gov/view/dot/34085.

230. UK Department for Transport, 2011. Creating growth, cutting carbon: making sustainable local transport happen. [R/OL]. [2021-06-08]. https://assets.publishing.service.gov.uk/government/uploads/system/uploads/attachment_data/file/3890/making-sustainable-local-transport-happen-whitepaper.pdf.

231. UK Department for Transport, 2012. Green light for better buses. [R/OL]. [2021-06-08]. https://assets.publishing.service.gov.uk/government/uploads/system/uploads/attachment_data/file/3617/green-light-for-buses.pdf.

232. UK Department for Transport, 2015. Cycling and walking investment strategy[R/OL]. [2021-06-08]. https://assets.publishing.service.gov.uk/government/uploads/system/uploads/attachment_data/file/918442/cycling-walking-investment-strategy.pdf.

233. Ministerie van Verkeer en Waterstaat, 2009. Cycling in the netherlands[R/OL]. [2021-06-08]. https://web.archive.org/web/20090514191625/http://www.fietsberaad.nl/library/repository/bestanden/CyclingintheNetherlands2009.pdf.

234. UN-Habitat, 2021. Global urban indicators database: version 2[R]. Nairobi: United Nations Publication.

235. United Nations, 2008. The international standard industrial classification of all economic activities (ISIC): revision 4[R]. New York: United Nations Publication.

236. URBANO J, 2016. The Cerdà plan for the expansion of Barcelona: a model for modern city planning[J]. Focus, 12(1): 13.

237. VAN AUDENHOVE F-J, KORN A, STEYLEMANS N, et al, 2018. The future of mobility 3.0: reinventing mobility in the era of disruption and creativity[R/OL]. [2021-06-01]. https://www.adlittle.com/sites/default/files/viewpoints/adl_uitp_future_of_mobility_3.0_1.pdf.

238. VAN AUDENHOVE F-J, KORNIICHUK O, DAUBY L, et al, 2014. The future of urban mobility 2.0: imperatives to shape extended mobility ecosystems of tomorrow[R/OL]. [2021-05-29]. https://www.egr.msu.edu/aesc310/resources/Mobility/ADL_FUM_2_0_p1to8.pdf.

239. VANCE J E, 1970. The merchant's world: the geography of wholesaling[M]. New Jersey: Prentice Hall.

240. WEF (World Economic Forum), 2019. The global competitiveness report 2019[R/OL]. [2020-03-24]. https://cn.weforum.org/reports/how-to-end-a-decade-of-lost-productivity-growth.

241. WEINER E, 2013. Urban transportation planning in the United States: history, policy, and practice[M]. New York: Springer-Verlag.

242. WHITE H P, SENIOR M L, 1983. Transport geography[M]. London: Longman.

243. WITIK R A, PAYET J, MICHAUD V, et al, 2011. Assessing the life cycle costs and environmental performance of lightweight materials in automobile applications[J]. Composites Part A: Applied Science and Manufacturing, 42(11): 1694—1709.

244. World Bank, 1986. Urban transport[R]. Washington DC: World Bank.

245. World Bank, 1996. Sustainable transport: priorities for policy reform[M]. Washington DC: World Bank.

246. World Bank, 2020. World development indicators [DB/OL]. [2020-04-17]. https://databank.worldbank.org/source/world-development-indicators.

247. World Bank,2021. World development indicators. [DB/OL]. [2021-01-31]. https://data.worldbank.org/indicator.

248. World Health Organization,2016. Global health estimates[EB/OL]. [2021-06-07]. http://www.who.int/healthinfo/global_burden_disease/en/.

249. World Health Organization,2017. Disease,injury and causes of death country estimates,2000—2015[EB/OL]. [2021-06-07]. https://www.who.int/healthinfo/global_burden_disease/estimates_regional_2000_2015/en/.

250. World Health Organization,2018. Global status report on road safety 2018[R/OL]. [2021-05-29]. https://www.who.int/publications/i/item/9789241565684.

251. World Health Organization,2019. World health statistics 2019:monitoring health for the SDGs[R/OL]. [2021-05-29]. https://reliefweb.int/sites/reliefweb.int/files/resources/WHO-DAD-2019.1-eng.pdf.